# Hands-On Data Visualization

## 핸즈온 데이터 시각화

| 표지 설명 |

표지 동물은 호아친(학명: *Ophisthocomus hoazin*)입니다. 아마존 강 유역에서 주로 발견되며 2천만 년 이상 그곳에 서식해온 것으로 추정하고 있습니다. 밝은 파란색 얼굴, 빨간 눈, 뭉툭한 부리, 그리고 불균형할 정도로 작은 머리에 헝클어진 주황색 볏을 가지고 있습니다. 호아친은 초식동물로 잎과 과일만 먹기 때문에 소화 기관이 독특합니다. 소처럼 위가 여러 개이며 음식이 분해될 때 트림을 자주 한다는 이유로 '악취 새stinkbird'라는 별명을 갖고 있습니다.

호아친은 여전히 우리 곁에 서식하고 있으며 개체 수는 감소하고 있지만 아직 멸종 위기 동물은 아닙니다. 오라일리 표지의 동물들은 대부분 멸종 위기종입니다. 이 동물들은 모두 우리에게 중요합니다.

표지 그림은 『Cassell's Natural History』의 흑백 판화를 바탕으로 캐런 몽고메리Karen Montgomery가 그렸습니다.

# 핸즈온 데이터 시각화

효과적인 데이터 시각화 전략부터 20가지 시각화 도구 사용법까지


**초판 1쇄 발행** 2022년 07월 04일

**지은이** 잭 도허티, 일리야 일라얀코우 / **옮긴이** 김태헌 / **펴낸이** 김태헌
**펴낸곳** 한빛미디어(주) / **주소** 서울시 서대문구 연희로2길 62 한빛미디어(주) IT출판부
**전화** 02-325-5544 / **팩스** 02-336-7124
**등록** 1999년 6월 24일 제25100-2017-000058호 / **ISBN** 979-11-6224-574-3 93000

**총괄** 전정아 / **책임편집** 서현 / **기획** 정지수 / **교정·전산편집** 김철수
**디자인** 표지 윤혜원 내지 박정화
**영업** 김형진, 김진불, 조유미 / **마케팅** 박상용, 송경석, 한종진, 이행은, 고광일, 성화정 / **제작** 박성우, 김정우

이 책에 대한 의견이나 오탈자 및 잘못된 내용에 대한 수정 정보는 한빛미디어(주)의 홈페이지나 아래 이메일로 알려주십시오. 잘못된 책은 구입하신 서점에서 교환해드립니다. 책값은 뒤표지에 표시되어 있습니다.

**한빛미디어 홈페이지 www.hanbit.co.kr / 이메일 ask@hanbit.co.kr**




**지금 하지 않으면 할 수 없는 일이 있습니다.**
**책으로 펴내고 싶은 아이디어나 원고를 메일(writer@hanbit.co.kr)로 보내주세요.**
**한빛미디어(주)는 여러분의 소중한 경험과 지식을 기다리고 있습니다.**

# Hands-On Data Visualization

## 핸즈온 데이터 시각화

O'REILLY® 한빛미디어 Hanbit Media, Inc.

## 지은이 · 옮긴이 소개

지은이 **잭 도허티** Jack Dougherty

미국 코네티컷 하트퍼드의 트리니티 칼리지 교육학 교수. 학생들이 지역단체와 협력해 자신만의 스토리를 대화형 차트나 지도로 표현하는 데이터 시각화 과정을 가르치고 있습니다. 역사학자 교육을 수료했고, 코네티컷 하트퍼드의 학교와 주거 지역에 대한 역사를 쉽게 공유하고자 데이터 시각화를 배웠으며, 그 내용을 『On the line』(애머스트 칼리지 출판부, 2021)에 실었습니다.

지은이 **일리야 일랴얀코우** Ilya Ilyankou

코네티컷 데이터 컬래버레이티브Connecticut Data Collaborative의 시빅civic 기술자로 공공 데이터를 설명하고 탐색하기 위한 웹 기반 도구를 만듭니다. 트리니티 칼리지에서 컴퓨터 공학과 스튜디오 아트를 복수 전공했으며, 현재 영국 리즈 대학교에서 지리 정보 과학 석사 과정을 밟고 있습니다. 데이터를 분석하고 시각화하는 데 도움을 주는 디자인 기술 연구소 '픽처디짓Picturedigits'의 책임자이기도 합니다.

옮긴이 **김태헌** afterglow1204@gmail.com

하나금융융합기술원, IBM 등을 거쳐 외국계 소비재 기업에서 시니어 데이터 과학자로 일하고 있습니다. 베이징 대학교 졸업 후 캘리포니아 대학교 샌디에이고 캠퍼스(UCSD)에서 국제경제 석사 학위를 받았습니다. 『AI 소사이어티』(미래의창, 2022), 『퀀트 전략을 위한 인공지능 트레이딩』(한빛미디어, 2020)을 집필했고 번역서로는 『단단한 머신러닝』, 『데이터 과학자와 데이터 엔지니어를 위한 인터뷰 문답집』(이상 제이펍, 2020) 등이 있습니다.

## 옮긴이의 말

첫 인턴을 했던 전략 컨설팅 회사 보스턴컨설팅그룹(BCG)에서 가장 많은 시간을 들여 배운 일은 바로 리서치를 통해 수집한 데이터를 효과적으로 전달하는 차트를 만드는 것이었습니다. 폰트 크기, 색상, 화살표 방향 등 세세한 내용에 대해 밤새 조언을 들으며 배웠던 기억이 있습니다. 데이터 과학자로 일하고 있는 지금도 데이터를 통해 발견한 패턴이나 인사이트를 공유하기 위해서는 효과적인 데이터 시각화가 필수라는 사실을 깨닫고 있습니다. 특히 데이터 기반의 빠른 의사결정이 필수인 현대 비즈니스 환경에서는 효과적이고 정확한 데이터 시각화가 갈수록 중요해지고 있습니다.

디지털 트랜스포메이션이라는 단어가 클리셰처럼 느껴질 정도로 많은 기업들이 데이터 기반의 의사결정을 위한 비즈니스 구조 전환을 시작했음에도 불구하고 현장에는 여전히 기본적인 데이터를 다루는 일에도 어려움을 느끼는 사람들이 많습니다. 다행히도 이 책은 파이썬, R 등 프로그래밍 언어를 통한 데이터 시각화 방법을 설명하는 책이 아닌 코딩 지식이 없이도 누구나 보고 따라 할 수 있는 데이터 시각화 입문서입니다. 그리고 누구나 쉽게 무료로 사용할 수 있는 온라인 도구를 기반으로 각종 차트뿐만 아니라 지리 정보를 전달하는 지도까지 쉽게 따라 하며 만들 수 있는 핸즈온hands-on 예제를 제공합니다. 실제로 많은 교육 기관에서 데이터 시각화 입문 교재로 이 책을 활용하고 있습니다. 혹여나 데이터에 대한 두려움 때문에 데이터 시각화 배우기를 주저하는 분이라면 이 책을 통해 데이터 시각화에 입문해보기를 추천합니다.

이 책을 관통하는 주제는 바로 데이터 시각화를 통해 진실하고 의미 있는 스토리를 전달하는 것입니다. 저자들은 사람들이 통계의 진실성을 경계하는 것처럼 데이터 시각화의 진실성을 경계해야 한다고 주장합니다. 부디 이 책을 선택한 많은 분이 진실하고 의미 있는 스토리를 전달하는 데이터 시각화 기술을 배워가길 바랍니다.

마지막으로 이 책을 선택해주신 독자분들께 감사의 인사를 전합니다. 또한 저서를 통해 인연을 맺고 또 한 번 좋은 기회를 주신 서현 팀장님, 이 책의 편집을 책임져주신 정지수 편집자님, 그리고 직접 뵙진 못했지만 제 둔탁한 글을 매끄럽게 다듬어주신 김철수 부장님 진심으로 감사합니다. 그리고 사랑하는 가족 유리나, 라온이, 라엘이에게도 사랑과 감사의 인사를 전합니다.

**김태헌**

본 입문서는 웹에서 무료로 사용할 수 있는 간단한 도구를 사용해 데이터로 스토리텔링하는 법을 안내합니다. 여러분은 간단한 드래그 앤드 드롭으로 사용 가능한 구글 시트, 데이터래퍼, 태블로 퍼블릭을 시작으로 웹사이트를 위한 대화형 차트(상호작용interactive하는 차트)와 맞춤형 지도를 디자인하는 방법을 배울 것입니다. 또한 단계적인 튜토리얼, 실전 예제, 온라인 리소스를 통해 깃허브에 있는 Chart.js, 하이차트Highcharts, 리플릿Leaflet 등의 오픈 소스 코드 템플릿을 수정하는 방법도 배우게 됩니다. 이 책은 학생, 교육자, 커뮤니티 활동가, 비영리단체, 사업가, 지역 정부 관계자, 기자, 연구원 또는 데이터를 통한 스토리텔링 방법을 배우고 싶은 누구에게나 적합합니다. 코딩 경험이 없더라도 충분히 읽을 수 있습니다.

## 대상 독자와 개요

필자들은 교육자로서 초보자도 쉽게 읽을 수 있고, 실전 예제를 통해 데이터 시각화 핵심 개념을 더 깊이 이해할 수 있도록 이 책을 디자인했습니다. 이 책을 읽기 위해 필요한 별도의 사전 지식은 없으며, 컴퓨터에 대한 익숙함과 고등학교 수학에 대한 흐릿한 기억 정도만 있으면 됩니다. 이 책은 전 세계 독자층을 확보하고 있으며, 몇몇 교육자들은 이 책을 교과서로 채택해 학생들을 가르치고 있습니다.

오픈 소스 코드 템플릿을 활용하는 간단한 기술부터 시작해 데이터를 통해 진실하고 의미 있는 이야기를 만들어낼 수 있는 능력을 키우는 것이 이 책의 목표입니다. 시각화의 이유와 방법을 모두 설명하며, 데이터가 사회적으로 구성되는 과정에서 누구의 이익을 포함하고 또 무시하고 있는지 여러분이 비판적으로 사고할 수 있도록 도울 것입니다.

특정 소프트웨어 애플리케이션에 초점을 두고 있는 다른 많은 IT 서적과 달리 이 책은 무료로 쉽게 배울 수 있는 20개 이상의 다양한 시각화 도구를 소개합니다. 또한 디지털 도구를 현명하게 선택하는 방법도 제시합니다. 예제 데이터셋과 튜토리얼을 통해 여러분은 십여 개의 대화형 차트, 지도, 테이블을 만들고, 이러한 데이터 스토리를 공개 웹 페이지에서 다른 독자와 공유해 봅니다.

본 입문서는 종합적인 책이지만 특정한 고급 주제는 다루지 않습니다. 예를 들어 데이터 비교에 대한 부분을 다룰 때 통계 데이터 분석에 대한 깊은 내용은 다루지 않습니다. 또한 R 통계 패키지[1]와 같이 커맨드 라인 명령을 기억하고 입력해야 하는 도구보다는 친근한 그래픽 사용자 인터페이스(GUI)를 갖춘 소프트웨어 도구에 중점을 둡니다. 마지막으로 Chart.js, 하이차트와 리플릿 라이브러리를 사용하여 HTML, CSS, 자바스크립트 코드를 수정하는 방법을 배우지만, D3[2]와 같은 고급 코드 라이브러리는 다루지 않습니다. 그럼에도 불구하고 우리는 이 책을 읽는 거의 모든 사람이 새롭고 가치 있는 것을 발견하게 될 것이라고 믿습니다.

## 실습 환경

단계별 튜토리얼을 따라 하기 위해서는 인터넷에 연결된 노트북이나 데스크톱 컴퓨터가 필요합니다. 이 책에서 소개하는 대부분의 도구는 웹 기반으로 작동하기 때문에 최신 버전의 파이어폭스, 크롬, 사파리 또는 엣지 브라우저 사용을 추천합니다. 인터넷 익스플로러는 웹 서비스를 지원하지 않을 가능성이 높기 때문에 사용하지 않는 것이 좋습니다. 맥이나 윈도우 컴퓨터로 모든 튜토리얼을 실행할 수 있으며, 크롬북이나 리눅스 컴퓨터를 사용하더라도 대부분의 튜토리얼을 진행할 수 있지만 특이 사항이 있을 경우 관련 페이지에 명시해두었으니 참고 바랍니다. 태블릿이나 스마트폰에서도 일부 튜토리얼을 실습할 수 있지만 이런 소형 장치로는 몇 가지 주요 단계를 완료할 수 없기 때문에 권장하지 않습니다.

노트북에서 작업하는 경우 컴퓨터에 연결되는 외부 마우스를 구입하거나 빌려서 사용해야 합니다. 노트북의 내장 트랙패드보다 외장 마우스로 클릭, 이동 및 스크롤하는 것이 훨씬 더 쉽기 때문입니다. 컴퓨터 작업을 처음 하거나 이 책으로 사용자를 교육하는 경우 Goodwill Community Foundation의 기본 컴퓨터 및 마우스 튜토리얼 기술[3]부터 시작하는 것이 좋습

1 https://www.r-project.org

2 https://d3js.org

3 https://oreil.ly/8VLJb

니다. 또한 노트북에서 전자책eBook으로 학습하는 경우 모니터를 하나 더 연결하거나 태블릿 또는 컴퓨터를 하나 더 사용하기를 추천합니다. 그렇게 하면 한 화면에서 책을 읽고 다른 화면에서 데이터 시각화를 작성할 수 있습니다.

## 이 책의 구성

각 장은 우리의 핵심 목표인 데이터로 진실하고 의미 있는 스토리를 만들기 위한 하나하나의 과정으로 구성되어 있습니다.

0장 '서문'에서는 데이터 시각화가 중요한 이유를 설명하고, 차트, 지도, 단어가 우리를 스토리 속으로 끌어당기는 방법과 진실로부터 속이는 방법을 보여줍니다.

### 1부 기본 기술

1장 '스토리를 위한 도구 선택하기'에서는 스토리를 스케치하고 스토리를 효과적으로 전달하는 데 필요한 시각화 도구를 선택하는 방법을 살펴봅니다.

2장 '스프레드시트 스킬 강화하기'에서는 기초부터 시작하여 피벗 테이블과 룩업 수식을 사용해 데이터를 구성하고 분석하는 방법과 지오코딩 추가 도구 및 온라인 양식을 사용하여 데이터를 수집하는 방법을 설명합니다.

3장 '데이터를 찾고 질문하기'에서는 신뢰할 수 있는 정보를 찾는 구체적인 전략을 알아보고, 데이터가 나타내는 것과 그 속에 숨어 있는 이해관계에 대한 심도 있는 질문을 던집니다.

4장 '지저분한 데이터 정리하기'에서는 스프레드시트 및 고급 도구를 사용해 불일치와 중복을 찾아서 수정하는 방법과 디지털 문서에서 추가 테이블을 만드는 방법을 소개합니다.

5장 '의미 있는 비교하기'에서는 편향된 방법을 주의하면서 데이터를 분석하고 정규화하기 위한 통상적인 전략을 제공합니다.

### 2부 시각화 구축

6장 '차트 만들기'에서는 배우기 쉬운 드래그 앤드 드롭 도구를 사용해서 시각화하는 방법과 다양한 데이터 스토리에서 가장 잘 작동하는 도구가 어떤 것인지 설명합니다.

7장 '데이터를 지도로 시각화하기'에서는 공간 성분을 포함한 여러 가지 유형의 시각화 구축에 대해 설명하고, 유의미한 지도를 만드는 것에 대한 어려움을 논의합니다.

8장 '테이블을 활용한 시각화'에서는 섬네일 시각화인 스파크라인sparkline을 포함해 대화형 테이블을 만드는 방법을 설명합니다.

9장 '웹에 임베딩하기'에서는 이전 장들의 내용을 종합해 임베드 코드를 복사 및 수정하여 여러분만의 시각화 결과물을 온라인상에 공개하여 더 많은 청중과 작업을 공유하는 방법을 알아봅니다.

### 3부 코드 템플릿과 고급 도구

10장 '깃허브로 코드 수정하고 호스트하기'에서는 오픈 소스 시각화 코드 템플릿을 수정하고 공유하는 데 널리 사용되는 인기 있는 플랫폼의 웹 인터페이스를 살펴봅니다.

11장 'Chart.js와 하이차트 템플릿'에서는 오픈 소스 코드 템플릿을 활용해 웹 어디서나 사용자 정의하고 호스팅할 수 있는 차트를 만드는 방법을 배웁니다.

12장 '리플릿 맵 템플릿'에서는 오픈 소스 코드 템플릿을 사용하여 데이터 스토리를 전달하기 위한 다양한 지도를 구축합니다.

13장 '지도 데이터 변환하기'에서는 지리 공간geospatial 데이터를 더 자세히 배우고, 배우기 쉬운 도구를 활용해 지도에 적합한 데이터를 사용자 정의하는 방법을 배웁니다.

### 4부 진실하고 의미 있는 스토리 전달하기

14장 '거짓을 발견하고 편향 줄이기'에서는 차트와 지도로 거짓을 이야기하는 방법을 살펴보고, 진실한 이야기를 전하는 방법을 배웁니다.

15장 '데이터 스토리 말하고 보여주기'에서는 앞선 모든 장의 내용을 복습하고 데이터 시각화가 왜 단순히 숫자에 대한 것이 아닌 독자를 설득하는 진실한 이야기인지에 대해 살펴봅니다. 그리고 여러분의 해석이 중요한 이유에 대해서도 이야기합니다.

### 부록

'자주 발생하는 문제 해결법'에서는 시각화 도구나 코드가 작동하지 않을 경우를 대비한 문제 해결법을 안내합니다. 이러한 내용은 시각화 도구나 코드가 작동하는 방식을 배우는 데 유용합니다.

### URL 모음집

이 책에서 소개하는 사이트 및 데이터 관련 URL을 PDF 파일로 정리해 `https://hanbit.co.kr/src/10574`에 올려놓았습니다. 튜토리얼을 따라 할 때 URL 입력 없이 클릭만으로 쉽게 도구 및 데이터를 불러올 수 있습니다.

# 감사의 글

2016년, 우리는 이 책의 초안이라 할 수 있는 「Data Visualization for All(모두를 위한 데이터 시각화)」를 트리니티 칼리지의 입문 과정과 그들의 커뮤니티 파트너인 코네티컷 하트퍼드의 데이터 시각화 교육에 사용했습니다. 2016년에 트리니티를 수강한 베로니카 X. 아르메다리즈Veronica X. Armendariz는 매우 우수한 조교로서 초기 튜토리얼을 제공했습니다. 이 초안은 2019년에 트리니티를 수강한 스테이시 램Stacy Lam과 교육 지도사 데이비드 타템David Tatem이 2017년 트리니티 edX 온라인 무료 수업[1]을 시작하면서 재탄생했으며, 이 과정에서 많은 아이디어와 노력을 더해주었습니다.

현재까지 23,000명 이상의 학생이 edX 과정을 시작했지만 실제로 6주간의 커리큘럼을 이수한 학생은 극히 일부에 불과[2]합니다. edX 수업 동영상을 만든 트리니티 정보 기술 서비스 직원 여러분과 친구들인 앤지 울프Angie Wolf, 숀 도넬리Sean Donnelly, 론 퍼킨스Ron Perkins, 새뮤얼 오예비펀Samuel Oyebefun, 필 더피Phil Duffy, 크리스토퍼 브라운Christopher Brown에게 감사드립니다. 또한 이 책의 초안 작성을 위해 노력한 학생들을 지원해준 트리니티 칼리지의 지역사회 학습 및 정보 기술 서비스 부서에 감사드립니다.

이 책에서 소개하는 여러 가지 기술을 배울 수 있도록 도움을 준 많은 개인과 단체에도 감사를 표합니다. 특히 '코네티컷 미러The Connecticut Mirror'의 데이터 저널리스트였던 앨빈 창Alvin Chang과 앤드루 바 트란Andrew Ba Tran, 마이클 하우저Michael Howser, 스티브 배트Steve Batt, 그리고 코네티컷 대학교 도서관의 지도와 지리 정보 센터(MAGIC) 동료에게도 감사를 전합니다. 트리니티 칼리지에서 웹 개발 총괄을 맡고 있는 담당 이사인 장 피에르 헤벌리Jean-Pierre Haeberly에게 감사드립니다. 조지 메이슨 대학교의 로이 로젠츠바이크 센터Roy Rosenzweig Center와 앤드루 W. 멜런 재단The Andrew W. Mellon Foundation이 후원하는 인문 기술 캠프The Humanities and Technology Camp(THACAMP) 행사에서 잭 도허티가 코드에 호기심을 갖도록 영감을 주었고, 선라이트 재단의 후원을 받는 Transparency Camp에서 그와 그의 제자들이 공익을 위한 시빅 기술을 탐색할 수 있도록 장려해주신 모든 분께 감사드립니다.

---

1 https://oreil.ly/-lq7k

2 https://oreil.ly/6QbUq

하트퍼드 공공 기부 재단에서 근무했던 스콧 골Scott Gaul과 더그 시프먼Doug Shipman, 그리고 코네티컷 데이터 컬래버레이티브의 미셸 라이어든-놀드Michelle Riordan-Nold가 주최한 데이터 워크숍에서  우리가 진행 중인 작업을 공유할 수 있는 기회를 주신 것에 감사드립니다.

독자, 교육자 및 편집자의 피드백에 따라 2020년에 전체 초안을 다시 작성했고, 내용을 재구성하고 개념을 심화하여 튜토리얼을 개선했습니다. 이 책을 완성할 수 있도록 함께 고생한 오라일리 미디어의 모든 분께 감사드립니다. 특히 뛰어난 개발 편집자인 어밀리아 블레빈스Amelia Blevins와 꼼꼼한 편집자 스테퍼니 잉글리시Stephanie English, 체계적인 제작 편집자인 케이티 토저Kaite Tozer와 팀원 닉 애덤스Nick Adams, 조너선 하셀Jonathan Hassel, 앤디 콴Andy Kwan에게 감사를 표합니다. 원고를 개선할 수 있도록 훌륭한 조언을 해준 세 명의 기술 검토자 칼 알친Carl Allchin, 데릭 에더Derek Eder, 에리카 헤이스Erica Hayes에 대한 오라일리의 지원에 감사 인사를 전합니다.

또한 초안 텍스트와 코드 템플릿에 대한 피드백을 친절하게 공유해주신 독자 젠 안드렐라Jen Andrella, 게어드 바드Gared Bard, 알베르토 카이로Alberto Cairo, 피누알라 다비-허전스Fionnuala Darby-Hudgens, 닉 클라게Nick Klagge, 페데리코 마리니Federico Marini, 엘리자베스 로즈Elizabeth Rose, 리사 샬럿 로스트Lisa Charlotte Rost, 자비에 루이스Xavier Ruiz, 로라 타테오시안Laura Tateosian, 엘리자베스 폰 브리젠Elizabeth von Briesen, 그리고 콜린 휠러Colleen Wheeler에게도 감사 인사드립니다.

CONTENTS

CONTENTS

CONTENTS

CONTENTS

## CONTENTS

### CHAPTER 12 리플릿 맵 템플릿



### CHAPTER 13 지도 데이터 변환하기

# Part 4 진실하고 의미 있는 스토리 전달하기

## CHAPTER 14 거짓을 발견하고 편향 줄이기

CONTENTS

CHAPTER 0

# 서문

## 0.1 왜 데이터 시각화인가

이 책에서는 디자인 원칙과 단계별 튜토리얼을 통해 정보에 기반한 분석과 주장을 보다 통찰력 있고 설득력 있게 만드는 방법을 설명합니다. 뒷받침되는 증거와 소스에 관한 노트를 추가하면 문장이 더 설득력이 있어지는 것처럼 데이터 기반으로 작성된 여러분의 글도 적합한 테이블, 차트, 지도와 결합될 때 더욱 강력해집니다. 말은 우리에게 스토리를 전달하지만, 시각화는 정량적이고 이성적이며 공간의 패턴을 이미지로 변환시켜 **데이터 스토리**를 보여줍니다. 잘 디자인된 시각화는 데이터에서 가장 중요한 부분을 쉽게 파악할 수 있도록 하는데, 이는 텍스트만으로는 전달하기 힘든 부분입니다.

이 책에는 무료로 쉽게 배울 수 있는 다양한 **데이터 시각화** 디지털 도구를 다룹니다. 우리는 데이터를 이미지로 표현하는 것을 넓은 의미에서 **차트**라고 정의하고, 공간의 차원을 추가하는 것을 **지도**라고 정의하겠습니다. **테이블**은 차트나 지도와 같은 방식으로 데이터를 보여주지 않지만, 여러분을 이 세 가지 결과물 중 하나로 귀결되는 의사결정 과정으로 안내하기 위해 이 책에 포함시켰습니다. 또한 오늘날과 같은 디지털 시대에 데이터 시각화는 일반적으로 일회용 예술 작품으로 디자인된 **인포그래픽**과 달리 데이터 파일에 저장된 기본 정보를 수정하여 쉽게 재사용할 수 있는 이미지로 정의합니다.[1]

---

1 다른 데이터 시각화 책에서는 이러한 용어를 다르게 사용할 수도 있습니다. 예를 들어 알베르토 카이로,『How Charts Lie: Getting Smarter About Visual Information』(W.W. Norton & Company, 2019) 23쪽에서는 모든 데이터 시각화를 '차트'라고 정의합니다. 참고로 이 책의 번역서는 『숫자는 거짓말을 한다』(웅진지식하우스, 2020)입니다.

이 책은 입문자에게 주요 개념을 소개하고 단계별 튜토리얼을 제공하기 위해 디자인했습니다. 이 책으로 독학할 수도 있고, 다른 사람들을 가르치기 위한 교육 목적으로 사용할 수도 있습니다. 또한 한 가지 도구에만 초점을 맞추고 있는 다른 기술 서적과 달리 20개 이상의 무료 및 사용하기 쉬운 시각화 도구를 소개하고 도구 선택에 대한 가이드도 제시합니다. 다른 많은 책들이 PDF 문서에서나 볼 수 있는 **정적**static 시각화에 초점을 맞추고 있는 반면 이 책은 상호작용하는 **대화형**interactive 테이블, 차트 및 지도를 만드는 방법을 알려주고 이를 온라인상에 배포하는 내용까지 담고 있습니다. 대화형 시각화는 사용자가 데이터와 상호작용하도록 만들고, 관심 있는 패턴을 탐색하고, 원하는 경우 파일을 다운로드하고, 소셜 미디어에서 작업을 쉽게 공유하도록 함으로써 인터넷에서 더 많은 시청자를 끌어들입니다.

데이터 시각화는 지난 10년 동안 인터넷에서 널리 퍼졌습니다. 오늘날 웹 브라우저에서 우리는 이전에 인쇄물로만 보았던 것보다 더 많은 디지털 차트와 지도를 쉽게 접할 수 있습니다. 그러나 빠른 성장은 심각한 문제를 야기합니다. '정보 시대'는 이제 '허위 정보 시대'와 겹칩니다. 누구나 온라인에 게시물을 올릴 수 있게 되었으니 누구를 믿어야 할지 어떻게 현명하게 판단할 수 있을까요? 사회적 불평등이나 기후 변화와 같이 논란의 여지가 있는 정치적 이슈에 대해 상반된 데이터 스토리가 제시되면 우리는 어느 쪽을 믿어야 할까요? 다음 절에서는 어떤 유형의 증거가 여러분을 설득할 수 있고, 왜 그런지 알아보며, 이 골치 아픈 문제를 자세히 살펴보겠습니다. 그리고 우리는 데이터 시각화에 숨어 있는 더러운 비밀, 즉 데이터를 통해 진실을 설득할 수도 있지만 거짓을 이야기하고 속임수를 쓸 수 있다는 사실에 대해 여러분과 공유할 겁니다.

## 0.2 무엇을 믿을 수 있을까요

시작하기에 앞서 여러분은 이 책의 저자인 우리를 믿어야 할지 말아야 할지 어떻게 알 수 있을까요? 우리가 여러분에게 거짓말할 것 같은가요? 여러분은 어떤 정보가 진실인지 어떻게 판단할까요? 간단한 한 문장으로 된 설명부터 시작해보죠.

**예제 0-1**

1970년대 이후 미국에서 경제적 불평등이 급격히 증가했습니다.

이 주장을 믿습니까, 안 믿습니까? 지금까지 이 주제에 대해 이런 식으로 생각해본 적이 없을지도 모릅니다(만약 그렇다면 도움이 될 만한 많은 정보가 있습니다). 여러분의 반응은 이 주장이 여러분의 기존 생각과 조화를 이루는지 또는 반대되는지에 따라 달라질 것입니다. 또는 뒷받침할 증거가 부족한 주장에 대해 회의적으로 생각하도록 배웠을 수도 있습니다(만약 그렇다면 여러분의 선생님께 감사해야 합니다). 그럼 좀 더 복잡한 두 문장으로 된 설명으로 넘어가 보죠. 한 문장은 출처를 인용하고 있습니다.

**예제 0-2**

1970년, 미국 성인의 상위 10%는 오늘날 달러로 약 135,000달러의 평균 수입을 받은 반면 하위 50%에 해당하는 사람들은 16,500달러를 받았습니다. 세계 불평등 데이터베이스[2]에 따르면 지난 50년간 이 격차는 가파르게 늘어났는데, 상위 10% 계층의 소득은 350,000달러로 급격히 증가했고, 하위 50% 계층의 소득은 19,000달러로 소폭 증가했습니다.

[예제 0-2]가 [예제 0-1]보다 믿음이 더 가나요? [예제 0-2]는 시간이 지남에 따라 상위 10%와 하위 50%의 평균 소득 관점에서 경제적 불평등을 정의함으로써 더 정확한 주장을 합니다. 그리고 [예제 0-2]는 주장에 대한 자세한 출처를 남기며 독자로 하여금 더 많은 자료에 접근할 수 있도록 했습니다. 하지만 이러한 요소들이 설득력에 어떤 영향을 미칠까요? [예제 0-2]의 주장을 읽고 출처에 대한 의구심이 들거나 '소득'에 대한 정의가 궁금한가요? 두 극단 사이에 있는 나머지 40%에 대해 궁금하지 않나요?

이러한 질문에 답하기 위해 [표 0-1]에서 보여준 것과 같이 [예제 0-2]를 조금 더 자세히 설명하겠습니다.

**표 0-1** 1970년과 2019년의 미국 성인 평균 소득[a]

| 미국 소득 계층 | 1970 | 2019 |
| --- | --- | --- |
| 상위 10% | $136,308 | $352,815 |
| 중위 40% | $44,353 | $76,462 |
| 하위 50% | $16,515 | $19,177 |

a 2019년 미국 달러로 표시했습니다. 20세 이상의 개인 국민 소득으로, 세금과 양도는 포함 전이지만 연금 기부금 및 분배금은 포함되었습니다. 출처: 세계 불평등 데이터베이스 2020

2 세계 불평등 데이터베이스(World Inequality Database), 「소득 불평등, 미국, 1913-2021」, https://oreil.ly/eUYZn

[표 0-1]이 [예제 0-2]를 더 설득력 있게 만드나요? 사실 표가 담고 있는 정보는 [예제 0-2]가 담고 있는 상위, 하위 소득 등급에 대한 정보와 동일하기 때문에 별다른 차이가 없어야 하지만 이 표는 증거를 더 효과적으로 전달하고, 주장이 설득력을 갖도록 만듭니다.

많은 사람이 숫자 사이의 관계가 복잡한 문장 안에 있을 때보다 잘 정리된 표 안에 있을 때 더 쉽게 읽고 이해합니다. 표를 살펴보면 상위 10%의 수입이 크게 증가한 것을 알 수 있습니다. 시간이 지남에 따라 거의 세 배가 된 반면 하위 50%의 소득은 거의 증가하지 않았습니다. 게다가 표에는 텍스트에 나타나지 않은 정보인 중위 40%에 대한 소득 변화 정보까지 나타내고 있습니다. 점진적으로 증가했지만 상위 10%의 소득만큼 증가하지는 않았습니다. 게다가 표 아래에 추가된 문장은 해당 숫자가 2019년 미국 달러로 되어 있음을 알려주는데, 이는 1970년대의 숫자가 반세기에 걸친 달러의 물가 상승과 구매 능력에 대한 변화를 고려하여 반영된 숫자로 조정되었다는 사실을 알려줍니다. 또한 세계 불평등 데이터베이스가 소득 계산을 위해 사용하는 다른 용어(예: 세금, 양도, 연금)를 간략하게 언급하고 있습니다. 물론 더 명확한 정의는 출처를 살펴봐야 합니다. 사회과학자들은 소득 불평등을 측정하기 위해 다른 방법을 사용하지만, 일반적으로 여기에 표시된 것과 유사한 발견을 보고합니다.[3]

## 0.3 더 설득력 있는 그림

이제 테이블을 데이터 시각화(더 정확히는 [그림 0-1]의 선 차트)로 대체하여 어떤 것이 더 설득력 있는지 비교해보겠습니다.

---

3 세계 불평등 데이터베이스는 경제학자 토머스 피케티(Thomas Piketty), 에마뉘엘 사에즈(Emmanuel Saez), 그리고 동료들의 연구를 기반으로 합니다. 이들은 자체 보고된 조사뿐만 아니라 국세청에 제출된 많은 세금 신고서를 기반으로 미국의 과거 소득 데이터를 구축했습니다. 세계 불평등 데이터베이스에 대한 자세한 방법론(Methodology)은 `https://oreil.ly/F4SNk`를 참고하세요. 전반적인 방법론적 접근 방식을 살펴보려면 채드 스톤(Chad Stone) 등이 저술한 「A Guide to Statistics on Historical Trends in Income Inequality」(2020년 1월 13일, `https://oreil.ly/uqAzm`)를 참고하세요. 비교용으로 참고할 만한 참고 자료는 퓨 자선 신탁(Pew Charitable Trust)에서 발간한 「Trends in US Income and Wealth Inequality」(2020년 1월 9일, `https://oreil.ly/W5nPq`)가 있습니다.

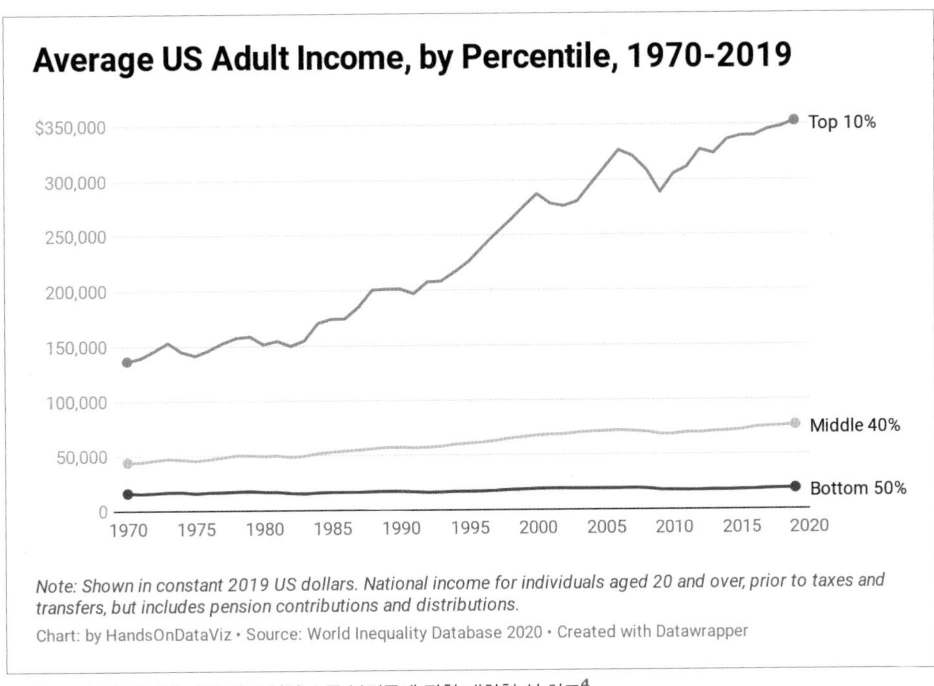


**그림 0-1** 시간 경과에 따른 미국 성인 소득 불평등에 관한 대화형 선 차트[4]

[그림 0-1]이 [표 0-1]보다 설득력 있게 보이나요? 선 차트 역시 테이블과 동일한 정보를 담고 있기 때문에 큰 차이가 없어야 합니다. 하지만 선 차트는 소득 차이에 대한 강력하고 시각화된 데이터 스토리를 전달하여 테이블보다 더 효과적으로 관심을 끌 수 있습니다.

여러분의 시선이 가로로 색칠된 선을 따라가다 보면 상위 계층과 중, 하위 계층 사이의 불평등이 점점 심해지는 것을 쉽게 인지할 수 있습니다. 차트는 또한 매우 많은 세분화된 정보를 하나의 이미지에 포함합니다. 자세히 들여다보면 상위 계층 소득 수준이 1970년대에는 안정적이었지만, 1980년대부터는 다른 계층과 달리 빠르게 증가했다는 사실을 알 수 있습니다. 또한 중간 계층의 소득은 시간이 지날수록 조금씩 증가한 반면 하위 계층의 소득은 2007년 최고치를 찍고 지난 10년 동안 거의 다시 하락했습니다. 말 그대로 부익부 빈익빈 현상을 보여주고 있습니다. 이 차트는 최근 몇 년간 빈곤이 꿋꿋이 유지되는 동안 부가 얼마나 빠르게 증가했는지 보여줍니다.

4 https://oreil.ly/x0Phg

그럼 이제 [그림 0-1]과 동일한 데이터를 사용해 다른 형식으로 만든 [그림 0-2]를 살펴봅시다. 어떤 차트를 믿어야 할까요? 우리는 데이터 시각화를 사용해 거짓말을 하는 사람들을 조심하라고 경고했습니다.

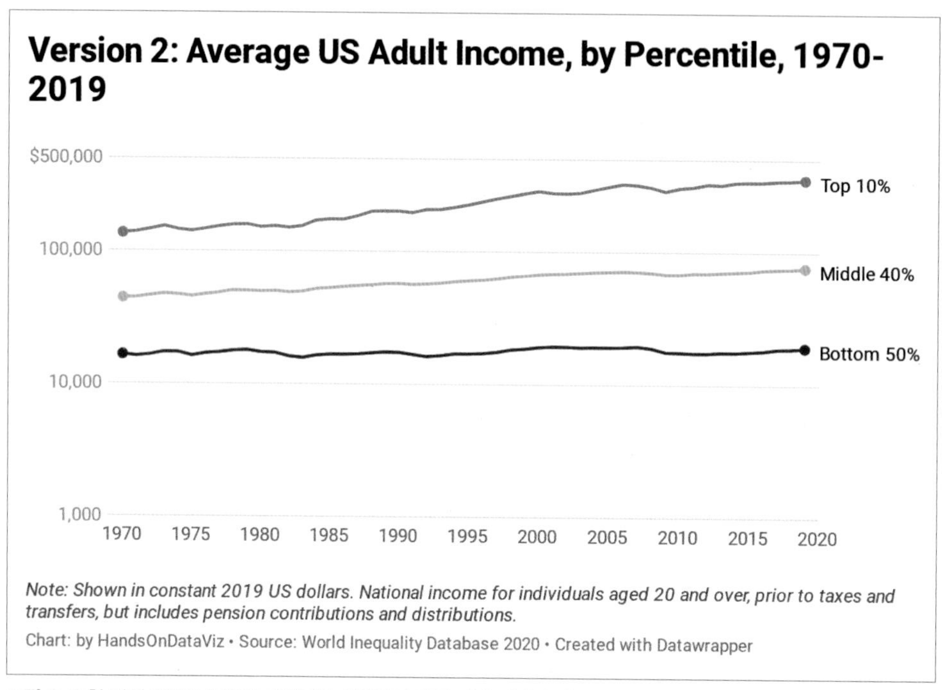


**그림 0-2** 첫 번째 버전과 동일한 데이터를 사용하여 만든 시간 경과에 따른 미국 성인 소득 불평등에 관한 대화형 선 차트 대체 버전[5]

무슨 일이 벌어진 걸까요? 같은 데이터로 시각화한 두 차트가 다른 이유는 뭘까요? 기존 차트에서 두드러졌던 불평등 격차의 증가 현상이 완화된 것처럼 보이는데, 어떻게 된 거죠? 불평등 위기는 갑자기 사라진 것일까요? 아니면 장난질에 불과한 것일까요?

[그림 0-2] 차트는 기술적으로는 정확합니다. 하지만 독자들을 오도하기 위해 의도적으로 디자인했습니다. 세로축의 레이블을 자세히 살펴보면 첫 번째 숫자와 두 번째 숫자 사이의 간격($1,000 ~ $10,000)이 두 번째 숫자와 세 번째 숫자 사이의 간격($10,000 ~ $100,000)과 동일해보이지만 실제로는 각각 9,000달러와 90,000달러로 금액 차이가 매우 큽니다. 그 이유

5 https://oreil.ly/vECje

는 두 번째 차트가 기하급수적인 증가를 나타내는 데 적합한 로그 눈금logarithmic scale[6]으로 작성되었기 때문입니다.

여러분은 코로나 19 범유행 당시 로그 눈금이 적용된 차트를 많이 접했을 것입니다. 왜냐하면 일반적인 선형 눈금으로는 나타내기 어려운 급격히 증가한 비율을 나타내기 적합하기 때문입니다. 두 번째 차트는 데이터 포인트와 눈금 레이블이 일치하기 때문에 기술적으로는 문제가 없습니다. 그러나 해당 소득 데이터를 로그 눈금으로 해석해야 할 명확한 이유가 존재하지 않기 때문에 이 표현 방식에는 오해의 소지가 있습니다. 사람들은 차트를 통해 진실을 이야기하기도 하지만 때로는 거짓을 이야기해 다른 사람을 속일 수도 있습니다.

## 0.4 진실의 여러 가지 그림자

그럼 이제 소득 불평등에 대한 분석 범위를 더 넓혀봅시다. [예제 0-3]은 비교 증거와 출처를 소개합니다. 세 가지 소득 계층에 대한 과거 데이터를 비교한 미국의 이전 사례와 달리 이 글로벌 사례는 각 국가의 상위 1%에 대해 사용할 수 있는 가장 최근의 데이터 연도에 초점을 맞추고 있습니다. 또한 소득을 미국 달러로 측정하는 대신 이 국제 비교는 상위 1%가 보유한 각 국가의 국민 소득의 비율을 측정합니다. 즉, 각 국가에서 가장 부유한 1%가 보유한 파이 크기를 나타냅니다.

**예제 0-3**

소득 상위 1%가 전체 국내 소득의 20%를 차지하고 있는 미국의 소득 불평등은 매우 심각한 상황입니다. 이에 반해 대부분의 유럽 국가에서는 상위 1%가 국내 소득의 6%에서 15% 정도만 차지하고 있을 뿐입니다.[7]

같은 논리를 적용해 [예제 0-3]의 설득력을 평가하기 위한 시각화를 보완해보겠습니다. 물론 테이블이나 차트를 만들 수도 있지만, 이러한 방법은 데이터셋에 있는 120개 이상의 국가에 대한 정보를 신속하게 표시하는 가장 효과적인 방법은 아닙니다. 이 데이터는 공간 정보를 포

6 https://ko.wikipedia.org/wiki/로그_눈금

7 세계 불평등 데이터베이스, 「Top 1% National Income Share」, 2020, https://oreil.ly/fwQQV

함하고 있기 때문에 우리가 지형별 패턴을 확인하고 독자가 전 세계 소득 수준을 한눈에 파악할 수 있도록 [그림 0-3]과 같이 대화형 지도로 변환해보겠습니다.

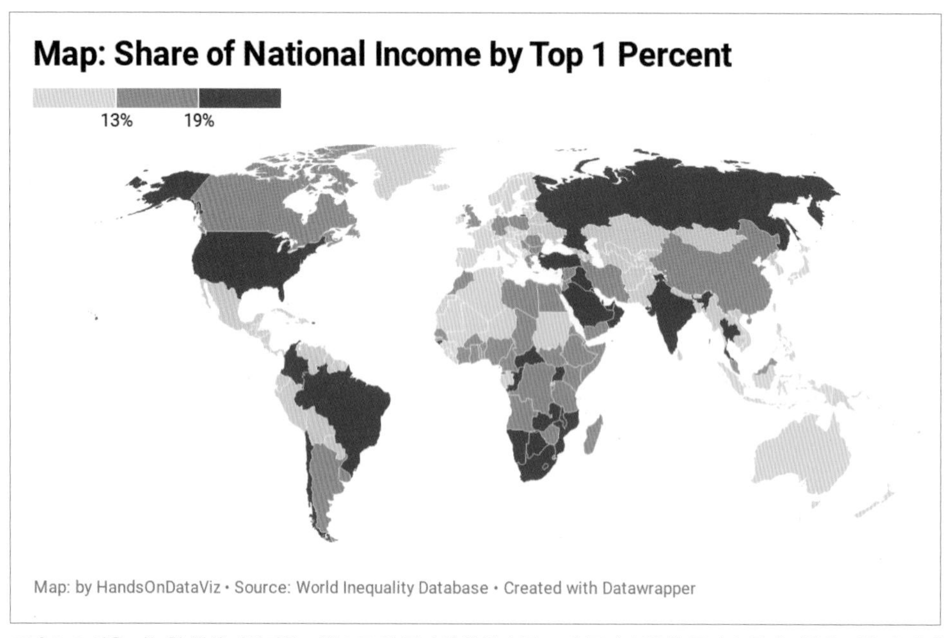


**그림 0-3** 사용 가능한 최신 데이터를 기반으로 각 국가의 상위 소득 1% 인구가 보유한 국민 소득의 비율을 적용해 세계 소득 불평등을 나타낸 대화형 지도.[8] 출처: 세계 불평등 데이터베이스 2020[9]

[그림 0-3]이 [예제 0-3]보다 설득력 있어 보이나요? 지도와 텍스트는 미국과 유럽의 소득 불평등에 대한 동일한 데이터를 제시하므로 차이가 없어야 합니다. 하지만 지도는 앞선 차트 예제에서처럼 여러분을 빈부 격차를 생생하게 보여주는 강력한 스토리로 끌어당깁니다. 지도의 색상을 보면 많은 문화에서 빨간색이 긴박함을 나타내기 때문에 위기의식이 더 크게 느껴집니다. 미국은 (러시아, 브라질을 포함하여 몇몇 다른 국가와 함께) 짙은 빨간색으로 칠해져 있습니다. 범례를 통해 상위 1% 그룹이 국내 전체 소득의 19% 이상을 보유하고 있다는 사실을 쉽게 알 수 있습니다. 반대로 대서양을 건너가보면 많은 유럽 국가가 밝은 갈색이나 주황색으로 표시되어 있는데, 이것은 그들의 최상위 계층이 국민 소득에서 차지하는 비중이 더 작기 때문에 긴급한 위기가 없음을 나타냅니다.

8 https://oreil.ly/6CUz-

9 https://oreil.ly/fwQQV

이제 [그림 0-3]에 표시된 것과 동일한 데이터를 포함하지만 다른 형식으로 표시한 [그림 0-4]의 대체 지도를 소개하겠습니다. 어떤 지도에 더 신뢰가 가나요?

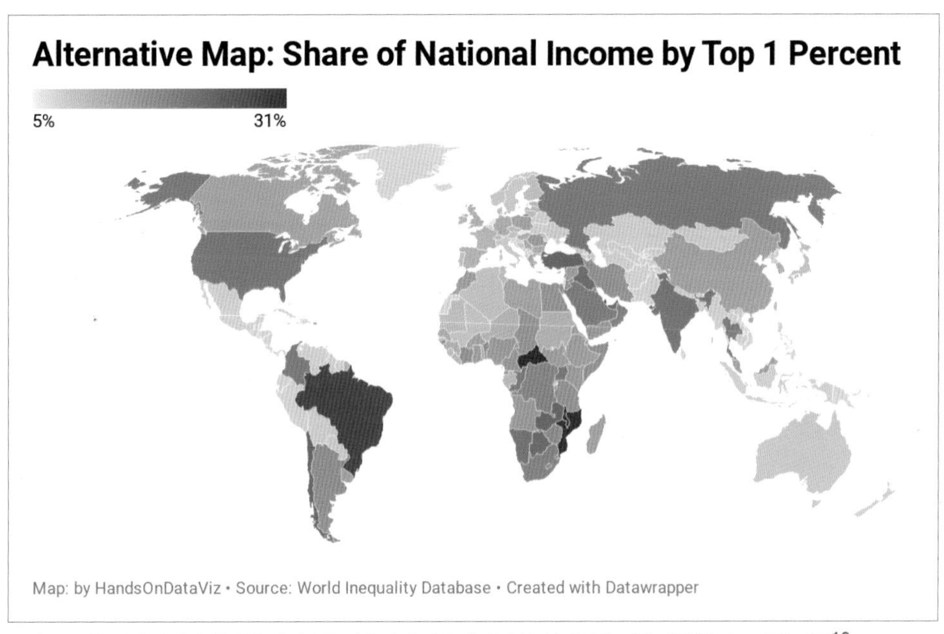


**그림 0-4** 첫 번째 버전과 동일한 데이터를 사용하여 만든 세계 소득 불평등에 관한 대화형 지도 대체 버전[10]

[그림 0-4]의 두 번째 지도가 [그림 0-3]의 첫 번째 지도와 다르게 보이는 이유는 무엇일까요? 짙은 빨간색 대신 미국은 이제 캐나다와 대부분의 유럽 국가들에 더 가까운 중간 파란색으로 칠해져 있습니다. 불평등 위기가 미국에서 멀어져 브라질로 향하고 있는 것 같지 않은가요? 어느 지도가 진실을 이야기하고 있을까요?

이번에는 두 지도 모두 오해의 소지가 없습니다. 비록 우리에게 주는 인상은 다르지만 둘 다 합리적인 디자인 선택으로 데이터를 진실하게 해석합니다. 이유를 자세히 알기 위해 지도의 범례를 자세히 살펴볼 필요가 있습니다. 첫 번째 지도는 국가를 세 가지 카테고리(13% 미만, 13~19%, 19% 이상)로 정렬한 반면 두 번째 지도는 전체 범위를 초록색에서 파란색으로 변화하는 그레이디언트gradient로 표시합니다. 미국의 경우 비율이 20.5%이기 때문에 첫 번째 지도에서는 짙은 빨간색 카테고리(범주)에 들어가게 되었고, 두 번째 지도에서는 중간 위치인 열

10 https://oreil.ly/-l9bM

은 파란색에 해당합니다. 두 지도 모두 지도를 만들 때 준수하는 규칙을 위반하지 않았을뿐더러 데이터를 고의적으로 속이지 않았기 때문에 동등하게 유효합니다. 사람들이 지도를 통해 오해할 수는 있지만 진실의 모습이 한 가지만 있는 것은 아닙니다.

데이터 시각화의 해석적 특성은 심각한 문제를 제기합니다. 이 책의 저자로서 우리의 목적은 여러분이 진실하고 의미 있는 차트와 지도를 만들도록 안내하는 것입니다. 예제를 통해 좋은 디자인 원칙을 알려주고, 깊이 생각하는 습관을 가지도록 장려할 것입니다. 때로는 하지 말아야 할 것을 언급하기도 합니다. 하지만 데이터 시각화는 가끔 과학보다 더 가르치기 힘든 주제입니다. 우리는 차트와 지도가 청중을 호도하기 위해 조작될 수 있음을 알고 있습니다. 여러분이 이러한 속임수에 빠지지 않게 하기 위해 자주 사용하는 속임수 기술도 소개합니다. 물론 일부 신규 학습자는 데이터 시각화가 갖는 애매한 원칙으로 인해 불만을 가질지도 모릅니다. 문제에 대한 정답이 항상 하나만 존재하는 것이 아니라 각각 장점과 단점을 가진 여러 가지 그럴듯한 해결책이 있습니다.

학습자로서 여러분이 해야 할 일은 문제에 대한 단 **하나의 정답**만을 고수하지 않고 계속해서 **더 좋은 답**을 찾는 것입니다. 특히 시각화 방법과 도구는 계속해서 진화하고 있기 때문에 진실을 보여주기 위한 방법을 지속적으로 찾아야 합니다.

## 0.5 책의 구성

이 책은 스프레드시트에서 코드에 이르기까지 데이터 시각화에 대한 입문적이고 실질적인 가이드 역할을 하도록 구성했습니다. 또한 컴퓨터를 다루는 매우 기초적인 지식과 고등학교 수준의 수학에 대한 어렴풋한 기억 외에는 어떠한 사전 지식도 필요 없습니다. 이 책은 크게 4개의 부로 이루어져 있습니다.

1부 '기본 기술'에서는 도구와 데이터를 이용해 데이터 스토리를 구상하는 기초 기술을 배웁니다. 1장부터 5장까지 순서대로 읽기 바라며, 각 장에서 제공하는 튜토리얼을 직접 따라 하여 풍부한 학습 기회를 만나볼 수 있기 바랍니다.

2부 '시각화 구축'에서는 쉽게 배울 수 있는 드래그 앤드 드롭 도구를 사용하여 많은 시각화를 실습해보며 다양한 데이터 스토리를 구현하는 데 가장 적합한 유형을 확인해봅니다. 6~8장에서는 해석적 스타일에 대한 이해를 높이고, 9장에서는 일반적인 웹 플랫폼에 대화형 시각화를 삽입하고 독자를 초대하여 데이터를 탐색할 수 있게 만들고 여러분의 결과물을 더 많은 사람들과 광범위하게 공유하는 방법을 배웁니다.

3부 '코드 템플릿과 고급 도구'에서는 보다 강력한 도구, 특히 시각화의 모양을 사용자 정의하고 시각화를 온라인으로 호스팅하는 위치를 보다 효과적으로 제어할 수 있는 코드 템플릿을 배웁니다. 10장에서는 인기 있는 오픈 소스 코딩 플랫폼을 위한 간편한 웹 인터페이스를 소개합니다. 그리고 11장과 12장에서 시각화 구축을 학습해보고, 13장에서 고급 공간 정보 구현 도구를 학습합니다.

4부 '진실하고 의미 있는 스토리 전달하기'에서는 이 서론의 중심 주제인 데이터와 함께 진실하고 의미 있는 스토리를 전달하는 것으로 여러분이 개발한 시각화 기술을 정리합니다. 14장에서는 진실을 더 잘 말하기 위해 차트와 지도로 거짓말을 하는 방법을 배웁니다. 마지막으로 15장에서는 데이터 시각화의 목표가 단순히 숫자에 관한 이미지를 만드는 것이 아니라 독자들에게 어떻게 그리고 왜 여러분의 해석이 중요한지 설득하는 진실한 내러티브narrative를 만드는 것임을 강조합니다.

부록 '자주 발생하는 문제 해결법'에서는  코드가 잘 작동하지 않거나 오류가 나는 경우에 해결할 수 있는 방안을 제시합니다. 이는 코드 작동 방식을 학습하는 좋은 방법입니다.

## 0.6 마치며

이제 여러분은 이 책의 주요 목표를 더 명확하게 알게 되었을 겁니다. 우리는 여러분이 사람들을 오도할 수 있는 잘못된 데이터 시각화를 사용하는 것을 피하고, 대화형 데이터 시각화를 통해 진실하고 의미 있는 스토리를 전달하는 방법을 배우기 원합니다. 다음 장에서는 작업 수행 도구를 선택할 때 고려해야 할 사항과 데이터 스토리를 명확히 표현하는 방법을 알아보겠습니다.

# Part I

# 기본 기술

# Part I

# 기본 기술

CHAPTER 1

# 스토리를 위한 도구 선택하기

오늘날 사용 가능한 디지털 도구에 압도된 기분이라면 여러분은 더 이상 혼자가 아닙니다. 평소에 해오던 일을 하면서 최신 소프트웨어를 따라가야 하는 작업은 마치 추가로 해야 하는 파트타임 업무처럼 여겨질 것입니다. 디지털 도구는 계속해서 변화하고 진화하고 있습니다. 더 많은 선택지와 새로운 실험을 좋아하는 사람들에게는 좋은 소식이지만, 반대로 복잡한 결정을 내릴 시간이 부족한 사람들에겐 그리 좋은 소식은 아닙니다.

이 장에서는 의사결정 과정을 탐색하는 데 도움이 될 내용을 소개합니다. 먼저 1.1절에서 '데이터 스토리를 스케치'하는 것부터 시작하겠습니다. 이는 가장 중요한 단계로, 데이터 스토리를 효과적으로 전달하는 데 필요한 도구 유형을 파악하는 데 도움을 줄 겁니다. 다음으로 1.2절에서 '도구를 선택할 때 고려해야 할 10가지 요소'를 설명하겠습니다. 1.3절에서는 '추천 도구'를 소개하고, 1.4절에서는 여러분의 정리를 돕기 위한 도구인 '패스워드 관리자' 사용 방법을 소개합니다. 이 모든 도구는 무료로 사용할 수 있으며, 이 책에서는 쉽게 배울 수 있는 '쉬운 도구'부터 작업이 호스팅되는 위치와 작업 모양을 보다 잘 제어할 수 있는 '강력한 도구'에 이르기까지 점차적으로 소개합니다.

## 1.1 데이터 스토리 스케치하기

여기서는 디지털 도구를 자세히 살펴보기 전에 가장 중요한 데이터 스토리에 초점을 맞추겠습니다. 우리는 우리가 수집한 정보에 대한 스토리(즉, 모든 데이터에서 의미 있는 패턴과 주요 통찰력에 청중의 관심을 끌게 하는 내러티브)를 들려주기 위해 시각화를 작성합니다. 데이터 스토리를 통해 독자들에게 나무 대신 숲을 보는 시야를 제공할 수 있어야 합니다.

그러나 데이터 시각화 프로젝트 초기 단계에서 부딪히는 흔한 문제는 데이터 스토리의 핵심 부분이나 데이터 정보가 어떻게 결합되는지에 대한 명확한 인식이 아직 없다는 것입니다. 하지만 이런 모습은 지극히 정상입니다. 이러한 문제를 해결하는 가장 좋은 방법 중 하나는 여러분 머릿속에서 부분적으로 형성된 아이디어를 종이로 옮겨 여러분과 동료에게 더욱 명확한 그림을 보여주는 것입니다.

이를 위해 컴퓨터는 잠시 꺼두고 조금은 전통적인 도구를 사용해봅시다. 준비물은 다음과 같습니다.

- 몇 장의 종이
- 색연필, 펜 또는 마커
- 여러분의 상상력

여러분의 데이터 스토리를 단어나 그림으로 표현해봅시다(예술적인 기술은 필요하지 않습니다).

**01** 첫 번째 종이에는 여러분의 데이터 프로젝트를 통해 해결하고자 하는 **문제를 적으세요**. 만약 즉각적인 해결 방안을 선호한다면 다음 빈칸을 채우세요.

- _____하기 위해 ____를 알아야 한다.

많은 사례에서 사람들은 정보 기반 문제로 데이터 시각화에 접근하며 이를 통해 더 큰 목표를 달성하고 싶어 합니다. 예를 들어 우리가 이 책의 초안을 작성할 때의 문제 정의는 다음과 같았습니다.

- 여러분의 요구를 만족시킬 입문 가이드를 작성하기 위해 우리는 독자들의 배경과 데이터 시각화에 대한 관심 정도를 알아야 한다.

**02** 두 번째 종이에는 **문제 정의를 질문 형식으로 다시 작성하세요**. 아직 답을 모르는 질문을 적은 후 물음표를 찍으세요.

만약 여러분의 뇌가 성급하게 질문에 대한 답을 내리려 한다면 말려야 합니다. 바로 답을 내리는 대신 처음에 작성했던 질문을 더 정확한 단어를 사용해 답이 될 수 있는 범위를 제한하지 않도록 다시 작성해봅니다. 예를 들어 처음으로 적었던 질문이 '우리 책을 읽는 독자들이 이전에 경험했던 데이터 시각화와 교육 수준은 어느 정도이고 그들의 학습 목표는 무엇일까?'였다면 이에 대한 답을 추측하기보다 정말로 답을 알지 못하기 때문에 질문 그 자체로 남겨두어야 합니다.

**03** 세 번째 종이에는 질문에 대답할 **데이터를 어떻게 찾아낼 것인지에 대해 그림과 화살표로 그리세요.**

이웃집을 일일이 방문해서 물어볼 것인지, 고객들에게 온라인 설문지를 전달할 것인지, 아니면 가계소득과 행정구역에 대한 통계청 자료를 내려받을 것인지 생각해야 합니다. 데이터 수집 과정을 스케치하여 다양한 정보를 어떻게 한곳에 모을 것인지 생각해봅시다. 예를 들어 이 책의 초안을 작성할 때 우리는 독자들에게 간단한 온라인 설문 조사에 참여할 것을 요청했고, 추후 공개 스프레드시트로 해당 설문 결과를 참여자들에게 알려줘야 했기 때문에 설문 조사 과정에서 어떠한 개인 정보도 수집하지 않도록 철저히 디자인했습니다.

**04** 네 번째 종이에는 데이터 수집 후 **만들고 싶은 시각화 유형을 하나 이상 스케치하세요.**

막대 차트, 선 차트 또는 분산형 차트 등 생각나는 차트가 있나요? 아니면 포인트나 폴리곤이 있는 지도를 상상하고 있나요? 만약 여러분의 시각화를 대화식으로 사용하려면 버튼과 한 장 이상의 종이를 사용하여 개념을 표시해보세요. 아직까지는 스케치 단계이기 때문에 **가상 데이터**를 사용하도록 합니다.

**1단계: 문제 설정**

우리는 독자들이 원하는 입문용 안내서를
작성하기 위해 데이터 시각화에 대한 독자들의
배경과 관심사를 알아야 한다.

**2단계: 질문 형식으로 작성**

독자들은 각각 어떤 수준의 데이터 시각화
경험, 교육 수준, 학습 목표를 가지고
있을까?

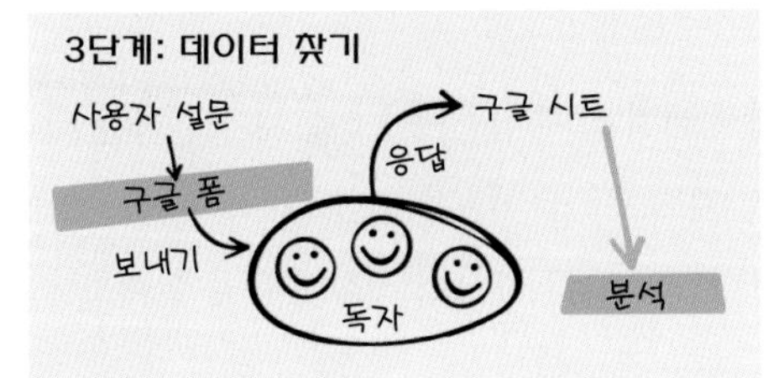


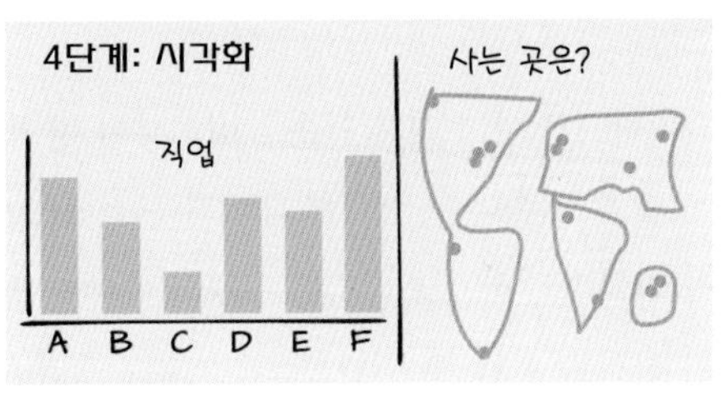

이 연습은 혼자서 하든 [그림 1-1]처럼 동료들과 함께 하든 여러 방면에서 도움이 됩니다. 첫째, 머릿속에 있던 아이디어를 종이로 옮겨놓음으로써 자신뿐만 아니라 다른 사람에게도 여러분 생각을 보다 더 명확히 할 수 있게 됩니다. 아이디어를 스케치할 때 여러분은 아이디어를 반영하고, 피드백을 듣고, 별로 좋지 않은 아이디어는 지우고, 새로운 종이에 더 나은 아이디어로 바꿀 수 있습니다. 만약 여러분의 초기 스케치가 너무 복잡하거나 혼란스럽다면 좀 더 일관되게 만들기 위해 아이디어를 쪼개서 다른 페이지로 나누세요.

**그림 1-1** 데이터 스토리 스케치 연습은 혼자서도 할 수 있지만 여럿이 팀을 꾸려 진행하면 더 잘 작동합니다. 필자들이 진행하는 데이터 시각화 수업에서는 대학생과 커뮤니티 파트너가 협력해서 프로젝트를 위한 데이터 스토리를 함께 구상합니다.

둘째, 여러분의 종이를 하나의 스토리보드로 볼 수 있습니다. 종이를 테이블에 펼쳐놓고 순서를 바꿔가며 이야기의 가장 중요한 세 단계인 시작, 중간, 마지막 단계로 정의해보세요. 이 종이들은 많은 독자나 청중에게 데이터 스토리를 어떻게 전달할지(프레젠테이션 슬라이드 덱, 보고서나 웹 페이지에 삽입할 그림이나 문단 등)에 대한 생각을 정리하는 데 도움이 됩니다. 책의 마지막 장인 15장에서 다시 이 연습을 할 것이니 여기서 구상한 종이는 버리지 않기 바랍니다.

마지막으로 이 스케치 연습은 여러분이 이 책에서 어떤 장에 집중해야 하는지 식별하는 데 도움이 될 수 있습니다. 어디서 데이터를 검색해야 할지 모르겠다면 3장을 참조하세요. 차트나 지도를 만들려고 하는데 다양한 유형의 예제가 필요하다면 6장과 7장의 시작 부분을 살펴보세요.

이제 이야기하고자 하는 내용에 대한 명확한 인식과 만들고자 하는 시각화에 대한 몇 가지 초기 아이디어를 얻었으므로 다음 두 절에서는 작업을 수행하기 위한 도구를 살펴보고, 도구를 선택할 때 고려해야 할 요소를 살펴보겠습니다.

## 1.2 도구를 선택할 때 고려해야 할 10가지 요소

끝이 없어 보이는 수많은 디지털 도구에 압도당해 어떤 것을 사용해야 할지 판단이 잘 서지 않을 겁니다. 여러분의 결정을 돕기 위해 새로운 시각화 도구나 온라인 서비스를 평가할 때 고려해야 할 10가지 주요 요소를 나열합니다. 옵션을 비교하고 의사결정을 할 때마다 갖가지 트레이드오프trade-off에 직면합니다. 예를 들어 원하는 것과 필요한 것, 쉬운 사용성과 넓은 확장성 사이에서 갈등하곤 합니다. 최대한 많은 정보를 제공하면 각자의 트레이드오프를 고려하여 자신에게 맞는 도구를 스스로 결정할 수 있을 겁니다. 다른 디지털 라이프에도 비슷한 프레임워크를 적용할 수 있도록 최대한 넓은 의미를 가진 용어를 사용했습니다.

### 1.2.1 학습 용이성

새로운 도구를 배우려면 얼마나 많은 시간이 필요할까요. 이는 바쁜 생활을 하고 있는 우리에겐 종종 가장 중요한 요소지만, 새로운 개념이나 도구를 배우는 시간과 에너지 투자는 개인의 사전 지식이나 주요 개념을 파악한 이전의 경험 등 많은 변수에 의해 결정됩니다.

이 책에서는 **쉬운 도구**easy tool라는 용어를 사용해 초심자에게 적합한 도구를 알려줍니다(물론 숙련자 중 일부도 쉬운 도구를 선호하긴 합니다). 쉬운 도구는 대부분 GUI를 특징으로 하는데, 이는 입력해야 할 명령을 기억하는 대신 풀다운 메뉴나 드래그 앤드 드롭 기능을 사용하여 명령을 수행함을 의미합니다. 또한 잘못된 선택을 하면 올바른 방향으로 안내하는 사용자 친화적인 오류 메시지를 제공합니다.

책 후반부에서는 코드 템플릿 같이 시각화를 보다 효과적으로 제어하고 사용자 정의할 수 있는 **강력한 도구**power tool를 소개합니다. 코드 템플릿을 이용하면 코드를 복사하고 수정하여 사용할 수 있으므로 코드를 처음부터 구현하는 것보다 더 쉽습니다. 전반적으로 이 책에서 사용할 도구를 결정할 때 배우기 쉬운 것을 우선순위로 고려했습니다. 사실 이 책의 초안에서 소개했던 무료 드래그 앤드 드롭 도구 몇 가지는 제외했는데, 필자들이 사용법을 설명하면서 따라 하기 어렵다고 느꼈기 때문입니다. 좋은 선택지가 많이 있을 경우 가장 단순한 것을 선택하는 것이 좋습니다.

### 1.2.2 무료 또는 저렴한 가격

도구를 무료로 사용할 수 있나요? 기본 서비스는 무료로 제공하지만 추가 고급 기능을 이용하려면 요금을 지불해야 하는 **프리미엄**freemium 상품인가요? 한 번 구매하면 평생 사용할 수 있는 상품인가요? 혹시 매달 구독료를 지불해야 하는 상품인가요? 가격이 적당한지에 대한 기준은 독자의 고려 사항에 따라 다를 것입니다.

많은 소프트웨어 개발자들은 비즈니스 모델을 통해 안정적인 수입이 발생하길 원하며 필자들은 작업에 필요한 도구라면 기꺼이 금액을 지불하고 사용합니다. 만약 여러분이 자주 사용하는 도구에 대안이 존재하지 않는다면 비즈니스 유지를 위해 일정 비용을 기꺼이 지불하려 할 것입니다. 하지만 이 책을 작성하면서 발견한 놀라운 사실은 품질이 훌륭한 데이터 시각화 도구 상당수가 무료로 제공되고 있다는 것입니다. 모든 독자가 데이터 시각화에 접근할 수 있도록 하기 위해 이 책에서는 핵심적인 기능을 무료로 제공하는 데이터 시각화 도구를 선택했습니다.

### 1.2.3 영향력

선택한 도구가 여러분이 원하는 모든 기능을 제공하나요? 예를 들어 여러분의 데이터 시각화 프로젝트를 위한 충분한 시각화 종류를 제공하나요? 물론 기능은 많으면 많을수록 좋지만 레이다 차트radar chart[1]나 폭포 차트waterfall chart[2]와 같은 일부 유형의 차트는 잘 알려지지 않았고 실제로 거의 사용하지도 않습니다. 또한 업로드할 수 있는 데이터양과 데이터 시각화 개수에 대한 제한도 잘 살펴봐야 합니다. 책의 초안에서 소개했다가 제외한 도구도 있는데, 그 도구는 프리미엄 상품으로서 무료 기능을 제공했지만, 웹에서 100회 이상 볼 경우 비용을 청구하는 구조였습니다. 또한 도구를 사용하여 시각화의 모양을 어느 정도 사용자 정의할 수 있습니까? 일반적으로 드래그 앤드 드롭 도구나 프리미엄 도구는 디스플레이 설정을 제한하기 때문에 원

1 https://ko.wikipedia.org/wiki/레이다_차트

2 https://oreil.ly/7f6AF

하는 형식으로 바꾸길 원한다면 보다 강력하고 사용자 정의 가능한 도구로 절충해야 할 수도 있습니다. 이 책에서는 여러분이 단순함과 영향력 사이에서 좋은 조합을 찾을 수 있도록 쉬운 도구부터 강력한 도구까지 차근차근 설명합니다.

### 1.2.4 지원

사용 중인 도구의 개발자가 주기적으로 소프트웨어를 업데이트하며 질문이나 문제에 빠르게 대응하나요? 도구를 지원하고 도구 사용법에 대한 갖가지 노하우를 공유하는 활성 사용자 커뮤니티가 있나요? 만약 여러분이 디지털 도구를 오랫동안 사용해왔다면 사용하던 서비스가 갑자기 종료되어 더 이상 지원을 받지 못해 당황한 경험이 있을 겁니다. 예를 들어 Killed By Google[3]에는 구글에 의해 서비스가 종료된 200여 개가 넘는 애플리케이션과 온라인 서비스 목록이 소개되어 있습니다. 그중 하나는 구글 퓨전 테이블Google Fusion Tables[4]이라는 꽤 유명한 데이터 시각화 도구인데, 이 책의 초안에서 한 장을 할애하여 이 도구를 다루기도 했습니다. 하지만 서비스 운영 10년만인 2019년에 서비스가 종료되어 이 책에서도 관련 내용을 삭제했습니다.

물론 우리는 어떤 온라인 도구가 지속될지 예측할 수 없습니다. 따라서 이 책에 소개한 도구들은 커뮤니티 활성화 정도, 업데이트 주기, 깃허브GitHub[5]에서 얻은 별의 개수, 스택 오버플로Stack Overflow[6]에 달린 답변 수 등을 종합적으로 고려한 후 선정했습니다. 하지만 미래도 과거와 비슷할 것이라고 절대 가정하지 마세요. 디지털 도구의 꾸준한 진화는 어떤 도구는 '멸종'한다는 것을 의미합니다.

### 1.2.5 이동성

얼마나 쉽게 데이터를 도구로 또는 도구에서 마이그레이션(이동)할 수 있습니까? 예를 들어 사용자가 위치, 텍스트 및 사진을 쉽게 업로드할 수 있지만 모든 작업을 내보낼 수 있는 방법이

---

3 https://killedbygoogle.com

4 https://ko.wikipedia.org/wiki/구글_퓨전_테이블

5 https://github.com

6 https://stackoverflow.com

없다는 것을 알게 되었을 때 우리는 유명한 소프트웨어 회사가 만든 온라인 스토리 지도 도구 추천을 중단했습니다!

디지털 기술의 변화는 피할 수 없기 때문에 필연적으로 모든 데이터를 다른 플랫폼으로 마이그레이션할 수 있어야 하며 이러한 궁극적인 전환에 대비하는 것은 여러분의 일입니다. 미래의 플랫폼에서 여러분의 프로젝트가 잘 작동할 수 있는 확률을 높이기 위해서는 과거 데이터를 잘 보관해야 합니다. 만약 여러분이 사용 중인 도구의 개발자가 당장 다음 달부터 서비스 제공을 중단한다고 선언하면 해당 서비스에 저장된 파일을 쉽게 추출하여 다른 도구로 업로드할 수 있나요? 여러분의 시각화 작업물을 미래에도 사용할 수 있게 만드는 가장 중요한 방법은 차트나 지도를 생성하는 소프트웨어와 데이터를 별도로 관리하는 것입니다. 이 책에서는 데이터를 쉽게 내려받아 옮길 수 있는 도구인지 고려하여 선정했습니다.

### 1.2.6 보안 및 개인 정보

이 카테고리는 보안 및 개인 정보(프라이버시)에 대한 관련 질문을 겸비합니다. 첫째, 온라인 도구 또는 서비스가 악의적인 해커 및 악성 프로그램으로부터 개인 정보를 보호하기 위해 합리적인 예방 조치를 취하고 있습니까? 위키백과에서 주요 데이터 침해 목록[7]를 검토하면 정보에 입각한 결정을 내리는 데 도움이 됩니다. 여러분이 사용하는 도구의 개발자가 최근 악의적인 데이터 해킹을 경험한 적이 있다면 어떻게 대응했는지 확인해보세요.

둘째, 브라우저를 통해 도구에 접근할 때 도구가 여러 사이트에서 사용자의 웹 활동을 추적하는지 살펴봐야 합니다. 또한 여러분이 중국에 있는 것이 아니라면 전 세계 서로 다른 정부에 의한 인터넷 검열[8]도 주의해야 합니다. 중국에서는 2019년 4월부터 위키백과 접속을 금하고 있습니다.[9]

마지막으로, 사용하는 도구가 우리가 입력한 데이터 또는 생성한 제품이 비공개로 유지될 것인지 아니면 공개될 것인지 명확하게 설명합니까? 예를 들어 일부 기업은 시각화 도구에 무료로 접근할 수 있도록 제공하지만 그 대가로 데이터, 차트 및 지도를 공개적으로 접근할 수 있도록 해야 합니다. 오픈 데이터를 사용하거나 이미 많은 언론인과 학자들이 그러하듯이 시각화를 자

7 https://oreil.ly/8LJj0
8 https://oreil.ly/D6NmK
9 https://ko.wikipedia.org/wiki/위키백과의_검열

유롭게 공유할 계획이라면 이러한 트레이드오프가 허용될 수 있습니다. 어떤 경우에도 도구를 사용하기 전에 서비스 약관이 명확하게 정의되어 있는지 확인하세요.

### 1.2.7 협력

사용하는 도구가 여러 명이 동시에 작업할 수 있고 데이터 시각화를 공동으로 만들 수 있는 기능을 제공하나요? 만약 그렇다면 사용하는 도구가 여러 가지 수준의 접근이나 버전 제어권을 제공해 사용자 간에 충돌이 생기지 않도록 방지하고 있나요? 이전 세대의 디지털 도구 대부분은 보안 및 개인 정보 이슈에 대응하기 위해 개인 사용자 중심으로 디자인했습니다. 그러나 오늘날에는 많은 데이터 시각화 프로젝트가 팀원들의 협력을 필요로 합니다. 성공을 위해서는 협업이 필수적입니다. 텍스트를 공동으로 작성하고 많은 시각화를 공동 제작한 이 책의 공동 저자로서 우리는 팀 작업 환경을 위해 디자인된 새로운 세대의 도구를 선호합니다.

### 1.2.8 크로스 플랫폼

이 카테고리는 디지털 콘텐츠를 만드는 것과 소비하는 것 둘 다 적용됩니다. 첫째, 사용하는 도구가 다양한 운영체제에서 작동 가능한가요? 이 책에서는 최신 웹 브라우저에서 작동하는 도구에 주목합니다. 즉, 여기서 소개할 도구들은 일반적으로 윈도우, 맥, 크롬북, 리눅스와 같은 모든 주요 데스크톱이나 노트북 플랫폼에서 작동한다는 의미입니다. 만약 특별한 컴퓨터 운영체제에서만 작동되는 경우가 있다면 이에 대해 명시할 것입니다. 이러한 도구는 저렴한 컴퓨터를 사용하는 사용자의 접근을 막을 수 있습니다.

둘째, 다양한 화면 크기에서도 잘 반응하는 시각화를 만들 수 있는지 확인해야 합니다. 어떤 차트나 지도는 스마트폰과 태블릿 같은 작은 기기에서는 잘 보이지 않습니다. 이 책에서는 작은 기기에서도 잘 작동하는 크로스 플랫폼 도구를 선호합니다. 하지만 모든 도구가 작은 기기에서 시각화를 할 수 있다고 기대해서는 안 됩니다. 다시 말해 우리가 어떠한 최신 웹 브라우저에서도 작동한다고 이야기할 때 때로는 스마트폰이나 태블릿 브라우저에서도 작동은 하지만 반드시 잘 작동한다는 것을 의미하지는 않습니다.

## 1.2.9 오픈 소스

사용하는 도구의 소프트웨어 코드를 공개적으로 확인할 수 있나요? 다른 개발자가 개선 사항을 제안하거나 새로운 기능 또는 확장을 구축할 수 있도록 코드를 수정하고 재배포할 수 있습니까? 우리는 많은 개발자가 그들의 도구에서 이윤을 얻기 위해 비공개 독점 코드에 의존한다는 것을 알고 있으며, 물론 이 책에도 그러한 도구 몇 가지를 소개합니다. 그러나 동시에, 아주 높은 수준의 데이터 시각화 도구가 여러 가지 형태의 오픈 소스 라이선스로 제공되고 있다는 사실에 놀랐습니다. 이러한 도구는 자발적으로 개발자들이 참여하는 커뮤니티와 비영리단체, 또는 오픈 소스 코드 개발의 경제적 이익을 잘 아는 영리단체에 의해 만들어졌습니다. 이 책에서는 오픈 소스 기능이 있는 도구를 추천하고 있습니다.

## 1.2.10 시각적 손상이 있는 독자를 위한 접근성

사용 중인 도구가 시각 장애가 있는 독자들도 접근할 수 있는 시각화를 생성하나요? 장애인복지법이 통과된 지 수십 년이 지났지만 디지털 기술은 여전히 뒤처져 있으며 특히 데이터 시각화 분야에서는 더욱 그렇습니다. 그러나 [그림 1-2]처럼 일부 도구는 색맹 테스트 기능을 내장[10]하고 있으며, 화면 판독기를 사용하여 시력이 좋지 않은 사용자를 위해 디자인한 차트 유형을 제공[11]하기도 합니다.

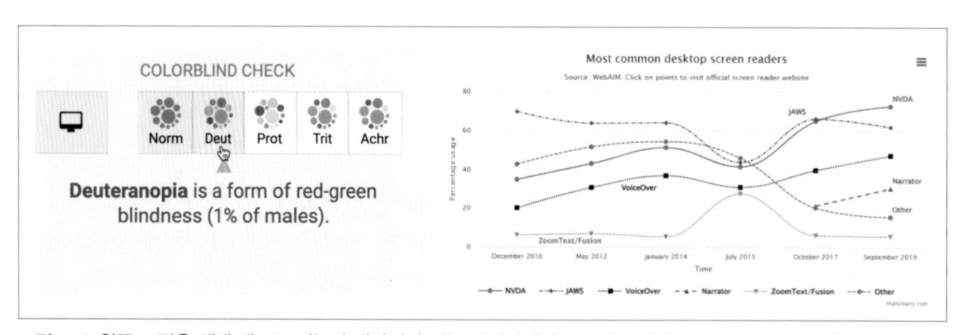


**그림 1-2** 왼쪽 그림은 색맹 테스트 기능이 내장되어 있는 데이터래퍼. 오른쪽 그림은 저시력 사용자를 위한 하이차트의 선 차트

10 https://oreil.ly/Z231v

11 https://oreil.ly/4XzXO

앞서 살펴본 10가지 요소는 이 책에 추가할 디지털 도구를 선정할 때 고려했던 내용입니다. 다음 절에서 설명하겠지만 이 과정에서 때때로 타협이 필요했습니다. 물론 소프트웨어 개발자의 도덕적 비즈니스 관행이나 공익에 대한 기여 등 판단하기 힘든 요소도 중요할 수 있습니다. 여러분도 의사결정 과정에서 중요시하는 가치를 명백히 해야 하며 어떤 요소가 영향을 미쳤는지 다른 사람들에게 알려야 합니다.

또한 도구 선정에 관한 다른 사람의 관점도 고려하세요. 시각화 디자이너인 리사 샬럿 로스트Lisa Charlotte Rost가 '하나의 차트를 24가지 도구로 재구성해보는 멋진 실험'[12]이라는 매혹적인 실험에 대한 글에서 '세상에 완벽한 도구는 없으며, 단지 특정 목적을 위한 좋은 도구만 존재합니다'라고 결론지었습니다. 이와 관련해 디지털 역사학자인 링컨 멀린Lincoln Mullen은 '디지털 도구를 신중하게 선택하기 위한 조언'[13]에서 첫 번째 조언으로 '가장 좋은 도구는 여러분이 작업을 수행하기 위해 이미 사용하고 있는 도구'라고 말했습니다. 새로운 도구를 사용한다고 해서 반드시 생산성이 향상될 거라는 익숙한 함정에 빠지지 마세요. 멀린의 두 번째 조언은 '여러분 동료가 사용하고 있는 도구를 선택하라'입니다. 객관적으로는 여러 가지 다른 도구를 사용하는 것이 좋을 수도 있지만 협업이나 서로 돕는 것을 제한하므로 단점이 더 클 수도 있다는 지적입니다.[14]

도구를 결정하는 데 고려해야 할 요소들을 살펴봤으니, 다음 절에서는 간단명료한 표를 살펴보며 각 장에서 소개할 추천 도구를 설명하겠습니다.

## 1.3 추천 도구

이 책을 집필할 때 우리 목표는 데이터 시각화 작업에서 초보자가 맞닥뜨릴 가능성이 높은 문제와 그 문제를 해결하는 디지털 도구를 찾는 것이었습니다. 앞 절에서는 학습 용이성, 무료 또는 저렴한 가격, 영향력 등 도구 추천을 위해 고려한 10가지 요소를 소개했습니다. 이 책에서

---

12 리사 샬럿 로스트, 「What I Learned Recreating One Chart Using 24 Tools」(Source, 2016년 12월 8일), https://oreil.ly/qIVcx

13 링컨 멀린, 「How to Make Prudent Choices About Your Tools」(ProfHacker, 2013년 8월 14일), https://oreil.ly/YsqCs

14 오드리 워터스(Audrey Watters)의 교육 도구 기준도 참고하세요. 「The Audrey Test: Or, What Should Every Techie Know About Education?」(Hack Education, 2012년 3월 17일), https://oreil.ly/cD9-Q

배우는 모든 도구 목록과 어떤 장에서 등장하는지 [표 1-1]에 정리했습니다. 여러분의 데이터 시각화 프로젝트에서는 이러한 도구 중 일부만 사용하거나 또는 한 가지 도구만 사용해야 할 수도 있습니다. 그러나 다양한 유형의 도구를 인식하는 것은 중요합니다. 도구의 존재를 모를 경우 추후 도구가 어떻게 도움을 줄 수 있는지 깨닫지 못할 수 있기 때문입니다.

**표 1-1** 각 장에서 다루는 추천 도구

| 도구 | 수집 | 정리 | 차트 | 지오코드 | 지도 | 테이블 | 코드 | 변환 |
|---|---|---|---|---|---|---|---|---|
| 구글 스프레드시트/차트 | 2장 | 4장 | 6장 | 2장 | | 8장 | | |
| 리브레오피스 캘크 스프레드시트/차트 | 2장 | | | | | | | |
| 에어테이블 관계형 데이터베이스 | 2장 | | | | | | | |
| 태블로 PDF 테이블 추출기 | | 4장 | | | | | | |
| 오픈리파인 데이터 클리너 | | 4장 | | | | | | |
| 데이터래퍼 차트/지도/테이블 | | | 6장 | 7장 | 7장 | 8장 | | |
| 태블로 퍼블릭 차트/지도/테이블 | | | 6장 | | 7장 | 7장 | | |
| Chart.js 코드 템플릿 | | | 11장 | | | | | |
| 하이차트 코드 템플릿 | | | 11장 | | | | | |
| 구글 내 지도 간단한 지도 제작기 | | | | 7장 | 7장 | | | |
| 리플릿 맵 코드 템플릿 | | | | | 12장 | | | |
| 깃허브 편집 & 호스트 코드 | | | | | | | 10장 | |
| 깃허브 데스크톱 & 아톰 코드 편집기 | | | | | | | 10장 | |
| GeoJson.io 편집 & 그리기 지오데이터 | | | | | | | | 13장 |
| 맵셰이퍼 편집 & 조인 지오데이터 | | | | | | | | 13장 |
| 맵 래퍼 지오레퍼런스 이미지 | | | | | | | | 13장 |

목록이 처음에 압도적으로 보이더라도 걱정하지 마세요! 초심자도 쉽게 배울 수 있는 두 개의 도구만으로도 입문 수준의 12개 장 내용 대부분을 완료할 수 있습니다. 2.1절 '스프레드시트 도구 선택'과 6.6절 '데이터래퍼 차트'에서 소개하는 두 가지 도구만으로도 놀라운 데이터 시각화를 만들 수 있습니다. 또한 데이터래퍼를 사용하면 구글 시트에서 데이터를 직접 가져오고 업데이트할 수 있기 때문에 함께 사용하여 작업할 수도 있습니다.

[표 1-1]에 나와 있는 도구 외에도 본문에서 지도 색상 선택을 도와주는 컬러브루어ColorBrewer (7.1절 '지도 디자인 원칙'), 구글 시트 부가 기능(애드온)인 지오코딩 바이 스마트멍키 Geocoding by SmartMonkey (2.6절 '구글 시트에서 주소 지오코딩하기'), W3Schools TryIt iframe page[15] (9.2절 '임베드 코드 또는 iframe 태그 가져오기') 등 유용한 부가 기능 및 보조 도구를 볼 수 있습니다. 또한 Electronic Frontier Foundation(EFF)의 무료 프라이버시 배저Privacy Badger 브라우저 확장 프로그램[16]을 설치해 누가 여러분을 추적하고 있는지 확인하고, EFF의 감시 자기방어 가이드Surveillance Self-Defense Guide[17]를 검토하세요.

우리는 어떤 특정 기준에서는 뛰어나지만 다른 기준에서는 그렇지 않은 도구에 대해 타협하곤 합니다. 예를 들어 이 책의 튜토리얼에서 가장 빈번하게 사용하는 구글 시트[18]는 쉽게 배울 수 있고, 무료이며, 매우 강력합니다. 그러나 구글 시트는 오픈 소스가 아니며, 일부 사람은 구글이 그들의 정보에 너무 많은 접근성을 갖게 되는 것을 우려합니다. 이러한 우려를 해소하려면 평소에 개인적으로 사용하는 구글 계정과 데이터 시각화 작업을 위한 구글 계정을 별도로 관리하는 방법으로 타협할 수 있습니다.

마지막으로 디지털 도구는 계속해서 변화하고 진화합니다. 이 책을 쓰는 동안 누군가가 언급하거나 트위터에 올려준 덕분에 발견한 몇몇 도구도 있었습니다. 시간이 지남에 따라 어떤 도구는 더 이상 살아남지 못할 수도 있지만, 데이터 스토리를 더 잘 전달하는 새로운 도구가 등장하기를 기대하기도 합니다.

## 1.4 패스워드 관리자 사용

마지막으로 패스워드 관리자password manager 사용을 적극 권장합니다. 패스워드 관리자를 모든 것을 통제하는 하나의 도구로 생각해도 됩니다. 패스워드 관리자는 여러분이 앞서 언급한 온라인 도구들을 사용하면서 만들게 될 모든 계정을 추적하도록 도와줍니다. 우리는 윈도우, 맥, 리눅스 컴퓨터, 모든 주요 웹 브라우저, iOS 및 안드로이드 모바일 기기에서도 사용할 수 있는 무료 오픈 소스 패스워드 관리자인 비트워든Bitwarden[19]을 추천합니다. 비트워든을 설치하면 하나의 범용 패스워드universal password를 만들게 되는데(절대 잊지 않도록 주의해야 합니다), 이 범용 패스워드를 통해 목록에 있는 모든 계정의 사용자 이름과 패스워드에 접근할 수 있게 됩니

15 https://oreil.ly/xgWyc

16 https://privacybadger.org

17 https://ssd.eff.org

18 https://oreil.ly/d7iYi

19 https://bitwarden.com

다. 또한 비트워든 확장 프로그램을 원하는 브라우저에 설치할 수도 있습니다. 이렇게 하면 새로운 계정을 만들고 비밀번호를 저장할 때마다 암호화시켜 비트워든에 저장할 수 있습니다. 계정을 이미 만든 사이트를 방문할 때는 [그림 1-3]처럼 클릭 한 번으로 로그인이 가능해집니다.

크롬이나 파이어폭스 같은 특정 웹 브라우저 대신 비트워든 같은 패스워드 관리자에 여러분의 패스워드를 저장하는 걸 권장하는 이유는 두 가지입니다. 첫째, 노트북이나 스마트폰을 포함한 여러 브라우저나 디바이스에 흩어져 있는 패스워드를 모으고 접근할 수 있게 해줍니다. 둘째, 주로 사용하는 브라우저나 컴퓨터가 작동하지 않더라도 비트워든을 통해 다른 컴퓨터에서 동일한 작업을 계속 수행할 수 있습니다.

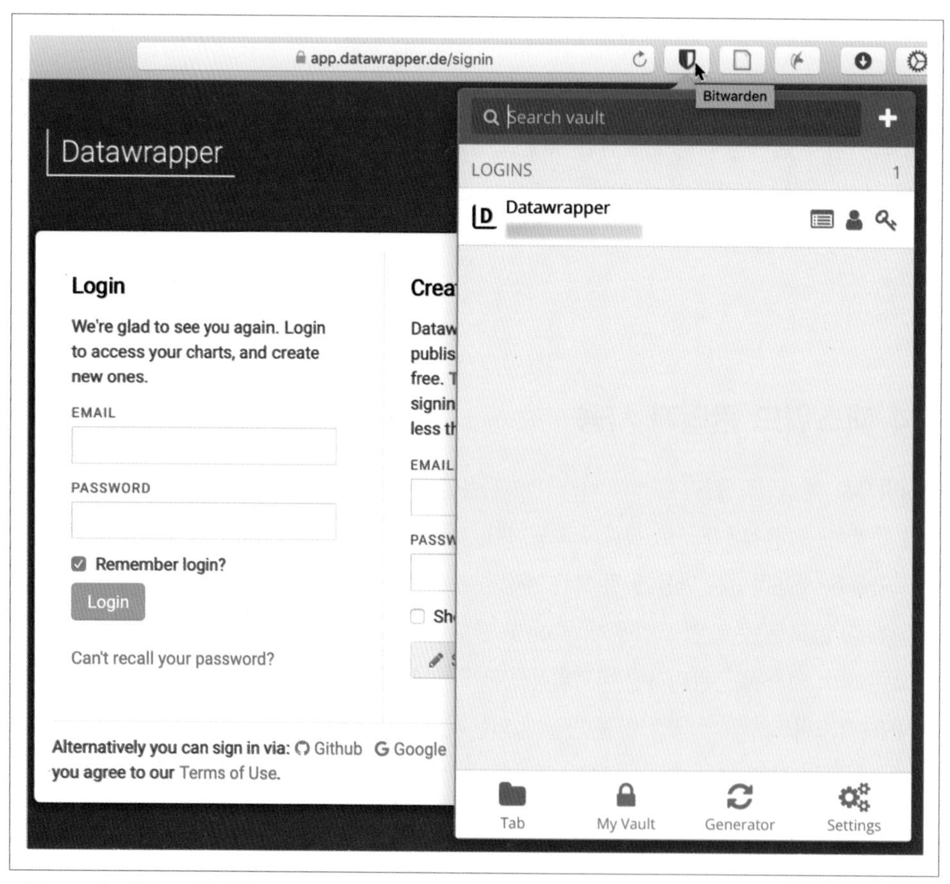


**그림 1-3** 비트워든 브라우저 확장은 로그인 및 패스워드 정보가 저장된 사이트를 인식해 클릭 한 번으로 접속 가능하게 해줍니다.

## 1.5 마치며

이제 이 책에서 추천하고 있는 데이터 시각화 도구와 이 도구들을 선택한 이유를 어느 정도 이해했을 거라 생각합니다. 언제나 '데이터 스토리'를 가장 중요하게 생각해야 합니다. 도구는 목적(데이터 스토리텔링)을 달성하기 위한 수단일 뿐입니다. 다음 장에서는 가장 기본적인 데이터 시각화 도구인 스프레드시트를 다루는 기술을 향상시키겠습니다.

CHAPTER 2

# 스프레드시트 스킬 강화하기

데이터 시각화 디자인을 시작하기 전에 일정 수준의 스프레드시트 스킬을 갖추는 것은 매우 중요합니다. 이 주제에 대해 강의를 진행하면서 많은 사람이 학교나 직장에서 스프레드시트 사용법을 정식으로 배운 적이 없다고 이야기했습니다. 하지만 스프레드시트 스킬은 지루한 업무로부터 여러분의 시간을 아껴줄 뿐만 아니라 데이터에 숨어 있는 이야기를 찾을 수 있게 해준다는 점에서 매우 중요합니다.

책 후반부에서 만들게 될 대화형 차트나 지도는 데이터 테이블을 기반으로 만들어지며, 일반적으로 구글 시트나 리브레오피스LibreOffice, 마이크로소프트 엑셀 같은 스프레드시트 도구로 열어볼 수 있습니다. 스프레드시트는 일반적으로 [그림 2-1]과 같이 숫자나 텍스트 데이터로 이뤄진 행row과 열column을 포함합니다. 첫 번째 행은 종종 각 열에 담긴 데이터를 설명하는 헤더header를 포함합니다. 그리고 `C2`와 같이 그리드grid 내 각 셀이나 박스가 참조될 수 있도록 열은 자동으로 알파벳으로, 행은 번호로 레이블이 지정됩니다. 셀을 클릭하면 자동으로 다른 셀을 참조해 계산할 수 있는 수식을 보여줍니다. 수식은 등호(`=`)로 시작하며 다른 셀을 더하거나(`=C2+C3+C4`) 특정 연산을 수행하는 함수(예를 들면 `=average(C2:C7)`처럼 셀 범위의 평균을 계산)를 포함합니다. 일부 스프레드시트 파일은 여러 시트(워크북이라고도 함)를 포함하고 있으며, 탭을 통해 특정 시트에 접근할 수 있습니다.

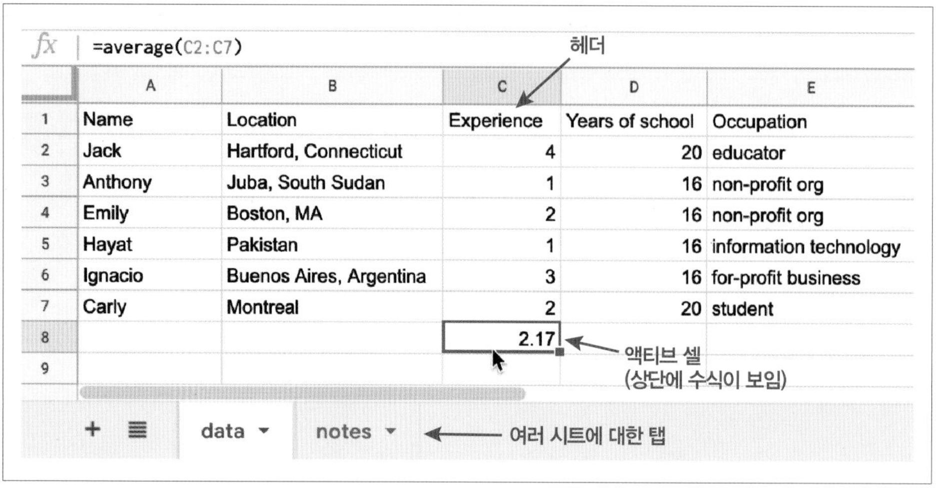

fx | =average(C2:C7)

헤더

| | A | B | C | D | E |
|---|---|---|---|---|---|
| 1 | Name | Location | Experience | Years of school | Occupation |
| 2 | Jack | Hartford, Connecticut | 4 | 20 | educator |
| 3 | Anthony | Juba, South Sudan | 1 | 16 | non-profit org |
| 4 | Emily | Boston, MA | 2 | 16 | non-profit org |
| 5 | Hayat | Pakistan | 1 | 16 | information technology |
| 6 | Ignacio | Buenos Aires, Argentina | 3 | 16 | for-profit business |
| 7 | Carly | Montreal | 2 | 20 | student |
| 8 | | | 2.17 | | |
| 9 | | | | | |

액티브 셀
(상단에 수식이 보임)

+ ≡ data ▾ notes ▾ 여러 시트에 대한 탭

**그림 2-1** 일반적인 스프레드시트는 헤더, 탭 그리고 수식을 보여주는 액티브 셀로 구성됩니다.

이 장은 2.4절 '구글 시트 공유하기', 2.5절 '구글 시트 업로드하고 변환하기', 2.6절 '구글 시트에서 주소 지오코딩하기', 2.7절 '구글 설문지로 데이터 수집하기'에서 기본 과정을 살펴보는 것으로 시작합니다. 그리고 데이터를 정리하고 분석하는 단계로 넘어갑니다. 이 단계에서는 2.8절 '데이터 정렬 및 필터', 2.9절 '수식을 사용해 계산하기', 2.10절 '피벗 테이블을 사용해 데이터 요약하기'를 설명합니다. 마지막으로 2.11절 'VLOOKUP을 사용해 열 매칭하기'와 2.12절 '스프레드시트와 관계형 데이터베이스'를 통해 여러 시트를 연결하는 방법을 학습합니다. 이 모든 방법을 여러분이 초심자라고 가정하고 설명하므로 내용을 이해하는 데 있어서 어떠한 사전 지식도 필요하지 않습니다.

이러한 스킬 중 몇 가지는 여러분이 관심을 가질 만한 샘플 데이터를 사용해 연습합니다. 이 샘플 데이터는 바로 여러분과 같은 독자들이 구성했기 때문입니다. 지금까지 3,500명이 넘는 이 책의 독자가 거주 위치, 교육 수준, 데이터 시각화를 배우려는 목적 등을 묻는 설문 조사에 참여했습니다. 아직 설문 조사에 참여하지 않았다면 설문지에 여러분의 답변을 작성[1]해주세요. 이 과정에서 설문을 작성하는 방법과 그 결과물을 공공 샘플 데이터[2]를 통해 확인할 수 있습니다.

만약 여러분이 컴퓨터를 활용해 지루하고 반복적인 데이터 준비 작업을 간단하게 만들고자 한다면 이 장에서 많은 것을 배우게 될 것입니다. 이미 스프레드시트에 익숙하더라도 적어도 한

1 https://oreil.ly/GXTUT

2 https://oreil.ly/_Lpm8

번쯤 훑어보기를 권장합니다. 이 책 후반부에서 차트와 지도를 보다 효율적으로 작성하는 한두 가지 요령을 배울 수 있기 때문입니다.

## 2.1 스프레드시트 도구 선택

어떤 스프레드시트 도구를 사용해야 할까요? 1장에서 자세히 설명한 것처럼 정답은 여러분 작업에 관한 다양한 질문에 어떻게 대답하느냐에 따라 달라집니다.

첫째, 여러분의 데이터는 공공public 데이터인가요 아니면 사적private 데이터인가요? 만약 사적 데이터라면 온라인 스프레스시트 도구를 사용해 자동으로 데이터를 클라우드에 저장할 때 우발적으로 생길 수 있는 데이터 유출 위험을 줄이기 위해 다운로드 가능한downloadable 스프레드시트 도구를 여러분의 로컬 컴퓨터 환경에서 사용할 것을 고려해야 합니다. 둘째, 혼자 일하나요 아니면 다른 사람과 함께 일하나요? 협업 프로젝트의 경우 다른 팀 구성원이 동시에 데이터를 보거나 편집할 수 있도록 디자인된 온라인 스프레드시트 사용을 고려해야 합니다. 셋째, 데이터를 CSV(쉼표로 구분된 값) 같은 특정 포맷(다음 절에서 설명)으로 불러오거나 내보내야 하나요? 그렇다면 해당 포맷을 지원하는 스프레드시트 도구를 선정하는 것이 중요합니다. 마지막으로, 무료 도구를 선호하나요, 아니면 유료 도구를 선호하나요, 아니면 오픈 소스 개발에 대한 기부를 받는 도구를 선호하나요?

다음은 위 질문들에 기반해 자주 사용하는 3가지 스프레드시트 도구를 비교한 것입니다.

#### 구글 시트

어떠한 최신 웹 브라우저에서도 작동하는 무료 온라인 스프레드시트로서 데이터를 자동으로 클라우드에 저장합니다. 업로드되는 데이터는 기본적으로 사적 데이터지만 특정인이나 인터넷상의 모든 사용자와 공유하도록 선택할 수 있으며, 구글 문서Google Docs처럼 실시간으로 여러 사람이 확인하거나 수정하는 등의 협업도 가능합니다. 구글 시트Google Sheets는 데이터를 CSVcomma-separated values, ODSOpen-Documents Spreadsheet, 엑셀Excel, 그리고 다른 여러 포맷으로 불러오거나import 내보낼 수export 있습니다.

구글 메일Google Mail 계정과 동일한 사용자 이름으로 무료 개인 구글 드라이브Google Drive[3] 계정을 등록하거나, 구글로부터 여러분의 사생활을 조금 더 지키고 싶다면 새로운 사용자 이름으로 별도의 계정을 만들 수도 있습니다. 또 다른 옵션은 구글 워크스페이스Google Workspace[4] 비즈니스 계정을 구독하는 것인데, 대규모 조직이나 교육 기관에 맞춰진 기능을 제공하긴 하지만 기본적으로 제공하는 도구는 비슷합니다.[5]

#### 리브레오피스

맥, 윈도우, 리눅스 컴퓨터에서 사용할 수 있으며 무료 다운로드가 가능한 도구 모음입니다. 캘크Calc 스프레드시트를 포함하고 있으며, 마이크로소프트 오피스Microsoft Office 대안으로 점점 인기가 높아지고 있습니다. 리브레오피스를 다운로드하면 리브레오피스의 스폰서 조직인 도큐먼트 재단The Document Foundation(TDF)에서 오픈 소스 소프트웨어 개발 유지를 위한 기부를 요청할 것입니다. 캘크 스프레드시트 도구는 ODS 포맷뿐만 아니라 CSV, 엑셀 등의 포맷을 불러오고 내보내기할 수 있습니다. 현재 온라인 협업 플랫폼이 개발 중에 있으나 아직 널리 사용할 수 없습니다.

#### 마이크로소프트 엑셀

마이크로소프트 오피스 제품군Microsoft Office suite에 포함된 스프레드시트 도구이며 버전이 매우 많습니다. 시간이 지남에 따라 상품의 이름을 계속해서 변경했기 때문에 다소 헷갈리기 쉽습니다. 마이크로소프트 365[6]를 유료 구독한다면 두 가지 버전을 사용할 수 있습니다. 하나는 모든 기능이 들어 있는 다운로드 가능한 버전의 엑셀(사람들이 흔히 '엑셀'이라고 지칭하는 것)을 맥이나 윈도우 또는 다른 기기에서 사용하는 것이고, 다른 하나는 브라우저에서 간단한 온라인 엑셀에 접근해 마이크로소프트의 온라인 호스팅 서비스를 통해 동료와 파일을 공유하는 것입니다.

구독료를 지불하고 싶지 않은 경우 마이크로소프트 웹사이트[7]에서 온라인 엑셀 무료 버전을 사용할 수 있지만 모든 기능이 포함되어 있지 않습니다. 온라인 엑셀은 여러 가지 제약이 존재하는데, 예를 들어 유료 버전이든 무료 버전이든 파일을 단일 시트 일반 CSV 포맷으로 저장할 수 없습니다. CSV 포맷 저장은 이후 장에서 설명하는 일부 데이터 시각화 도

3 https://drive.google.com
4 https://workspace.google.com
5 옮긴이_ 사용자 저장 공간, 고급 이메일 전송 옵션, 대화 기능 등을 추가로 제공합니다.
6 https://www.microsoft.com/ko-kr/microsoft-365
7 https://office.com

구에서 필요로 하는 중요한 기능입니다. 여러분이 CSV 포맷으로 데이터를 내보내야 한다면 마이크로소프트 365를 유료 구독하고 엑셀 도구를 다운로드해서 사용해야 합니다.

사용할 스프레드시트 도구를 결정하는 것은 결코 간단한 선택이 아닙니다. 우리의 결정은 비용이나 데이터 포맷, 개인 정보 문제 및 동료의 개인적인 선호도에 따라 프로젝트마다 바뀔 수 있습니다. 그리고 가끔 여러분 동료나 고객이 협업을 위해 디자인된 스프레드시트 도구 플랫폼을 통해 공유하는 대신 민감하지 않은 스프레드시트 데이터는 이메일에 첨부하여 전달받고 싶어할 수도 있습니다. 따라서 앞서 언급한 자주 사용하는 세 가지 스프레드시트 도구에 대해 익숙해지고 각각의 장단점을 이해하는 것이 좋습니다.

이 책에서는 대부분의 예제에 주로 구글 시트를 사용합니다. 이 책을 통해 배포하는 모든 데이터는 공공 데이터입니다. 독자 여러분을 위해 데이터 파일 링크를 공유하고 여러분이 직접 오리지널 버전을 보고 자신의 구글 드라이브에서 수정하거나 다른 포맷으로 다운로드해 리브레오피스나 엑셀에서 사용할 수 있도록 할 것입니다. 따라서 우리는 협업을 위해 디자인된 스프레드시트 도구를 원한다고 볼 수 있습니다. 이 책에서 가르치는 스프레드시트 기술이나 방법은 대부분 다른 스프레드시트 도구에서도 통용된다고 볼 수 있습니다. 만일 예외적인 부분이 있다면 별도로 언급하겠습니다.

**일반적인 데이터 포맷**

스프레드시트 도구는 데이터를 다양한 포맷으로 구성합니다. 스프레드시트 데이터를 여러분 컴퓨터에 다운로드하면 일반적으로 파일 이름 뒤에 마침표와 데이터 포맷을 나타내는 약어로 확장자가 표시됩니다. 이 책에서 일반적으로 사용하는 데이터 포맷은 다음과 같습니다.

**.csv**

CSV는 간단한 데이터가 들어 있는 단일 시트의 일반적인 포맷이며 수식이나 스타일링 등은 저장하지 않습니다.

**.ods**

ODS는 멀티탭 시트(여러 개의 시트)를 저장하는 표준화된 오픈 포맷이며 수식이나 스타일링 등을 저장합니다.

**.xlsx(예전 버전은 .xls)**

엑셀은 마이크로소프트 포맷이며 멀티탭 시트, 수식, 스타일링 등을 지원합니다.

`.gsheet`

구글 시트는 멀티탭 시트, 수식, 스타일링 등을 지원합니다. 하지만 온라인에서 사용하도록 디자인되었기 때문에 여러분 컴퓨터에서는 일반적으로 볼 수 없습니다.

**TIP** 맥 컴퓨터는 기본적으로 파일 확장자를 숨깁니다. 그러므로 `data.csv`, `map.geojson`처럼 점 뒤에 약어로 표시된 파일 포맷을 확인할 수 없습니다. '찾기(Finder) > 환경 설정(Preferences) > 고급(Advanced)'을 선택하고 '모든 파일 확장자 보기(Show all filename extensions)' 박스를 체크해 파일 확장자가 보이도록 설정을 변경할 것을 추천합니다.

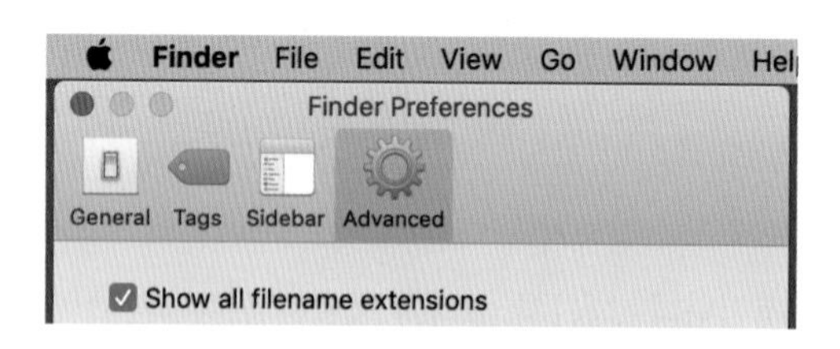


## 2.2 CSV 또는 ODS 형식으로 다운로드하기

1장에서는 기술이 발전함에 따라 데이터를 다른 플랫폼으로 마이그레이션할 수 있도록 이동성을 지원하는 소프트웨어를 권장하는 이유를 알아보았습니다. 백업 기능 사용이 쉽지 않은 도구, 즉 데이터를 쉽게 되돌릴 수 없는 도구에 여러분의 중요한 데이터를 업로드하지 마세요. 이상적인 스프레드시트 도구는 여러분의 작업물을 CSV나 ODS 같이 범용 또는 오픈 데이터 파일 포맷으로 내보낼 수 있게 해주기 때문에 다른 플랫폼으로 쉽게 데이터를 마이그레이션할 수 있습니다.

**CAUTION_** 멀티탭과 수식이 포함되어 있는 스프레드시트에서 작업하고 있다면 CSV 포맷으로 내보낼 때 **액티브 시트**(현재 보고 있는 시트)만 저장하고, 해당 시트에 있는 **데이터**만 저장하게 됩니다(즉, 수식을 포함하고 있다면 해당 수식을 통해 산출된 결괏값만 표시됩니다). 이 책 후반부에서 데이터 시각화 도구로 불러오기 위해 CSV 파일을 작성해야 할 경우가 있는데, 만약 자료가 수식을 포함한 멀티탭 스프레드시트라면 반드시 원본을 복사해두어야 합니다.

이 책에서 구글 시트를 사용하는 이유 중 하나는 구글 시트가 데이터를 몇 가지 일반적인 포맷으로 내보낼 수 있기 때문입니다. 이를 확인하기 위해 일단 구글 시트 샘플 데이터 파일Google Sheets sample data file[8]을 새로운 탭으로 열어봅시다. 그리고 [그림 2-2]에서 보이는 것처럼 '파일(File) > 다운로드(Download)'를 선택해 CSV 포맷(액티브 시트의 데이터만 저장)이나 ODS 포맷(모든 멀티탭 스프레드시트에 있는 데이터와 수식 저장) 또는 엑셀과 같은 다른 포맷으로 저장합니다. 이와 유사하게 다운로드 가능한 리브레오피스와 캘크 스프레드시트 도구에서도 '파일(File) > 저장(Save As)'을 선택해 데이터를 ODS, CSV, 엑셀 등 다른 포맷으로 내보낼 수 있습니다.

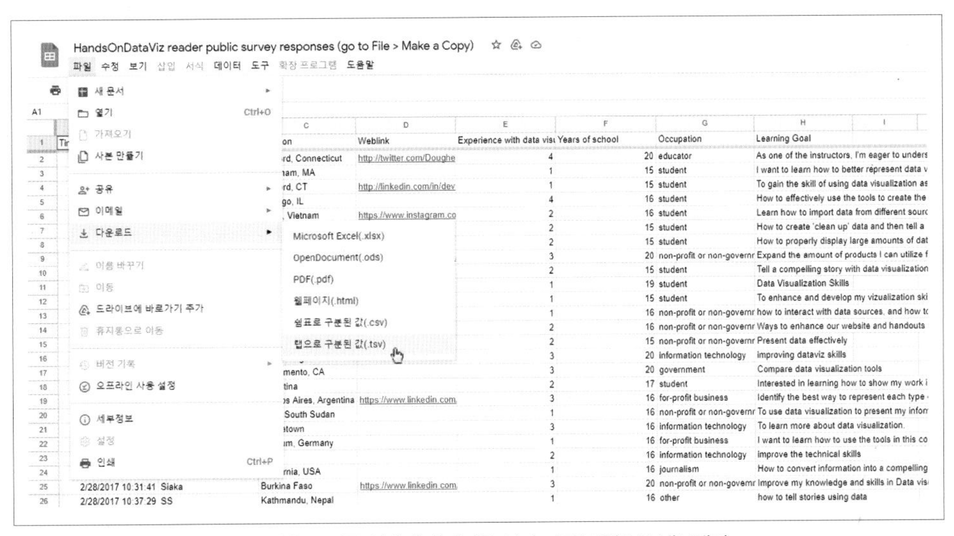

그림 2-2 구글 시트에서 '파일 > 다운로드'를 선택해 데이터를 여러 가지 포맷으로 내보내기

마이크로소프트 엑셀에서 데이터를 내보내는 작업은 다소 까다롭습니다. 여러분의 브라우저에서 온라인 엑셀 도구(무료 및 유료 버전)를 사용한다면 파일을 일반적인 단일 시트 CSV 포맷으로 저장할 수 없습니다. CSV 포맷은 추후 데이터 시각화 도구를 실습할 때 필요합니다. 다운로드 가능한 엑셀 도구(구독료를 내고 구매한 제품)에서만 CSV 포맷으로 내보낼 수 있습니다. 하지만 다운로드 가능한 엑셀 도구를 사용하더라도 CSV 포맷으로 저장하는 과정이 약간 복잡합니다.

8 https://oreil.ly/jCZg6

첫째, CSV 옵션이 여러 개 있는 경우 CSV UTF-8을 선택합니다. CSV UTF-8은 서로 다른 컴퓨터 플랫폼에서 가장 잘 동작합니다. 둘째, 만약 여러분의 작업물이 여러 개의 시트(탭) 또는 수식을 포함하고 있다면 해당 파일을 CSV 포맷으로 저장할 수 없다는 경고 메시지를 보게 될 것입니다. 여기서 CSV 파일로 저장하면 액티브 시트(모든 시트 아님)에 있는 수식을 제외한 데이터만 저장됩니다. 이 내용을 이해했다면 '확인' 버튼을 눌러 계속 진행합니다. 셋째, 다음 화면에서는 앞서 언급한 이유로 엑셀 파일을 CSV 포맷으로 저장할 때 '데이터 유실 가능'에 대한 경고문이 뜨게 됩니다. 전체적으로 다운로드 가능한 엑셀 도구를 사용할 때는 먼저 엑셀 파일의 풀 버전을 XLSX 포맷으로 저장한 후 단일 시트를 CSV 포맷으로 내보내기 합니다.

스프레드시트 데이터를 오픈 포맷으로 내보내는 방법을 알아두면 이후 장에서 설명하는 다른 데이터 시각화 도구 또는 플랫폼으로 데이터를 마이그레이션할 수 있습니다. 데이터 이동성data portability은 차트 및 지도가 향후에도 잘 작동할 수 있게 하는 핵심 요소입니다.

## 2.3 구글 시트 복사본 만들기

이 책에서는 구글 시트를 사용하여 여러 데이터 파일을 제공합니다. 링크는 온라인 파일로 연결되어 있으며 해당 파일에 대해 공유 설정을 해놓았기 때문에 누구나 원본을 볼 수 있지만 수정은 할 수 없습니다. 이렇게 하면 누구나 데이터에 접근할 수 있지만 실수로 데이터를 수정하는 일을 방지할 수 있습니다. 이 장에서 몇 가지 예제를 연습하려면 여러분이 직접 구글 시트를 수정할 수 있도록 구글 시트의 복사본을 만드는 방법을 알아야 합니다.

**01** 『핸즈온 데이터 시각화』 독자 공공 설문 조사 응답 구글 시트[9]를 브라우저의 새 탭에 엽니다. 우리는 이 파일을 인터넷상의 모든 사용자가 볼 수 있지만 수정할 수 없도록 '보기 전용'으로 설정했습니다. 이 설문 조사 내용이 기억나지 않는다면 장 시작 부분을 확인해보세요.

**02** 오른쪽 상단에 있는 파란색 '로그인' 버튼을 클릭하여 본인의 구글 계정에 로그인합니다.

**03** '파일 > 사본 만들기'를 선택하고 '사본 생성'을 클릭해 이 구글 시트의 복사본을 여러분 구글 드라이브에 저장합니다. 기존 이름을 삭제하고 새로운 이름으로 저장할 수도 있습니다.

9 https://oreil.ly/SOuTl

**04** 관련 파일을 쉽게 찾을 수 있도록 폴더를 만들어 구글 드라이브의 파일을 정리합니다. 예를 들어 '내 드라이브'를 클릭하고 '내 드라이브'의 오른쪽에 있는 화살표(>)를 클릭한 뒤 '새로운 폴더( )'를 클릭해 새로운 폴더를 만들고 '확인'을 클릭합니다.

구글 시트의 복사본은 기본적으로 사용자만 볼 수 있습니다. 다음 절에서는 구글 시트 데이터를 다른 사용자와 공유하기 위한 다양한 옵션을 알아봅니다.

## 2.4 구글 시트 공유하기

만약 다른 사람과 함께 협업 프로젝트를 진행한다면 구글 시트는 여러분의 데이터를 온라인상에서 공유할 수 있는 몇 가지 방법을 제공합니다. 이때 구글 계정을 소유하지 않은 사람과도 공유할 수 있습니다. 새로운 시트를 만들면 기본적으로 그 내용은 여러분만 보거나 수정할 수 있습니다. 이 절에서는 공유 버튼을 사용하여 다른 사람과 공유할 수 있는 방법을 알아보겠습니다.

**01** 구글 드라이브 계정에 로그인한 후 '새로 만들기'를 클릭하고 'Google 스프레드시트'를 선택해 빈 스프레드시트를 만듭니다. 다음 단계로 가기 위해서는 파일 이름을 정해줘야 합니다.

**02** 오른쪽 상단에서 '공유'를 클릭하면 '사용자 및 그룹과 공유' 옵션이 나타납니다.

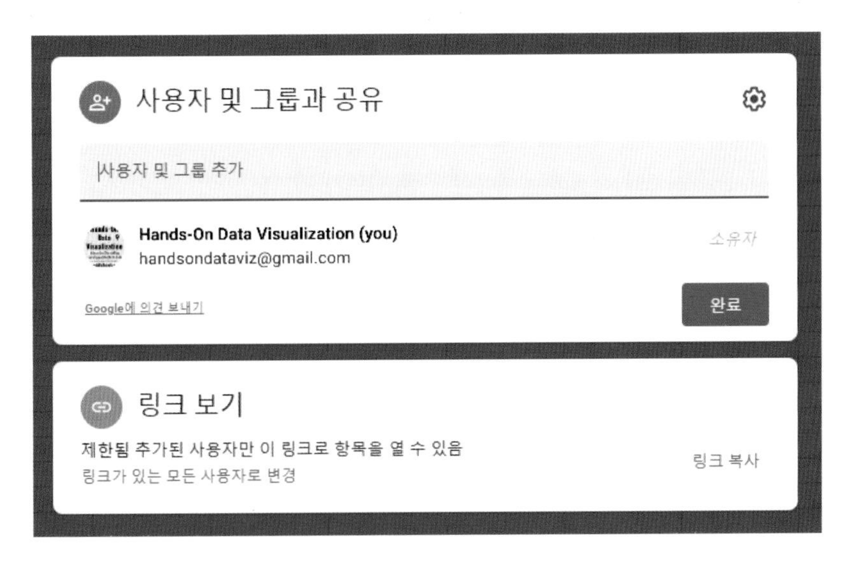

**03** '사용자 및 그룹 추가' 필드에 구글 사용자명을 입력해 특정인에게 파일에 대한 접근을 허용할 수 있습니다. 추가한 각 사용자 또는 그룹에 대해 다음 단계에서 '뷰어(Viewer)', '댓글 작성자(Commenter)' 또는 '편집자(Editor)'를 선택해 파일에 대한 권한을 부여할 수 있습니다. 파일 링크나 메시지를 통해 공유받을 사람에게 알림을 줄 수도 있습니다.

**04** 링크 보기(Get link)에서 '링크가 있는 모든 사용자로 변경'을 클릭하면 더 많은 사람에게 접근 권한을 부여할 수 있습니다. 이 기능을 선택하면 디폴트로 모든 사람이 파일을 볼 수 있는 권한을 얻게 되지만 이에 대해 코멘트를 달거나 고칠 수 있도록 권한 변경도 가능합니다. 또한 '링크 복사'를 클릭하여 여러분 데이터에 대한 웹 주소를 이메일이나 웹사이트를 통해 공유할 수도 있습니다.

**TIP** 만약 `https://docs.google.com/spreadsheets/d/1egX_akJccnCSzdk1aaDdtrEGe5HcaTrlOWYf6mJ3Uo`과 같이 매우 길고 지저분해 보이는 구글 시트 웹 주소를 공유하고 싶지 않다면 무료 링크 단축 서비스를 이용하세요. 예를 들어 무료 Bitly[10] 계정과 편리한 크롬 브라우저 확장[11] 또는 파이어폭스 브라우저 확장[12]을 사용해 긴 URL를 붙여넣으면 `bit.ly/reader-responses`처럼 짧게 변환해줍니다. 만약 다른 사람이 이미 같은 사용자 이름을 사용하고 있다면 다른 이름을 사용해야 합니다. `bit.ly` 링크는 대소문자를 구별하기 때문에 모두 소문자로 만들 것을 권장합니다.

구글 시트를 공유하기 위한 여러 옵션을 배웠으니 이제 다양한 포맷의 데이터를 업로드하고 변환하는 방법을 알아봅시다.

## 2.5 구글 시트 업로드하고 변환하기

우리가 이 책에서 구글 시트를 소개하는 이유는 구글 시트가 데이터 마이그레이션을 지원하므로 파일을 다양한 포맷으로 불러오고 내보낼 수 있기 때문입니다. 하지만 불러오기 기능은 구글 드라이브 설정 기어 심벌을 클릭해야 볼 수 있는 '업로드 변환' 박스가 체크되어 있어야 잘 작동합니다. 이 박스가 체크되어 있으면 마이크로소프트 엑셀 시트가 자동으로 구글 시트 포맷으로 변환되어 수정하기가 쉬워집니다(그리고 마이크로소프트 워드와 파워포인트 파일도 구

10 https://bitly.com
11 https://oreil.ly/fCTCN
12 https://oreil.ly/JtNVP

글 도큐먼트와 슬라이드 포맷으로 변환해줍니다). 이 박스를 체크하지 않으면 구글은 여러분 파일의 원본 서식을 유지하므로 파일 수정이 어려워집니다. 구글은 새 계정에서 기본적으로 이 변환 설정을 해제하므로 설정하는 방법을 알아보겠습니다.

**01** 여러분 컴퓨터에 저장된 엑셀 파일 중 샘플로 사용할 만한 파일을 찾습니다. 만약 엑셀 파일이 없다면『핸즈온 데이터 시각화』의 독자 공공 설문 조사 응답 구글 시트의 일부 내용이 담긴 엑셀 파일[13]을 열고 여러분 컴퓨터에 다운로드해 사용하도록 합니다.

**02** 구글 드라이브 계정에 로그인하고 오른쪽 상단에 있는 기어 심벌(⚙)을 클릭하고 '설정'을 클릭하여 설정 화면을 엽니다. 주의해야 할 점은 이 기어 심벌은 구글 드라이브 페이지에서만 설정할 수 있고 구글 시트 내에서는 설정할 수 없다는 것입니다.

**03** 설정 화면에서 '업로드된 파일을 Google Docs 편집기 형식으로 변환' 박스를 체크하고 '완료'를 클릭합니다. 이 변환된 설정은 전역적으로 적용되어 해당 기능을 끄지 않는 한 엑셀, 워드, 파워포인트 등 업로드하는 모든 파일을 변환합니다.

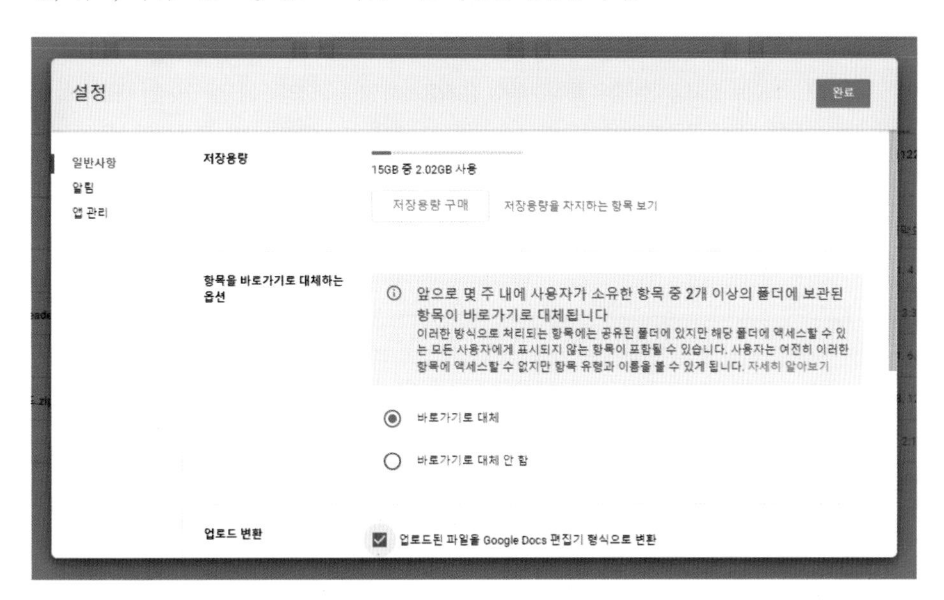


13 https://oreil.ly/pu8cr

**04** 여러분 컴퓨터에서 구글 드라이브로 샘플 엑셀 파일을 업로드합니다. 원하는 폴더로 드래그 앤드 드롭하거나 '새로 만들기' 버튼을 클릭하고 '파일 업로드'를 선택합니다.

만약 '업로드 변환'을 선택하지 않은 경우 구글 드라이브는 업로드된 파일의 원본 포맷을 유지하면서 그들의 아이콘이나 `.xlsx`나 `.csv` 같은 파일 이름 확장자를 표시합니다.

**Google Sheets file**

**Microsoft Excel file.xlsx**

**Comma Separated Values file.csv**

TIP 이제 구글 드라이브를 통해 마이크로소프트 오피스 파일 포맷을 수정할 수 있지만 모든 기능이 플랫폼에서 원활하게 작동하는 것은 아닙니다. 또한 구글 드라이브에서는 '파일 > Google 시트로 저장' 메뉴를 통해 업로드된 특정 엑셀 파일을 구글 포맷으로 변환할 수 있게 해줍니다. 마지막으로 개별 파일을 구글 드라이브로 변환하려면 전역(글로벌) 변환 설정을 해제한 상태에서 '파일 > 가져오기 > 업로드'를 선택합니다. 하지만 여러분이 구글 드라이브를 사용하는 경우 특정 기능이 잘 작동하지 않을 것이라는 사실을 인지한 채로 엑셀 형식 파일을 수정하기 위해 구글 드라이브를 사용하는 것이 아니라면 앞서 설명한 대로 전역 변환 설정을 켜는 것이 좋습니다.

이제 데이터셋을 업로드하고 변환하는 방법을 알았으니 다음 절에서는 주소 데이터를 위도와 경도 좌푯값으로 지오코딩geocoding(지역 코드화)하는 구글 시트 부가 기능 도구(애드온 도구add-on tool)를 설치하고 사용하는 방법을 설명하겠습니다.

## 2.6 구글 시트에서 주소 지오코딩하기

이 절에서는 무료 구글 시트 부가 기능 도구를 설치해 데이터를 지오코딩하는 방법을 알아보겠습니다. 이렇게 하면 스프레드시트 내에서 직접 주소를 지오코딩할 수 있으므로 12장의 리플릿 맵 코드 템플릿을 사용할 때 매우 유용합니다.

지오코딩[14]은 [그림 2-3]처럼 주소나 지역 이름을 지도에 표시할 수 있는 지리학적 좌표(또는 x와 y좌표)로 변환하는 것을 뜻합니다. 예를 들어 뉴욕의 자유의 여신상은 40.69, -74.04에 위치하고 있습니다. 첫 번째 숫자는 위도latitude이고 두 번째 숫자는 경도longitude입니다. 적도equator는 위도가 0이기 때문에 양의 위도는 북반구이고 음의 위도는 남반구입니다. 마찬가지로 영국의 그리니치Greenwich를 통과하는 본초 자오선prime meridian은 경도가 0이기 때문에 양의 경도는 자오선의 동쪽이고 음의 경도는 자오선의 서쪽입니다. 따라서 지구 반대편에 도착하게 되면 태평양에 있는 국제 날짜 변경선 근처가 됩니다.

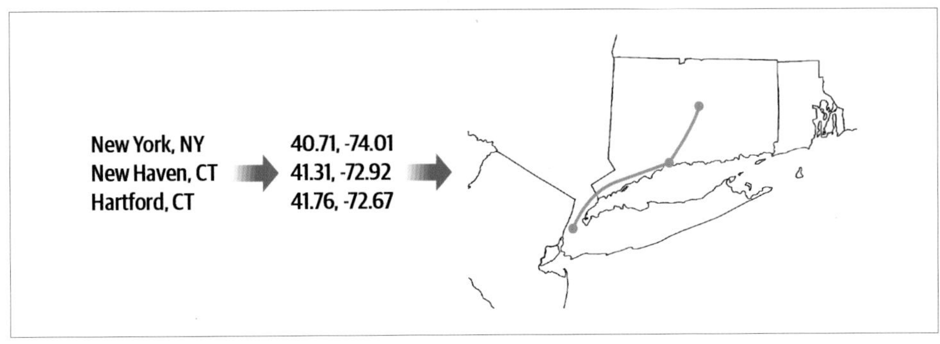


**그림 2-3** 주소를 매핑하려면 먼저 주소를 지오코딩해야 합니다.

만약 주소가 한두 개 정도라면 구글 지도Google Maps[15]를 사용해 간단히 지오코딩할 수 있습니다. 주소를 검색한 후 우클릭하고 '이곳이 궁금한가요?'[16]를 선택하면 [그림 2-4]와 같이 해당 주소의 위도와 경도를 보여주는 창이 뜹니다. 또한 '이곳이 궁금한가요?'를 선택하지 않아도 메뉴 상단에 위도와 경도가 표시되는 것을 볼 수 있습니다.

14 옮긴이_ 지오코딩(geocoding)은 고유 명칭(주소나 산, 호수의 이름 등)을 이용해서 위도와 경도의 좌푯값을 얻는 것입니다. 이처럼 고유 명칭이나 개별 이름 등으로 검색하는 것과는 달리 위도와 경도의 좌푯값으로부터 고유 명칭을 얻는 것을 리버스 지오코딩(reverse geocoding)이라고 합니다.

15 https://www.google.com/maps

16 옮긴이_ 현재 '지역 설정'이 '현재 지역', 즉 '대한민국'일 때는 위도와 경도가 표시되지 않습니다. 위도와 경도를 표시하려면 '검색 설정'에서 '지역 설정'을 '미국' 등 다른 국가로 바꾸어 주어야 합니다.

**그림 2-4** 하나의 주소를 지오코딩하려면 구글 지도에서 검색한 후 우클릭하고 '이곳이 궁금한가요?'를 선택하면 좌표를 볼 수 있습니다.

그러나 수십 개, 수백 개가 넘는 주소를 지오코딩해야 한다면 어떨까요? 구글 시트에 있는 여러 개의 주소를 지오코딩하려면 스페인 바르셀로나에 위치한 지형 경로 선정geographic route-planning 소프트웨어 회사 스마트멍키SmartMonkey [17]의 CEO인 자비에 루이즈Xavier Ruiz가 만든 무료 구글 시트 부가 기능인 지오코딩 바이 스마트멍키Geocoding by SmartMonkey [18](이하 스마트멍키)를 설치해야 합니다. 부가 기능은 구글 시트, 구글 문서Google Docs, 그리고 관련 도구의 기능을 확장하기 위해 구글이 아닌 서드파티third-party(제삼자) 회사에서 만듭니다. 부가 기능은 구글의 요구 사항을 충족하는지 검증한 다음 구글 워크스페이스 마켓플레이스Google Workspace Marketplace [19]를 통해 배포됩니다.

주소를 지오코딩하기 위한 스마트멍키 구글 시트 부가 기능을 설치하려면 다음 단계를 따라 하세요.

---

17 https://www.smartmonkey.io
18 https://oreil.ly/KUHsE
19 https://oreil.ly/DYchU

**01** 구글 드라이브 계정에 로그인한 후 스마트멍키 부가 기능 페이지[20]로 가서 파란색 버튼을 클릭해 여러분의 구글 시트에 설치합니다. 설치를 시작하기 전에 권한에 대한 메시지가 뜨면 '계속'을 눌러줍니다. 다음 창에서 구글 드라이브 계정을 선택하고, 조건에 동의한다면 '허용(Allow)' 버튼을 눌러 설치를 완료합니다. 그러면 구글은 여러분 계정에 접근할 권한이 있는 서드파티 앱[21]을 설치했는지 확인하는 메일을 보낼 것입니다. 필요한 경우 언제든지 권한을 검토하고 액세스를 취소[22]할 수 있습니다.

**02** 구글 드라이브로 이동하여 새로운 구글 시트를 만듭니다. '확장 프로그램' 메뉴에서 'Geocoding by SmarkMonkey > Geocode Details'를 선택합니다. 그러면 주소(Address)와 국가(Country) 샘플 데이터가 담긴 새로운 시트를 생성하고 세 개의 새로운 열인 위도(Latitude), 경도(Longitude), 찾은 주소(Address found)에 지오코딩 결과를 표시합니다. 이 Address found 열을 입력한 원래 Address와 비교하여 지오코딩 결과를 검증해야 합니다.

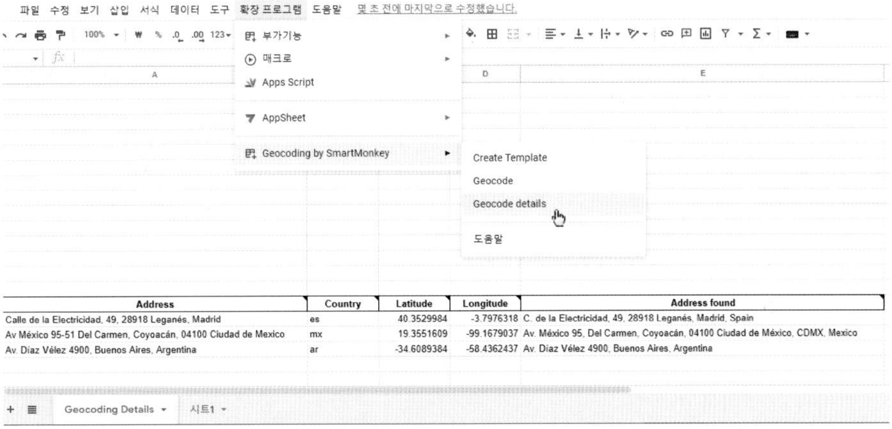

**03** 이전 데이터는 지우고 여러분의 주소 데이터(Address와 Country)를 샘플 데이터 시트에 삽입한 다음 2단계와 같이 지오코딩합니다. 퀄리티 높은 결과를 얻으려면 다음 가이드를 따릅니다.

20 https://oreil.ly/QTgJ7

21 옮긴이_ 서드파티 앱이란 제조사나 통신사에서 만든 기본 탑재 앱이 아닌 일반 앱 스토어 등에서 다운받을 수 있는 앱을 의미합니다.

22 https://oreil.ly/JmBor

- 주소 열의 행은 건너뛰지 마세요.
- 자신의 국가 우편 서비스 포맷에 맞춰 전체 주소를 입력합니다. 띄어쓰기에 주의하세요.
- Country 열은 입력하지 않아도 되지만 디폴트 값은 US입니다. 다른 국가를 지정하려면 인터넷 최상위 도메인 목록[23]을 참고하세요. 예를 들어 대한민국의 경우는 'kr'입니다.
- 만약 여러분의 원본 데이터에 도로명, 시, 도, 우편번호 등이 서로 다른 열에 들어 있다면 4.5절 '데이터를 한 열에 합치기'를 참조하여 하나의 열로 합치세요.
- 작업에 약간의 시간이 소요됩니다. 예를 들어 50개의 주소를 입력한 경우 지오코딩된 결과가 나올 때까지 최소 15초 정도 걸립니다.
- 항상 결과의 품질을 검사하고 공급자의 지오코딩 서비스가 정확하다고 가정하지 마세요.

만약 한 번의 업로드로 최대 10,000개의 요청을 처리할 수 있는 미국 주소에 대해 더 빠른 지오코딩 서비스를 원한다면 13.7절 '미국 통계청 지오코더를 사용해 대량으로 지오코딩하기'를 참조하세요.

이제 구글 시트 부가 기능을 사용해 주소를 지오코딩하는 방법을 알았으니 다음 절에서는 온라인 폼을 사용해 데이터를 수집하고 스프레드시트 형태로 접근하는 방법을 배우겠습니다.

## 2.7 구글 설문지로 데이터 수집하기

이 장을 시작하면서 여러분에게 간단한 온라인 설문[24]에 참여해줄 것을 요청했습니다. 온라인 설문지에 입력된 데이터는 샘플 데이터셋으로 공유[25]되었으며, 우리는 해당 설문지를 통해 여러분을 더 잘 이해할 수 있을 것이며, 계속해서 여러분의 기대치를 맞춰나갈 수 있을 것입니다. 이 절에서는 여러분이 직접 온라인 설문지를 만들고 결과물을 실시간 구글 시트에 연결하는 방법을 배웁니다.

구글 드라이브 계정에서 '새로 만들기'를 클릭하고 'Google 설문지'를 선택합니다. 구글 설문지 '질문' 탭에서는 [그림 2-5]와 같이 단답형, 장문형, 객관식 질문, 체크박스, 드롭다운, 파일 업로드 등 여러 가지 형태의 질문을 디자인할 수 있습니다. 또한 구글 설문지는 사용자가 입력한 질문을 해석하여 해당 질문을 유형에 예측적으로 할당합니다.

---

23 https://ko.wikipedia.org/wiki/인터넷_최상위_도메인_목록
24 https://oreil.ly/GXTUT
25 https://oreil.ly/SOuTl

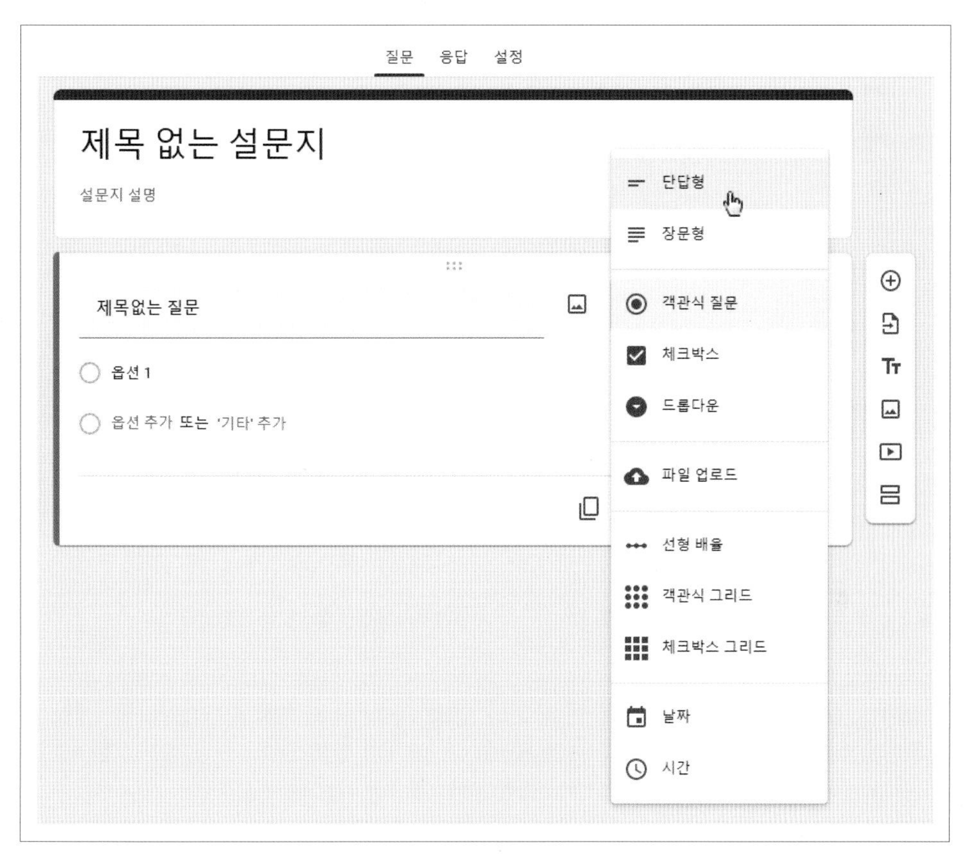


**그림 2-5** 구글 설문지 '질문' 탭에서는 여러 가지 형태의 질문을 디자인할 수 있습니다.

각 질문은 나중에 작성할 링크된 스프레드시트에 열 헤더로 표시되므로 제목을 짧게 짓는 것이 좋습니다. 만약 질문에 추가 설명이나 예시가 필요하다면 오른쪽 아래 구석에서 점 세 개가 그려진 케밥 메뉴를 클릭하고 '게재 > 설명'을 선택합니다. 그러면 [그림 2-6]에 보이는 것처럼 보다 상세한 내용을 입력할 수 있는 '설명' 텍스트 박스가 열립니다. 또한 '응답 확인'을 선택하면 사용자가 이메일 주소나 전화번호 등을 특정 형식에 따라 기입할 수 있도록 합니다. 또한 '필수'를 선택해서 계속 진행하기 전에 사용자가 질문에 응답하도록 요구할 수 있습니다. 더 자세한 추가 옵션은 구글 설문지 지원 페이지[26]를 참고하세요.

---

**26** https://oreil.ly/CX77G

그림 2-6 점 세 개가 그려진 케밥 메뉴 그림을 클릭하면 더 자세한 추가 옵션을 설정할 수 있습니다

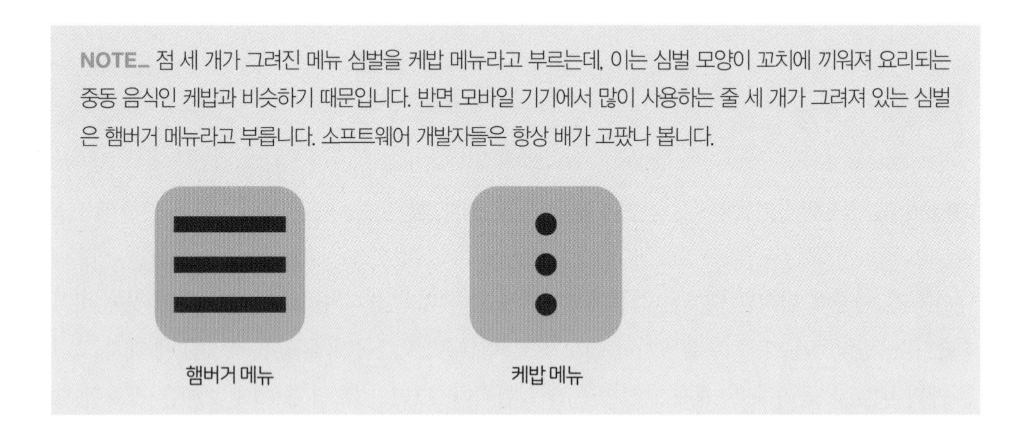

**NOTE_** 점 세 개가 그려진 메뉴 심벌을 케밥 메뉴라고 부르는데, 이는 심벌 모양이 꼬치에 끼워져 요리되는 중동 음식인 케밥과 비슷하기 때문입니다. 반면 모바일 기기에서 많이 사용하는 줄 세 개가 그려져 있는 심벌은 햄버거 메뉴라고 부릅니다. 소프트웨어 개발자들은 항상 배가 고팠나 봅니다.



여러분의 설문지가 수신인에게 어떻게 보일지 미리 확인하고 싶다면 페이지 상단에 위치한 눈 모양의 미리보기 심벌(◎)을 클릭하면 됩니다. 설문지 작성이 완료되면 '보내기'를 클릭해 이메일이나 링크를 통해 배포하거나 라이브 양식을 웹 페이지에 iframe(아이프레임)으로 포함합니다. iframe에 대한 자세한 내용을 9장을 참조하세요.

구글 설문지 '응답' 탭에서는 개별 설문 조사 결과를 확인할 수 있으며, [그림 2-7]처럼 링크된 구글 시트에 데이터를 열 수 있는 아주 강력한 버튼이 포함되어 있습니다.

**그림 2-7** 구글 설문지 '응답' 탭에는 링크된 구글 시트에 결과를 열 수 있는 버튼이 포함되어 있습니다.

이제 온라인 설문지를 통해 데이터를 수집하는 방법과 이를 링크된 스프레트시트로 여는 방법을 배웠으니 다음 두 절에서는 데이터를 정렬하고 필터링하는 방법과 피벗 테이블pivot table을 사용해 테이블 내용과 테이블이 보여주는 스토리를 분석하는 방법을 알아보겠습니다.

## 2.8 데이터 정렬 및 필터

스프레드시트 도구를 사용하면 데이터를 더 깊이 파고들어 찾은 스토리를 표면으로 끌어올릴 수 있습니다. 데이터를 구성하는 가장 기본적인 단계는 테이블을 특정 열별로 **정렬**하여 해당 열의 최솟값과 최댓값을 확인하고 그 사이의 범위를 파악하는 것입니다. 이와 관련하여 전체 테이블을 **필터링**하여 특정 값을 포함하는 행만 표시되도록 함으로써 다른 모든 항목에서 추가적인 탐색을 용이하게 해주는 방법이 있습니다. 이 두 가지 방법은 수백 또는 수천 행의 데이터가 포함되어 있을 때 더 강력해집니다. 정렬 및 필터링 방법을 배우기 위해 이 장 초반에 설명한 독자 설문 조사 샘플 데이터셋을 살펴봅시다.

**01** 브라우저의 새 탭에 『핸즈온 데이터 시각화』의 독자 공공 설문 조사 응답 구글 시트[27]를 엽니다.

**02** 여러분의 구글 드라이브 계정으로 로그인하고 '파일 > 사본 만들기'를 선택해 수정이 가능한 버전을 만듭니다.

27 https://oreil.ly/SOuTl

**03** 정렬하기 전에 시트의 왼쪽 상단 모서리 부분을 클릭해 모든 셀을 선택합니다. 전체 시트가 하늘색으로 변하고 모든 열과 행이 진한 회색으로 변했다면 모든 셀이 선택된 것입니다.

| | A | B | |
|---|---|---|---|
| 1 | Timestamp | Name | Location |
| 2 | 1/14/2017 11:49:02 | Jack | Hartford, C |
| 3 | 2/4/2017 9:02:39 | Ania | Needham, I |
| 4 | 2/8/2017 14:35:56 | Devan Suggs | Hartford, C |
| 5 | 2/8/2017 17:42:02 | Alex | Chicago, IL |
| 6 | 2/8/2017 21:49:00 | Nhat Pham | Hanoi, Viet |

**CAUTION_** 모든 셀을 선택하지 않으면 선택한 열만 정렬됩니다. 이렇게 되면 데이터셋이 뒤죽박죽되어 정렬한 의미가 없어지기 때문에 정렬 기능을 사용하기 전에는 항상 모든 셀을 선택해야 합니다.

**04** 상단 메뉴에서 '데이터 > 범위 정렬 > 고급 범위 정렬 옵션'을 선택해 가능한 정렬 옵션을 살펴봅니다. 다음 화면에 '데이터에 머리글 행이 있습니다.'에 체크되어 있을 겁니다. 그럼 '정렬 기준'에서 '데이터 시각화 경험(Experience with data visualization)' 열을 선택하고 오름차순(A → Z)으로 정렬해 최솟값이 가장 위에, 최댓값이 가장 아래에 나타나도록 합니다.

정렬된 데이터를 따라 스크롤해보면 1,000명 이상의 독자가 자신의 데이터 시각화 수준을 초보자(level 1)라고 매긴 것을 확인할 수 있습니다.

**TIP** 대형 스프레드시트로 작업할 경우 열 헤더가 들어 있는 첫 행을 고정하여 아래로 스크롤해도 열 헤더가 계속 보이도록 할 수 있습니다. 구글 시트에서 '보기 > 고정'으로 들어가 1행을 선택합니다. 행뿐만 아니라 하나 이상의 열도 고정해 횡으로 스크롤할 때 특정 열이 계속해서 보이도록 설정할 수 있습니다. 리브레오피스에도 같은 옵션인 '보기(View) > 행과 열 고정(Freeze Rows and Columns)'이 있지만 엑셀에는 '보기 > 첫 행 고정/첫 열 고정'이라는 다른 옵션이 있습니다.

**05** 이제 시트를 필터링해보겠습니다. '데이터 > 필터 만들기'를 선택하면 각 열 헤더 오른쪽에 아래쪽으로 향하는 화살표 모양이 생성됩니다. Occupation 열에 있는 아래쪽 화살표를 클릭하면 행을 보여주거나 숨길 수 있는 옵션이 보입니다. 예를 들어 '값별 필터링'을 클릭하고 '지우기'를 클릭해 현재 선택되어 있는 옵션을 모두 지운 후 다시 'educator'를 클릭하고 '확인' 버튼을 누르면 해당 값에 대응하는 행만 보여주게 됩니다.

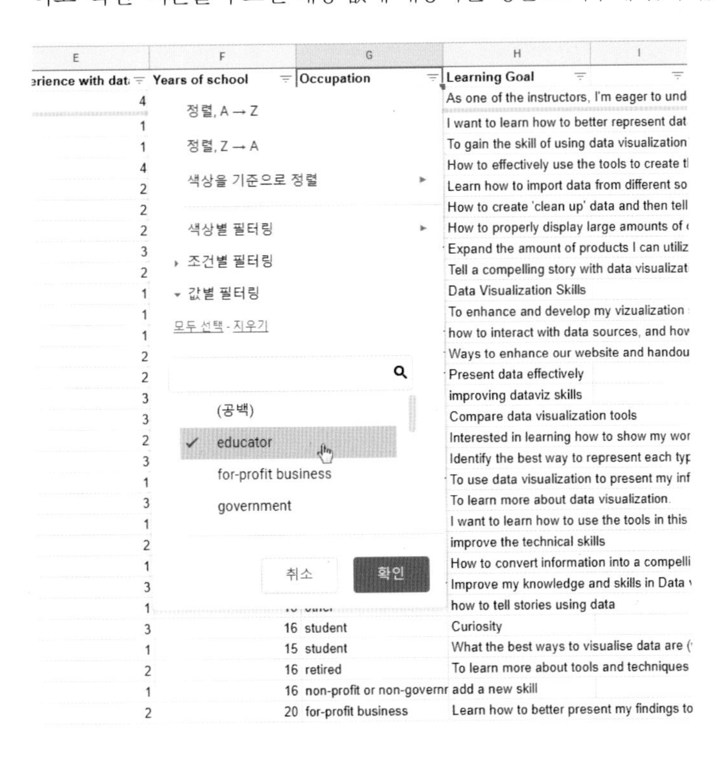


이제 독자의 답변에 대한 뷰는 경험 기준으로 정렬되고 그중에서 교육자(educator)에 해당하는 데이터만 보입니다. 스크롤을 움직여 그들이 데이터 시각화를 배우는 목표(Learning Goal)를 살펴보세요. 여러분 목표와 어떻게 다른가요? 다음 절에서는 간단한 수식과 함수를 사용해 데이터 분석을 시작하는 방법을 배우겠습니다.

## 2.9 수식을 사용해 계산하기

스프레드시트에 전체 데이터의 행과 열에 대한 계산을 자동으로 수행하는 간단한 수식과 함수를 삽입하면 시간을 상당히 절약할 수 있습니다. 수식은 항상 등호로 시작하며 =C2+C3+C4처럼 다른 셀을 단순히 더하거나 함수를 포함해 특정 연산을 실행할 수도 있습니다(예를 들어 특정 셀 범위의 값을 모두 더하려면 =SUM(C2:C100)처럼 사용합니다). 이 절에서는 두 가지 함수를 포함한 수식을 작성하는 방법을 배웁니다. 바로 평균값을 계산하는 수식과 특정 텍스트의 출현 빈도를 계산하는 수식입니다. 이 장 처음에 설명했던 독자 설문 조사 응답 샘플 데이터셋을 사용해 실습해봅시다.

**01** 브라우저의 새 탭에 『핸즈온 데이터 시각화』의 독자 공공 설문 조사 응답 구글 시트[28]를 엽니다.

**02** 여러분의 구글 드라이브 계정으로 로그인하고 '파일 > 사본 만들기'를 선택해 수정이 가능한 버전을 만듭니다.

**03** 헤더 바로 아래에 빈 행을 추가하여 계산을 위한 공간을 확보합니다. 1행에서 마우스 오른쪽 버튼을 클릭한 후 '아래에 행 1개 삽입'을 선택해 새로운 행을 추가합니다.

**04** 데이터 시각화 경험(Experience with data visualization)에 대한 독자들의 평균 수준을 계산해보겠습니다. 방금 만든 새로운 빈 행에서 E2셀을 클릭한 후 등호(=)를 입력해 수식을 시작합니다. 구글 시트는 콘텍스트에 기반해 사용 가능한 수식을 자동으로 추천합니다. 여기서는 선택한 열의 평균을 계산해서 보여주는 수식 =AVERAGE(E3:E2894)를 선택하고 엔터 키를 누릅니다.

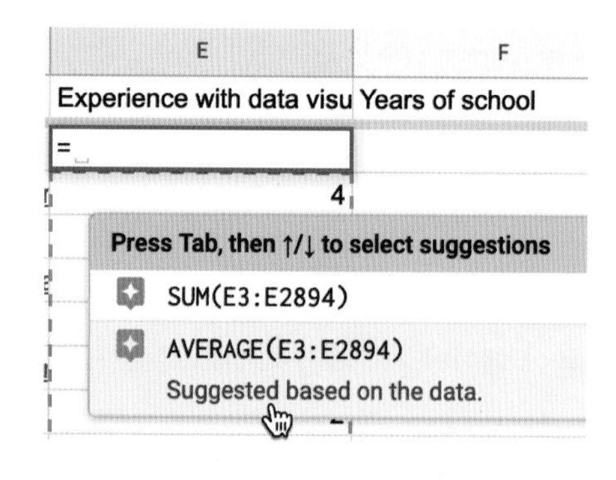


28 https://oreil.ly/SOuTl

만일 원하는 수식이 보이지 않으면 수식에서 = 다음에 입력할 함수의 첫 글자(여기서는 a)를 입력하면 해당 글자로 시작하는 함수를 보여주는데, 여기서 원하는 수식을 선택하면 됩니다.

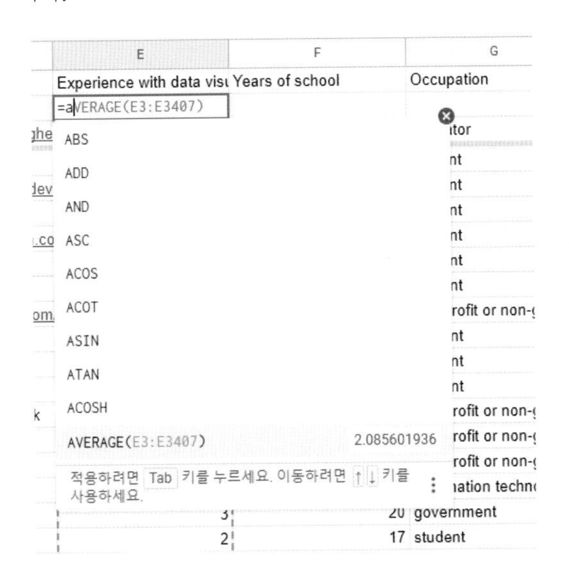


우리가 사용하는 스프레드시트의 설문 조사 응답자 수가 계속해서 증가하고 있기 때문에 마지막 셀 참조에는 위 그림에 보이는 것보다 더 많은 행이 포함되어 있을 것입니다. 현재 시점에 데이터 시각화에 관한 독자들의 평균 수준은 1(초보자)에서 5(전문가)까지 범위에서 봤을 때 2 정도인 것을 확인할 수 있습니다. 이 결과는 독자들이 계속해서 설문지 응답에 참여하고 있기 때문에 달라질 수도 있다는 점을 명심하세요. 만약 어떤 독자가 이 문항에 답을 하지 않고 빈칸으로 두었다면 스프레드시트는 계산을 하면서 해당 셀을 무시합니다.

**TIP** 구글 시트에서는 =AVERAGE(E3:E)와 같이 마지막 행 번호를 지정하지 않고 수식을 작성하면 E3셀부터 시작하여 E열에 있는 모든 값의 평균을 계산합니다. 이 수식을 사용하면 추가 행이 생기더라도 수식을 업데이트할 필요가 없습니다. 리브레오피스와 엑셀에는 이러한 기능이 없습니다.

**05** 스프레드시트의 마법 중 하나는 홀드 앤드 드래그 기능을 사용해서 수식을 다른 열이나 행으로 복사하여 붙여넣기가 가능하다는 점과 셀 참조가 자동으로 업데이트된다는 점입니다. E2셀을 클릭하고 오른쪽 아래 모서리에 있는 작은 네모 점에 커서를 올리면 커서 모양이 십자 모양으로 바뀝니다. 이때 커서를 F2셀로 드래그합니다. 수식 =AVERAGE(F3:F2894) 또는 =AVERAGE(F3:F)가 새로운 열에 자동으로 생성되고, 입력한 방식에 따라 자동으로

업데이트됩니다. 다시 한번 말하지만 이 라이브 스프레드시트는 응답 수가 계속해서 증가하고 있기 때문에 마지막 셀 참조 숫자(F2894)가 더 클 가능성이 높습니다.

| E | F | |
|---|---|---|
| Experience with data | Years of school | Occ |
| 2.090909091 | | |
| 4 | 20 | edu |

| E | F | |
|---|---|---|
| Experience with data | Years of school | Occ |
| 2.090909091 | + | |
| 4 | 20 | edu |

| E | F | |
|---|---|---|
| Experience with data | Years of school | Occ |
| 2.090909091 | 17.80737082 | |
| 4 | 20 | duc |

**06** 직업(Occupation) 열은 정의된 텍스트 응답셋을 포함하고 있기 때문에 `if` 문처럼 다른 함수를 사용해 교육자(educator)인 독자의 응답 수를 계산해야 합니다. G2셀을 클릭하고 등호(=)를 입력해 새로운 수식을 시작합니다. 구글 시트는 콘텍스트에 따라 가능한 수식을 자동으로 추천해주는데 해당 열의 값이 'educator'일 경우 숫자를 계산하는 함수를 선택합니다. 직접 `=COUNTIF(G3:G2894, "=educator")`를 작성해도 됩니다. 마지막 셀의 참조 값이 더 큰 숫자로 바뀌었을 가능성이 높기 때문에 마지막 셀을 확인한 후 입력하거나 `=COUNTIF(G3:G, "=educator")`와 같이 구글 시트 문법을 사용해 마지막 셀 번호를 기입하지 않아도 자동으로 전체 열을 계산하도록 작성합니다.

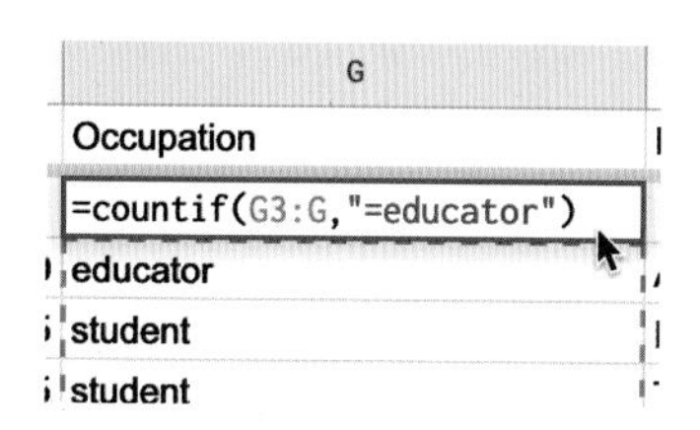


스프레드시트 도구는 수치 계산이나 텍스트를 수정하는 다양한 함수를 제공합니다. 더 많은 함수에 대해 알고 싶다면 구글 시트,[29] 리브레오피스,[30] 마이크로소프트 엑셀[31]의 지원 페이지를 읽어보세요.

---

29 https://oreil.ly/GJUJm

30 https://help.libreoffice.org/latest/ko/text/shared/05/new_help.html?&DbPAR=SHARED&System=WIN

31 https://oreil.ly/sIH7m

4.2절 '찾기 및 바꾸기', 4.4절 '데이터를 서로 다른 열로 나누기', 4.5절 '데이터를 한 열에 합치기'에서 추가 스프레드시트 기술을 볼 수 있습니다. 또한 13.8절 '포인트 데이터를 폴리곤 데이터로 피벗하기'와 5.2절 '데이터 정규화하기'도 참조하세요.

이제 설문지 응답 중 한 가지 유형을 계산하는 방법을 배웠으니 다음 절에서는 피벗 테이블[32]을 사용해 서로 다른 카테고리에 있는 데이터를 요약하고 가다듬는 방법을 설명하겠습니다.

## 2.10 피벗 테이블을 사용해 데이터 요약하기

피벗 테이블은 스프레드시트에 내장된 또 다른 강력한 기능으로 데이터를 재구성하고 새로운 방식으로 요약하는 데 도움이 됩니다. 따라서 '피벗'이라는 이름이 붙었습니다. 하지만 피벗 테이블은 해당 기능을 배운 적이 없거나 아직 사용법을 모르는 사람들에게 간과되는 경우가 많습니다. 앞서 살펴본 독자 설문 조사 샘플 데이터셋을 사용해 피벗 테이블을 학습하겠습니다. 각 행은 직업과 데이터 시각화 경험 수준을 포함한 개별 독자를 나타냅니다. 이제 이 개인 수준 데이터를 새로운 표로 '피벗'해서 총 독자 응답 수를 직업과 경험 수준이라는 두 카테고리로 분류해 보여주는 방법을 배워봅시다.

**01** 브라우저의 새 탭에 『핸즈온 데이터 시각화』의 독자 공공 설문 조사 응답 구글 시트[33]를 엽니다. 구글 드라이브 계정에 로그인하고 '파일 > 사본 만들기'를 선택해 수정이 가능한 버전을 만듭니다.

**02** 만약 앞 절에서 복사본을 만들어 2행에 수식 및 함수를 입력하여 계산했다면 피벗 테이블에 이 계산 내용이 포함되지 않도록 2행을 삭제합니다.

**03** '삽입 > 피벗 테이블'을 선택한 뒤 '피벗 테이블 만들기' 창에서 '새 시트'를 선택하고 '만들기'를 클릭합니다. 생성된 새 시트는 하단에 피벗 테이블(Pivot Table) 탭을 포함하고 있을 것입니다.

---

**32** 옮긴이_ 외래어 표기법에 따르면 pivot은 피벗이라 표기해야 맞습니다. 하지만 실제 구글 시트 메뉴에는 '피봇 테이블'이라 적혀 있는 걸 확인할 수 있습니다. 번역서에서는 용어를 통일하고자 모두 '피벗'으로 사용했으니 참고 바랍니다.

**33** `https://oreil.ly/SOuTl`

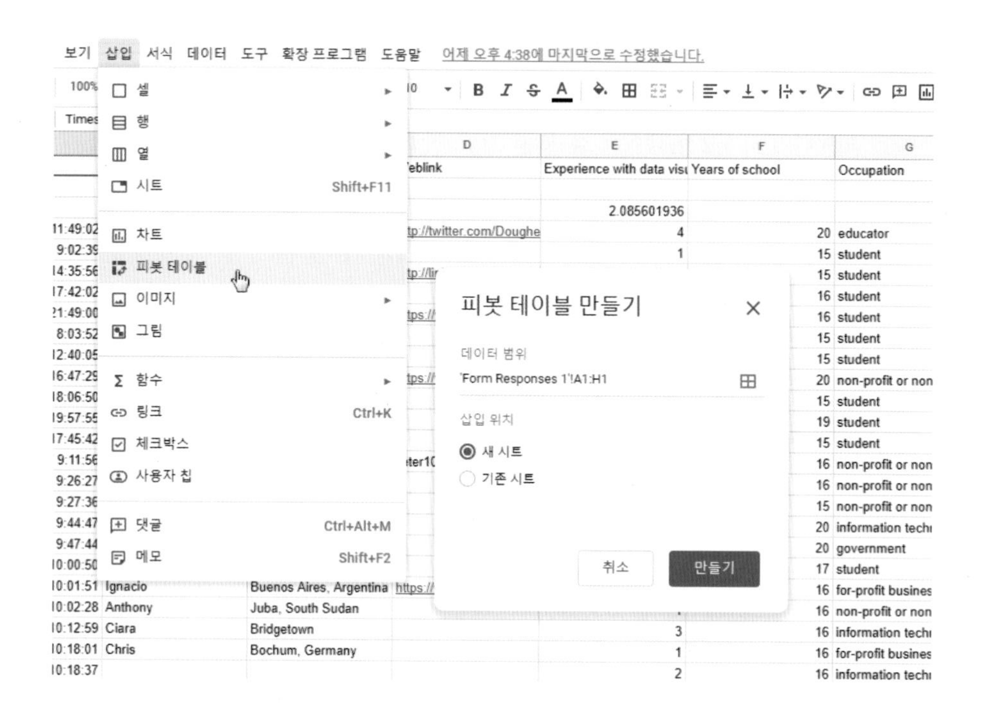

**04** '피벗 테이블 편집기(Pivot table editor)' 화면에서 행, 열, 값 등을 추가해 첫 번째 시트에 있는 데이터를 다시 그룹화할 수 있습니다. 먼저 행 '추가' 버튼을 클릭하고 'Occupation(직업)'을 선택합니다. 그러면 해당 열에 들어 있는 고유 엔트리(고유 항목)를 표시합니다.

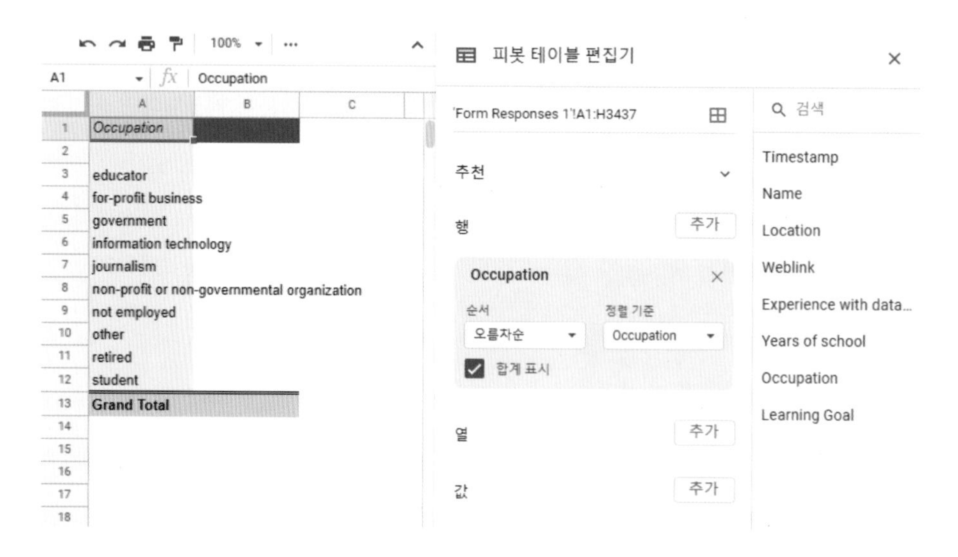

**05** 각 항목의 응답 수를 카운트하기 위해 값 '추가' 버튼을 클릭하고 'Occupation'을 다시 선택합니다. 구글 시트는 COUNTA를 사용해 자동으로 값을 요약해줍니다. 즉, 각 문자 응답에 대한 빈도를 계산해 보여줍니다.

현재 독자들의 상위 3개 직업은 IT 기술자(information technology), 비즈니스맨(for-profit business), 그리고 학생(student)입니다. 앞서 이야기한 것처럼 이 시트는 라이브 스프레드시트이기 때문에 설문 조사에 참여하는 독자가 늘어날수록 순위가 바뀔 여지는 있습니다.

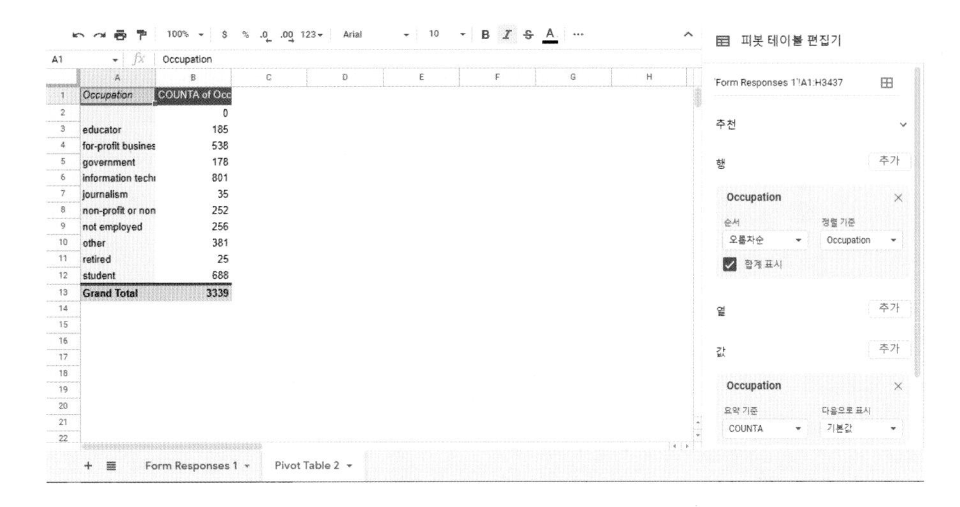

| Occupation | COUNTA of Occ |
|---|---|
| | 0 |
| educator | 185 |
| for-profit busines | 538 |
| government | 178 |
| information techı | 801 |
| journalism | 35 |
| non-profit or non | 252 |
| not employed | 256 |
| other | 381 |
| retired | 25 |
| student | 688 |
| Grand Total | 3339 |

**06** 또한 독자의 직업과 경험을 함께 보여주는 고급 피벗 교차표를 만들 수도 있습니다. 열 '추가' 버튼을 클릭하고 '데이터 시각화 경험(Experience with data visualization)'을 추가합니다.

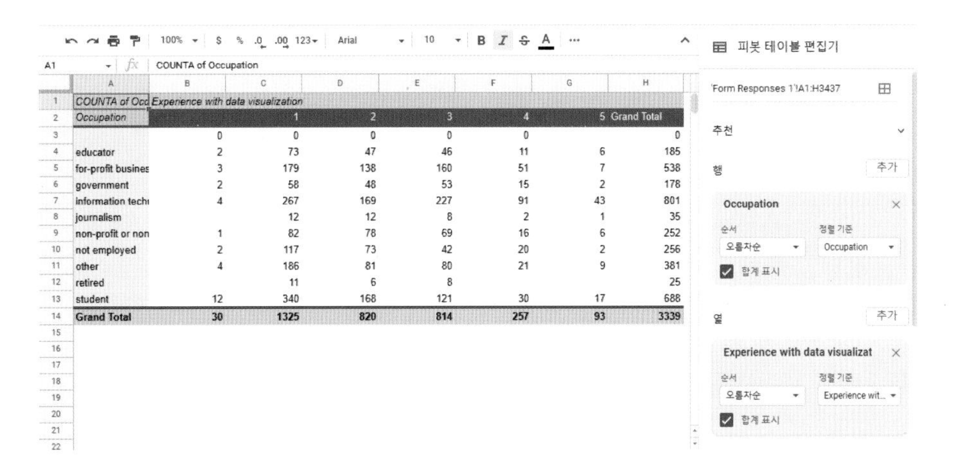

| COUNTA of Occ | Experience with data visualization | | | | | | |
|---|---|---|---|---|---|---|---|
| Occupation | | 1 | 2 | 3 | 4 | 5 | Grand Total |
| | 0 | 0 | 0 | 0 | 0 | | 0 |
| educator | 2 | 73 | 47 | 46 | 11 | 6 | 185 |
| for-profit busines | 3 | 179 | 138 | 160 | 51 | 7 | 538 |
| government | 2 | 58 | 48 | 53 | 15 | 2 | 178 |
| information techı | 4 | 267 | 169 | 227 | 91 | 43 | 801 |
| journalism | | 12 | 12 | 8 | 2 | 1 | 35 |
| non-profit or non | 1 | 82 | 78 | 69 | 16 | 6 | 252 |
| not employed | 2 | 117 | 73 | 42 | 20 | 2 | 256 |
| other | 4 | 186 | 81 | 80 | 21 | 9 | 381 |
| retired | | 11 | 6 | 8 | | | 25 |
| student | 12 | 340 | 168 | 121 | 30 | 17 | 688 |
| Grand Total | 30 | 1325 | 820 | 814 | 257 | 93 | 3339 |

한 단계 더 나아가기 위해 데이터를 필터링하여 피벗 테이블 결과를 다른 카테고리로 제한할 수도 있습니다. 예를 들어 피벗 테이블 편집기 메뉴에서 필터 '추가' 버튼을 클릭하고 '교육 연수(years of school)'를 선택한 뒤 '값별 필터링'에서 '지우기'를 클릭하고 '20'을 선택하면 20년 이상 교육을 받은 독자들만 보이도록 만들 수 있습니다.

[그림 2-8]에 보이는 것처럼 데이터를 요약하기 위한 많은 옵션이 존재하기 때문에 피벗 테이블 편집기에서 값을 추가하는 방법을 결정하는 것은 어려울 수 있습니다.

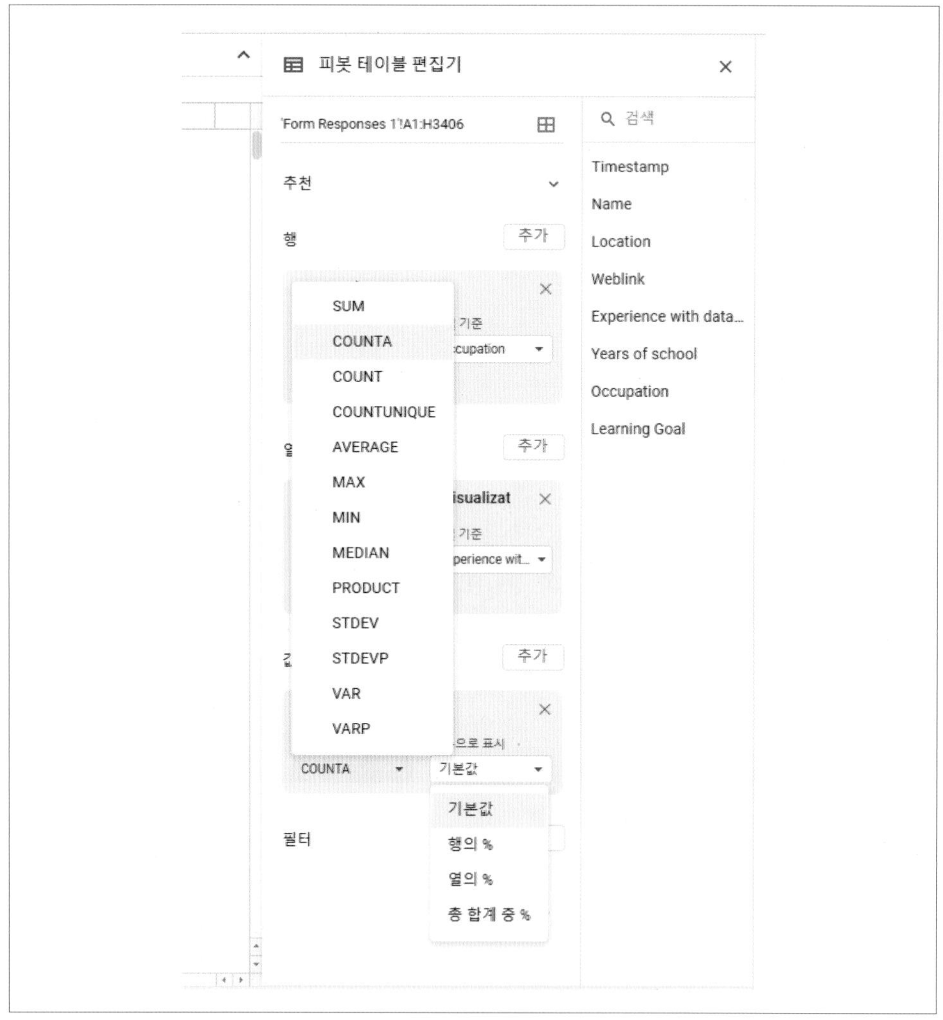


그림 2-8 피벗 테이블 편집기에는 값을 요약하기 위한 많은 옵션이 존재합니다.

구글 시트는 콘텍스트에 따라 자동 추천 기능을 제공하지만 원하는 형태로 데이터를 요약하기 위해서는 최적의 옵션을 직접 선택해야 합니다. 다음은 데이터를 요약하기 위해 가장 많이 사용하는 세 가지 옵션입니다.

**SUM**

수치 응답의 총합(독자들의 총 교육 연수는 몇 년인가?)

**COUNT**

수치 응답의 빈도(20년간 학교생활을 한 독자는 몇 명이나 됩니까?)

**COUNTA**

문자 응답의 빈도(직업을 '교육자'라고 기재한 독자는 몇 명입니까?)

구글 시트 피벗 테이블에서는 원래 숫자를 기본값으로 보여주지만 '다음으로 표시' 메뉴에서 '행의 %', '열의 %', '총 합계 중 %'로 표시되도록 선택할 수 있습니다.

피벗 테이블을 디자인하는 방법은 다른 스프레드시트 도구와 다르게 보일 수 있지만 기본 개념은 같습니다. 피벗 테이블에 대한 추가 정보는 구글 시트,[34] 리브레오피스,[35] 마이크로소프트 엑셀[36]의 지원 페이지를 참조하기 바랍니다. 구글 시트 데이터를 다운로드받아 ODS 또는 엑셀 형식으로 내보내 다른 스프레드시트 도구에서 피벗 테이블을 만들어볼 수 있음을 기억하세요.

이제 피벗 테이블을 사용해 데이터를 다시 그룹화하고 요약하는 방법을 배웠으니 다음 절에서는 VLOOKUP을 사용해 서로 다른 스프레드시트에서 일치하는 데이터 열을 연결하는 방법을 배우겠습니다.

## 2.11 VLOOKUP을 사용해 열 매칭하기

스프레드시트 도구는 한 시트에서 데이터를 '조회look up'하고 자동으로 다른 시트에서 매칭되는 데이터를 찾아 붙여넣기할 수 있도록 도와줍니다. 이 절에서는 VLOOKUP 함수를 소개하

34 https://oreil.ly/GJUJm

35 https://help.libreoffice.org/latest/ko/text/shared/05/new_help.html?&DbPAR=SHARED&System=WIN

36 https://oreil.ly/XP26v

는데, V는 버티컬vertical(수직)을 뜻하며 데이터를 조회하는 가장 일반적인 방법입니다. 여러분은 두 번째 시트의 선택 컬럼에서 일치하는 셀을 찾고 첫 번째 시트의 새 컬럼에 관련 데이터를 붙여넣는 함수를 한 시트에 작성하는 방법을 배우게 됩니다. 만약 예전에 두 개의 다른 스프레드시트에 있는 데이터를 수동으로 찾고 매칭하기 위해 지루한 작업을 반복했다면 이 자동화된 방법을 통해 많은 시간을 절약할 수 있습니다.

다음은 VLOOKUP 함수를 사용하는 이유와 방법을 보여주는 시나리오입니다. [그림 2-9]는 피딩 아메리카Feeding America: 로컬 푸드 뱅크 찾기[37]에서 가져온 시트 두 개로 구성된 미국 여러 지역의 굶주린 사람들을 도와주는 푸드 뱅크[38] 데이터입니다. 첫 번째 시트는 각 푸드 뱅크에 일하는 개인 데이터를 담고 있고, 두 번째 시트는 각 푸드 뱅크의 주소를 담고 있습니다. 그리고 두 시트는 공통 열인 **단체명(organization)**을 포함합니다. 여러분의 목표는 각 행에 개인 이름과 단체명 그리고 주소를 포함하는 메일링 리스트를 하나의 시트로 만드는 것입니다. 튜토리얼을 간단히 진행하기 위해 작은 데이터 샘플을 사용하기 때문에 수동으로 복사해 붙여넣기 하려는 독자도 있을 것입니다. 하지만 200개가 넘는 미국 푸드 뱅크 데이터와 더 많은 개인 정보 데이터를 포함하고 있다고 가정한다면 단순히 복사해서 붙여넣기보다는 자동화된 방법을 사용해야 합니다.

| | A | B |
|---|---|---|
| 1 | name | organization |
| 2 | Denise B. | Central Texas Food Bank |
| 3 | Derrick C. | Central Texas Food Bank |
| 4 | Eric S. | Arkansas Food Bank |
| 5 | Ginette B. | Utah Food Bank |
| 6 | Greg F. | Arkansas Food Bank |
| 7 | Kent L. | Utah Food Bank |
| 8 | Mark J. | Central Texas Food Bank |
| 9 | Rhonda S. | Arkansas Food Bank |
| 10 | Sarah R. | Arkansas Food Bank |
| 11 | Scott W. | Utah Food Bank |

names ▾ addresses ▾

| | A | B | C | D | E |
|---|---|---|---|---|---|
| 1 | organization | street | city | state | zip |
| 2 | Arkansas Food Bank | 4301 W 65th St | Little Rock | AR | 77209 |
| 3 | Central Texas Food Bank | 6500 Metropolis Dr | Austin | TX | 78744 |
| 4 | Utah Food Bank | 3150 South 900 West | Salt Lake City | UT | 84119 |
| 5 | | | | | |
| 6 | | | | | |
| 7 | | | | | |
| 8 | | | | | |
| 9 | | | | | |
| 10 | | | | | |
| 11 | | | | | |

+ names ▾ addresses ▾ source ▾

**그림 2-9** 여러분의 목표는 왼쪽 시트의 개인 이름과 단체명을 오른쪽 시트의 주소와 매칭시킨 하나의 메일링 리스트를 만드는 것입니다

37 https://oreil.ly/yliMu

38 옮긴이_ 푸드 뱅크(food bank)는 품질에 문제가 없음에도 불구하고 포장의 손상 등으로 인해 시장에서 유통할 수 없게 된 식품을 기업에서 기부받아 빈곤한 사람들에게 배급하는 활동 및 그 활동을 하는 단체입니다.

VLOOKUP을 사용해 데이터를 매칭하는 방법은 다음과 같습니다.

**01** 브라우저의 새 탭에 푸드 뱅크 샘플 이름과 주소 구글 시트[39]를 엽니다. 구글 드라이브 계정에 로그인하고 '파일 > 사본 만들기'를 선택해 수정이 가능한 버전을 만듭니다.

이 두 개 시트 문제를 간단히 하기 위해 각 테이블을 같은 구글 시트에 names라는 첫 번째 탭과 addresses라는 두 번째 탭으로 넣었습니다. 두 개의 서로 다른 구글 시트를 같은 파일에 옮겨야 한다면 한 시트의 탭을 마우스 오른쪽 클릭하고 '다음으로 복사 > 기존 스프레드시트'를 선택해 옮기고자 하는 시트를 선택해주면 됩니다.

**02** 편집 가능한 구글 시트 복사본에서 names 탭은 우리가 작성하는 메일링 리스트의 목적지가 됩니다. addresses 시트로 이동하여 열 헤더인 street, city, state, zip을 복사해 names 시트의 C1부터 F1에 붙여넣기합니다. 이는 조회 결과가 자동으로 붙여넣어지는 새로운 열 헤더를 생성한 것입니다.

| | A | B | C | D | E | F |
|---|---|---|---|---|---|---|
| 1 | **name** | **organization** | **street** | **city** | **state** | **zip** |
| 2 | Denise B. | Central Texas Food Bank | | | | |
| 3 | Derrick C. | Central Texas Food Bank | | | | |
| 4 | Eric S. | Arkansas Food Bank | | | | |
| 5 | Ginette B. | Utah Food Bank | | | | |

\+ ≡ names ▾ addresses ▾ source ▾

**03** names 시트에서 C2셀을 클릭하고 **=VLOOKUP**을 입력하면 구글 시트의 자동 완성 기능이 다음과 같은 수식을 보여줄 것입니다.

```
VLOOKUP(검색할_키, 범위, 색인, [정렬됨])
```

인자의 의미는 다음과 같습니다.

**검색할_키**

첫 번째 시트에서 매치시키고 싶은 셀

**범위**

두 번째 시트에서 매치하고자 하는 결과가 있는 최소 두 개의 열

39 https://oreil.ly/YRicv

**색인**

두 번째 시트 범위에서 원하는 결과가 담긴 열. 1 = 첫 번째 열, 2 = 두 번째 열 등등

**[정렬됨]**

`false`를 입력하면 정확히 일치하는 결과만 찾습니다. `true`를 입력하면 비슷하게 매치되는 경우도 포함하여 찾습니다. 이번 예제에서는 `false`를 입력합니다.

**04** 한 가지 옵션은 **`=VLOOKUP(B2, 'addresses'!A:E, 2, false)`**처럼 C2셀에 직접 콤마로 구분해 입력하는 것입니다. 또 다른 옵션은 구글 시트에서 추천하는 'VLOOKUP vertical lookup' 회색 박스를 클릭해 관련 셀, 열, 시트를 자동으로 채우는 것입니다. 새로운 점은 names 시트에 있는 수식에서 addresses 시트의 A부터 E까지의 열을 참조한다는 것입니다. 엔터 키를 눌러 마무리합니다.

| | A | B | C | D | E | F |
|---|---|---|---|---|---|---|
| 1 | **name** | **organization** | **street** | **city** | **state** | **zip** |
| 2 | Denise B. | Central Texas Food Bank | =VLOOKUP(B2,addresses!A:E,2,false) | | | |
| 3 | Derrick C. | Central Texas Food Bank | | | | |
| 4 | Eric S. | Arkansas Food Bank | | | | |
| 5 | Ginette B. | Utah Food Bank | | | | |

\+ ≣ names ▾ addresses ▾ source ▾

| | A | B | C | D | E |
|---|---|---|---|---|---|
| 1 | **organization** | **street** | **city** | **state** | **zip** |
| 2 | Arkansas Food Bank | 4301 W 65th St | Little Rock | AR | 77209 |
| 3 | Central Texas Food Bank | 6500 Metropolis Dr | Austin | TX | 78744 |
| 4 | Utah Food Bank | 3150 South 900 West | Salt Lake City | UT | 84119 |
| 5 | | | | | |

\+ ≣ names ▾ addresses ▾ source ▾

이제 names 시트의 C2셀에 기입한 수식을 하나하나 살펴봅시다.

**B2**

검색할_키. names 시트의 organization 열에서 매치시키고 싶은 셀

**`'addresses'!A:E`**

매치 결과를 찾을 범위. 여기서는 addresses 시트의 A열에서 E열 중에서 찾습니다.

**2**

색인. 원하는 결과가 담긴 열을 의미합니다. 여기서는 두 번째 열인 street입니다.

`false`

정확히 매치되는 결과만 반환합니다.

**05** VLOOKUP 수식을 모두 채우면 첫 번째 단체인 센트럴 텍사스 푸드 뱅크Central Texas Food Bank와 정확히 일치하는 주소인 6500 Metropolis Dr이 표시됩니다. C2셀 오른쪽 아래 구석에 있는 파란 점에 마우스를 갖다 대면 십자 모양으로 변하는데, 이를 D열에서 F열까지 드래그합니다. 그러면 수식이 자동으로 시(city), 주(state), 우편번호(zip) 열까지 채워집니다.

| | A | B | C | D | E | F |
|---|---|---|---|---|---|---|
| 1 | name | organization | street | city | state | zip |
| 2 | Denise B. | Central Texas Food Bank | 6500 Metropolis Dr | Austin | TX | 78744 |
| 3 | Derrick C. | Central Texas Food Bank | | | | |

**06** 마지막으로 동일한 홀드 앤드 드래그 방식을 사용하여 수식을 아래로 붙여넣고 업데이트하여 모든 행을 채웁니다.

| | A | B | C | D | E | F |
|---|---|---|---|---|---|---|
| 1 | name | organization | street | city | state | zip |
| 2 | Denise B. | Central Texas Food Bank | 6500 Metropolis Dr | Austin | TX | 78744 |
| 3 | Derrick C. | Central Texas Food Bank | 6500 Metropolis Dr | Austin | TX | 78744 |
| 4 | Eric S. | Arkansas Food Bank | 4301 W 65th St | Little Rock | AR | 77209 |
| 5 | Ginette B. | Utah Food Bank | 3150 South 900 West | Salt Lake Cit | UT | 84119 |
| 6 | Greg F. | Arkansas Food Bank | 4301 W 65th St | Little Rock | AR | 77209 |
| 7 | Kent L. | Utah Food Bank | 3150 South 900 West | Salt Lake Cit | UT | 84119 |
| 8 | Mark J. | Central Texas Food Bank | 6500 Metropolis Dr | Austin | TX | 78744 |
| 9 | Rhonda S. | Arkansas Food Bank | 4301 W 65th St | Little Rock | AR | 77209 |
| 10 | Sarah R. | Arkansas Food Bank | 4301 W 65th St | Little Rock | AR | 77209 |
| 11 | Scott W. | Utah Food Bank | 3150 South 900 West | Salt Lake Cit | UT | 84119 |
| 12 | | | | | | |

+ ≣ names ▾ addresses ▾ source ▾

**CAUTION_** 이 스프레드시트를 CSV 포맷으로 저장하면 계산 결과가 CSV 시트에 표시되지만 이러한 결과를 생성하기 위해 작성한 수식은 모두 사라집니다. 그러므로 CSV 포맷으로 저장하기 전에 먼저 원본 스프레드시트를 보관하기 바랍니다.

여러분은 VLOOKUP 함수를 사용해 두 시트에 있는 데이터를 매치시켜 성공적으로 각 사람의 이름과 단체명, 메일 주소가 있는 메일링 리스트를 만들었습니다. 이제 수식을 사용해 다른 스프레드시트 데이터를 연결시키는 방법을 알았으니 다음 절에서는 관계형 데이터베이스의 도움을 받아 여러 스프레드시트를 관리하는 방법을 설명하겠습니다.

## 2.12 스프레드시트와 관계형 데이터베이스

앞 절에는 VLOOKUP 함수를 사용해 다른 스프레드시트에 있는 특정 열에서 매칭되는 데이터를 찾아 자동으로 결과를 붙여넣는 방법을 배웠습니다. 비슷한 개념으로 스프레드시트와 관계형 데이터베이스를 구별해보고 어떤 상황에서 후자를 쓰는 것이 더 현명한지 알아봅시다.

스프레드시트는 모든 기록이 단일 테이블의 행과 열에 저장되기 때문에 플랫 파일flat-file 데이터베이스[40]라고도 합니다. 예를 들어 미국 푸드뱅크 직원의 단일 스프레드시트를 보관하는 경우 앞 절에서 만들었던 메일링 리스트처럼 각 행에 개인, 단체명, 주소 정보를 저장할 것입니다.

모든 데이터를 단일 스프레드시트에 저장하면 문제가 발생할 수 있습니다. 예를 들어 단체가 다른 곳으로 옮긴다면 해당 단체의 주소를 모두 업데이트해야 합니다. 또는 두 단체가 하나의 새로운 이름을 가진 단체로 병합된다면 영향을 받는 행을 모두 바꿔야 할 것입니다. 모든 정보를 하나의 테이블에 담는 것은 처음에는 좋은 아이디어처럼 들릴지 모르지만 데이터셋의 크기가 커지고 관계가 복잡해지면 모든 행을 업데이트하는 일이 매우 힘들어집니다.

이때는 단일 스프레드시트를 사용하는 대신 정보를 개별 시트(테이블이라고도 함)로 구성하되 스프레드시트 사이의 관련 연결을 유지하는 관계형 데이터베이스를 고려해보세요. VLOOKUP 절을 시작하며 살펴본 [그림 2-9]의 두 시트 문제를 다시 살펴봅시다. 첫 번째 시트에는 푸드 뱅크에 속한 개인의 리스트가 있고, 두 번째 시트에는 각 푸드 뱅크의 주소 리스트가 있습니다. 그리고 두 시트는 이들의 관계를 나타내는 단체(organization)라는 열을 공유하고 있습니다. 관계형 데이터베이스를 사용하면 여러분의 시간을 아낄 수 있습니다. 예를 들어 한 시트에서 단체의 주소를 업데이트하면 링크된 시트는 해당 조직에서 일하는 직원의 모든 행에 이 변경 사항을 자동으로 반영합니다.

---

40 옮긴이_ 단일 파일로 이뤄진 데이터베이스입니다.

구글 시트가 매우 훌륭한 스프레드시트이긴 하지만 관계형 데이터베이스는 아닙니다. 그러므로 에어테이블Airtable[41] 처럼 기존 템플릿 또는 여러분 자신의 디자인을 사용하여 웹 브라우저에 1,200여 개의 무료 기록(유료 버전은 더 많이 지원)을 지원하는 관계형 데이터베이스를 생성할 수 있도록 하는 더 나은 도구를 고려해봐야 합니다. 에어테이블은 모든 레코드를 CSV 포맷으로 가져오거나 내보냄으로써 데이터 마이그레이션을 가능하게 하며, 다른 동료와 함께 협업할 수 있는 실시간 편집기도 지원합니다.

시연하기 위해 두 구글 시트를 푸드 뱅크 샘플Food Banks sample이라 불리는 실시간 에어테이블 데이터베이스[42]로 불러왔습니다. 이 데이터베이스는 링크를 통해 누구나 볼 수 있지만 수정은 우리만 할 수 있습니다. 상단에는 people과 food banks라는 이름의 각 시트를 볼 수 있는 탭이 있습니다. 이를 관계형 데이터베이스로 바꾸기 위해 [그림 2-10]과 같이 people 시트의 단체(organization) 열을 주소가 저장되어 있는 food bank 시트에 연결하는 에어테이블 설정을 사용했습니다. 편집 가능한 버전에서는 열 이름을 더블클릭하고 드롭다운 메뉴에서 '다른 레코드로 연결(link to another record)'를 선택하여 다른 탭과 연결시키면 됩니다.

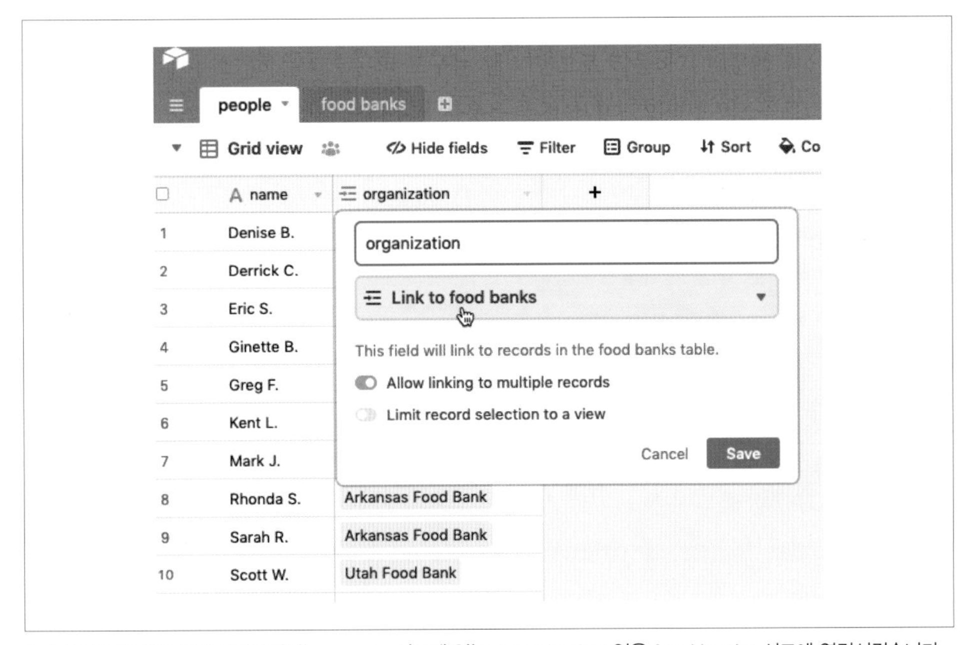


그림 2-10 위 샘플 에어테이블에서는 people 시트에 있는 organization 열을 food banks 시트에 연결시켰습니다.

41 https://airtable.com

42 https://oreil.ly/mielX

에어테이블 예제에서 연결된 행을 클릭하여 해당 행을 확장하고 관련 데이터를 볼 수 있습니다. 예를 들어 people 시트에 있는 첫 번째 행을 클릭하고 확장하면 food banks 시트에 있는 해당 직원이 속한 단체의 전체 주소가 [그림 2-11]처럼 표시됩니다. 편집 가능한 버전에서는 food banks 시트에서 단체의 주소를 업데이트하면 people 시트에서 그 단체와 연결된 모든 직원의 주소가 자동으로 바뀝니다. 게다가 에어테이블에서는 정렬, 필터링, 데이터를 다른 사람들과 공유하기 위한 다양한 뷰view 생성을 제공하는데, 이와 관련해서는 9장에서 다루겠습니다. 에어테이블의 기능을 더 살펴보고 싶다면 에어테이블 지원 페이지[43]를 확인하기 바랍니다.

언제 어떤 도구를 사용해야 할지 결정할 수 있도록 플랫 파일 스프레드시트와 관계형 데이터베이스의 개념 차이를 알아두는 것은 중요합니다. 앞 절에서 배웠던 것처럼 스프레드시트는 정렬, 필터링, 피벗, 룩업lookup 등의 방법을 사용해 데이터의 구성 및 분석을 시작하는 데 가장 적합한 선택입니다. 이를 통해 시각화하려는 숨어 있는 이야기를 쉽게 파악할 수 있습니다. 그러나 직원 수가 여러 명인 조직 등 일대다 관계와 같은 내부 링크를 사용하여 대량의 데이터를 관리하는 경우에는 관계형 데이터베이스를 선택하는 것이 가장 좋습니다.

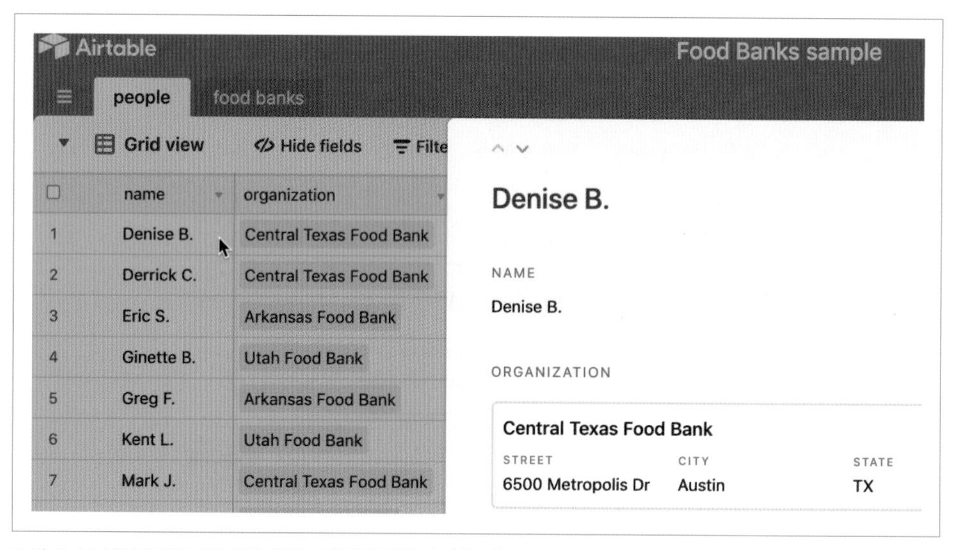


**그림 2-11** 에어테이블 데모에서 행을 클릭해 확장하면 다른 시트에 있는 연관 데이터를 확인할 수 있습니다.

43 https://support.airtable.com

## 2.13 마치며

만약 여러분이 학교나 직장에서 스프레드시트를 전혀 배우지 않았거나 독학으로 조금씩 공부했던 사람이라면 이 장이 스프레드시트 스킬 향상에 도움이 되었기를 바랍니다. 이 책의 모든 후속 장, 특히 6장의 대화형 차트 및 7장의 대화형 지도 디자인에 관한 장에서는 스프레드시트에 대한 기본 지식이 필요합니다. 스프레드시트 도구와 기능은 지루한 데이터 작업을 하는 데 있어서 시간을 아껴주는 역할뿐만 아니라 여러분이 데이터 스토리를 시각화할 수 있도록 공유, 정렬, 계산, 피벗하고 매칭되는 데이터를 찾는 것을 도와줍니다.

다음 장에서는 데이터를 찾고 질문하는 전략을 배웁니다. 특히 정부 기관이나 비영리단체 같은 곳에서 운영하는 오픈 데이터 사이트에서 앞서 배운 스프레드시트 기술을 사용해 공공 정보를 다운로드하고 정리해봅니다.

CHAPTER 3

# 데이터를 찾고 질문하기

시각화 프로젝트 초기 단계에서는 다음 두 가지 상호 관련된 문제에 직면하게 됩니다. 하나는 **'믿을 만한 데이터를 어디서 찾을 것인가?'**에 대한 것이고, 다른 하나는 **'데이터를 확보한 후 찾은 데이터가 진정으로 나타내는 것이 무엇인가?'**에 대한 것입니다. 만약 이러한 이중적인 문제에 대해 깊이 생각하지 않고 차트나 지도 구성에 너무 빨리 뛰어들면 의미가 없거나 또는 잘못된 시각화를 할 위험이 있습니다.

이 장에서는 이 두 가지 넓은 주제에 대해 3.1절 '검색을 위한 질문 가이드', 3.2절 '공공 데이터와 개인 데이터', 3.3절 '민감한 데이터를 가리거나 집계하기', 3.4절 '오픈 데이터 저장소', 3.5절 '데이터 출처 남기기', 3.6절 '불량 데이터 인식하기'를 통해 다룹니다. 마지막으로 만약 어떤 파일을 찾게 된다면 3.7절 '데이터에 대해 질문하기'에서 데이터 제한에 대해 의문을 제기하고 확인할 수 있는 몇 가지 방법을 제안할 것입니다.

정보란 마법처럼 갑자기 나타나지 않습니다. 대신 사람들은 그들이 속한 사회와 시간 안에서 명시적인 목적 또는 암시적인 목적을 가지고 데이터를 수집하고 공개합니다. 데이터 시각화의 목적이 그렇듯이 우리는 정보가 부족한 그 어떤 것보다는 근거에 기반한 추론을 선호합니다. 그러나 숫자를 비롯한 여러 형태의 데이터는 객관적이지 않기에 우리는 소위 말하는 데이터 객관성objectivity을 무작정 옹호할 수는 없습니다. 따라서 데이터를 다룰 때는 잠시 멈춰서 **'누구의 이야기가 전해지고 있는지'** 그리고 **'누구의 견해가 아직 전해지지 않았는지'** 깊게 고민해봐야 합니다. 『데이터 페미니즘data feminism』[1]의 저자 캐서린 디그나치오Catherine D'Ignazio와 로런 클라인Lauren

---

1 캐서린 디그나치오와 로런 F. 클라인, 『데이터 페미니즘』(MIT Press, 2020), https://oreil.ly/YvupZ

Klein에 의하면 이런 종류의 질문을 던져야 '어떻게 특권privilege이 우리의 데이터 관행과 데이터 상품에 반영되었는지' 알 수 있다고 주장합니다.

## 3.1 검색을 위한 질문 가이드

많은 사람들에게 데이터 검색은 단순히 웹에서 몇 가지 키워드를 검색해보는 것과 같습니다. 물론 가끔은 이러한 방법도 유용하지만 항상 그렇지는 않습니다. 만약 이러한 접근 방식이 실패하면 데이터 헌팅data-hunting 과정에서 유능한 사서, 기자, 연구원으로부터 배운 많은 교훈을 되돌아봐야 합니다. 전체적으로 그들은 우리에게 데이터 **검색 방법**의 구체적인 절차를 뚜렷하게 해주는 질문을 가르쳐주었습니다.

### 3.1.1 데이터로 답하고자 하는 질문은 정확히 무엇일까

말 그대로 자신의 생각을 명확히 하고(질문 형식의 물음표로 끝나는 문장으로), 여러분을 돕는 다른 사람들과 명확한 커뮤니케이션을 할 수 있어야 합니다. 우리 뇌는 가능한 결과의 범위를 제한하지 않는 최선의 방법으로 질문을 구성하기보다 즉각적으로 답을 찾으려는 시도를 합니다.

동기부여가 된 근본적인 질문을 찾기 위해 깊은 인상을 남겼던 데이터 시각화 프로젝트를 살펴봅시다. 미국 오피오이드opioid(마약성 진통제) 유행을 보도했던 워싱턴 포스트와 찰스턴 가제트 신문Charleston Gazette-mail은 연방 정부와 제약 업계가 숨기고자 했던 미국 마약단속국 데이터베이스를 얻기 위한 법적 싸움을 성공적으로 마무리했습니다. 2019년 데이터 저널리스트 팀은 다음과 같이 중요한 질문에 대답하기 위해 대화형 지도와 함께 데이터베이스를 공개했습니다. 그 질문은 **'얼마나 많은 오피오이드 알약 처방전이 미국의 각 주로 보내지고 있으며, 어떤 회사와 유통사가 책임을 지고 있는가?'**[2]였습니다. 그들의 지도[3]는 애팔래치아 지방과 같은 특정 군집에 거주하는 사람들이 2006년부터 2014년까지 평균적으로 1인당 150알이 넘는 오피오이드 알약을 처방받았다는 사실을 보여주고 있습니다. 게다가 단지 6개의 회사가 1000억 개의 옥시코돈oxycodone과

2 옮긴이_ 해당 기사의 초기 버전은 https://www.washingtonpost.com/graphics/2019/investigations/opioid-pills-overdose-analysis에서 확인 가능합니다.

3 https://oreil.ly/Xx7dh

하이드로코돈hydrocodone 알약 중 75%가 넘는 양을 미국 전역에 걸쳐 유통시키고 있었음을 보여줍니다. 그 회사들은 바로 매케슨McKesson Corp., 월그린Walgreens, 카디널 헬스Cardinal Health, 아메리소스버겐AmerisourceBergen, CVS 헬스CVS health Corp. 그리고 월마트Walmart였습니다.[4] 여러분이 다루는 데이터가 이 정도 규모로 크지 않거나 논쟁적인 부분이 없더라도 여기서 우리가 배워야 할 점은 답하고자 하는 문제를 정확히 파악해야 한다는 사실입니다.

또한 연구(리서치)가 진행됨에 따라 질문을 수정하는 것은 극히 정상적인 일입니다. 예를 들어 이 책의 저자 잭과 그의 학생들은 **'1960년대 코네티컷 공립학교 시험 점수는 어땠을까?'**라는 순진한 질문으로 데이터 프로젝트를 시작했습니다. 하지만 그들은 코네티컷 같은 주에서는 1980년대 중반 학교 책무성 운동이 일어나기 전까지는 오늘날 우리가 아는 주state 차원의 학교 시험이 존재하지 않았다는 사실을 알게 되었습니다. 게다가 신문에서 공립학교 성적을 공개적으로 보여주기 시작한 1990년대 전에는 성적을 공개조차 하지 않았습니다. 이후 1990년대 후반과 2000년대 초반에 인터넷이 확장되면서 부동산 회사, 학교 등급 심사 회사, 정부 기관 등이 데이터를 웹에 공개하기 시작했습니다. 이렇게 새롭게 알게 된 사실에 기반해 그들은 질문을 **'코네티컷 주택 구매자들은 언제 그리고 어떻게 학교의 시험 성적을 알게 되었으며, 해당 요소는 그들이 선택한 공공 학교 입학 가능 지역 입성을 위해 지불하고자 하는 금액에 얼마만큼의 영향을 끼쳤나?'**[5]로 변경했습니다. 새로운 증거가 여러분을 더 나은 길로 인도할 수 있기 때문에 항상 질문을 다듬을 준비를 해야 합니다.

### 3.1.2 필요한 데이터를 이미 수집하고 있거나 공개하는 기관 찾아보기

만약 정부 기관이 관여하고 있다면 지방 수준인지, 시 또는 도 수준인지, 아니면 국가 수준인지 알아야 합니다. 그리고 행정, 입법, 사법 등 정부의 어떤 기관 산하에 있는지 파악하거나 또는 해당 정보를 관장하는 특정 에이전시를 파악해야 합니다. 이러한 구조를 한 번에 파악하는 것은 매우 어렵기 때문에 주로 주정부 도서관[6] 사서나 미국 연방 정부 간행물 보관 도서관 프로그램[7] 담당자로 일하는 정부 문서와 데이터베이스에 정통한 사서에게 연락하는 것도 좋은 방법입니

---

4 「Drilling into the DEA's Pain Pill Database」(Washington Post, July 16, 2019), `https://oreil.ly/Xx7dh`

5 잭 도허티 외, 「School Choice in Suburbia: Test Scores, Race, and Housing Markets」, American Journal of Education 115, no. 4 (August 2009): 523-48, `https://oreil.ly/T2I81`

6 `https://oreil.ly/vEGoJ`

7 `https://oreil.ly/Au6SG`

다. 또는 찾고 있는 데이터가 교육 기관, 언론인, 비영리 그룹, 영리 기업 등 비정부 기관에 쌓여 있을 수도 있기 때문에 **어떤 기관**이 내가 찾는 데이터를 수집하고 공개했는지 파악하면 일반적으로 발행되는 디지털 또는 인쇄 자료와 특정 영역에 검색을 집중시키는 데 가장 적합한 도구를 찾을 수 있습니다.

### 3.1.3 어떤 수준의 데이터를 얻을 수 있을까

정보가 개별 사례로 세분화되어 있나요 아니면 더 큰 그룹으로 통합되어 있나요? 데이터 단위가 작을수록 보다 세밀한 해석을 할 수 있으며, 단위가 클수록 광범위한 패턴을 식별하기 용이합니다. 사서는 조직이 다양한 수준에서 데이터를 게시하는 방법과 이유를 파악하는 데 도움을 줄 수 있습니다. 예를 들어 미국 통계청US Census Bureau (인구조사국)에서는 10년마다 국내에 거주하는 각 개인에 대한 데이터를 수집합니다. 법에 따르면 개인 수준 데이터individual-level data는 72년간 기밀로 유지되며 그 후 일반에 공개됩니다. 현재 [그림 3-1]과 같이 1940년 인구조사와 수십 년 전의 특정 개인을 미국 국립 기록 보관소[8] 및 기타 웹사이트에서 검색할 수 있습니다.

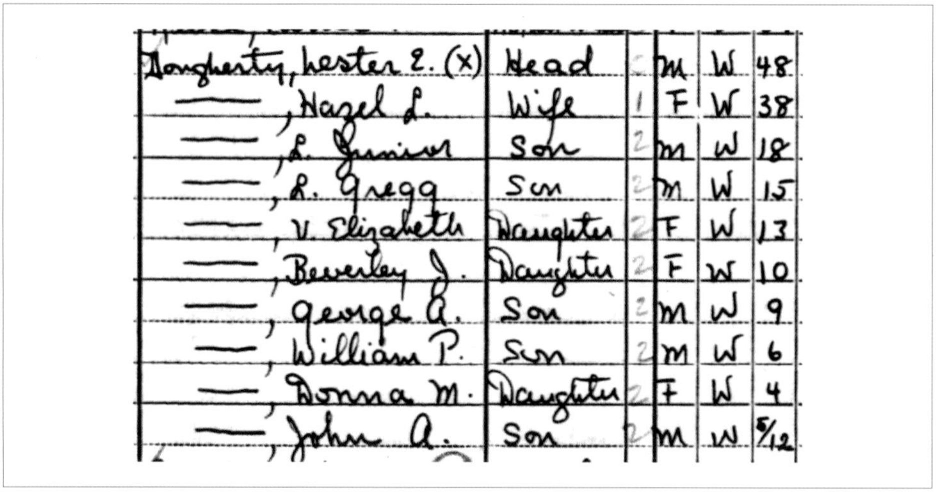

| | | | | | |
|---|---|---|---|---|---|
| Dougherty, Lester E. (X) | Head | | M | W | 48 |
| —, Hazel L. | Wife | 1 | F | W | 38 |
| —, L. Junior | Son | 2 | M | W | 18 |
| —, R. Gregg | Son | 2 | M | W | 15 |
| —, V. Elizabeth | Daughter | 2 | F | W | 13 |
| —, Beverley J. | Daughter | 2 | F | W | 10 |
| —, George A. | Son | 2 | M | W | 9 |
| —, William P. | Son | 2 | M | W | 6 |
| —, Donna M. | Daughter | 2 | F | W | 4 |
| —, John A. | Son | 2 | M | W | 5/12 |

**그림 3-1** 잭의 아버지 가족에 대한 개인 수준의 1940년 미국 인구조사 데이터 발췌본

한편 미국 통계청은 개인 수준 데이터를 더 큰 지리적 영역으로 집계함으로써 사람들의 프라이버시를 보호하며 현재 몇 년간의 데이터를 공개하고 있습니다. 우리는 코네티컷 하트퍼드와 가

8 https://oreil.ly/BkCal

장 일반적인 지리적 지역 간의 관계를 보여주기 위해 미국 인구조사 지리학적 기관의 표준 계층 구조[9]를 사용해 [그림 3-2]와 같은 간단한 지도를 만들었습니다.

- State: 주
- County: 카운티
- County subdivisions: 카운티 지부(코네티컷 타운이나 도시에 해당)
- Census tracts: 인구조사 구역(구역 지정, 대략 1,200~8,000명)
- Census block groups: 인구조사 블록 그룹(구역의 하위 단위, 대략 600~3,000명)
- Census blocks: 인구조사 블록[10](인구조사 블록 그룹의 하위 단위, 그러나 항상 도시 블록은 아님)

**그림 3-2** 2019년 코네티컷 하트퍼드 주변의 일반적인 미국 인구조사 구역. 카운티 및 주 경계 대화형 지도[11]를 줌 아웃한 모습

9 https://oreil.ly/pkY2n

10 Katy Rossiter, 「What Are Census Blocks?」, US Census Bureau, July 11, 2011, https://oreil.ly/UTxpk

11 https://oreil.ly/JaQUN

### 3.1.4 비슷한 데이터를 사용한 간행물의 출처 찾기

가장 좋은 아이디어 중 일부는 증거의 출처를 설명하는 기사나 책을 읽을 때 얻게 되며, 그 데이터를 시각화하는 새로운 방법을 상상하게 되기도 합니다. 인쇄물이나 오래된 웹 페이지에서 우연히 데이터 테이블을 발견한 적이 있을 겁니다. 이 때문에 새로운 버전을 찾는 데 흥미를 가지게 됩니다. 오래된 데이터라고 하더라도 그들이 그 시기에 어떻게 데이터를 수집했는지 보여주기 때문에 유용합니다. 주석을 따라가 원시 데이터를 얻을 수도 있습니다. 구글 학술 검색Google Scholar[12]이나 다른 리서치 데이터베이스를 사용해 이전에 출간된 게시물의 데이터를 추적할 수 있습니다(필요하다면 사서에게 도움을 요청하세요). 추가적인 장점은 더 많은 현재 데이터를 찾을 수 있는 경우 시간에 따른 변화를 비교하는 시각화를 디자인할 수 있다는 것입니다.

### 3.1.5 만약 내가 찾는 데이터를 아무도 수집하지 않았다면

이런 경우는 단순히 실수로 인해 발생하는 것은 아닙니다. 『데이터 페미니즘』에서 캐서린 디그나치오와 로런 클라인은 테니스 스타 세리나 윌리엄스Serena Williams 사례를 통해 데이터 수집 이슈가 '권력과 특권이라는 더 큰 이슈와 직접적으로 연결되어 있음'을 강조했습니다. 세리나 윌리엄스는 2017년 딸을 출산하면서 생명을 위협하는 합병증을 경험했는데, 그녀는 '흑인 여자가 임신 또는 출산 관련 이유로 죽을 확률은 백인 여자보다 3배가량 높다'는 미국 질병통제예방센터(CDC)의 보고서를 인용해 소셜 미디어에 흑인 여자에 대한 관심을 호소했습니다. 그 후 기자들은 그 연구에 대해 더 깊게 조사하기 시작했는데, 그들은 해당 보고서의 산모 사망률 데이터의 세부적인 내용이 빈약했으며, 2014년 UN은 미국의 헬스케어 시스템 관련 데이터 수집이 '부분적으로 빈약'하다는 보고서까지 냈던 사실을 발견했습니다. 그리고 기자들은 심장마비나 고관절 치환 수술과 달리 '산모 또는 출산 관련 합병증을 추적하는 국가 시스템은 여전히 존재하지 않는다'는 기사를 냈습니다.

권력 구조는 목숨의 가치가 높게 측정된 사람들을 포함시키거나 고도의 감시하에서 만들어집니다. 디그나치오와 클라인은 우리에게 이러한 권력 시스템을 비판적으로 조사하고, 이들의 부정행위를 막고 해당 프로세스 내의 모든 사람의 노력이 투명하게 공개되도록 데이터를 수집해야 한다고 촉구합니다.[13] 만약 여러분이 찾는 데이터가 존재하지 않는다면 그것은 아마도 새로

12 https://google.com/scholar

13 디그나치오와 클라인, 「데이터 페미니즘」(MIT Press, 2020)

운 이슈를 찾아내 공개할 수 있는 가치 있는 단계로 나아갈 수 있는 기회이므로 여러분 스스로 데이터를 수집해보길 바랍니다.

데이터를 찾는다는 것은 단순한 키워드 검색 이상을 포함합니다. 어떤 단체가 내가 찾는 데이터를 수집하고(또는 수집하지 않고) 있을까? 어떤 수준에서 수집되고 있을까? 어떤 시점에 수집되었을까? 어떤 사회적, 정치적 맥락에서 수집된 것일까? 등등 사서, 언론인 그리고 다른 연구자들이 우리에게 알려준 질문하는 방법을 되새기며 여러분의 데이터 검색에 깊이를 더하세요. 다음 절에서는 공공 데이터와 개인 데이터 관련 이슈를 알아보도록 하겠습니다.

## 3.2 공공 데이터와 개인 데이터

데이터를 검색할 때는 공공 데이터와 개인 데이터 관련 논쟁에 대해 이해할 필요가 있습니다. 이런 논쟁은 데이터 시각화 프로젝트에 어떤 종류의 데이터를 합법적으로 사용할 수 있을지 결정할 뿐만 아니라 어떤 사람들이 어느 정도 수준에서 개인 관련 사적 정보를 수집하고 배포해도 되는지에 대한 윤리적 문제와도 연관됩니다. 이 절에서는 해당 논쟁에 대한 (미국 상황에서의) 우리의 일반적인 견해를 제공합니다. 다만 필자들이 변호사는 아니므로 여러분의 구체적인 사례에 대해서는 필요한 경우 법률 전문가와 상의하길 바랍니다.

첫 번째 논쟁은 **'개인에 대한 데이터는 어느 정도까지 수집이 허용되어야 하는가?'**입니다.

빅데이터에 대해 비판하는 사람들은 정부가 디지털 시대에 개인 정보를 더 많이 수집하게 되면서 전체주의 '빅 브라더'로 변하는 것을 걱정합니다. 미국에서 이러한 걱정은 2013년 애드워드 스노든Edward Snowden이 미국 국가 안전국이 통신 회사로부터 받은 개인의 이메일과 휴대폰 정보를 이용해 국제적(글로벌) 감시 업무를 한다는 사실을 내부 고발하면서부터 심해지기 시작했습니다. 하버드 경영대학원 교수이자 『감시 자본주의 시대』의 저자인 쇼샤나 주보프Shoshana Zuboff는 엄청난 양의 개인 식별 데이터를 수집해 영리 목적으로 상품화하는 기업들도 동일한 위협으로 간주했습니다.[14] 디지털 상거래digital commerce의 발달에 따라 막강한 테크놀로지 기업들이 여러분이나 다른 사람들이 사적이라 생각하는 데이터를 소유하게 되었습니다.

14 『감시 자본주의 시대』(문학사상, 2021)

- 구글은 검색 엔진에 입력한 단어를 구글 트렌드Google Trends[15]에 집계된 형태로 알고 있습니다. 또한 구글의 크롬 브라우저는 워싱턴 포스트의 기술 분야 전문 기자인 제프리 A. 파울러Geoffrey A. Fowler가 설명한 것처럼 쿠키를 통해 사용자의 웹 활동을 추적합니다.[16]
- 아마존은 알렉사Alexa 홈 어시스턴트와의 대화를 엿듣고 녹음하고 있습니다.[17] 파울러의 기사를 참조하세요.
- 페이스북은 여러분이 선호하는 친구나 정치 성향을 파악하고 있습니다.[18] 파울러는 페이스북이 타깃 마케팅을 고도화하기 위해 페이스북 외의 다른 곳에서 구매를 하는 활동도 추적한다는 사실을 보고했습니다.

어떤 사람은 거대 기업이 수집한 빅데이터가 공공의 이익을 가져다 줄 수 있다는 점도 지적합니다. 예를 들어 애플은 아이폰 사용자로부터 수집한 모빌리티 데이터를 종합해 공공 보건 기관이 코로나 19 팬데믹 시기에 여행 대신 집안에 머무는 사람들을 파악하는 것을 도왔습니다.[19] 다른 사람은 많은 기업이 어떤 데이터를 수집하고 어떻게 사용할 것인지에 대한 그들만의 방침을 잘 정해놓았다고 이야기합니다. 비록 캘리포니아 정부는 2020년에 소비자 개인 정보 보호법Consumer Privacy Act을 시행[20]하면서 기업이 수집한 개인 데이터를 개인이 확인하고 지울 수 있는 권리를 찾아줬지만 다른 주정부나 연방 정부는 아직 해당 정책을 시행하고 있지 않습니다. 만약 여러분이 공공 조직이나 민간 조직이 개인으로부터 수집한 데이터를 사용하고 있다면 이러한 논쟁에 대해 배움으로써 시각화 프로젝트에 어떤 데이터를 사용할 것인지에 대해 지혜롭고 윤리적인 선택을 할 수 있게 될 것입니다.

두 번째 논쟁은 **'정부에서 수집한 데이터는 어느 정도까지 공개되어야 할까?'**입니다.

1966년 미국에서 제정된 정보 자유법Freedom of Information Act[21]과 후속 개정안은 투명성을 높여 공공 조사를 장려하고 관료를 압박해 긍정적인 변화를 만들기 위해 연방 정부의 정보 접근성을 여는 방향으로 나아갔습니다. 게다가 주정부는 그들만의 정보 자유법하에서 운영되고 있는데, 이를 오픈 레코드open record 또는 햇살법sunshine law이라고도 부릅니다. 사람들이 'FOI'를 제출했다는 뜻은 그들이 법에 따라 공개되어야 한다고 생각하는 정보를 정부 기관에 서면으로 요청

15 https://oreil.ly/zxYZC

16 제프리 A. 파울러, 「Goodbye, Chrome: Google's Web Browser Has Become Spy Software」, The Washington Post, 2019년 6월 21일, https://oreil.ly/_ef8H

17 제프리 A. 파울러, 「Alexa Has Been Eavesdropping on You This Whole Time」, The Washington Post, 2019년 5월 6일, https://oreil.ly/eR6RG

18 제프리 A. 파울러, 「Facebook Will Now Show You Exactly How It Stalks You – Even When You're Not Using Facebook」, The Washington Post, 2020년 1월 28일, https://oreil.ly/rmV9T

19 https://oreil.ly/QRdkB

20 https://oreil.ly/9swiI

21 https://oreil.ly/By-zV

했다는 의미입니다. 그러나 연방 정부와 주정부의 정보 자유법은 복잡하며, 언론자유위원회와 국가정보자유위원회National Freedom of Information Coalition[22]에서 제공하는 열린 정부 가이드Open Government Guide[23]에 요약한 내용을 보면 법원은 사건에 대해 시간이 지남에 따라 여러 가지 다른 해석을 하는 경우가 많습니다. 때로는 정부 기관이 FOI 요청에 신속하게 동의하고 따르는 반면 어떤 경우에는 FOI 요청을 지연시키거나 거부하여 요청자가 시간이 많이 걸리는 소송을 통해 문제를 해결해야 합니다. 전 세계적으로 100여 개 이상의 국가에서 자신들만의 정보 자유법을 가지고 있습니다.[24] 가장 오래된 것은 스웨덴에서 1766년 제정된 언론 자유법freedom of the press act인데, 이 정보 자유법은 매우 다양합니다.

대부분 경우에 미국 연방 정부와 주정부에서 수집한 개인 수준 데이터는 개인 데이터로 간주됩니다. 다만 정부 프로세스가 이를 공개함으로써 더 광범위한 이익을 제공한다고 결정한 경우는 예외입니다. 이러한 차이를 설명하기 위해 미국 연방법이 개인 수준 데이터의 개인 정보를 보호하는 두 가지 사례부터 살펴보겠습니다.

- 환자 수준의 건강 데이터는 일반적으로 HIPAA라고 알려진 건강보험 정보의 이전 및 그 책임에 관한 법률Privacy Rule of the Health Insurance Portability and Accountability Act[25]을 통해 보호되고 있습니다. 보건직 공무원이 질병의 광범위한 추세를 추적하기 위해 개별 환자 데이터를 사용할 때 개인 기밀을 보호할 수 있도록 반드시 대규모의 익명 데이터셋으로 집계된 상태에서만 사용해야 합니다.
- 마찬가지로 학생 수준의 교육 데이터는 일반적으로 FERPA라고 알려진 가족 교육권 및 개인 정보에 관한 법률Family Educational Rights and Privacy Act[26]에 의해 보호받고 있습니다. 공공 교육 공무원은 식별 가능한 데이터를 공개하지 않고 학교, 학군 및 주(州)의 광범위한 진행 상황을 추적하기 위해 정기적으로 개별 학생 기록을 더 큰 익명화된 공공 데이터셋으로 집계합니다.

반대로 개인 수준의 데이터를 공개함으로써 대중이 얻는 이익이 더 크다고 판단한 경우 세 가지를 소개하겠습니다.

- 정치 후보자를 위해 개인이 기부한 내역은 미국 연방선거관리위원회 데이터베이스[27]에 공공 정보로 저장되어 있습니다. 또한 비영리단체인 NIMPNational Institute on Money in Politics가 운영하는 폴로 더 머니Follow The

22 https://www.nfoic.org

23 https://oreil.ly/zFVmg

24 옮긴이_ 대한민국은 1996년에 「공공 기관의 정보 공개에 관한 법률」이 제정되어 1998년 1월부터 시행되고 있으며, 이 법률에 따라 시민은 공공 기관이 보유, 관리하고 있는 정보를 알권리 차원에서 원칙적으로 요구할 수 있습니다. https://oreil.ly/aAPZ0

25 https://oreil.ly/IlSRk

26 https://oreil.ly/DpRBa

27 https://oreil.ly/n-nfB

Money[28]나 책임정치센터Center for Responsive Politics가 운영하는 오픈시크릿OpenSecrets[29] 관련 데이터베이스에도 공개되어 있습니다. 이 비영리단체가 운영하는 각 웹사이트에서는 정치 활동 위원회를 통해 전달된 기부금과 선거자금법에 논란의 여지가 되는 예외 사항에 대한 세부적인 정보까지 얻을 수 있습니다. 미국은 주state별로 정치자금법이 다릅니다. 따라서 각각의 공공 정보는 서로 다른 데이터베이스에 저장되어 있습니다. 만약 잭의 (주 수준의) 정치 캠페인 기부 내역을 알고 싶다면 누구나 코네티컷 캠페인 보고 정보 시스템Connecticut Campaign Reporting Information System[30]을 통해 정보를 찾을 수 있습니다.

- 개인 부동산 소유 기록은 공개되어 있으며, 많은 지방 정부에서 온라인에 정보를 공개하고 있습니다. 한 민간 기업이 미국 공공 기록 디렉터리[31]를 카운티county 및 도시 부동산 기록에 연결해 열람이 가능하도록 만들었습니다. 예를 들어 잭이 소유하고 있는 부동산의 크기나 가격을 알고 싶다면 누구나 코네티컷의 웨스트 하트퍼드의 부동산 평가 데이터베이스[32]를 통해 확인할 수 있습니다.
- 비과세 기관의 임원 개인 급여는 공공이며, 이러한 기관은 매년 국세청(IRS) 990 양식에 해당 내역을 제출해야 합니다. 예를 들어 프로퍼블리카ProPublica의 비영리 익스플로러Nonprofit Explorer[33]에서 990 양식을 통해 잭의 고용주이자 일라야의 모교인 트리티니 칼리지의 최고 임원의 급여 및 기타 보수를 찾아볼 수 있습니다.

사회적, 정치적 압력은 정부가 수집한 개인 수준의 데이터 중 공개 가능한 종류의 범위를 계속해서 바꿔나가고 있습니다. 예를 들어 '흑인 생명도 소중하다Black Lives Matter' 운동은 점점 경찰 폭력과 관련한 개인 수준의 데이터를 공개하도록 만들었습니다. 예를 들어 2001년 뉴저지 주 정부는 지역 경찰서에 총탄 발사와 같은 크고 작은 모든 '무력' 사용에 관한 문서를 제출할 것을 요구했습니다. 하지만 뉴저지 선진 미디어NJ Advance Media 소속의 기자 팀이 500건 이상의 공공 기록 요청을 제출하고 개인 경관의 폭력 행동 패턴을 검사할 수 있는 무력 사용 보고서 디지털 데이터베이스[34]를 만들기 전까지는 그 누구도 관련 문서를 쉽게 찾을 수 없었습니다. 이와 비슷하게 프로퍼블리카 기자 팀은 뉴욕시 경찰관에 대한 시민 불만 사항을 해소하기 위해 이름이나 구역 또는 혐의의 성격별로 검색하여 혐의가 입증된 경찰관의 비공개 사건을 찾을 수 있는 NYPD 파일 데이터베이스[35]를 만들었습니다.

데이터를 다루는 모든 사람은 어떤 데이터가 공개되어야 하고 어떤 데이터가 보호받아야 하는지에 대한 핵심 논쟁을 잘 이해하고 있어야 합니다. 그리고 누구의 이익이 우선시 되어야 하는

28 https://www.followthemoney.org
29 https://www.opensecrets.org
30 https://oreil.ly/ycsTB
31 https://oreil.ly/OD7MO
32 https://oreil.ly/jQigl
33 https://oreil.ly/SbNVi
34 https://force.nj.com
35 https://oreil.ly/cCS_m

지에 대한 정책 토론에 적극적으로 참여해 긍정적인 변화를 만드는 데 기여해야 합니다. 다음 절에서는 민감한 개인 수준 데이터를 다룰 때 필요한 윤리적 선택에 대해 알아보겠습니다.

## 3.3 민감한 데이터를 가리거나 집계하기

개인 수준의 데이터가 합법적이고 공개적으로 접근할 수 있는 경우에도 데이터 시각화를 할 때는 해당 데이터의 사용 여부나 방법에 대한 윤리적인 의사결정은 각자에게 책임이 있습니다. 민감한 데이터를 다룰 때 물어야 할 윤리적 질문은 **'개인 수준 데이터를 공개함으로 인해 얻는 이득보다 해가 클 위험은 어느 정도인가?'**, **'개인 프라이버시를 침해할 수 있는 세부 사항을 공개적으로 공유하지 않으면서 데이터로 동일한 이야기를 전달할 수 있는 방법이 있는가?'**입니다.

모든 상황이 다르고, 중요한 공적 이슈에 대한 이해도와 개인 사생활 침해 사이에서 균형을 찾아야 하기 때문에 이러한 윤리적 질문에 대한 간단한 답은 존재하지 않습니다. 이 절에서는 민감한 정보를 무분별하게 확산시키는 것의 대안인 개인 수준 데이터에 대한 마스킹masking과 집계aggregation 방법을 설명하겠습니다.

여러분이 범죄 데이터를 탐색하고 있고, 여러 동네에 걸쳐 다양한 유형의 119 신고 빈도에 대한 대화형 지도를 만들고 싶다고 가정해봅시다. 만약 신고 전화에 대한 공공 데이터를 찾으려 한다면 3.4절 '오픈 데이터 저장소'에서 설명하겠지만 경찰 호출에 대한 공공 데이터[36]를 검색하면 경찰 콜 센터에서 게시한 개인 수준의 데이터를 공유하기 위한 다양한 정책과 관행이 표시됩니다. 미국의 많은 주에서는 성범죄나 아동 학대 피해자에 대한 정보(경찰이 출동한 주소 등)를 기밀 취급해 외부에 공개하지 않고 있습니다. 따라서 오픈 데이터에 포함되지 않습니다. 그러나 일부 경찰서에서는 다른 유형의 범죄에 대해 전체 주소가 포함된 통화에 대한 공개 데이터를 다음과 같은 형식으로 공개하고 있습니다.

```
| Date  | Full Address | Category            |
| Jan 1 | 1234 Main St | Aggravated Assault |
```

이 정보는 공개적으로 입수할 수 있지만 여러분이 폭력 범죄의 전체 주소 데이터를 데이터 시각화에 포함시킴으로써 피해자에게 신체적 또는 정서적 피해를 줄 수도 있습니다.

36 https://oreil.ly/_EX06

한 가지 방법은 민감한 정보에서 **세부 정보를 가리는(마스킹)** 것입니다. 예를 들어 일부 경찰서에서는 데이터를 공개하기 전에 아래 데이터처럼 개인 사생활 보호를 위해 주소의 마지막 몇 자리를 숨겨 전체 주소를 노출하지 않으면서 대략적인 위치만 알 수 있도록 합니다.

```
| Date  | Masked Address | Category            |
| Jan 1 | 1XXX Main St   | Aggravated Assault |
```

또한 필요에 따라 4장에서 설명한 것처럼 스프레드시트 도구의 찾아 바꾸기 find and replace 같은 기능을 사용해 개인 수준 데이터를 마스크 처리할 수도 있습니다.

또 다른 전략은 개인 수준 데이터를 더 큰 그룹으로 **집계**하여 개인 정보를 보호하면서도 더 넓은 패턴을 보여주는 것입니다. 앞의 예에서 서로 다른 지역의 범죄 데이터를 조사할 경우 개별 119 신고를 아래 형식처럼 인구조사 구역이나 지역명 등 보다 큰 지리적 영역으로 그룹화합니다.

```
| Neighborhood | Crime Category     | Frequency |
| East Side    | Aggravated Assault | 13        |
| West Side    | Aggravated Assault | 21        |
```

개인 수준의 세부 정보를 더 크고 의미 있는 카테고리로 집계하는 것도 더 큰 그림을 보여주기 위한 데이터 스토리를 전달하는 더 좋은 방법입니다. 간단한 스프레드시트 데이터를 집계하는 방법은 2.10절 '피벗 테이블을 사용해 데이터 요약하기'를 참조하고, 의미 있는 지도를 만들기 위한 데이터 정규화에 대한 부분은 5.2절 '데이터 정규화하기'를 참조하기 바랍니다. 13.7절 '미국 통계청 지오코더를 사용해 대량으로 지오코딩하기'와 13.8 '포인트 데이터를 폴리곤 데이터로 피벗하기'도 참조하세요.

다음 절에서는 정부와 비정부 조직이 의도적으로 대중과 공유한 데이터셋을 탐색하는 방법을 알아보겠습니다.

## 3.4 오픈 데이터 저장소

지난 10년 동안 전 세계 점점 더 많은 정부 및 비정부 기관이 오픈 데이터 저장소를 통해 공공 데이터를 능동적으로 공유하기 시작했습니다. 이러한 데이터셋 중 일부는 격리된 웹사이트에서 개별 파일 형태로 받을 수 있었지만, 네트워크가 증가하면서 오픈 데이터를 더 쉽게 찾을 수 있게 되었고 더 많은 에이전시가 데이터를 업데이트하기 시작했습니다. 때로는 다른 컴퓨터와의 실시간 상호작용을 지원하기도 했습니다. 오픈 데이터 저장소는 보통 다음과 같은 기능을 제공합니다.

#### 뷰와 내보내기

오픈 데이터 저장소는 데이터를 볼 수 있게 하며 CSV, ODS, XLSX 같은 일반적인 스프레드시트 형식으로 내보내는 기능을 제공합니다. 어떤 저장소는 지도를 만들기 위한 지리적 경계 파일도 제공합니다.

#### 내장된 시각화 도구

몇몇 저장소에서는 사용자가 플랫폼 사이트에서 대화형 차트나 지도를 만들 수 있도록 내장된 시각화 도구built-in visualization tool를 제공합니다. 또한 코드 스니펫을 제공해 사용자가 자신의 웹사이트에 내장 시각화 기능을 구현할 수 있도록 지원하는 곳도 있습니다. 이에 대해서는 9장에서 자세하게 설명합니다.

#### 애플리케이션 프로그래밍 인터페이스(API)

일부 저장소는 다른 컴퓨터가 플랫폼에서 외부 사이트 또는 온라인 시각화로 직접 데이터를 가져올 수 있는 코드 명령을 엔드포인트에 제공합니다. 저장소에서 계속해서 데이터를 업데이트하고 API 엔드포인트를 게시한다면 여러분의 시각화도 진정한 '실시간' 또는 '실시간에 가까운' 데이터 자동 업데이트가 가능하게 됩니다. 자세한 내용은 12장에서 설명하겠습니다.

최근에 (특히 정부 정책이나 과학 연구 관련) 오픈 데이터 저장소가 증가하면서 모든 리스트를 제공하는 단일 웹사이트는 없습니다. 여기서는 여러분의 호기심을 자극하고 더 깊이 파고들 것을 장려하기 위해 미국과 전 세계에서 잘 알려진 몇몇 사이트를 소개하겠습니다.

#### Data.gov (`https://www.data.gov`)

미국 연방 정부 기관의 공식 저장소

#### data.census.gov (`https://data.census.gov`)

미국 통계청 데이터에 접근할 수 있는 주요 플랫폼. 10년마다 실시하는 인구조사는 모든 인구에 대한 데이터이며, 미국 지역사회 조사(ACS)는 오차 범위 내에서 다양한 인구조사 지역에 대해 1년 및 5년 추정치를 산출하는 연간 표본 집계다.

**Eurostat** (https://ec.europa.eu/eurostat)

유로스타트. 유럽 연합 통계청

**Federal Reserve Economic Research** (https://fred.stlouisfed.org)

연방준비제도이사회 경제 연구. 미국 및 국제 데이터용(경제 관련)

**Global Open Data Index** (https://index.okfn.org/dataset)

열린 지식 재단Open Knowledge Foundation에서 운영

**Google Dataset Search** (https://datasetsearch.research.google.com)

구글에서 개발한 데이터셋 검색 엔진

**Harvard Dataverse** (https://dataverse.harvard.edu)

모든 분야의 연구자들에게 오픈되어 있음

**Humanitarian Data Exchange** (https://data.humdata.org)

UN 인도지원조정국에서 운영

**IPUMS** (https://www.ipums.org)

통합 공공 사용 마이크로데이터 시리즈Integrated Public Use Microdata Series는 세계에서 가장 큰 개인 수준 인구 데이터베이스입니다. 미네소타 대학교에서 운영하고 있으며, 미국 및 국제 인구조사 기록과 설문 조사를 샘플링해서 만들었습니다.

**OpenAfrica** (https://africaopendata.org)

코드 포 아프리카Code for Africa에서 운영하는 아프리카 최대 규모의 자원봉사형 오픈 데이터 플랫폼

**Open Data Inception** (https://opendatainception.io)

지도 지향 글로벌 디렉터리. 전 세계 2600개 이상의 오픈 데이터 포털

**Open Data Network** (https://www.opendatanetwork.com)

소크라타Socrata의 디렉터리. 주로 미국 주 및 시의 오픈 데이터 플랫폼. 유엔 데이터(https://data.un.org)

**World Bank Open Data** (https://data.worldbank.org)

전 세계에서 수집한 경제 개발 데이터

**World Inequality Database** (https://wid.world)

소득과 부의 불평등에 대한 전 세계 데이터

더 많은 자료를 원한다면 로체스터 대학교,[37] 뉴욕 주립 대학교 제너시오 칼리지,[38] 브라운 대학교[39] 등 여러 대학교 도서관 직원들이 만들고 관리하는 **오픈 데이터 리스트**를 참조하세요.

자원이 풍부한 고등교육기관 도서관 및 조직의 '비공개' 데이터 저장소에 접근하기 위해서는 구독료를 지불해야 하는 경우도 있습니다. 예를 들어 소셜 익스플로러[40]는 몇십 년에 걸쳐 수집한 지역 및 국가 수준의 인구, 경제, 건강, 교육, 종교 그리고 범죄 관련 데이터를 제공합니다(주로 미국, 캐나다, 유럽 데이터 제공). 이전에는 무료로 데이터를 제공했지만 이제는 14일의 무료 사용 기간이 지나면 구독료를 내야 합니다. 또한 정책 맵Policy Map[41]은 미국 지역의 인구, 경제, 주택 그리고 삶의 질 관련 데이터를 오픈 맵 뷰Open Map View[42]를 통해 공개하고 있지만 다운로드를 받으려면 구독해야 합니다.

또한 13.2절 'GeoJSON 경계 파일 찾기'를 참조하세요. 이 책에서 지도를 만들기 위해 사용하는 오픈 데이터 표준입니다.

오픈 데이터 저장소를 찾는 방법을 자세히 알아보았으니, 다음 절에서는 검색한 데이터의 출처를 남기는 방법을 알아보겠습니다.

---

**37** https://oreil.ly/G4zJn
**38** https://oreil.ly/Sgs_0
**39** https://oreil.ly/K8tJ8
**40** https://www.socialexplorer.com
**41** https://www.policymap.com
**42** https://www.policymap.com/maps

## 3.5 데이터 출처 남기기

데이터를 찾으면 다운로드한 파일 또는 새로 만든 파일에 출처 정보를 기록합니다. 여러분이나 또는 미래의 어떤 사람이 여러분의 데이터 획득 절차를 따라 할 수 있도록 세부적인 핵심 정보를 기록해야 합니다. 우리는 이를 스프레드시트 파일 이름과 출처 노트 탭 두 군데에 기록할 것을 권장합니다. 세 번째 단계로 데이터의 백업 시트를 만듭니다. 첫 번째 단계는 다운로드했거나 작성한 모든 데이터 파일에 이름을 붙이는 것입니다. 다음과 같은 '나쁜 파일 이름'을 만나본 적이 있을 것입니다. 이런 이름은 반드시 피해야 합니다.

- `data.csv`
- `file.ods`
- `download.xlsx`

짧지만 의미 있는 파일 이름을 사용하세요. 파일 이름을 만들기 위한 완벽한 방법은 없지만, 좋은 전략은 출처를 축약(`census`[미국 통계청], `worldbank`[세계은행], `eurostat`[유럽 연합 통계청]처럼)하고 토픽 키워드와 날짜 또는 범위를 추가하는 것입니다. 만약 여러분의 동료가 다운로드한 파일의 다른 버전에서 작업한다면 파일 이름에 현재 날짜를 YYYY-MM-DD(년-월-일) 형식으로 포함합니다. 만약 파일을 웹에 업로드할 계획이라면 파일 이름을 모두 소문자로 입력하고 공백을 하이픈(-)이나 언더바(_)를 바꾸어야 합니다. 좋은 파일 이름 예는 다음과 같습니다.

- `town-demographics-2019-12-02.csv`
- `census2010_population_by_county.ods`
- `eurostat-1999-2019-co2-emissions.xlsx`

두 번째 단계는 데이터에 대한 더 자세한 출처 정보를 스프레드시트 내 새로운 탭에 작성하는 것입니다. 이 기능은 멀티탭 기능을 제공하는 구글 시트, 리브레오피스, 엑셀 등에서 사용 가능합니다. 'notes'라는 이름의 새로운 탭을 만들고 [그림 3-3]과 같이 데이터의 출처, 약어에 대한 설명, 업데이트 일자 등을 작성합니다. 그리고 여러분 이름과 함께 작업한 동료의 이름도 기록합니다. 만약 해당 데이터로 CSV 파일을 만들어야 하는 경우 나중에 원본 출처 노트를 쉽게 찾을 수 있도록 CSV 파일 이름을 멀티탭 스프레드시트 파일 이름과 동일하게 지정합니다.

| fx | | | | | | |
|---|---|---|---|---|---|---|
| | A | B | C | D | E | F |
| 1 | DOHMH (Department of Health and Mental Hygiene) New York City Restaurant Inspection Results | | | | | |
| 2 | data only for January 2020 | | | | | |
| 3 | Each row is a restaurant citation | | | | | |
| 4 | Source: | | | | | |
| 5 | https://nycopendata.socrata.com/Health/DOHMH-New-York-City-Restaurant-Inspection-Results/43nn-pn8j | | | | | |
| 6 | Downloaded by Jack Dougherty, July 2020 | | | | | |

+ ≣ data ▾ notes ▾ backup ▾

**그림 3-3** 데이터, 노트, 복사본을 서로 다른 탭으로 만들었습니다.

세 번째 단계는 앞서 언급한 것처럼 데이터를 정리하고 수정하기 전에 원본 데이터의 복사본을 만드는 것입니다. 멀티탭 스프레드시트를 지원하는 단순한 싱글 시트 파일에서는 데이터를 포함하고 있는 탭을 우클릭해 [그림 3-3]처럼 간단하게 다른 탭에 복사본을 만들 수 있습니다. 명확하게 탭 이름을 'backup'으로 작성하고 그대로 두면 됩니다! CVS 파일이나 더 복잡한 스프레드시트의 경우에는 별도의 백업 파일을 만듭니다. 이러한 단순한 백업 전략은 원본 데이터를 수정하는 것을 피할 수 있습니다. 더 확실하게 하기 위해서는 파일을 클라우드나 다른 컴퓨터에 저장해 지워지거나 시스템 충돌에도 대비해야 합니다.

데이터 시각화의 신뢰성과 복제 가능성을 높이기 위해 파일 이름 명확히 하기, 주석 달기, 백업하기의 세 가지 전략을 사용하는 습관을 들이세요. 다음 절에서는 '불량 데이터' 오류 발생 가능성을 줄이는 방법을 알아보겠습니다.

## 3.6 불량 데이터 인식하기

데이터 검색을 통해 어떤 결과물을 찾았다면 다음 단계는 파일을 열고 빠르게 스크롤하면서 콘텐츠를 확인해 '불량 데이터'를 포함한 경우 나타나는 경고 사인을 찾는 것입니다. 초기 단계에서 데이터 문제를 발견하지 못하면 잘못된 결론으로 이어져 여러분 작업물에 대한 전체적인 신뢰도를 떨어뜨릴 수 있습니다. 다행히 데이터 시각화 커뮤니티에서 우리가 이전에 겪었던 여러 가지 문제의 예를 공유하여 새로운 구성원들이 같은 실수를 범하지 않도록 도움을 주고 있습니다. 그중 데이터 저널리스트들의 크라우드소스crowdsource 모음집인 'The Quartz Guide to Bad Data'[43]가 유명합니다. 다음과 같은 '불량 데이터' 경고가 표시된 스프레드시트는 조심하세요.

### 결측치

공백이나 'null' 값은 데이터를 수집하지 못했다는 뜻일까요? 아니면 설문 참여자가 응답하지 않았다는 뜻일까요? 확실하지 않다면 데이터 작성자에게 문의하세요. 그리고 사람들이 SUM이나 AVERAGE 같은 스프레드시트 계산은 생각하지 않은 채 결측치missing value 대신 `0`이나 `-1`과 같은 값을 입력하는 경향이 있다는 점을 인지해야 합니다.

### 선행 0이 누락됨

코네티컷 하트퍼드의 우편번호 중 하나는 `06106`입니다. 우편번호 열을 숫자 데이터로 변환하면 선행 `0`leading zero이 제거되고 `6106`으로 표시됩니다. 이와 비슷하게 미국 통계청은 모든 지역을 연방 정보 처리 표준Federal Information Processing Standards(FIPS) 코드를 사용해 리스트를 만드는데, 어떤 코드는 특정 의미를 가진 `0`으로 시작합니다. 예를 들어 캘리포니아주 로스앤젤레스 카운티의 FIPS 코드는 `037`이지만 누군가 실수로 텍스트 열을 숫자로 바꾸면 선행 `0`이 제거되고 FIPS 코드가 `37`로 변환될 것입니다. 이렇게 되면 세 자리 숫자에 맞춰진 함수가 작동하지 않을 수 있으며, 누군가는 이를 노스캐롤라이나를 뜻하는 두 자리 주state 코드로 해석할 수도 있습니다.

### 65536행 또는 255열

이 숫자는 각각 이전 버전의 엑셀 스프레드시트에서 지원하는 최대 행수와 애플 넘버스Numbers 스프레드시트에서 지원하는 최대 열수입니다. 스프레드시트가 이러한 제한 중 하나에서 정확히 멈추면 일부 데이터만 볼 수 있습니다. 우리가 이 글을 썼을 때 BBC는 영국의 공중 위생국이 오래된 엑셀 스프레드시트의 이러한 행 제한으로 인해 수천 건의 COVID-19 테스트 결과를 잃었다고 보도했습니다.[44]

43 https://oreil.ly/9YTFX

44 https://oreil.ly/kUyEi

**일정하지 않은 날짜 형식**

예를 들어 미국에서는 2020년 11월 3일이 보통 스프레드시트에 `11/3/2020`(월-일-년)으로 입력되지만 지구 다른 편에 위치한 사람들은 일반적으로 `3/11/2020`(일-월-년)으로 입력합니다. 그러므로 스프레드시트의 출처를 확인해야 합니다.

**January 1st 1900, 1904, 1970 형식의 데이터**

이 숫자들은 엑셀 스프레드시트와 유닉스 운영 시스템의 디폴트 타임스탬프timestamp 값입니다. 실제로 해당 날짜는 공백이거나 오류로 인해 해당 숫자로 덮어 쓰기 된 것일 수 있습니다.

**43891과 유사한 날짜**

2020년에 마이크로소프트 엑셀에 `March 1`을 입력하면 `1-Mar`로 자동 변경되지만 엑셀의 내부 날짜 시스템을 사용해 값은 `43891`로 저장됩니다. 누군가 해당 열을 날짜에서 텍스트 형식으로 변환하면 예상 날짜가 아닌 엑셀의 5자리 숫자가 표시됩니다.

스프레드시트 형태로 존재하는 데이터 품질을 확인하는 다른 방법은 2.8절 '데이터 정렬 및 필터', 2.10절 '피벗 테이블을 사용해 데이터 요약하기', 그리고 히스토그램 작성 방법을 설명하고 있는 6장에서 살펴볼 수 있습니다. 이러한 방법을 사용하면 열에 표시되는 값의 범위를 신속하게 검사하고 불량 데이터를 식별하는 데 도움이 됩니다.

또한 위치가 신뢰할 수 없는 위도 및 경도 좌표로 변환된 경우 지오코딩 불량으로 인한 불량 데이터에 주의하세요(2.6절 '구글 시트에서 주소 지오코딩하기' 참조). 예를 들어 시각화 전문가인 알베르토 카이로는 캔자스 지역 주민들이 미국의 다른 주보다 온라인 포르노를 많이 시청한다는 결과를 보여주는 데이터가 사실은 프라이버시를 지키려는 사람들이 그들의 주소를 속이기 위해 가상 사설 통신망(VPN)을 사용해 인터넷 프로토콜(IP) 주소가 정확히 지오코드화되지 않아 생긴 결과임을 밝혀냈습니다. 그 결과 지오코딩 도구에 의해 다수의 사용자가 인접한 미국의 지리적 중심인 캔자스에 자동으로 배치된 것입니다.[45] 이와 비슷하게 글로벌 데이터가 잘못 지오코드되어 가상의 '널 아일랜드null island'[46]에 인구 폭발이 일어난 경우도 있었습니다. 사실 이 가상의 섬은 본초 자오선과 적도가 교차하는 대서양에 위치한 날씨 부표였는데, 위도

---

**45** 카이로, 『How Charts Lie』, 2019, 99-102쪽

**46** `https://oreil.ly/ZuwAx`

와 경도의 좌표가 0, 0이었습니다. 이러한 이유로 [그림 3-4]와 같이 지리적으로 정확한 중심에 결과를 잘못 배치하는 도구로 인해 발생하는 오류가 없는지 지오코딩된 데이터를 주의 깊게 살펴봐야 합니다.

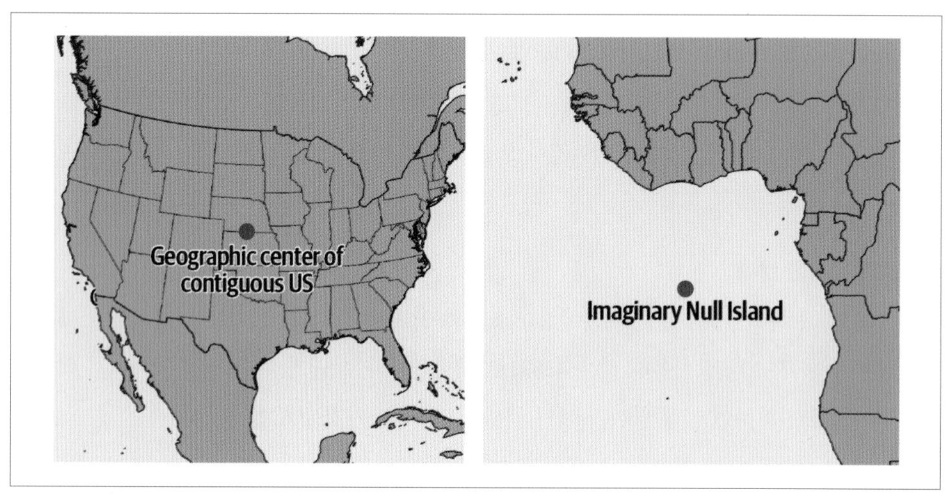


**그림 3-4** 미국의 지리적 중심인 캔자스 북부 또는 0, 0의 좌표를 가진 가상의 섬에 데이터를 자동으로 배치하는 잘못된 지오코딩에 주의해야 합니다.

프로젝트 진행 중 불량 데이터를 발견했다면 어떻게 해야 할까요? 작은 이슈의 경우 대부분 복잡하지 않기 때문에 전체 데이터셋에 대한 진실성integrity에 의문을 제기하진 않습니다. 작은 이슈는 4장에서 소개할 방법으로 해결할 수 있습니다. 하지만 큰 이슈의 경우는 문제의 소지가 있습니다. 따라서 데이터 스트림의 출처를 따라가 이슈가 어디서부터 시작되었는지 파악해야 합니다. 스스로 문제를 찾아 해결할 수 없는 경우에는 데이터 제공자에게 연락해야 합니다. 그들은 데이터의 질을 올리는 데 누구보다 관심이 많을 것이기 때문입니다. 만약 그들도 중요한 데이터 문제를 해결하지 못한다면 잠시 멈추고 신중하게 고민해야 합니다. 문제가 있는 데이터로 작업을 계속하되 독자들에게 경고 문구를 덧붙일 것인지 아니면 데이터 사용을 중지하고 데이터에 존재하는 문제로 주의를 환기할지 결정해야 합니다. 이러한 결정은 쉽지 않으므로 여러분 동료에게 의견을 구해야 합니다. 어떤 경우에도 불량 데이터가 보내는 경고를 무시해서는 안 됩니다.

앞서 설명한 주요 단계를 따르면 불량 데이터가 발생하는 것을 방지할 수 있습니다. 데이터 파일에 의미 있는 이름을 지정하고, 데이터 파일을 언제 어디서 얻었는지에 대한 출처 노트를 별도 탭에 추가하고 여기에 무엇을 측정하기 위해 어떤 식으로 수집되었는지에 대한 정의나 세부 사항을 기록해야 해야 합니다. 또한 공백이나 널 값이 의미하는 바를 설명하고 0 또는 다른 기호로 대체하지 마세요. 스프레드시트에 데이터를 입력하거나 계산을 실행할 때는 항상 서식 설정formatting에 문제가 없는지 주의하십시오.

다음 절에서는 데이터를 보다 심층적으로 이해하는 데 도움이 되는 추가 질문을 알아봅니다.

## 3.7 데이터에 대해 질문하기

데이터를 찾고, 출처를 남기고, 검사를 했으니 다음 단계는 피상적인 수준을 넘어 조금 더 깊게 **데이터에 대한 질문을 던지는 것**입니다. 데이터에 대한 설명과 출처가 있는 **메타데이터**metadata를 읽으세요. 그리고 콘텐츠를 검토해 명시적으로 설명된 부분과 감춰진 부분을 찾아내 데이터의 근원, 맥락context, 한계에 대해 더 잘 이해해야 합니다. 이 과정은 컴퓨터로 프로그래밍할 수 없습니다. 화면에 표시되는 문자와 숫자 이상을 보려면 비판적 사고를 토대로 해석해야 합니다.

한 가지 좋은 시작점은 **'데이터 레이블이 진짜로 의미하는 것은 무엇인가?'**라는 질문을 던지는 것입니다. 그리고 다음의 잠재적인 이슈들을 고민하는 것입니다.

### 3.7.1 축약된 열 헤더의 상세한 정의 파악하기

스프레드시트에서는 Elevation(고도) 또는 Income(소득) 같이 축약된 열 헤더를 사용하는 경우가 많습니다. 소프트웨어 자체에서 문자 길이에 제한을 두는 경우도 있고, 작성자가 짧은 헤더 이름을 선호하기도 합니다. 그러나 Elevation 열의 데이터가 미터를 기준으로 입력되었을까요 아니면 피트를 기준으로 입력되었을까요? 축약된 데이터 레이블은 이러한 핵심 질문에 대한 답변을 하지 않습니다. 따라서 출처 노트를 확인해야 합니다. 출처 노트가 없다면 데이터셋의 특정 지점에 대한 고도 데이터를 측정 단위를 포함하는 알려진 소스와 비교하세요. 마찬가지로 미국 통계청 데이터를 사용하는 경우 Income이 인당 소득을 뜻하는지 아니면 가구당 소득을 뜻하는지 바로 파악할 수 있을까요? 또한 값이 **중위수**(숫자 범위의 중간점) 또는 **평균**(합계를 더하고 값의 수로 나누어 계산한 평균)을 반영합니까? 항상 출처 노트를 통해 데이터에 대한 정의를 확인해야 합니다.

### 3.7.2 데이터가 얼마나 정확하게 수집되었을까

예를 들어 지상의 GPS 장치로 특정 Elevation에 대한 고도가 측정되었습니까? 아니면 고도 데이터가 포함된 디지털 지도에서 위치를 지오코드했나요? 대부분의 경우 이 두 가지 방법은 서로 다른 결과를 보여주는데, 이 부분이 중요한지 여부는 작업에 필요한 정밀도에 따라 달라집니다. 마찬가지로 미국 통계청에서 연간 미국 지역사회 조사(ACS)를 통해 발표하는 소득이나 다른 변수에 대한 데이터는 거주자가 약 4,000명 정도인 인구조사 구역과 같이 낮은 수준의 지리적 응답자 중에서 추출한 것을 사용하기 때문에 오차 범위가 매우 높을 수 있습니다. 예를 들어 평균 가족 소득이 50,000달러인 인구조사 지역의 ACS 추정치를 보는 것은 드물지 않지만[47] 25,000달러의 오차 범위도 있습니다. 이는 실제 가치가 25,000달러에서 75,000달러 사이임을 나타냅니다. 결과적으로 소규모 지리적 단위에 대한 일부 ACS 추정치는 사실상 의미가 없습니다. 데이터가 어떻게 기록되는지 확인하고 출처 노트에 보고된 오차 범위를 잘 확인해야 합니다. 또한 6장에서 설명하는 오류 바를 만드는 방법도 참조하세요.

### 3.7.3 사회적인 영향으로 인한 데이터의 왜곡 여부 파악하기

지역과 시간에 따라 변하는 서로 다른 사회적, 정치적 맥락에서 사람들이 정의한 카테고리에 대해 데이터 레이블은 어떤 것을 나타내고, 또 어떤 것을 숨기고 있나요? 예를 들어 100여 년이 넘는 미국 통계청 데이터를 사용해 코네티컷 하트퍼드 카운티의 인종 변화의 역사를 보여주는 대화형 지도[48]를 만든다고 가정해봅시다. 하지만 인종이나 민족에 대한 통계적 정의는 권력을 가진 사람들이 이러한 경쟁적인 용어를 재정의하거나 사람들을 다른 그룹으로 재배치했기 때문에 계속해서 빠르게 바뀌어왔습니다.[49] 1930년대에만 해도 미국 통계청은 공식적으로 '토착 백인'과 '외국 태생 백인'을 분리해 보고서를 작성했습니다. 하지만 몇십 년 후에는 모두 '백인'으로 분류되었습니다. 또한 미국 통계청은 '멕시코 출신'을 '기타 인종'으로 분류했다가 1940년에 다시 '백인'으로 분류했습니다. 그리고 1960년엔 '푸에르토리코 출신 또는 스페인성'으로 분류되었고, 몇십 년 후에는 '히스패닉 또는 라틴계'라는 민족 카테고리로 분류되었습니다. 마침내 통계청은 1980년에 흑인을 비하는 뜻인 니그로Negro를 흑인Black으로 변경했습

---

47 https://oreil.ly/GNKUY

48 https://oreil.ly/cEu9W

49 더 자세한 분석은 마고 J. 앤더슨(Margo J. Anderson)의 『The American Census: A Social History, 2nd edition』(Yale University Press, 2015) 참조

니다. 그리고 결국 2000년대에는 상호 배타적인 인종 카테고리를 모두 폐지했습니다. 결과적으로 인종이나 민족에 대한 사회적 정의의 역사적 변화는 우리가 지도를 디자인하거나 보여줄 때 반영해야 하는 부분이기 때문에 만약 해당 데이터를 사용한다면 출처 노트에 이러한 결정에 대한 설명을 자세히 추가해야 합니다.

데이터에 대한 사회적 정의가 계속해서 바뀐다면 이를 시각화할 수 있는 완벽한 방법은 없습니다. 따라서 데이터에 대해 선택할 때 메모나 첨부한 텍스트에 본인의 사고 과정을 기술해야 합니다.

### 3.7.4 데이터 속에 여전히 불분명하거나 불확실한 부분 파악하기

데이터를 다룰 때 존재하는 하나의 역설이 있습니다. 자신이 아닌 다른 사람이 데이터를 수집했을 경우 특히 그 사람이 먼 거리에 있거나 다른 시간에 수집했거나 또는 사회적 계층에서 다른 위치에 있을 경우 앞선 질문 중 일부분에 완전히 대답하기 어려울 수도 있습니다. 이 모든 질문에 완전히 대답할 수 없는 경우에도 데이터의 출처, 문맥, 숨어 있는 의미 등을 묻는 좋은 질문을 멈추지 마세요. 우리가 하고자 하는 일은 데이터를 통해 진실하고 의미 있는 이야기를 하는 것이지만 그 과정은 우리가 수집한 정보에 대해 아는 것과 모르는 것을 명확히 하는 것부터 시작됩니다. 어떤 경우에는 6.1절 '차트 디자인 원칙'에서 배울 오류 바를 통해 데이터의 한계를 시각화할 수 있고, 어떤 경우에는 15.3절 '출처와 불확실성 인정하기'에서 설명하는 것처럼 데이터 스토리에 존재하는 불확실성에 대해 인정해야 할 필요가 있을 수도 있습니다.

## 3.8 마치며

이 장에서는 데이터 시각화 프로젝트 초반에 누구나 반드시 물어봐야 할 **'믿을 만한 데이터를 어디서 찾을 것인가?'**와 **'데이터를 확보한 후 찾은 데이터가 진정으로 나타내는 것이 무엇인가?'**라는 두 가지 질문에 대해 살펴봤습니다. 이 두 가지 질문을 공공 데이터와 개인 데이터에 대한 논쟁, 민감한 데이터를 마스킹하고 집계하기, 오픈 데이터 저장소 탐색 방법, 데이터 출처 명시하기, 불량 데이터 찾아내기, 피상적인 수준을 넘어서 데이터에 대해 깊이 질문하기 등 세부적인 부분으로 나눠 살펴봤습니다. 여기서 배운 내용들을 데이터 클리닝, 대화형 차트 및 지도 작성에 대한 다음 몇 개의 장으로 넘어가기 전에 꼭 기억하길 바랍니다. 이 주제는 14장에서 다시 다루도록 하겠습니다.

CHAPTER 4

# 지저분한 데이터 정리하기

대개 데이터셋은 지저분하여 바로 시각화하기 힘듭니다. 데이터에 결측치가 있거나 날짜 형식이 서로 다른 경우는 흔하며, 수치형 데이터 열에 텍스트가 섞여 있는 경우, 같은 이름인데도 다른 스펠링으로 저장되어 있는 경우, 여러 가지 데이터 형식이 한 열에 혼합되어 있는 경우 등 여러 가지 예기치 않은 경우가 있습니다. [그림 4-1]을 살펴보면 쉽게 알 수 있습니다. 데이터를 분석하고 시각화하는 시간보다 정리하는 데 더 많은 시간이 걸려도 놀라지 마세요.

| Year | City | Amount |
|---|---|---|
| 1990 | New York City | $1,123,456.00 |
| 1995-96 | | 2.2 mil |
| 2000's | NYC | No data |
| 2020 | New_York | 5000000+ |

**그림 4-1** 대개의 경우 원시 데이터는 지저분합니다.

이 장에서는 데이터 정리를 효과적으로 하기 위한 도구를 결정하는 데 도움이 되도록 여러 가지 도구를 살펴보겠습니다. 먼저 구글 시트를 사용한 간단한 정리 방법을 4.1절 '구글 시트 스마트 클린업'에서 배운 뒤 4.2절 '찾기 및 바꾸기', 4.3절 '행과 열 바꾸기', 4.4절 '데이터를 서로 다른 열로 나누기', 4.5절 '데이터를 한 열에 합치기'를 차례대로 살펴보겠습니다. 비록 이 책의 예제에서는 구글 시트를 사용하지만 동일한 원칙(어떤 경우에는 동일한 함수)이 마이크로소프트 엑셀, 리브레오피스 캘크, 맥의 넘버스 또는 다른 스프레드시트 패키지에도 적용됩니다. 또한 4.6절 '타불라를 사용해 PDF에서 테이블 추출하기'에서는 전 세계 데이터 저널리스트와 연구자가 PDF에 포함된 지출 데이터, 건강 보고서 및 기타 모든 종류의 데이터셋을 분석하는 데 사용하는 무료 도구인 타불라Tabula를 사용해 텍스트 기반 PDF 문서에서 테이블 데이터를 추출하는 방법을 알아봅니다. 마지막으로 4.7절 '오픈리파인으로 데이터 정리하기'에서는 같은 이름이 여러 가지 스펠링으로 섞여 있는 경우처럼 매우 지저분한 스프레드시트를 정리해주는 강력하고 다채로운 도구인 오픈리파인OpenRefine을 배울 것입니다.

## 4.1 구글 시트 스마트 클린업

데이터를 다룰 때 구글 시트를 사용하는 최신 이유 중 하나는 부정확한 데이터를 찾는 것을 도와주고 수정을 제안하는 스마트 클린업smart cleanup 기능을 사용하기 위해서입니다. 이 도구는 사이드바 메뉴 창을 통해 잠재적인 문제를 알려주고 수정을 제안하는데, 여러분은 이를 받아들일지 결정하기만 하면 됩니다.

스마트 클린업이 어떤 문제점을 잡아내고 또 놓치는지 알아보기 위해 일부러 문제가 있도록 만든 세계에서 인구가 가장 많은 10개 국가의 인구 정보가 담긴 샘플 데이터를 사용하겠습니다.

**01** 구글 시트에서 스마트 클린업 샘플 데이터 파일[1]을 열고 여러분 계정으로 로그인한 후 '파일 > 사본 만들기'를 클릭하여 구글 드라이브에 수정할 수 있는 버전을 만듭니다.

**02** '데이터 > 데이터 정리 > 정리 제안 사항'을 선택해 사이드바에 나타나는 아이템을 살펴봅니다.

---

1 https://oreil.ly/NxGPN

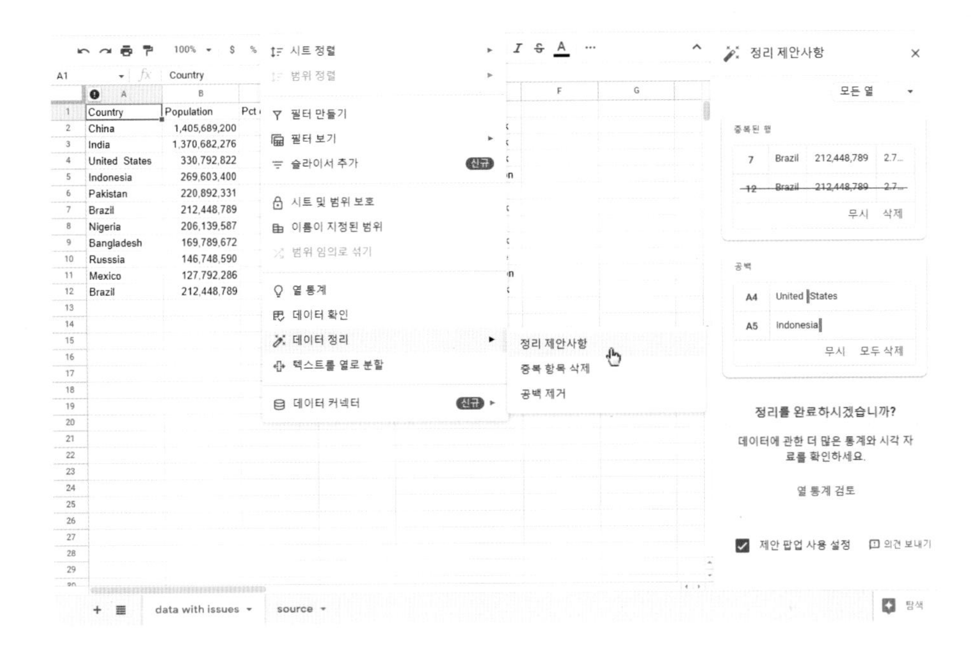


스마트 클린업 기능으로 중복된 엔트리(12행)와 A4셀과 A5셀의 공백을 성공적으로 잡아냈습니다. 초록색으로 표시된 '삭제'나 '모두 삭제' 버튼을 클릭하면 구글 시트가 해당 제안대로 데이터를 수정합니다.

혹시 여러분은 스마트 클린업이 놓친 다른 에러를 찾았나요?

- A10셀의 Russsia에 s가 하나 더 붙은 철자 오류가 있습니다.
- C6셀에는 세계 인구 중 파키스탄의 비율이 백분율이 아닌 소수점으로 표기되어 있습니다.
- D4셀에서는 미국의 날짜 형식이 다른 데이터와 다릅니다. 여러분이 만약 국제 날짜 형식에 대해 잘 알고 있다면 `12/10/2020`은 미국에서 사용하는 `MM/DD/YYYY` 형식임을 알 수 있을 것입니다. 다른 국가에서는 `DD/MM/YYYY` 형식을 주로 사용합니다. 하지만 스마트 클린업은 해당 데이터에 대한 처리를 하지 못합니다.

구글 시트의 스마트 클린업부터 시작하는 것은 좋은 선택입니다. 만약 데이터가 정말 지저분하다면 4.7절 '오픈리파인으로 데이터 정리하기'에서 소개할 오픈리파인처럼 더 복잡한 도구로 눈을 돌려야 합니다. 다음 절에서는 어떤 스프레드시트에서도 작동하는 다른 정리 방법인 '공백 찾기 및 바꾸기'를 알아보겠습니다.

## 4.2 찾기 및 바꾸기

모든 스프레드시트에 포함된 가장 간단하면서도 강력한 데이터 정리 도구는 '찾기 및 바꾸기' 명령입니다. 대소문자가 일치하지 않은 스펠링을 한 번에 바꾸거나, '대한민국'을 '한국'으로 이름을 줄이거나 반대로 '한국'을 '대한민국'으로 늘릴 때도 사용 가능합니다. 또한 찾기 및 바꾸기를 통해 데이터에 포함되어 있는 kg 같은 측정 단위를 제거할 수도 있습니다(321kg에서 321로 변경 등).

그럼 실전 예제를 통해 '찾기 및 바꾸기' 기능을 살펴봅시다. 미국 통계청 데이터에서 일반적으로 발견되는 문제는 지명 이름에 불필요한 단어가 포함되어 있다는 것입니다. 예를 들어 코네티컷 타운의 인구에 관한 데이터를 다운로드하면 지역을 나타내는 열의 모든 이름 뒤에 'town'이 붙어 있음을 알 수 있습니다.

```
Hartford town
New Haven town
Stamford town
```

여러분은 town이라는 단어를 제거해 다음과 같이 만들고 싶을 것입니다.

```
Hartford
New Haven
Stamford
```

그럼 '찾기 및 바꾸기' 기능을 사용해 우리가 내려받은 코네티컷 169개 타운의 이름과 각 타운의 인구 정보가 포함된 데이터에서 불필요한 'town' 단어를 제거하겠습니다.

**01** 구글 시트에서 코네티컷 타운 지오네임 파일CT Town Geonames file[2]을 열고 여러분 계정으로 로그인한 후 '파일 > 사본 만들기'를 클릭하여 구글 드라이브에 수정할 수 있는 버전을 만듭니다.

**02** 수정하고자 하는 열의 헤더를 클릭합니다. 만약 특정 열을 선택하지 않으면 전체 스프레드시트를 검색하여 바꿉니다.

**03** '수정' 메뉴에서 '찾기 및 바꾸기'를 선택하면 다음과 같은 화면을 볼 수 있습니다.

---

2 https://oreil.ly/OQ5Tu

**04** '찾기' 필드에서 town을 입력하고 반드시 단어 앞에 **공백을 삽입**하세요. 공백을 삽입하지 않으면 Middletown과 같은 단어에서 해당 단어가 삭제되어 버립니다. 또한 다른 경우엔 town이 제거된 행 끝에 공백이 남아 있게 되어 장차 문제가 발생할 가능성이 있습니다.

**05** '바꾸기' 필드에는 아무것도 입력하지 않습니다. 스페이스 바로 공백을 입력하지 말고 빈칸으로 두어야 합니다.

**06** '검색' 필드에는 2번째 단계에서 선택한 열이 입력되어 있습니다. 어떤 열도 선택하지 않았다면 '모든 시트'가 디폴트 값이 됩니다.

**07** '대소문자 일치' 옵션을 선택할 수도 있습니다. 만약 체크한다면 town과 Town 그리고 tOwN은 다른 단어로 취급됩니다. 우리 목적은 town을 찾아 제거하는 것이기 때문에 '대소문자 일치' 옵션은 선택하지 않습니다.

**08** '모두 바꾸기'를 누릅니다. 이 샘플 파일에는 총 169개의 town이 포함되어 있기 때문에 169개의 'town'이 변경됩니다.

**09** 결과를 확인합니다. Middletown처럼 변경을 원치 않았던 데이터를 중심으로 확인합니다.

## 4.3 행과 열 바꾸기

때때로 여러분이 양호한 데이터를 받았다 하더라도 시각화 도구를 사용하여 원하는 차트나 지도를 만들려면 데이터의 행과 열을 바꾸거나transpose 행과 열의 값을 교체swap해야 할 때가 있습니다. 이런 문제는 시계열(타임시리즈time series) 데이터나 과거 데이터가 표와 차트에서 반대로 처리되기 때문에 자주 발생합니다. 테이블을 디자인할 때 적절한 방법은 날짜를 열 헤더로 수평으로 배치하여 좌에서 우로 읽을 수 있도록 하는 것입니다.[3]

```
| Year    | 2000 | 2010 | 2020 |
|---------|------|------|------|
| Series1 |  333 |  444 |  555 |
| Series2 |  777 |  888 |  999 |
```

구글 시트나 다른 유사한 도구를 사용해 6장에서 배울 선 차트를 디자인할 때는 다음과 같이 첫 번째 열에 날짜가 수직으로 표시되도록 데이터를 변환해야 합니다. 그러면 소프트웨어는 날짜를 데이터 시리즈의 레이블로 읽습니다.

```
| Year | Series1 | Series2 |
|------|---------|---------|
| 2000 |     333 |     777 |
| 2010 |     444 |     888 |
| 2020 |     555 |     999 |
```

그럼 샘플 데이터를 통해 행과 열의 전치를 배워봅시다.

**01** 구글 시트에서 전치 샘플 데이터 파일Transpose sample data file[4]을 열고 여러분 계정으로 로그인한 후 '파일 > 사본 만들기'를 클릭하여 구글 드라이브에 수정할 수 있는 버전을 만듭니다.

**02** 전치하고자 하는 모든 행과 열을 선택한 후 '수정 > 복사'를 선택합니다.

**03** 스프레드시트를 아래로 스크롤한 후 임의의 셀을 클릭하거나 새 스프레드시트 탭을 열고 '수정 > 선택하여 붙여넣기 > 순서 바꾸기'를 클릭합니다.

---

3 스티븐 휴(Stephen Few), 『Show Me the Numbers: Designing Tables and Graphs to Enlighten, 2nd edition』 (Burlingame, CA: Analytics Press, 2012), 166쪽

4 https://oreil.ly/lD0G-

행과 열을 바꿈으로써 데이터를 정리하는 방법을 알게 되었습니다. 다음 절에서는 데이터를 서로 다른 열로 나누는 방법을 배우겠습니다.

## 4.4 데이터를 서로 다른 열로 나누기

때로는 이름과 성(`John Deo`), 지리 좌표(`40.12, -72.12`), 주소(`300 Summit St, Hartford, CT, 06106`) 등과 같이 여러 데이터가 단일 셀에 들어 있을 수 있습니다. 분석을 위해 이름과 성이 함께 들어 있는 전체 이름(FullName) 열을 이름(FirstName) 열과 성(LastName) 열로, 지리 좌표(coordinates) 열을 경도(Longitude)와 위도(Latitude) 열로, 전체 주소(FullAddress) 열을 거리(Street), 시(City), 주(State), 우편번호(Zip)의 4개 열로 분할할 수 있습니다.

### 4.4.1 예제 1: 간단한 분할

먼저 콤마로 분리된 지리 좌표를 서로 다른 열로 분할하는 예제를 살펴보겠습니다.

**01** 구글 시트에서 좌표 분할 샘플 데이터Split Coordinate Pairs sample data[5]를 열고 여러분 계정으로 로그인한 후 '파일 > 사본 만들기'를 클릭하여 구글 드라이브에 수정할 수 있는 버전을 만듭니다.

**02** 분할하고자 하는 데이터를 선택합니다. 전체 열을 선택하거나 원하는 행을 선택하면 됩니다. 참고로 한 번에 한 열의 데이터만 분할할 수 있습니다.

**03** 분할하고자 하는 데이터가 있는 열의 우측 열을 비워두어야 합니다. 분할된 데이터는 우측 열에 덮어 쓰기 됩니다.

**04** '데이터 > 텍스트를 열로 분할'을 선택합니다.

**05** 구글 시트는 자동으로 구분자를 추측합니다. 현재 데이터는 쉼표로 구분되어 있는데, 구분선(또는 구분자)을 **자동 감지**로 설정하면 자동으로 쉼표를 사용해 분할합니다. 또는 수동으로 쉼표(,), 세미콜론(;), 마침표(.), 공백 또는 사용자 설정 분리자(또는 4.4.2절 예제 2에서 설명하는 일련의 문자)를 사용할 수 있습니다.

**06** 열 이름을 Longitude(경도, 첫 번째 열)와 Latitude(위도, 두 번째 열)로 변경해줍니다.

5 https://oreil.ly/t6MZt

### 4.4.2 예제 2: 복잡한 분할

좀 더 복잡한 예제를 살펴보겠습니다. 각 셀은 전체 주소를 포함하고, 이 주소를 거리(Street), 시(City), 주(State), 우편번호(Zip Code) 네 개의 각기 다른 열로 분할하겠습니다. 주의해야 할 점은 각 데이터의 구분자가 서로 다르다는 점입니다. 거리와 시는 쉼표로, 시와 주는 공백으로, 그리고 주와 우편번호는 두 개의 대시 기호(--)로 구분되어 있습니다. 이 경우 텍스트를 4개의 열로 올바르게 분할하려면 몇 가지 가이드라인을 수동으로 추가해야 합니다.

```
| Location                        |
| ------------------------------- |
| 300 Summit St, Hartford CT--06106 |
| 1012 Broad St, Hartford CT--06106 |
| 37 Alden St, Hartford CT--06114   |
```

**01** 구글 시트에서 복잡한 주소 분할 샘플 파일Split Complex Address sample file[6]을 열고 여러분 계정으로 로그인한 후 '파일 > 사본 만들기'를 클릭하여 구글 드라이브에 수정할 수 있는 버전을 만듭니다.

**02** 전체 주소가 들어 있는 첫 번째 열을 선택하고 '데이터 > 텍스트를 열로 분할'을 실행해 좌측에서 우측으로 분할을 진행합니다.

**03** 구글 시트는 '거리'를 나머지 주소와 자동으로 분할합니다(예를 들면 `300 Summit St`와 `Hartford CT--06106`). 자동으로 분할되지 않는다면 드롭다운 메뉴에서 '구분선'을 '쉼표'로 선택하세요.

**04** 이제 '거리'를 제외한 나머지 주소가 들어 있는 두 번째 열을 선택하고 '데이터 > 텍스트를 열로 분할'을 다시 실행합니다. 그러면 구글 시트는 자동으로 구분선을 공백으로 선택해 '시'를 나머지 주소와 자동으로 분할합니다(예를 들면 `Hartford`와 `CT--06106`). 자동으로 분할되지 않는다면 드롭다운 메뉴에서 '구분선'을 '공백'으로 선택하세요.

**05** 마지막으로 '주 및 우편번호'가 들어 있는 세 번째 열을 선택하고 '데이터 > 텍스트를 열로 분할'을 다시 실행합니다. 구글 시트는 두 개의 대시(--) 기호를 구분선으로 인식하지 못합니다. 따라서 '구분선'을 '맞춤'으로 선택하고 '사용자 설정 분리자' 필드에 두 개의 대시(--)를 입력한 다음 엔터 키를 눌러야 합니다. 이제 성공적으로 전체 주소를 4개의 각기 다른 열로 분할했습니다.

6 https://oreil.ly/F6v6P

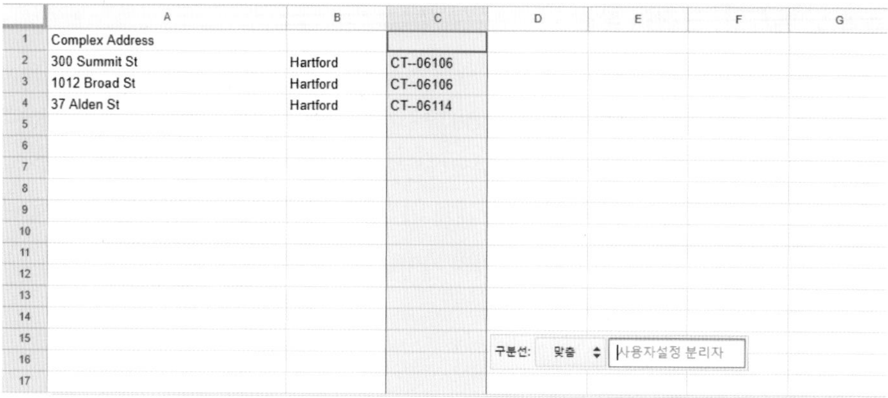

| | A | B | C | D | E | F | G |
|---|---|---|---|---|---|---|---|
| 1 | Complex Address | | | | | | |
| 2 | 300 Summit St | Hartford | CT--06106 | | | | |
| 3 | 1012 Broad St | Hartford | CT--06106 | | | | |
| 4 | 37 Alden St | Hartford | CT--06114 | | | | |
| 5 | | | | | | | |
| 6 | | | | | | | |
| 7 | | | | | | | |
| 8 | | | | | | | |
| 9 | | | | | | | |
| 10 | | | | | | | |
| 11 | | | | | | | |
| 12 | | | | | | | |
| 13 | | | | | | | |
| 14 | | | | | | | |
| 15 | | | | | | | |
| 16 | | | | | | | |
| 17 | | | | | | | |

구분선: 맞춤 사용자설정 분리자

**TIP** 구글 시트는 우편번호를 숫자로 인식해 선행 0을 삭제합니다(따라서 06106은 6106이 됩니다). 이 문제를 해결하려면 열을 선택하고 '서식 > 숫자 > 일반 텍스트'를 선택해 숫자를 텍스트 형태로 변경해주어야 합니다. 데이터셋이 큰 경우 다음 절에서 설명하는 수식을 사용하여 0을 추가하는 것이 좋습니다.

## 4.5 데이터를 한 열에 합치기

이 절에서는 스프레드시트 함수를 사용해 여러 열에 들어 있는 데이터를 하나의 열로 합치는 방법을 배웁니다. 이를 연결concatenation이라고 부르며, 앰퍼샌드(&) 기호를 사용해 수행합니다. 이전 예제와 반대로 다음과 같이 거리(Street), 시(City), 주(State), 우편번호(Zip) 등 네 개의 각기 다른 열로 구성된 주소 데이터를 받았다고 가정합시다.

```
| Street        | City       | State  | Zip   |
| ------------- | ---------- | ------ | ----- |
| 300 Summit St | Hartford   | CT     | 06106 |
```

그러나 2.6절 '구글 시트에서 주소 지오코딩하기'에서 소개한 도구 중 하나를 사용하여 주소를 지오코딩할 필요가 있다고 상상해보세요. 이 도구는 다음과 같이 모든 데이터를 하나의 열로 합쳐야 합니다.

```
| Location                        |
| ------------------------------- |
| 300 Summit St, Hartford, CT 06106 |
```

어떤 스프레드시트를 활용하던 앰퍼샌드(&) 기호를 사용해 항목을 결합(또는 연결)하기 위한 간단한 수식을 작성할 수 있습니다. 또한 수식에 공백(" ")이나 쉼표(", ") 또는 임의의 문자 조합과 같은 구분자를 추가할 수도 있습니다. 예제 데이터로 이 작업을 수행해보겠습니다.

**01** 구글 시트에서 분리된 열 합치기 샘플 데이터Combine Separate Columns sample data[7]을 열고 여러분 계정으로 로그인한 후 '파일 > 사본 만들기'를 클릭하여 구글 드라이브에 수정할 수 있는 버전을 만듭니다. 이 시트에는 4개 열(street, city, state, zip)로 구분된 주소가 포함되어 있습니다.

**02** E열에 location이라는 헤더 이름을 입력합니다.

**03** E2셀에 `=A2 & ", " & B2 & ", " & C2 & " " & D2`를 입력합니다. 이 수식은 앰퍼샌드(&)를 사용하여 4개 항목을 조합하고 따옴표로 묶은 쉼표와 공백으로 구분합니다. 엔터 키를 누릅니다.

**04** E2셀을 클릭하고 오른쪽 아래 모서리의 십자 표시를 아래쪽으로 드래그해 나머지 열을 채웁니다.

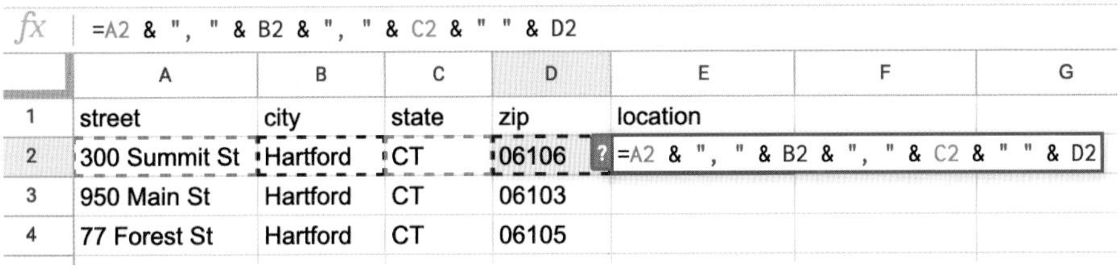

fx =A2 & ", " & B2 & ", " & C2 & " " & D2

| | A | B | C | D | E | F | G |
|---|---|---|---|---|---|---|---|
| 1 | street | city | state | zip | location | | |
| 2 | 300 Summit St | Hartford | CT | 06106 | =A2 & ", " & B2 & ", " & C2 & " " & D2 | | |
| 3 | 950 Main St | Hartford | CT | 06103 | | | |
| 4 | 77 Forest St | Hartford | CT | 06105 | | | |

여러 열에 입력된 데이터를 하나의 location 열에 성공적으로 결합했습니다. 이제 2.6절 '구글 시트에서 주소 지오코딩하기'에서 배운 지오코딩 바이 스마트멍키Geocoidng by SmartMonkey 구글 시트 부가 기능을 사용해 지도를 만들기 위한 경도와 위도 좌표를 찾을 수 있게 되었습니다. 데이터를 지도로 만드는 방법은 7장에서 설명하겠습니다.

더 자세한 내용은 리사 샬럿 로스트의 훌륭한 데이터래퍼 블로그에 포스트된 「데이터 분석과 시각화를 위한 데이터 정리 및 준비」 글[8]을 참고하세요.

---

7 https://oreil.ly/-BxHA

8 리사 샬럿 로스트, 「How to Prepare Your Data for Analysis and Charting in Excel & Google Sheets」, 데이터래퍼(블로그), 2020년 8월 28일, https://oreil.ly/emSQz

스프레드시트는 데이터를 찾아 바꾸거나 별도의 열로 분할하거나 하나의 열로 합치는 데 유용한 도구입니다. 하지만 사용하고자 하는 데이터 테이블이 PDF 파일 형식으로만 존재한다면 어떻게 해야 할까요? 다음 절에서는 타불라를 소개하고 텍스트 기반 PDF 문서 테이블을 스프레드시트에서 분석할 수 있는 표로 변환하는 방법을 소개합니다.

## 4.6 타불라를 사용해 PDF에서 테이블 추출하기

가끔 여러분이 사용해야 할 데이터셋이 PDF 문서 형태로 존재하는 경우가 있을 것입니다. 하지만 당황하지 마세요. 타불라를 사용하면 테이블을 추출하여 CSV 파일 형태로 저장할 수 있습니다. PDF 문서는 텍스트 기반 또는 이미지 기반으로 되어 있습니다. 커서를 사용해 PDF에서 텍스트를 복사하여 붙여넣기할 수 있다면 해당 PDF 문서는 텍스트 기반으로 되어 있는 것이고, 타불라로 데이터 추출이 가능합니다. 하지만 이미지 기반 PDF 파일은 내용을 복사하여 붙여넣기할 수 없습니다. 이런 경우는 어도비 애크러뱃 프로Adobe Acrobat Pro나 다른 광학 문자 인식(OCR) 소프트웨어를 사용해 이미지 기반 PDF를 텍스트 기반 PDF로 변환해야 합니다. 추가로 타불라는 테이블 형태의 데이터만 추출할 수 있으며 차트나 다른 형태의 시각화 자료는 추출할 수 없습니다.

타불라는 자바 기반의 무료 소프트웨어 도구이며 맥, 윈도우, 리눅스 환경에서 사용 가능합니다. 로컬 머신(사용자 PC나 노트북의 저장 공간을 뜻함)에서 실행되며 데이터를 클라우드로 보내지 않아 민감한 정보를 다룰 때도 사용 가능합니다.

시작하려면 최신 버전의 타불라를 다운로드하세요.[9] 왼쪽에 있는 다운로드 버튼을 클릭거나 '다운로드 & 인스톨 타불라(download & install tabula)' 섹션에서 플랫폼용 복사본을 다운로드할 수 있습니다. 대부분의 다른 프로그램과 달리 타불라는 설치가 필요 없습니다. 다운로드한 아카이브를 더블클릭해 압축을 풀고 아이콘을 더블클릭하면 됩니다.

9 https://tabula.technology

**CAUTION_** 맥에서 타불라를 처음 사용한다면 '타불라는 인터넷에서 다운로드한 앱입니다. 이 앱을 여시겠습니까?(Tabula is an app downloaded from the internet. Are you sure you want to open it?)'와 같은 경고 메시지를 만날 수 있습니다. 여기서 열기(open)를 클릭합니다.

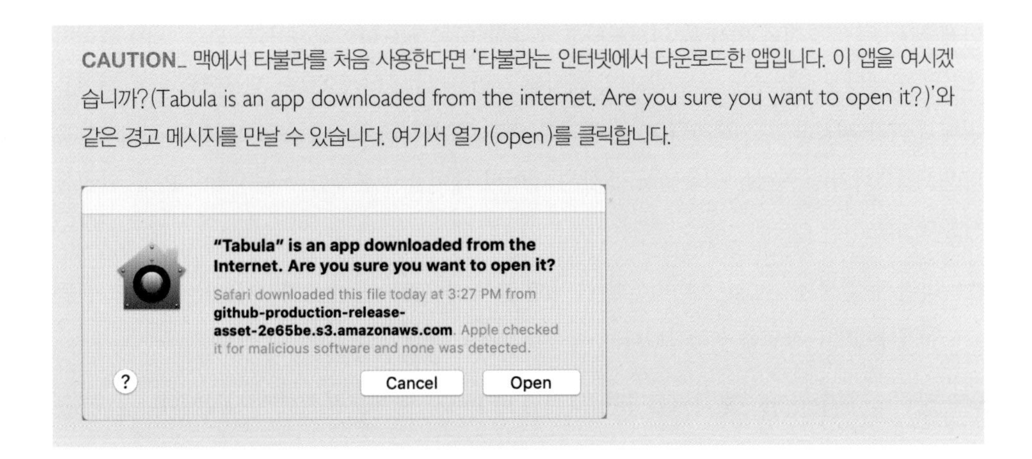


타불라를 시작하면 [그림 4-2]에 보이는 것처럼 `http://127.0.0.1/`과 비슷한 주소로 여러분의 기본 브라우저를 로컬 호스트로 엽니다. `8080`과 같은 포트 번호는 있는 경우도 있고 없는 경우도 있습니다. 타불라는 인터넷이 아닌 여러분의 로컬 컴퓨터에서 작동합니다. 만약 기본 브라우저(사파리 또는 엣지 등)에서 타불라가 제대로 잘 작동하지 않는다면 URL을 복사해 다른 브라우저(파이어폭스나 크롬)에 붙여넣기해보세요.

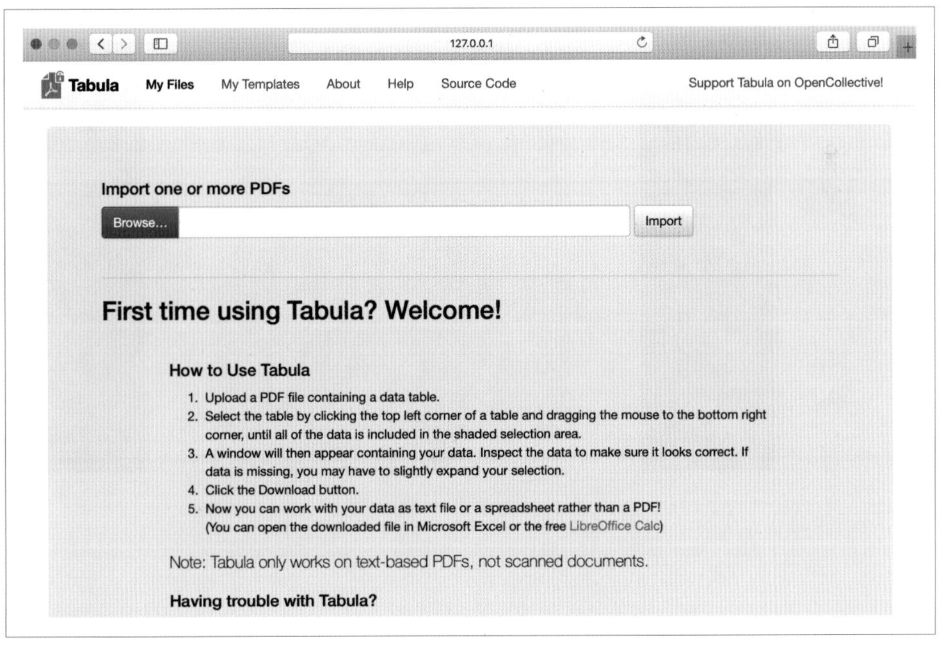


**그림 4-2** 타불라의 환영 페이지

이제 샘플 텍스트 기반 PDF를 업로드하고 추출할 테이블을 확인해봅시다. 코로나 19 팬데믹 초기에 코네티컷 보건부는 환자 및 사망 데이터를 PDF 문서 형식으로만 제공했습니다. 시연을 위해 우리가 제공한 2020년 5월 31일 버전의 샘플 데이터(`ct-dph-covid-2020-05-31.pdf`)를 다운로드[10]하거나 여러분이 추출하고 싶은 데이터 테이블이 존재하는 독자적인 PDF 파일을 사용하세요.

**01** 파란색 '검색(Browse...)' 버튼을 클릭해 앞서 다운로드한 추출하고자 하는 데이터가 들어 있는 PDF 파일을 선택합니다.

**02** '불러오기(Import)'를 클릭합니다. 그러면 타불라가 파일을 분석하기 시작합니다.

**03** 타불라가 PDF 파일을 불러오면 개별 페이지로 구성된 PDF 뷰어를 확인할 수 있습니다. 헤더에 버튼이 4개밖에 없어 인터페이스가 매우 간결합니다.

**04** '테이블 자동 검출(Autodetect Tables)'을 클릭하면 타불라가 관련 데이터를 찾기 시작합니다. 검출된 각 테이블이 빨간색으로 강조 표시됩니다.

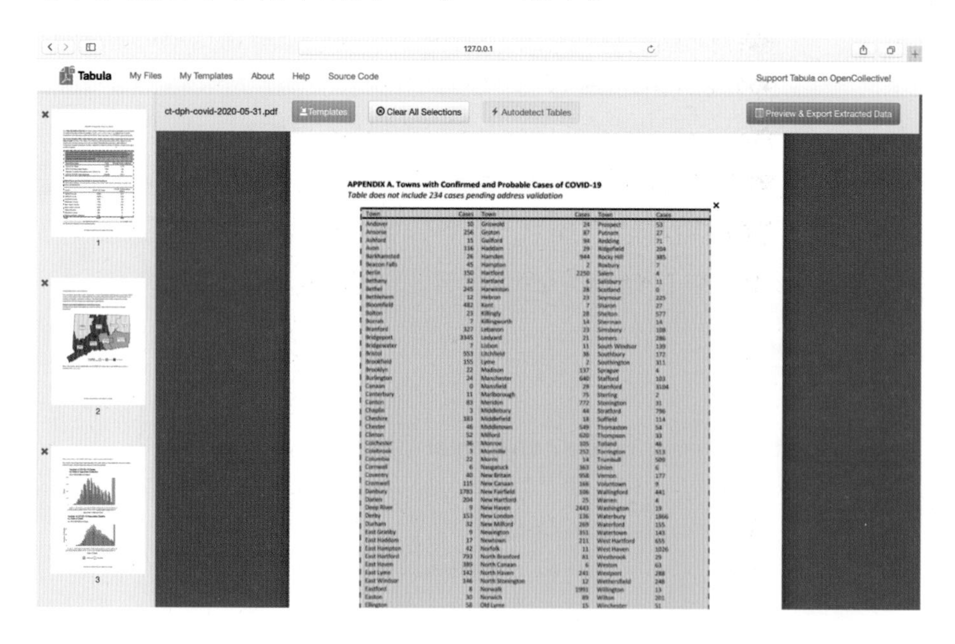


10 https://oreil.ly/9Iue4

이제 선택한 테이블을 수동으로 조정하고 데이터를 내보냅니다.

**05** 초록색 '미리보기 & 추출된 데이터 내보내기(Preview & Export Extracted Data)' 버튼을 눌러 타불라가 내보낼 데이터를 미리 확인합니다.

**06** 미리보기 테이블에 여러분이 원하는 데이터가 포함되어 있지 않은 경우 좌측 사이드바에서 스트림(Stream)과 격자(Lattice) 추출 방법을 바꿔가며 조정합니다.

**07** 테이블이 여전히 올바르게 표시되지 않거나 타불라가 자동으로 검출한 테이블 중 원하지 않는 데이터가 있다면 '재선택(Revise selection)' 버튼을 누릅니다. 그러면 다시 PDF 뷰어로 돌아갈 수 있습니다.

**08** '모든 선택 해제(Clear All Selections)'를 클릭해 타불라가 선택한 테이블을 해제합니다. 이제 드래그 앤드 드롭으로 원하는 테이블을 수동으로 선택합니다.

**09** 만약 PDF가 비슷한 형식으로 구성되어 있다면 '선택 반복(Repeat this Selection)' 기능을 사용해 선택을 다른 페이지나 전체 페이지에 복사할 수 있습니다. 이 기능은 선택한 부분 오른쪽 아래에서 찾을 수 있습니다. PDF가 유사한 형식의 페이지로 구성되어 있는 경우 매우 유용한 기능입니다.

**10** 결과가 만족스럽다면 내보내기를 진행하면 됩니다. 테이블이 한 개라면 내보내기 포맷으로 CSV를 사용하기를 권장합니다. 테이블이 여러 개라면 드롭다운 메뉴에서 내보내기 형식을 'zip of CSVs'로 변경합니다. 이렇게 하면 각 테이블이 하나의 CSV 파일이 아닌 개별 파일로 저장됩니다.

데이터를 여러분 컴퓨터로 내보낸 후 스프레드시트 도구로 파일을 열고 분석 및 시각화하면 됩니다.

PDF 문서로부터 테이블을 추출했으니 결과가 복잡할 수 있습니다. 다음 절에서는 오픈리파인이라는 매우 강력한 도구를 사용하여 복잡한 데이터셋을 정리하겠습니다.

## 4.7 오픈리파인으로 데이터 정리하기

[그림 4-3]과 같이 미국 대외 원조 샘플 데이터셋US Foreign Aid sample dataset[11]을 구글 시트 포맷으로 엽니다. 혹시 어떤 문제점을 발견했나요? 데이터의 출처는 미국 해외 차관 및 보조금(그린북)US Overseas Loans and Grants(Greenbook) 데이터셋[12]입니다. 이 데이터는 다양한 국가에 대한 미국의 경제 및 군사 지원 현황을 보여줍니다. 그중 우리는 2000년도부터 2018년까지 한국과 북한에 대한 원조 데이터만 가져왔습니다. 그리고 우리는 설명을 위해 값은 그대로 두고 의도적으로 오탈자를 추가하고 데이터 형식을 바꿨습니다.

국가(Country) 열을 보면 한국과 북한이 다양한 스펠링으로 저장되었음을 알 수 있습니다. 또한 펀드 규모(FundingAmount) 열의 데이터는 표준화되지 않았습니다. 어떤 금액은 쉼표로 천 단위씩 구분했지만, 어떤 금액은 공백을 사용했습니다. 달러 표기로 시작하는 금액도 있고, 그렇지 않은 금액도 있습니다, 이런 데이터셋은 분석하는 입장에서는 악몽과도 같습니다. 다행히도 오픈리파인은 데이터를 정리하고 표준화할 수 있는 매우 강력한 도구를 제공합니다.

| | A | B | C | D |
|---|---|---|---|---|
| 1 | Year | Country | FundingAgency | FundingAmount |
| 2 | 2000 | Korea, N | Dept of Agriculture | $32 242 376 |
| 3 | 2000 | Korea–North | Dept of Agriculture | $86,151,301 |
| 4 | 2000 | Korea North | department of State | 166855 |
| 5 | 2000 | SouthKorea | U.S. Agency for International Development | 282,805a |
| 6 | 2000 | south Korea | Trade and Development Agency | 735718 |
| 7 | 2001 | North Korea | US Agency for International Development | 345,399 |
| 8 | 2001 | N Korea | Department of Argic | 117715223 |
| 9 | 2001 | So Korea | Department of agriculture | 2260293 |
| 10 | 2001 | Korea, North | State Department | 183,752 |
| 11 | 2001 | Korea, South | Trade and Development Agency | 329,953 |
| 12 | 2002 | Korea, N | Department of Agriculture | 37,322,244.00 |
| 13 | 2002 | Korea, South | U.S. Agency for International Development | 67,990.00 |
| 14 | 2002 | Korea, South | Trade and Development Agency | $294,340 |
| 15 | 2003 | Korea, North | U.S. Agency for International Development | $333 823 |
| 16 | 2003 | Korea, North | Department - Agriculture | $26,766,828 |
| 17 | 2003 | Korea, North | Department - Agriculture | $19,337,695 |
| 18 | 2003 | Korea, No | Department of State | 220,323 |
| 19 | 2003 | Korea, South | U.S. Agency for International Development | 66,765 |
| 20 | 2003 | Korea, South | Trade and Development Agency | 19,899 |

**그림 4-3** 샘플 데이터에서 문제점을 발견했나요?

11 https://oreil.ly/RsBGt

12 https://oreil.ly/WDs4j

### 4.7.1 오픈리파인 설치

오픈리파인을 사용해 이 지저분한 데이터를 정리합시다. 먼저 운영체제에 맞는 오픈리파인[13]을 다운로드합니다. 타불라와 동일하게 브라우저에서 작동하기 때문에 데이터가 로컬 머신에서 흘러나가는 일은 없습니다. 따라서 보안 측면에서도 매우 좋은 선택입니다.

윈도우에서 오픈리파인을 실행하려면 다운로드한 파일의 압축을 풀고 .exe 파일을 더블클릭합니다. 그러면 기본 브라우저에서 도구가 열립니다.

맥에서 오픈리파인을 실행하려면 다운로드한 .dmg 파일을 더블클릭하여 설치해야 합니다. 설치 과정에서 애플이 이 오픈 소스 프로젝트 개발자를 인식하지 못하기 때문에 오픈리파인이 자동으로 설치되는 것을 막기 위해 보안 경고가 나타날 수 있습니다. 이 문제를 해결하기 위해서는 [그림 4-4]와 같이 'System Preferences > Security & Privacy > General' 탭으로 이동해 오른쪽 아래 있는 'Open Anyway' 버튼을 클릭합니다. 다른 창이 뜨면 'Open'을 클릭합니다.

**그림 4-4** 만약 맥에서 이러한 경고 메시지를 본다면 Security & Privacy 설정을 통해 프로그램을 엽니다.

오픈리파인을 실행하면 [그림 4-5]처럼 디폴트 브라우저에서 로컬 호스트 주소 127.0.0.1을 통해 열립니다(또는 뒤에 :3333과 같은 포트가 있을 수도 있습니다). 만약 여러분이 사용하는

13 https://oreil.ly/Q2QgL

브라우저(예를 들면 사파리)에서 잘 작동하지 않는다면 해당 로컬 호스트 주소를 다른 브라우저(파이어폭스나 크롬)에 붙여넣기해서 사용합니다.

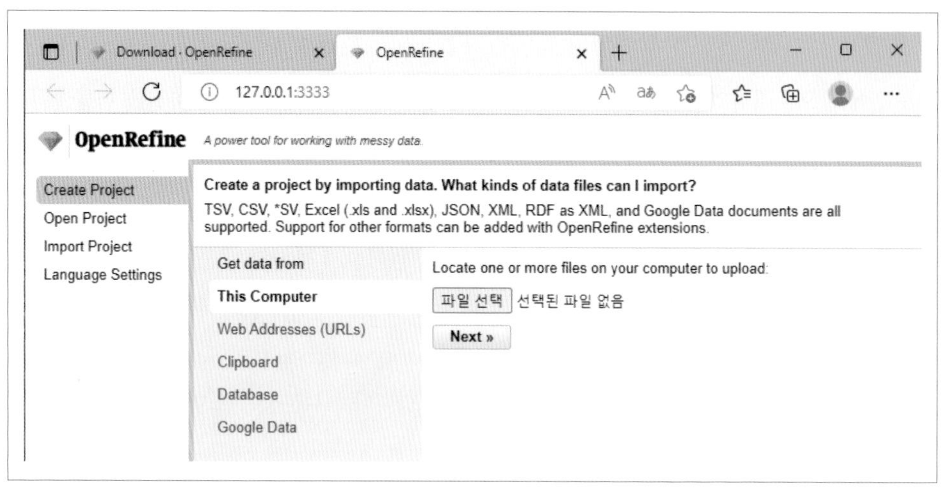

그림 4-5 오픈리파인 환영 페이지

## 4.7.2 데이터 로드 및 새 프로젝트 시작하기

지저분한 데이터셋을 정리하려면 새로운 프로젝트에 로드해야 합니다. 오픈리파인에서는 로컬 머신 또는 원격 웹 주소(구글 시트 같은)에서 데이터셋을 업로드할 수 있습니다. 오픈리파인을 사용하면 SQL 데이터베이스에서 직접 데이터를 추출하는 것도 가능하지만, 이 책의 범위를 넘어서기 때문에 다루지 않겠습니다.

**01** 구글 시트에서 미국 대외 원조 샘플 데이터셋[14]을 열고 여러분 계정으로 로그인한 후 '파일 > 다운로드'로 들어가 '쉼표로 구분된 값(`.csv`)' 포맷으로 데이터를 저장합니다.

**02** 오픈리파인에서 'Get data from: this computer'에서 '파일 선택'을 클릭한 뒤 다운로드한 CSV 파일을 선택합니다. 다음(Next)을 클릭합니다.

**03** 데이터 정리를 시작하기 전에 데이터가 올바르게 **파싱**parsing(구문 분석)되었는지 확인해야 합니다. 이번 예제에서 파싱은 데이터가 열로 분할되는 방식을 의미합니다. 오픈리파인이

14 https://oreil.ly/RsBGt

값을 올바른 열에 할당했는지 한 번 더 확인하고, 수정이 필요하다면 페이지 하단에 있는 'Parse data as' 블록을 사용해 데이터를 알맞게 파싱합니다. 그러고 나서 우측 상단에서 '프로젝트 생성(Create Project)'을 클릭합니다.

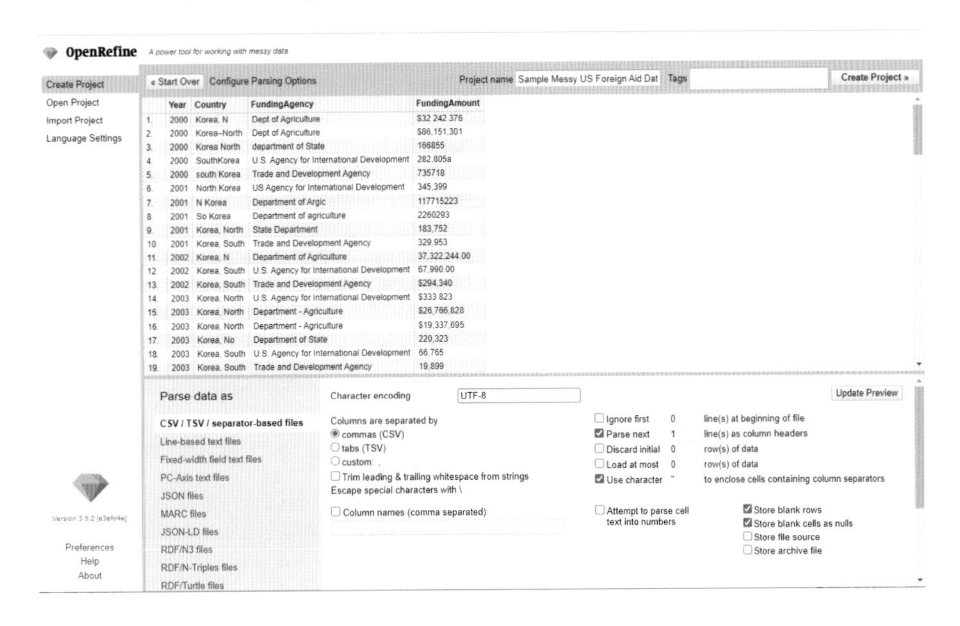


이제 데이터를 새로운 프로젝트에 성공적으로 불러왔으니 재미있는 부분을 시작해보죠. 바로 텍스트를 숫자로 변환하고, 불필요한 문자를 지우고, 스펠링을 교정하는 작업입니다.

## 4.7.3 달러로 표시된 금액을 텍스트에서 숫자로 변환하기

프로젝트가 생성되면 데이터셋의 처음 10개 행이 표시됩니다. 상단의 'Show'에서 5, 10, 25, 50 등을 클릭하여 보고 싶은 행의 숫자를 조절할 수 있습니다.

각 열 헤더는 각자의 메뉴를 가지며, 아래 화살표 버튼을 클릭해 선택할 수 있습니다. 열에서 좌측 정렬된 숫자는 아마도 텍스트를 나타낼 것입니다. 이번 예제에서는 FundingAmount 열을 수치형 포맷으로 변환하려고 합니다.

**01** 텍스트를 숫자로 변환하려면 FundingAmount 열의 메뉴를 선택하고 '셀 수정(Edit Cells) > 일반 변환(Common transformations) > 숫자로(To number)'를 차례대로 클릭합니다.

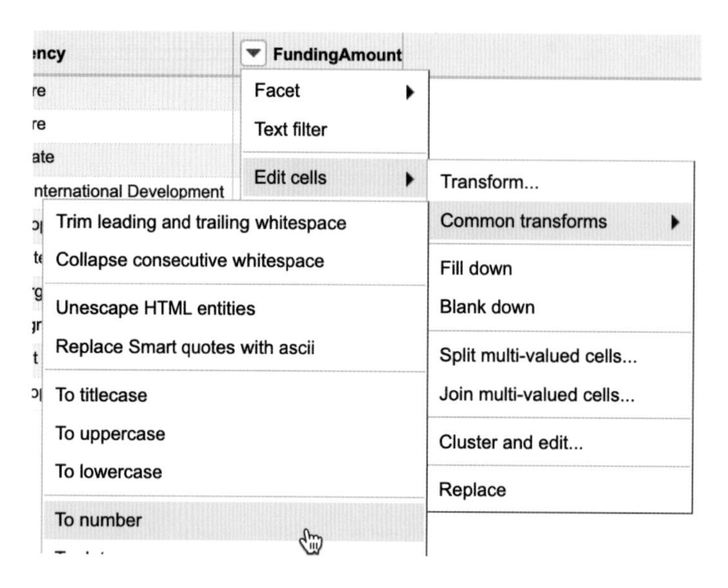


일부 숫자만 초록색으로 변하고 우측 정렬된 것을 확인할 수 있습니다. 하지만 부분적인 성공일 뿐 완전히 변환된 것은 아닙니다. 오픈리파인이 달러($)와 쉼표(,)를 혼동하여 값을 숫자로 변환하지 않도록 하기 때문입니다.

**02** 그렇다면 FundingAmount 열에서 달러($)와 쉼표(,)를 제거해봅시다. 이번에는 열 메뉴에서 '셀 수정(Edit cells) > 변환(Transform)'을 선택합니다. 이번에는 수동으로 변환을 원하는 부분을 입력해야 합니다. 익스프레션(Expression) 창에 `value.replace(',', ' ')`를 입력하고 미리보기 창을 통해 쉼표가 없어지는 것을 확인합니다. 함수에 '구문 에러가 없음(No syntax error.)'을 확인했다면 'OK'를 클릭합니다.

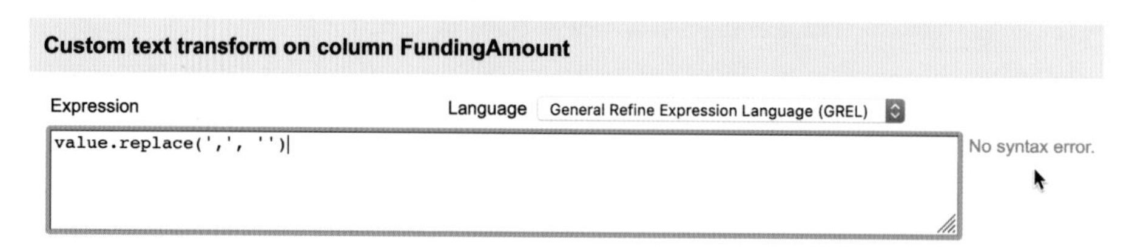


**03** 이전 단계를 반복합니다. 하지만 이번에는 쉼표 대신 $를 제거하겠습니다. `value.replace('$', ' ')`를 입력한 후 함수에 구문 에러가 없다면 'OK'를 클릭합니다.

**04** 2단계와 3단계에서는 텍스트(또는 문자열) 값을 다른 텍스트 값으로 바꿨습니다. 이제 오픈리파인은 이 열이 더 이상 숫자가 아니라고 생각할 것입니다. 그 결과 모든 값이 좌측 정

렬되고 검은색으로 표시됩니다. 다시 1단계를 실행합니다. 이번에는 거의 모든 셀이 초록색으로 바뀌었고, 이는 성공적으로 숫자로 변환되었음을 의미합니다. 하지만 몇몇 셀은 여전히 비수치nonnumeric 검은색 셀로 남아 있습니다.

**05** 남아 있는 비수치 검은색 셀을 수정하려면 공백과 숫자 끝에 붙어 있는 a 문자를 제거해야 합니다. 특별한 규칙이 없고 수동으로 수정해야 합니다. 셀 위에 마우스를 올리면 나타나는 'edit' 버튼을 클릭한 다음 새로 뜨는 팝업 창에서 데이터 유형(Data type)을 '숫자(number)'로 변경하고 '적용(Apply)' 버튼을 클릭합니다.

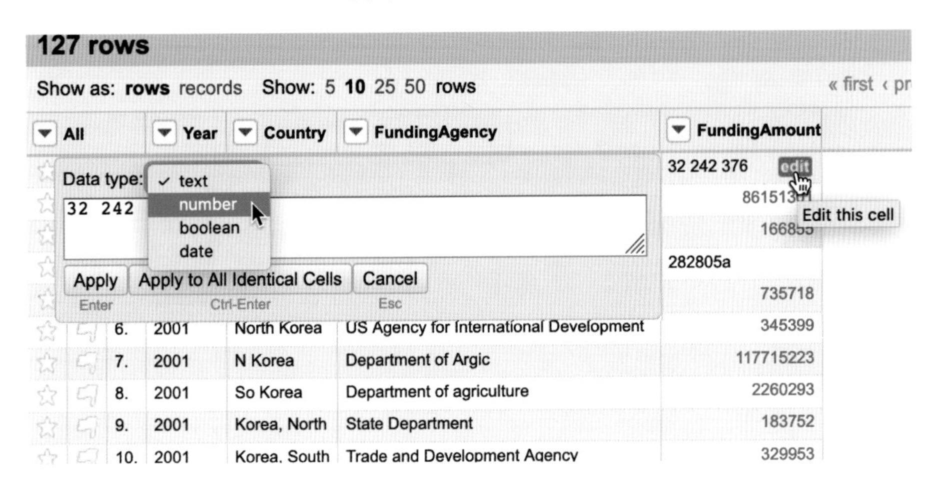


이 시점에서 모든 FundingAmount가 숫자, 오른쪽 정렬, 초록색으로 변경되어 있어야 합니다. 이제 국가(Country) 열로 이동해 서로 다른 스펠링으로 되어 있는 Korea를 수정하는 문제가 남았습니다.

### 4.7.4 비슷한 스펠링 군집화하기

여러 가지 서로 다른 데이터 소스를 조합하거나 또는 드롭다운 메뉴에서 답변을 선택하는 형식이 아닌 응답자가 직접 답변을 적는 설문 조사 데이터를 다룬다면 동일한 단어(타운 이름, 교육 수준 등)의 철자가 여러 개 표시될 수 있습니다. 오픈리파인의 가장 강력한 기능 중 하나가 바로 유사한 응답을 군집화(클러스터링clustering)하는 것입니다.

만약 우리가 제공한 샘플 파일을 사용하고 있다면 국가(Country) 열에서 한국과 북한에 대한 갖가지 스펠링의 차이를 확인해보길 바랍니다. Country 열의 드롭다운 메뉴에서 'Facet 〉 Text facet'을 클릭합니다. 그러면 왼쪽에 새로운 창이 하나 뜨고 한국과 북한이라는 겨우 두 가지 값을 가진 열에서 26개나 되는 값이 검출된 것을 확인할 수 있습니다.

**01** 맞춤법 표준화를 시작하려면 Country 열 헤더의 아래 화살표 버튼을 클릭하고 '셀 수정(Edit cells) 〉 군집 및 수정(Cluster and edit...)'을 선택합니다. 그러면 다음과 같은 창을 확인할 수 있습니다.

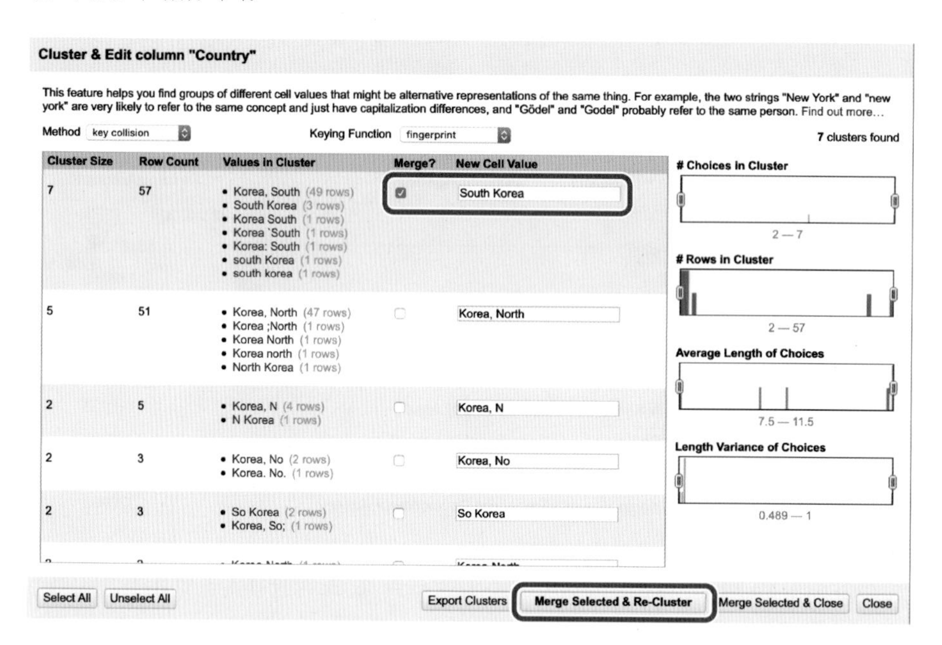


키 충돌(key collision) 또는 최근접 이웃(nearest neighbor) 두 가지 군집 방법 중 하나를 선택할 수 있습니다. 키 충돌 군집화는 매우 빠르기 때문에 대규모 데이터셋에 적합하지만 유연성이 떨어진다는 단점이 있습니다. 반대로 최근접 이웃 군집화는 계산 비용이 많이 들지만 미세 조정이 가능하고 정확도가 높습니다. 두 가지 군집 방법에 대한 자세한 내용은 프로젝트의 위키 페이지[15]에서 확인할 수 있습니다. 이번 연습에서는 디폴트 값인 키 충돌(key collision) 방법과 핑거프린트(fingerprint) 기능을 그대로 사용하겠습니다.

오픈리파인은 군집 리스트를 계산합니다. Values in Cluster 열에는 오픈리파인이 동일하다고 판단하여 그룹화한 스펠링 포함되어 있습니다.

---

15 https://docs.openrefine.org/next/technical-reference/clustering-in-depth

**02** 그룹화된 결과에 동의한다면 'Merge?' 박스를 체크하고 참값(true value)을 'New Cell Value' 박스에 입력합니다. 이번 예제에서 참값은 `North Korea`와 `South Korea`입니다.

**03** 모든 그룹화 작업을 수행할 수도 있고 한두 개 살펴본 후 'Merge Selected & Re-Cluster' 버튼을 누를 수도 있습니다. 여러분이 선택한 군집이 병합되고 그룹화가 다시 계산됩니다(걱정하지 마세요. 창이 갑자기 사라지지 않습니다). 결과에 만족할 때까지 계속해서 그룹화를 진행합니다.

Keying function 파라미터를 수정해가며 각기 다른 파라미터가 크기 및 정확도가 다른 클러스터를 생성하는 방법을 확인해보세요.

**04** 데이터 정리와 군집이 끝나면 오른쪽 상단에 있는 '내보내기(Export)'를 클릭해 정리된 데이터셋을 저장합니다. 이때 포맷을 선택할 수 있는데, CSV 포맷을 추천합니다. 이제 여러분은 분석 및 시각화할 준비가 된 깨끗한 데이터셋을 가지게 되었습니다.

## 4.8 마치며

이 장에서는 구글 시트에서 테이블을 정리하는 방법, 타불라를 사용하여 PDF 파일에서 테이블 형식의 데이터를 추출하는 방법, 오픈리파인을 사용해 지저분한 데이터를 깔끔하게 정리하는 방법을 배웠습니다. 분석을 위한 충분한 데이터를 확보하기 위해서는 이 장에서 설명한 여러 가지 도구를 사용하게 될 것입니다. 또한 시간적 여유가 된다면 구글 시트 수식이나 오픈리파인의 부가 기능을 배울 것을 추천합니다. 더 많은 데이터 정리 도구와 기술을 알수록 더 복잡한 사례에 대처할 수 있는 능력과 적응력이 높아집니다.

데이터를 정리하는 방법을 알게 되었으므로 본격적인 데이터 시각화를 위한 마지막 준비 단계를 진행하겠습니다. 다음 장에서는 의미 있는 비교를 위해 데이터를 정규화하고 정확한 언어를 사용해야 하는 이유를 설명합니다.

CHAPTER 5

# 의미 있는 비교하기

지금까지 데이터 스토리를 다듬고, 스프레드시트 스킬을 향상시키고, 데이터를 찾고 질문했으며, 찾은 데이터에서 지저분한 부분을 깔끔하게 정리했습니다. 이 장은 증거를 분석할 때 '무엇과 비교해야 할까?'라는 중요한 질문에 초점을 맞춥니다. 이 질문은 통계학자인 에드워드 터프티Edward Tufte가 '양적 추론의 심장heart of quantitative reasoning'[1]이라고 정의한 것입니다. 우리는 데이터의 중요성을 서로 판단함으로써 데이터에서 통찰력 있는 발견을 찾아내고 진정으로 눈에 띄는 발견을 식별합니다. 때로는 데이터를 공정하게 다루고 있는지 또는 격언에 있듯이 사과와 오렌지가 아닌 사과와 사과를 비교하기 위해 우리의 척도를 조정할 필요가 있습니다. 여러분이 결과물을 누군가에게 텍스트, 테이블, 차트, 지도 등의 형식으로 전달하기 전에 반드시 의미 있는 비교를 하고 있는지 확인해야 합니다. 그렇지 않으면 여러분 작업이 무의미해질 수도 있습니다.

이 책은 통계 데이터 분석은 다루지 않습니다. 많은 우수한 자원이 이미 이 광범위한 연구 분야를 다루고 있기 때문입니다.[2] 그 대신 이 장에서는 5.1절 '비교를 정확히 기술하기', 5.2절 '데이터 정규화하기', 5.3절 '편향된 비교 주의하기'에서 자신의 이야기를 정확하고 통찰력 있게 전달할 수 있도록 시각화하는 데 되움이 되는 데이터 분석 방법과 의미 있는 비교 전략을 살펴봅니다.

1 에드워드 터프티, 『Envisioning Information』(Cheshire, CT: Graphics Press, 1990), 67쪽

2 통계 로직과 그 한계에 대한 친숙한 소개는 찰스 윌런, 『벌거벗은 통계학』(책읽는수요일, 2013)과 데이비드 스피겔할터, 『숫자에 약한 사람들을 위한 통계학 수업』(웅진지식하우스, 2020)이 있습니다.

## 5.1 비교를 정확히 기술하기

때때로 우리는 여러 가지 서로 다른 정의를 가지는 일반적인 단어의 의미를 명확히 하지 못해 의미 없는 비교를 하기도 합니다. 가장 문제가 많이 되는 세 가지 단어는 바로 **평균**average, **퍼센트**percent, 그리고 **원인**cause입니다. 우리는 이 단어들을 일상 대화 속에서 막연히 사용하고 있습니다. 하지만 데이터를 다룰 때는 이 단어들의 정의가 명확해야 합니다.

일련의 숫자 1, 2, 3, 4, 5가 있다고 생각합시다. 수작업으로 또는 2.9절 '수식을 사용해 계산하기'에서 설명한 것처럼 스프레드시트 내장 함수를 사용해 이 숫자들의 **평균**average을 계산할 때는 숫자들을 다 더하고 숫자의 개수로 나눕니다. 더 정확한 명칭은 **평균**mean[3]이고, 여기서는 3이 됩니다. 다른 용어로는 **중앙값**median이 있습니다. 중앙값은 주어진 값들을 크기 순서대로 정렬했을 때 가장 중앙에 위치하는 값(50분위50th percentile라고도 부릅니다)을 의미하며 이 경우에는 중앙값이 3입니다.

데이터를 사용할 때는 **중앙값**이나 **백분위수**percentile를 사용해 비교하는 것이 좋습니다. 이들은 **이상치**outlier의 영향을 상대적으로 덜 받기 때문입니다. 예를 들어 앞서 살펴본 숫자에서 5를 100으로 바꿨다고 생각해봅시다. 숫자 하나만 바꿨을 뿐인데 평균은 22로 대폭 증가합니다. 그러나 [그림 5-1]에서 볼 수 있는 것처럼 중앙값은 여전히 3입니다. 억만장자가 방에 들어오면 그 방에 있는 사람들은 평균적으로 모두 백만장자가 된다는 농담처럼 평균은 이상치에 취약하지만 중앙값은 거의 바뀌지 않습니다. 억만장자가 우리 사이에 있다고 우리의 실제 소득이 올라가지 않는 것처럼 전체적인 데이터 분포에 대해 의미 있는 비교를 진행하기 위해서는 중앙값이 더 적합합니다.

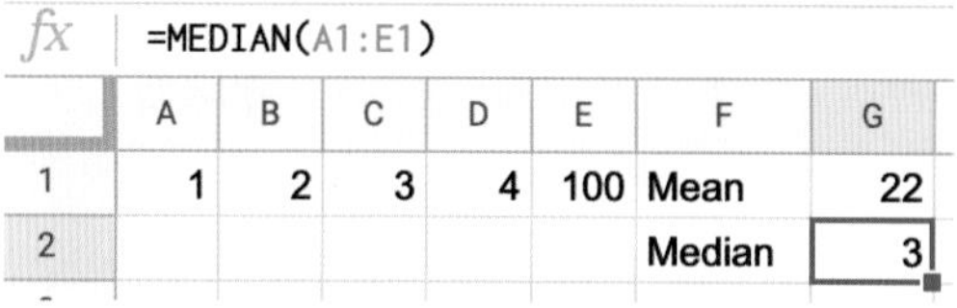

fx =MEDIAN(A1:E1)

| | A | B | C | D | E | F | G |
|---|---|---|---|---|---|---|---|
| 1 | 1 | 2 | 3 | 4 | 100 | Mean | 22 |
| 2 | | | | | | Median | 3 |

**그림 5-1** 비교를 위해서는 평균(average 또는 mean)보다는 이상치에 덜 민감한 중앙값(median)이 더 유용합니다.

3 옮긴이_ average와 mean 모두 한국어로 평균이라고 번역합니다. mean은 수학, 통계 전문용어로 어떤 표본의 평균을 표현하는 포괄적 의미를 가지고 있습니다. 예를 들어 산술평균, 기하평균, 조화평균 등이 있습니다. 한편 average는 일상용어로 통계학적으로는 산술평균(arithmetic mean)을 의미합니다.

백분율(퍼센티지percentage)은 자주 사용하는 또 하나의 용어입니다. 거의 모든 사람이 직관적으로 수를 100분의 1의 비율로 나타내는 방법임을 알고 있습니다. 예를 들어 1970년대 트라이던트Trident 껌 광고[4]에 '치과의사 5명 중 4명이 껌을 씹는 환자에게 무설탕 껌을 추천했다'[5]라는 주장이 나왔었습니다. 여러분이 이 슬로건을 기억하기에 너무 젊다고 하더라도 이 설문 조사가 어떻게 이루어졌는지 또는 5번째 치과의사는 동료 집단으로부터 받은 사회적 압력을 어떻게 견딜 수 있었는지 궁금하지 않나요? 우리 모두 5명 중 4명이 `4/5 = 0.8 = 80%`라는 사실을 알고 있으니까요.

사람들이 성급하게 퍼센트로 비교하려 한다면 혼란이 생길 수 있기 때문에 우리는 단어를 신중하게 선택할 필요가 있습니다. 한 가지 용어는 **퍼센트 변화**(상대 변화라고도 함)로, **이전 값과 새로운 값**을 비교할 때 가장 적합합니다. 퍼센트 변화는 새로운 값과 이전 값의 차이를 이전 값의 절댓값으로 나눠 계산합니다. 즉, `(새로운 값 - 이전 값) / |이전 값|`이 됩니다. 예를 들어 1970년대에 4명의 치과의사가 무설탕 껌을 추천했는데, 2020년에 동료들로부터 오는 사회적 압박을 이기지 못하고 5번째 치과의사도 무설탕 껌을 추천했다고 한다면 퍼센트 변화는 `(5-4)/4 = 1/4 = 0.25 = 25%`가 됩니다.

다른 용어는 **퍼센트 포인트 차이**percentage point difference로, **이전 퍼센트와 새로운 퍼센트의 차이**를 비교할 때 유용하며, 산술적 차이로 계산합니다. 예를 들어 1970년엔 80%의 치과의사가 무설탕 껌을 추천했고, 2020년엔 100%가 추천했다면 퍼센트 포인트 차이는 `새로운 퍼센트 - 이전 퍼센트 = 100% - 80% = 20%`가 됩니다.

이 두 가지 용어를 정확히 사용한다면 두 가지 방식으로 이 숫자들을 비교할 수 있습니다. 첫 번째 방법은 '무설탕 껌을 추천하는 치과의사 수가 시간이 지남에 따라 25% 증가했다'라고 하는 것이고, 두 번째 방법은 '무설탕 껌을 추천하는 치과의사 비율이 시간이 지남에 따라 20% 포인트 증가했다'라고 하는 것입니다. 두 주장 모두 정확합니다. 두 용어를 조금 헷갈릴 수는 있지만 이 예제에서 '25% 변화'와 '20% 포인트 증가' 사이에는 큰 차이가 없습니다.

반면 퍼센트에 대한 부정확한 용어 사용으로 의도적으로 사람들을 호도하는 경우도 있습니다. 어떤 정치인이 구입한 제품 및 서비스에 대한 세금을 5%에서 6%로 인상하는 안을 발의했다고

---

4 https://oreil.ly/7FsBC

5 앤드루 애덤 뉴먼(Andrew Adam Newman), 「건강 클레임으로 껌 팔기」, 뉴욕 타임스: 비즈니스, 2009년 7월 27일, https://oreil.ly/BN9HT

가정해봅시다. 만약 그 정치인이 '세금이 1%밖에 증가하지 않는다'라고 말한다면 틀린 이야기입니다. 이 변화를 정확히 설명하는 두 가지 진실한 방법이 있습니다. 한 가지 방법은 (6 - 5) / 5 = 0.20이므로 세금이 '20% 증가할 것'이라고 말하는 것입니다. 또 다른 방법은 6% - 5% = 1% 포인트 차이가 나기 때문에 세금이 '1% 포인트 증가할 것'이라고 말하는 것입니다. 왜 이 정치인이 정확한 용어를 사용하지 않고 사람들을 호도할 수 있는 용어를 사용했는지 이해되나요? 퍼센트 변화에 대해 허술하게 설명하는 사람들에게 속지 마세요. 그리고 여러분도 자신의 작업에 대해 다른 사람들이 헷갈리지 않도록 정확한 용어를 사용해야 합니다.

정확한 언어 사용에 대한 마지막 조언은 데이터에 **인과관계**cause-and-effect relationship를 암시하는 단어를 사용할 때 주의를 기울여야 한다는 것입니다. 우리는 일상적인 대화에서 인과관계를 암시하는 단어를 막연하게 사용하고 있습니다. 예를 들어 '~로 이어지다', '~을 촉진시키다', '~를 유발하다' 같은 단어는 인과관계를 내포하고 있습니다. 물론 일상대화 속에서 이런 단어를 사용하는 것은 괜찮지만 데이터에 대한 논의를 할 때는 다음 3가지 단계를 통해 단어를 좀 더 신중하게 선택해야 합니다. 첫 번째 단계에서는 두 변수 간의 **상관관계**correlation를 설명합니다. 즉, 이 변수들이 어떤 연관이 있는지 또는 상호 관련이 있는지 설명하는 것입니다. 하지만 통계학자들은 '항상 상관관계가 인과관계를 의미하지 않는다'[6]고 경고합니다. 두 변수 사이에 어떤 관계가 존재한다고 해서 반드시 하나의 변수가 다른 변수를 발생시키는 것은 아니기 때문입니다. 인과관계를 보여주기 위해서는 두 번째 단계에서 상관관계를 증명해야 합니다. 하나의 요소(독립변수라고도 함)가 어떻게 다른 하나의 요소(종속변수라고도 함)에 영향을 미치는지에 대해 **설득력 있는 이론**을 제시해야 합니다. 세 번째 단계에서는 인과관계에 영향을 미칠 수 있지만 아직 고려하지 못한 **교란 변수**confounding variable가 있다면 찾아내서 분리해야 합니다. 세부적인 내용은 이 책의 범위를 벗어나기 때문에 데이터를 다룰 때는 순서에 주의해 단어 선택을 신중하게 해야 한다는 사실을 기억하길 바라며 다음으로 넘어가겠습니다.

8.1절 '테이블 디자인 원칙'에서 데이터 상관관계와 잠재적인 인과관계에 대해 조금 더 설명하고 있으니 참조 바랍니다.

이제 핵심적인 단어를 사용해서 데이터 사이의 관계를 보다 정확히 기술하는 방법을 명확히 이해했으니 다음 절에서는 이러한 지식을 바탕으로 더욱 의미 있는 비교를 작성하기 위해 데이터를 조정하는 방법을 알아보겠습니다.

---

6 https://ko.wikipedia.org/wiki/상관관계와_인과관계

## 5.2 데이터 정규화하기

2018년 미국 플로리다에서 발생한 자동차 충돌 사고 사망자 수 3,133명처럼 **숫자**로 표현된 데이터로 작업할 때 숫자를 **정규화**하지 않고 다른 숫자와 비교하는 것은 의미가 없습니다. 즉, 서로 다른 척도를 사용하여 수집된 데이터를 공통 기준 척도로 조정하거나 원시 데이터를 비율로 변환하여 보다 의미 있는 비교가 가능하게 해야 합니다. 정규화라는 용어를 들어본 적이 없다고 해도 자신도 모르는 사이에 이미 데이터를 정규화하고 있을지도 모릅니다.

이번 예제에서는 시각화 전문가인 알베르토 카이로로부터 영감을 얻은[7] 자동차 안전 관련 내용을 미국 고속도로 안전보험협회(IIHS)와 미국 교통부(USDOT)에서 제공하는 업데이트된 2018년 데이터[8]를 통해 살펴보겠습니다. 2018년엔 36,000명이 넘는 사람이 교통사고로 목숨을 잃었습니다. 이 숫자에는 일반 승용차와 트럭 운전자와 탑승자, 오토바이 운전자, 보행자, 자전거 운전자까지 포함됩니다. 다음 표에서는 이 데이터의 일부만 보여주고 있으며 전체 데이터는 구글 시트 포맷에서 볼 수 있습니다.[9] 이 파일을 '파일 > 사본 만들기'로 수정 가능한 버전으로 복사해 여러분 구글 드라이브에 저장하여 사용하면 됩니다.

간단한 질문부터 시작하여 보다 의미 있는 비교를 위한 검색 결과가 무엇인지 살펴보겠습니다.

### 01 미국에서 자동차 사고로 인한 사망자 수가 가장 적은 주는 어디인가요?

사망자 수에 따라 데이터를 정렬하면 [표 5-1]과 같이 컬럼비아 특별구가 31명의 사망자로 가장 안전한 주인 것을 확인할 수 있습니다. 컬럼비아 특별구(워싱턴 DC라고도 함)는 법적으로 주로 인정되지 않았습니다.

**표 5-1** 미국에서 자동차 사고로 인한 사망자 수가 가장 적은 주, 2018

| 주 | 사망자 수 |
|---|---:|
| 컬럼비아 특별구 | 31 |
| 로드아일랜드 | 59 |
| 버몬트 | 68 |
| 알래스카 | 80 |
| 노스다코타 | 105 |

7 알베르토 카이로, 『The Truthful Art』(Pearson Education, 2016), 71–74쪽. 참고로 이 책의 번역서는 『진실을 드러내는 데이터 시각화의 과학과 예술』(인사이트, 2019)입니다.

8 https://oreil.ly/fGD8N

9 https://oreil.ly/1zZHO

하지만 잠깐만요. 이건 공정한 비교가 아닙니다. 나열된 5개 주를 다시 살펴보면 전체 데이터셋 맨 아래에 나타나는 캘리포니아나 텍사스 같은 큰 주보다 인구가 더 적다는 것을 알 수 있습니다. 좀 더 정확히 설명하기 위해 질문을 바꿔서 모집단 차이를 조정해보겠습니다.

## 02 인구수에 따라 조정했을 때 미국에서 자동차 사고로 인한 사망자 수가 가장 적은 주는 어디인가요?

이제 사망자 데이터를 각 주의 인구수를 반영해 **정규화**하겠습니다. 스프레드시트에서는 사망자 수(Deaths) / 인구수(Population) × 100,000으로 계산했습니다. 물론 사망자 수를 인구수로 나누어 **1인당** 사망률을 계산하는 것도 정확한 방법이지만 소수가 너무 작아 비교하기 힘들기 때문에 결과를 더 명확히 비교하기 위해 100,000을 곱했습니다. 다시 데이터를 정렬하면 [표 5-2]와 같이 컬럼비아 특별구가 인구 100,000명당 자동차 사고 사망자 수가 4.4명으로 다시 한번 가장 안전한 주로 나타났습니다.

표 5-2 미국에서 인구당 자동차 사고로 인한 사망자 수가 가장 적은 주, 2018

| 주 | 사망자 수 | 인구수 | 인구 100,000명당 사망자 수 |
|---|---:|---:|---:|
| 컬럼비아 특별구 | 31 | 702,455 | 4.4 |
| 뉴욕 | 943 | 19,542,209 | 4.8 |
| 매사추세츠 | 360 | 6,902,149 | 5.2 |
| 로드아일랜드 | 59 | 1,057,315 | 5.6 |
| 뉴저지 | 564 | 8,908,520 | 6.3 |

하지만 잠깐만요. 이 결과도 여전히 공정한 비교가 아닙니다. 리스트를 자세히 살펴보면 리스트에 있는 주들이 모두 기차와 지하철 같은 대중교통의 밀집도가 높은 미국 북동쪽 연안을 따라 위치하고 있음을 알 수 있습니다. 만약 뉴욕이나 보스턴 같이 도시에 살고 있는 사람들이 멀리 떨어진 시골 주에 사는 사람들보다 운전하는 시간이 적거나 장거리 운전 대신 단거리 운전을 할 기회가 훨씬 많다고 하면 이러한 사실은 우리 결과에 영향을 미칠 것입니다. 이번에는 모집단이 아닌 주행거리 차이를 조정하기 위해 더 잘 비교하고 다시 질문해보겠습니다.

## 03 차량 주행거리를 조정했을 때 자동차 사고로 인한 사망자 수가 가장 적은 주는 어디인가요?

이번에는 사망자 수 데이터를 승용차, 밴, 트럭, 오토바이 등이 각 주의 모든 도로와 고속도로에서 주행한 총 거리를 예측한 차량 주행거리vehicle miles traveled(VMT)라는 새로운 요소를 고려하여 **정규화**했습니다. 스프레드시트에서 결과를 보다 명확하게 나타내기 위해 사망자 수(Deaths) / 차량 주행거리(Vehicle Miles) × 100이라는 수식을 사용해 차량 주행거리 1억 마일당 사망자 수를 계산했습니다. 이번에는 [표 5-3]에서 확인할 수 있듯이 매사추세츠가 차량 주행거리 1억 마일당 사망자 수 0.54명으로 가장 안전한 주로 선정되었습니다. 컬럼비아 특별구는 리스트에서 아래쪽으로 더 내려갔고 미네소타가 새로 2위로 진입했습니다.

**표 5-3** 차량 주행거리를 고려했을 때 미국에서 자동차 사고로 인한 사망자 수가 가장 적은 주, 2018

| 주 | 사망자 수 | 차량 주행거리(백만) | 차량 주행거리 1억 마일당 사망자 수 |
|---|---|---|---|
| 매사추세츠 | 360 | 66,772 | 0.54 |
| 미네소타 | 381 | 60,438 | 0.63 |
| 뉴저지 | 564 | 77,539 | 0.73 |
| 로드아일랜드 | 59 | 8,009 | 0.74 |
| 뉴욕 | 943 | 123,510 | 0.76 |

자동차 사고 사망자 수로 판단했을 때 가장 안전한 주를 찾아냈나요? 꼭 그렇다고는 할 수 없습니다. 비록 우리가 인구와 차량 주행거리로 데이터를 정규화했지만 IIHS는 자동차 종류, 평균 속도, 교통법규, 날씨 등과 같은 여러 다른 요인이 자동차 사고 사망자 수에 영향을 미칠 수 있다는 사실을 알려줍니다. 하지만 알베르토 카이로가 상기시켜주듯이 더 의미 있는 비교를 하기 위해 계산을 다듬을 때마다 우리 해석은 진실에 더욱 가까워집니다. 카이로는 '완벽한 모델을 만드는 것은 비현실적입니다. 하지만 확실한 것은 충분히 좋은 모델을 만들 수 있다는 것입니다'[10]라고 말합니다.

앞서 설명했듯이 데이터를 정규화하는 가장 일반적인 방법은 데이터(원시 숫자)를 퍼센트나 1인당^per capita^처럼 상대적인 비율로 만드는 것입니다. 하지만 그 외에도 데이터를 정규화하는 방법은 많습니다. 따라서 3장에서 설명한 방법을 잘 익혀 데이터를 찾고 질문할 때 여러 가지 방법을 활용할 수 있어야 합니다.

과거 데이터^historical data^(시계열 데이터^time-series data^ 또는 종단 데이터^longitudinal data^라고도 부릅니다)를 다룰 때 **시간에 따른 변화를 적절하게 반영**해주어야 합니다. 예를 들어 1970년의 가계소득 중앙값과 2020년의 가계소득 중앙값을 비교하는 것을 공정하지 않습니다. 같은 10,000달러라도 인플레이션과 관련 요인 등의 영향으로 반세기 전에는 현재보다 훨씬 더 많은 구매력을

10 카이로, 『The Truthful Art』(Pearson Education, 2016), 95쪽

가지고 있었기 때문입니다. 유사하게 경제학자들은 **명목 데이터**(조정되지 않은unadjusted)와 **실제 데이터**(시간 경과에 따라 조정된adjusted)를 구별합니다. 일반적으로 숫자를 경상 달러(불변 달러)로 변환하는데, 이렇게 하면 구매력을 고려하여 더 나은 비교를 가능하게 합니다.[11] 또한 경제 데이터는 정확한 비교를 위해 **계절별로 조정**되기도 합니다. 예를 들어 취업률이나 수입 등은 성수기와 비수기에 명확한 차이를 보이는 경우가 많은데 이를 조절해야 더 정확한 비교가 가능합니다. 다른 정규화 방법은 **인덱스**를 만들어 지정된 참조 포인트reference point를 기준으로 수치가 어떻게 오르고 내렸는지 측정하는 것입니다. 또한 통계학자들은 종종 더 나은 비교를 위해 **z 점수**z-score라고도 하는 표준 점수를 계산하여 서로 다른 척도를 사용하여 수집된 데이터를 정규화하기도 합니다. 이러한 방법들은 이 책의 범위를 벗어나지만 더 넓은 개념에 익숙해지는 것은 중요합니다. 모든 사람은 사과와 사과를 비교하는 것이 사과와 오렌지를 비교하는 것보다 낫다는 것에 동의합니다.

마지막으로 매번 데이터를 정규화할 필요는 없습니다. 어떤 경우에는 이미 정규화된 데이터가 제공되는 경우도 있기 때문입니다. 원시 숫자나 단순 카운트 등과 달리 대부분의 **측정된 변수**는 이미 공통 척도에 나타나기 때문에 정규화가 필요하지 않습니다. 이러한 데이터의 예로는 **나이의 중앙값**이 있습니다. 이 데이터는 이미 가장 어린 사람부터 가장 나이 많은 사람까지 정렬한 데이터에서 추출한 데이터입니다. 사람의 평균 수명은 0살에서 120살 사이에 위치하기 때문에 우리는 서로 다른 집단에서 해당 중앙값을 기준으로 직접적인 비교를 진행할 수 있습니다. 이와 유사한 것으로는 동일한 시간대에 동일한 화폐 단위로 측정된 **수입의 중앙값**이 있습니다. 이런 경우에도 여러 집단에 대해 직접적인 비교를 진행할 수 있습니다.

이제 데이터를 정규화하는 이유, 시기와 방법에 대해 더 잘 알게 되었으므로 다음 절에서는 데이터 샘플링 방법에서 조심해야 하는 편향된 비교에 대해 설명하겠습니다.

## 5.3 편향된 비교 주의하기

여러분은 데이터를 분석할 때 **체리 피킹**cherry picking을 해서는 안 된다는 말을 들어본 적이 있을 것입니다. 여기서 체리 피킹이란 미리 내린 결론을 지지하는 증거만 선택하고 나머지는 버리거

---

11 「What's real about wages?」, 세인트루이스 연방 준비 은행, (The FRED Blog, 2018년 2월 8일), https://oreil.ly/yljnI

나 무시하는 행위를 말합니다. 진실하고 의미 있는 데이터 스토리를 만들기 위해서는 열린 마음으로 관련된 모든 증거(정보)를 살펴보고, 서로 다른 주장을 깊게 고려해야 한다는 사실에 동의했을 것입니다. 만약 이러한 원칙에 동의했다면 편향된 데이터 비교, 특히 샘플링(표본 추출) 편향도 주의해야 합니다. **샘플링 편향**sampling bias이란 데이터 수집 과정에서 겉으로 보기에는 합당한 것처럼 보이지만 실제로는 결과를 편향되게 만들 수 있는 부분적 잠재 요소를 포함하고 있는 데이터를 수집하는 것을 말합니다. 우리가 열린 마음으로 작업을 하고 있다고 믿을 수도 있지만 나도 모르게 데이터를 체리 피킹할 수 있다는 사실을 간과하고 있을 수도 있습니다.

첫째, **선택 편향**selection bias을 조심해야 합니다. 선택 편향이란 분석을 위해 추출한 샘플이 더 큰 모집단과 체계적으로 다른 것을 의미합니다. 『Calling Bullshit』의 저자 칼 T. 벅스트롬과 제빈 웨스트는 '무엇을 보는가는 어디를 보는가에 의해 결정된다'[12]고 말했습니다. 만약 여러분이 체육관에서 농구 연습을 마치고 나오는 사람들을 임의로 골라 그들의 키를 측정했다면 [그림 5-2]처럼 여러분 샘플에는 선택 편향으로 인해 실제 평균보다 키가 큰 샘플이 많이 포함되었을 것입니다.

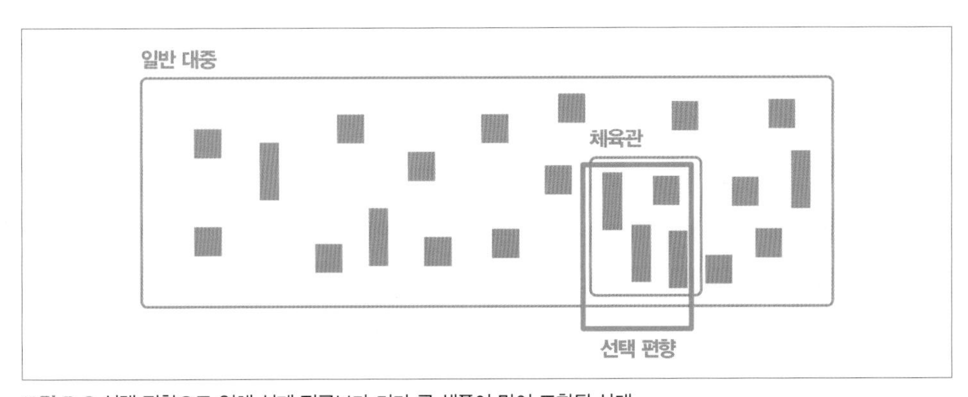


**그림 5-2** 선택 편향으로 인해 실제 평균보다 키가 큰 샘플이 많이 포함된 상태

둘째, **무응답 편향**nonresponse bias을 조심해야 합니다. 만약 여러분이 광범위한 사람들에게 설문 조사 요청을 보냈다고 하더라도 모두 응답하지는 않을 것입니다. 여러분은 전체 사람들 중에서 응답에 참여하게 하는 어떤 특정한 요소가 있지 않은지 잘 확인해봐야 합니다. 예를 들어 미국 통계청은 2020년 인구조사Current Population Survey 보충 자료에서 저소득층의 무응답 비율이 일반

---

**12** 칼 T. 벅스트롬과 제빈 D. 웨스트, 『Calling Bullshit』(랜덤 하우스, 2020), 79, 104-198쪽, `https://oreil.ly/kpD_S`. 참고로 이 책의 번역서는 『똑똑하게 생존하기』(안드로메디안, 2021)입니다.

사람들보다 훨씬 더 높았다는 사실을 발견했습니다.[13] 소득이 높은 사람들의 참여 비율이 높아 전체적인 중간 소득 수준이 높아졌기 때문에 연구원들이 이를 수정해야 했습니다. 자가 응답률을 주, 카운티, 지역별로 시각화하여 보여주는 미국 통계청 2020년 지도[14]를 확인해보세요. 만약 무응답 편향을 수정하지 않은 설문 조사를 진행한다면 결과도 편향될 것입니다.

셋째, **자기선택 편향**self-selection bias을 조심해야 합니다. 자기선택 편향은 [그림 5-3]처럼 사람들이 자원해서 참여하는 프로그램이나 조사에 자발적으로 응답하는 사람들에게서 나타납니다. 만약 여러분이 운영하는 다이어트 프로그램이 실제로 효과가 있었는지 확인하고 싶다면 데이터 샘플이 추출되는 과정을 깊게 이해해야 합니다. 자기선택 편향이 두 그룹의 구성을 은밀하게 형성하고 의미 없는 비교를 초래할 수 있기 때문입니다. 예를 들어 프로그램에 참여하지 않은 사람들(그룹 A)과 프로그램에 자발적으로 참여한 사람들(그룹 B)을 비교하는 것은 잘못된 비교입니다. 이 두 그룹은 무작위로 선택한 것이 아니기 때문입니다. 프로그램 참여자들은 다이어트를 목적으로 가입했으므로 더 많은 동기를 가지고 있을 것이고, 운동에 참여하는 횟수도 비참여자보다 많을 것이기 때문입니다. 우리는 때로 자발적 참여자들이 프로그램의 효과를 편향적으로 만들 수 있다는 사실을 놀라울 정도로 간과하고 있습니다. 그 프로그램이 다이어트 프로그램이든 사회적 서비스이든 학교 선택 프로그램이든 말이죠.[15]

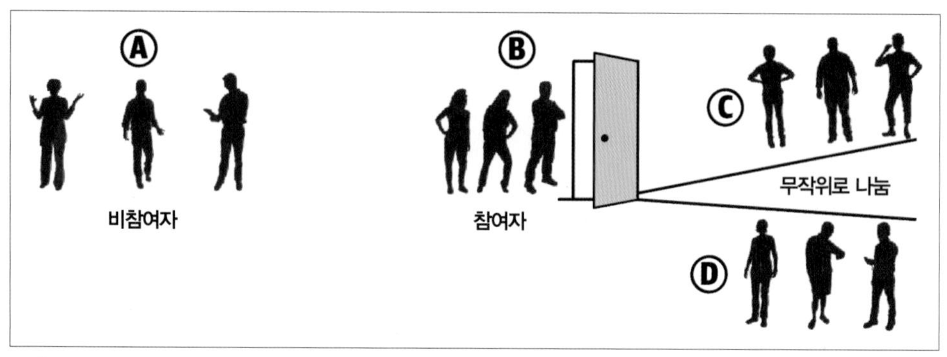


**그림 5-3** 프로그램의 효과를 측정하기 위해서는 프로그램 비참여자(A)와 참여자(B) 그룹을 비교해서는 안 됩니다. 대신 모든 참여자를 두 그룹(C와 D)으로 무작위로 나눠 실험해야 합니다.[16]

13 조너선 로스바움(Jonathan Rothbaum)과 애덤 비(Adam Bee), 「코로나바이러스 감염 조사, 미국 사회경제인구총조사에서 팬데믹 기간 동안 무응답 편향이 발생했습니다」, 미국 통계청, 2020년 12월 8일, `https://oreil.ly/auhUm`

14 `https://oreil.ly/lTEoq`

15 만일 여러분이 학교 선택 프로그램의 자기선택 편향에 더 관심이 있다면 리처드 D. 칼렌버그(Richard D. Kahlenberg)와 핼리 포터(Halley Potter)의 『A Smarter Charter』(티쳐스 칼리지 출판부)를 참조하세요.

16 그림에 사용된 사람 실루엣의 출처는 다음과 같습니다. `https://github.com/propublica/weepeople`

그렇다면 프로그램의 성과를 측정할 때 자기선택 편향을 어떻게 줄일 수 있을까요? 3.7절 '데이터에 대해 질문하기'에서 배운 것처럼 표면적인 것만 보지 말고 용어가 어떻게 정의되었는지, 데이터가 어떻게 수집되고 기록되었는지 완벽하게 이해해야 합니다. 제대로 디자인된 프로그램 평가는 자발적 참여 그룹(그룹 B)을 무작위로 두 개의 그룹으로 나눔으로써 자기선택 편향을 줄입니다. [그림 5-3]에 나타난 것처럼 절반은 하나의 체중 감량 프로그램(그룹 C)에 참여하도록 배정하고 나머지 절반은 다른 체중 감량 프로그램(그룹 D)에 배정합니다. 하위 그룹 C와 D는 자발적 참여자들을 두 그룹으로 나눈 것이기 때문에 이들의 결과를 비교할 때 다이어트 동기나 영향을 미칠 수 있는 요소를 제어할 수 있게 됩니다. 물론 표본 크기를 충분히 크게 하고, 참여자들을 체중 감량 활동 전, 도중, 후 3번에 걸쳐 조사하는 등 여러 가지 추가적인 방법들이 존재하지만, 이 책의 범위를 넘어서기 때문에 더 자세히 설명하진 않겠습니다. 그러나 선택 편향을 피하는 논리는 간단합니다. 자발적 참여자 그룹은 다시 두 개의 하위 그룹으로 무작위로 나눠 비슷한 동기를 가진 사람들을 대상으로만 프로그램의 효과를 검증하는 것입니다.

데이터 시각화 과정의 다양한 단계에서 작업에 부정적인 영향을 줄 수 있는 편향에 대해 계속해서 주의해야 할 필요가 있기 때문에 편향에 대한 경고는 이 책의 다른 장에서도 꾸준히 언급될 예정입니다. 14.3절 '데이터 편향 인지하고 줄이기'에서는 인지 편향, 알고리듬 편향, 그룹 간 편향, 샘플링 편향 등 데이터를 다루면서 만나는 다른 유형의 편향을 인지하고 줄이는 방법을 배울 것입니다.

## 5.4 마치며

이 책에서는 통계 데이터 분석을 가르치지는 않지만 이 장에서 데이터 분석 과정에서 의미 있는 비교를 하기 위한 몇 가지 전략을 논의했습니다. 데이터를 비교할 때 단어를 더 정확하게 사용하는 방법, 데이터를 정규화해야 하는 이유와 방법을 배웠고 편향된 비교에 주의해야 한다는 조언도 했습니다. 1부에서는 데이터 스토리를 정교하게 하기 위한 스킬을 배웠으며, 스프레드시트를 활용하는 방법, 데이터를 찾고 질문하는 방법, 지저분한 데이터를 정리하는 방법을 배웠습니다. 이제 이 모든 지식을 결합하여 2부에서는 대화형 차트와 지도를 만들어보겠습니다.

# Part II

# 시각화 구축

# Part II

# 시각화 구축

CHAPTER 6

# 차트 만들기

차트는 독자를 여러분의 스토리 속으로 빠져들게 만듭니다. 독자의 눈에는 단순한 텍스트나 테이블보다 선 차트나 분산형 차트 같은 이미지가 더 효과적인 증거가 됩니다. 하지만 데이터의 주요 통찰력에 집중하게 하는 의미 있는 차트를 만들기 위해서는 디자인 선택에 대한 고민이 필요합니다.

이 장에서는 6.1절 '차트 디자인 원칙'에서 좋은 차트와 그렇지 않은 차트를 구별하는 방법을 배웁니다. 모든 차트에 적용할 수 있는 중요한 규칙과 자체 디자인을 사용자 정의할 때 따라야 할 몇 가지 미적 지침을 배울 것입니다. 비록 **정적** 이미지 형식의 차트를 다운로드할 수 있는 도구가 많지만, 이 책에서는 독자가 그들의 웹 브라우저에서 데이터를 탐색하도록 유도하는 **대화형**(인터랙티브) 차트를 구성하는 방법도 배울 것입니다. 9장에서는 대화형 차트를 여러분 웹사이트에 삽입(임베딩)하는 방법을 배웁니다.

이 책에서 배울 다양한 유형의 차트는 [표 6-1]에서 확인할 수 있습니다. 차트 유형은 두 가지 핵심 요소인 데이터의 형식과 전달하고자 하는 스토리의 종류에 따라 결정됩니다. 예를 들어 선 차트는 (시간에 따라 변하는) 연속 데이터 포인트를 보여주는 데 최적화되어 있습니다. 반면 범위 차트range chart는 (불평등 격차 같은) 데이터 카테고리 사이의 거리를 강조하는 데 적합합니다. 차트 유형을 선택한 후에는 우리가 추천하는 도구를 사용해 단계별 튜토리얼을 진행하면 됩니다. 이 장에서는 6.2절 '구글 시트 차트', 6.6절 '데이터래퍼 차트', 6.10절 '태블로 퍼블릭 차트'처럼 드래그 앤드 드롭 메뉴를 이용하는 **쉽고 간단한 도구**를 주로 사용합니다. 하지만 [표 6-1]에서는 11장에서 배울 Chart.js나 하이차트 코드 템플릿과 같이 시각화를 사용자 정의하고 호스팅할 수 있는 **강력한 도구**도 소개합니다. 이러한 고급 도구를 사용하기 위해서는 깃허브를 사용해 코드 템플릿을 편집하고 호스트할 수 있는 사전 지식이 필요한데, 이와 관련된 내용은 10장에서 살펴봅니다.

> **NOTE_** 막대 차트bar chart는 가로 형태로 되어 있고 열 차트column chart는 세로 형태로 되어 있다는 점을 제외하면, 막대 차트와 열 차트는 기본적으로 같은 차트입니다.[1] 가장 큰 차이점은 데이터 레이블label의 길이입니다. '모카 프라푸치노 24온스'나 '더블 쿼터 파운더 치즈 버거'처럼 비교적 긴 레이블을 나타내야 할 때는 더 많은 수평 공간이 필요하기 때문에 막대 차트(가로 막대 차트)를 사용합니다. 반면 '스타벅스'나 '맥도날드' 같은 짧은 레이블이 필요한 경우는 막대 차트와 열 차트를 모두 사용합니다. 아마 여러분은 이 장의 모든 예제가 음식이나 건강한 식습관에 맞춰져 있다는 사실을 발견하게 될 것입니다(이 장을 쓰고 있던 시점에 배가 많이 고팠고, 다이어트도 필요했던 것 같습니다).

**표 6-1** 기본 차트 유형 사용 방법 및 튜토리얼

| 차트 | 사용 방법 및 튜토리얼 |
|---|---|
| 그룹 막대 차트 또는 그룹 열 차트 | 카테고리를 나란히 비교할 때 가장 적합합니다. 만약 레이블이 긴 경우 수직 열 차트 대신 수평 막대 차트를 사용합니다.<br>• 쉬운 도구: 6.3절 '막대 차트와 열 차트' 또는 6.6절 '데이터래퍼 차트'<br>• 강력한 도구: 11장 'Chart.js와 하이차트 템플릿' |
| 분할 막대 차트 또는 분할 열 차트 | 분리된 군집의 카테고리를 비교할 때 가장 적합합니다. 레이블이 긴 경우 수직 열 차트 대신 수평 막대 차트를 사용합니다.<br>• 쉬운 도구: 6.3절 '막대 차트와 열 차트' 또는 6.6절 '데이터래퍼 차트'<br>• 강력한 도구: 11장 'Chart.js와 하이차트 템플릿' |
| 누적 막대 차트 또는 누적 열 차트<br>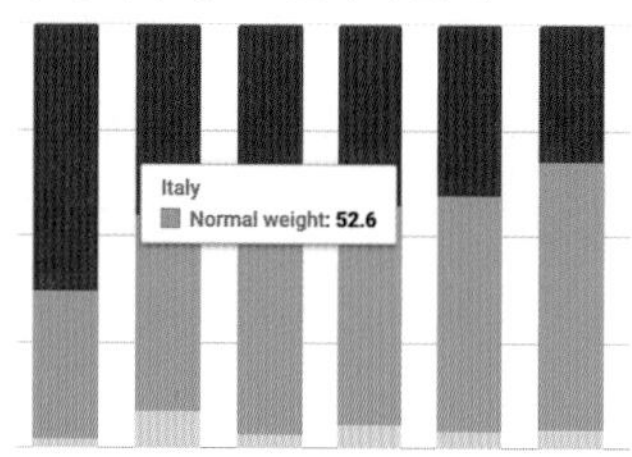 | 하위 카테고리나 전체 부분을 비교할 때 가장 적합합니다. 레이블이 긴 경우 수직 열 차트 대신 수평 막대 차트를 사용합니다.<br>• 쉬운 도구: 6.3절 '막대 차트와 열 차트' 또는 6.6절 '데이터래퍼 차트'<br>• 강력한 도구: 11장 'Chart.js와 하이차트 템플릿' |

1 옮긴이_ 둘 다 막대 차트라고 부르기도 하며 막대 차트를 가로 막대 차트, 열 차트를 세로 막대 차트로 구분하여 부르기도 합니다.

| 차트 | 사용 방법 및 튜토리얼 |
| --- | --- |
| 오류 바가 있는 막대 차트 또는 열 차트<br>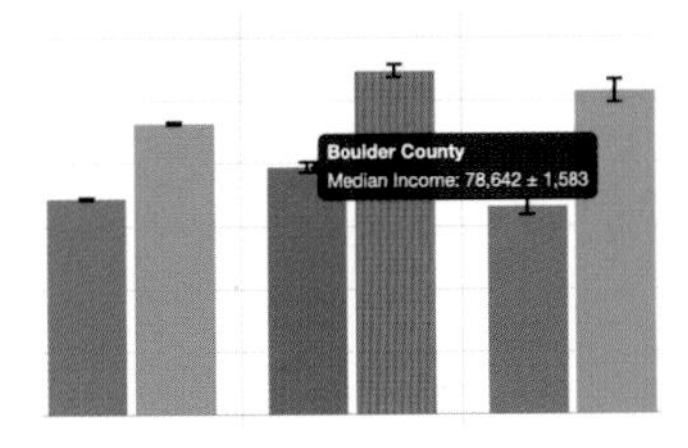<br> | 카테고리를 나란히 비교할 때 오차 범위 막대를 보여주는 데 가장 적합합니다. 레이블이 긴 경우 수직 열 차트 대신 수평 막대 차트를 사용합니다.<br>• 쉬운 도구: 구글 시트 차트는 오류 바를 제한적으로 제공합니다(6.3절 '막대 차트와 열 차트' 참조).<br>• 강력한 도구: 11장 'Chart.js와 하이차트 템플릿' |
| 히스토그램<br>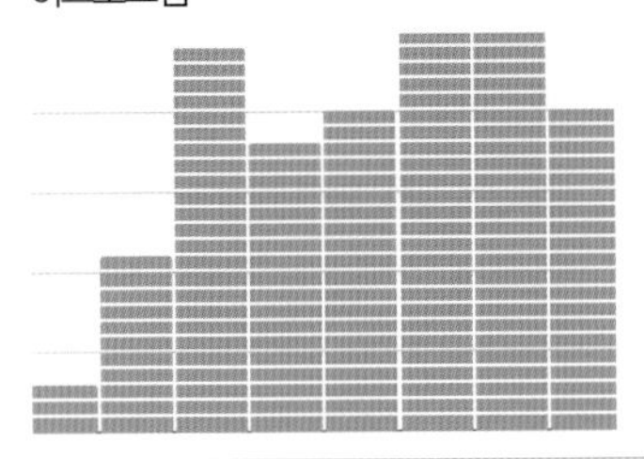 | 각 버킷의 값 개수와 함께 원시 데이터의 분포를 표시하는 데 가장 적합합니다.<br>• 쉬운 도구: 6.4절 '히스토그램'<br>• 강력한 도구: 11장 'Chart.js와 하이차트 템플릿' |
| 원형 차트(파이 차트)<br>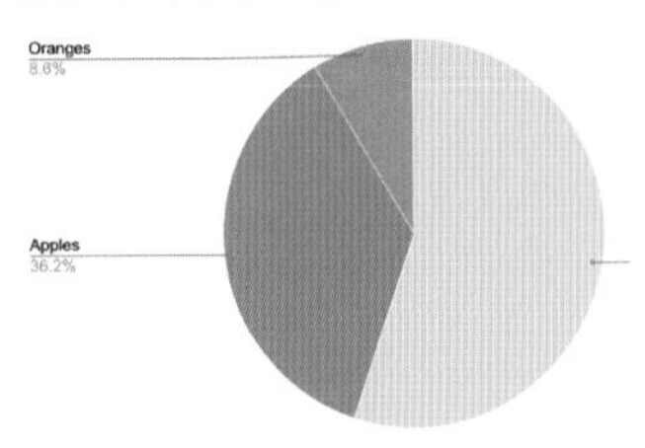<br> | 전체의 부분을 표시하는 데 가장 적합하지만 슬라이스의 크기를 예측하기 어렵습니다.<br>• 쉬운 도구: 6.5절 '원형 차트, 선 차트, 영역 차트'<br>• 강력한 도구: 11장 'Chart.js와 하이차트 템플릿' |
| 선 차트<br>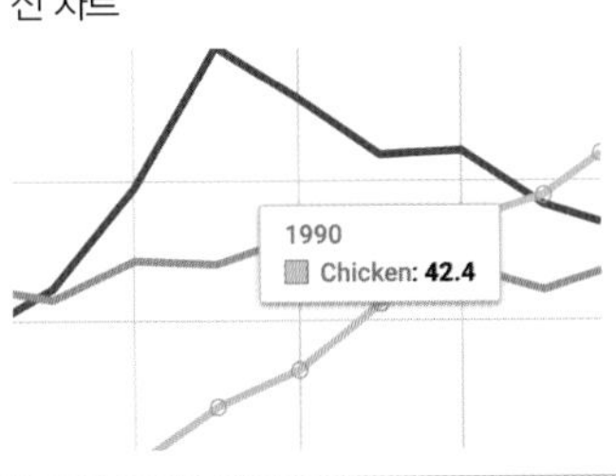<br> | 시간에 따른 변화와 같은 연속 데이터를 표시하는 데 가장 적합합니다.<br>• 쉬운 도구: 6.5절 '원형 차트, 선 차트, 영역 차트' 또는 6.6절 '데이터래퍼 차트'<br>• 강력한 도구: 11장 'Chart.js와 하이차트 템플릿' |
| 주석이 달린 선 차트<br>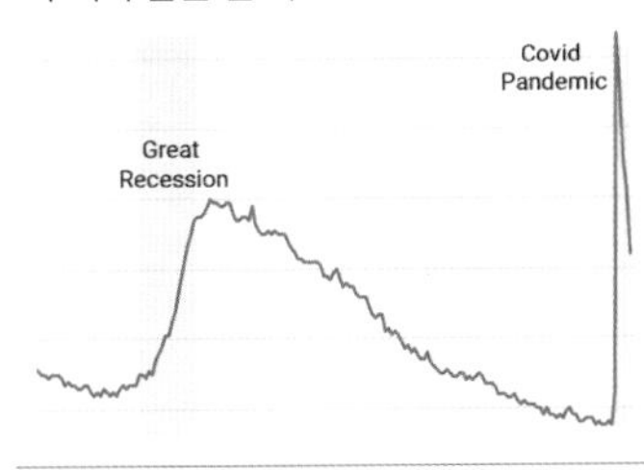<br> | 선 차트 내에 메모를 추가하거나 데이터를 강조 표시하는 데 가장 적합합니다.<br>• 쉬운 도구: 6.7절 '주석이 달린 차트'<br>• 강력한 도구: 11장 'Chart.js와 하이차트 템플릿' |

| 차트 | 사용 방법 및 튜토리얼 |
|---|---|

필터링된 선 차트

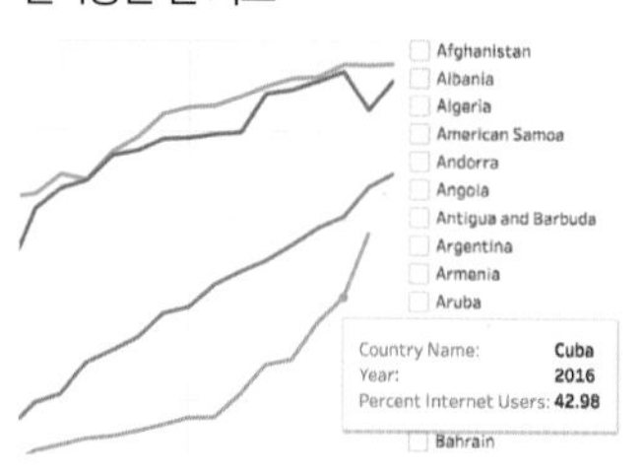


사용자가 켜거나 끌 수 있는 연속 데이터의 여러 라인을 표시하는 데 가장 적합합니다.

- 쉬운 도구: 6.12절 '필터링된 선 차트'

누적 영역 차트

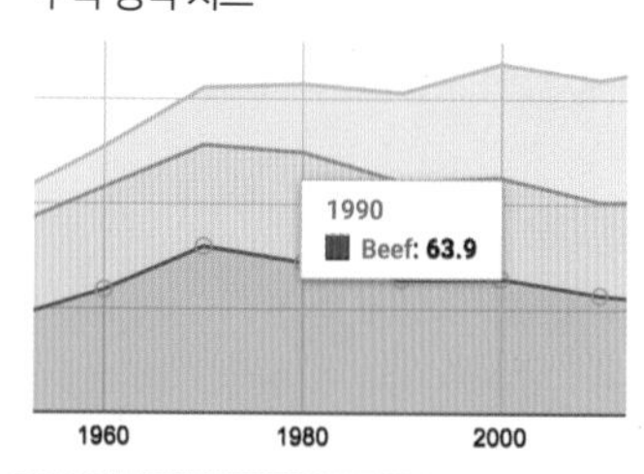


시간의 경과에 따른 변화와 같은 연속 데이터를 사용하여 전체의 부분을 표시하는 데 가장 적합합니다.

- 쉬운 도구: 6.5절 '원형 차트, 선 차트, 영역 차트' 또는 6.6절 '데이터래퍼 차트'
- 강력한 도구: 11장 'Chart.js와 하이차트 템플릿'

범위 차트

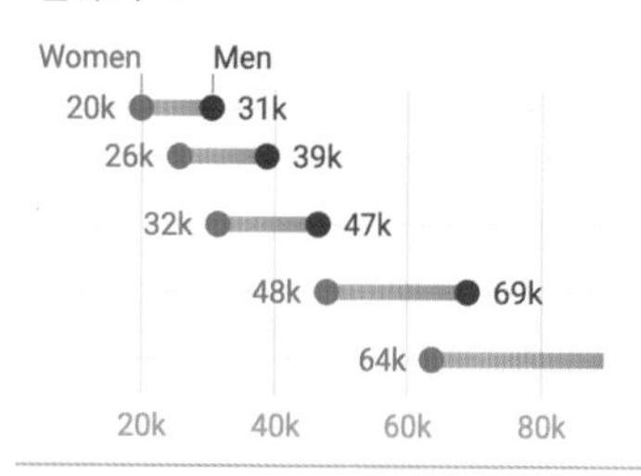


불평등 같은 데이터 포인트 사이의 간격을 표시하는 데 가장 좋습니다.

- 쉬운 도구와 강력한 도구: 6.8 '범위 차트'

분산형 차트

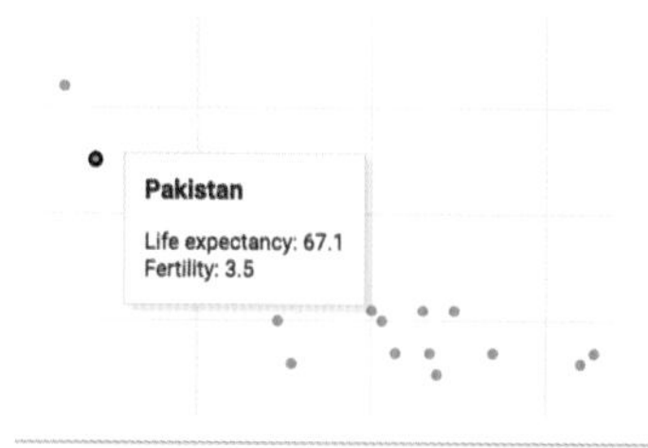


각 점이 x 및 y좌표를 나타내는 두 변수 사이의 관계를 나타낼 때 가장 적합합니다.

- 쉬운 도구: 6.9절 '분산형 차트와 버블 차트' 또는 6.11절 '태블로 퍼블릭으로 만드는 분산형 차트'
- 강력한 도구: 11장 'Chart.js와 하이차트 템플릿'

버블 차트

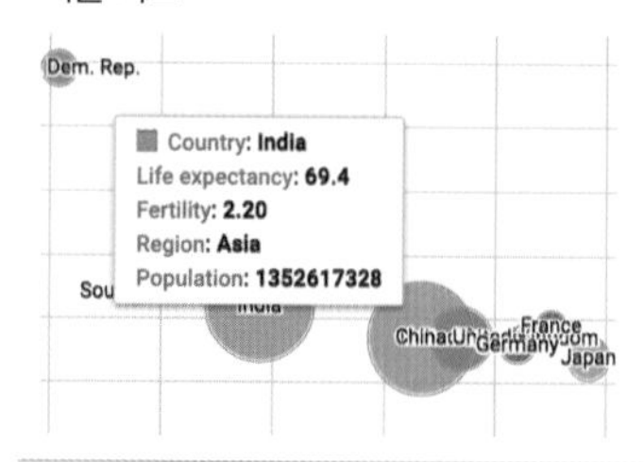


x와 y좌표, 버블 크기 및 색상을 사용하여 데이터 세 개 또는 네 개 사이의 관계를 표시하는 데 가장 적합합니다.

- 쉬운 도구: 6.9절 '분산형 차트와 버블 차트'
- 강력한 도구: 11장 'Chart.js와 하이차트 템플릿'

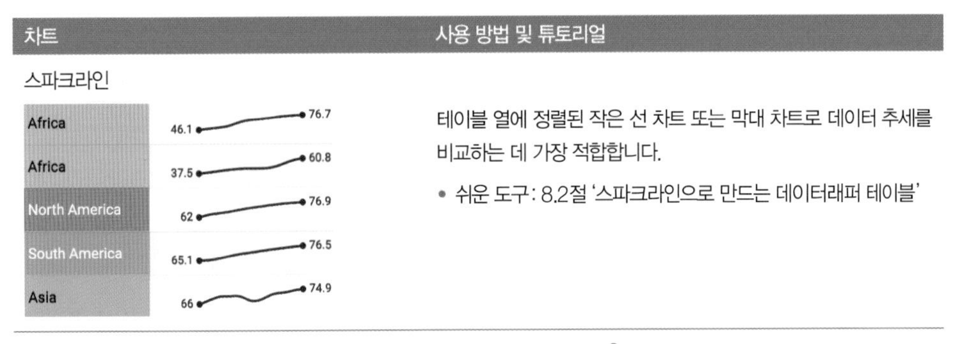

| 차트 | 사용 방법 및 튜토리얼 |
| --- | --- |
| 스파크라인 | 테이블 열에 정렬된 작은 선 차트 또는 막대 차트로 데이터 추세를 비교하는 데 가장 적합합니다.<br>• 쉬운 도구: 8.2절 '스파크라인으로 만드는 데이터래퍼 테이블' |



☞ 차트 유형 및 사용 사례에 대한 자세한 내용은 Financial Times Visual Vocabulary[2]를 참조하세요.

## 6.1 차트 디자인 원칙

아주 많은 종류의 차트가 존재하지만, 데이터를 차트로 만들 수 있다고 해서 반드시 차트로 변환해야 하는 것은 아닙니다. 차트를 만들기 전에 잠시 멈춰 **'시각화된 데이터 패턴이 우리 스토리에 중요한 것인가?'**라는 질문을 해야 합니다. 어떤 경우에는 간단한 표 또는 텍스트만으로도 청중에게 더 효과적으로 아이디어를 전달할 수 있습니다. 잘 디자인된 차트를 만드는 데는 시간과 노력이 필요하므로 시도하려는 시각화가 여러분 데이터 스토리를 더 강력하게 만드는지 확인해야 합니다.

데이터 시각화가 비록 과학의 영역은 아니지만 신뢰도 높고 설득력 있는 차트를 만드는 기초가 되는 몇 가지 원칙과 모범 사례가 존재합니다. 이 절에서는 차트 디자인에 관한 몇 가지 중요한 규칙을 배워봅니다. 데이터를 정직하게 해석하는 한 일부 규칙은 다른 규칙보다 덜 엄격하고 요점을 강조하기 위해 가끔은 '위반해도 되는' 규칙이라는 사실에 놀랄 수도 있을 것입니다.

데이터 시각화에서 규칙을 따르는 것과 위반하는 것 사이의 이러한 긴장감을 더 잘 이해하려면 리사 샬럿 로스트의 「데이터 대 규칙을 고려할 때 고려해야 할 사항」에 대한 사려 깊은 성찰을 참조하십시오. 그녀는 좋은 차트 디자인 뒤에 숨겨진 암묵적인 규칙을 명확하게 설명함으로써 각 규칙을 아름답게 시각화한 많은 데이터래퍼 아카데미Datawrapper Academy[3] 게시물에서 그랬던 것처럼 이 규칙을 공개적으로 논의하고 개선할 수 있는 공공 영역으로 끌어오는 모든 과

2 https://ft.com/vocabulary
3 https://oreil.ly/heYLn

정이 우리 모두에게 이익이 된다고 주장합니다. 그러나 그녀는 규칙에는 부정적인 측면도 존재한다고 말합니다. 첫째, 규칙을 너무 철저하게 따르면 창의성과 혁신에 저해될 수 있으며, 특히 디자인 작업에서 어려움을 극복할 수 있는 방법을 모색할 때 더욱 그렇습니다. 둘째, 규칙은 서로 다른 '데이터 시각화 이론'에서 나왔기 때문에 규칙이 서로 모순되는 경우가 있습니다. 규칙 충돌의 한 예는 이해하기 쉬운 데이터 스토리를 만드는 것과 데이터의 복잡성을 드러내는 데이터 스토리를 만드는 것 사이의 긴장감으로 이 두 가지 모두를 수행하는 것은 종종 불가능하다고 느끼기 때문입니다. 로스트는 우리가 따르는 규칙은 우리의 가치를 반영하고 있으며 따라서 우리 각자는 '데이터 시각화를 어떤 기준으로 평가받기 원하는가?'라고 질문해야 할 필요가 있다고 결론짓고 있습니다. 즉, 다음 질문을 고려해야 합니다. 디자인이 얼마나 좋아 보이는가, 얼마나 진실한가, 어떻게 감정을 불러일으키는가, 어떻게 정보를 주고 마음을 바꾸는가?[4]

차트 디자인에 대해 더 자세히 알아보기 전에 자주 사용하는 어휘를 살펴보겠습니다.

### 6.1.1 차트 분해하기

[그림 6-1]은 대부분의 차트 유형에서 공유되는 기본 차트 구성 요소를 보여줍니다.

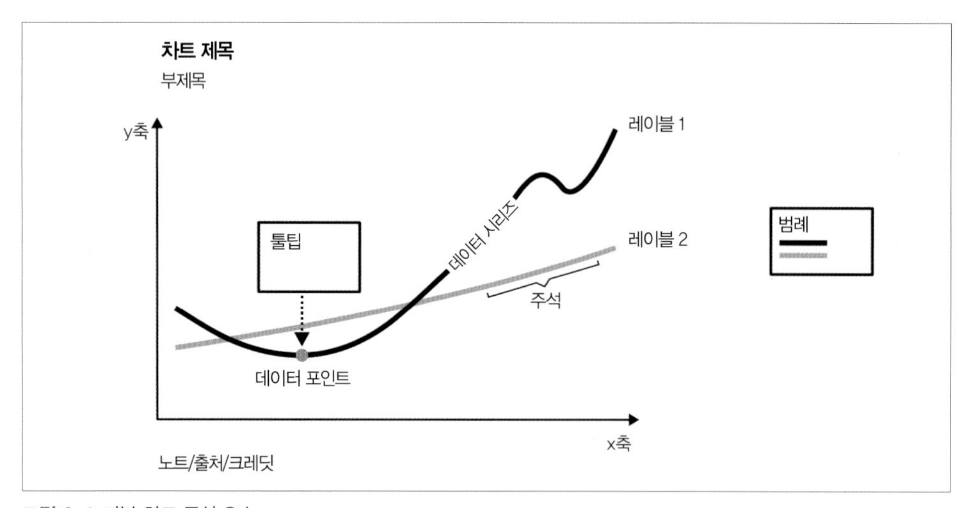


**그림 6-1** 기본 차트 구성 요소

4 리사 샬럿 로스트, 「데이터 대 규칙을 고려할 때 고려해야 할 사항」, 2020년 11월 27일, https://lisacharlottemuth.com/datavisrules

**제목**title은 아마도 모든 차트에서 가장 중요한 요소가 아닐까 싶습니다. 좋은 제목은 짧고 명확하며 그 자체만으로 어떤 스토리를 말할 수 있어야 합니다. 예를 들어 '흑인과 히스패닉을 가장 크게 덮친 팬데믹' 또는 '매년 바다로 유입되는 엄청난 양의 플라스틱'이라는 제목은 매우 명확하고 제목 자체만으로도 더 큰 스토리를 전달할 수 있습니다.

가끔 어떤 편집자나 독자는 차트에 대해 좀 더 기술적인 제목을 선호하는 경우도 있습니다. 만약 그렇다면 위 제목은 각각 '2020년 봄 뉴욕에서 COVID-19로 인해 사망한 인종별 데이터'와 '바다로 유입되는 엄청난 양의 플라스틱, 1950-2020'로 바꿔야 합니다.

혼합 전략은 '흑인과 히스패닉을 가장 크게 덮친 팬데믹: 2020년 봄 뉴욕에서 COVID-19로 인해 사망한 인종별 데이터'처럼 스토리 중심의 제목과 보다 기술적인 **부제목**을 함께 사용하는 것입니다. 만약 이 전략을 사용한다면 부제목의 폰트 크기를 줄이고, 폰트 스타일이나 색상을 변경하여 부제목이 제목보다 돋보이지 않게 해야 합니다.

가로 축(x)과 세로 축(y)은 스케일과 측정 단위를 정의합니다.

**데이터 시리즈**data series는 관측값의 집합이며, 흔히 데이터셋의 행 또는 열 번호, 또는 데이터 포인트가 됩니다.

**레이블**label과 **주석**annotation은 종종 더 많은 콘텍스트를 제공하기 위해 차트 전반에 걸쳐 사용됩니다. 예를 들어 1900년과 2020년 사이의 미국 실업률 수준을 보여주는 선 차트 같은 경우 실업률이 크게 증가하는 시기인 1930년대와 2020년에 각각 '대공황'과 'COVID-19 영향'이라는 주석을 달아 정보를 제공할 수 있습니다. 또한 막대 차트의 경우에는 축에 의존하기보다는 항목에 직접 레이블을 작성해 정보 전달력을 향상시킬 수 있습니다. 이렇게 하면 관련 있는 축을 숨길 수 있으며 차트가 덜 어수선해 보이는 효과가 있습니다.

**범례**legend는 차트에 사용된 색과 모양 및 의미(일반적으로 나타내는 값)와 같은 기호를 표시합니다.

**노트**note, **데이터 출처**data source 및 **크레딧**credit을 차트 하단에 추가해 데이터를 어디에서 가져왔는지, 데이터 처리 및 분석 방법, 시각화를 만든 사람에 대한 자세한 정보를 제공해야 합니다. 이러한 내용을 추가하면 차트에 대한 신뢰성과 책임감을 높이는 데 도움이 됩니다.

데이터에 불확실성(또는 오차 범위)이 있는 경우 가능하면 **오류 바**를 사용해 이를 표시합니다. 그렇지 않은 경우 '데이터는 값의 20%까지 불확실성을 수반합니다' 또는 'X 및 Y 지역의 경우 오차 범위가 10%를 초과합니다'와 같은 설명을 차트에 추가하세요. 그렇게 하면 독자들이 데이터 소스의 신뢰성을 평가하는 데 도움이 될 것입니다.

대화형 차트에서는 사용자가 데이터 포인트나 데이터 시리즈를 클릭하거나 커서를 갖다 대면 **툴팁**[5]을 사용해 더 많은 데이터나 정보를 제공할 수 있도록 합니다. 툴팁은 여러 개의 레이어를 가진 데이터의 다소 복잡한 시각화에 유용하게 사용됩니다. 하지만 툴팁은 폰이나 태블릿 같은 작은 스크린에서는 작동하기 힘든 경우가 많고, 인쇄할 경우 보이지 않기 때문에 필수는 아니지만 추가하면 좋은nice-to-have 정보를 전달하는 데 유용하게 사용할 수 있습니다. 중요한 정보는 사용자 개입 없이도 항상 볼 수 있도록 해야 합니다.

## 6.1.2 무엇보다 중요한 규칙 두 가지

데이터 시각화 규칙은 대부분 해석하기 나름이지만 데이터를 진실하고 정직하게 해석하기 위해 반드시 지켜야 하는 두 가지 규칙이 있습니다. 막대 차트와 열 차트에서는 영기준선zero-baselines, 원형 차트에서는 100% 기준선을 사용해야 한다는 점입니다.

### 막대 차트와 열 차트는 반드시 0에서 시작해야 합니다

막대 차트와 열 차트는 **길이**와 **높이**를 사용해 값을 표현하므로 이들의 값 축은 항상 **영기준선에서 시작**해야 합니다. 이렇게 하면 다른 막대보다 2배 긴 막대는 2배 더 큰 값을 나타냅니다. [그림 6-2]에 좋은 예와 나쁜 예를 비교해놓았습니다. 이러한 규칙은 선 아래 영역이 어떤 값을 나타내는 영역 차트에도 동일하게 적용됩니다. 기준선을 0이 아닌 다른 숫자로 시작하는 것은 14장에서 설명하는 것처럼 여론 조사와 선거 결과의 차이를 과장하기 위해 일반적으로 사용하는 속임수입니다.

---

5 옮긴이_ 마우스 포인터로 항목을 가리키면 나타나는 도움말로 말풍선이라고도 합니다.

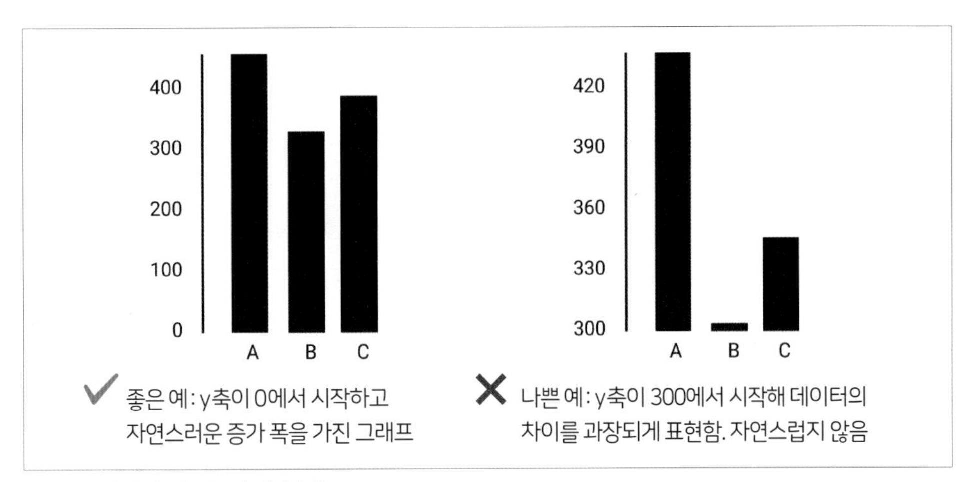


**그림 6-2** 막대 차트는 0부터 시작하세요.

영기준선 규칙은 선 차트에는 적용되지 않습니다. 시각화 전문가인 알베르토 카이로에 의하면 선 차트는 크기나 넓이가 아니라 선의 **위치**와 **각도**를 통해 값을 표현합니다. 우리 눈은 기준선과의 근접도가 아닌 선의 모양을 보고 그 뜻을 짐작하기 때문에 선 차트를 0이 아닌 다른 숫자로 시작한다고 해도 왜곡이 일어나지 않습니다.[6] 예를 들어 [그림 6-3]의 오른쪽과 왼쪽 모두 올바른 차트입니다.

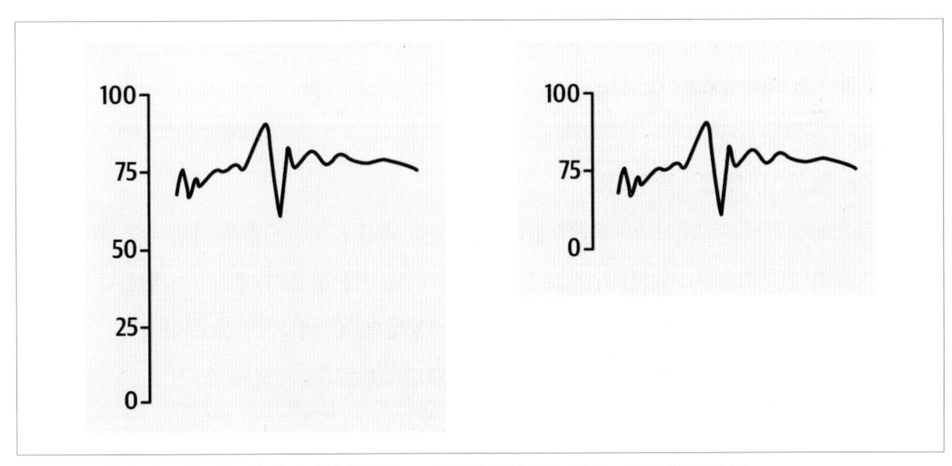


**그림 6-3** 선 차트는 반드시 0부터 시작하지 않아도 되기 때문에 위 두 차트는 모두 올바릅니다.

6 카이로, 『How Charts Lie』, 2019, 61쪽

선 차트를 영기준선에서 시작하도록 하는 것은 합리적인 선택이 될 수 있지만 항상 데이터 스토리를 시각화하기 위한 최적의 결과를 만들어내진 않습니다. [그림 6-4]에서 왼쪽 선 차트는 세로축 0에서 시작하지만 결과적으로 선이 평평해 값의 변화를 잘 나타내지 못합니다. 반면 오른쪽 선 차트는 값의 범위와 일치하도록 세로축이 축소된 형태인데, 변화를 보다 명확하게 표현할 수 있습니다. 양쪽 모두 기술적으로 올바르지만 이 경우 오른쪽 차트가 데이터 스토리를 더 명확하게 전달할 수 있습니다. 그럼에도 불구하고 여러분은 신중할 필요가 있습니다. 물론 14.1절 '차트로 거짓말하는 방법'에서 배우게 될 내용처럼 간단한 세로축 조정만으로도 사람들을 오도할 수 있습니다. 선 차트에는 이와 관련된 규칙이 없기 때문에 이런 조작이 가능합니다.

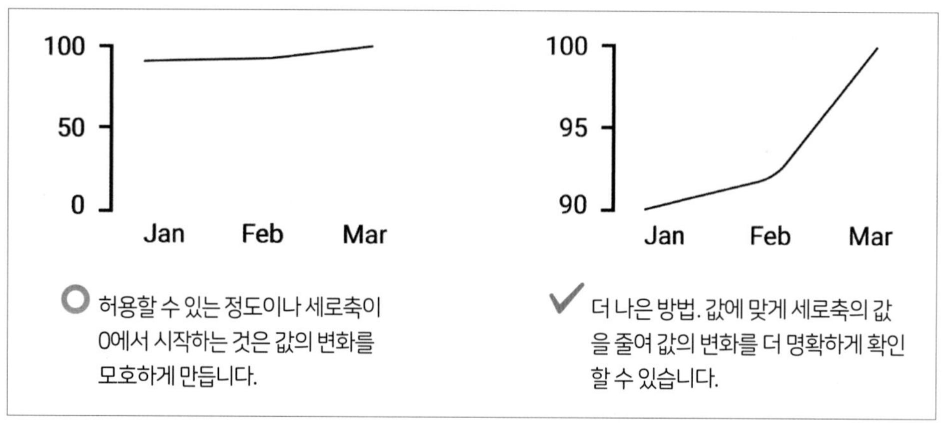


**그림 6-4** 선 차트를 영기준선에서 시작하도록 하는 것은 그런대로 괜찮지만 기준선이 수정된 선 차트는 변화에 대한 데이터 스토리를 더 명확하게 알려줍니다.

### 원형 차트는 항상 100%를 나타냅니다

원형 차트(파이 차트)는 데이터 시각화에서 가장 논란이 많은 이슈 중 하나입니다. 대부분의 데이터 시각화 전문가들은 사람들이 서로 다른 조각의 크기를 정확히 예측하기 힘들다는 이유로 원형 차트 사용을 권장하지 않습니다. 만약 다음 절에서 제시하는 권장 사항을 준수하기만 한다면 그다지 극단적으로 원형 차트 사용을 막을 필요는 없습니다.

모든 데이터 시각화 전문가가 유일하게 동의하는 것은 **원형 차트는 수량의 100%를 나타낸다**는 사실입니다. 만약 원형 차트의 모든 조각slice을 합쳤을 때 100%가 아니라면 잘못된 것입니다. 만약 여러분이 디자인한 설문 조사에서 '당신은 고양이파입니까 아니면 강아지파입니까?'라는 질문을 하고, '고양이'와 '강아지'를 모두 선택 가능하도록 만들었다면 원형 차트를 사용해서는 안 됩니다.

## 6.1.3 차트 미학

차트를 만드는 이유는 독자가 스토리를 이해하는 데 도움을 주기 위함입니다. 그들을 헷갈리게 만들면 안 됩니다. 만약 원시 카운트, 백분율, 퍼센트 변화 등을 보여주고 싶다면 미리 계산한 값을 제공해야 합니다.

### 차트 정크를 피하세요

흰색 배경으로 시작하고 적절한 요소를 추가하세요. 이때 하나의 요소를 추가할 때마다 다음과 같은 질문을 해야 합니다. '이 요소를 추가하면 차트 개선에 도움이 될까? 이 요소를 제거하더라도 가독성이 유지될까?' 이렇게 하면 [그림 6-5]에 보이는 것처럼 3D 효과나 그림자, 불필요한 요소를 포함하는 차트 정크junk, 쓸모없는 물건, 쓰레기를 만들지 않을 수 있습니다. 마이크로오피스 초기 버전에서는 이러한 차트가 더 멋있어 보였을 수도 있지만 지금은 아닙니다. 최대한 이런 차트는 만들지 말아야 합니다. 차트 정크는 보는 사람의 주의를 분산시키고 차트 가독성과 이해를 감소시킵니다. 또한 전문적으로 보이지 않고 여러분의 신뢰도를 저하시키는 원인이 되기도 합니다.

그림 6-5 차트 정크는 보는 사람의 주의를 분산시키므로 그림자, 3D 효과, 불필요한 색깔, 화려한 요소 등은 피하세요.

막대 차트를 만들 때 그림자나 두꺼운 윤곽선 사용은 피합니다. 독자들이 이러한 장식 요소를 차트의 일부라고 판단해 막대 차트가 나타내는 값을 잘못 읽을 수도 있습니다.

3D 효과를 사용할 수 있는 유일한 상황은 x, y, z 값을 갖는 3차원 데이터를 표현할 때입니다. 예를 들어 x와 y가 각각 경도와 위도를 나타내는 3차원 인구 밀도 차트[7]를 작성할 수 있습니

7 https://oreil.ly/rWmEg

다. 하지만 대부분의 경우 이러한 3차원은 다양한 색이나 모양을 가진 버블 차트나 분산형 차트(산점도)를 사용하는 것이 좋습니다.

### 원형 차트를 조심하세요

원형 차트는 부분 대 전체part-to-whole 관계만 보여준다는 사실을 기억하세요. 따라서 모든 슬라이스(조각)는 합쳐서 100%가 되어야 합니다. 일반적으로 슬라이스 수가 적을수록 좋습니다. [그림 6-6]처럼 큰 슬라이스부터 작은 슬라이스까지 시계 방향으로 배열하고 가장 큰 슬라이스를 12시 방향에 놓습니다.

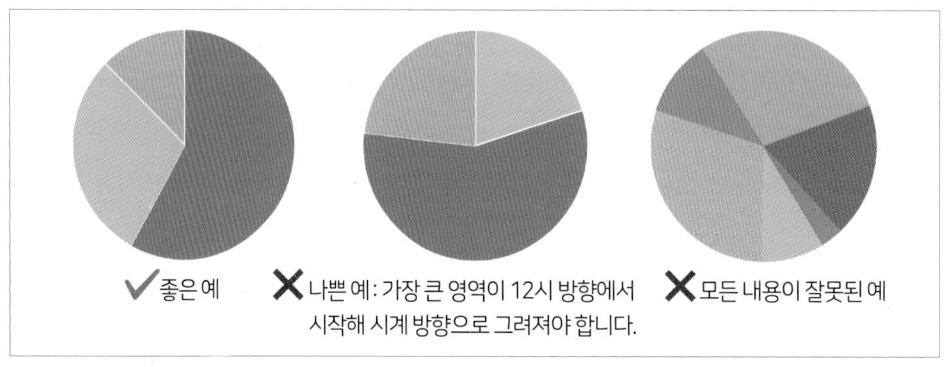


**그림 6-6** 12시 방향부터 시작해 큰 조각부터 작은 조각 순서로 배열

만약 원형 차트에 5개 이상의 조각이 있는 경우 [그림 6-7]처럼 누적 막대 차트나 분할 막대 차트를 사용하는 것이 좋습니다.

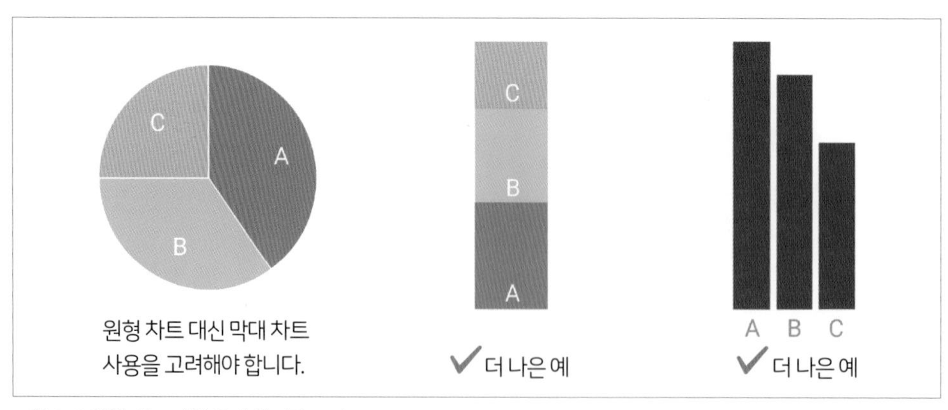


**그림 6-7** 원형 차트 대신 막대 차트를 고려

### 사람들이 라벨을 읽기 위해 고개를 돌리게 하지 마세요

열 차트에 적합하도록 회전(종종 90도)해야 하는 긴 x축 레이블이 있는 경우 차트를 회전해 수평 막대 차트로 만들 수 있는지 확인해봐야 합니다. [그림 6-8]을 보면 수평으로 된 레이블이 훨씬 읽기 편하다는 사실을 확인할 수 있습니다.

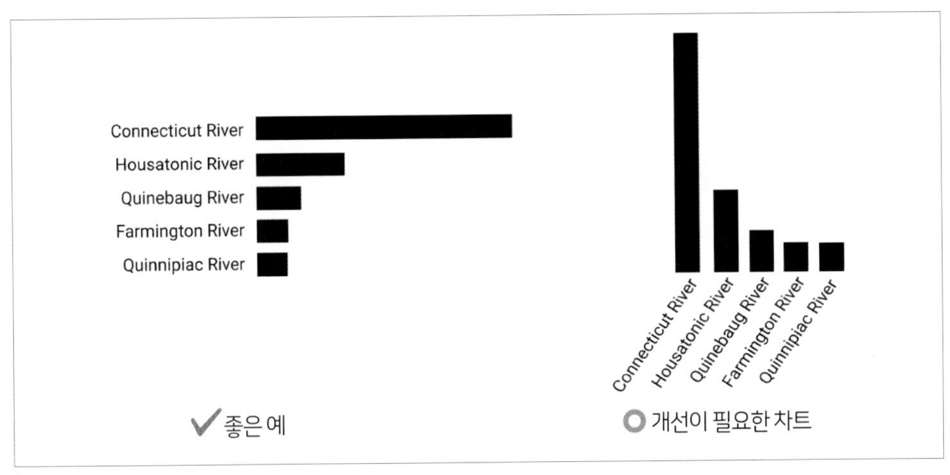


그림 6-8 레이블이 길면 수평 막대 차트를 사용

### 각 요소를 논리적으로 배열합니다

막대 차트에 여러 카테고리가 표시되는 경우 [그림 6-9]처럼 정렬하는 것을 고려해야 합니다. 독자들이 자신이 원하는 아이템을 쉽게 찾을 수 있도록 하려면 알파벳 순서로 정렬하는 것도 좋은 방법입니다. 값의 크기에 따라 카테고리를 정렬하는 방법도 비교를 용이하게 해주기 때문에 자주 사용하는 방법 중 하나입니다. 물론 어떤 특정 시기의 값을 나타낸다면 시간 순서대로 정렬해야 합니다.

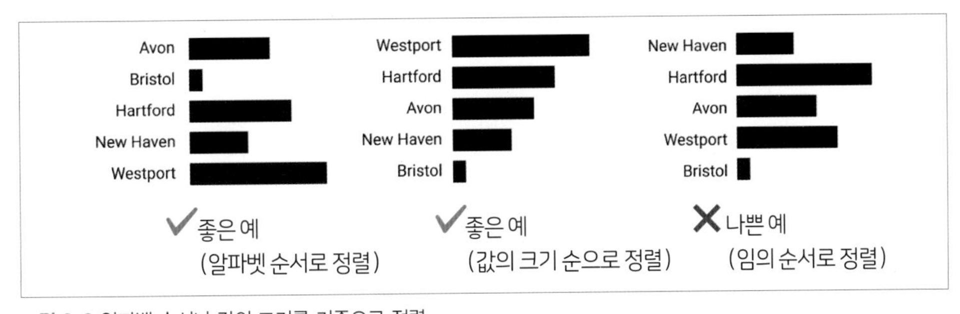


그림 6-9 알파벳 순서나 값의 크기를 기준으로 정렬

### 차트 과부하를 피하세요

축에 레이블을 지정할 때는 [0, 20, 40, 60, 80, 100]처럼, 또는 로그 척도의 경우 [1, 10, 100, 1000]과 같이 간격이 균등하도록 설정해야 합니다. 척도에 과부하를 주지 마세요. 타이포그래피는 최대한 간결하게 유지하고 볼드체를 활용해(너무 남용하면 안 됩니다) 주요 통찰력을 강조하세요. 또한 가독성을 위해 천 단위 구분 기호로 쉼표를 사용하는 것이 좋습니다(1000000보다 1,000,000이 훨씬 읽기 쉽습니다).

### 색상 선택에 주의하세요

이 절에서는 색상에 대한 세 가지 중요한 규칙을 간략히 소개합니다. 첫째, 대부분의 경우 단색 차트로 충분하며, 추가 차원의 색상을 도입할 필요가 전혀 없다는 점을 기억하세요.

둘째, 팔레트를 선택할 때는 색상환color wheel과 표준 조화 규칙harmony rules[8]을 참조하세요. 색상환의 반대 개념인 보색complementary color 규칙을 고려해 예를 들어 파란색과 주황색 또는 노란색과 보라색의 조합 등 색상에 어울리는 쌍을 찾습니다. 유사색analogous color 또는 색상환의 주변 색을 선택하는 것도 좋습니다. 예를 들면 주황, 빨강, 분홍과 같은 조화로운 팔레트를 만들 수 있습니다.

셋째, 순수하게 채도가 높은 색상은 피하고 대신 이러한 색상의 '어시earthy'[9]한 버전을 사용합니다. 예를 들어 밝은 녹색 대신 올리브 녹색을, 형광 파랑 대신 네이비 색상을 사용하는 것이 좋습니다.

데이터 시각화를 위한 색상 팔레트를 선택했다면 자신에게 다음과 같은 질문을 해야 합니다.

- 색상과 색상이 나타내는 현상 사이에 의미의 충돌이 있나요? 빨간색으로 수익을, 녹색으로 사망률을 표현하고 있지 않나요? 이러한 질문은 색상이 다양한 사회 집단이나 문화에 대해 서로 다른 연관성을 가지고 있기 때문에 매우 복잡하지만 여러분의 감수성을 최대한 발휘하도록 노력하세요.
- 색맹인 사람이 여러분 차트를 해석할 수 있나요? 색맹인 사람은 빨간색과 녹색 또는 노란색과 파란색이 함께 들어 있는 차트는 보기 어려울 수 있습니다. 컬러 오라클Color Oracle[10]이나 다른 시뮬레이터를 사용해서 색맹인 사람도 여러분 시각화에 액세스할 수 있는지 확인하세요.
- 색상이 흑백으로 구분됩니까? 독자들이 차트를 인쇄할 경우를 고려해야 합니다. 컬러 오라클 또는 다른 시뮬레이터를 사용하여 색상이 밝기 수준이 다르고 그레이스케일로 구별이 가능한지 확인할 수 있습니다. [그림 6-10]은 색상 사용에 대한 좋은 예와 나쁜 예를 보여줍니다.

8 https://oreil.ly/1sIzk

9 옮긴이_ 어시한 색상이란 흙, 나무, 모래 등 자연을 떠올리게 하는 느낌의 색상을 의미합니다.

10 https://www.colororacle.org

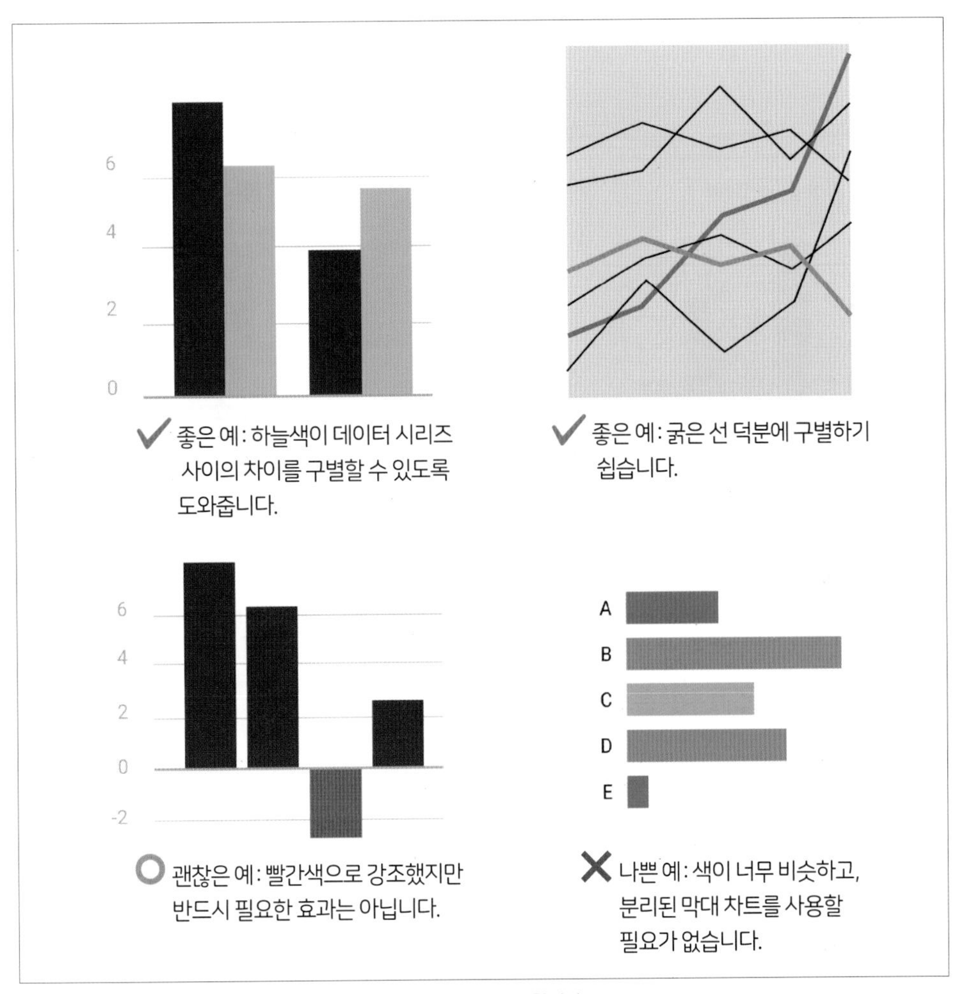


**그림 6-10** 색상을 그레이스케일로 변경했을 때 구별이 가능해야 합니다.

색상의 사용은 복잡한 주제이며 이와 관련된 연구도 매우 많습니다. 자세한 내용은 리사 샬럿 로스트의 데이터래퍼 블로그에서 「데이터 시각화 색상에 대한 친절한 안내서」와 「데이터 시각화를 위해 더 아름다운 색상을 선택하는 방법」을 참조하세요.[11]

여러분이 우리 조언을 잘 따랐다면 [그림 6-11]과 같은 잘 정리된 차트가 만들어졌을 것입니

11 리사 샬럿 로스트, 「데이터 시각화 색상에 대한 친절한 안내서」, 데이터래퍼(블로그), 2018년 7월 31일, https://oreil.ly/ndITD; 리사 샬럿 로스트, 「데이터 시각화를 위해 더 아름다운 색상을 선택하는 방법」, 데이터래퍼(블로그), 2020년 10월 21일 https://oreil.ly/dRCBy

다. 선명한 색상이나 축과 같은 보조 구성 요소가 아닌 막대와 관련 값이 눈에 쏙 들어오지 않나요?

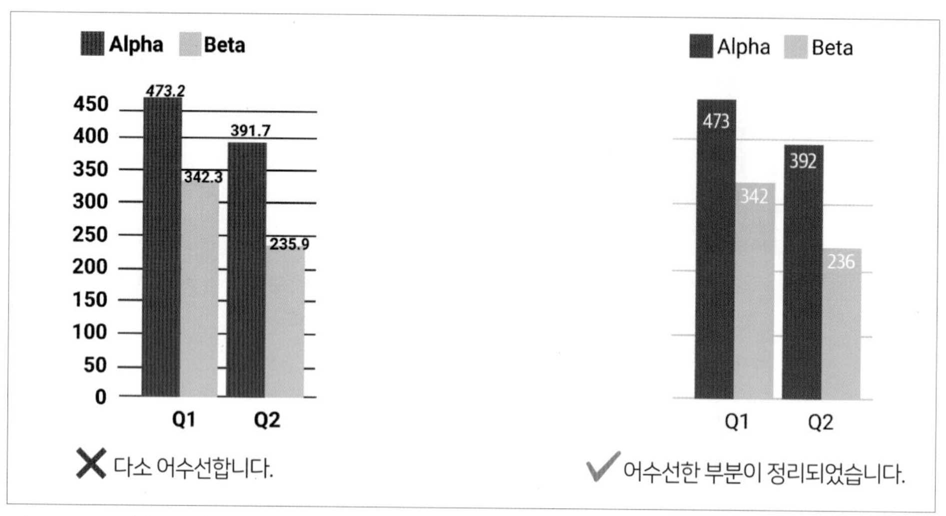


**그림 6-11** 중요한 부분이 먼저 시선을 사로잡을 수 있도록 만드세요.

요약하자면 좋은 차트 디자인을 위해서는 데이터 스토리에서 어떤 것이 작동하고 어떤 것이 실패하는지에 대해 여러분의 눈과 뇌를 훈련시켜야 합니다. 좋은 차트와 나쁜 차트를 포함해 다양한 차트를 많이 접해봐야 여러분의 데이터 시각화 근육을 키울 수 있습니다. 예를 들어 레딧Reddit에서 Data Is Beautiful(데이터는 아름답다)[12]과 Data Is Ugly(데이터는 추하다)[13] 페이지를 모두 살펴보세요. 다른 독자의 의견을 읽어보고, 다른 독자가 표현한 의견과 반드시 일치하지 않을 수도 있는 자신만의 의견을 개발하세요. 이는 재미있게 배울 수 있는 방법 중 하나입니다!

## 6.2 구글 시트 차트

이 절에서는 2장에서 소개한 강력한 스프레드시트 도구인 구글 시트[14]에서 대화형 차트를 만들 때의 장단점을 살펴봅니다. 구글 시트는 데이터 시각화를 처음 시작하는 초심자들에게 많은

12 https://oreil.ly/HryZv
13 https://oreil.ly/wo9yd
14 https://sheets.google.com

이점을 제공합니다. 첫째, 구글 시트는 하나의 플랫폼에서 차트를 정리, 분석, 공유 및 게시할 수 있습니다. 하나의 도구로 모든 작업을 수행할 수 있으므로 작업을 한곳에 모두 보관하여 보다 쉽게 구성할 수 있습니다. 둘째, 구글 시트는 많은 사용자에게 익숙한 형태로 되어 있습니다. 따라서 배우기 쉽고 보기 좋은 대화형 차트를 **빠르게** 만들 수 있습니다. 구글 시트로 만들 수 있는 모든 유형의 차트[15]를 확인해보세요. 비록 어떤 사람은 차트를 JPG 또는 PNG 같은 정적인 이미지 형태로 내보내지만, 이 장에서는 브라우저를 통해 데이터에 담겨 있는 정보를 더 잘 보여줄 수 있는 대화형 차트를 만드는 데 중점을 두겠습니다. 9장에서는 대화형 차트를 웹사이트에 삽입하는 방법을 살펴봅니다.

물론 구글 시트에도 한계가 존재합니다. 첫째, 차트 부제목에 텍스트 소스 노트source note를 입력할 수는 있지만 구글 시트 차트 내에 원본 데이터로 연결되는 클릭 가능한 링크를 삽입하는 쉬운 방법은 없습니다. 따라서 임베딩된 대화형 차트가 있는 웹 페이지에 소스 정보 또는 링크를 추가해야 하는 번거로움이 있습니다. 둘째, 차트 내에서 텍스트 주석을 추가하거나 특정 항목을 강조 표시할 수 없습니다. 마지막으로 차트 디자인 사용자화, 특히 데이터 시각화 위에 커서를 위치시키면 화면에 뜨는 툴팁 사용자화에 제한적입니다(만약 구글 시트가 마음에 들지 않는다면 [표 6-1]과 6.6절 '데이터래퍼 차트', 6.10절 '태블로 퍼블릭 차트', 11장을 참조하세요).

다음 두 절에서는 막대 차트, 열 차트, 원형 차트, 선 차트, 영역 차트를 사용하는 가장 적합한 사례를 살펴보겠습니다. 각 절에는 실습 예제와 단계별 지침, 학습에 도움이 되는 샘플 데이터셋이 포함되어 있습니다.

## 6.3 막대 차트와 열 차트

시작하기 전에 앞 절에서 살펴본 구글 시트를 사용해 차트를 디자인하는 방법의 장단점을 잘 검토해야 합니다. 이 절에서는 카테고리 간에 값을 비교하는 가장 일반적인 시각화 방법인 막대 차트와 열 차트를 만드는 방법을 배웁니다. 우리는 먼저 차트를 그룹grouped, 분할split, 누적stacked의 세 가지 유형으로 구분하는 이유와 방법에 초점을 맞출 것입니다. 이 세 가지 유형을 막대 차트와 열 차트에 적용할 것입니다. 이 둘은 방향만 다를 뿐 본질적으로는 같은 차트이기 때문입니다. 앞서 설명했듯이 여러분의 데이터가 긴 레이블을 가졌다면 수직 열 차트 대신 수평 막대 차트를 작성해 가독성을 높여야 합니다.

---

15 https://oreil.ly/bE5ng

## 6.3.1 그룹 막대 차트와 그룹 열 차트

카테고리를 나란히 비교하려면 그룹 막대 차트 또는 그룹 열 차트를 사용하는 것이 가장 좋습니다. 예를 들어 연령대별 비만에서 성별 차이를 강조하고 싶다면 [그림 6-12]처럼 구글 시트에 남성과 여성의 데이터 시리즈를 나열한 후 [그림 6-13]처럼 그룹 열 차트를 쉽게 만들어 해당 데이터 시리즈를 나란히 표시할 수 있습니다.

| | A | B | C |
|---|---|---|---|
| 1 | Age Range | Men | Women |
| 2 | 20 - 39 | 40.3 | 39.7 |
| 3 | 40 - 59 | 46.4 | 43.3 |
| 4 | 60 and over | 42.2 | 43.3 |
| 5 | | | |

**그림 6-12** 그룹 막대 차트 또는 그룹 열 차트를 만들려면 구글 시트에서 연령대별 남성과 여성의 데이터 시리즈를 수직으로 구성합니다.

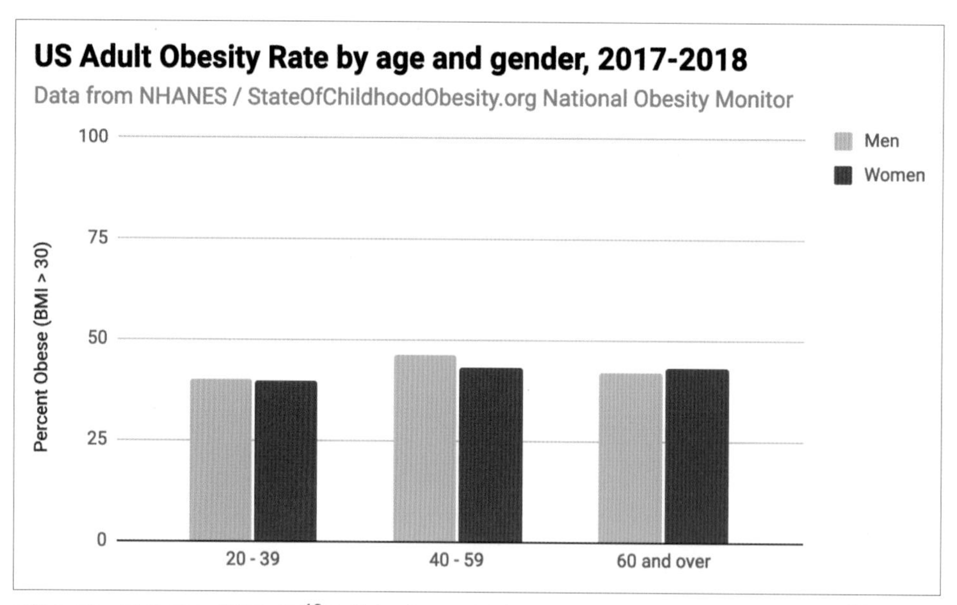


**그림 6-13** 그룹 열 차트. 대화형 버전[16]을 살펴보세요. 데이터 출처: NHANES, 아동 비만 실태 2017–2018[17]

---

**16** https://oreil.ly/cPfLn

**17** https://oreil.ly/8-OES

그룹 열 차트(또는 그룹 막대 차트)의 대화형 버전을 만들려면 템플릿을 사용하여 다음 단계를 따라 하세요.

**01** 구글 시트에서 성별 및 연령별 미국 비만 데이터가 포함된 그룹 열 차트 템플릿Grouped Column chart template[18]을 열고 여러분 계정으로 로그인한 후 '파일 > 사본 만들기'를 클릭하여 구글 드라이브에 수정할 수 있는 버전을 만듭니다.

**02** 차트 오른쪽 상단 모서리를 클릭하여 케밥 메뉴가 나타나면 '차트 삭제'를 선택하여 스프레드시트 사본에서 차트를 삭제합니다.

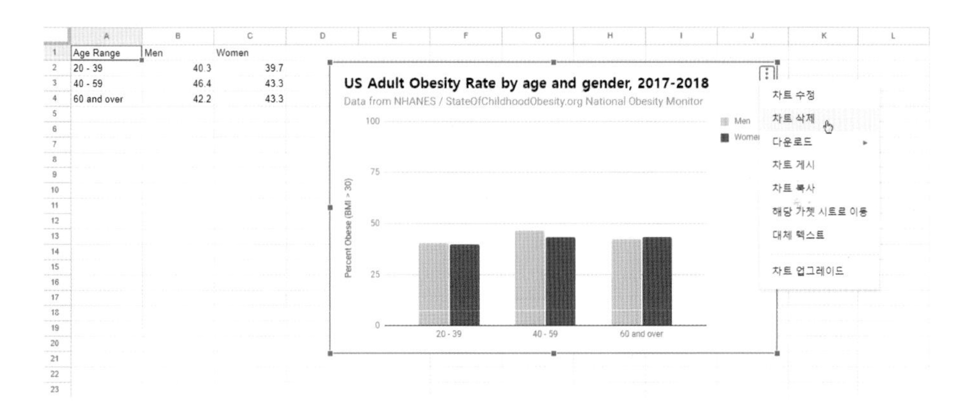


**03** 각 열을 데이터 시리즈(남성과 여성과 같은)로 만들기 위해 [그림 6-12]처럼 데이터를 구성합니다. 이렇게 해야 차트를 만들었을 때 다른 색상으로 표시됩니다. 열을 세 개 이상 추가해도 상관없습니다.

**04** 커서를 사용하여 차트로 만들고 싶은 데이터를 선택한 다음 '삽입' 메뉴에서 '차트'를 선택합니다.

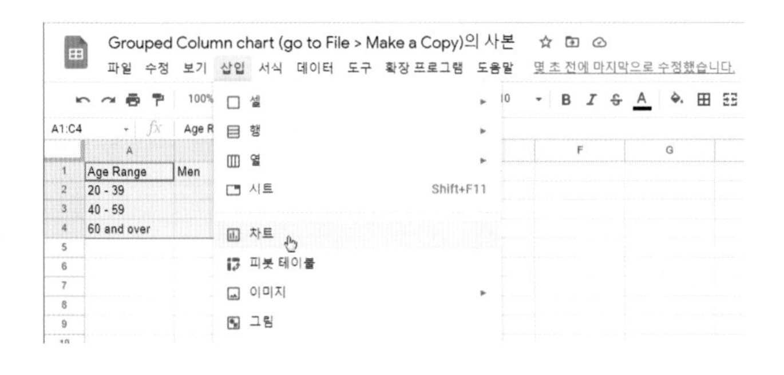


18 https://oreil.ly/bY2zh

**05** '차트 편집기'에서 차트 유형을 '열 차트'로, 스태킹을 '없음'으로 선택합니다. 만약 레이블이 길면 '막대 차트'를 선택합니다.

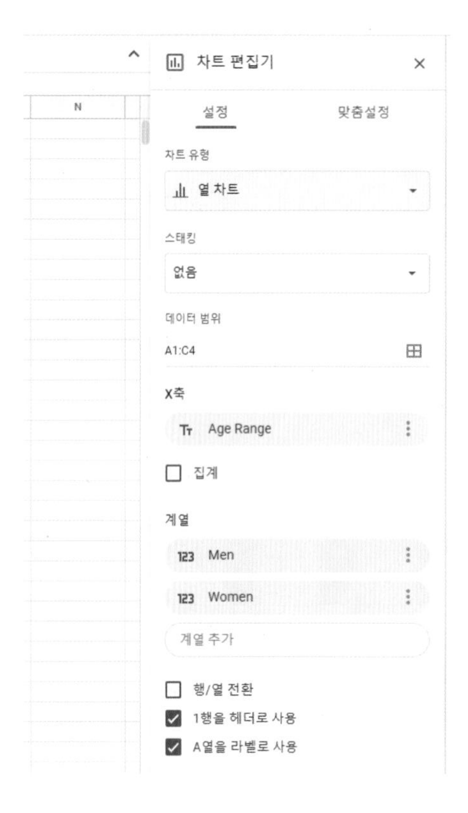


**06** 차트 편집기에서 제목, 레이블 등을 사용자 정의하려면 '맞춤설정'을 선택합니다. 또한 차트 및 축 제목을 선택하여 편집할 수도 있습니다.

**07** 데이터를 공개하려면 시트의 오른쪽 상단 모서리에서 '공유' 버튼을 클릭한 뒤 다음 화면에서 '링크가 있는 모든 사용자로 변경'을 클릭합니다. 이렇게 하면 여러분이 작업 중인 시트를 링크를 통해 다른 사람과 공유할 수 있습니다(2.4절 '구글 시트 공유하기' 참조).

**08** 여러분이 만든 대화형 차트를 다른 웹 페이지에 삽입하려면 차트 오른쪽 상단 모서리에 있는 케밥 메뉴를 클릭하고 '차트 게시'를 선택한 뒤 다음 화면에서 '삽입'을 선택하고 '게시' 버튼을 누릅니다. iframe 코드로 수행할 작업에 대한 자세한 내용은 9장을 참조하세요.

안타깝게도 구글 시트는 오류 바 또는 불확실성을 화면으로 표현하는 기능이 제한적입니다. 특정 데이터 포인트가 아닌 개별 시계열에는 상수 숫자 또는 백분율 값만 오류 바 값으로 할당할 수 있습니다. 구글 시트에 오류 바를 표시하려면 '차트 편집기'에서 '맞춤설정' 탭을 클릭하고 '계열'을 선택합니다. 그리고 '오류 바' 항목을 체크하고 '유형'을 '퍼센트' 또는 '고정'으로 설정합니다. 해당 설정은 시리즈에 있는 모든 데이터 포인트에 적용됩니다.

오류 바
유형
고정
없음
고정
퍼센트
표준 편차
데이터 ㄹ
추세선

**09** 마지막으로 데이터 출처를 추가하면 여러분 작업에 신뢰도가 높아진다는 사실을 기억하세요. 구글 시트에 차트 부제로 출처를 간단히 기술할 수 있습니다. 그러나 차트에 클릭 가능한 링크를 삽입하는 쉬운 방법은 없으므로 여러분의 대화형 차트가 포함된 별도의 웹 페이지에 세부 사항이나 링크를 추가해야 합니다.

### 6.3.2 분할 막대 차트 및 분할 열 차트

분할 막대 차트(또는 분할 열 차트)는 서로 다른 군집에 있는 카테고리를 비교할 때 유용합니다. 예를 들어 스타벅스와 맥도날드라는 두 개의 다른 체인점에서 제공하는 음식의 칼로리 정보를 비교하고 싶다고 가정합시다. 먼저 [그림 6-14]처럼 체인점 데이터를 구글 시트에 수직 열 형태로 정리합니다.

| | A | B | C |
|---|---|---|---|
| 1 | Fast Food items | Starbucks | McDonalds |
| 2 | Mocha Frappuccino (24-ounce, 2% milk, whip cream) | 500 | |
| 3 | White Hot Chocolate (20-ounce, 2% milk, whip cream) | 710 | |
| 4 | Big Mac | | 540 |
| 5 | Double Quarter Pounder with cheese | | 770 |

**그림 6-14** 분할 막대 차트(또는 분할 열 차트)를 만들기 위해 먼저 각 데이터 시리즈를 수직으로 배열하고 데이터가 없는 셀은 빈칸으로 둡니다.

제공하는 음식의 종류가 체인점마다 다르기 때문에 칼로리 데이터만 해당 열에 입력하고 정보가 없는 셀은 빈칸으로 놔둡니다. 이제 [그림 6-15]처럼 다양한 군집cluster의 체인점 데이터를 표시하는 분할 막대 차트(또는 분할 열 차트)를 쉽게 만들 수 있습니다. 앞서 살펴본 [그림 6-13]과 같은 그룹 열 차트와 달리 여기서는 각 체인점에 고유한 음식 품목 간의 비교를 원하지 않기 때문에 막대가 서로 분리되어 있습니다. 또한 일부 데이터 레이블이 길기 때문에 열 차트가 아닌 수평 막대 차트를 사용했습니다.

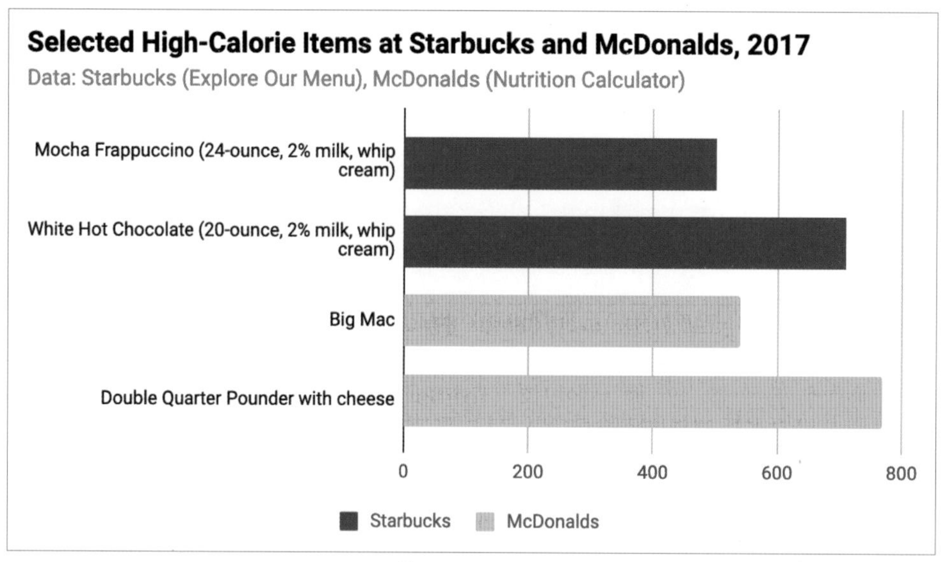


**그림 6-15** 분할 막대 차트. 풀 스크린 대화형 버전[19]을 살펴보세요. 데이터 출처: 스타벅스, 맥도날드[20]

스타벅스와 맥도날드 데이터가 들어 있는 구글 시트 템플릿의 분할 막대 차트[21]를 사용해 여러분만의 버전을 만들어보세요. 각 데이터 시리즈의 색이 다르게 나올 수 있도록 데이터를 수직으로 배열해야 합니다. 그리고 직접 비교가 힘든 데이터는 빈칸으로 둡니다. 나머지 단계는 앞서 살펴본 그룹 열 차트를 만드는 과정과 유사합니다.

19 https://oreil.ly/uW0eA
20 https://oreil.ly/jXnER
21 https://oreil.ly/uW0eA

### 6.3.3 누적 막대 차트와 누적 열 차트

누적 막대 차트(또는 누적 열 차트)는 하위 카테고리를 비교하거나 전체에서 일부를 비교할 때 유용합니다. 예를 들어 [그림 6-16]에 보이는 각 국가별 과체중 비중 데이터를 시각화한다고 가정해보겠습니다.

| | A | B | C | D |
|---|---|---|---|---|
| 1 | Nation | Underweight | Normal weight | Overweight |
| 2 | United States | 2 | 35.2 | 62.8 |
| 3 | South Africa | 8.6 | 46.2 | 45.1 |
| 4 | Italy | 3.4 | 52.6 | 44 |
| 5 | Iran | 5.7 | 51.5 | 42.8 |
| 6 | Brazil | 4 | 55.4 | 40.6 |
| 7 | South Korea | 4.7 | 63.2 | 32.1 |
| 8 | India | 32.9 | 62.5 | 4.5 |

**그림 6-16** 누적 열 차트(또는 누적 막대 차트)를 만들기 위해 각 데이터 시리즈를 구글 시트에 수직으로 배열합니다.

이미 각 몸무게 수준이 수직 열 형태로 배열되어 있기 때문에 [그림 6-17]의 누적 열 차트를 쉽게 만들 수 있습니다. 이 차트는 각 국가별로 저체중, 정상체중, 과체중 카테고리에 있는 사람들의 비중을 보기 쉽게 표현합니다. 원형 파이 조각보다 직사각형 스택에서 차이를 더 정확하게 볼 수 있으므로 여러 원형 차트 대신 누적 막대 차트를 사용하는 것이 좋습니다.

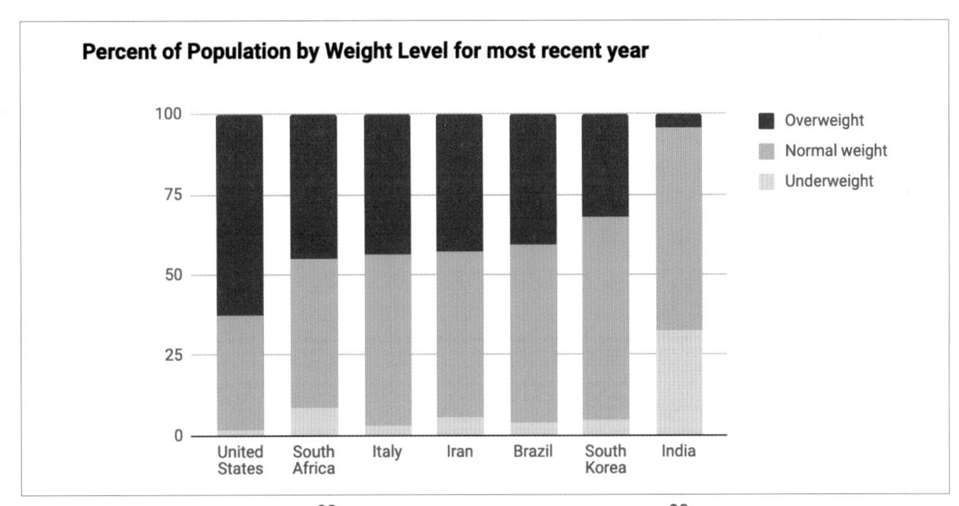


**그림 6-17** 누적 열 차트. 대화형 버전[22]을 살펴보세요. 데이터 출처: WHO, CDC[23]

22 https://oreil.ly/VQPIy

23 https://oreil.ly/E72Jg

국제 체중 수준 데이터가 들어 있는 구글 시트 템플릿의 누적 열 차트[24]를 사용해 여러분만의 버전을 만들어보세요. 먼저 데이터 시리즈를 열에 맞춰 잘 정렬하고 '차트 편집기'에서 '차트 유형 > 누적 열 차트'(또는 레이블이 긴 경우 누적 막대 차트)를 선택합니다. 나머지 단계는 이전과 유사합니다.

데이터 시리즈의 색상을 바꾸고 싶다면(예를 들어 Overweight 시리즈를 빨간색으로) [그림 6-18]처럼 오른쪽 상단 모서리에 있는 케밥 메뉴를 클릭한 다음 '차트 수정'을 선택하고 '차트 편집기'에서 '맞춤설정 > 계열'을 선택한 뒤 드롭다운 메뉴에서 적절한 시리즈(여기서는 Overweight 시리즈)를 선택하고 '채우기 색상'에서 원하는 색상을 선택합니다.

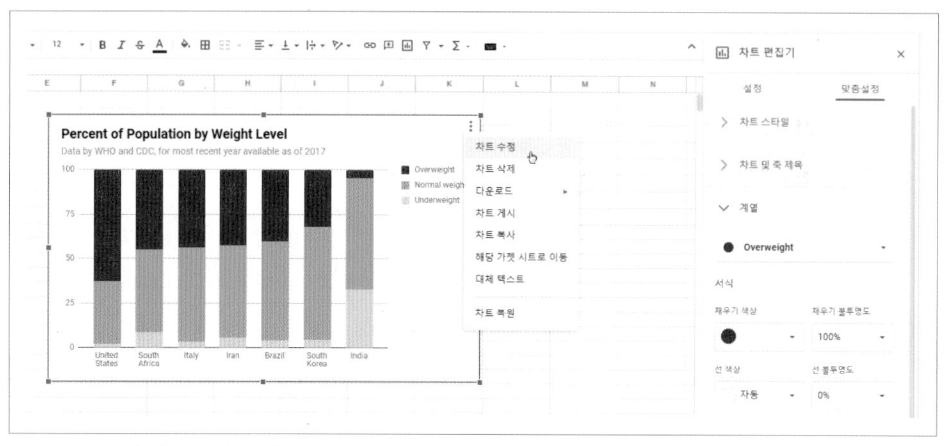

그림 6-18 열 색상을 바꾸려면 '차트 수정 > 맞춤설정 > 계열'을 선택합니다.

## 6.4 히스토그램

히스토그램은 보통 버킷bucket 또는 빈bin이라고 부르는 정의된 범위 내에 있는 값의 수를 표시하여 원시 데이터raw data의 분포를 보여주는 데 적합합니다. 히스토그램을 만들면 7.2절 '코로플레스 색상과 간격 디자인'에서 배울 코로플레스 지도와 같은 고급 시각화를 디자인할 때 데이터가 어떻게 보이는지 더 잘 이해할 수 있습니다. 히스토그램은 얼핏 보면 열 차트와 비슷해 보이지만 이 둘은 서로 다릅니다. 첫째, 히스토그램은 **연속형 데이터**를 보여주며, 버킷 범위를

24 https://oreil.ly/6E3ti

조정해 빈도 패턴을 탐색할 수 있습니다. 예를 들어 히스토그램 버킷을 0-1, 1-2, 3-4 등에서 0-2, 2-4 등으로 조정할 수 있습니다. 이와 반대로 열 차트는 사과, 바나나, 당근 등의 개수와 같은 **카테고리형 데이터**를 보여줍니다. 둘째, 히스토그램은 버킷이 연속된 값이기 때문에 일반적으로 버킷 사이의 공백을 표시하지 않지만 열 차트는 각 카테고리를 구분하기 위한 공간을 표시합니다.

이 절에서는 구글 시트에서 두 가지 유형의 히스토그램을 만들 것입니다. 바로 '열 통계' 메뉴를 사용하는 퀵 히스토그램과 '차트' 메뉴를 사용하는 일반 히스토그램인데, 실습과 함께 각 방법에 대한 장점도 배울 것입니다. 두 실습 모두 동일한 데이터를 사용해서 진행합니다. 2017년 174개국의 1인당 평균 칼로리 공급량은 유엔식량농업기구United Nations Food and Agriculture Organization[25]가 집계한 것으로 우리의 세계 데이터Our World In Data[26]를 통해 액세스했습니다. 식량 공급을 측정하는 방법은 국가마다 그리고 시간마다 다소 차이가 있기 때문에 실제 소비가 아닌 식량 가용량을 추정합니다.

## 6.4.1 구글 시트 열 통계로 만드는 퀵 히스토그램

구글 시트에서 각 열의 데이터가 어떻게 분포하고 있는지 가장 빠르게 확인하는 방법은 '열 통계' 도구를 사용하는 것입니다. 다음 단계에 따라 시도해보세요.

**01** 구글 시트에서 2017년 국가별 일평균 칼로리 공급에 대한 샘플 데이터[27]를 열고 여러분 계정으로 로그인한 후 '파일 > 사본 만들기'를 클릭하여 구글 드라이브에 수정할 수 있는 버전을 만듭니다.

**02** 구글 시트에서 퀵 히스토그램을 만들려면 아무 열이나 선택한 뒤 '데이터 > 열 통계'를 선택하고 '열 통계' 사이드바에서 '배포' 버튼을 클릭해 해당 열의 히스토그램을 확인합니다. 이 방법은 매우 빠르며, 사이드바 상단에 있는 화살표(< >)를 클릭하여 동일한 시트의 다른 열에 대한 히스토그램을 빠르게 만들 수 있다는 장점이 있습니다. 하지만 퀵 히스토그램은 버킷 범위를 수동으로 조정하거나 편집할 수 없으며 구글 시트의 일반 차트처럼 웹에 임베딩할 수 없다는 단점이 있습니다.

---

**25** https://oreil.ly/GVZWO

**26** https://oreil.ly/7kEd4

**27** https://oreil.ly/xCXAR

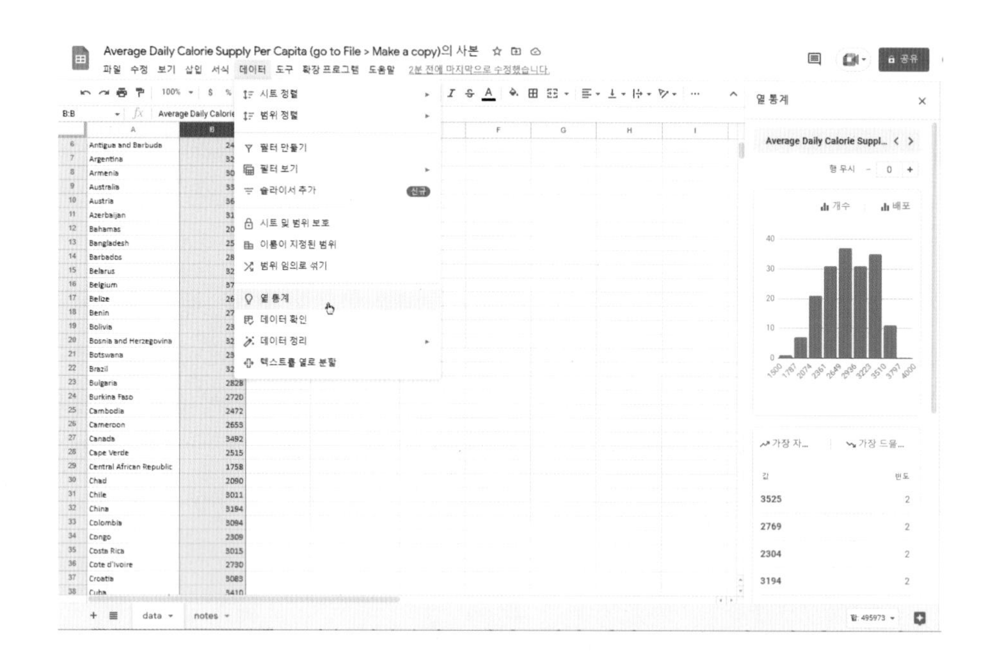


히스토그램은 개별 값이 아닌 광범위한 데이터 분포의 패턴을 보여주기 위해 디자인되었습니다. 위 히스토그램은 대부분의 국가가 1인당 일평균 2,800칼로리 정도를 제공하고 있지만, 8개 국가는 2,000칼로리 이하, 11개 국가는 3,500칼로리 이상 제공하고 있는 사실을 보여줍니다. 별다른 주석이 없으면 위에서 확인되는 이런 이상치outlier가 어느 국가에 해당하는지 알 수 없습니다. 하지만 데이터 분포의 형태에 대한 더 나은 감각을 제공합니다.

## 6.4.2 구글 시트 차트로 만드는 일반 히스토그램

6.4.1절 '구글 시트 열 통계로 만드는 퀵 히스토그램'의 히스토그램을 [그림 6-19]의 차트로 만든 일반 히스토그램과 비교해보세요. 일반 히스토그램에서는 버킷 크기를 사용자 정의할 수 있고 구분선을 표시할 수 있으며 제목과 레이블을 추가하여 독자에게 더 많은 콘텍스트를 전달할 수 있습니다. 또한 일반 히스토그램의 대화형 버전에서는 마우스 커서를 움직여 각 열의 카운트에 대한 기본 데이터를 볼 수 있습니다.

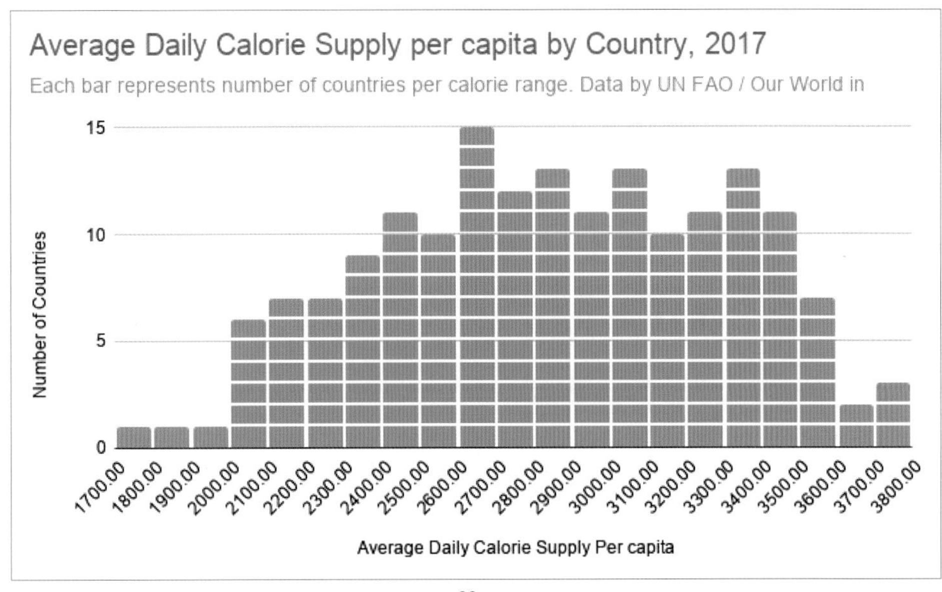


그림 6-19 일반 히스토그램 차트. 풀 스크린 대화형 버전[28]을 살펴보세요.

구글 시트에서 일반 히스토그램을 만들려면 다음 과정을 따라 하세요.

**01** 구글 시트에서 2017년 국가별 일평균 칼로리 공급에 대한 샘플 데이터[29]를 열고 여러분 계정으로 로그인한 후 '파일 > 사본 만들기'를 클릭하여 구글 드라이브에 수정할 수 있는 버전을 만듭니다.

**02** 값이 있는 열을 선택하고 '삽입 > 차트'를 선택합니다. 구글 시트가 '차트 편집기'에서 '차트 유형'을 '히스토그램 차트'로 자동 선택하지 않은 경우 드롭다운 메뉴에서 수동으로 '차트 유형'을 '히스토그램 차트'로 선택해야 합니다.

28 https://oreil.ly/YRcLs

29 https://oreil.ly/xCXAR

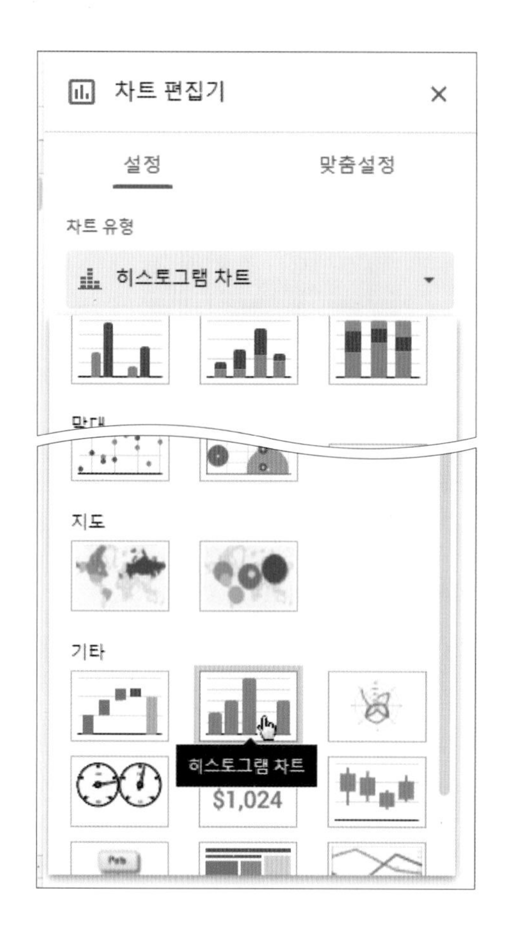


**03** 차트 편집기에서 '맞춤설정 > 히스토그램 > 버킷 크기'를 선택해 버킷 크기를 설정합니다. 버킷 크기가 클수록 막대가 더 넓게 나타나고, 버킷 크기가 작을수록 더 좁아집니다.

> **NOTE_** 현재 구글 시트에서는 히스토그램 x-레이블의 소수점을 제거할 수 없습니다. 모든 중단점이 정수일지라도 말이죠.

**04** 선택적으로 열을 개별 항목(예제에서는 국가)으로 나눠 흰색 경계를 가진 블록으로 나타낼 수 있습니다. 이렇게 하려면 '맞춤설정 > 히스토그램'을 선택하고 '항목 구분선 표시'를 체크합니다.

**05** 차트 편집기에서 **차트 제목**과 출처를 설명하는 **차트 부제목**을 맞춤 설정할 수 있으며 '가로축 제목'과 '세로축 제목'을 추가해 독자들에게 더 많은 정보를 제공할 수 있습니다.

차트 메뉴를 이용하여 일반 히스토그램을 만들기 때문에 9장에서 학습할 것처럼 대화형 버전에 대한 내장 코드를 등록하고 복사하도록 선택할 수 있습니다.

원시 데이터의 분포를 표시하는 히스토그램을 만드는 방법을 배웠으므로 다음 절에서는 원형, 선 및 영역 차트와 같은 다른 유형의 구글 시트 차트 유형을 알아보겠습니다.

## 6.5 원형 차트, 선 차트, 영역 차트

이 절을 시작하기 전에 6.2절 '구글 시트 차트'에서 차트 디자인의 장단점과 6.3절 '막대 차트와 열 차트'에서 초급 수준의 단계별 지침을 다시 한번 검토하세요. 이 절에서는 구글 시트를 활용해 원형 차트(전체의 부분을 보여줌), 선 차트(시간별 변화를 보여줌), 누적 영역 차트(전체에서 부분을 보여주는 동시에 시간별 변화를 보여줌) 등 세 가지 유형의 대화형 시각화를 작성하는 이유와 방법을 배울 것입니다. 만약 이 세 가지 유형의 차트가 사용자의 요구를 충족하지 못할 경우 [표 6-1]을 참조하여 다른 도구 및 관련 내용을 참조하십시오.

### 6.5.1 원형 차트

어떤 사람은 전체의 일부를 보여주기 위해 원형 차트(파이 차트)를 사용하지만, 이러한 유형의 차트를 사용할 때는 각별한 주의가 필요합니다. 예를 들어 어떤 상점에서 하루 동안 판매한 각 과일 수를 총 판매 과일 수의 비율로 표시하려면 [그림 6-20]과 같이 구글 시트에서 라벨과 값을 세로 열로 서식을 지정합니다. 값은 원시 숫자raw number 또는 백분율percentage로 표시할 수 있습니다. 이제 [그림 6-21]과 같이 각 값을 색이 다른 슬라이스로 표현한 원형 차트를 쉽게 만들 수 있습니다. 차트를 보면 바나나가 팔린 과일의 절반 이상을 차지했고, 그다음으로 사과와 오렌지가 많이 팔린 것을 알 수 있습니다.

| | A | B |
|---|---|---|
| 1 | Bananas | 32 |
| 2 | Apples | 21 |
| 3 | Oranges | 5 |

그림 6-20 원형 차트를 만들기 위해 구글 시트에 데이터를 열로 정리합니다.

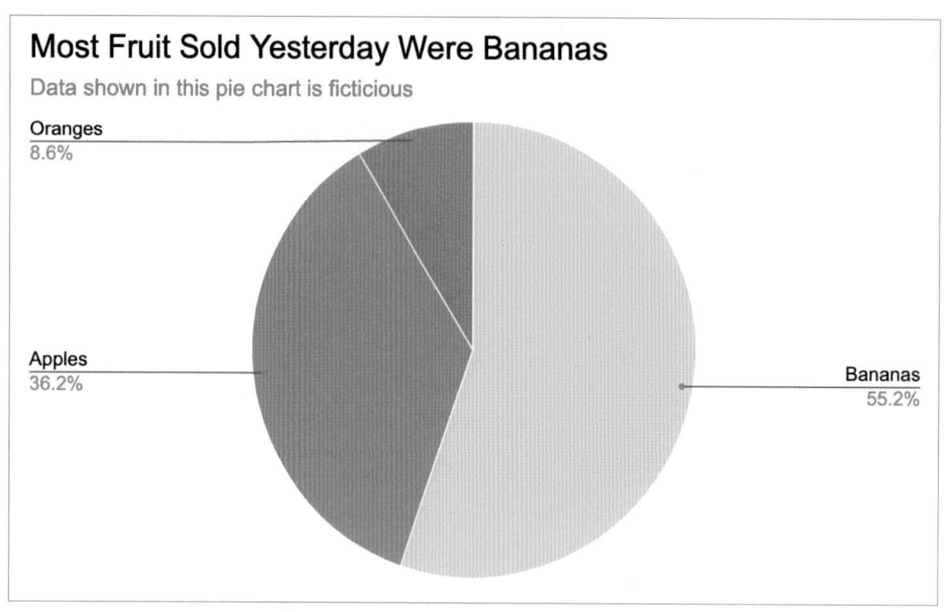


**그림 6-21** 원형 차트. 대화형 버전[30]을 살펴보세요. 데이터는 임의로 만들었습니다.

그러나 6.1절 '차트 디자인 원칙'에서 설명한 것처럼 원형 차트를 사용할 때는 주의해야 합니다. 첫째, 모든 데이터를 합치면 100%가 되어야 합니다. 판매되는 과일의 **전부가 아니라 일부만** **표시**하는 원형 차트는 의미가 없습니다. 둘째, 작은 슬라이스는 쉽게 구별할 수 없으므로 슬라이스를 너무 많이 만들지 않도록 하세요. 셋째, 파이를 원의 맨 위(12시)에서 시작하고 가장 큰 것부터 가장 작은 것까지 시계 방향으로 배열하세요.

구글 시트 템플릿의 원형 차트[31]를 이용해 자신만의 버전을 만들어보세요. 각 단계는 앞서 살펴본 구글 시트 차트 튜토리얼 예제와 유사합니다. '파일 > 사본 만들기'를 클릭하여 구글 드라이브에 수정 가능한 버전을 만듭니다. 차트로 만들 데이터가 들어 있는 모든 셀을 선택하고 '삽입 > 차트'를 선택합니다. 만약 구글 시트에서 자동으로 원형 차트를 추천하지 않는다면 '차트 편집기'의 '설정' 탭에서 '차트 유형'을 '원형 차트'로 선택합니다.

슬라이스는 스프레드시트에 나타난 순서대로 배치됩니다. 따라서 정렬 기능을 사용해 큰 값에서 작은 값 순서로(또는 작은 값에서 큰 값 순서로) 데이터를 정렬해야 합니다. 차트 편집기의

30 https://oreil.ly/24X3m
31 https://oreil.ly/PGhmJ

**맞춤설정** 탭에서 슬라이스의 색상을 변경하고 슬라이스에 테두리를 추가할 수 있습니다. 또한 의미 있는 제목이나 레이블을 추가할 수도 있습니다.

### 6.5.2 선 차트

선 차트는 시간에 따른 변화와 같은 연속형 데이터를 나타내는 가장 좋은 방법입니다. 예를 들어 지난 세기 동안 미국의 1인당 가용한 육류의 종류에 대한 데이터를 비교해보고 싶다고 가정합시다. x축에는 시간 데이터가 와야 하기 때문에 구글 시트에서 시간(예를 들면 연도)을 첫 번째 열에 둡니다. 또한 [그림 6-22]처럼 각 데이터 시리즈(여기서는 소고기, 돼지고기, 닭고기)를 수직 시간 단위 열 옆에 놓으면 각 시리즈가 자체 라인이 됩니다. 이제 [그림 6-23]과 같은 각 데이터 시리즈의 시간에 따른 변화를 보여주는 선 차트를 쉽게 만들 수 있습니다. 미국에서 1인당 닭고기 소비량은 꾸준히 증가해 2000년경에는 돼지고기와 소고기 소비량을 넘어선 것을 확인할 수 있습니다.

| | A | B | C | D |
|---|---|---|---|---|
| 1 | Year | Beef | Pork | Chicken |
| 2 | 1910 | 48.5 | 38.2 | 11 |
| 3 | 1920 | 40.7 | 39 | 9.7 |
| 4 | 1930 | 33.7 | 41.1 | 11.1 |
| 5 | 1940 | 37.8 | 45.1 | 10 |
| 6 | 1950 | 44.6 | 43 | 14.3 |
| 7 | 1960 | 59.1 | 48.6 | 19.1 |
| 8 | 1970 | 79.6 | 48.1 | 27.4 |
| 9 | 1980 | 72.1 | 52.1 | 32.7 |
| 10 | 1990 | 63.9 | 46.4 | 42.4 |
| 11 | 2000 | 64.5 | 47.8 | 54.2 |
| 12 | 2010 | 56.7 | 44.3 | 58 |
| 13 | 2017 | 54 | 47 | 64 |

**그림 6-22** 선 차트를 만들려면 시간 단위와 각 데이터 시리즈를 수직 열로 정리합니다.

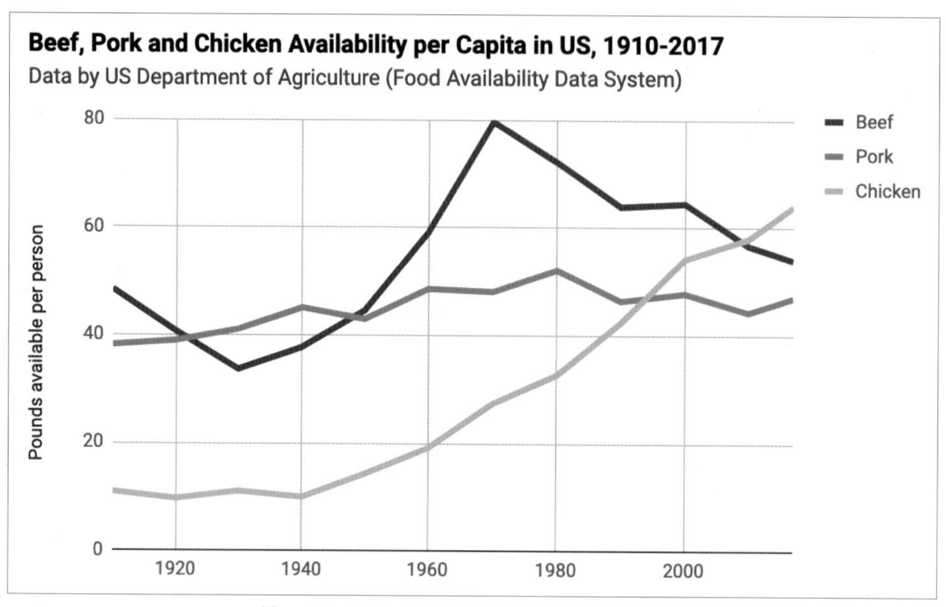


**그림 6-23** 선 차트. 대화형 버전[32]을 살펴보세요. 데이터 출처: 미국 농무부[33]

구글 시트 템플릿의 선 차트[34]를 이용해 자신만의 버전을 만들어보세요. 각 단계는 앞서 살펴본 구글 시트 차트 튜토리얼 예제와 유사합니다. '파일 > 사본 만들기'를 클릭하여 구글 드라이브에 수정 가능한 버전을 만듭니다. 차트로 만들 데이터가 들어 있는 모든 셀을 선택하고 '삽입 > 차트'를 선택합니다. 만약 구글 시트에서 자동으로 선 차트를 추천하지 않는다면 '차트 편집기'의 '설정' 탭에서 '차트 유형'을 '선 차트'로 선택합니다.

### 시계열 데이터의 행과 열

시계열 데이터는 테이블과 차트에서 반대로 처리됩니다. 테이블을 디자인할 때는 다음과 같이 날짜를 열 헤더로 수평으로 배치하여 왼쪽에서 오른쪽으로 읽도록 합니다.[35]

| 연도 | 2000 | 2010 | 2020 |
|---|---|---|---|
| 시리즈1 | ... | ... | ... |
| 시리즈2 | ... | ... | ... |

32 https://oreil.ly/9_XUo
33 https://oreil.ly/ADEwa
34 https://oreil.ly/hbZD-
35 스티븐 휴, 『Show Me the Numbers』, 166쪽

구글 시트나 다른 유사한 도구에서 선 차트를 디자인할 때는 다음과 같이 첫 번째 열에 날짜를 수직으로 배치해 스프레드시트를 구성합니다. 그러면 소프트웨어는 날짜를 데이터 시리즈의 레이블로 읽습니다.

| 연도 | 시리즈1 | 시리즈2 |
|---|---|---|
| 2000 | ... | ... |
| 2010 | ... | ... |
| 2020 | ... | ... |

4.3절 '행과 열 바꾸기'에서 테이블의 행과 열을 바꾸는 방법을 설명했습니다.

### 6.5.3 누적 영역 차트

영역 차트는 아래 공간이 채워진 선 차트와 유사합니다. 가장 유용한 유형은 누적 영역 차트이며, 전체의 일부(원형 차트)와 시간에 따른 연속 데이터(선 차트)를 결합하는 데 가장 적합합니다. 예를 들어 선 차트는 세 종류의 육류 소비량이 시간에 따라 어떻게 바뀌는지 보여주지만 전체적인 육류 소비량의 변화는 파악하기 어렵습니다. 대신 누적 영역 차트를 사용해 시간에 따른 각 육류 소비량과 전체 육류 소비량을 나타낸다면 두 측면 모두 보여줄 수 있습니다.

누적 영역 차트를 만들려면 먼저 [그림 6-22]의 선 차트에서와 동일한 방법으로 데이터를 구성합니다. 그러면 [그림 6-24]와 같이 시간에 따른 각 육류 소비량과 전체 육류 소비량을 표시하는 누적 영역 차트를 쉽게 만들 수 있습니다. 전반적으로 1930년대 대공황 이후부터 1인당 육류 소비량이 증가했고, 1970년대 이후 돼지고기와 소고기 소비량은 감소했지만 닭고기 소비량은 계속해서 증가했다는 사실을 알 수 있습니다.

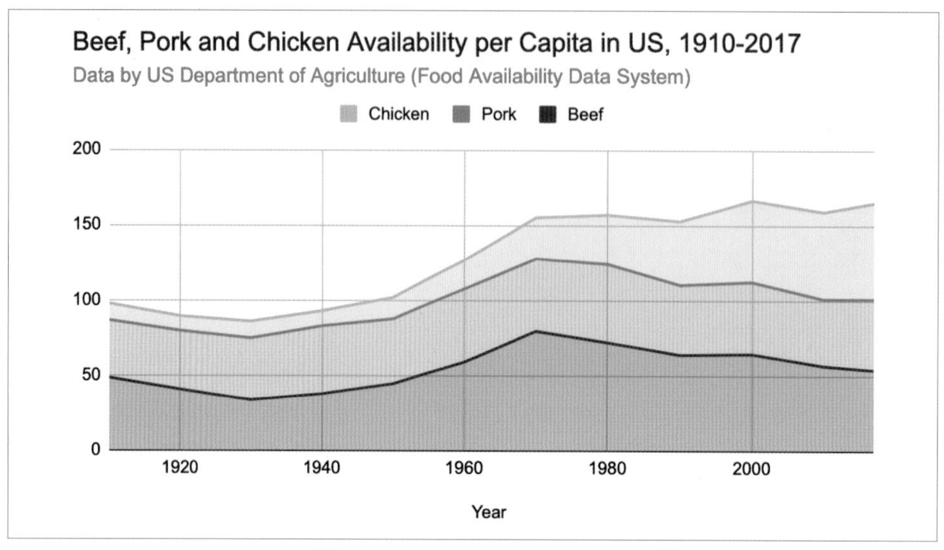


**그림 6-24** 누적 영역 차트. 대화형 버전[36]을 살펴보세요. 데이터 출처: 미국 농무부[37]

구글 시트 템플릿의 누적 영역 차트[38]를 이용해 자신만의 버전을 만들어보세요. 각 단계는 앞서 살펴본 구글 시트 차트 튜토리얼 예제와 유사합니다. '파일 > 사본 만들기'를 클릭하여 구글 드라이브에 수정 가능한 버전을 만듭니다. 차트로 만들 데이터가 들어 있는 모든 셀을 선택하고 '삽입 > 차트'를 선택합니다. 만약 구글 시트에서 자동으로 누적 영역 차트를 추천하지 않는다면 '차트 편집기'의 '설정' 탭에서 '차트 유형'을 '누적 영역 차트'로 선택합니다.

구글 시트에서 기본 차트를 여러 개 작성해보았으므로 다음 절에서는 데이터래퍼Datawrapper라는 다른 도구를 사용해서 보다 고급 수준의 차트를 만들어보겠습니다.

## 6.6 데이터래퍼 차트

데이터래퍼[39]는 대화형 차트를 만드는 또 다른 무료 협업 도구로, 구글 시트에 비해 몇 가지 장점이 있습니다. 첫째, 계정을 만들지 않고도 브라우저에서 데이터래퍼를 바로 실행할 수 있으

36 https://oreil.ly/mdZlY
37 https://oreil.ly/PXFbI
38 https://oreil.ly/PXFbI
39 https://www.datawrapper.de

며 신규 사용자도 쉽게 사용할 수 있는 직관적인 네 단계 프로세스로 구성되어 있습니다. 둘째, 크레딧 바이라인credit byline을 추가해 데이터 출처에 대한 링크를 추가할 수 있으며 방문자가 직접 여러분이 올린 데이터래퍼 시각화 내의 버튼에서 데이터를 다운로드할 수도 있습니다. 이는 여러분의 작업물에 대한 신뢰도와 접근성을 높여줍니다. 셋째, 데이터래퍼는 구글 시트보다 더 다양한 대화형 차트 유형을 지원할 뿐만 아니라 7장에서 다룰 지도와 8장에서 다룰 테이블도 지원합니다. 데이터래퍼를 사용하면 우리가 지금까지 살펴본 모든 종류의 기본 차트뿐만 아니라 6.7절 '주석이 달린 차트', 6.8절 '범위 차트', 6.9절 '분산형 차트와 버블 차트'까지 만들 수 있습니다. 9장에서는 대화형 데이터래퍼 차트를 웹사이트에 삽입하는 방법을 살펴봅니다.

모든 것을 다할 수 있는 단일 도구는 존재하지 않기 때문에 구글 시트와 데이터래퍼라는 두 가지 다루기 쉬운 도구를 모두 사용할 것을 권장합니다. 첫째, 구글 시트를 스프레드시트로 사용하여 2장에서 설명한 대로 데이터 정리나 분석을 하고, 3장에서 설명한 대로 데이터 출처를 기록하고 원시 데이터 파일을 저장하며, 4장에서 설명한 대로 데이터를 정리합니다. 데이터래퍼는 데이터를 변환(행 및 열 바꾸기)할 수 있지만 스프레드시트처럼 피벗 테이블을 만들거나 데이터 조회 및 병합은 할 수 없습니다. 둘째, 구글 시트에서 데이터래퍼로 데이터를 불러와 시각화 작업을 할 것을 권장합니다. 데이터래퍼가 더 많은 모양, 주석, 부가 기능을 제공하기 때문입니다. 저장된 데이터에 대한 직접 링크를 수락하면 데이터래퍼가 구글 시트에서 원활하게 작동하는 것을 알 수 있습니다. 구글 시트와 데이터래퍼는 강력한 조합입니다.

또한 데이터래퍼 아카데미Datawrapper Academy에서 지원하는 광범위한 예제 갤러리gallery of examples[40]와 잘 디자인된 교육 자료training materials[41]를 적극 활용할 것을 권장합니다. 이러한 내용을 읽으면 단순히 데이터 시각화를 위해 어떤 버튼을 눌러야 하는지 뿐만 아니라 진실하고 의미 있는 스토리를 전달하는 더 나은 시각화 디자인 방법을 배울 수 있습니다. 이 책을 집필하는 동안 우리도 데이터래퍼 아카데미에서 많은 것을 배웠습니다. 마지막으로 데이터래퍼 코어는 오픈 소스 코드[42]지만 차트 및 지도를 만드는 플랫폼의 플러그인 대부분에는 적용되지 않습니다.

이제 데이터래퍼를 사용하여 기본을 뛰어넘는 새로운 유형의 차트를 만들 준비가 되었습니다. 이 절의 데이터래퍼 또는 차트 유형이 사용자의 요구를 충족하지 못하는 경우 [표 6-1]에서 다른 도구 및 튜토리얼을 참조하세요. 다음 절에서는 주석이 달린 차트를 설명하겠습니다.

---

40 https://oreil.ly/mIdeT

41 https://oreil.ly/LbCo_

42 https://oreil.ly/xQjHJ

## 6.7 주석이 달린 차트

주석이 달린 차트는 특정 데이터를 강조하거나 시각화 내부에 상황별 노트를 추가하는 데 가장 좋습니다. 잘 디자인된 주석은 '그래서 왜?'라는 질문에 차트 내 데이터의 중요성을 문장이나 문단을 통해 설명하면서 답변하는 데 도움이 될 수 있습니다. 하지만 주석을 사용할 때는 6.1절 '차트 디자인 원칙'에서 살펴본 것처럼 불필요한 차트 정크가 생기지 않도록 주의해야 합니다.

데이터래퍼로 만든 어떤 차트에도 주석을 추가할 수 있습니다. 약간의 주석 추가가 어떻게 독자들이 시간의 변화에 대한 데이터 스토리를 더 잘 이해하는 데 도움이 되는지 2000년부터 2020년까지의 미국 실업률 시계열 데이터에 대한 선 차트를 통해 알아보도록 하겠습니다. 데이터래퍼에서 선 차트를 만들기 위해 먼저 6.5절 '원형 차트, 선 차트, 영역 차트'에서와 동일한 방법으로 데이터를 정리합니다. 첫 번째 열에 시간 단위(예: 월/연도) 데이터를 배치하고 두 번째 열에 수치 데이터(예: 실업률)를 배치합니다. 이제 [그림 6-25]와 같은 대화형 선 차트를 만들 준비가 되었습니다. 2000년 이래로 실업률은 세 번 정점을 찍었지만 가장 높은 정점은 COVID-19 대유행으로 촉발된 2020년 경제 위기 동안 발생했습니다.

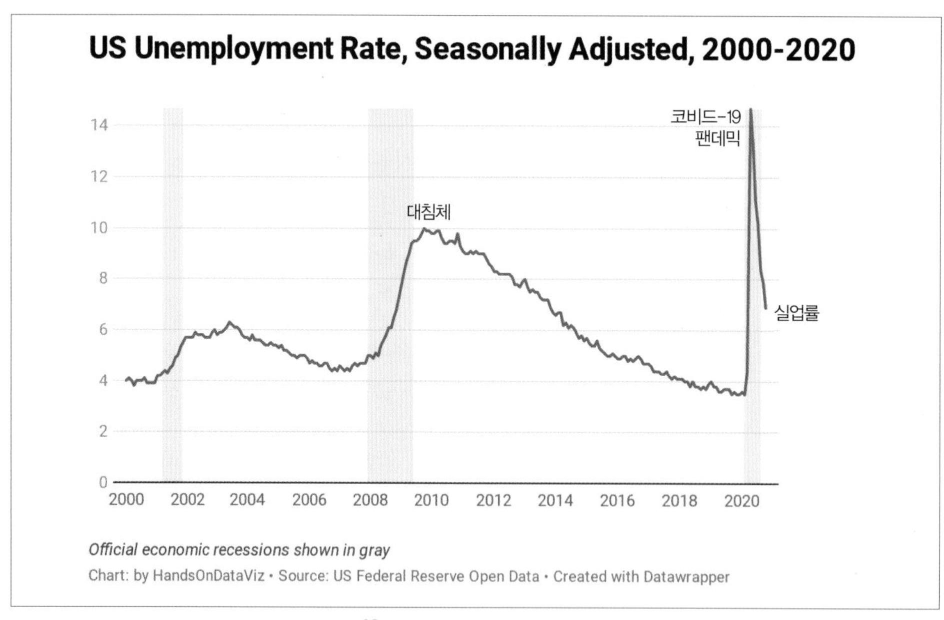


**그림 6-25** 주석이 달린 선 차트. 대화형 버전[43]을 살펴보세요. 데이터 출처: 미국 연방준비제도이사회 오픈 데이터[44]

43 https://oreil.ly/4stDc

44 https://oreil.ly/ky4m_

데이터래퍼를 사용해 주석이 달린 선 차트를 만들기 위해서는 다음 과정을 따라 합니다.

**01** 구글 시트에서 계절별 미국 실업률 2000-2020 샘플 데이터[45]를 열고 '파일 > 사본 만들기'를 클릭하여 구글 드라이브에 수정할 수 있는 버전을 만듭니다. 또는 '파일 > 다운로드'에서 '쉼표로 구분된 값(.csv)' 또는 'Microsoft Excel(.xlsx)'을 선택해 여러분의 컴퓨터에 저장합니다.

**02** 브라우저에서 데이터래퍼[46]를 열고 '만들기 시작(Start creating)' 버튼을 클릭합니다. 시각화를 보다 효과적으로 관리하기 위해 무료 계정을 만들어 사용하는 것이 좋지만 계정을 만들지 않아도 상관없습니다.

**03** '업로드 데이터(Upload Data)' 스크린에서 '구글 시트 연결하기(Connect Google Sheet)'를 클릭한 뒤 'Enter a URL to a Google Sheet'에 데이터가 있는 구글 시트 링크를 추가하고 '계속(Proceed)'을 클릭합니다. 데이터를 업로드하는 다른 방법으로는 직접 데이터 테이블을 복사 및 붙여넣기하거나(Copy & paste data table) 엑셀 또는 CSV 파일을 업로드(XLS/CSV upload)하는 방법이 있습니다. 구글 시트를 업로드하기 위해서는 '공유' 설정을 반드시 '개인(Private)'에서 '링크가 있는 누구나 볼 수 있음(Anyone with the link can view)'으로 바꿔야 합니다. 또한 구글 시트에서 셀을 업데이트하면 연결되어 있는 데이터래퍼 차트도 자동으로 업데이트되지만 차트를 온라인상에 게시한 후에는 업데이트되지 않습니다.

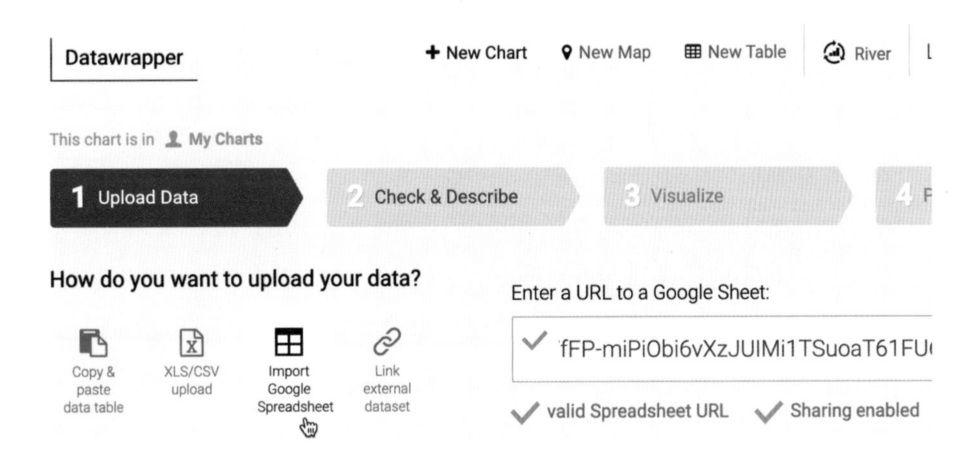


---

45 https://oreil.ly/ipFZ-

46 https://www.datawrapper.de

**04** '확인 및 설명(Check & Describe)' 화면에서 숫자는 파란색, 날짜는 초록색, 텍스트는 검은색으로 되어 있는지 확인한 후 '계속(Proceed)'을 클릭합니다.

**TIP** 필요한 경우 '확인 및 설명' 화면에서 'Swap rows and columns(transpose)'를 클릭해 행과 열을 바꾸는 전치 작업을 할 수 있습니다. 이 기능은 데이터가 예상한 방향과 반대 방향으로 구성되어 있는 경우에 유용합니다. 그러나 우리가 사용하는 샘플 데이터는 올바르게 구성되어 있으므로 전치 작업을 할 필요 없습니다.

**05** '시각화(Visualize)' 화면에서는 데이터 형식에 기반해 데이터래퍼가 추천하는 차트를 확인할 수 있습니다. 샘플 데이터를 정확히 입력했다면 선 차트가 선택되어 있을 겁니다. 만약 다른 차트가 추천되었다면 선 차트로 바꿔줍니다.

**06** 시각화 화면 왼쪽 상단에 있는 '주석(Annotate)' 탭을 클릭합니다. '계절별 미국 실업률 2000-2020(US Unemployment Rate, Seasonally Adjusted, 2000-2020)'과 같이 의미 있는 제목을 작성합니다. 또한 '미국 연방준비제도이사회 오픈 데이터(US Federal Reserve Open Data)'와 같이 데이터 출처를 추가하고 공유한 구글 시트[47]나 미국 연방준비제도이사회 오픈 데이터 웹 페이지[48]와 같은 데이터 출처에 연결해줍니다. 마지막으로 바이라인byline에 여러분의 이름 또는 여러분이 속한 조직의 이름을 추가합니다. 이 모든 세부 정보와 링크가 차트의 맨 아래에 자동으로 나타나 작업에 대한 신뢰성을 높일 수 있습니다.

**07** 주석(Annotate) 탭에서 '텍스트 주석(Text annotations)'의 '텍스트 주석 추가(Add text annotations)' 버튼을 클릭합니다. 차트에서 주석을 추가하고 싶은 곳을 드래그하여 분홍색 상자를 만듭니다. 여기서는 실업률이 급증한 2008년부터 2010년 부분에 분홍색 상자를 만들고 '대침체(Great Recession)'라고 적습니다. 이러한 주석은 독자들로 하여금 대침체[49] 관련 정보를 빠르게 알 수 있도록 돕습니다. 그리고 다시 한번 '텍스트 주석 추가' 버튼을 클릭하고 2020년 위에 '코비드-19 팬데믹(COVID-19 Pandemic)'이라는 주석을 추가합니다. 이렇게 하면 독자들이 각 사건을 비교하기 용이합니다. 추가 옵션 기능을 활용해 주석의 스타일과 위치를 미세 조정할 수 있습니다.

---

**47** https://oreil.ly/ipFZ-

**48** https://oreil.ly/I1IhJ

**49** https://oreil.ly/ZhQG_

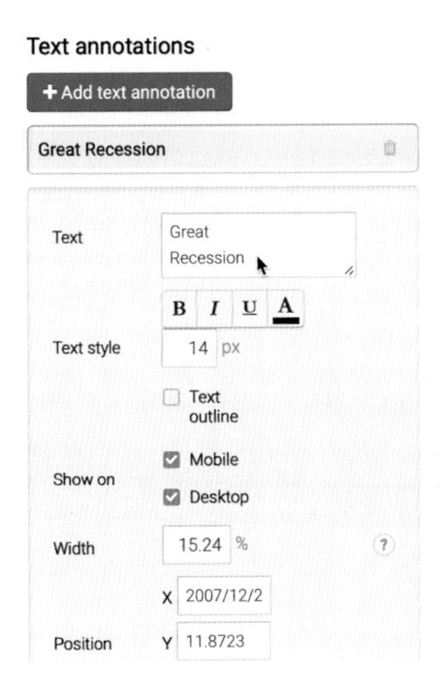


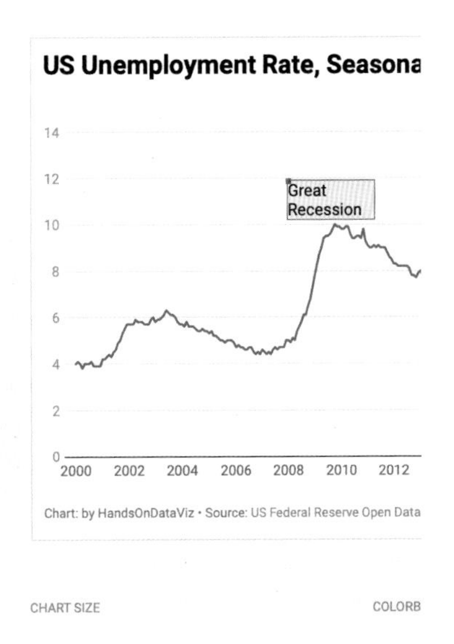


**08** 스크롤을 조금 더 내려 하이라이트 범위(Highlight range)에서 '하이라이트 범위 추가(Add range highlight)' 버튼을 클릭합니다. 그리고 차트 위에서 드래그하여 하이라이트할 부분에 분홍색 선을 그립니다. 이번에는 2007년도부터 2009년도 사이에 회색 영역을 추가합니다. 강조한 시기는 경제학자들이 정의하는 대침체의 시작 시점과 끝나는 시점입니다. 비록 실업률은 지속해서 증가했지만 말이죠. 다른 불황 시기를 강조하기 위해 두 개의 범위를 더 추가합니다(2001년 3월부터 11월까지, 그리고 2020년 2월부터 10월까지). 텍스트 주석과 마찬가지로 추가 옵션 기능을 활용해 하이라이트의 스타일과 위치를 미세 조정할 수 있습니다.

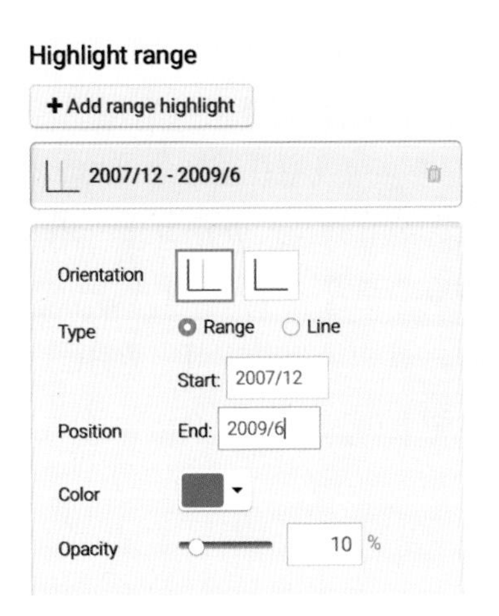


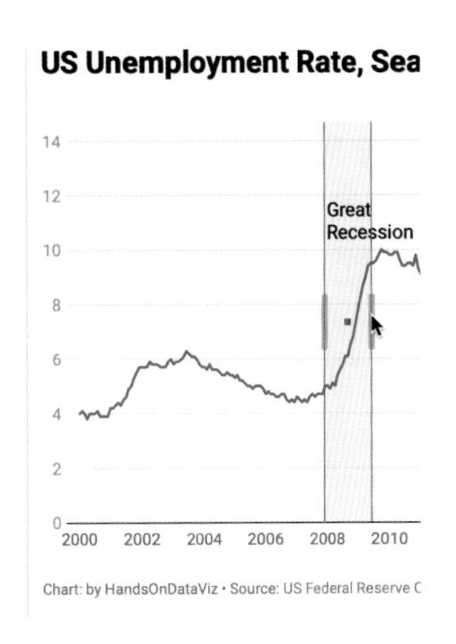

**09** 작업을 다른 사람과 공유하려면 '계속(Proceed)'을 클릭하여 '게시 및 임베딩(Publish & Embed)' 화면으로 이동하세요. 무료 데이터래퍼 계정으로 로그인한 상태라면 화면 오른쪽 상단 모서리에 있는 내 차트 메뉴에 작업이 자동으로 온라인 저장됩니다. 그리고 파란색 '게시(Publish)' 버튼을 클릭하여 대화형 차트를 임베딩할 코드를 생성할 수 있습니다. 이에 대해서는 9장에서 자세히 알아보겠습니다. 또한 다른 데이터래퍼 사용자가 차트를 조정하고 재사용할 수 있도록 하여 작업을 보다 광범위하게 공유하려는 경우 'River에 차트 추가하기' 기능을 수행합니다. 또한 'PNG'를 클릭하여 차트의 정적 이미지를 내려받을 수 있습니다. 추가 내보내기나 게시 기능은 데이터래퍼 유료 계정에서만 사용 가능합니다. 만약 어떤 계정도 만들고 싶지 않다면 간단하게 이메일 주소를 입력해 임베드 코드를 받을 수 있습니다.

**TIP** 오류 바와 유사한 신뢰 구간을 포함한 선 차트를 만드는 방법에 대해서는 데이터래퍼 아카데미 글[50]을 참조하세요.

첫 번째 대화형 데이터래퍼 차트를 만든 것을 축하합니다! 이제 데이터래퍼를 사용하여 범위 차트라는 새로운 유형의 차트를 만들어보겠습니다.

## 6.8 범위 차트

범위 차트는 데이터 포인트 사이의 간격을 강조하는 점 차트dot chart의 일종으로 불평등을 강조할 때 많이 사용됩니다. 이번 예제에서는 데이터래퍼를 활용해 미국 성별 임금 격차를 보여주는 범위 차트를 만들어볼 것입니다. 이 차트는 [그림 6-26]처럼 성별을 이진값으로 취급한 2019 미국 커뮤니티 조사 결과에 따른 교육 수준별 남성과 여성의 평균 임금을 비교할 것입니다. 이 예제는 데이터래퍼 아카데미 범위 차트 튜토리얼[51]에서 영감을 받아 최신 데이터를 활용해 재구성한 것입니다. 전반적으로 이 차트는 모든 교육 수준별 남녀 사이의 평균 임금 격차를 보여주고 있습니다. 또한 평균적으로 학사 학위를 보유한 미국 남성이 석사 학위를 보유한 미국 여성보다 더 많은 임금을 받고 있다는 사실도 보여줍니다.

---

50 https://oreil.ly/vROCU
51 https://oreil.ly/jzw0L

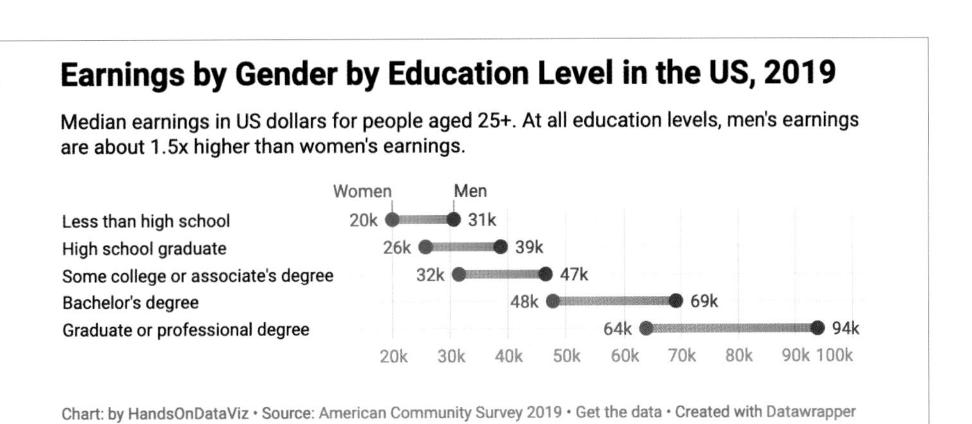


**그림 6-26** 범위 차트. 대화형 버전[52]을 살펴보세요. 데이터 출처: 2019 미국 인구조사, 아메리칸 커뮤니티 설문 조사[53]

범위 차트를 만들기 위해 [그림 6-27]과 같이 데이터를 구성했습니다. 첫 번째 열에는 최저(고등학교 미만)에서 최고(대학원 또는 전문 학위)까지 다섯 가지 교육 수준이 들어 있습니다. 두 번째와 세 번째 열에는 각각 남성과 여성의 중위 소득(평균 임금)의 숫잣값이 들어 있습니다.

| | A | B | C |
|---|---|---|---|
| 1 | **Educational Attainment** | **Men** | **Women** |
| 2 | Less than high school | 30725 | 20046 |
| 3 | High school graduate | 38906 | 25829 |
| 4 | Some college or associate's degree | 46610 | 31644 |
| 5 | Bachelor's degree | 69201 | 47895 |
| 6 | Graduate or professional degree | 93998 | 63912 |

**그림 6-27** 데이터를 세 개 열(레이블과 두 하위 그룹의 값)으로 정리합니다.

여러분이 이미 데이터래퍼에 익숙할 것이기 때문에 범위 차트를 만드는 단계에서 상세한 설명은 생략하겠습니다. 잘 모르는 부분이 있다면 앞 절의 주석이 달린 선 차트에 대한 예를 참조하기 바랍니다.

**01** 구글 시트에서 교육 수준과 성별에 따른 미국 소득 데이터[54]를 열고 '파일 > 사본 만들기'를 클릭하여 구글 드라이브에 수정할 수 있는 버전을 만듭니다.

---

52 https://oreil.ly/JP02b

53 https://oreil.ly/k2UDS

54 https://oreil.ly/ol2CP

**02** 브라우저에서 데이터래퍼[55]를 열고 '만들기 시작(Start creating)' 버튼을 클릭합니다. 시각화를 보다 효과적으로 관리하기 위해 무료 계정을 만들어 사용하는 것이 좋지만 계정을 만들지 않아도 상관없습니다.

**03** '업로드 데이터(Upload Data)' 스크린에서 '구글 시트 연결하기(Connect Google Sheet)'를 클릭한 뒤 데이터가 있는 구글 시트 링크를 추가하고 '계속(Proceed)'을 클릭합니다. 다른 방법으로는 직접 데이터 테이블을 복사 및 붙여넣기하거나(Copy & paste data table) 엑셀 또는 CSV 파일을 업로드(XLS/CSV upload)하는 방법이 있습니다.

**04** '확인 및 설명(Check & Describe)' 화면에서 데이터를 확인한 후 '계속(Proceed)'을 클릭합니다.

**05** '시각화(Visualize)' 화면에서는 데이터 형식에 기반해 데이터래퍼가 적절한 차트를 추천하지만 여러분이 직접 범위 차트를 선택해야 할 수도 있습니다.

**06** 시각화 화면 왼쪽 상단에 있는 '주석(Annotate)' 탭을 클릭하고 유의미한 제목, 데이터 출처, 바이라인 크레딧byline credit을 추가합니다.

**07** 범위 차트를 수정하기 위해 시각화 화면에서 '개선(Refine)' 탭을 클릭합니다. 여러 가지 옵션을 확인할 수 있는데, 여기서는 중요한 것만 살펴보도록 하겠습니다. 첫째, 레이블(label) 섹션에서 값의 가시성(visibility)을 시작(start)에서 둘 다(both)로 변경하여 각 범위(range)의 시작과 끝에 숫자를 배치합니다. 둘째, '라벨 첫 번째 범위(Label first range)' 설정을 추가합니다. 이 기능은 첫 번째 카테고리에 남성(men)과 여성(women) 레이블을 추가합니다. 셋째, '숫자 형식(Number format)'을 '123k'로 변경하여 숫자를 가장 가까운 천 단위로 반올림하고, 천 단위를 k로 바꿉니다.

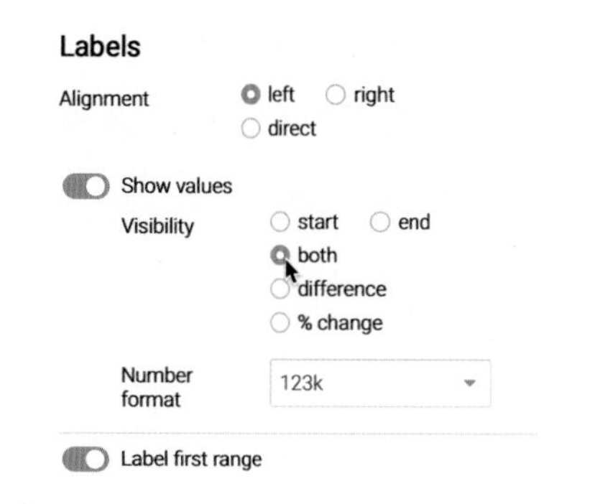


---

55 https://www.datawrapper.de

**08** '개선(Refine)' 탭에서 스크롤을 아래로 내리면 '외관(Appearance)' 섹션을 확인할 수 있습니다. 여기서는 색상을 개선합니다. '범위 끝(Range end)' 드롭다운 메뉴에서 빨간색과 같은 더 나은 색상을 선택합니다. 그리고 범위를 강조하려면 '범위 색(Range color)' 설정을 '그래디언트(gradient)'로 변경합니다.

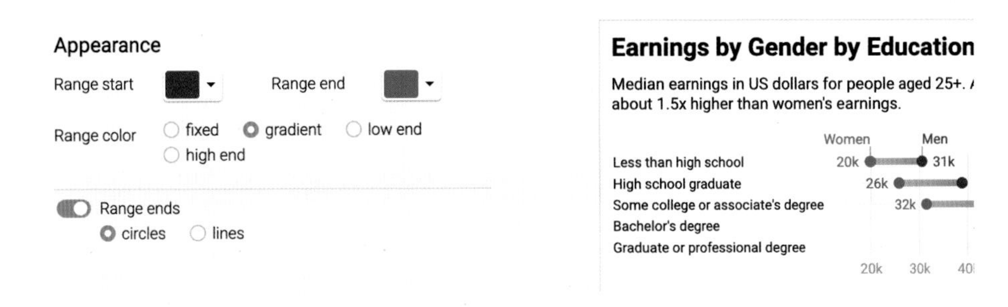


TIP '개선(Refine)' 탭에는 데이터 행을 다시 정렬하거나 그룹화하고, 디바이스별 차트 크기를 변경하고, 색맹 독자를 위한 가시성 체크 기능이 있습니다.

**09** 작업을 다른 사람과 공유하려면 '계속(Proceed)'을 클릭하여 '게시 및 임베딩(Publish & Embed)' 화면으로 넘어갑니다. 자세한 내용은 앞 절의 설명을 참조하세요.

이제 범위 차트를 만들어봤으니 데이터래퍼를 사용하여 두 개 이상의 변수 간의 관계를 나타내는 분산형 차트(산포도)와 버블 차트를 작성하는 방법을 살펴보겠습니다.

## 6.9 분산형 차트와 버블 차트

분산형 차트는 두 데이터셋 사이의 관계를 x와 y축에서 점으로 표현해 상관관계를 살펴보는 데 최적화된 차트입니다. 살펴볼 분산형 차트 예제에서 각 점은 국가를 나타내고, x축은 기대수명, y축은 출산율을 나타냅니다. 전체 점 패턴은 이 두 데이터셋 간의 상관관계를 보여줍니다. 즉, 기대 수명은 출산율이 감소함에 따라 증가하는 경향이 있습니다.

버블 차트는 점 크기와 색상이라는 두 개의 시각적 요소를 추가하여 세 번째 또는 네 번째 데이터셋을 표시함으로써 분산형 차트보다 더 많은 정보를 표현할 수 있습니다. 버블 차트 예제에서는 분산형 차트에서 보았던 기대수명과 출산율 데이터와 동일한 것으로 시작하지만 각 원형 점의 크기는 세 번째 데이터셋인 인구를 나타내고, 색상은 네 번째 데이터셋인 지역을 나타냅니다. 버블 차트는 시각화에 훨씬 더 많은 정보를 포함하고 있기 때문에 더 많은 정보를 축약하고 있는 분산형 차트라고 할 수 있습니다.

조금 더 화려한 버전의 버블 차트는 시간에 따른 변화와 같은 다섯 번째 데이터셋을 나타내는 시각적 요소인 애니메이션을 추가로 도입합니다. 애니메이션 버전의 버블 차트를 만드는 것은 이 책의 범위를 벗어나지만 관심 있는 독자는 국제 보건 분야에서 유명한 스웨덴 교수인 한스 로슬링Hans Rosling의 테드 토크TED talk[56]를 시청하고, 애니메이션 요소가 추가된 버블 차트와 그녀가 운영하는 갭마인더 재단Gapminder Foundation[57]에 대해서도 살펴보기 바랍니다.

이 절에서는 데이터래퍼에서 분산형 차트와 버블 차트를 만드는 이유와 방법을 알아보겠습니다. 그전에 6.6절 '데이터래퍼 차트'에서 기술한 각 차트의 장단점을 반드시 읽어보기 바랍니다.

### 6.9.1 구글 시트로 분산형 차트 만들기

분산형 차트는 두 데이터셋 사이의 관계를 x와 y좌표로 보여주는 데 최적화된 차트입니다. 예를 들어 서로 다른 국가의 기대수명과 출산율 사이의 관계를 알고 싶다고 가정합시다. 먼저 [그림 6-28]처럼 데이터를 세 개 열로 구성합니다. 첫 번째 열에는 국가(Country), x축에 나타낼 두 번째 열에는 기대수명(Life Expectancy), y축에 나타낼 세 번째 열에는 출산율(Fertility) 데이터를 나타냅니다. 그러면 [그림 6-29]와 같이 이러한 데이터셋 간의 관계를 표시하는 분산형 차트를 쉽게 그릴 수 있습니다. 이 차트는 '출산율(또는 여성당 출생률)이 낮은 국가일수록 기대수명이 높은 경향이 있다'고 간단하게 요약할 수 있습니다. 또는 '기대수명이 높은 국가일수록 출산율이 낮다'라고 정리할 수도 있습니다. 기억해야 할 것은 상관관계는 인과관계가 아니라는 점입니다. 따라서 이 차트를 사용하여 낮은 출산율이 높은 기대수명을 야기한다든가, 반대로 높은 기대수명이 낮은 출산율을 야기한다는 식의 주장을 펼쳐서는 안 됩니다.

---

56 https://oreil.ly/jyHQ2

57 https://www.gapminder.org

| | A | B | C |
|---|---|---|---|
| 1 | Life Expectancy | Fertility | Country |
| 2 | 76.7 | 1.7 | China |
| 3 | 69.4 | 2.2 | India |
| 4 | 78.5 | 1.7 | United States |
| 5 | 71.5 | 2.3 | Indonesia |
| 6 | 75.7 | 1.7 | Brazil |
| 7 | 67.1 | 3.5 | Pakistan |
| 8 | 54.3 | 5.4 | Nigeria |
| 9 | 72.3 | 2 | Bangladesh |

**그림 6-28** 데이터래퍼를 사용해 분산형 차트를 만들기 위해서는 데이터를 레이블, x값, y값의 3개 열로 정리합니다.

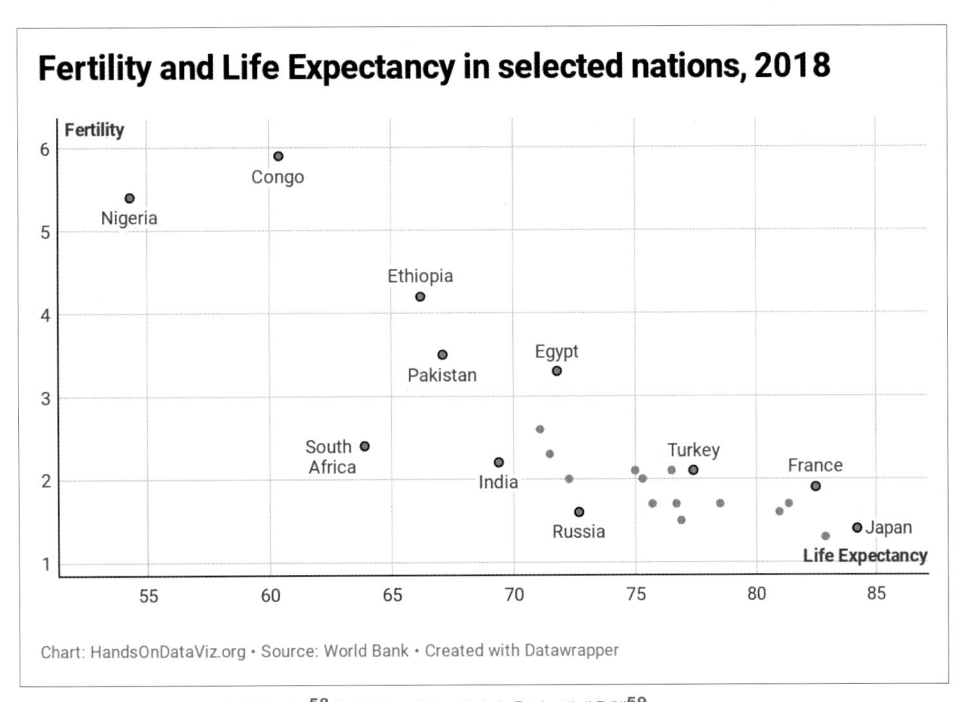


**그림 6-29** 분산형 차트. 대화형 버전[58]을 살펴보세요. 데이터 출처: 세계은행[59]

58 https://oreil.ly/KBchE

59 https://oreil.ly/VmYst

데이터래퍼를 사용해 대화형 버전의 분산형 차트를 만들고 데이터가 적절하게 표시되도록 툴팁을 편집해보겠습니다.

**01** 구글 시트에서 분산형 차트 샘플 데이터[60]를 열거나 비슷한 유형의 여러분 데이터를 사용하세요.

**02** 브라우저에서 데이터래퍼[61]를 열고 '만들기 시작(Start creating)' 버튼을 클릭합니다.

**03** '데이터 업로드(Upload Data)' 화면에서 구글 시트의 링크를 붙여넣거나 사용하고자 하는 데이터를 직접 붙여넣습니다. 그리고 '계속(Proceed)'을 클릭합니다.

**04** '확인 및 설명(Check & Describe)' 화면에서 데이터를 검사하고 기대수명(Life Expectancy) 및 출산율(Fertility) 열이 수치 데이터를 나타내는 파란색인지 확인한 후 '계속(Proceed)'을 클릭합니다.

**05** '시각화(Visualize)' 화면의 '차트 유형(Chart type)' 탭에서 분산형 차트(Scatter Plot)를 선택합니다. 오른쪽 창에 나타나는 분산형 차트 위에 커서를 놓으면 각 데이터 포인트가 정확히 표현되기 위해 몇 가지 수정해야 할 부분이 보일 겁니다.

**06** '시각화(Visualize)' 화면의 '주석(Annotate)' 탭 하단 '툴팁 설정(Customize tooltip)' 섹션에서 '툴팁 보이기(Show tooltips)'를 선택하고 '툴팁 설정(Customize tooltip)' 버튼을 눌러 창을 열어줍니다. 툴팁 제목을 나타내는 첫 번째 필드를 선택하고 하단에 있는 파란색 국가(Country) 버튼을 클릭해 `{{fertility}}`가 나타나도록 합니다. 이는 커서를 차트에 갖다 대면 적절한 툴팁 제목이 나오는 기능입니다. 그리고 툴팁 본문을 나타내는 두 번째 필드를 클릭하고 **`Life expectancy:`**를 기입한 후 같은 이름의 파란색 버튼을 클릭해 `{{Life_expectance}}`가 나타나도록 합니다. 엔터 키를 두 번 누른 후 **`Fertility:`**를 기입하고 같은 이름의 파란색 버튼을 클릭해 `{{fertility}}`가 나타나도록 합니다. '계속(Proceed)'을 클릭합니다.

---

60 https://oreil.ly/gU1bE
61 https://www.datawrapper.de

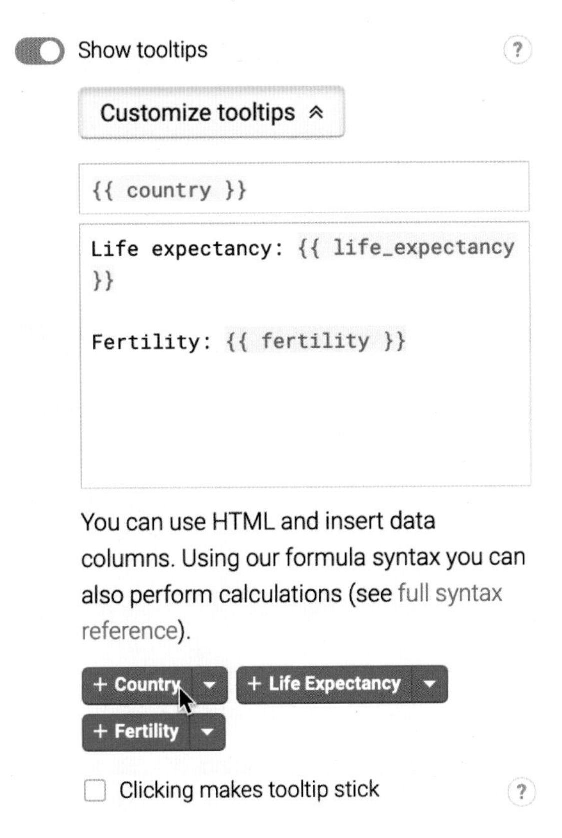


**07** 시각화 화면에서 포인트에 커서를 갖다 대면 국가명과 기대수명, 출산율이 표시되는 툴팁 기능이 잘 작동하는 것을 확인할 수 있습니다.

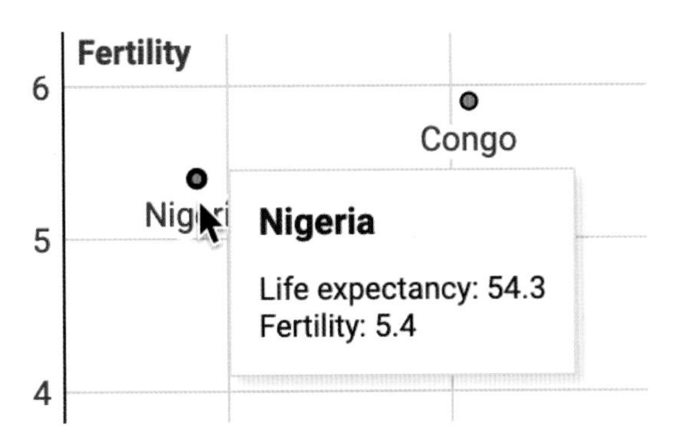

**08** 적절한 주석과 제목, 데이터 출처를 추가한 후 '계속(Proceed)'을 클릭하여 '게시 및 임베딩(Publish & Embed)' 화면으로 넘어가 여러분의 작업물을 다른 사람과 공유하면 됩니다. 자세한 과정은 6.7절 '주석이 달린 차트'의 튜토리얼을 참조하세요. 다음 단계는 9장에서 배울 것입니다.

### 6.9.2 버블 차트

앞서 분산형 차트에서 기대수명(x축 좌표)과 출산율(y축 좌표)이라는 두 데이터셋 간의 관계를 시각화하는 방법을 배웠습니다. 이제 이 개념을 확장하여 인구(각 점 또는 버블의 크기로 표시)와 지역(각 버블의 색상으로 표시) 두 개의 데이터셋을 추가하는 버블 차트를 작성해보겠습니다. 이 예제에서는 [그림 6-30]과 같은 두 개의 열이 추가된 이전과 유사한 세계은행 데이터를 사용합니다. 버블 크기에는 숫자 데이터(인구)를 사용하고 색상에는 카테고리형 데이터(지역)를 사용합니다. 이제 정리된 데이터를 기반으로 4개의 데이터셋 간의 관계를 표시하는 [그림 6-31]과 같은 버블 차트를 쉽게 만들 수 있습니다.

| | A | B | C | D | E |
|---|---|---|---|---|---|
| 1 | Country | Life expectancy | Fertility | Population | Region |
| 2 | United States | 78.5 | 1.70 | 326687501 | North America |
| 3 | United Kingdom | 81.4 | 1.70 | 66460344 | Europe |
| 4 | China | 76.7 | 1.70 | 1392730000 | Asia |
| 5 | India | 69.4 | 2.20 | 1352617328 | Asia |
| 6 | Japan | 84.2 | 1.40 | 126529100 | Asia |

**그림 6-30** 데이터래퍼를 활용해 버블 차트를 만들기 위해 데이터를 레이블, x축, y축, 버블 크기, 버블 색상의 5개 열로 구성합니다.

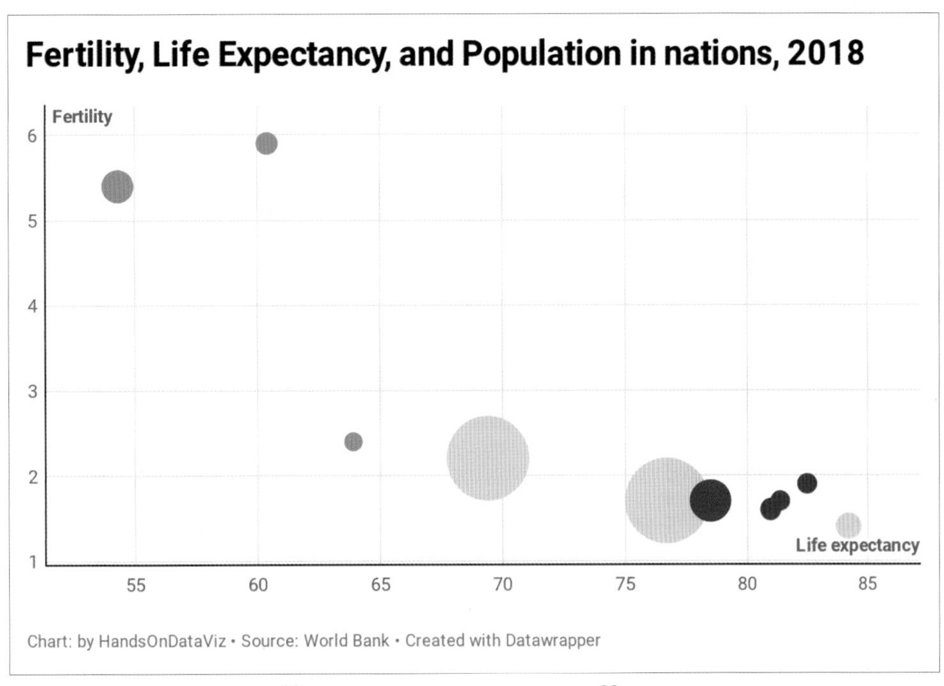


**그림 6-31** 버블 차트. 대화형 버전[62]을 살펴보세요. 데이터 출처: 세계은행[63]

데이터래퍼에서 여러분만의 대화형 버블 차트를 만들고, 툴팁, 버블 크기, 버블 색상을 편집하여 데이터를 표시합니다.

**01** 구글 시트에서 분산형 차트 샘플 데이터[64]를 열거나 비슷한 유형의 여러분 데이터를 사용하세요.

**02** 브라우저에서 데이터래퍼[65]를 열고 '만들기 시작(Start creating)' 버튼을 클릭합니다.

**03** 6.9.1절 '구글 시트로 분산형 차트 만들기'의 3~5단계를 따라 데이터를 업로드하고, 검증하고, 분산형 차트 유형으로 시각화합니다.

**04** '시각화(Visualize)' 화면에서 '주석(Annotate)' 탭을 선택하고 스크롤을 내립니다. 그리고 '툴팁 설정(Customize tooltip)'에서 '툴팁 보이기(show tooltips)'를 선택하고 '툴

---

62 https://oreil.ly/7xqM-

63 https://oreil.ly/JfAFp

64 https://oreil.ly/1aUkj

65 https://www.datawrapper.de

팁 설정(Customize tooltip)' 버튼을 눌러 창을 열어줍니다. 필드명과 함께 파란색 열 이름을 선택해 툴팁을 편집합니다(아래 그림 참조). 그리고 '계속(Proceed)'을 클릭하여 툴팁 편집 창을 닫습니다.

**05** 시각화 화면에서 '개선(Refine)' 탭을 클릭한 후 스크롤을 내려 '색상 설정(Customize color)' 버튼을 클릭하고 색상(Color)에서 'Select column'을 지역(Region)으로 설정합니다. 그리고 원하는 색상을 설정합니다. 그리고 스크롤을 크기(Size)로 내려 Size를 variable로 변경한 후 Select column을 인구(Population)로 설정해줍니다. 마지막으로 최대 크기(Max size)를 설정한 후 '계속(Proceed)'을 클릭합니다.

Color
select column Region
color customize colors...
show color key
symbol opacity 1
show outlines
Size
size fixed size variable
select column Population
max size 49

**06** 시각화 툴팁을 테스트해봅니다. 적절한 주석과 제목, 데이터 출처를 추가한 후 '계속(Proceed)'을 클릭하여 '게시 및 임베딩(Publish & Embed)' 화면으로 넘어가 여러분의 작업물을 다른 사람과 공유하면 됩니다. 자세한 과정은 6.7절 '주석이 달린 차트'의 튜토리얼을 참조합니다. 다음 단계는 9장에서 배울 것입니다.

분산형 차트나 버블 차트 생성에 대한 더 많은 정보를 원한다면 데이터래퍼 아카데미 지원 사이트[66]를 방문하세요.

이제 데이터래퍼에서 분산형 차트를 만드는 방법을 배웠으니 다음 절에서는 태블로 퍼블릭이라는 다른 도구를 사용해 동일한 차트 유형을 만드는 방법을 알아보겠습니다. 이 강력한 도구를 사용하여 보다 복잡한 차트를 만들 수 있는 스킬을 쌓을 수 있습니다.

## 6.10 태블로 퍼블릭 차트

태블로는 많은 전문가와 조직에서 데이터를 분석하고 제시하는 데 사용하는 강력한 데이터 시각화 도구입니다. 이 책에서는 윈도우나 맥에서 이메일 주소만 제공함으로써 추가 비용 없이 받을 수 있는 무료 버전인 태블로 퍼블릭Tableau Public[67]에 초점을 맞춥니다. 태블로 퍼블릭은 유료 버전과 매우 유사하지만 한 가지 중요한 차이점이 있습니다. 이름에서 알 수 있듯이 여러분이 제작한 데이터 시각화 결과물은 모두 공개된다는 점입니다. 따라서 공유해서 안 되는 민감한 데이터나 기밀성 데이터를 다룰 때는 태블로 퍼블릭을 사용하지 마세요.

태블로 퍼블릭은 이 책에서 소개하는 다른 드래그 앤드 드롭 도구와 다른 몇 가지 기능이 있습니다. 첫째, 2장의 스프레드시트 기술, 4장의 데이터 정리 방법, 13장에서 배울 지도 데이터를 변환하는 도구와 마찬가지로 태블로 퍼블릭 내부에서 데이터를 준비하고, 피벗하고, 조인할 수 있습니다. 둘째, 태블로 퍼블릭은 다른 무료 도구에 비해 많은 유형의 차트를 제공합니다. 셋째, 태블로 퍼블릭은 여러 가지 시각화(테이블, 차트, 지도 포함)를 대화형 대시보드 또는 스토리에 결합하여 웹사이트에 게시하고 임베딩할 수 있습니다. 태블로 퍼블릭이 제공하는 상세한 기능은 태블로 퍼블릭 리소스 페이지[68]를 확인하세요.

---

66 https://oreil.ly/q112s

67 https://public.tableau.com

68 https://oreil.ly/2QxcH

하지만 태블로 퍼블릭에도 몇 가지 단점이 있습니다. 첫째, 애플리케이션을 처음 설치하고 시작하는 데 몇 분 정도의 시간이 소요됩니다. 둘째, 디자인 인터페이스가 다소 복잡합니다. 차트나 지도를 만들기 위한 드래그 앤드 드롭 레이아웃이 다소 혼란스럽고 데이터 용어의 내부 어휘가 익숙하지 않을 수도 있습니다. 태블로 퍼블릭은 매우 강력한 도구이긴 하지만 너무 많은 옵션을 제공하는 것이 단점이 되기도 합니다.

다음 절에서는 태블로 퍼블릭의 기본 사항부터 시작하여 단계별 튜토리얼을 통해 두 가지 유형의 차트를 만드는 간단한 작업을 할 것입니다. 먼저 앞서 배운 스킬을 기반으로 태블로 퍼블릭에서 분산형 차트를 만들어볼 것입니다. 그리고 6.12절 '필터링된 선 차트'에서는 대화형 시각화 디자인의 강점을 대표하는 필터링 기능을 추가한 선 차트를 만드는 방법을 배웁니다.

## 6.11 태블로 퍼블릭으로 만드는 분산형 차트

분산형 차트는 x축과 y축에 배치된 두 데이터셋 간의 관계를 보여줌으로써 잠재된 상관관계를 알아보는 데 가장 적합합니다. 태블로 퍼블릭을 사용하면 커서를 포인터에 갖다 대면 데이터에 대한 더 자세한 정보를 보여주는 대화형 분산형 차트를 만들 수 있습니다. 6.9.1절 '구글 시트로 분산형 차트 만들기'에서처럼 데이터를 3개 열로 구성합니다. 첫 번째 열에는 데이터 레이블, 두 번째 열에는 x축에 나타낼 데이터, 세 번째 축에는 y축에 나타낼 데이터를 배열합니다. 그러면 [그림 6-32]와 같은 대화형 분산형 차트를 만들 수 있습니다. 이 차트를 살펴보면 코네티컷 공립학교 지역의 가계 소득과 시험 점수(초등학교 6학년 수학과 영어의 전국 평균 이상 또는 이하) 사이에 강한 상관관계가 있음을 알 수 있습니다. 관련 데이터나 시각화에 대해 더 자세히 알고 싶다면 스탠퍼드 교육 데이터 아카이브Stanford Education Data Archive[69]의 숀 리어던 외, 뉴욕 타임스[70]의 모토코 리치 외, 코네티컷 미러/트렌트 코네티컷CT Mirror/Trend CT[71]의 앤드루 바 트란, TrendCT 깃허브 레포지토리[72]를 참조하세요.

---

69 https://oreil.ly/xCt37
70 https://oreil.ly/r0hig
71 https://oreil.ly/90uN0
72 https://oreil.ly/_5xyz

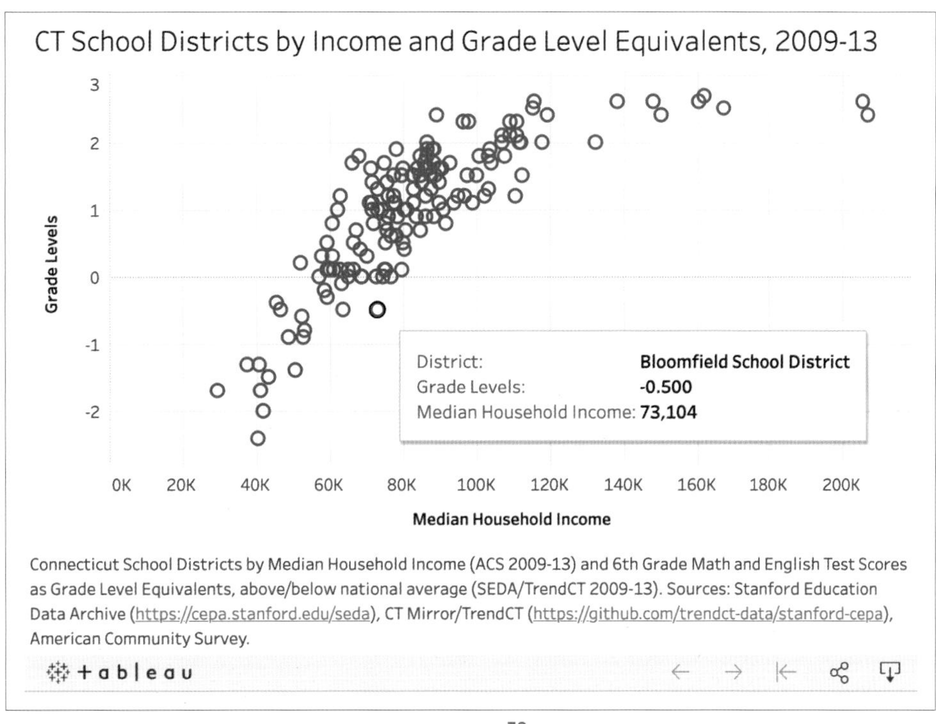


**그림 6-32** 태블로 퍼블릭으로 그린 분산형 차트. 대화형 버전[73]을 살펴보세요. 데이터 출처: CT Mirror/TrendCT and Stanford CEPA[74]

태블로 퍼블릭의 샘플 데이터를 사용해 분산형 차트를 만들려면 다음 튜토리얼을 따라 합니다.

## 6.11.1 태블로 퍼블릭 설치하고 데이터 연결하기

다음 단계를 따라 태블로 퍼블릭을 설치하고 실행한 후 여러분의 데이터를 연결합니다.

**01** 엑셀 유형의 코네티컷 지역-소득-등급 샘플 데이터[75]를 다운로드하거나 구글 시트 버전[76]을 다운로드합니다. 데이터 파일은 지역, 가계 중간 소득, 테스트 점수 수준 등 세 개의 열로 구성되어 있습니다.

---

73 https://oreil.ly/2cWge

74 https://oreil.ly/18Vgl

75 https://oreil.ly/pYkFT

76 https://oreil.ly/l2vDp

**02** 맥 또는 윈도우용 무료 태블로 퍼블릭[77] 데스크톱 애플리케이션을 다운로드하고 설치합니다. 다운로드하고 설치하는 데 몇 분이 걸릴 수 있으며, 시스템을 재부팅하므로 현재 작업 중인 파일이 있다면 미리 저장합니다. 태블로 퍼블릭의 시작 페이지는 '연결(Connect)', '열기(Open)', '더 알아보기(Discover)' 세 개 섹션으로 구성됩니다.

**03** '연결' 섹션에서 마이크로소프트 엑셀 파일을 업로드하거나 '텍스트 파일(Text file)'을 선택하여 CSV 파일을 업로드하거나 다른 옵션을 선택할 수 있습니다. 구글 시트와 같은 서버에 연결하려면 '자세히...(More...)'를 클릭하고 여러분의 계정에 연결합니다. 성공적으로 데이터 원본에 연결했다면 '연결' 섹션의 '데이터 소스(Data Source)' 탭에서 확인 가능합니다. 시트 아래에 '데이터(data)'와 '노트(notes)'라는 두 개의 테이블이 보여야 합니다.

**04** 'data' 시트를 '여기로 테이블 끌기' 영역으로 드래그합니다. 끌어서 놓기 영역 아래에 테이블의 미리 보기가 표시됩니다. 이제 여러분은 하나의 데이터 소스를 태블로 퍼블릭에 성공적으로 연결했으며 첫 번째 태블로 차트를 만들 준비가 되었습니다.

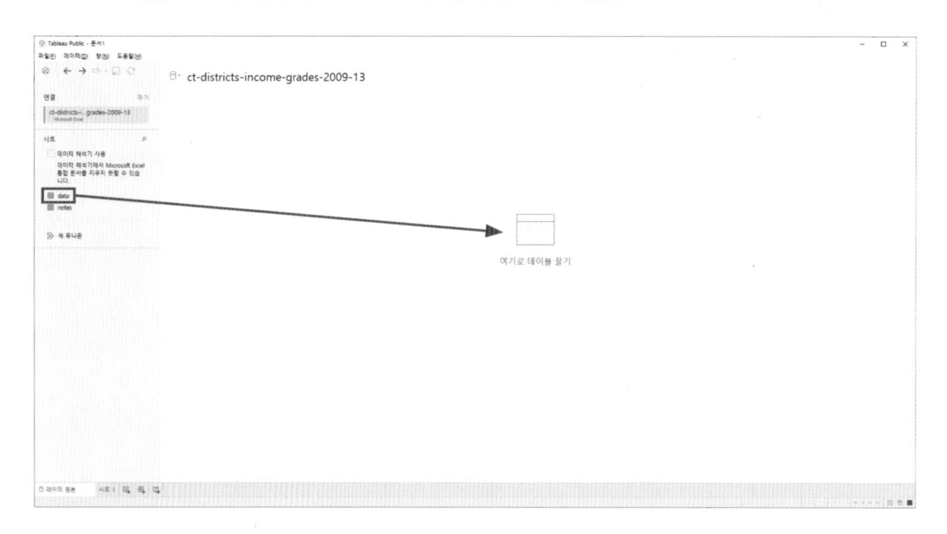


## 6.11.2 워크시트에서 분산형 차트 만들기

이제 태블로 퍼블릭 워크시트에서 분산형 차트를 만들어보겠습니다.

---

77 https://public.tableau.com

**01** '데이터 소스' 화면에서 왼쪽 하단에 있는 주황색 '시트 1'을 클릭해 차트를 만들 워크시트로 이동합니다.

비록 처음에는 다소 어렵게 느껴질 수 있겠지만 핵심은 데이터 패널(왼쪽)에서 아이템을 드래그해 메인 워크시트로 가져오는 방법을 배우는 것입니다. 태블로는 모든 데이터 필드를 파란색(이산값, 대부분 텍스트 필드 또는 수치형 레이블) 또는 초록색(연속값, 대부분 숫자)으로 표시합니다.

**02** 등급 수준(Grade Levels)을 행(Rows) 필드로 드래그합니다. 다음 화면에 각 아이템을 어떻게 드래그 앤드 드롭해야 하는지 표시했습니다. 태블로는 자동으로 합계 함수를 적용합니다. 드래그해서 놓으면 자동으로 '`합계(Grade Levels)`'가 나타나는 것을 확인할 수 있으며, 차트 영역에 파란색 막대가 생긴 것을 확인할 수 있습니다. 아직까지는 감이 잘 오지 않겠지만 다른 데이터 필드를 추가해가며 계속해서 살펴봅시다.

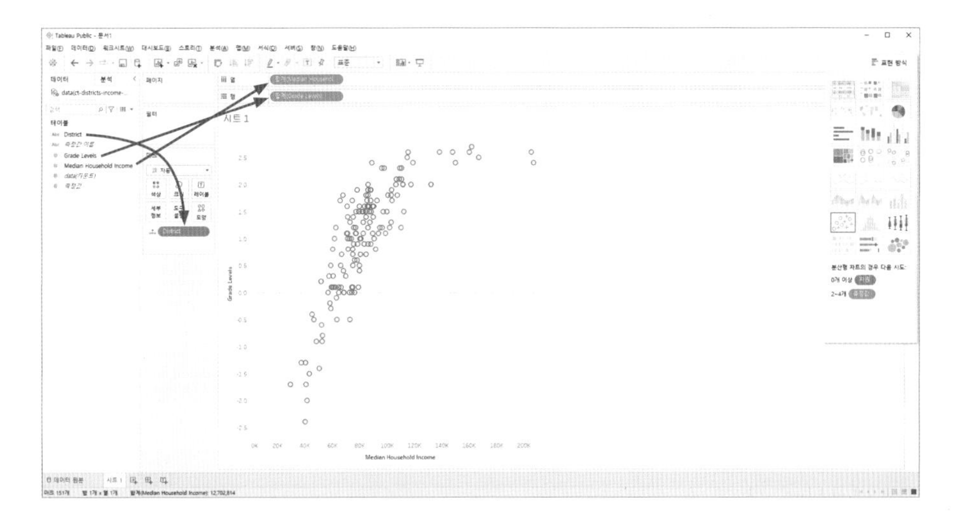


**03** 평균 가계 소득(Median Household Income)을 열(Columns) 필드로 드래그합니다. 일반적으로 어떤 아이템을 행 필드에 놓고 어떤 아이템을 열 필드에 놓아야 하는지 헷갈리는 경우가 많습니다. 하지만 열(Columns)은 x축, 행(Rows)은 y축을 나타낸다고 보면 편리합니다. 태블로는 합계 함수를 적용하므로 '`합계(Median Household Income)`'가 표시됩니다. 방금 전에 생성된 막대 차트는 자동으로 오른쪽 상단에 하나의 데이터 포인트만 있는 분산형 차트로 바뀌게 됩니다. 이는 두 데이터가 합쳐졌기 때문입니다(`SUM` 함수를 기억하세요).

**04** 우리는 합쳐진 평균 가계 소득 데이터와 시험 점수 등급 수준 데이터를 분해하길 원합니다. 이를 위해서는 지역(District) 차원을 드래그해서 마크(Marks) 카드 안의 '세부 정보' 필드에 놓습니다. 그러면 우리가 원했던 모양의 분산형 차트가 생성되는 것을 확인할 수 있습니다. 포인트에 커서를 갖다 대면 포인트와 연결된 세 가지 값을 볼 수 있습니다.

### 6.11.3 제목과 캡션 추가하고 게시하기

차트 작성 영역 위에 있는 기본 '시트 1' 제목을 두 번 클릭하여 분산 차트에 의미 있는 제목을 지정합니다. 여기에서는 제목을 '첫 번째 분산형 차트'라고 지정했습니다. 데이터 출처, 시각화를 작성한 사용자 및 시기, 기타 세부 정보 등 차트에 대한 자세한 정보를 제공하여 작업에 대한 신뢰도를 추가합니다. 태블로 차트와 함께 제공되는 텍스트 블록인 '캡션' 내에서 이 작업을 수행할 수 있습니다. 메뉴에서 '워크시트 > 캡션 표시'를 클릭해 캡션 블록을 추가할 수 있으며, 캡션 블록을 더블클릭하여 텍스트를 편집할 수 있습니다. 결과적으로 수정을 거친 차트는 [그림 6-33]과 같게 됩니다.

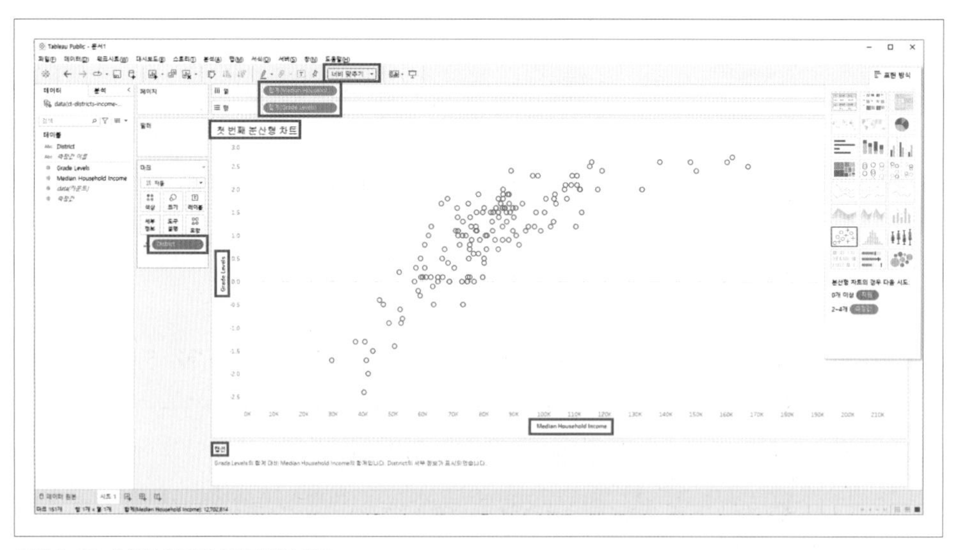


**그림 6-33** 게시할 준비가 된 분산형 차트

**TIP** 열 필드 위에 있는 드롭다운 버튼을 클릭하고 메뉴에서 '표준'을 '너비 맞추기'로 바꾸면 수평 공간을 100% 활용할 수 있습니다.

**01** 공공 웹에 대화형 차트를 게시하려면 '파일 > Tableau Public에 저장'을 클릭합니다. 그러면 계정에 로그인할 수 있는 태블로 퍼블릭 로그인 창이 표시됩니다. 만약 계정이 없다면 '지금 무료로 만들기' 버튼을 클릭해 계정을 만들고 로그인 세부 정보를 암호 관리자(패스워드 매니저)에 기입합니다.

**02** 로그인하면 워크북 제목을 설정하는 창이 뜹니다. 디폴트로 설정된 '문서1'이라는 제목을 의미 있는 제목으로 변경합니다. 이 제목은 여러분의 작업물을 게시하는 공공 웹 주소에 나타납니다. '저장' 버튼을 클릭합니다.

**03** 공공 웹에 워크북을 저장하면 태블로 퍼블릭은 기본 브라우저에 시각화와 함께 창을 엽니다. 차트에서 '편집'을 클릭해 제목과 설명 부분을 편집할 수 있습니다. 그리고 '설정'에서 '액세스 허용: 다른 사용자가 이 비주얼리제이션의 복사본을 다운로드하거나 만들 수 있습니다'를 ON합니다. 만약 여러분의 시각화 작업물을 웹에 게시하고 싶다면 다른 사람이 여러분 작업물을 다운로드할 수 있도록 ON할 것을 추천합니다.

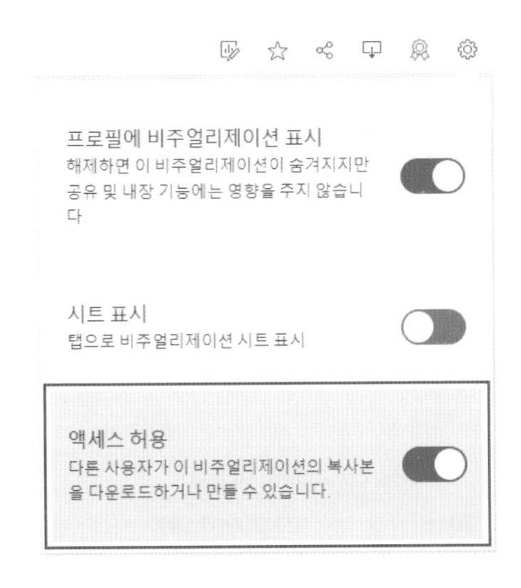


**TIP** 여러분의 태블로 퍼블릭 시각화 포트폴리오는 `https://public.tableau.com/profile/`*`USERNAME`*에서 확인 가능합니다. *USERNAME* 부분만 여러분의 계정으로 변경해주면 됩니다.

대화형 버전의 차트를 웹 페이지에 삽입하고 싶다면 9.2절 '임베드 코드 또는 iframe 태그 가져오기'를 참조하세요.

## 6.12 필터링된 선 차트

태블로 퍼블릭에서 분산형 차트를 만드는 방법을 배웠으니 이제 태블로 퍼블릭의 장점을 극대화할 수 있는 새로운 유형의 차트를 살펴봅시다. 이 책은 프린트물이나 PDF 파일에서 흔히 볼 수 있는 정적인 차트 대신 더 많은 데이터를 보여줄 수 있는 **대화형 차트**를 다룬다는 것이 특징입니다. 물론 대화형 차트를 디자인할 때 여러분이 원하는 만큼의 데이터만 보여주도록 디자인할 수도 있습니다. 즉, 대화형 시각화는 사용자에게 한 번에 모든 정보를 주지 않고, 사용자가 직접 정보를 '발굴'하고 특정 데이터 포인트나 패턴을 찾게 할 수 있는 데이터 탐색 도구가 될 수 있습니다.

이번 튜토리얼에서는 태블로 퍼블릭으로 필터링된 대화형 선 차트를 만들어 시간이 지남에 따라 여러 국가에서 인터넷 액세스가 어떻게 변경되었는지 시각화할 것입니다. 먼저 데이터를 [그림 6-34]처럼 3개의 열로 정리합니다. 첫 번째 열(CountryName)에는 여러 색상의 선으로 표현될 데이터 레이블이 들어 있습니다. 두 번째 열(Year)에는 x축에 표현될 수치 데이터, 세 번째 열인 인터넷 사용자 백분율(PercentInternetUsers)에는 y축에 표현될 수치 데이터가 담겨 있습니다. 이제 체크박스를 통해 필터링된 선 차트를 만들 수 있습니다. 앞서 이야기한 것처럼 처음부터 너무 과도한 정보를 주지 않으려면 [그림 6-35]처럼 선택한 선만 보여주고, 토글 키를 추가하는 동시에 마우스 커서를 갖다 댔을 때 추가 정보를 확인할 수 있는 툴팁 기능을 추가합니다.

fx

|  | A | B | C |
|---|---|---|---|
| 1 | CountryName | Year | PercentInternetUsers |
| 839 | Cameroon | 2016 | 23.20297197 |
| 840 | Cameroon | 2017 | 23.20297197 |
| 841 | Cameroon | 2018 |  |
| 842 | Canada | 1995 | 4.163525253 |
| 843 | Canada | 1996 | 6.76023965 |
| 844 | Canada | 1997 | 15.07235736 |
| 845 | Canada | 1998 | 24.8974003 |

**그림 6-34** 필터링된 선 차트를 만들기 위해 데이터를 데이터 레이블, 연도, 인터넷 사용자 백분율의 3개 열로 정리한다.

태블로 퍼블릭에서 이 샘플 데이터를 사용하여 필터링된 선 차트를 만들려면 튜토리얼을 따라 하세요. 여러분이 이미 태블로 퍼블릭 데스크톱 애플리케이션을 설치했고, 6.11절 '태블로 퍼블릭으로 만드는 분산형 차트'를 실습해서 태블로 퍼블릭 사용에 익숙하다고 가정합니다. 따라서 다음 단계에서는 간략하게 설명합니다.

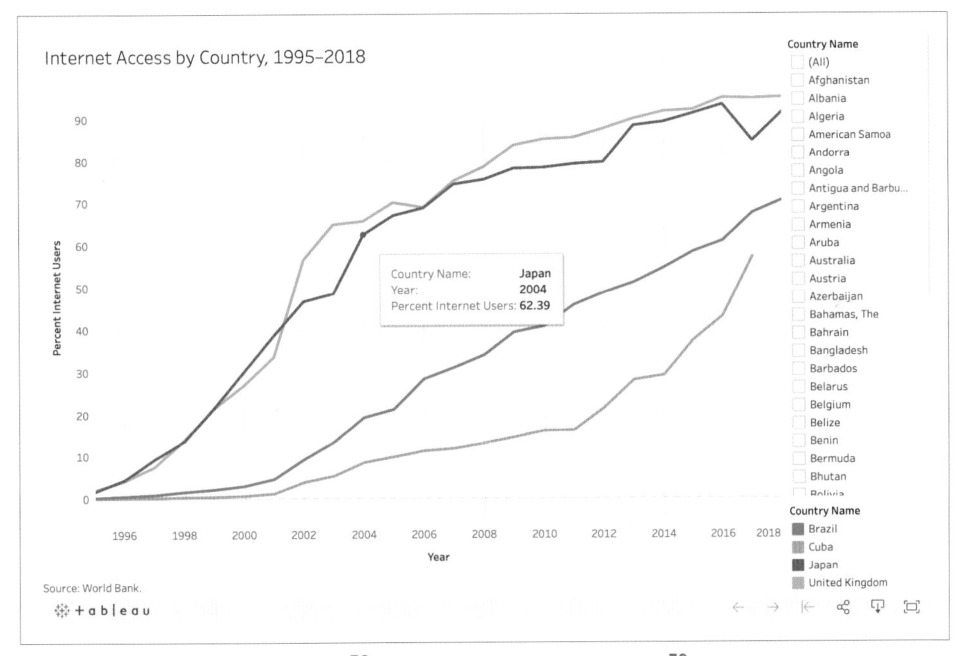


그림 6-35 필터링된 선 차트. 대화형 버전[78]을 살펴보세요. 데이터 출처: 세계은행[79]

## 6.12.1 데이터를 태블로 퍼블릭에 연결하기

다음 단계에 따라 데이터를 열고 애플리케이션에 연결합니다.

**01** 엑셀 유형의 세계은행 인터넷 사용자 1995-2018 샘플 데이터[80]를 다운로드하거나 구글 시트 버전[81]을 다운로드합니다. 파일은 데이터 레이블, 연도, 수치 데이터의 3개 열로 구성되어 있습니다.

---

78 https://oreil.ly/W34xg
79 https://oreil.ly/POMyn
80 https://oreil.ly/2sdhd
81 https://oreil.ly/vh4fx

**02** 태블로 퍼블릭을 열고 '연결' 섹션에서 마이크로소프트 엑셀 파일을 업로드하거나 '텍스트 파일(Text file)'을 선택하여 CSV 파일을 업로드하거나 다른 옵션을 선택할 수 있습니다. 구글 시트와 같은 서버에 연결하려면 '자세히...(More...)'를 클릭하고 여러분 계정에 연결합니다. 성공적으로 데이터 원본에 연결했다면 연결 섹션의 '데이터 소스(Data Source)' 탭에서 확인 가능합니다. 시트 아래에 '데이터(data)'와 '노트(notes)'라는 두 개의 테이블이 보여야 합니다. 'data' 시트를 '여기로 테이블 끌기' 영역으로 드래그합니다. 끌어서 놓기 영역 아래에 테이블의 미리 보기가 표시됩니다.

**03** '데이터 소스' 화면에서 왼쪽 하단에 있는 주황색 '시트 1'을 클릭해 차트를 만들 워크시트로 이동합니다.

워크시트에서 변수는 왼쪽의 '테이블' 섹션에 있는 것을 확인할 수 있습니다. 원래 변수는 일반 폰트로 표시되고, 생성된 변수는 이탤릭체로 표시됩니다(예를 들면 태블로 퍼블릭이 Country Name을 통해 추축한 '*경도*'와 '*위도*'). 이제 대화형 차트를 만들 준비가 되었습니다.

### 6.12.2 필터링된 선 차트 만들고 게시하기

다음 단계에 따라 시각화를 만들고 온라인에 게시하세요.

**01** 연도(year) 변수를 열 필드로 드래그합니다. 그러면 x축을 따라 연도를 배치할 것입니다.

**02** 인터넷 사용자 비율(Percent Internet Users) 변수를 행 필드로 드래그합니다. 해당 값이 자동으로 '합계(`Percent Internet Users`)'로 변경됩니다. 그리고 각 연도에 대한 백분율을 합한 선 차트가 생성된 것을 볼 수 있습니다. 이 차트는 우리가 원하는 차트가 아니기 때문에 지금부터 수정하겠습니다.

**03** 결합된 데이터를 분해하기 위해 국가 이름(Country Name)을 '마크' 카드 안의 '색상(Color)' 필드로 드래그합니다. 그러면 태블로는 권장 색상 수가 20개를 초과하지 않아야 한다고 경고합니다. 우리는 체크박스 필터링을 추가할 것이기 때문에 이 경고를 무시하고 '모든 멤버 추가' 버튼을 클릭합니다.

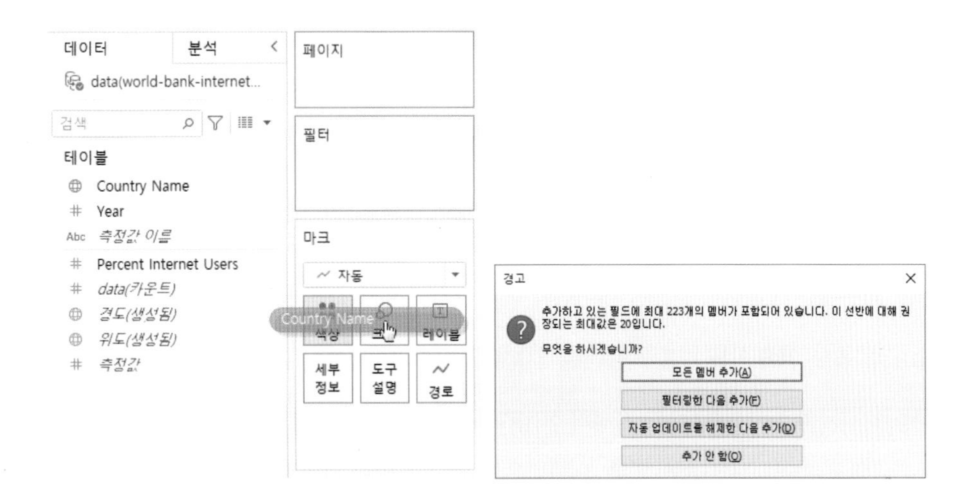


**04** 그러면 스파게티 면 같은 여러 가지 색의 수많은 선이 나타날 것입니다. 필터링 기능을 더하기 위해 국가 이름(Country Name)을 드래그해 '필터' 카드 위에 올려놓습니다. 그리고 필터 창이 뜨면 모든 국가가 선택되어 있는지 확인한 후 '확인'을 누릅니다.

**05** '필터' 카드에서 '국가 이름' 심벌을 누르고 '필터 표시'를 선택합니다.

**06** 차트 오른쪽에 모든 확인란이 있는 옵션 목록이 표시됩니다. '(전체)' 체크박스를 해제해 모든 옵션을 지우고 몇몇 국가만 선택해 잘 작동하는지 확인해봅니다. 이 단계에서 선택한 국가는 아래 선택된 항목에 추가됩니다. 아마 여러분이 선택한 국가 가운데 색이 겹치는 국가가 있을 수도 있습니다. 이때는 선택된 항목에서 국가 이름 왼쪽에 있는 색상 상자를

더블클릭하거나 마우스 왼쪽 클릭하고 '색상 편집'을 선택해 색상을 바꿔줍니다. 현재 선택한 국가의 선 색상이 유니크하더라도 팔레트에서 제공하는 색상이 최대 20가지이기 때문에 한계가 없는 것은 아닙니다. 하지만 불행히도 이 문제를 해결할 방법은 아직 없습니다.

**07** '시트 1'을 더블클릭해 '국가별 인터넷 접근성, 1995-2018'처럼 의미 있는 제목으로 변경해줍니다. 그리고 메뉴에서 '워크시트 > 캡션 표시'를 클릭해 캡션 블록을 추가해줍니다. 이곳에는 여러분이 사용한 데이터의 출처인 세계은행과 여러분의 이름을 추가합니다.

**08** 열 필드 위에 있는 드롭다운 메뉴에서 '표준'을 '너비 맞추기'로 변경합니다.

**09** 데이터가 1995년부터 시작해서 2018년에 끝남에도 불구하고 실제 차트에서 보이는 x축(연도)은 1994년에 시작해 2020년으로 끝나는 것을 확인할 수 있습니다. 따라서 x축을 더블클릭해 범위를 '자동'에서 1995년에 시작해 2018년에 끝날 수 있도록 '고정'으로 바꿔줍니다. 창을 닫으면 구석에 빈 공간이 사라졌음을 알 수 있습니다.

**10** 여러분이 만든 선 차트가 아래 그림과 같다면 이제 웹상에 게시할 준비가 된 것입니다. '파일 > Tableau Public에 저장'을 선택하고 여러분의 계정으로 로그인합니다. 아직 계정을 만들지 않았다면 새로운 계정을 만듭니다. 다음 단계에 대한 자세한 사항은 6.11절 '태블로 퍼블릭으로 만드는 분산형 차트'를 참조하세요.

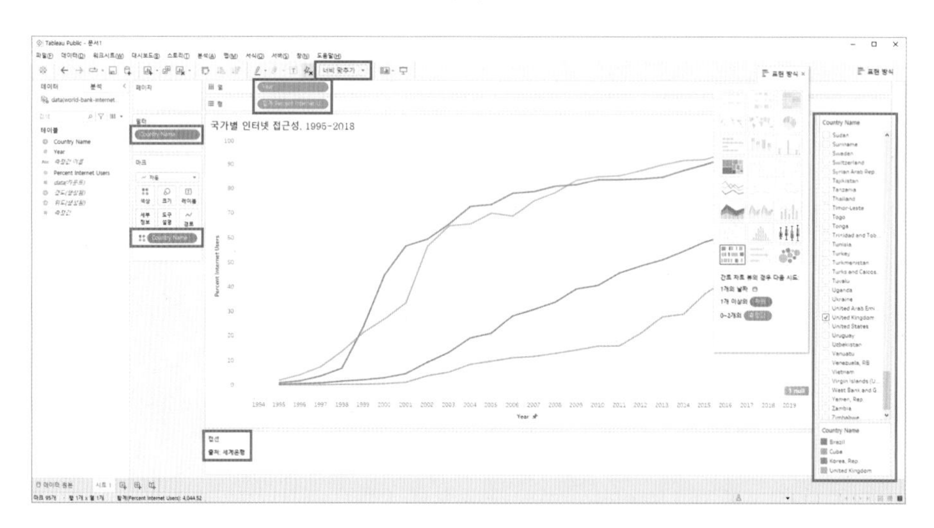


대화형 버전을 웹 페이지에 삽입하려면 9.2절 '임베드 코드 또는 iframe 태그 가져오기'를 참조하세요.

## 6.13 마치며

독자들을 여러분의 이야기 속으로 더 깊이 끌어당기고, 데이터에 잠재되어 있는 정보를 탐색하도록 격려하는 대화형 차트를 만들 수 있게 된 것을 축하합니다! 계속해서 새로운 차트를 만들어가며 차트 유형을 데이터 형식과 강조하고자 하는 스토리와 일치시키세요. 또한 이 장 처음에 살펴본 원칙과 미적 지침에 따라 차트를 디자인해야 합니다. 요즘은 클릭 몇 번으로 차트를 만들 수 있는 시대이기 때문에 오히려 데이터에 숨어 있는 의미 있는 패턴을 보여주는 신중하게 디자인한 차트가 사람들의 이목을 끌 것입니다.

이 장에서는 구글 시트, 데이터래퍼, 태블로 퍼블릭을 활용해 다양한 유형의 대화형 차트를 만드는 방법을 배웠습니다. 오픈 소스 코드를 사용한 고급 차트 디자인은 11장에서 살펴볼 것입니다. 고급 차트 디자인 방법을 통해 데이터를 다루고 시각화하는 능력을 향상시킬 수 있지만 이를 위해서는 먼저 10장에서 깃허브 코드 템플릿을 수정하고 호스트하는 방법을 배워야 합니다.

7장에서도 지금까지와 비슷한 방식으로 다양한 지도 유형, 디자인 원칙, 공간 데이터spatial data로 대화형 차트를 만드는 실습 튜토리얼을 소개합니다. 9장에서는 대화형 차트를 여러분 웹사이트에 임베딩하는 방법을 살펴볼 것입니다.

CHAPTER 7

# 데이터를 지도로 시각화하기

지도는 독자들을 공간적 차원이 포함된 데이터로 끌어들이는 동시에 공간 감각을 더 강하게 만들어줍니다. 지도에서 데이터 포인트 사이의 상대적 거리를 보거나 코로플레스 지도choropleth map(등치 지역도 또는 단계 구분도라고도 함. 색상이 다른 다각형으로 데이터값을 표현한 지도)에서 지리적 패턴을 식별하면 단순히 텍스트, 테이블 또는 차트보다 더 효과적으로 정보를 독자들에게 전달할 수 있습니다. 그러나 데이터로부터 핵심 통찰력을 제공하는 의미 있는 지도를 만들기 위해서는 디자인 선택에 대해 명확하게 생각해야 합니다.

이 장에서는 지도 디자인의 원칙을 살펴보고 7.1절 '지도 디자인 원칙'에서 좋은 지도와 나쁜 지도를 구분할 것입니다. 또한 모든 지도에 적용할 수 있는 규칙과 코로플레스 지도를 만들기 위한 세부적인 지침을 알아봅니다. 많은 도구가 지도를 정적 이미지 형태로 다운로드할 수 있게 제공하지만 이 책에서는 독자들이 웹 브라우저에서 데이터를 확대하고 탐색할 수 있는 대화형 지도를 만드는 방법도 보여줍니다. 9장에서는 대화형 지도를 웹사이트에 임베딩하는 방법을 배웁니다.

지도 유형은 크게 두 가지 요소, 즉 데이터의 형식과 전달하고자 하는 스토리의 종류에 따라 결정됩니다. [표 7-1]에서 이 책에서 만들 수 있는 다양한 유형의 지도를 살펴보기 바랍니다. 예를 들어 포인트 지도point map는 카테고리(예: 병원)를 나타내기 위해 컬러 마커colored marker로 특정 위치를 표시하는 데 가장 효과적이고, 코로플레스 지도는 미국 주별 출생률처럼 지역 상대적인 데이터를 보여주기 적합합니다. 지도 유형을 선택한 후에는 다음 절에서 설명하는 도구 권장 사항과 단계별 튜토리얼을 따라 하세요. 이 책은 7.4절 '구글 내 지도로 만드는 포인트 지도', 7.5절 '데이터래퍼로 만드는 심벌 포인트 지도', 7.7절 '태블로 퍼블릭으로 만드는 코로플레스 지도', 7.8절 '소크라타 오픈 데이터로 만드는 실시간 지도' 등 드래그 앤드 드롭 메뉴로 구성되어 쉽게 사용할 수 있는 도구를 중점적으로 다룹니다. 물론 12장에서는 리플릿 코드 템플릿과 같이 시각화를 사용자 정의하고 호스팅할 수 있는 더 많은 제어 기능을 제공하는 강력한 도구도 설명합니다. 이러한 고급 도구를 사용하려면 10장에서 깃허브에서 코드 템플릿을 편집하고 호스팅하는 방법을 배워야 합니다.

**표 7-1** 기본 지도 유형 사용 방법 및 튜토리얼

<table>
<tr><th>지도</th><th>사용 방법 및 튜토리얼</th></tr>
<tr><td>커스텀 아이콘으로 만드는 포인트 지도<br><br></td><td>카테고리에 대해 사용자 정의된 컬러 마커를 사용하여 특정 위치(예: 주소)를 표시하고 팝업 창에 텍스트 및 이미지를 표시하는 데 가장 적합합니다.<br>• 쉬운 도구: 7.4절 '구글 내 지도로 만드는 포인트 지도'<br>• 강력한 도구: 12.1절 '구글 시트로 만드는 리플릿 맵'</td></tr>
<tr><td>심벌 포인트 지도<br>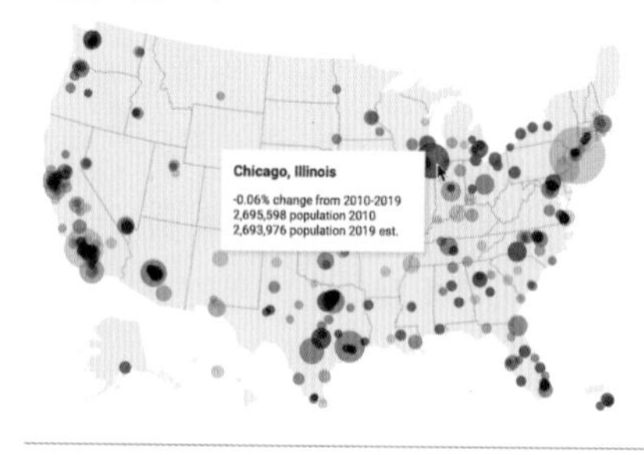<br></td><td>특정 지역(예: 도시)의 데이터(예: 인구 증가)를 가변 크기 형태나 색상으로 표시하기에 적합합니다.<br>• 쉬운 도구: 7.5절 '데이터래퍼로 만드는 심벌 포인트 지도'</td></tr>
<tr><td>코로플레스 지도<br>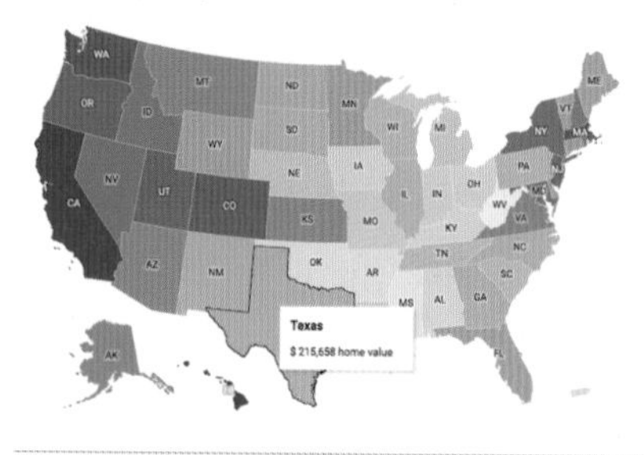<br></td><td>데이터값을 나타내기 위해 다각형을 색칠하여 지리적 영역(예: 지역 또는 국가)에 걸쳐 패턴을 표시하는 데 적합합니다.<br>• 쉬운 도구: 7.6절 '데이터래퍼로 만드는 코로플레스 지도' 또는 7.7절 '태블로 퍼블릭으로 만드는 코로플레스 지도'<br>• 강력한 도구: 12.1절 '구글 시트로 만드는 리플릿 맵'</td></tr>
</table>

| 지도 | 사용 방법 및 튜토리얼 |
|---|---|

### 히트 포인트 지도

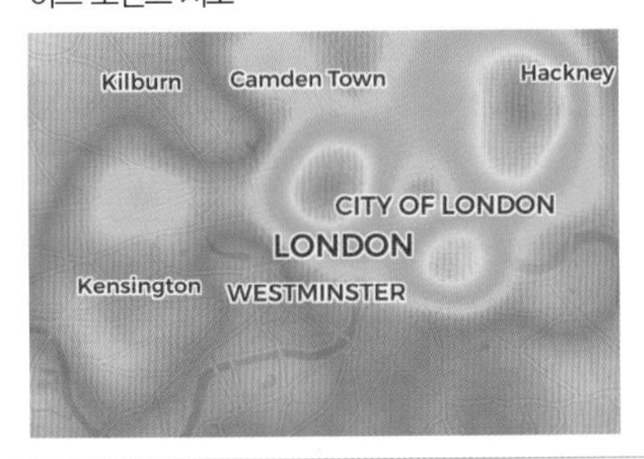


높은 빈도 또는 사례 밀도를 강조하기 위해 점 군집(클러스터)을 컬러 핫스폿으로 표시하는 데 적합합니다.

- 강력한 도구: 12.5절 'CSV 데이터로 만드는 리플릿 히트맵 포인트'

### 스토리 지도

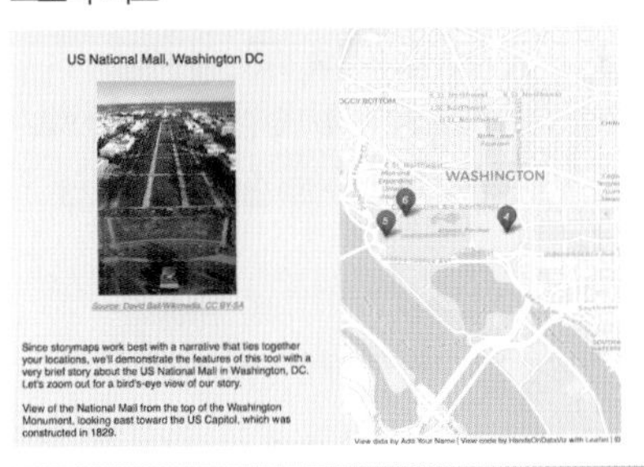


텍스트, 이미지, 오디오, 비디오 및 스캔한 지도 배경을 표시하기 위해 스크롤되는 설명과 함께 포인트별 안내 투어를 보여주는 데 적합합니다.

- 강력한 도구: 12.1절 '구글 시트로 만드는 리플릿 맵'

### 폴리라인 지도

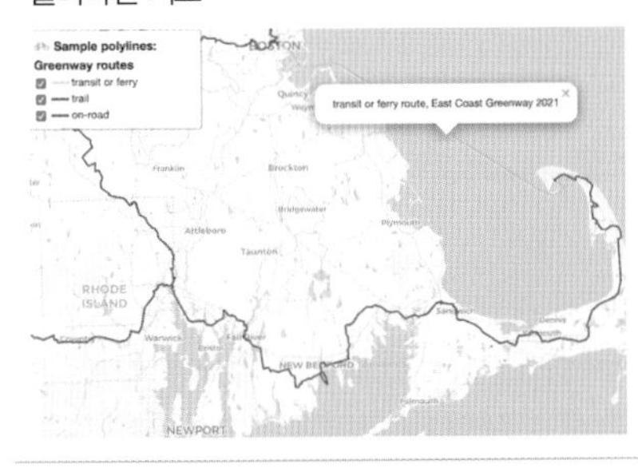


경로(예: 산책로 또는 환승)를 다양한 카테고리의 색상으로 표시하는 데 적합합니다.

- 쉬운 도구: 7.4절 '구글 내 지도로 만드는 포인트 지도'
- 강력한 도구: 12.1절 '구글 시트로 만드는 리플릿 맵'

### 맞춤형 포인트-폴리라인-폴리곤 지도

카테고리별로 제작한 사용자 아이콘, 데이터값을 나타내기 위해 색으로 표현한 구역과 함께 포인트, 폴리라인 또는 폴리곤의 조합을 표시하는 데 적합합니다.

- 강력한 도구: 12.1절 '구글 시트로 만드는 리플릿 맵'

<table>
<tr><th>지도</th><th>사용 방법 및 튜토리얼</th></tr>
<tr><td>검색 가능한 포인트 지도<br>
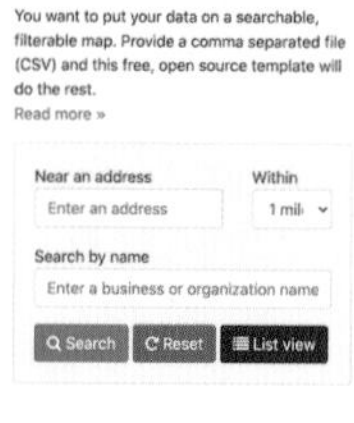

</td>
<td>사용자가 이름 또는 근접성을 기준으로 검색하거나 카테고리별로 필터링할 수 있는 특정 위치를 목록 보기로 표시하는 데 적합합니다.<br>
• 강력한 도구: 12.6절 '검색 가능한 리플릿 포인트 지도'</td></tr>
<tr><td>오픈 데이터로 만든 실시간 지도<br>
Fatal Crashes in New York City, Last 365 Days<br>
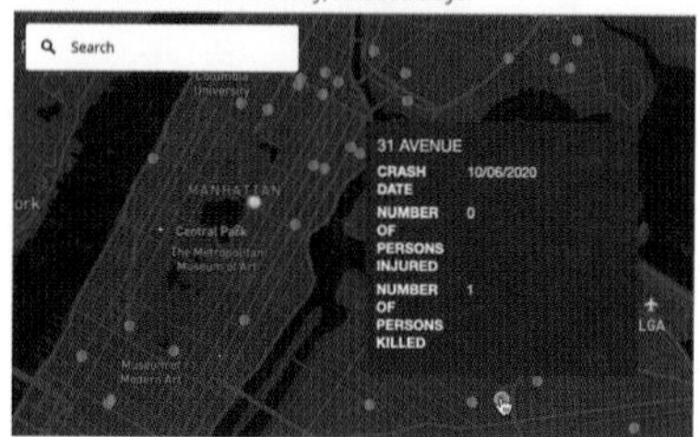
</td>
<td>오픈 데이터 소스를 활용해 실시간 정보를 제공하는 지도<br>
• 쉬운 도구: 7.8절 '소크라타 오픈 데이터로 만드는 실시간 지도'<br>
• 강력한 도구: 12.7절 '오픈 데이터 API로 만드는 리플릿 맵'</td></tr>
</table>

## 7.1 지도 디자인 원칙

오늘날 수집된 데이터의 대부분은 매핑할 수 있는 공간 구성 요소를 포함합니다. 도시 주소를 조회하든 숲에 있는 나무를 사진 찍든 둘 다 지도의 특정 포인트로 지오코딩할 수 있습니다. 우리는 또한 이웃이나 국가의 지리적 경계를 나타내기 위해 선과 모양을 그릴 수 있고, 인구와 소득 같은 다른 가치를 나타내기 위해 색상을 칠할 수 있습니다.

그러나 데이터를 지도로 만들 수 있다고 해서 항상 지도로 만들어야 하는 것은 아닙니다. 지도를 만들기 전에 멈추고 '**내가 전달하려는 이야기에 위치가 중요한가?**'라고 스스로에게 물어보세요. 데이터에 지리적 정보가 포함되어 있는 경우에도 차트가 지도보다 스토리를 더 잘 설명하는 경우가 있습니다. 예를 들어 막대 차트로 지리적 영역 간의 차이를 명확하게 표시하거나, 선 차트로 시간에 따라 서로 다른 비율로 상승 및 하강하는 방식을 추적하거나, 분산형 차트로 각 영역에 대한 두 개의 변수를 비교할 수 있습니다. 때로는 간단한 표나 심지어 텍스트만으로도 여러분의 요점을 청중에게 더 효과적으로 전달할 수 있습니다. 잘 디자인된 지도를 만들려면 많은 시간과 에너지가 필요하므로 실제로 여러분의 데이터 스토리를 향상시키세요.

6장에서 살펴봤듯이 데이터 시각화가 비록 과학의 영역은 아니지만 진실하고 의미 있는 지도를 만드는 기초가 되는 몇 가지 원칙과 모범 사례가 존재합니다. 이 절에서는 지도 디자인에 대한 몇 가지 규칙을 살펴봅니다. 여러분은 아마 어떤 규칙은 데이터를 진실하게 해석하기만 한다면 필요에 따라 가끔은 '어겨도 될 만큼' 엄격하지 않다는 사실에 놀랄 수 있습니다. 그 차이를 이해하기 위해 지도에 대한 공통 어휘를 구성 요소별로 나누어 설정하는 것부터 시작하겠습니다.

## 7.1.1 지도 해체하기

이 책은 대화형 웹 지도를 만드는 방법을 중점적으로 다룹니다. 대화형 웹 지도는 타일드 지도tiled map 또는 슬리피 지도slippy map라고도 부르는데, 그 이유는 매끄럽게 이어진 베이스맵basemap 타일 위에 있는 지도 데이터 레이어map data layer를 확대하거나 이동하며 탐색할 수 있기 때문입니다. 항공사진 이미지를 보여주는 베이스맵은 래스터 타일raster tiles이라고 알려진 반면 거리와 건물의 그림 이미지를 보여주는 베이스맵은 벡터 데이터로 만들어진 타일입니다. 레스터 지도 데이터는 가까워질수록 흐릿해지는 원본 이미지의 해상도에 의해 제한됩니다. 이와 반대로 벡터 지도 데이터는 [그림 7-1]처럼 줌 인하더라도 시각적 품질이 저하되지 않습니다. 이러한 개념에 대한 자세한 내용은 13.1절 '지리 공간 데이터와 GeoJSON'에서 살펴볼 것입니다.

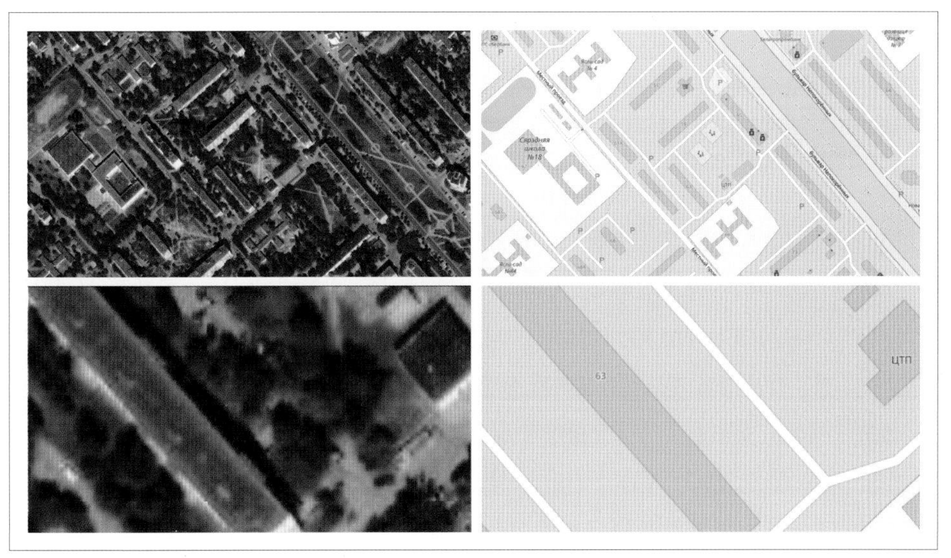


**그림 7-1** Esri World Imagery의 래스터 지도 데이터(왼쪽)와 OpenStreeMap의 벡터 지도 데이터(오른쪽)는 모두 벨라루스 모길료프(Mogilev)에 있는 일리야의 어린 시절 동네입니다. 래스터 지도 데이터는 확대하면 흐릿해지지만 벡터 지도 데이터는 확대해도 선명도를 유지합니다.

이제 [그림 7-2]를 보며 이 장에서 만들 대화형 지도의 기본 요소를 살펴봅시다. 가장 상위 레이어에는 일반적으로 **포인트**, **폴리라인**, **폴리곤**의 조합이 표시됩니다. 포인트는 집이나 회사의 거리 주소 같은 특정 장소를 표시하며, 때로는 위치 마커를 사용하여 각 포인트가 위도 및 경도 좌표로 표시됩니다. 예를 들어 `40.69, -74.04`는 뉴욕에 있는 자유의 여신상의 위치입니다. 폴리라인은 도로나 교통망과 같은 포인트가 연속적으로 연결된 선이며, 접두사인 '폴리ploy'를 통해 선이 여러 분기로 나눠질 수 있음을 알 수 있습니다. 폴리곤은 건물 흔적, 인구조사 구역, 주 또는 국가 경계처럼 닫힌 모양을 만드는 선의 모음입니다. 포인트, 폴리라인, 폴리곤은 기본적으로 위도 및 경도 좌표로 구성되므로 모두 벡터 데이터입니다.

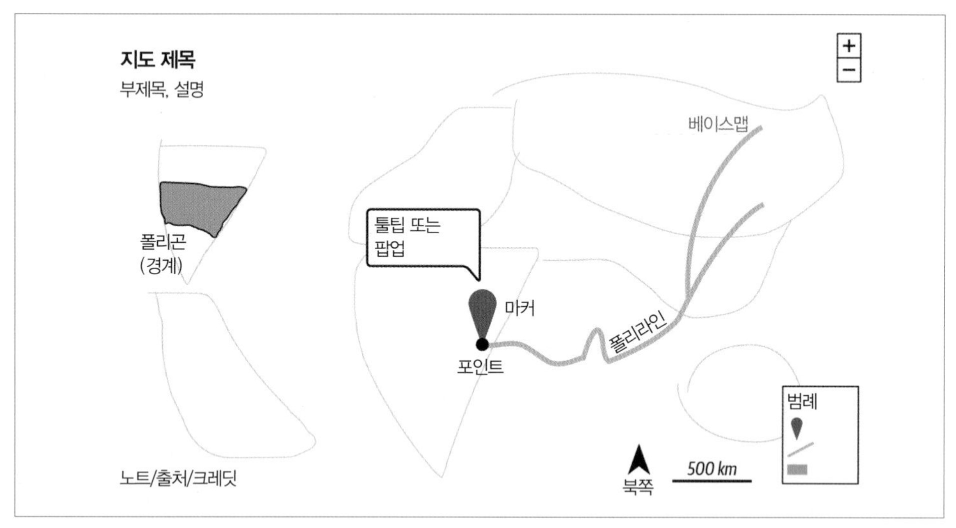


**그림 7-2** 대화형 지도의 핵심 요소

대화형 지도는 일반적으로 베이스맵 타일의 표시를 변경하고 다른 거리에서 표면을 볼 수 있는 **줌 컨트롤**(+ 및 − 버튼)을 포함하고 있습니다. 상단 레이어 지도 데이터는 숨겨진 **툴팁**(커서를 갖다 대면 나타남) 또는 **팝업 메뉴**(클릭하면 나타남)를 통해 해당 특성에 대한 추가 정보를 제공합니다. 전통적인 정적 지도처럼 **범례**는 심벌, 모양 및 색상의 의미를 알려줍니다. 그리고 **북쪽 화살표**나 **축척**을 제공해 독자에게 방향과 상대적 거리에 대한 정보를 제공합니다. 또한 차트와 마찬가지로 좋은 지도는 제목과 간단한 설명, 데이터 출처, 명확한 참고 사항(노트), 지도를 만드는 데 도움을 준 개인 또는 조직의 이름(크레딧)을 담고 있어야 합니다.

### 7.1.2 포인트와 폴리곤 데이터 명확히 하기

지도를 만들기 전에 데이터 형식과 지도가 나타내는 의미를 이해해야 합니다. 실수를 방지하기 위해 잠시 멈추고 다음 질문을 던져보세요. **'여러분의 데이터로 지도를 만들 수 있나요?'** 때때로 우리가 수집하는 정보에 지리적 요소가 없거나 일관된 정보가 없어 지도로 만들기 어렵거나 불가능한 경우도 있습니다. 만약 첫 번째 질문에 대한 대답이 '예'인 경우 다음 질문으로 넘어갑니다. **'데이터가 포인트 또는 폴리곤으로 만들어질 수 있나요?'** 사실 이 질문은 헷갈리기 쉽습니다. 방향path과 경로route를 나타내는 폴리라인과 달리 포인트와 폴리곤은 비슷하기 때문에 때로는 혼동되기도 합니다.

차이점을 이해하는 데 도움이 되도록 몇 가지 예를 살펴보겠습니다. 아래에 표시된 데이터 유형은 포인트일까요, 폴리곤일까요?

1. 36.48, −118.56 (조슈아트리 국립공원의 위도와 경도, 캘리포니아주)
2. 2008E 천문대 거리, 로스앤젤레스, 캘리포니아주
3. 헤이트 애시베리 거리, 샌프란시스코, 캘리포니아주
4. 발보아 공원, 샌디에이고, 캘리포니아주
5. 캘리포니아주 앨러미다 카운티 인구조사 구역 4087
6. 로스앤젤레스, 캘리포니아주
7. 샌디에이고 카운티, 캘리포니아주
8. 캘리포니아주

대부분의 경우 1번부터 4번까지는 지도 위에 포인트 마커로 표시될 수 있는 특정한 위치를 나타내기 때문에 포인트 데이터입니다. 반면 5번부터 8번까지는 닫힌 모양으로 지도 위에 표시될 수 있는 **지리적 경계**를 나타내기 때문에 일반적으로 **폴리곤** 데이터입니다. 포인트와 폴리곤 지도의 예는 앞서 살펴본 [표 7-1]을 참조하세요.

이러한 포인트-폴리곤 구별법은 대부분의 경우 적용 가능하지만 데이터 스토리에 따라 몇 가지 예외가 있습니다. 첫째, 어떤 경우에는 1번부터 8번까지 모두 지도에서 **포인트 데이터**로 나타낼 수 있지만 흔하지는 않습니다. 예를 들어 캘리포니아 도시의 인구 증가에 대한 데이터 스토리를 설명하려면 각 도시에 대한 데이터를 나타내기 위해 서로 다른 크기의 원이 있는 심벌 포인트 지도를 만드는 것이 좋습니다. 이 작업을 수행하려면 인구를 나타내는 원을 지도의 특정 포인트에 배치하기 위해 지도 도구를 사용해 로스앤젤레스 폴리곤 경계의 중심점을 찾아야 할 것입니다. 포인트-폴리곤 구분이 모호해지는 두 번째 경우는 우리가 흔히 특정 포인트라고 간

주하는 일부 장소가 폴리곤 형태의 경계를 가지고 있는 경우입니다. 예를 들어 캘리포니아 샌디에이고에 있는 발보아 공원(Balboa Park, San Diego CA)을 구글 지도에 검색해보면 결과가 포인트 데이터를 나타내는 지도 마커로 표시될 것입니다. 그러나 발보아 공원은 1.8평방마일(4.8평방킬로미터)을 차지하는 지리적 경계도 있습니다. 만약 여러분이 전달하려는 데이터 스토리가 샌디에이고에서 얼마나 많은 토지를 공공토지로 사용하고 있는지에 대한 것이라면 포인트 데이터가 아닌 폴리곤으로 표시한 코로플레스 지도를 만드는 것이 타당할 것입니다. 셋째, 2.10절 '피벗 테이블을 사용해 데이터 요약하기'에서 살펴봤던 것처럼 피벗 테이블을 사용해 포인트 데이터를 폴리곤 데이터로 변환할 수도 있습니다. 예를 들어 캘리포니아 카운티에 있는 병원들이 보유한 병상 수에 대한 데이터 스토리를 만든다고 가정합시다. 여러분은 각 병원이 보유한 병상 수를 포인트 수준 데이터로 수집한 후 이를 피벗해 각 카운티가 가진 총 병상 수로 만들어 폴리곤 수준 결과로 코로플레스 지도 위에 나타낼 수 있습니다. 자세한 내용은 13.8절 '포인트 데이터를 폴리곤 데이터로 피벗하기'에서 다룹니다.

요약하면 공간 데이터가 포인트 또는 폴리곤을 나타내야 하는지 여부를 명확히 해야 합니다. 두 카테고리가 혼동되는 경우가 있기 때문입니다. 포인트인 경우 포인트 스타일 지도를 만들고 폴리곤인 경우 코로플레스 지도를 만듭니다. 이러한 것은 지도 제작자가 가장 많이 사용하는 방법이지만 데이터 스토리에 따라 많은 예외가 있습니다. 7.4절 '구글 내 지도로 만드는 포인트 지도'에서 기본 포인트 지도를 만드는 방법을 배우고, 7.5절 '데이터래퍼로 만드는 심벌 포인트 지도'에서 심벌 포인트 지도를 만드는 방법을 배운 다음 7.6절 '데이터래퍼로 만드는 코로플레스 지도'에서 폴리곤 수준 데이터를 시각화하는 방법을 보여줍니다.

### 7.1.3 두 개가 아닌 하나의 변수로 만든 지도

데이터 시각화를 처음 접하는 사람은 때때로 지도에 변수를 추가할 때마다 뿌듯함을 느껴 두 개의 변수를 추가하면 지도가 두 배 더 좋아질 것이라고 생각하는 경향이 있습니다. 하지만 이는 대개 사실이 아닙니다. 이러한 잘못된 결론을 이끌어내는 사고 과정은 다음과 같습니다. 여러분이 속한 주에 있는 8개 카운티의 소득과 교육 수준을 비교하려는 상황을 생각해보세요. 첫째, [그림 7-3(a)]처럼 소득 수준이 높을수록 진한 파란색으로 나타낸 코로플레스 지도를 만듭니다. 둘째, (b)처럼 큰 원이 대학 학위를 가진 모집단의 더 높은 비율을 나타내는 심벌 포인트 지도를 만듭니다. 두 지도는 모두 괜찮아 보이지만 두 변수(소득과 교육 수준)의 관계를 강조하지는 않습니다.

가장 흔히 하는 실수는 (c)처럼 심벌 포인트 레이어를 코로플레스 지도 레이어 위에 배치하는 것입니다. 여기서 지도에 과부하overload가 발생합니다. 일반적으로 동일한 지도에 서로 다른 기호가 있는 두 변수를 표시하지 않는 것이 좋습니다. 시각화에 과부하가 걸리고 대부분의 독자가 데이터 스토리를 파악하는 데 도움이 되는 패턴을 인식하기가 매우 어렵기 때문입니다.

대신 만약 두 변수 사이의 관계가 여러분이 전달하고자 하는 데이터 스토리의 가장 중요한 부분이라면 (d)처럼 분산형 차트를 만듭니다. 또는 변수 중 하나에 지리적 패턴이 중요한 경우 (a)와 (d)를 결합하여 두 변수의 분산형 차트 옆에 해당 변수의 코로플레스 지도를 쌍으로 구성할 수 있습니다. 기억해야 할 점은 데이터를 매핑할 수 있다고 해서 반드시 매핑할 필요는 없다는 것입니다. 차트가 지도보다 데이터 스토리를 더 잘 설명하는 경우가 있으므로 위치가 중요한지 생각해봐야 합니다.

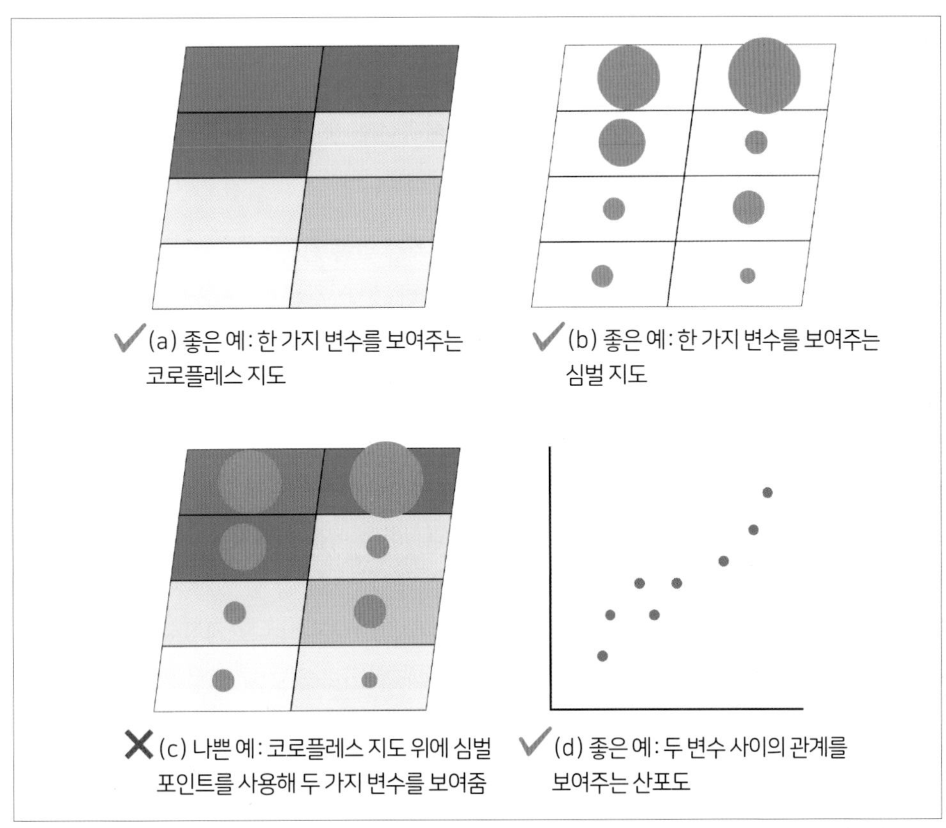


**그림 7-3** 소득과 교육 수준 같은 두 변수를 비교하려면 심벌 포인트 지도를 코로플레스 지도 위에 배치하는 것은 피하세요. 대신 분산형 차트를 만들고 이를 한 변수의 코로플레스 지도와 쌍으로 구성하는 것을 고려하세요.

### 7.1.4 코로플레스 지도에서는 더 작은 지역을 선택하세요

코로플레스 지도는 색칠된 폴리곤으로 데이터값을 표현해 전 지역에 걸친 지리적 패턴을 보여주는 데 매우 적합합니다. 따라서 일반적으로 **더 작은** 지역을 선택하여 보다 **세분화된** 패턴을 표시하는 것이 좋습니다. 큰 지역은 더 낮은 수준에서 일어나는 일을 숨길 수 있는 집계 데이터를 표시하기 때문입니다. 지리학자들은 이 개념을 가변적 공간 단위 문제modifiable areal unit problem[1] 라고 부르는데, 이것은 여러분이 데이터를 잘라내는 방식이 지도에서의 데이터를 분석하는 방법에 영향을 미친다는 것을 의미합니다. 많은 작은 조각들을 함께 쌓으면 하나의 큰 조각보다 더 많은 세부 사항이 나타납니다.

예를 들어 2020년 9월 Zillow 연구 데이터[2]에 기반해 미국 북동부 지역의 전형적인 주택 가격을 나타낸 두 코로플레스 지도를 비교해봅시다. Zillow는 전형적인 주택 가격을 35~65번째 백분위수 범위의 모든 단독주택, 콘도 및 공동주택에 대한 평활하고 계절에 따라 조정된 측도로 정의하며, 이는 50번째 백분위수에서 중앙값과 유사하며, 일부 추가 하위 및 고부가가치 주택이 있습니다. 두 코로플레스 지도는 동일한 척도를 사용합니다. 주요 차이점은 지리적 단위의 크기입니다. [그림 7-4]에서 왼쪽 지도는 주 수준state level의 주택 가격을 보여주는 반면 오른쪽 지도는 카운티 수준county level의 주택 가격을 보여줍니다.

어떤 지도가 가장 좋을까요? 두 지도 모두 데이터를 왜곡 없이 진실하게 전달하고 있기 때문에 답은 전달하고자 하는 데이터 스토리에 따라 달라집니다. 만약 주와 주 사이에 차이를 강조하고 싶다면 첫 번째 지도가 매사추세츠 주택 가격이 주변 다른 주에 비해 높다는 사실을 전달하고 있기 때문에 더 적합할 것입니다. 만약 주 내에서의 가격 차이를 강조하고 싶다면 시골 지역 카운티의 낮은 주택 가격과 대조되는 뉴욕과 보스턴 도심 지역의 높은 주택 가격을 보여주는 두 번째 지도가 적합할 것입니다. 만약 전달하고자 하는 내용이 명확하지 않다면 일반적으로 더 작은 수준의 지형으로 나누는 지도가 좋습니다. 왜냐하면 적절한 레이블링과 지리적 윤곽을 더한다면 두 번째 지도는 주 수준과 카운티 수준에 대한 정보를 동시에 제공할 수 있기 때문입니다. 하지만 **작을수록 좋다**라는 규칙을 절대적 규칙으로 여기지 마세요. 너무 작은 스케일로 나눈다면 오히려 정보 전달이 어렵기 때문입니다. 예를 들어 미국 북동부 지역의 모든 개별 주택 판매를 표시하기 위해 세 번째 지도를 만든다면 **너무 상세해서** 의미 있는 패턴을 볼 수 없을 것입니다. 데이터 스토리를 명확하게 전달하기 위해 적절한 수준의 지역을 찾는 것이 중요합니다.

---

1 https://oreil.ly/rxw2s

2 https://oreil.ly/HsLuZ

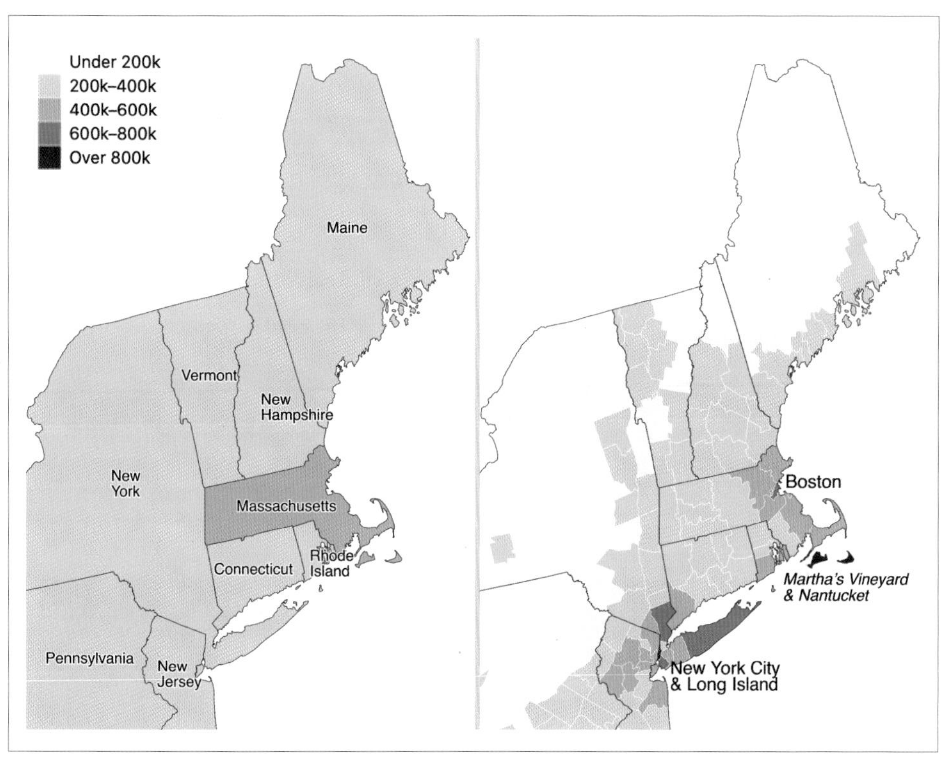


**그림 7-4** Zillow에서 제공한 2020년 9월 미국 동북부 지역의 주택 가격 데이터를 주 수준(왼쪽)과 카운티 수준(오른쪽)으로 시각화한 지도

## 7.2 코로플레스 색상과 간격 디자인

이 절에서는 코로플레스 지도 디자인 원칙을 자세히 살펴보겠습니다. 데이터를 표현하기 위한 색상 선택은 시각화 결과물에 대한 전반적인 인상을 좌우합니다. 따라서 여러분이 만든 지도가 진실하고 의미 있는 이야기를 전달하도록 만들려면 몇 가지 핵심 개념을 알아야 합니다. 좋은 코로플레스 지도는 흑백으로 인쇄되든 온라인상에서 컬러로 볼 수 있든 상관없이 독자에게 지리적 패턴에 대한 통찰력을 제공해야 합니다. 더 나아가 최고의 코로플레스 지도는 색을 구별하기 힘든 색맹인 독자에게도 정확한 정보를 전달할 수 있어야 합니다. 시각화 색상 선택에 관한 자세한 내용은 리사 샬럿 로스트의 데이터래퍼 블로그에서 「데이터 시각화 색상에 대한 친

절한 안내서」와 「데이터 시각화를 위해 더 아름다운 색상을 선택하는 방법」을 참조하세요.[3]

색상 선택이 코로플레스 지도 디자인에 미치는 영향을 가장 잘 보여주는 방법은 신시아 브루어Cynthia Brewer와 마크 해로워Mark Harrower가 만든 컬러브루어ColorBrewer[4]라는 아주 훌륭한 온라인 디자인 어시스턴트(보조자)를 활용하는 것입니다.[5] 이 책에서 소개하는 다른 도구와 달리 시각화를 생성하기 위해 컬러브루어에 여러분 데이터를 직접 업로드하지 않습니다. 대신 코로플레스 지도에 표시할 데이터 유형을 선택하면 컬러브루어가 여러분 데이터 스토리에 가장 접합한 컬러 팔레트를 추천해줘 색상 선택을 도와줍니다. 그러면 여러분은 7.6절 '데이터래퍼로 만드는 코로플레스 지도'와 7.7절 '태블로 퍼블릭으로 만드는 코로플레스 지도'에서 설명하는 것처럼 이러한 색상 코드를 여러분이 선호하는 코로플레스 지도 도구로 내보내면 됩니다. 컬러브루어 인터페이스는 [그림 7-5]와 같습니다.

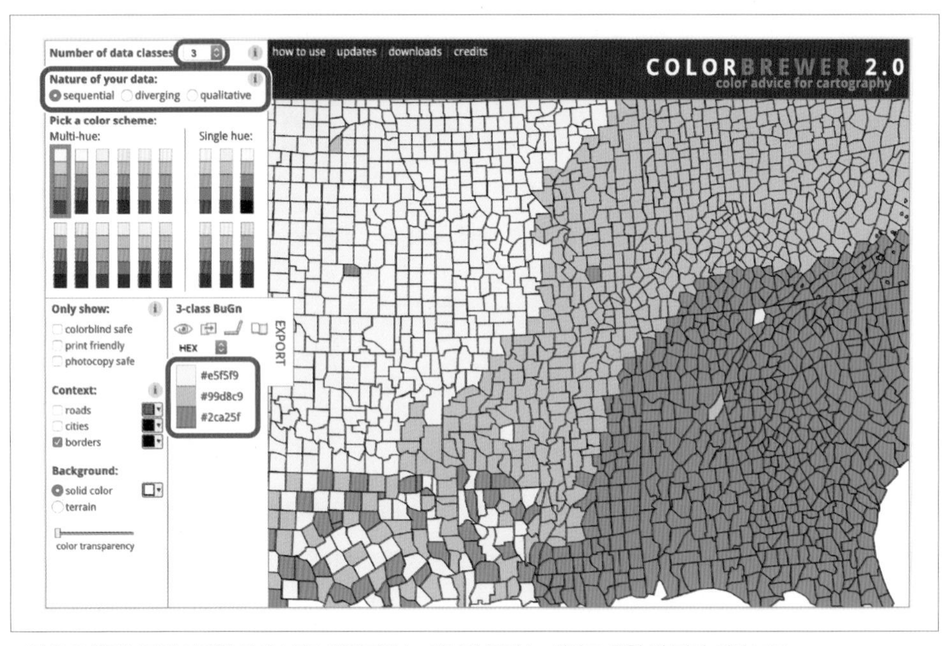


**그림 7-5** 컬러브루어 디자인 어시스턴트 인터페이스: 데이터 클래스, 색상표 유형 및 권장 색상 코드

3 리사 샬럿 로스트, 「데이터 시각화 색상에 대한 친절한 안내서」, 데이터래퍼(블로그), 2018년 7월 31일, `https://oreil.ly/ndITD`, 「데이터 시각화를 위해 더 아름다운 색상을 선택하는 방법」, 데이터래퍼(블로그), 2020년 10월 21일, `https://oreil.ly/dRCBy`

4 `https://colorbrewer2.org`

5 신시아 A. 브루어, 「더 좋은 지도 디자인하기: GIS 사용자를 위한 안내서」(Esri Press, 2016)를 참조하세요.

이 절에서는 코로플레스 지도를 디자인할 때 컬러브루어의 도움을 받아 내릴 수 있는 가장 중요한 두 가지 결정인 '컬러 팔레트 유형(순차적, 발산형, 또는 정성적) 선택'과 '유사한 색상의 데이터 포인트를 그룹화할 때의 간격 설정'에 초점을 맞춥니다.

컬러브루어를 열면 가장 상단에 코로플레스 지도의 데이터 클래스 수(간격 또는 스텝이라고도 함)를 선택하는 행이 보입니다. 컬러브루어는 여러분이 선택한 색상표 유형에 따라 최대 12개의 데이터 클래스에 대한 고유한 색상을 권장합니다. 일단은 디폴트 값인 3을 사용하고, 잠시 후 간격interval을 논의할 때 더 자세히 살펴보도록 하겠습니다.

### 7.2.1 데이터에 맞는 코로플레스 팔레트 선택

코로플레스 지도를 디자인할 때 여러분이 내려야 할 가장 중요한 결정 사항 중 하나는 팔레트 유형을 선택하는 것입니다. 여러분은 단순히 하나의 색상을 선택하는 것이 아니라 색상의 배열이라고 부르는 팔레트를 선택해 여러분이 제공하는 정보를 독자가 정확히 이해하도록 도와야 합니다. 규칙은 매우 간단합니다. 데이터 형식과 전달하고자 하는 스토리에 적합한 색상 팔레트를 선택하면 됩니다.

컬러브루어는 [그림 7-6]과 같은 팔레트를 순차적sequential 팔레트, 발산형diverging 팔레트, 정성적qualitative 팔레트 등 3가지 그룹으로 분류합니다.

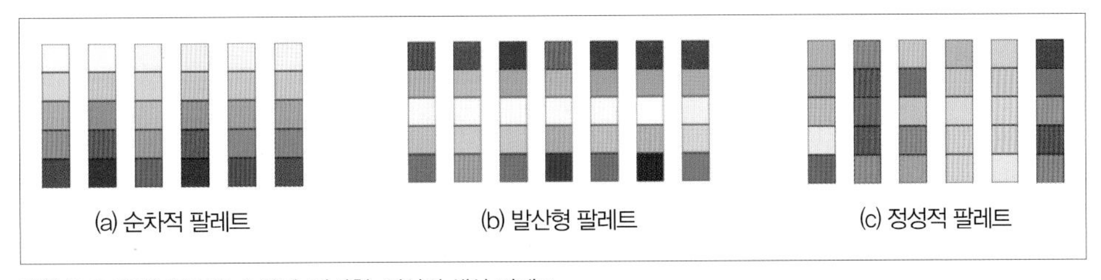


**그림 7-6** 컬러브루어의 순차적, 발산형, 정성적 색상 팔레트

#### 순차적 팔레트

낮은 값에서 높은 값까지 수치 데이터를 보여주기에 적합합니다. 사용 예로는 중간 소득, 강우량 또는 이전 선거에서 투표에 참여한 인구 비율처럼 척도에 따라 순차적으로 배치할 수 있는 모든 것을 포함합니다. 순차적 팔레트는 단일 색조(예: 다양한 파란색 음영) 또는

다중 색조(예: 노란색-주황색-빨간색)일 수 있습니다. 어두운 색상은 일반적으로 더 높은 값을 나타내지만 항상 그렇지는 않습니다.

**발산형 팔레트**

표준 수준(0, 평균, 중앙값 등)을 기준으로 위와 아래 수칫값을 나타내기에 적합합니다. 보통 두 개의 색조를 포함하고 있어 양의 값과 음의 값을 다른 방향으로 나타낼 수 있습니다. 일반적으로 어두운 색상이 극단에 위치하고, 자연스러운 색상일수록 중간에 위치합니다. 사용 예로는 소득이 중앙값보다 높은지 낮은지 나타내거나, 강수량이 연평균보다 높은지 낮은지 나타낼 때, 그리고 투표 참여자 수가 평균보다 높았는지 낮았는지 보여줄 때 등이 있습니다.

**정성적 팔레트**

숫자 척도보다는 카테고리형 데이터를 표현하는 데 적합합니다. 각 카테고리 사이의 차이를 강조하기 위해 서로 다른 유니크한 색상의 조합으로 구성되어 있습니다. 사용 예로는 다양한 유형의 토지 사용(주거용, 공용, 상업용 등) 또는 정지등 색상의 경고 시스템(녹색, 노란색 및 빨간색)과 같은 카테고리가 포함됩니다.

**순차적 팔레트**와 **발산형 팔레트**는 모두 수치형 데이터에 사용된다고 했는데, 어떤 차이점이 있는지 알아보기 위해 2018년 미국 인접 주에서 1인당 소득에 대한 동일한 데이터를 표시하는 두 개의 지도를 그려보았습니다. 순차적 팔레트는 파란색 계열의 5가지 음영으로 낮은 소득 수준부터 높은 소득 수준까지 나타내며, 이는 높은 소득 수준의 지역을 강조하기에 적합합니다. 매릴랜드부터 매사추세츠에 이르는 북동부 해안을 따라 짙은 파란색으로 표시된 가장 높은 소득 수준을 강조하는 데이터 스토리에 가장 적합합니다. 반면 발산형 색상 팔레트는 진한 주황색으로 평균 이하의 주를, 진한 보라색으로 평균 이상의 주를 나타냅니다. 그리고 자연스러운 색상일수록 평균에 가깝습니다. 이는 저소득 남부 주와 고소득 동부 해안 및 서부 연안 주 사이의 경제적 분리를 강조하는 데이터 스토리에 적합합니다.

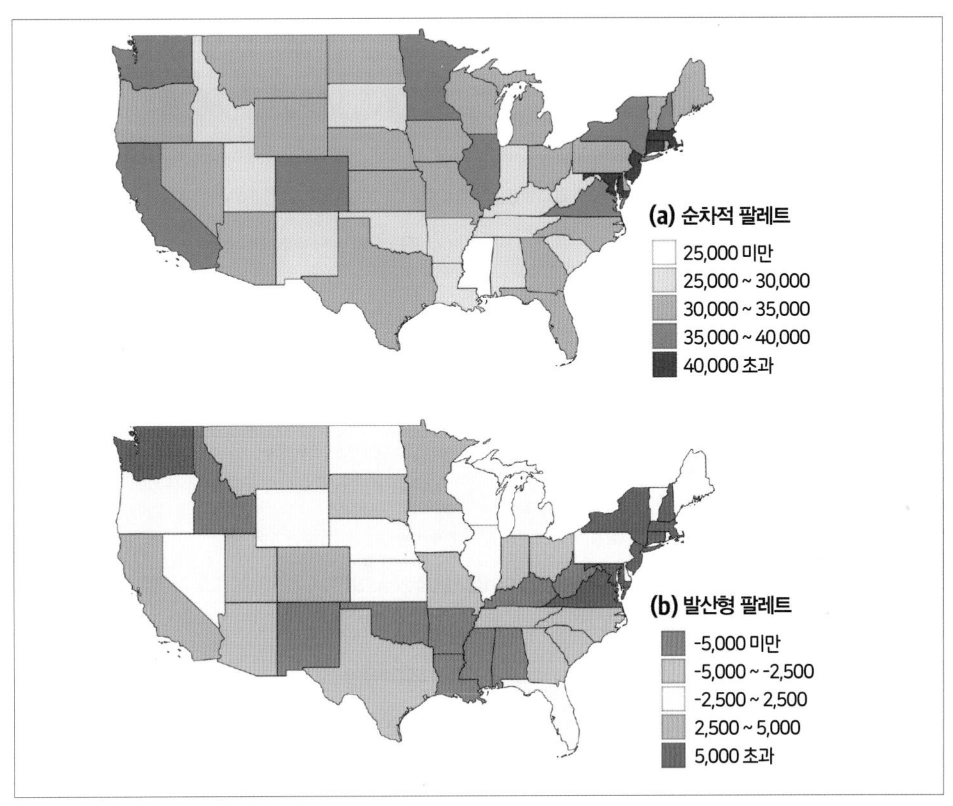


**그림 7-7** 2018년 아메리칸 커뮤니티 서베이(American Community Survey, 2018) 데이터로 인접한 주(state)의 1인당 소득을 나타내는 순차적 색상 팔레트와 분산형 색상 팔레트. 흑백 지도의 경우 분산형 팔레트는 중간에서 멀어지는 음영을 구별하기 어렵기 때문에 적합하지 않습니다.

데이터 클래스와 색상 팔레트를 선택하면 컬러브루어는 웹 브라우저가 색으로 변환하는 영숫자 코드를 표시합니다. 16진수 코드(흰색: `#fffff`), RGB 코드(흰색: `255,255,255`) 또는 CMYK 코드(흰색: `0,0,0,0`)를 선택할 수 있으며, 선호하는 지도 디자인 도구에서 사용하기 위해 [그림 7-8]처럼 다양한 형식으로 내보낼 수 있습니다.

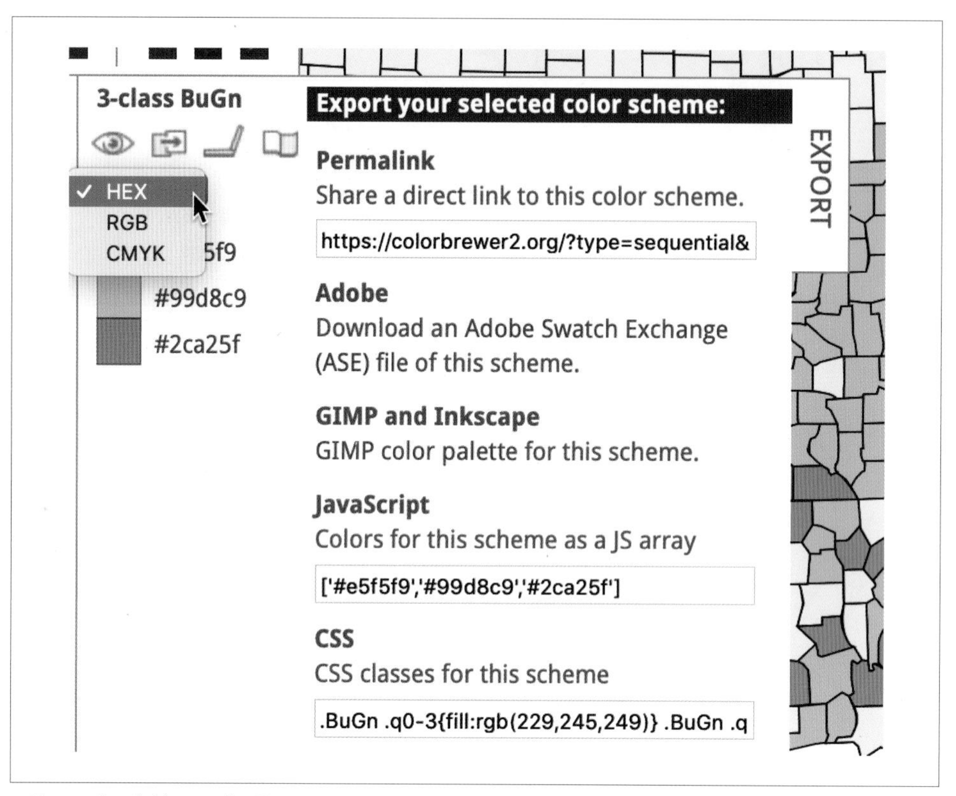


**그림 7-8** 내보내기(Export) 탭을 클릭해 색상 팔레트 코드를 다양한 형식으로 내보낼 수 있습니다.

### 7.2.2 코로플레스 지도 데이터 그룹화를 위한 색상 간격 선택

또 다른 중요한 디자인 선택은 색상 간격입니다. 색상 간격은 데이터를 코로플레스 지도에 어떻게 그룹화하고 보여줄지 결정합니다. 이러한 일련의 강력한 결정은 여러분의 지도가 독자 눈에 어떻게 비춰질지 결정하는 중요한 요소이며, 데이터 스토리를 통해 전달하고자 하는 메시지에도 큰 영향을 미칩니다. 이 다단계 의사결정 과정에서 몇 가지 옵션을 고려해야 하며, 통일된 디자인 규칙은 거의 없지만 우리는 지침과 권장 사항을 제공할 것입니다. 매핑 도구마다 간격 선택 옵션이 다르기 때문에 이 절에서는 데이터래퍼나 태블로 퍼블릭 스크린숏을 통해 광범위한 개념을 설명하는 데 목적을 두겠습니다. 자세한 내용은 이 장 뒷부분의 튜토리얼에서 설명합니다.

일부 매핑 도구는 [그림 7-9]처럼 두 가지 **색상 간격 유형** 중 한 가지를 선택하도록 합니다. 스텝

steps은 계단처럼 색상 구분선이 선명하게 표시되어 있는 반면 **연속형**continuous 또는 **선형**linear은 램프(경사로)처럼 점진적으로 바뀌는 색상을 제공합니다. 두 방법 모두 높은 값일수록 진해지지만 다른 방법으로 변화한다고 생각하면 됩니다.

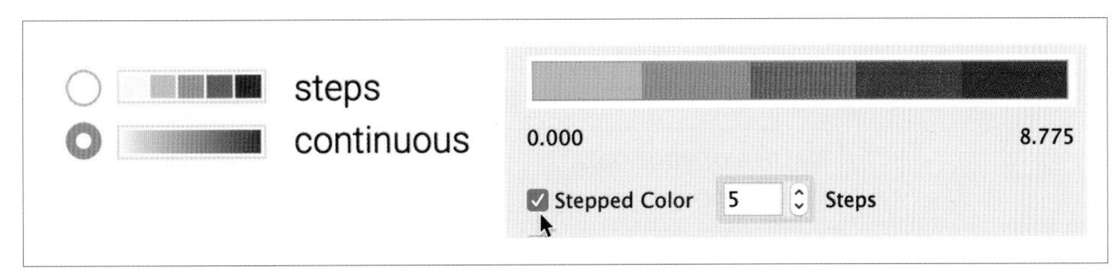


**그림 7-9** 왼쪽은 데이터래퍼에서 제공하는 스텝과 연속형 색상 간격, 오른쪽은 태블로 퍼블릭에서 제공하는 스텝과 연속형 색상 간격입니다.

그렇다면 '스텝'과 '연속형' 색상 간격 중 어떤 것이 더 좋을까요? 이에 대한 획일적인 지도 디자인 규칙은 없지만 일반적으로 다음 몇 가지 요소를 고려해야 합니다. 한편 해수면이 1미터씩 상승할 때마다 침수될 위험이 있는 지역처럼 특정 선이나 임곗값에 의해 달라지는 데이터 같은 경우에는 스텝을 사용하는 것이 좋습니다. 또한 사람이 항상 색조 차이를 한눈에 알아보는 것은 아니기 때문에 스텝을 사용하면 독자들로 하여금 지도 범례와 데이터를 더 빠르게 매칭해서 볼 수 있게 됩니다. 반면 소득 척도의 광범위한 가치와 같은 인접 영역 간의 미묘한 차이에 주의를 끄는 데이터 스토리에 대해서는 연속형 색상 간격이 가장 효과적입니다. 코로플레스 지도를 만들 때 고려해야 할 것[6]에 대한 데이터래퍼 아카데미 글을 읽어보길 권합니다. 전반적으로 진실하고 통찰력 있는 디자인 선택을 하는 것이 좋습니다. 데이터에 대해 진실을 이야기하고 데이터 스토리에서 중요한 사항에 집중할 수 있도록 주의를 환기시키세요.

스텝을 사용하기로 선택했다면 데이터를 몇 개의 색상으로 구분해야 할까요? 다시 한번 말하지만 획일적인 규칙은 없습니다. 다만 여기서 설명하는 옵션이나 결과를 토대로 생각해보길 바랍니다. 스텝 수가 적을수록 넓은 차이를 강조하는 대략적인coarse 지도가 생성되고, 스텝 수가 많을수록 지역 간의 지리적 다양성을 강조하는 세분화된granular 지도가 생성됩니다. 하지만 단순하게 더 많은 스텝을 사용한다고 해서 더 나은 지도가 생성되는 것은 아닙니다. 스텝이 많아질수록 사람 눈이 차이점을 찾기 힘들어지기 때문입니다. 사실 컬러브루어 디자인 어시스턴트는 스텝을 위해 만들어졌기 때문에(그리고 연속형 옵션은 보여주지 않습니다) [그림 7-10]처

6 https://oreil.ly/L08bj

럼 **데이터 클래스 숫자**Number of data classes(즉, 스텝)를 늘리거나 줄여가며 스텝에 따라 지도가 어떻게 바뀌는지 살펴보도록 합시다. 결정을 할 때는 항상 독자의 최대 관심사를 염두에 두고 솔직하고 통찰력 있는 방식으로 데이터를 표현하도록 노력하세요.

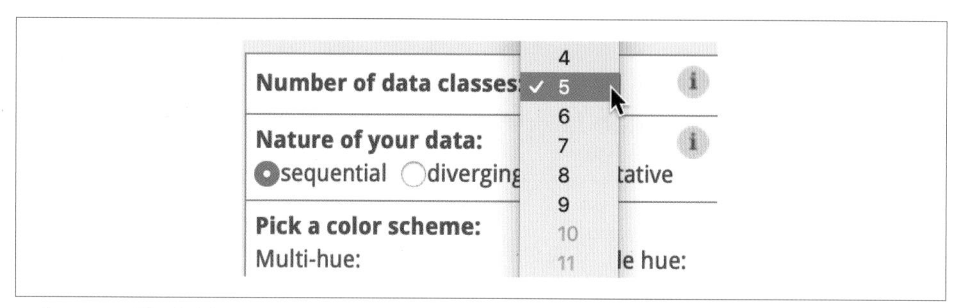


**그림 7-10** 스텝을 선택하는 경우 컬러브루어 데이터 클래스 및 색상 팔레트를 사용해서 테스트해보세요.

일부 코로플레스 매핑 도구에서는 데이터를 **보간**interpolate하는 방법을 선택할 수 있습니다. 즉, 숫자를 그룹화하여 비슷한 색상을 지도에 나타내는 방법을 선택할 수 있습니다. 예를 들어 데이터래퍼는 스텝을 선택했는지 연속형을 선택했는지에 따라 [그림 7-11]처럼 보간 옵션에 대한 두 가지 드롭다운 메뉴를 표시합니다.

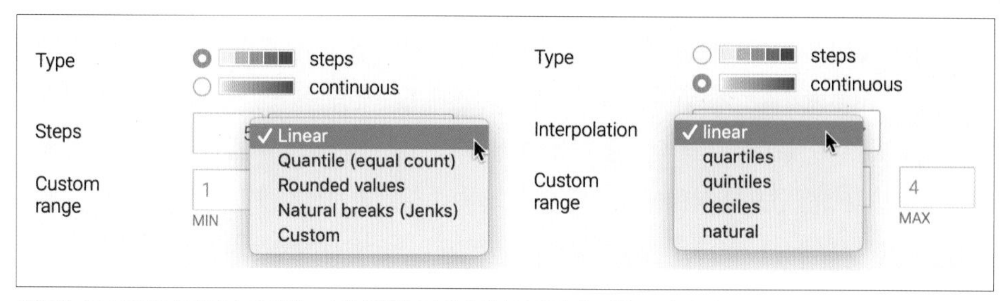


**그림 7-11** 데이터래퍼에서 제공하는 스텝(왼쪽) 및 연속형(오른쪽)에 대한 보간 옵션

보간 방법을 선택하기 전에 구글 시트에서 히스토그램을 그려 데이터 분포에 대한 이해도를 높이는 것이 좋습니다(6.4절 '히스토그램' 참조). 히스토그램이 평균 주위에 대칭적인 모양으로 고르게 분포되어 있습니까? 아니면 한쪽으로 치우쳐 있고 이상치 때문에 한쪽 꼬리가 다른 쪽 꼬리에 비해 길게 늘어졌나요? [그림 7-12]의 히스트그램을 비교해보기 바랍니다. 바로 다음에 살펴볼 내용처럼 이 히스토그램이 여러분의 보간 방법을 결정하는 데 영향을 미칠 수 있습니다.

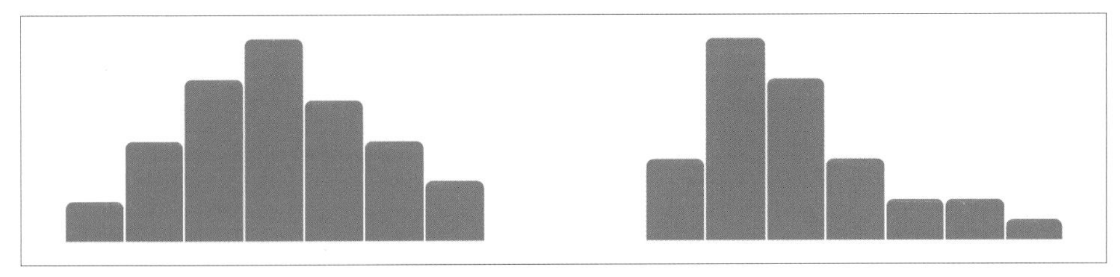

그림 7-12 균일하게 분포되어 있는 데이터의 히스토그램(오른쪽)과 한쪽으로 치우친 데이터의 히스토그램(왼쪽)

이 책에서는 보간 옵션에 대해 다음 세 가지 기본 카테고리만 살펴보겠습니다.

**선형**linear

데이터값을 가장 낮은 값부터 가장 높은 값까지 직선으로 배치합니다. 이 방법은 데이터가 고르게 분포되어 있거나, 데이터의 양 극단(가장 낮은 값과 가장 높은 값)을 강조하고 싶은 경우에 사용하면 좋습니다. 가장 낮은 값이 가장 밝게, 가장 높은 값이 가장 어둡게 보이기 때문입니다.

**분위수**quantiles

데이터값을 동일한 수의 그룹으로 나눕니다. 보다 구체적으로는 사분위수quartiles, 오분위수quintiles, 십분위수deciles는 값을 동일한 양의 4개, 5개, 10개 그룹으로 나눕니다. 이 방법은 데이터가 한쪽으로 치우쳐 있을 때 가장 잘 작동하는데, 그룹화를 통해 데이터의 극단값이 아닌 데이터 내부의 다양성에 주의를 기울일 수 있기 때문입니다. 반올림한 값은 분위수와 유사하지만 소수점은 독자의 눈에 더 잘 보이는 반올림 숫자로 대체됩니다.

**자연 분류**natural breaks**(Jenks)**

선형 방법과 분위수 방법의 절충안입니다. 가까이 있는 데이터값으로 그룹화하지만 다른 그룹과의 차이를 극대화합니다. 이 방법은 한쪽으로 치우친 데이터에서 내부 다양성과 극단성을 동시에 보고 싶을 때 유용합니다.

어떤 보간법이 가장 좋은 것 같나요? 획일적인 디자인 규칙은 존재하지 않지만 사용자 정의 설정을 사용해 원하는 위치에 색상 간격을 수동으로 배치하는 것은 좋지 않습니다. 14장에서 살펴보겠지만 사용자 정의 설정은 잘못된 지도를 만들 가능성이 높기 때문입니다. 우리가 해줄 수 있는 가장 좋은 조언은 특히 데이터가 한쪽으로 치우친 경우에는 다양한 보간법을 테스트하여 이러한 옵션이 코로플레스 지도와 사용자가 말하는 데이터 스토리의 모양을 어떻게 형성하는지 더 잘 이해하는 것이 좋습니다.

전반적으로 데이터래퍼 아카데미[7]는 [그림 7-13]처럼 가능한 범위의 색상을 모두 사용해 '데이터에 있는 모든 차이를 볼 수 있도록' 색상 간격 선택을 할 것을 권장합니다.

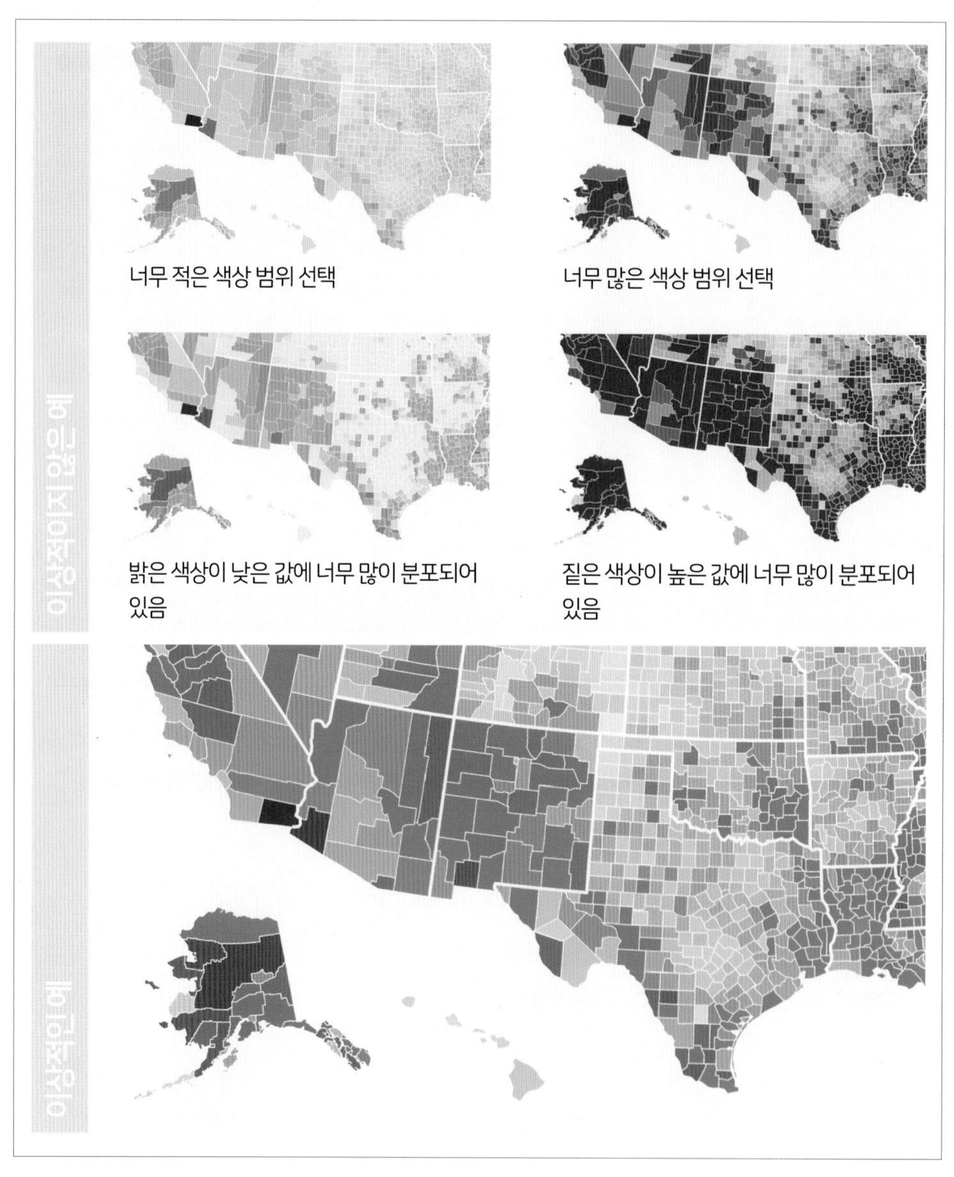


**그림 7-13** 데이터의 모든 차이를 표시하려면 전체 색상 범위를 사용해야 합니다. 이미지 출처: 데이터래퍼 아카데미

7 https://oreil.ly/L08bj

다시 말해 지도에서 가장 밝은 색상이나 가장 어두운 색상만 눈에 띈다면 데이터 내의 지리적 패턴과 다양성을 강조하기 위해 색상 범위의 중간 부분을 충분히 사용하지 못하고 있는 것입니다. 이를 위해서는 디폴트 설정에 의존하는 것보다는 여러 가지 옵션을 테스트해보고 데이터 스토리를 가장 정직하고 통찰력 있게 전달할 수 있는 옵션을 선택해야 합니다.

진실하고 의미 있는 코로플레스 지도를 디자인하는 것은 어려운 일입니다. 많이 읽고, 다양한 지도를 보고, 여러 가지 옵션을 테스트해가며 데이터 시각화를 위한 스킬을 향상시켜야 합니다. 그리고 여러분이 선택한 색상 간격이 지도 시각화 전체에 큰 영향을 미친다는 것을 항상 기억하고 있어야 합니다. 가장 중요한 점은 여러분이 전달하고자 하는 스토리에 초점을 맞추고, 데이터를 진실하게 표현하는 지도를 만들어야 한다는 것입니다.

## 7.3 코로플레스 지도 데이터 정규화하기

데이터 정규화 개념은 5.2절 '데이터 정규화하기'에서 소개했습니다. 정규화는 서로 다른 척도를 사용하여 수집된 데이터를 공통 척도로 조정하여 보다 적절한 비교를 하는 것을 의미합니다. 예를 들어 2020년 11월 6일 기준 미국의 COVID-19 총 환자 수인 961만 명(추정 인구 3억 2,820만 명)과 벨기에의 49만 명(추정 인구 1,150만 명)을 비교하는 것은 큰 의미가 없습니다. 더 좋은 방법은 데이터를 인구 10만 명당 확진자 수로 정규화하는 것입니다. 이렇게 조정된 숫자를 살펴보면 미국의 경우 인구 100,000명당 2,928명, 벨기에의 경우 100,000명당 4,260명의 확진자가 나온 것을 알 수 있습니다.

만약 코로플레스 지도를 만들 때 데이터를 정규화하지 않고 상댓값(백분율이나 1인당 비율 같은)이 아닌 원시 데이터를 사용한다면 인구 중심의 무의미한 지도가 생성될 가능성이 매우 높습니다. 예를 들어 [그림 7-14]의 두 지도를 비교해보겠습니다. 둘 다 2020년 6월 26일 기준 미국 대륙에서 발생한 COVID-19 환자 수에 대한 지도입니다. 왼쪽 지도(a)는 주당 기록된 총 환자 수를 보여주고, 오른쪽 지도(b)는 각 주의 인구를 기반으로 조정된 환자 수를 보여줍니다. 짙은 색일수록 더 많은 환자가 있다는 것을 뜻합니다. 이 두 지도 사이의 지리적 패턴의 차이를 알아채셨나요?

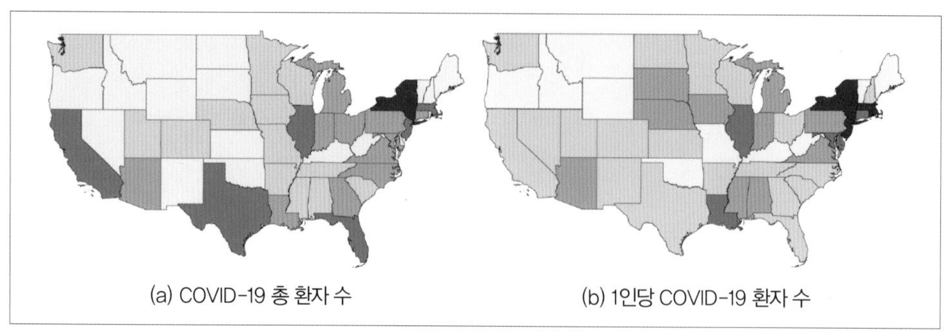


**그림 7-14** 코로플레스 지도를 만들 때는 정규화를 해야 합니다.

두 지도 모두 뉴욕 타임스가 수집하고 깃허브[8]에 게시한 COVID-19 데이터를 보여줍니다. (b)의 지도에서는 작성 당일에 가장 최근에 이용 가능한 데이터인 2018년 미국 인구조사 아메리칸 커뮤니티 서베이US Census American Community Survey에 따라 전체 사례 수를 각 주의 인구로 나누어 값을 정규화했습니다. 공간 패턴을 더 잘 해석할 수 있도록 범례나 다른 중요한 지도 요소는 추가하지 않았습니다. 두 경우 모두 분류를 위해 젠크스Jenks 교수의 자연 분류natural breaks 방법을 사용했습니다.

전체 COVID-19 환자 수를 나타내는 [그림 7-14(a)] 지도를 봤을 때 어떤 주가 가장 큰 영향을 받았다고 생각하나요? 미국 지리에 익숙하다면 뉴욕, 뉴저지, 매사추세츠, 플로리다, 일리노이, 텍사스, 그리고 캘리포니아라고 대답할 것입니다. 하지만 공교롭게도 이 중 5개 주는 미국에서 가장 인구가 많은 주이므로 COVID-19 환자 수가 많은 것은 당연합니다.

그럼 [그림 7-14(b)] 지도는 어떤가요? 먼저 가장 눈에 띄는 것은 뉴욕과 그 주변인 뉴저지, 매사추세츠 등이 다른 지역 대비 월등히 높은 1인당 감염 비율을 보여주는 걸 알 수 있습니다. 하지만 왼쪽 지도와 비교하면 캘리포니아, 텍사스, 플로리다는 심각해 보이지 않습니다. 따라서 정규화를 한 지도가 뉴욕이 미국에서 발생한 COVID-19 위기의 첫 번째 진원지라는 이야기를 훨씬 더 잘 보여줍니다.

이제 여러분은 지도 디자인에 대한 핵심 원칙과 모범 사례에 대해 충분히 이해했을 겁니다. 지금까지 대화형 지도를 만들기 위한 일반 개념과 코로플레스 지도에 대한 주요 개념을 살펴봤으니, 이제 추천 도구를 사용해 따라 하며 배울 수 있는 튜토리얼로 넘어가겠습니다. 7.4절 '구글

8 https://oreil.ly/xvcXE

내 지도로 만드는 포인트 지도'에서는 팝업 창으로 특정 위치에 대한 정보를 보여주기 위해 구글 내 지도 사용자 정의 아이콘으로 만드는 포인트 지도를 생성할 것입니다. 그리고 7.5절 '데이터래퍼로 만드는 심벌 포인트 지도'에서는 다양한 크기를 가진 여러 색상의 원으로 특정 도시의 인구 변화를 나타내는 심벌 포인트 지도를 데이터래퍼를 사용해 만들어봅니다. 그리고 이 장의 마지막 튜토리얼에서는 다시 코로플레스 지도 디자인 주제로 돌아와 7.6절 '데이터래퍼로 만드는 코로플레스 지도'와 7.7절 '태블로 퍼블릭으로 만드는 코로플레스 지도'를 통해 두 도구를 비교해볼 것입니다.

## 7.4 구글 내 지도로 만드는 포인트 지도

대부분의 사람은 이미 전 세계 지역의 위치와 방향을 조회할 수 있는 웹 지도 서비스인 구글 지도[9]에 익숙할 것입니다. 이 절에서는 구글 지도 플랫폼상에서 사용자가 클릭을 통해 사진, 웹사이트, 방향 등 더 많은 정보를 얻을 수 있는 포인트 그룹을 표시할 수 있는 관련 도구인 구글 내 지도[10]에 대해 배웁니다. 구글 내 지도를 통해 여러분은 포인트 마커의 색상이나 아이콘을 변경할 수 있으며, 여러분이 만든 모든 지도 레이어 콘텐츠를 여러분의 구글 드라이브[11]에 저장해 수정하거나 다른 사람과 협업할 수 있습니다. 물론 구글 내 지도는 기능이 제한되어 있지만 폴리라인, 폴리곤과 함께 단순한 대화형 포인트 지도를 만들기 위해 사용할 수 있는 배우기 쉬운 도구라는 점은 분명합니다. 마지막으로 여러분이 만든 지도의 링크를 공유하거나 여러분 웹사이트에 임베딩할 수 있습니다. 이에 대해서는 9장에서 자세히 살펴볼 것입니다.

이 절에서는 두 개의 다른 스타일 마커 그룹과 사용자 정의 포토 아이콘을 사용해 북미에 있는 박물관과 공원에 대한 포인트 지도를 만들 것입니다. 사용자가 마커를 클릭하면 [그림 7-15]처럼 추가 텍스트, 링크 및 이미지가 팝업 창에 나타납니다.

---

9 https://www.google.com/maps

10 https://oreil.ly/JzQgg

11 https://drive.google.com

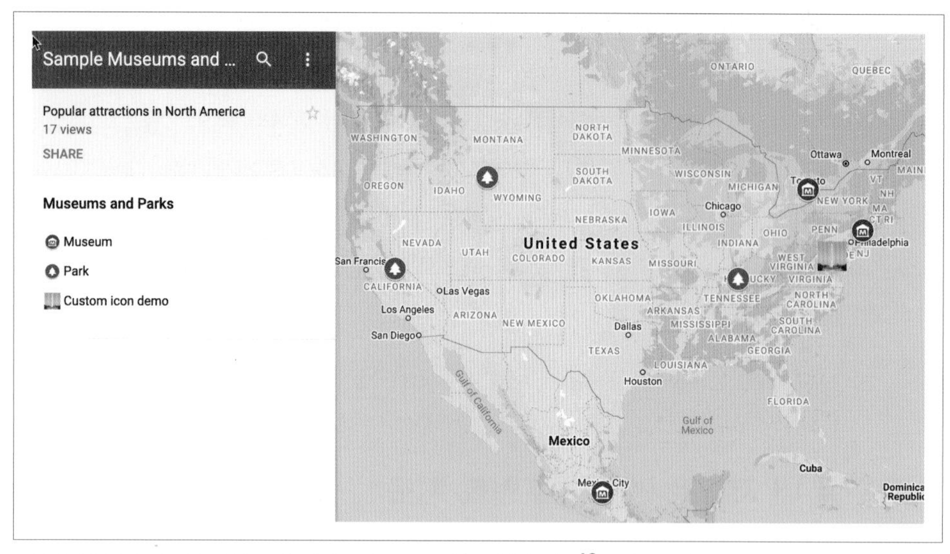

**그림 7-15** 구글 내 지도로 만든 공원과 박물관 포인트 지도. 대화형 버전[12]을 살펴보세요.

사용자 정의 아이콘으로 사용자 고유의 대화형 포인트 지도를 만들려면 다음 튜토리얼을 따라 하세요.

**01** 구글 시트에서 공원과 박물관 데이터[13]를 엽니다. 데이터에는 인기 있는 6개 지역의 위치 정보가 들어 있으며, 각 행에는 그룹(Group), 이름(Name), 주소(Address) 및 URL이 포함되어 있습니다. 여러분 구글 계정으로 로그인한 후 '파일 > 사본 만들기'를 클릭하여 구글 드라이브에 수정할 수 있는 버전을 만듭니다.

**02** 구글 내 지도[14]로 들어간 뒤 왼쪽 상단에서 '새 지도 만들기' 버튼을 클릭합니다. 그러면 익숙한 구글 지도 스타일이 있는 빈 지도가 생성됩니다.

**03** 현재 제목인 '제목없는 지도(Untitled map)'를 클릭하고 새로운 지도 제목과 설명을 입력합니다.

**04** 지도에 데이터를 추가하려면 '제목없는 레이어' 항목에서 '가져오기(Import)'를 클릭합니다.

12 https://oreil.ly/xY0HV
13 https://oreil.ly/kgqRw
14 https://oreil.ly/mLeh3

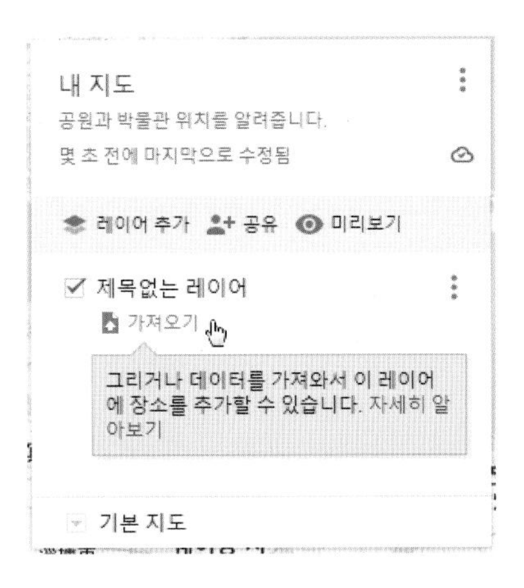


**05** '가져올 파일 선택' 화면에 데이터를 업로드하기 위한 몇 가지 옵션이 있습니다. 우리는 샘플 데이터를 구글 드라이브에 저장했기 때문에 'Google Drive'를 선택하고 '최근 문서 카테고리' 탭을 선택하여 구글 드라이브에 저장한 '박물관 및 공원(Museums and Parks)' 파일을 클릭하고 '선택' 버튼을 누릅니다.

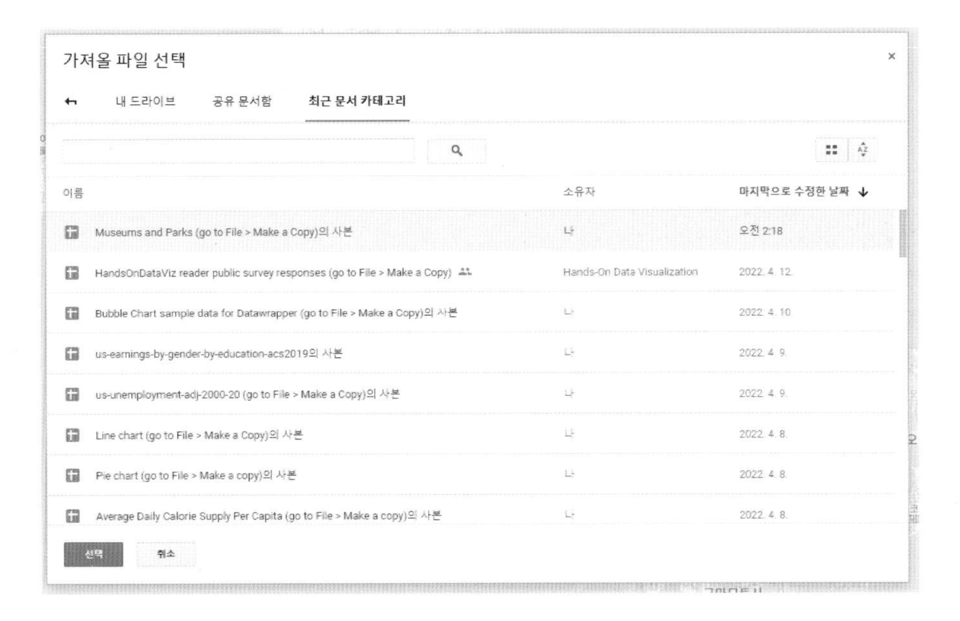


**06** '장소표시 아이콘의 위치를 표시할 열 선택' 창에서 주소(Address) 열을 선택하고 '계속' 버튼을 누릅니다.

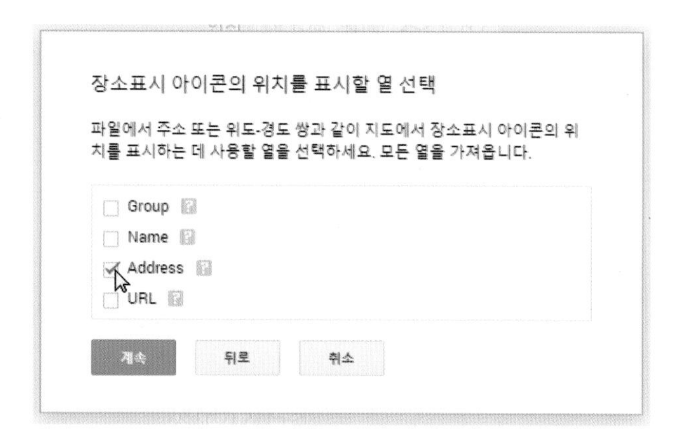


**TIP** 만약 주소가 주소(Address), 시(City), 주(State), 우편번호(Zip Code)처럼 여러 열로 나눠져 있다면 여러 박스를 체크해도 됩니다. 또한 포인트 데이터가 지오코딩된 경우 `41.76, -72.69`처럼 위도 및 경도 쌍을 업로드할 수 있습니다.

**07** '마커에 제목을 지정할 열 선택' 창에서 포인트 마커의 제목으로 지정할 '이름(Name)' 열을 선택합니다. 그리고 '완료' 버튼을 누릅니다.

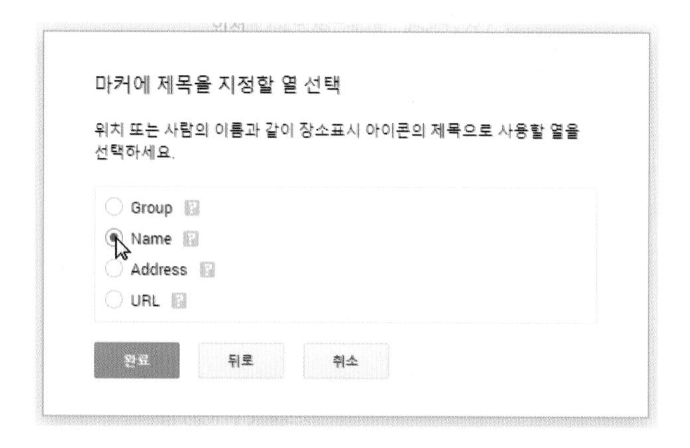


2.6절 '구글 시트에서 주소 지오코딩하기'에서 살펴본 것처럼 구글 내 지도는 여러분의 주소 데이터를 자동으로 지오코딩하고 디폴트 값인 파란색 마커로 표시하며 지도를 모든 마커의 중앙 부분으로 조정합니다.

**08** 기본적으로 불러온 파일의 전체 이름이 사용되므로 '박물관 및 공원...(Museums and Parks...)' 레이어 옆에 있는 케밥 메뉴를 클릭하고 '이 레이어 이름 바꾸기'를 눌러 짧은 이름으로 변경합니다.

**09** 지도에는 박물관과 공원이라는 두 그룹이 포함되어 있으므로 각 그룹에 대한 사용자 정의 컬러 마커를 만들어 기본 파란색 마커를 대체합니다. '개별 스타일'을 클릭하고 '위치 그룹 설정 기준'에서 값을 '데이터 열 기준 스타일 지정: Group'으로 변경합니다. 이 옵션은 샘플 데이터를 설정할 때 박물관 및 공원 데이터를 위한 그룹 열을 의도적으로 생성했기 때문에 사용 가능한 것입니다. 오른쪽 상단에서 'X'를 클릭해 창을 닫습니다.

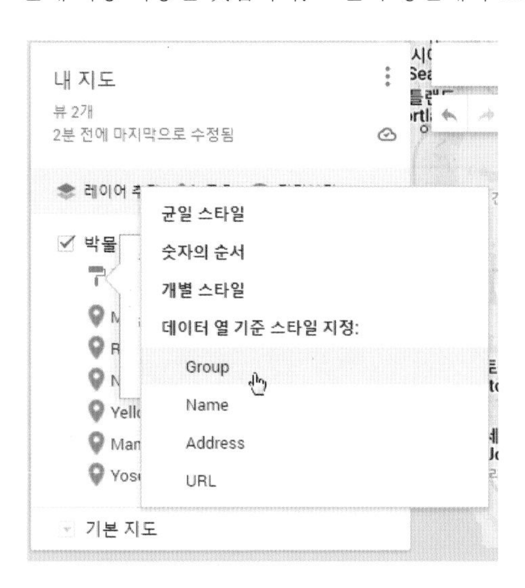


**10** '스타일 기준 열: Group' 아래로 커서를 가져가 버킷(bucket) 심벌이 나타나면 심벌을 클릭합니다.

**11** 박물관 아이콘에 맞는 색상을 지정하고, '아이콘 더보기'를 클릭해 더 적합한 포인트 마커 심벌을 찾을 수도 있습니다.

**12** '아이콘 선택' 창에서는 오른쪽 상단 '필터'를 통한 검색 기능도 제공합니다. '박물관'을 검색해보세요. 그리고 '공원'에 대해서도 같은 작업을 반복합니다.

**13** '아이콘 선택' 창에서 왼쪽 하단에 '맞춤 아이콘' 버튼을 클릭해 이미지를 업로드하면 섬네일 이미지 아이콘으로 변환됩니다. 아래 사용자 정의 아이콘은 위키미디어의 워싱턴 기념비 이미지[15]를 사용해 만들었습니다.

**14** 지도 마커를 클릭하여 데이터를 편집하거나, 팝업 창에 표시할 사진을 삽입하거나, 구글 지도 방향을 추가합니다. 아래 사진은 위키미디어에서 가져온 메트로폴리탄 미술관 이미지[16]입니다. 그러나 이러한 링크는 데이터 스프레드시트에 미리 로드할 수 없으므로 사진이나 방향을 수동으로 추가해야 합니다.

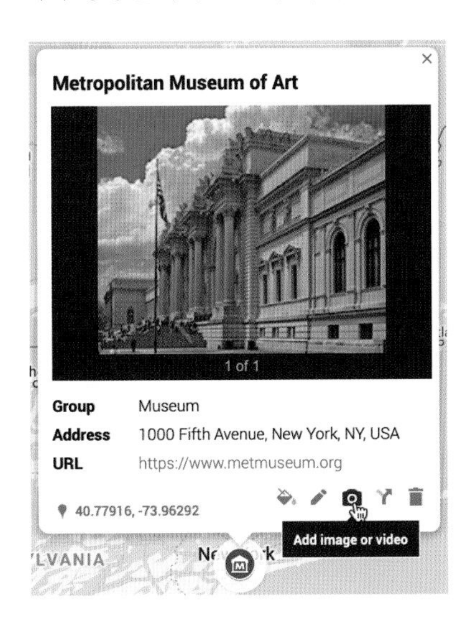


15 https://oreil.ly/QjQ1x
16 https://oreil.ly/5pAZe

15 '기본 지도'의 스타일을 구글에서 제공하는 9가지 버전 중 하나로 변경할 수 있습니다. 기본 지도 배경 및 마커 아이콘에 대해 고대비 색상을 선택합니다.

16 지도 상단을 보면 포인트 마커를 수동으로 추가하거나 선을 그리거나 경로를 추가하거나 거리 및 면적을 측정할 수 있는 버튼이 있습니다. 그러나 구글 내 지도는 폴리라인과 폴리곤에 대해서는 제한적인 기능만 제공합니다. 따라서 구글 내 지도를 사용해 코로플레스 지도를 만드는 일은 쉽지 않습니다.

17 미리보기 기능을 통해 여러분이 만든 지도가 다른 사람에게 어떻게 보일지 미리 확인할 수 있습니다. 지도 수정이 끝나면 지도 제목 아래 있는 '공유' 버튼을 클릭합니다. 제목과 설명을 기입한 후 다음 화면으로 넘어가 '링크가 있는 사용자는 누구나 볼 수 있음' 기능을 활성화시킵니다. 이제 구글 계정 유무에 상관없이 모든 사람이 여러분 링크를 공유할 수 있습니다. 또한 '다른 사람이 인터넷에서 이 지도를 검색하고 찾도록 허용함' 옵션을 활성화시켜 여러분 지도가 구글 검색을 통해 검색되는 것을 허용할 수도 있습니다.

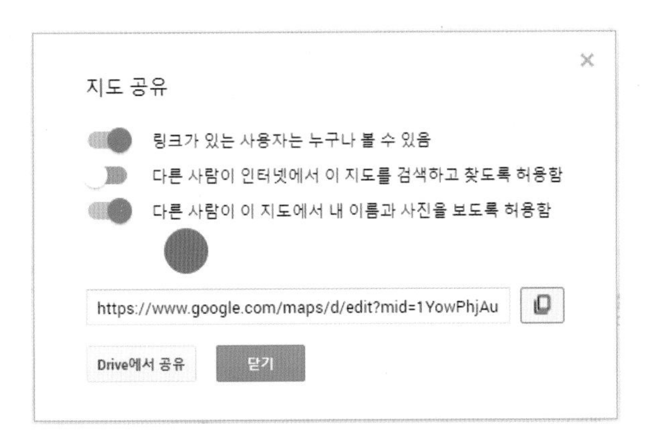


**18** 만약 지도를 iframe으로 웹 페이지에 임베딩하고 싶다면 제목 옆 케밥 메뉴에서 '내 사이트에 삽입'을 클릭하면 됩니다. 그러면 HTML 임베드 코드를 생성합니다. 이 내용은 9장에서 설명하겠습니다.

**19** 만약 이후에 지도를 수정하고 싶다면 구글 계정에 로그인해 두 가지 방법으로 지도에 액세스할 수 있습니다. 한 가지 방법은 구글 내 지도 플랫폼을 열어 여러분이 만든 모든 지도를 확인하는 것입니다. 다른 방법은 구글 드라이브에 들어가 키워드 검색으로 구글 내 지도를 찾는 것입니다. 여러분이 구글 시트 데이터를 사용해 구글 내 지도를 만든다면 나중에 수정하기 쉽도록 내 지도 파일과 시트 데이터를 구글 드라이브의 동일 폴더에 저장하는 것이 좋습니다.

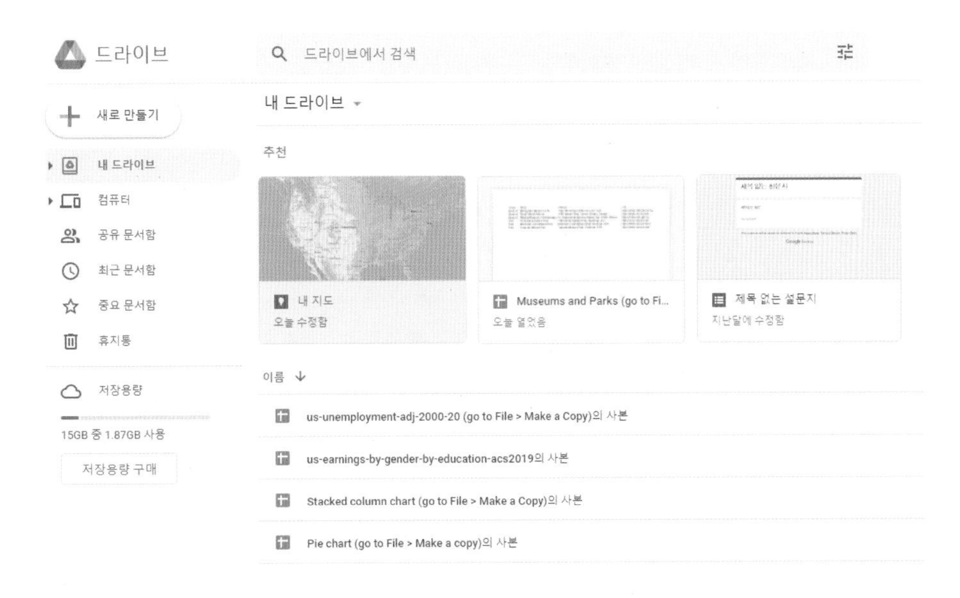

구글 내 지도는 대화형 지도, 특히 사용자 정의 아이콘이 있는 포인트 지도를 만드는 데 유용한 첫 번째 도구입니다. 원한다면 점, 폴리라인 및 기본 폴리곤의 여러 레이어로 지도를 디자인할 수 있습니다. 그러나 전반적인 지도 디자인과 기능은 구글 내 지도 플랫폼에서 제공하는 것으로 제한되어 있습니다. 더 많은 내용을 알고 싶다면 구글 내 지도 지원 페이지[17]를 확인하세요.

다음 절에서는 데이터래퍼를 사용해 각 원(또는 다른 모양)의 크기나 색상으로 특정 데이터 포인트의 데이터값을 나타내는 심벌 포인트 지도를 만드는 방법을 알아보겠습니다.

## 7.5 데이터래퍼로 만드는 심벌 포인트 지도

우리는 6.6절 '데이터래퍼 차트'에서 쉽게 배울 수 있는 무료 도구인 데이터래퍼를 소개했습니다. 데이터래퍼는 일반 차트뿐만 아니라 전문가 수준의 디자인 요소를 포함하는 다양한 유형의 지도를 만들 수 있는 강력한 기능을 제공하고 있습니다. 만약 여러분의 작업물을 온라인상에서 공유하거나 저장하고 싶은 것이 아니라면 계정이 없더라도 브라우저에서 바로 데이터래퍼를 시작할 수 있습니다.

이 절에서는 심벌 포인트 지도를 만드는 방법을 배웁니다. 7.4절 '구글 내 지도로 만드는 포인트 지도'의 기초적인 포인트 지도와 달리 심벌 포인트 지도는 다양한 크기 또는 색상으로 특정 지역의 데이터를 표시합니다. [그림 7-16]의 심벌 포인트 지도는 원 크기(2019년 인구수)와 원 색상(2010년 이후 퍼센트 변화) 등 두 가지 변수로 미국 300개 주요 도시의 인구 변화를 보여줍니다. 기억해야 할 것은 심벌 지도를 생성하기 위해 **포인트** 데이터를 사용한다는 점입니다. **폴리곤** 데이터를 활용한 코로플레스 지도는 다음 절에서 배웁니다. 9장에서는 대화형 데이터래퍼 지도를 웹에 임베딩하는 방법을 살펴볼 것입니다.

17 https://oreil.ly/5T_at

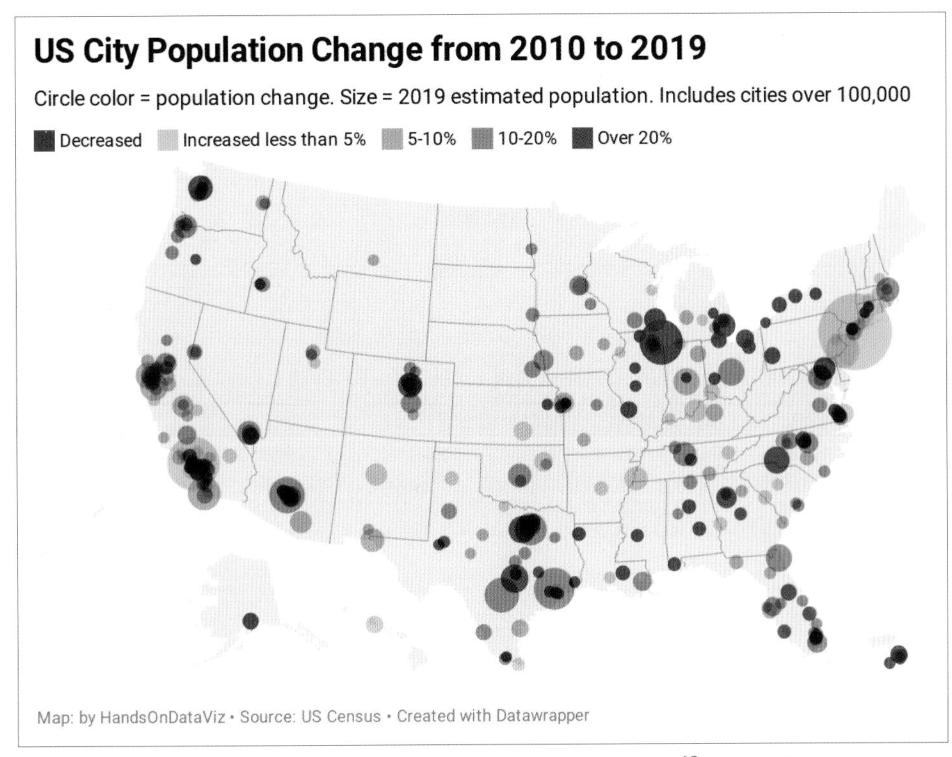


**그림 7-16** 데이터래퍼로 만든 미국 도시 인구 증가량 심벌 포인트 지도. 대화형 버전[18]을 살펴보세요.

데이터래퍼에서 지도를 생성하는 과정은 지도 선택, 데이터 추가, 시각화, 게시 및 임베딩의 4단계로 나눌 수 있습니다. 심벌 포인트 지도를 만들려면 다음 튜토리얼을 따라 합니다.

**01** 구글 시트에서 미국 도시 인구 변화 2010-2019 데이터[19]를 엽니다. 노트를 읽고 데이터의 출처와 관련 이슈를 확인합니다. 우리는 2010-2019 데이터를 미국 통계청[20]에서 다운로드했습니다. 하지만 이 시기에 몇몇 도시는 외곽 지역과 새롭게 합쳐지거나 합병되었는데, 이러한 현상이 시간이 지남에 따라 인구 데이터를 왜곡하게 만들었습니다. 또한 워싱턴 DC(미국 주에 속하지 않는 주요 도시)와 푸에토리코의 5개 도시(미국 주는 아니지만 미국 시민이 사는 미국 영토)에 대한 데이터가 포함되었으므로 아래에서 적절한 지도를 선택하여 이를 포함하도록 하겠습니다.

---

18 https://datawrapper.dwcdn.net/V0V9Y

19 https://oreil.ly/Qkrue

20 https://oreil.ly/qGMru

4장에서 언급한 것처럼 좋은 지도를 만들기 위해서는 데이터를 잘 정리해야 합니다. 우리는 원본 데이터를 수정해 2010년 또는 2019년에 100,000명 이상이 거주하는 대도시 300곳을 추렸습니다. 또한 **지역 이름**을 정확하게 식별하기 위해 데이터래퍼에 의존하기 때문에 시(city)와 주(state)를 한 열에 병합해 지오코딩 정확도를 높였습니다. 이와 관련한 더 자세한 내용은 데이터래퍼 아카데미의 지역 이름 지오코딩하기[21]를 참고하세요. 또한 Percent Change라는 새로운 열을 생성했습니다. 그리고 `(2019 - 2010) / 2010 × 100`과 같이 계산했습니다.

**02** 구글 시트에서 '파일 > 다운로드'를 클릭하고 '쉼표로 구분된 값(.csv)'을 선택해 데이터를 여러분 컴퓨터에 CSV 형식으로 저장합니다.

**03** 데이터래퍼[22]를 실행하고 '만들기 시작(Start creating)'을 클릭한 후 '새로 생성(Create new)'에서 '맵(Map)'을 클릭합니다. 그리고 심벌 지도(Symbol map)를 선택합니다.

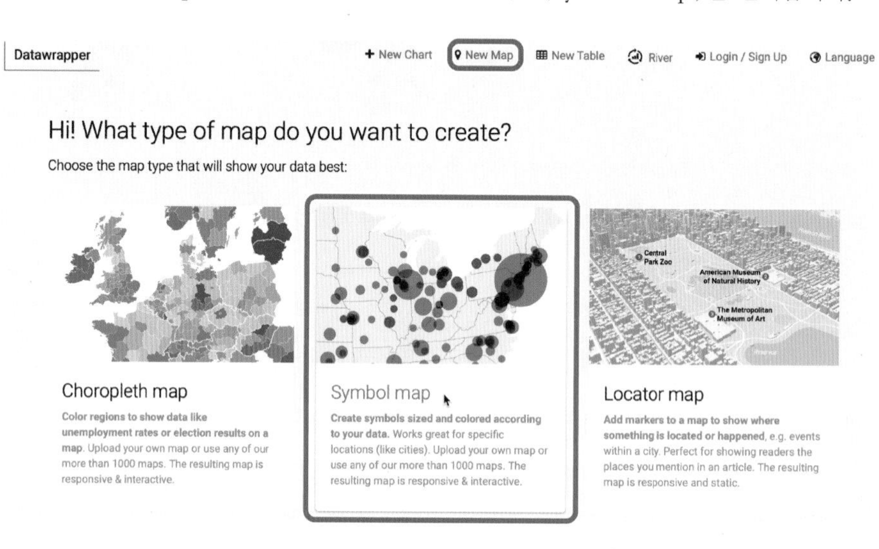


**04** '지도 선택(Select your map)' 화면에서 'usa and territories'를 입력해 검색하고 푸에토리코가 포함된 'USA » States and Territories'를 선택합니다. '계속(Proceed)'을 클릭하여 다음 화면으로 넘어갑니다.

---

21 https://oreil.ly/pxFEr

22 https://www.datawrapper.de

**05** '데이터 추가(Add your data)' 화면에서 '데이터셋 가져오기(Import your dataset)'를 클릭하면 나타나는 창에서 '주소와 지역 이름(ADDRESSES/PLACE NAMES)' 버튼을 클릭합니다. 그리고 데이터셋 가져오기(Import your dataset) 창에서 'CSV 파일을 업로드하려면 여기를 클릭하세요(Alternatively, Click here~)'를 클릭하고 앞서 다운로드 받은 파일을 선택합니다.

**06** '열 맞추기(Match your columns)' 창에서 'City-State' 열의 'MATCHED AS ADDRESS)'를 클릭하고 'NEXT'를 누릅니다. 'Done!' 화면에서 'Go!'를 눌러 지오코딩된 데이터를 확인합니다.

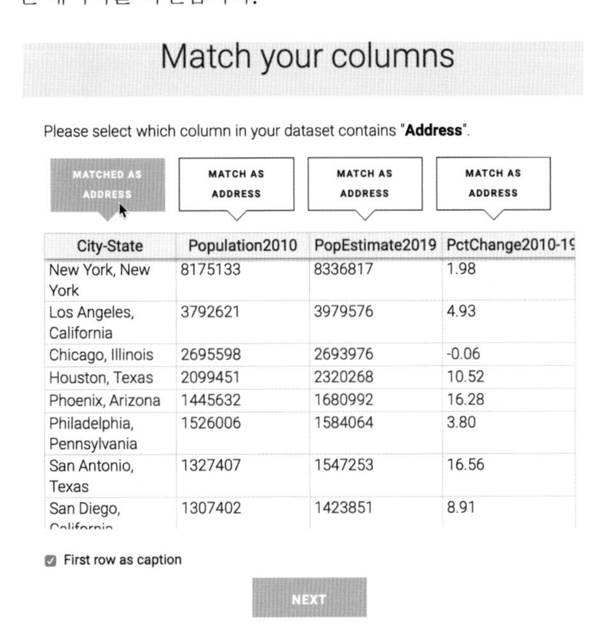


**07** 지도를 세분화하려면 '시각화(Visualize)'를 클릭합니다. 우리 목표는 2019년도 인구를 원 크기로, 퍼센트 변화를 원 색상으로 나타내는 것입니다. '심벌 모양과 크기(Symbol shape and size)' 아래에서 원 심벌을 선택하고 'Size by'를 'PopEstimate2019'로 선택합니다. 최대 심벌 크기는 25픽셀로 설정합니다. 그리고 '심벌 색상(Symbol colors)'에서 'Select column'에 '백분율 변경 2010-2019(PctChange 2010-19)' 열을 선택합니다.

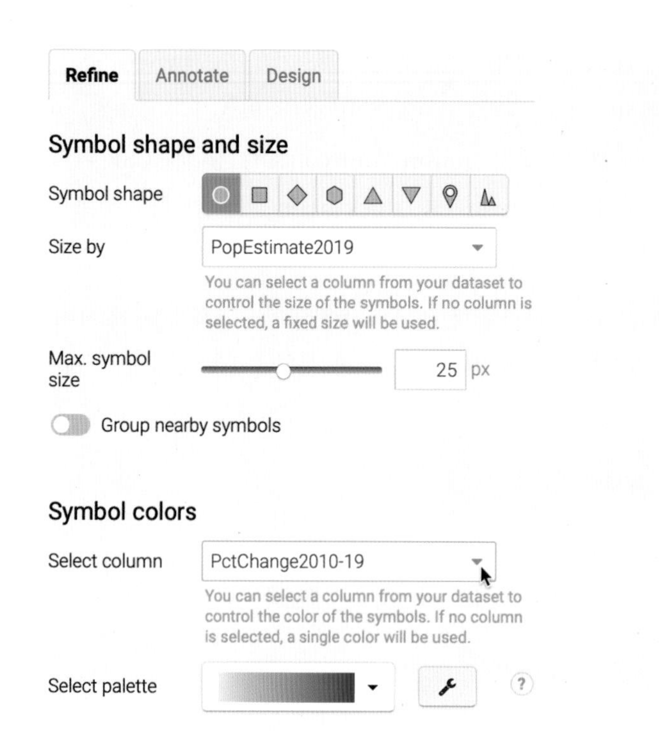


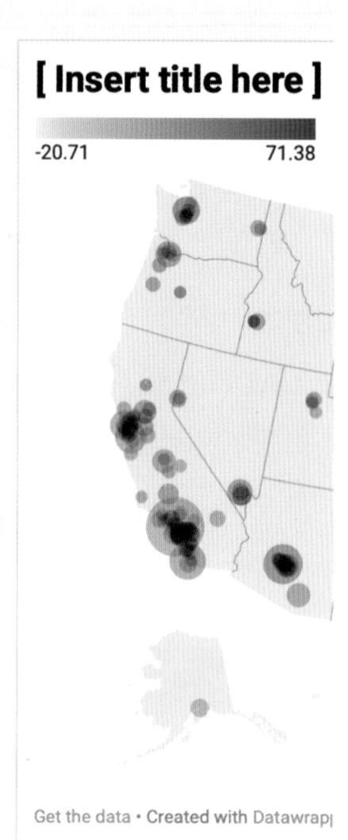


**08** 만약 색상 팔레트와 간격을 예제에 맞게 사용자 정의하려면 색상 팔레트 옆에 있는 렌치 심벌을 클릭합니다. 그리고 '색상 가져오기(Import colors)'를 클릭하면 7.2절 '코로플레스 색상과 간격 디자인'에서 설명한 대로 컬러브루어에서 가져온 여기에 나열된 5개의 16진수 코드를 붙여넣을 수 있습니다. 첫 번째 코드는 진한 분홍색이며, 그다음은 네 가지 순차적인 녹색입니다(`#d01c8b, #bae4b3, #74c476, #31a354, #006d2c`).

**09** 계속해서 우리 예제에 맞게 맞춤형 간격을 사용자 정의하려면 스텝(Steps)을 5로 맞추고 커스텀(Custom)을 선택한 후 0% 미만(밝은 분홍색), 0% ~ 5%(밝은 초록색) 등의

사용자 정의 간격을 척도에 맞게 수동으로 입력합니다. 범례(Legend) 항목에서 레이블(Labels)을 커스텀(custom)으로 변경하고 각 레이블을 클릭해 지도 메뉴에 표시될 텍스트를 편집합니다. 이러한 옵션에 대한 자세한 내용은 심벌 지도 사용자 정의에 대한 데이터래퍼 아카데미 게시물[23]을 참조하세요.

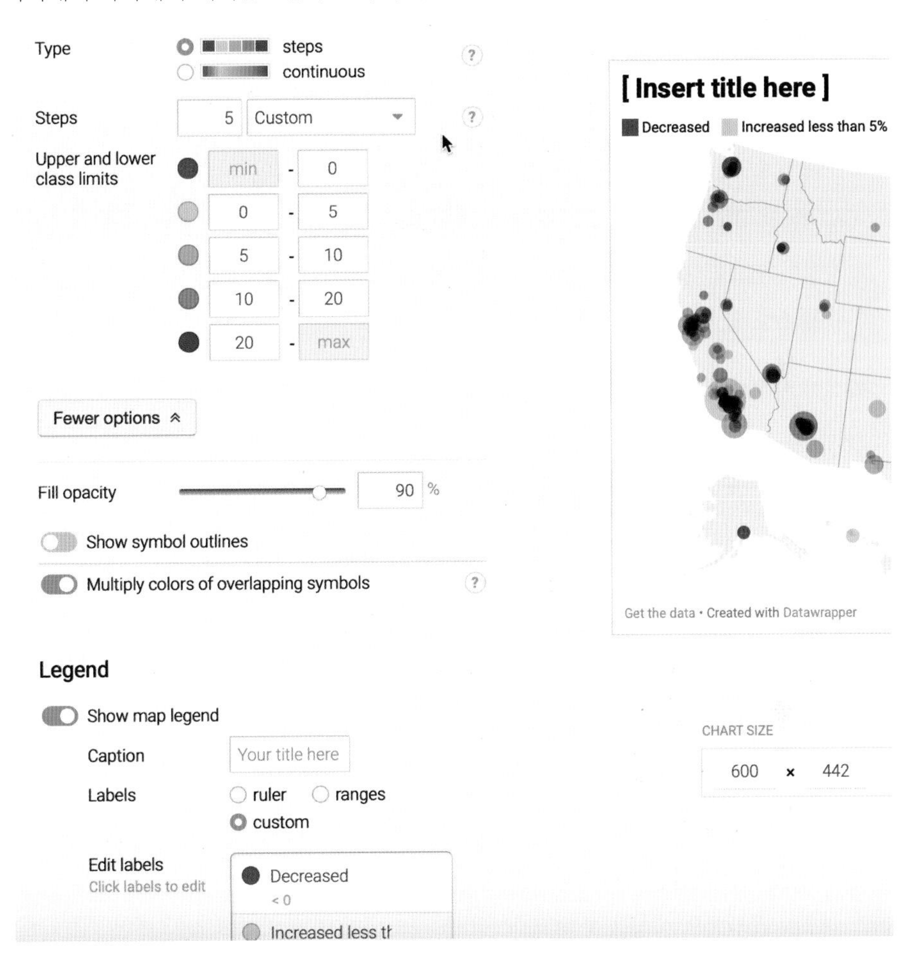


**10** 시각화(Visualize) 화면에서 주석(Annotate) 탭을 클릭하여 제목, 소스 노트, 크레딧을 삽입하고, 데이터래퍼 아카데미에서 설명하는 대로 툴팁을 사용자 정의[24]합니다.

---

23 https://oreil.ly/0ajde

24 https://oreil.ly/Um9B6

**11** 작업을 다른 사람과 공유하려면 '계속(Proceed)'을 클릭하거나 '게시 및 임베딩(Publish & Embed)' 화면으로 넘어가 지도를 공유하기 위한 작업을 진행합니다. 무료 데이터래퍼 계정으로 로그인한 경우 여러분의 작업물이 자동으로 오른쪽 상단에 보이는 마이 차트(My Charts) 메뉴에 온라인 저장됩니다. 또한 파란색 게시(Publish) 버튼을 눌러 여러분 웹사이트에 대화형 지도를 임베딩하는 코드를 생성할 수도 있습니다. 이 방법은 9장에서 자세히 다루겠습니다. 만약 여러분의 작업물을 다른 데이터래퍼 사용자와 나누고 싶다면 '리버에 차트 추가하기(add your chart to River)' 기능을 통해 진행할 수 있습니다. 또한 스크롤을 내려 'PNG 다운로드 받기(Download PNG)' 기능을 통해 지도의 정적 이미지를 내보내기할 수도 있습니다. 추가적인 내보내기 및 게시 옵션은 데이터래퍼 유료 계정이 필요합니다. 만약 무료 계정도 만들고 싶지 않다면 이메일 주소로 임베드 코드를 받을 수도 있습니다.

추가적인 도움이 필요하거나 다른 옵션을 확인하고 싶다면 데이터래퍼 아케데미 지원 페이지에서 심벌 지도symbol maps[25]를 확인하세요.

이제 데이터래퍼를 사용하여 심벌 포인트 지도를 만드는 방법을 배웠으니 다음 절에서는 이 도구를 사용하여 코로플레스 지도를 만드는 방법을 알아보겠습니다.

## 7.6 데이터래퍼로 만드는 코로플레스 지도

이제 포인트 지도에서 폴리곤 지도로 넘어가겠습니다. 앞서 데이터래퍼로 차트(6.6절 '데이터래퍼 차트' 참조)와 심벌 지도([그림 7-16] 참조)를 디자인하는 방법을 배웠으니 이제 이 도구를 사용해 색상을 입힌 다각형의 조합처럼 보이는 코로플레스 지도를 만들겠습니다. 코로플레스 지도는 폴리곤의 색상을 통해 데이터값을 나타내며 여러 지역에 걸친 패턴을 표시하는 데 적합합니다. 데이터래퍼는 세계 지역, 주와 지방, 그리고 헥사곤(통계 지도), 카운티, 의회 선거구, 인구조사 구역 등을 포함한 광범위한 공통 지리적 경계를 제공합니다.

이 절에서는 [그림 7-17]과 같이 질로우 주택 가격 지수Zillow home value index[26]에 따라 2020년 8월 미국 주별 주택 가격에 대한 코로플레스 지도를 만들겠습니다. 이 지수는 단독가구, 콘도

25 https://oreil.ly/yTWkB
26 https://oreil.ly/HsLuZ

및 공동주택에 대한 일반적인 가격(중앙값을 기점으로 35~65번째 백분위수 범위)을 평활화하고 계절을 반영합니다.

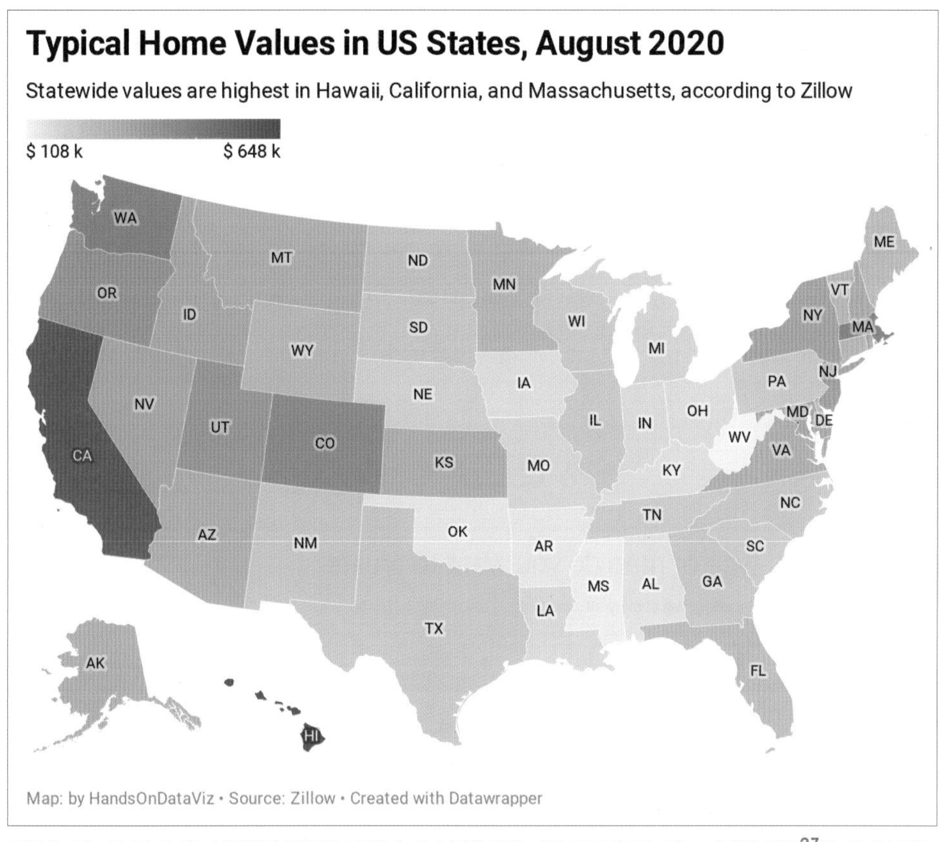


**그림 7-17** 데이터래퍼를 사용하여 작성한 2020년 미국 주별 주택 가격 코로플레스 지도. 대화형 버전[27]을 살펴보세요.

데이터래퍼에서 지도를 생성하는 과정은 지도 선택, 데이터 추가, 시각화, 게시 및 임베딩의 4단계로 나눌 수 있습니다. 자신만의 코로플레스 지도를 만들려면 다음 튜토리얼을 따라 합니다.

**01** 구글 시트에서 질로우 리서치 사이트[28]에서 다운로드한 주택 가격 인덱스 데이터[29]를 엽니다. 다음 내용을 읽고 데이터의 출처와 정의를 이해하세요.

27 https://oreil.ly/B9XlT
28 https://oreil.ly/HsLuZ
29 https://oreil.ly/bFKT3

4장에서 설명한 것처럼 좋은 지도를 만들려면 종종 지저분한 데이터를 정리해야 합니다. 우리는 스프레드시트에서 2019년 8월과 2020년 8월 두 개 열을 제외하고 모두 삭제했습니다. 그리고 퍼센트 변화(Percent Change) 열 새로 삽입했으며, 이 열에 대해 (2020 - 2019) / 2019 × 100으로 계산했습니다. 다행히 데이터래퍼가 미국의 주 이름과 약어를 잘 인식하는 것 같습니다.

**02** 구글 시트에서 '파일 > 다운로드'를 클릭하고 '쉼표로 구분된 값(.csv)'을 선택해 데이터를 여러분 컴퓨터에 CSV 형식으로 저장합니다.

**03** 데이터래퍼[30]를 열고 '만들기 시작(Start creating)'을 클릭한 후 '새로 생성(Create new)'에서 '맵(Map)'을 클릭합니다. 그리고 '코로플레스 지도(Choropleth map)'을 선택합니다. 지도 생성을 위해 반드시 로그인할 필요는 없지만 지도를 저장하고 온라인상에 배포하기 위해서는 무료 계정 가입이 필요합니다.

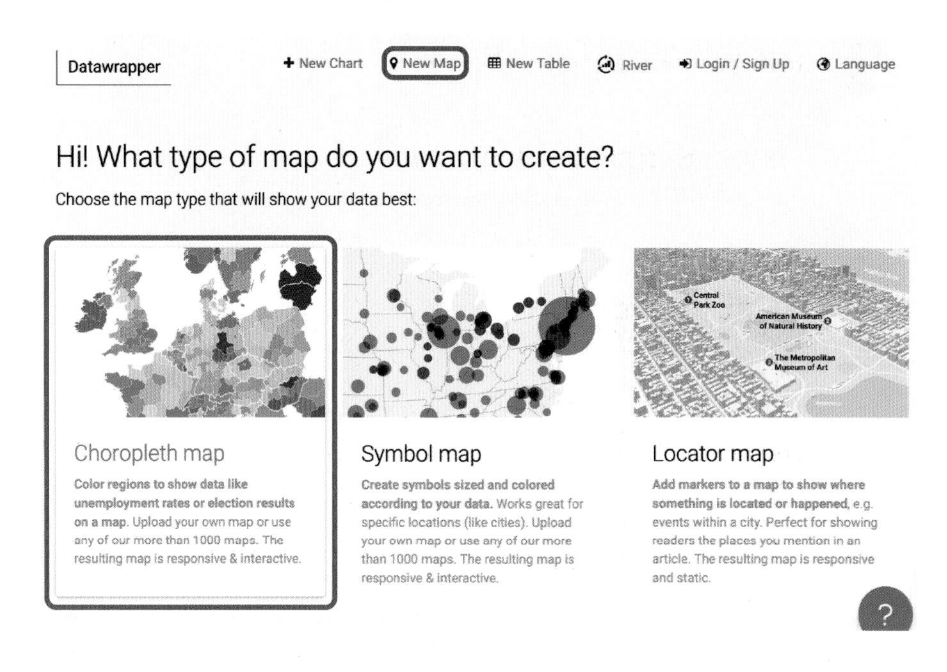


**04** '지도 선택(Select your map)' 화면에서 'usa and territories'를 입력해 검색하고 워싱턴 DC가 포함된 'USA » States and Territories'를 선택합니다. '계속(Proceed)'을 클릭하여 다음 화면으로 넘어갑니다.

---

30 https://www.datawrapper.de

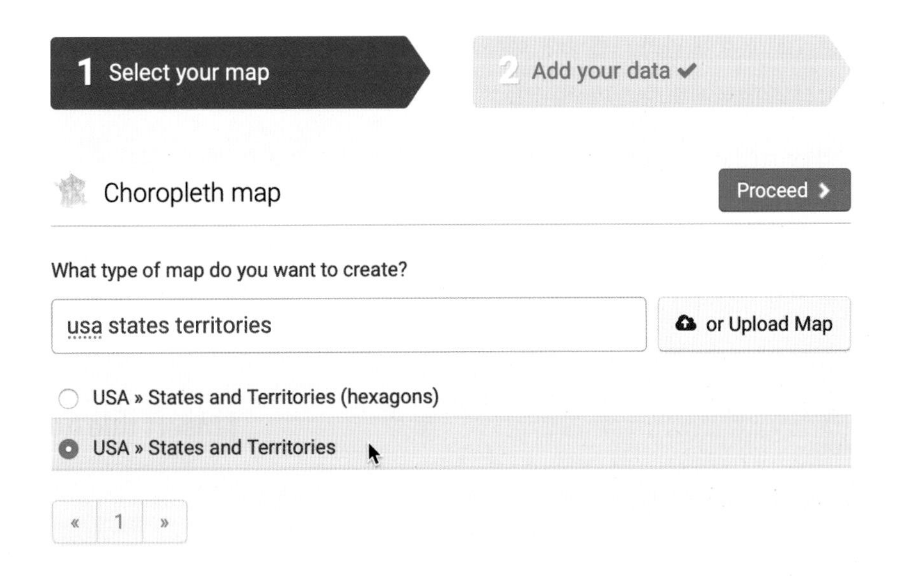


**TIP** 데이터래퍼에 선호하는 지도 개요가 나열되지 않은 경우 사용자 정의 지리 데이터를 GeoJSON 또는 TopoJ 포맷으로 업로드할 수 있습니다. 13.1절 '지리 공간 데이터와 GeoJSON'에서 자세히 설명합니다.

**05** '데이터 추가(Add your data)' 화면에서 각 지역에 대한 데이터를 수동으로 입력할 수 있지만 50개가 넘는 주를 모두 수작업으로 입력하는 것은 비효율적입니다. 대신 '업로드(Upload)' 탭에서 '파일 업로드(Upload file)'를 클릭하고 앞서 다운로드한 CSV 파일을 선택합니다. '계속(Proceed)'을 클릭하여 다음 화면으로 넘어갑니다.

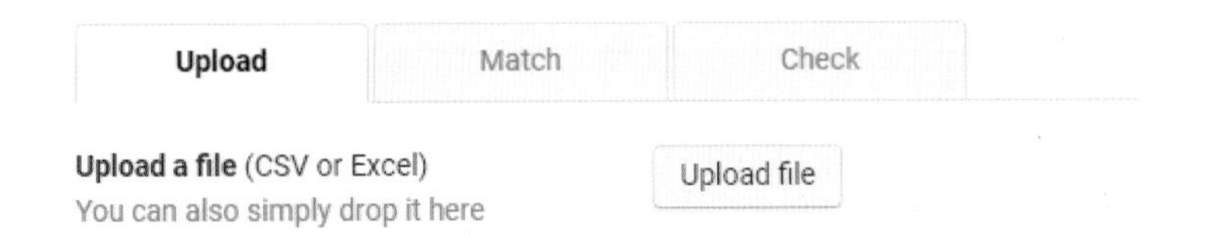


만약 'USA » States and Territories'를 선택했다면 여러분 데이터에 다음 중 하나의 열이 반드시 포함되어 있어야 합니다.

- 캘리포니아(`California`) 같은 이름
- FIPS 코드: 연방 정보 처리 표준 코드Federal Information Processing Standards, 캘리포니아의 경우 `06`
- ANSI 코드: 미국 국립 표준 협회American National Standards Institute 코드, 캘리포니아의 경우 `CA`

코드는 지도 유형에 따라 다릅니다. 예를 들어 세계 지도에서는 국가 이름 또는 세 글자로 이루어진 ISO(국제 표준화 기구) 코드[31]를 사용합니다.

**06** '시각화(Visualize)' 화면의 '개선(Refine)' 탭에서 색상 팔레트 옆에 있는 렌치 심벌을 클릭해 기본 지도 설정을 살펴봅니다. 기본 설정을 그대로 사용해야 하는 것은 아닙니다. 기본 설정에서 여러 요소를 바꿔가며 설정에 따라 지도가 어떻게 변화하는지 살펴보며 선택하는 것이 좋습니다.

7.2절 '코로플레스 색상과 간격 디자인'에서 소개했던 핵심 개념을 다시 살펴보겠습니다. 기본 지도 설정에서는 초록색-파란색으로 이어지는 연속형(continuous) 또는 선형(linear) 색상 팔레트가 선형 보간법(linear interpolation)과 함께 옵션으로 주어집니다. 즉, 주택 가격이 척도에 따라 직선으로 분포됨을 의미합니다. 이러한 색상과 간격은 양 극단에 있는 값을 강조하는 데이터 스토리에 적합합니다.

31 https://oreil.ly/-9U-k

**07** '개선(Refine)' 탭에서 여러 가지 유형의 보간법(interpolation)과 색상을 테스트해보세요. 예를 들어 선형(linear)에서 사분위수(quantiles)로 변경하면 데이터가 동일한 크기의 네 그룹으로 그룹화됩니다. 그러면 이 지도는 중간 범위에 있는 주[state]들 간의 대조를 더 많이 볼 수 있기 때문에 지리적 다양성을 강조하는 데이터 스토리에 적합합니다.

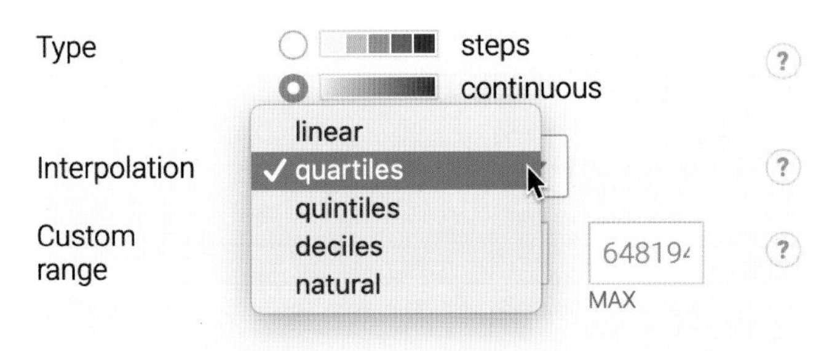


**08** 다른 색상, 구간 및 데이터 열을 테스트해봅니다. **순차색**에서 중간 범위에는 중립 색상, 극단에는 어두운 색상을 표시하는 **분산색**으로 변경합니다. 또한 그레이디언트 유형(Type)을 연속형(continuous)에서 스텝(steps)으로 바꿉니다. 데이터를 정규화하기 위해 'Selection column'을 'Pct Change 2019-20'으로 변경해줍니다. 주택 가격은 지역마다 편차가 크기 때문에 7.3절 '코로플레스 지도 데이터 정규화하기'에서 논의한 것처럼 정규화해야 합니다. 예를 들어 2019년에서 2020년 사이 집값 변화에 대한 지도를 빨간색-파란색 분기형 팔레트, 5개의 스텝, 반올림된 결괏값(Rounded values)으로 만들면 다음과 같습니다.

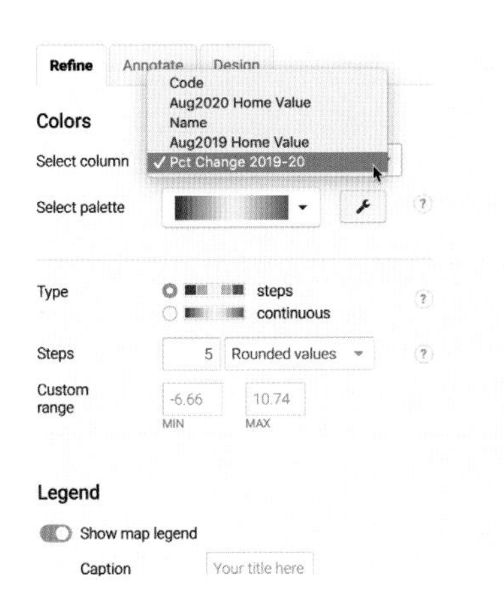


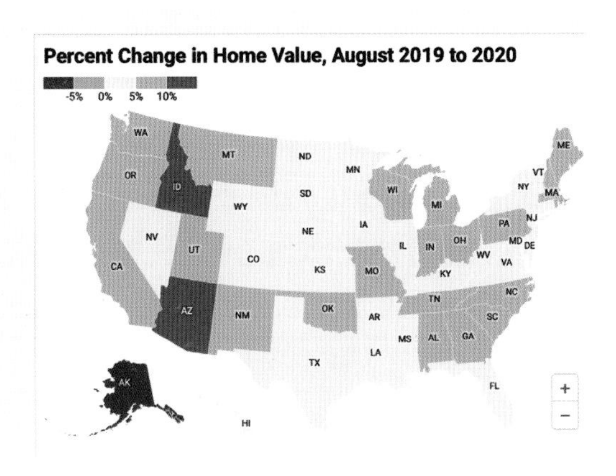

어떤 데이터 열, 색상, 구간이 최고의 지도를 만들까요? 진실하고 의미 있는 지도를 만드는 방법은 여러 가지가 있기 때문에 이 질문에 쉽게 대답하긴 힘들 것입니다. 하지만 두 가지 원칙은 명심하세요. 첫째, 데이터를 숨기거나 포장하지 말고 정직하게 보여줘야 합니다. 둘째, 디자인 선택은 데이터에 대한 다양한 해석을 강조하기 때문에 여러분이 믿고 있는 데이터 스토리를 반영하는 것이 중요합니다. 이에 대해서는 7.2절 '코로플레스 색상과 간격 디자인'에서 소개한 가이드라인을 다시 한번 살펴보기 바랍니다.

이제 지도를 게시하고 다른 사용자와 공유하기 전에 지도의 레이블과 스타일을 완성해보겠습니다.

**09** '개선(Refine)' 탭에서 범례(Legend) 형식을 설정합니다. 예를 들어 107762처럼 긴 숫자를 $108k처럼 축약된 달러로 변환하기 위해 형식(Format)에서 '사용자 정의 형식(custom format)'을 선택하고 코드 **`($ 0 a)`**를 입력합니다. 데이터래퍼 사용자 정의 형식에 대한 자세한 내용은 number.js 문서[32]를 참조하세요.

**10** 주석(Annotation) 탭에서 제목, 설명, 출처 등을 추가해 작업물의 신뢰도를 높입니다. 또한 지도 레이블을 추가하고 사용자가 커서를 주[state] 위에 올렸을 때 표시되는 사용자 정의 툴팁을 추가할 수도 있습니다. 가장 쉽게 툴팁을 추가하는 방법은 드롭다운 메뉴를 사용해 형식을 지정하고 이중 중괄호 안에 적절한 코드를 추가하는 것입니다. 자세한 내용은 데이터래퍼 아카데미의 사용자 정의 툴팁[33]을 참조하세요.

---

32 https://oreil.ly/nFKBR

33 https://oreil.ly/HV1MU

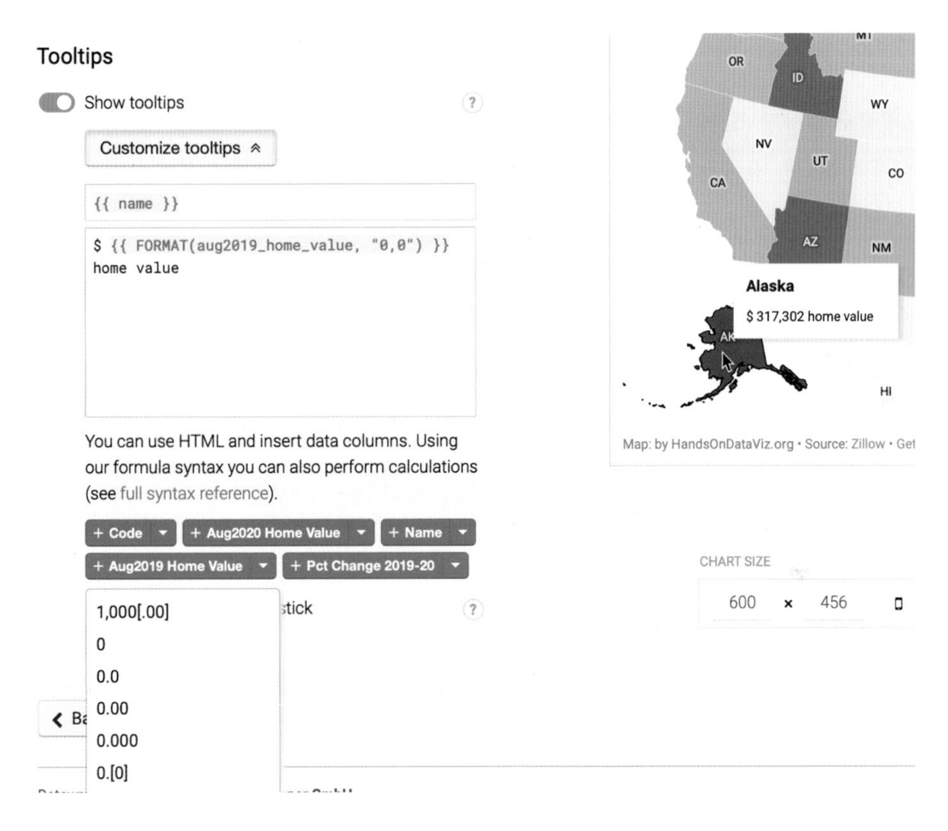


**11** 마지막으로 '계속(Proceed)'을 클릭하여 '게시 및 임베딩(Publish & Embed)' 화면으로 넘어가 여러분의 작업물을 다른 사람과 공유합니다. 대화형 지도에 대한 임베딩 코드를 얻는 방법과 튜토리얼에 대한 더 자세한 내용은 9장에서 설명합니다.

**TIP** 데이터래퍼 아카데미에서 코로플레스 지도 디자인에 관한 훌륭한 포스트[34]를 확인해보세요.

데이터래퍼라는 도구를 사용해 코로플레스 지도를 만드는 방법을 배웠으니, 이제 다른 도구인 태블로 퍼블릭을 사용해 코로플레스 지도를 만들고 비교해보겠습니다.

34 https://oreil.ly/pU5zx

## 7.7 태블로 퍼블릭으로 만드는 코로플레스 지도

6장에서 분산형 차트와 필터링된 선 차트를 만들 때 무료로 제공되는 태블로 퍼블릭 데스크톱 애플리케이션(맥 또는 윈도우용)을 소개했습니다. 이제 같은 도구를 사용해 대화형 코로플레스 지도를 만들고 이전 절에서 살펴본 데이터래퍼와 비교해보겠습니다. 두 도구 사이의 차이를 보여주기 위해 동일한 유형의 지도를 만들겠습니다. 데이터래퍼가 제공하는 보간법과 색상 간격 설정이 코로플레스 지도를 만드는 데 더 많은 자유를 준다고 생각하는 사용자가 있는 반면 조작하기 쉬운 인터페이스로 인해 태블로 퍼블릭을 선호하는 사용자도 있습니다.

태블로 퍼블릭은 국가, 주, 카운티 및 공항과 같이 이미 인식하고 있는 지리적 장소 이름 또는 ISO 코드에 대한 다양한 유형의 지도를 만들 수 있지만 주소 자체를 지오코딩하진 못합니다. 따라서 2.6절 '구글 시트에서 주소 지오코딩하기'에서 살펴본 도구를 사용해서 해당 주소의 경도와 위도를 얻어야 합니다. 또한 사용자 정의 지도 경계를 업로드하려면 태블로 퍼블릭 지원 페이지의 공간 파일로부터 태블로 지도 만들기Create Tableau Maps from Spatial Files[35]를 참조합니다.

이 절에서는 [그림 7-18]과 같이 국가별 GDP 대비 의료비 지출 비율에 대한 코로플레스 지도를 만들겠습니다. 코로플레스 지도는 데이터를 정규화하여 절댓값이 아닌 상대적인 숫자를 표시할 때 가장 효과적이라는 것을 기억하십시오(7.3절 '코로플레스 지도 데이터 정규화하기' 참조). 단순히 국가별 의료비 지출을 비교하는 것은 큰 의미가 없습니다. 경제 규모가 큰 국가일수록 의료비 지출이 높을 것이기 때문이죠. 따라서 우리는 각 국가별 경제 규모에서 의료비 지출이 차지하는 비율을 사용할 것입니다.

시작하기 전에 아직 무료 태블로 퍼블릭 데스크톱 애플리케이션[36]을 설치하지 않았다면 미리 설치해야 합니다. 맥과 윈도우 모두에서 사용할 수 있습니다. 애플리케이션을 설치하려면 이메일 주소를 입력해야 합니다.

---

35 https://oreil.ly/J8mYF

36 https://oreil.ly/kPcad

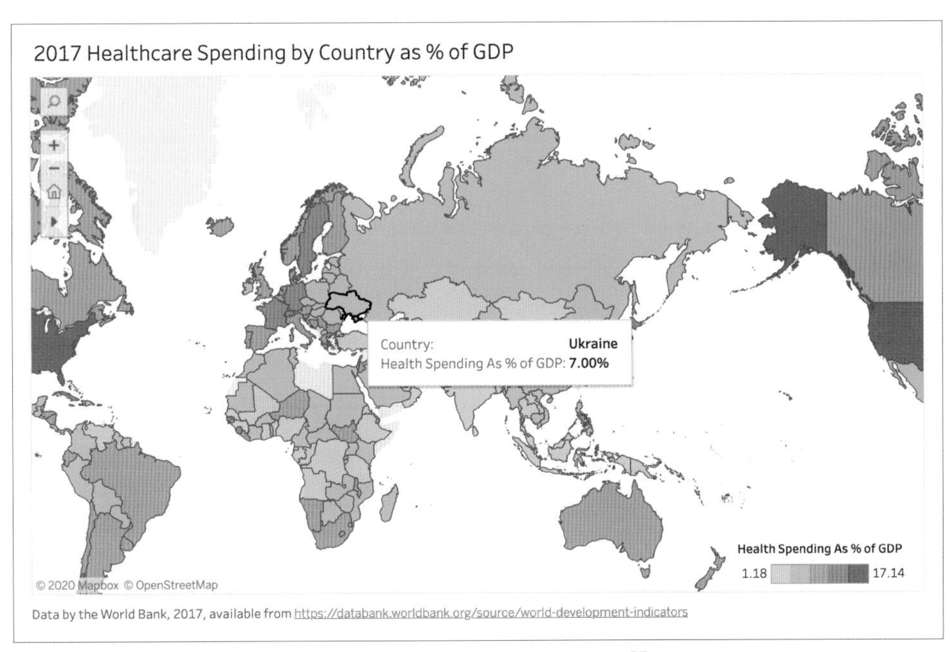


**그림 7-18** 태블로 퍼블릭으로 만든 의료비 지출 코로플레스 지도. 대화형 버전[37]을 살펴보세요. 데이터 출처: 세계은행

[그림 7-18]과 같은 코로플레스 지도를 만들려면 다음 단계를 따라 합니다.

**01** 구글 시트에서 세계은행[38]에서 다운로드한 국가별 GDP 대비 의료비 지출 비율 데이터[39]를 엽니다. 그리고 데이터와 관련 노트를 조사합니다.

4장에서 설명한 것처럼 좋은 지도를 만들기 위해서는 데이터를 정리해야 합니다. 우리는 스프레드시트에서 결측치가 포함된 행은 삭제했습니다. 태블로 퍼블릭은 다양한 유형의 지명(예: 도시 및 국가)을 인식하므로 철자 문제를 처리하고 모든 이름을 지도에 올바르게 배치하는 데 이 도구를 사용할 것입니다.

**02** 구글 시트에서 '파일 > 다운로드'를 클릭하고 '쉼표로 구분된 값(.csv)'을 선택해 데이터를 여러분 컴퓨터에 CSV 형식으로 저장합니다.

37 https://oreil.ly/jIC2_
38 https://oreil.ly/IDsX3
39 https://oreil.ly/3n7fl

**03** 태블로 퍼블릭을 실행합니다. 처음 열면 왼쪽에 업로드할 수 있는 파일 형식을 표시하는 '연결' 메뉴가 표시됩니다. '텍스트 파일' 형식을 선택하고 이전 단계에서 다운로드한 의료비 지출 CSV 데이터 파일을 업로드합니다.

> **NOTE_** 태블로는 '연결 > 서버에 연결' 옵션을 사용하여 구글 드라이브에 있는 구글 시트에서 데이터를 직접 액세스할 수 있습니다. 따라서 2단계에서 CSV 파일을 다운로드하는 대신 시트의 복사본을 만들어 직접 연결할 수 있습니다.

**04** 데이터 소스 화면에서 국가 이름(Country Name), 국가 코드(Country Code), GDP 대비 의료비 지출 비율(Health Spending As % of GDP) 등 세 개 열을 가진 데이터셋을 확인합니다. Country Name과 Country Code 앞에 지구 모양의 아이콘이 있는 것을 확인할 수 있는데, 이는 태블로 퍼블릭이 이들을 문자열 또는 텍스트 데이터가 아닌 지리 데이터 geographic data로 성공적으로 인식했음을 나타냅니다. 때로는 태블로가 위치 데이터를 자동으로 인식하지 못하는 경우가 있는데, 이때는 데이터 유형을 직접 수동으로 변경해야 합니다. 이렇게 하려면 각 열의 맨 앞에 있는 데이터 유형 아이콘(예: 지구 모양 또는 숫잣값의 경우 초록색 # 모양)을 클릭하고 '지리적 역할 > 국가/지역'을 선택합니다.

**05** 왼쪽 아래에서 주황색 '시트1' 버튼을 클릭해 첫 번째 시각화를 위한 워크시트를 만듭니다.

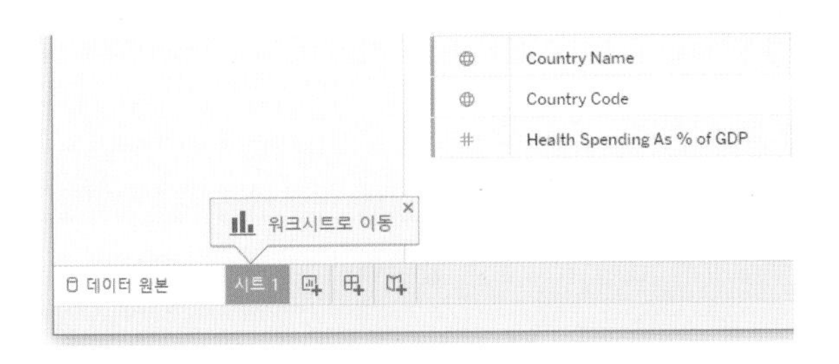


**06** '시트 1'에서 두 단계를 거쳐 코로플레스 지도를 만들 수 있습니다. 먼저 'Country Name' 필드를 워크시트 중앙으로 드래그 앤드 드롭합니다(또는 마크 카드 '세부 정보' 박스로 드래그 앤드 드롭합니다). 기본 설정으로 보이는 뷰는 심벌 지도입니다. 이 심벌 지도를 폴리곤 지도로 변경해야 합니다. 색상 폴리곤을 추가하기 위해서는 'Health Spending As % of GDP' 필드를 마크 카드의 '색상' 박스로 드래그 앤드 드롭합니다. 그러면 코로플레스 지도로 바뀐 것을 확인할 수 있습니다.

**07** 오른쪽 상단 모서리의 '표현 방식(Show Me)' 메뉴 뒤에 지도 범례가 숨어 있을 수 있으므로 메뉴를 클릭하여 축소하고 범례를 표시합니다.

**08** '마크' 카드의 '색상' 상자를 클릭한 다음 '색상 편집'을 클릭해 색상 팔레트를 변경할 수 있습니다. 팔레트를 '녹색'으로 변경하고 '단계별 색상'을 클릭해 '단계'로 변경합니다.

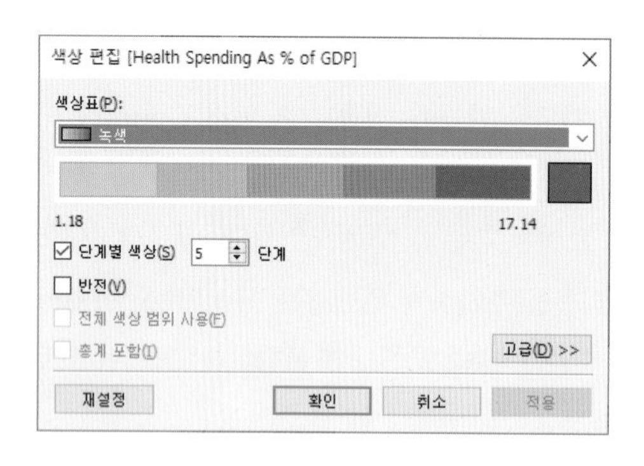


**09** 마우스 커서를 지도 위에서 이동해보면 국가 이름과 백분율 값을 제공하는 툴팁을 확인할 수 있습니다. 초기 데이터 테이블에 적절한 열 헤더가 있으므로 툴팁이 이상 없이 생성되었습니다. 하지만 툴팁을 더 좋게 만들 수 있습니다. '마크' 카드에서 '도구 설명'을 클릭해 'Country Name'을 'Country'로 변경합니다(< > 안에 회색으로 둘러싼 텍스트는 변수명이므로 바꾸지 마세요). 또한 두 번째 행 끝에 '%' 기호를 추가합니다.

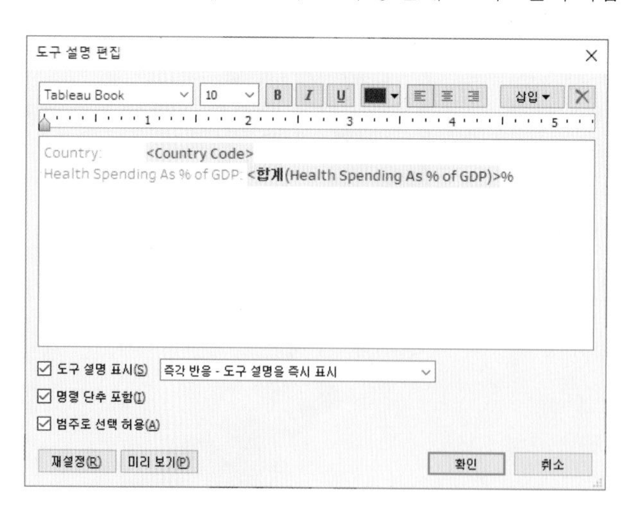


**10** 지도 제목을 좀 더 의미 있게 바꿔봅시다. 지도 위에 있는 '시트 1'을 더블클릭하여 '제목 편집' 창을 열고 〈시트 이름〉을 '2017년 국가별 GDP 대비 의료비 지출 비율'로 바꿔줍니다.

**11** 여기까지 왔다면 데이터가 로드되고 올바르게 표시되어야 하므로 지도 제목, 범례, 공유하기에 적합한 최종 레이아웃을 만듭니다. 왼쪽 아래에서 '새 대시보드'를 클릭해 새 대시보드를 만듭니다. 태블로의 대시보드는 텍스트 박스, 이미지, 기타 요소뿐만 아니라 여러 시트의 시각화를 포함할 수 있는 레이아웃으로, 풍부한 탐색 인터페이스를 만듭니다. 이번 튜토리얼에서는 코로플레스 지도가 포함된 단일 시트만 사용할 것입니다.

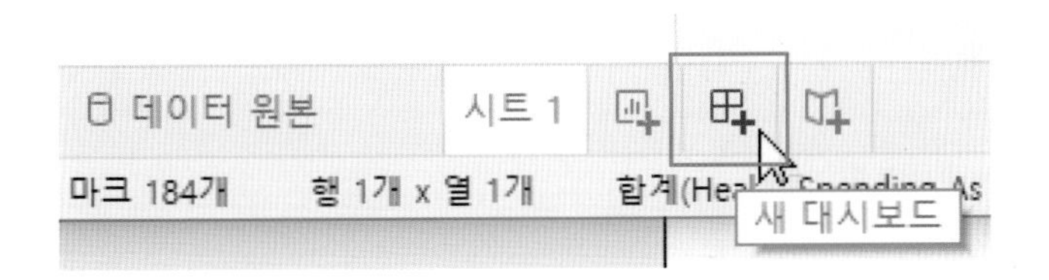


**12** '대시보드 1' 탭에서 대시보드의 '크기'를 '자동'으로 변경하여 지도가 모든 장치에서 너비의 100%를 차지하도록 합니다. 그리고 '시트 1'을 '여기에 시트 놓기' 영역으로 드래그 앤드 드롭합니다. 그러면 '시트 1'의 지도, 제목 및 범례를 복사합니다.

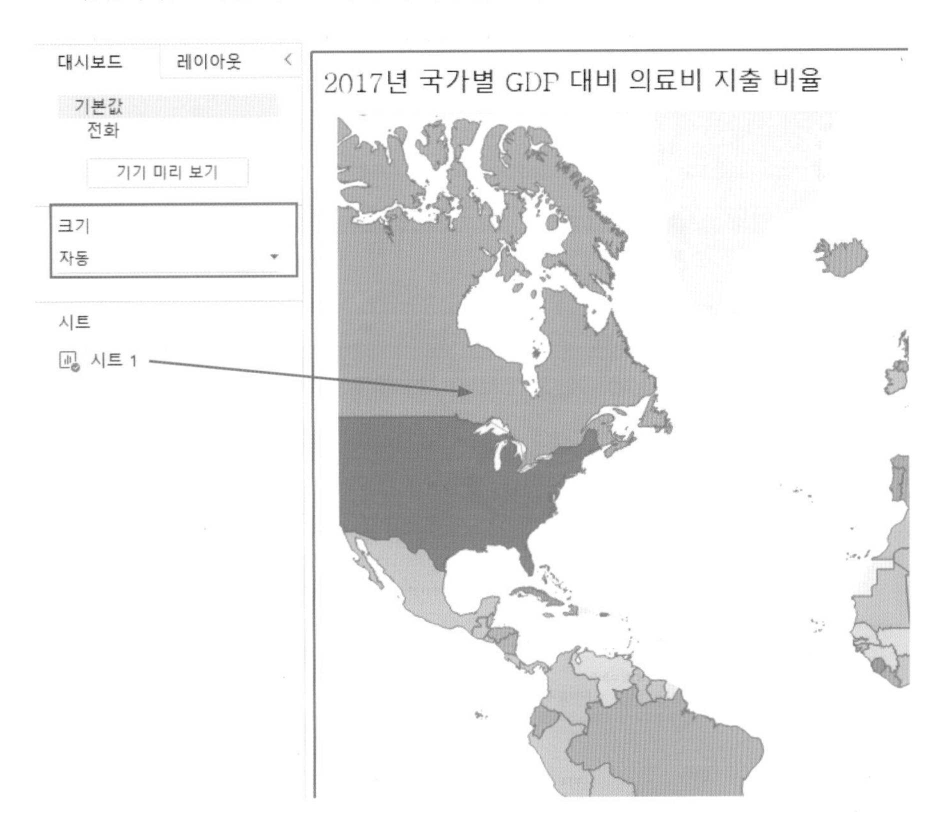

**13** 지도 범례를 우클릭하고 '부동(floating)'을 선택합니다. 그러면 범례를 지도 위로 바로 가져올 수 있어 공간을 아낄 수 있습니다. 범례를 지도의 빈 공간으로 드래그 앤드 드롭합니다.

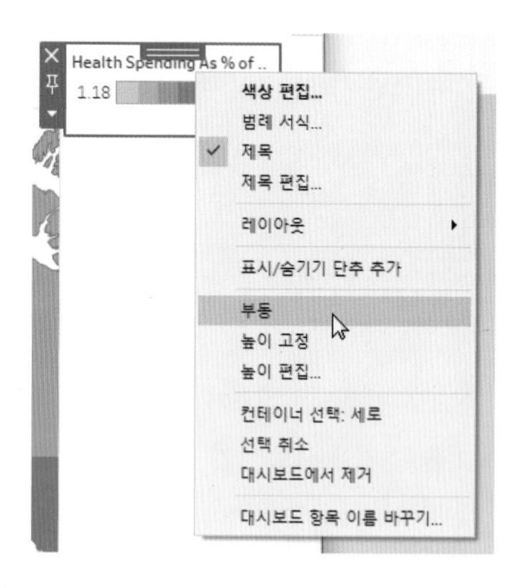


**14** 마지막으로 지도 아래에 데이터 출처를 표시하는 텍스트 블록을 추가합니다. 왼쪽의 '개체' 메뉴에서 '텍스트'를 지도 하단으로 드래그 앤드 드롭합니다. '텍스트 편집' 창이 나타나면 '2017 세계은행 데이터'라고 입력하고 '확인'을 클릭합니다. 처음에는 텍스트 영역이 화면 높이의 절반을 차지하므로 컴퓨터의 창 크기를 조정하는 것처럼 크기를 조정합니다.

이제 다 되었습니다! 마지막으로 다른 사용자가 보기 쉽도록 지도의 중앙 위치와 확대/축소 수준을 확인합니다. 이번 예제 같은 경우는 특정한 지역에 초점을 맞추지 않고 각 국가별 데이터를 거의 모두 포함하고 있기 때문에 전 세계에 대한 뷰를 제공하는 것이 좋을 것 같습니다. 지도를 게시하고 공유할 준비가 되었다면 '파일 > Tableau Public에 저장'을 선택합니다. 팝업 창이 뜨고 로그인하라고 요구하면 여러분 계정으로 로그인합니다. 통합 문서 제목에 '의료비 지출'과 같은 지도의 제목을 입력한 뒤 '저장'을 클릭합니다. 지도를 iframe으로 임베딩하는 방법은 9.2절 '임베드 코드 또는 iframe 태그 가져오기'에서 살펴보겠습니다.

**CAUTION_** 태블로는 색상 구분을 완전히 제어할 수 있는 코로플레스 지도를 만드는 데 최적의 도구가 아닐 수 있습니다. 기본적으로 태블로는 이 장 앞부분에서 학습한 것처럼 이상치를 강조 표시하기 쉬운 선형 색 구성표를 사용하며, 분위수처럼 비선형 방법으로 구간을 변경할 수 있는 간단한 방법은 없습니다. 만약 데이터를 선형 척도 방법으로 나타내고 싶지 않다면 데이터를 필터링하여 지도에서 이상치를 제거[40]하거나, 항목을 분위수로 그룹화하기 위해 표 계산을 사용하는 앤디 크리벨Andy Kriebel의 VizWiz 튜토리얼[41]을 참조하거나, 7.6절 '데이터래퍼로 만드는 코로플레스 지도'를 참조하여 색 간격과 보간을 더 잘 제어할 수 있도록 하세요.

이전 튜토리얼은 모두 스프레드시트에서 가져온 정적 데이터를 사용하여 대화형 지도를 만들었습니다. 다음 튜토리얼에서는 소크라타Socrata 오픈 데이터 저장소에서 지속적으로 업데이트되는 데이터를 사용해서 지도를 만들겠습니다. 즉, 항상 최신 정보를 보여주는 지도를 만드는 것입니다.

## 7.8 소크라타 오픈 데이터로 만드는 실시간 지도

소크라타 플랫폼에서 만든 지도는 3.4절 '오픈 데이터 저장소'에서 배운 것처럼 오픈 데이터 저장소에서 최신 정보를 지속적으로 가져오기 때문에 항상 최신 데이터를 보여줍니다. 오픈 데이터 플랫폼상에서 시각화 작업을 하는 장점은 차트나 지도가 소스에 직접적으로 연결된다는 것입니다. 일부 정부 기관은 화재, 범죄 신고, 재산 정보, 공공 재정 정보처럼 최신 정보가 중요한 데이터를 오픈 데이터 저장소에 주기적으로 업데이트하고 있습니다. 따라서 관리자가 해당 오픈 데이터 저장소의 콘텐츠를 수정하면 여러분 차트나 지도에 자동으로 최신 정보가 반영됩니다. 반대로 정부 기관이 저장소를 업데이트하는 것을 멈추거나 다른 플랫폼으로 데이터를 이전하면 여러분의 시각화도 최신 정보를 반영하지 못하거나 완전히 못쓰게 될 것입니다.

소크라타[42]는 많은 정부 기관이 공개 데이터를 대중에게 제공하기 위해 사용하는 개방형 데이터 저장소 서비스를 제공하는 회사입니다. 사용자 친화적인 뷰와 필터, 그리고 데이터 내보내기 기능을 제공하는 것이 특징입니다. 게다가 소크라타 플랫폼에는 다른 웹사이트(사용자 자

40 https://oreil.ly/Quv4E
41 https://oreil.ly/WmAy5
42 https://oreil.ly/iAgJV

신의 웹사이트 포함)에 임베딩할 수 있는 대화형 차트와 지도를 만드는 기능이 내장되어 있습니다. 소크라타 오픈 데이터 네트워크[43]에서 공개적으로 사용 가능한 데이터셋을 검색할 수 있습니다.

이 절에서는 [그림 7-19]와 같이 뉴욕시 자동차 충돌 사고에 대한 대화형 지도를 만들어보겠습니다. 이 지도는 지난 365일 동안의 충돌 사고 지점 표시가 계속해서 업데이트되고 있습니다. 데이터는 소크라타 플랫폼을 기반으로 하는 뉴욕시 오픈 데이터 포털의 자동차 충돌 사고 공공 저장소[44]에서 가져옵니다. 해당 정부 관리자가 계속해서 이 플랫폼에서 이 데이터셋을 업데이트하는 한 여러분의 지도는 항상 지난 12개월 동안의 최신 데이터를 표시할 것입니다.

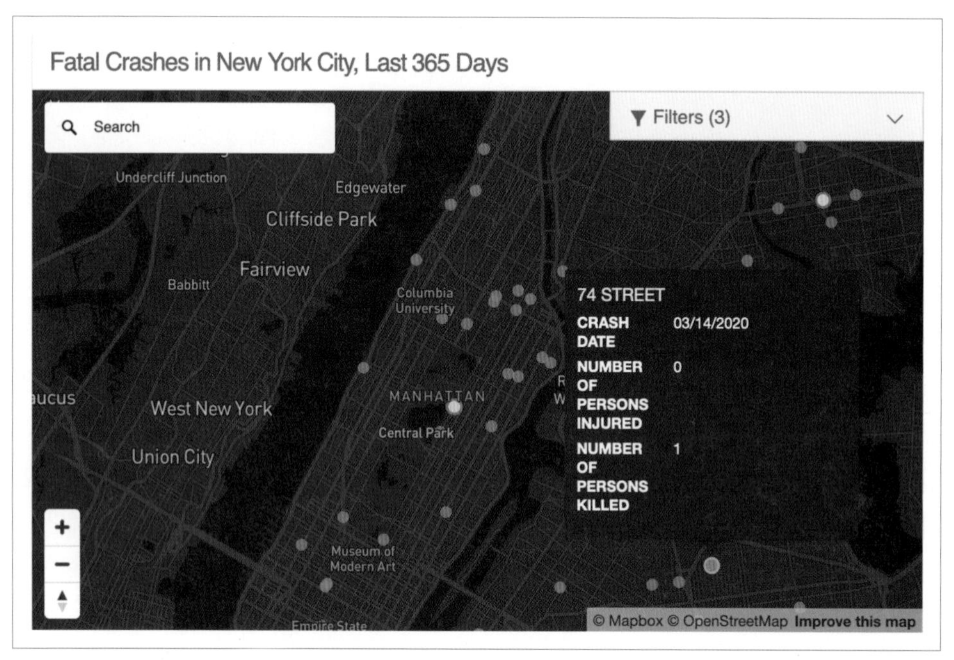


그림 7-19 지난 1년간 뉴욕시에서 일어난 치명적 충돌 사고 지도. 소크라타 오픈 데이터 저장소를 통해 계속해서 업데이트됩니다. 대화형 버전[45]을 살펴보세요.

43 https://oreil.ly/NsOGV

44 https://oreil.ly/bUthE

45 https://oreil.ly/qadiO

NOTE_ 소크라타에서 제공하는 공공 데이터를 사용해 누구나 지도를 만들 수 있지만 지도를 저장하고 공유하려면 소크라타에 등록해야 합니다. 특정 위치 열이 있는 데이터셋만 지도로 만들 수 있으며, 이는 데이터셋에 표시되는 기존 위치 열(예: 주소 또는 도시)과 다릅니다. 만약 지도로 만들 데이터셋에 지오코드 위치가 없다면 데이터셋 담당자와 연락해서 해결해야 합니다.

소크라타 오픈 데이터 저장소를 사용해 지속적으로 업데이트되는 포인트 지도를 만들려면 다음 튜토리얼을 따라 합니다.

**01** NYC 오픈데이터 포털[46] 계정을 만들기 위해 우측 상단에서 'Sign In' 버튼을 클릭합니다. 그리고 'Sign In to NYC Open Data' 창 하단의 'Don't have an account yet? Sign Up(아직 계정이 없습니까? 등록)'에서 'Sign Up'을 누르고 안내에 따라 무료 계정을 만들기 위한 작업을 진행합니다. 사용자 이름과 비밀번호를 포함한 이 계정은 NYC 오픈데이터 포털에서만 유효하며, 소크라타를 사용하는 다른 웹사이트에서는 사용할 수 없습니다.

**02** 자동차 충돌 사고[47] 데이터셋으로 이동합니다. 오른쪽 사이드 메뉴에서 'Visualize > Launch New Visualization(시각화 > 새 시각화 실행)'을 선택합니다. 그러면 지도를 생성할 수 있는 Configure Visualization(시각화 구성) 스튜디오가 열립니다.

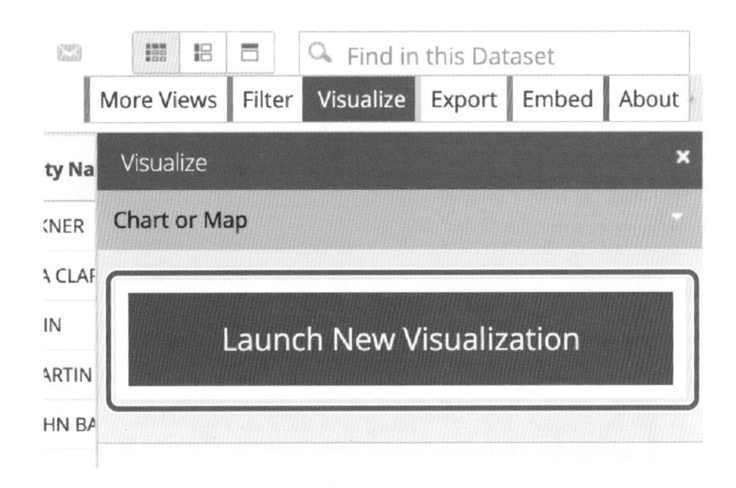


46 https://opendata.cityofnewyork.us

47 https://oreil.ly/bUthE

**03** 상단 메뉴에서 시각화 유형으로 지구 모양의 'Map' 아이콘을 선택합니다. 잠시 기다리면 베이스맵basemap이 나타나며, 사이드 메뉴에 지도 레이어(Map Layers)와 지도 설정(Map Settings) 아이템이 보입니다.

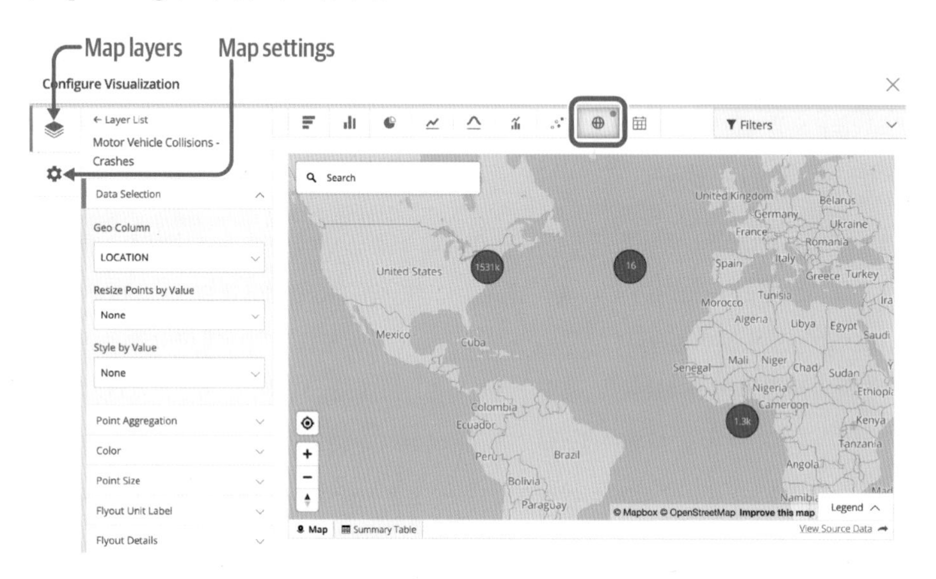


소크라타는 지역과 관련된geospatial 값을 가진 열을 식별해 자동으로 Geo 열 값을 'Location'으로 설정합니다(사이드 메뉴에서 Layer List > Data Selection 참조). 기본적으로 포인트는 함께 군집화됩니다. 따라서 지도에는 개별 사고가 아닌 숫자가 있는 버블이 보입니다. 이 버블은 몇 개의 포인트가 군집되어 있는지 나타냅니다. 군집은 줌 인zoom in을 하거나 줌 아웃zoom out을 하면 변경됩니다.

**04** 우리는 사망자가 발생한 사고만 보여주는 지도를 만들어야 합니다. 오른쪽 상단 코너에서 'Filter > Add Filter'를 클릭합니다. 데이터셋의 모든 열(필드)이 드롭다운 메뉴에 나타나면 'NUMBER OF PERSONS KILLED'를 선택합니다. 새로운 드롭다운 메뉴가 나타나면 'Is greater than'을 선택하고 값을 0으로 설정합니다. 'Is greater than or equal to'로 설정하고 값을 1로 설정해주어도 됩니다. 'Apply' 버튼을 클릭합니다.

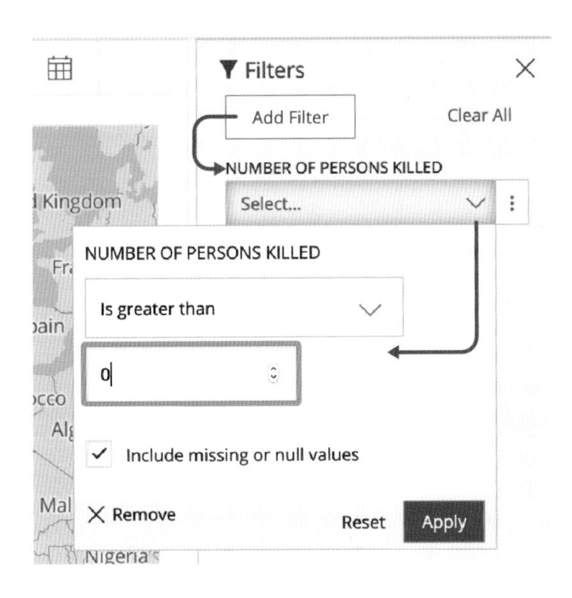


**05** 이제 데이터를 정리해야 합니다. 줌 아웃하면 모든 사고가 적절하게 지오코딩되어 있지 않다는 것을 확인할 수 있습니다. 어떤 데이터는 위도와 경도가 모두 0인 대서양에 있는 가상의 널 아일랜드Null Island에 나타납니다. 우리는 앞서 3.6절 '불량 데이터 인식하기'에서 이런 데이터를 인식하고 처리하는 방법을 배웠습니다. 이러한 잘못된 지오코딩 값을 제거하기 위해서는 위도(LATITUDE) 열에 필터를 추가하고 'Is greater than'을 0으로 설정합니다. 이렇게 하면 뉴욕시가 위치한 북반구만 보입니다. 두 필터를 모두 올바르게 설정하면 지도는 뉴욕시에 초점을 맞출 것입니다. 원한다면 더 많은 필터를 추가하여 데이터를 계속 정리할 수 있습니다.

**06** 2012년 이후 기록된 충돌 사고를 모두 보여주는 대신 지난 1년간 발생한 충돌 사고만 지속적으로 업데이트되도록 하겠습니다. 'CRASH DATE' 열에 세 번째 필터를 추가하고 'Relative Date > Custom > Last 365 day(s)'로 설정합니다. 그러면 해당 일자에 포함되지 않는 모든 포인트가 사라지는 것을 볼 수 있습니다. 이제 필터 창을 닫아 화면 공간을 조금 더 넓게 볼 수 있도록 합니다.

**07** 충돌 위치가 개별 포인트 형태로 나타나며 군집화되지 않도록 합니다. 'Map Settings > Clusters'으로 들어가 'Stop Clustering at Zoom Level' 슬라이더를 1로 설정합니다. 이제 모든 줌 레벨에서 충돌 위치가 개별적으로 보이게 됩니다.

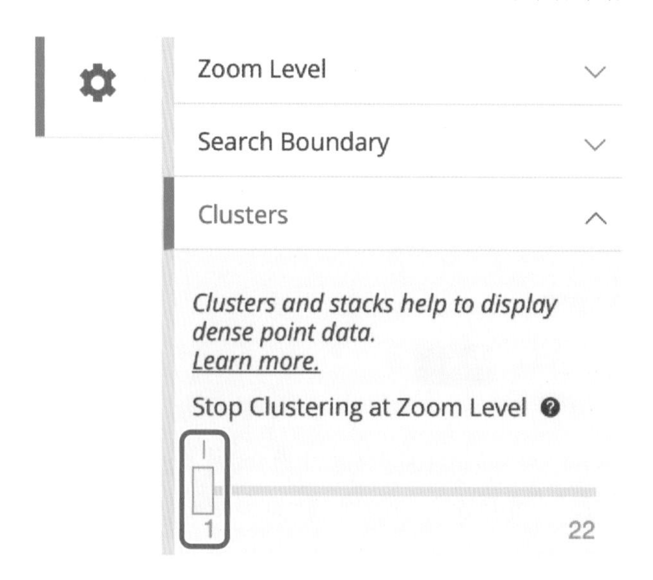


**08** 동일한 아코디언 메뉴accordion menu(펼침 탭 메뉴)에서 'Basemap > Type'을 'Basic'에서 'Dark'로 변경해 포인트를 최대한 가시화하고 지도를 보다 세련되게 보이도록 만들어줍니다. 'Map Settings > General'에서 제목(Title)을 '지난 1년간 뉴욕시에서 발생한 충돌 사망 사고'로 변경하고 'Show data table below visualization'을 체크 해제해 지도 아래 있는 데이터 테이블을 숨깁니다. 또한 'Map Controls'에서 'Show Locate Buttons'는 NYC에서 지도에 액세스하는 사용자에게만 관련된 것이므로 체크를 해제합니다. 'Legend Options'에서 'Show Legend'의 체크를 해제합니다. 다른 설정도 변경해서 여러 가지 테스트를 해보세요.

**09** 마지막으로 포인트에 대한 의미 있는 툴팁을 만들겠습니다. 지도 레이어(Map Layers) 메뉴로 돌아가 자동차 충돌 사고 포인트(Motor Vehicle Collisions – Crashes point) 레이어를 선택합니다. 마우스 커서를 이동할 때 보이는 툴팁을 변경하고 싶다면 'Flyout Details'을 설정해줍니다. 'Flyout Title'을 'ON STREET NAME'으로 변경하고, 'CRASH DATE', 'NUMBER OF PERSONS INJURED', 'NUMBER OF PRESONS KILLED'를 추가 플라이아웃 값으로 더해줍니다.

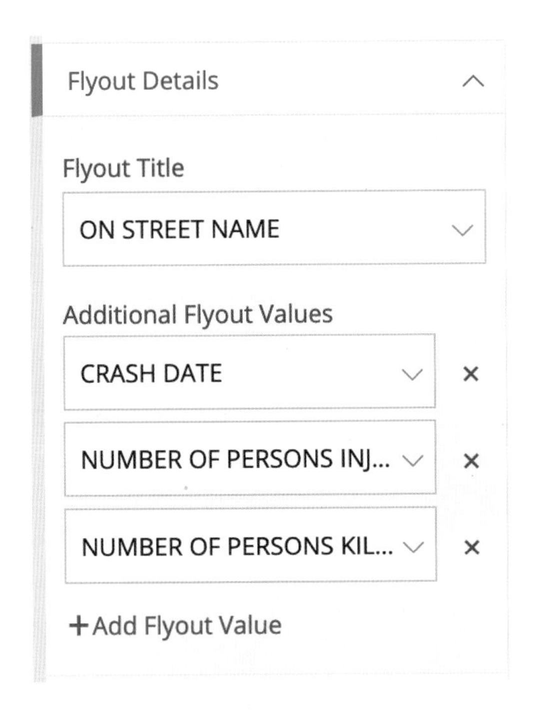


지도를 수정하기 위한 방법은 훨씬 더 많이 있지만 이번 튜토리얼에서 모두 설명하진 않겠습니다. 예를 들어 'Data Selection(데이터 선택)' 메뉴에서 'Resize Points by Value(값으로 포인트 크기 조정)' 기능을 사용해 포인트 지도를 원 크기에 따라 다른 데이터값을 나타내는 심벌 지도로 변경할 수 있습니다. 여기서 원이 클수록 숫잣값이 커집니다(예: 충돌 시 부상자가 더 많아짐). 또한 텍스트 형태의 카테고리형 데이터도 시각화할 수 있습니다. 예를 들어 CONTRIBUTING FACTOR VEHICLE 1 열은 사고의 원인을 뜻하는 'Passing Too Closely(너무 가까이 지나감)', 'Driver Inattention(운전자 부주의)' 등의 데이터를 포함합니다. 이를 'Data Selection > Style by Value' 기능을 사용해 다른 색상으로 충돌 원인을 나타낼 수 있습니다.

이제 여러분은 지난 365일 동안의 뉴욕시 자동차 충돌 사고를 표시하도록 계속해서 업데이트되는 기능적 대화형 지도를 만들었으며, 관리자가 이 플랫폼에서 데이터베이스를 계속 업데이트하는 한 계속 작동해야 합니다. 지도를 다른 사람과 공유하려면 먼저 지도를 초안[draft]으로 저장한 후 게시해야 합니다.

**10** 오른쪽 하단에서 'Save Draft' 버튼을 클릭합니다. 지도에 이름(사용자가 볼 지도 제목과는 다른)을 추가하고 저장합니다. 상단에 있는 회색 리본은 해당 버전이 초안이라는 것을 뜻합니다. 만약 게시할 준비가 되었다면 '게시(Publish)'를 누르면 됩니다.

이제 웹사이트에 지도를 iframe으로 임베딩할 수 있습니다. 이렇게 하려면 지도 오른쪽 상단에 있는 '공유(Share)' 버튼을 클릭하고 'Embed Code' 텍스트 영역에서 생성된 코드를 복사합니다. 시각화 임베딩에 대한 자세한 내용은 9장에서 다루겠습니다.

Fatal Crashes in New York City, Last 365 Days

iFrame Embed　　JS Embed

Embed Code

```
<iframe src="https://data.cityofnewyork.us/dataset/Fatal-NYC-
Crashes/nx4u-jy9t/embed?width=800&height=600" width="800"
height="600" style="border:0; padding: 0; margin: 0;"></iframe>
```

Size

Large (800x600)

오픈 데이터 저장소 플랫폼에서 차트나 지도를 만들 때는 여러 가지 제약 사항이 있습니다. 첫째, 에이전시가 플랫폼 사용을 중지하거나 데이터 구조를 변경하면 여러분 온라인 지도(또는 차트)가 작동을 멈출 수 있습니다. 사실 우리가 원래 준비했던 튜토리얼의 소크라타 플랫폼이 변경되는 바람에 이번 튜토리얼을 다시 작성해야 했습니다. 둘째, 여러분은 플랫폼에서 제공하는 데이터셋과 지리적 경계만 사용할 수 있습니다. 이러한 제약 사항이 우려된다면 오픈 저장소의 데이터를 내보내기하고(모든 '실시간' 데이터가 '정적' 데이터로 변경됨) 데이터래퍼, 구글 시트 또는 태블로 등 선호하는 데이터 시각화 도구로 데이터를 가져오는 방법이 있습니다. 또는 API를 사용해 소크라타에서 제공하는 데이터를 가져오는 고급 방법도 있습니다. 이 방법은 12.7절 '오픈 데이터 API로 만드는 리플릿 맵'에서 자세히 소개하겠습니다.

## 7.9 마치며

이 장에서는 지도 디자인 원칙을 검토하고 다양한 유형의 데이터 스토리를 전달하기 위한 권장 도구와 튜토리얼을 살펴봤습니다. 지도를 만들 때는 가장 일반적인 두 가지 옵션인 포인트 데이터와 폴리곤 데이터 중 어느 것을 사용할 것인지 신중하게 생각해야 합니다. 만약 후자를 사용하기로 했다면 코로플레스 지도를 잘 디자인하려면 데이터를 정규화해야 하며 색상 간격을 신중히 선택해야 한다는 사실을 기억하세요.

이 장에는 지도를 빠르게 만들 수 있도록 간단한 예제를 소개했습니다. 12장에서는 리플릿 맵 코드 템플릿을 사용한 고급 디자인을 살펴보고 13장에서는 지리 공간 데이터를 찾고 변환하는 방법을 알아보겠습니다.

CHAPTER 8

# 테이블을 활용한 시각화

차트와 지도를 다루는 데이터 시각화 책에서 갑자기 테이블이 등장해 놀라셨나요? 일반적으로 데이터 테이블은 시각화의 일종으로 보지 않습니다. 그러나 데이터 및 이에 대해 말하고 싶은 스토리에 따라서는 특히 웹에서 대화형 테이블일 때 테이블을 사용하여 정보를 표시하는 것이 가장 적절한 방법이 될 수 있습니다. 독자가 자신이 속한 커뮤니티나 조직이 어딘지 확인하는 경우처럼 자신과 매우 밀접한 관계에 있는 특정 데이터의 열을 확인하고 싶을 때는 세부적인 정보를 확인하기 힘든 차트나 지도보다는 테이블이 유용합니다. 또한 전체 데이터값이 아닌 개별 값을 다른 값과 비교해보고 싶을 경우에도 매우 유용합니다. 마지막으로 강조할 광범위한 시각화 패턴이 존재하지 않을 경우 차트보다 테이블이 더 효과적일 수 있으며, 지리적 특징이 없는 경우에는 지도보다 좋은 선택지가 됩니다. 따라서 차트나 지도를 디자인하기 전에 테이블을 작성하는 것이 더 적합한지 고민해봐야 합니다. 때로는 간단하게 잘 만든 테이블이 최고의 시각화 효과를 낼 수도 있기 때문입니다.

이 장에서는 테이블 디자인 원칙과 6장과 7장에서 소개한 데이터래퍼[1]를 사용해 스파크라인 sparkline으로 대화형 테이블을 만드는 방법을 알아봅니다. 물론 작은 테이블을 빠르게 만들려면 스프레드시트를 활용해서 만드는 정적 버전을 선택해도 좋습니다. 이에 대해서는 8.3절 '기타 테이블 생성 도구'에서 살펴봅니다. 이 장에서는 정적 테이블보다 더 많은 장점을 가진 대화형 테이블을 중점적으로 설명합니다. 대화형 테이블은 일반 테이블과 비교했을 때 특히 많은 양의 테이블 콘텐츠를 인쇄가 아닌 온라인에 게시할 때 유용합니다. 첫째, 대화형 테이블에서는 독

1 https://www.datawrapper.de

자들이 관심 있는 데이터를 검색하는 기능을 제공합니다. 이는 특히 테이블에 행이 많은 경우 유용합니다. 둘째, 대화형 테이블에서 독자들은 임의의 열에 대해 오름차순 또는 내림차순으로 정렬할 수 있으므로 긴 목록의 맨 위 또는 맨 아래에 있는 데이터를 빠르게 검색할 수 있습니다. 마지막으로 각 행의 데이터 추세를 시각적으로 요약한 스파크라인 또는 작은 차트를 삽입하여 대화형 테이블에 자동으로 배치하는 방법을 알아봅니다. 특히 스파크라인은 독자들이 데이터 테이블의 열을 읽어 내려가는 동안 추세를 시각적으로 더 쉽게 검색할 수 있도록 하여 테이블과 차트를 최상의 품질로 만듭니다. 9장에서는 대화형 테이블을 웹사이트에 연동하는 방법을 배울 것입니다.

## 8.1 테이블 디자인 원칙

6.1절 '차트 디자인 원칙'과 7.1절 '지도 디자인 원칙'에서 그랬던 것처럼 먼저 좋은 테이블 디자인 원칙부터 살펴보겠습니다. 정책 관련 데이터 시각화 전문가인 경제학자 조너선 슈바비시 Jonathan Schwabish는 다수의 대중과 명확한 커뮤니케이션을 하는 테이블을 만드는 방법에 대한 조언을 했습니다.[2] 그의 조언을 핵심만 요약하면 다음과 같습니다. [그림 8-1]은 조언대로 만든 테이블 예시입니다.

- 열 제목을 데이터 상단에 눈에 띄게 만들어라.
- 밝은 음영을 사용해 열이나 행을 구분하라.
- 읽기 쉽도록 텍스트는 왼쪽 정렬하고 숫자는 오른쪽 정렬하라.
- 레이블을 첫 번째 행에만 배치하여 중복을 피하라.
- 데이터를 그룹화 및 정렬하여 의미 있는 패턴을 강조하라.

또한 슈바비시와 다른 사람들은 데이터의 주요 항목이나 이상치를 강조하기 위해 색상을 사용할 것을 권장합니다. 이 내용은 15장에서 설명합니다.

---

2 조너선 슈바비시, 「더 나은 테이블을 위한 10가지 지침 요약」(트위터, 2020년 8월 3일), https://oreil.ly/JCJpG; 조너선 슈바비시, 「더 나은 표를 위한 10가지 지침」, Benefit-Cost Analysis Journal 11호, No.2: 151-78, 2020년 8월 25일, https://doi.org/10.1017/bca.2020.11; 조너선 슈바비시, 『더 나은 데이터 시각화: 학자, 연구원 및 일벌레를 위한 가이드』(컬럼비아 대학 출판부, 2021)

| Category | Food | Color | Calories per serving |
|---|---|---|---|
| Fruit | Banana | Yellow | 105 |
| | Apple | Red | 95 |
| | Blueberries | Blue | 42 |
| Vegetable | Kale | Green | 34 |
| | Carrot | Orange | 26 |
| | Eggplant | Purple | 10 |

**그림 8-1** 디자인 원칙을 따라 만든 샘플 테이블

데이터 상관관계와 가능한 인과관계를 설명하기 위해 교차 테이블을 작성할 때 통계학자 조엘 베스트Joel Best는 다음 두 가지 디자인 권장 사항을 추가로 제공합니다.[3]

- 독립변수(의심되는 원인)를 가장 상단 열 제목으로 놓고, 종속변수(가능한 효과)는 각 행의 측면에 배치하라.
- 모든 독립변수의 합(열의 합)이 100%가 되도록 백분율을 계산하라(수직 방향으로 백분율 계산).

2020년 11월에 보고된 화이자 코로나바이러스 백신 임상 실험 결과 데이터를 사용하여 백분율을 계산하는 두 가지 다른 표를 만들어 위 디자인 원칙을 적용해보겠습니다. 이 블라인드 실험에서 43,661명의 참가자를 각각 약 21, 830명씩 무작위로 두 그룹으로 나누었습니다. 한 그룹은 백신을 맞았고, 나머지 한 그룹은 위약(플라세보)을 맞았습니다. 따라서 이 두 변수가 독립변수가 됩니다. 연구원들은 감염 여부(종속변수)를 자세히 관찰하고 기록했습니다. 결과적으로 위약 그룹에서 162명이 바이러스에 감염된 반면 백신 그룹에서는 8명만 감염되었습니다.[4]

[표 8-1]은 실험 결과를 잘못된 방향(수평)으로 백분율 계산을 한 테이블입니다. 이 테이블에서 특히 마지막 행은 원인과 효과 사이의 관계를 혼동하기 쉽습니다.

---

3 조엘 베스트, 『More Damned Lies and Statistics』(버클리, CA: 캘리포니아 대학 출판부, 2004), 31-35쪽

4 칼 짐머(Carl Zimmer), 「2개의 회사는 그들의 백신이 95%의 효과가 있다고 말합니다. 그게 무슨 의미죠?」, 뉴욕 타임스: 건강, 2020년 11월 20일, `https://oreil.ly/uhIwf`; 대실 영 세이버(Dashiel Young-Saver), 「95%의 효과가 무엇을 의미합니까? 백신 효능의 수학 교육」(뉴욕 타임스 학습 네트워크, 2020년 12월 14일), `https://oreil.ly/3bLMP`

**표 8-1** 백분율을 수평 방향으로 계산한 나쁜 테이블의 예

| | 백신 | 위약 | 합계 |
|---|---|---|---|
| 감염됨 | 4.7% (8) | 95.3% (162) | 100% (170) |
| 감염되지 않음 | 50.2%(21,822) | 49.8% (21,668) | 100% (43,490) |

[표 8-2]는 올바른 방향(수직)으로 백분율을 계산했기 때문에 백신과 감염 사이의 상관관계를 명확히 보여줍니다. 연구원들은 이 결과를 토대로 강한 인과관계가 있다고 판단했고, 최종적으로 백신 승인까지 받았습니다.

**표 8-2** 백분율을 수직 방향으로 계산했을 경우 상관관계가 명확해집니다.

| | 백신 | 위약 |
|---|---|---|
| 감염됨 | 0.04% (8) | 0.74% (162) |
| 감염되지 않음 | 99.96% (21,822) | 99.26% (21,668) |
| 합계 | 100% (21,830) | 100% (21,830) |

전반적으로 테이블 디자인의 핵심 원칙은 앞서 차트 및 지도 디자인에서 논의한 것과 유사한 개념을 반영합니다. 독자의 입장에서 데이터 프레젠테이션을 구성하고, 독자들이 핵심 내용을 이해할 수 있도록 하려면 여러분이 전달하고자 하는 내용 중 가장 중요한 부분에 주의를 기울일 수 있도록 만들어야 합니다. 시각화는 그들에게 효과가 있을까요? 그래서 그들의 마음속에 같은 정신적 연결 고리를 그리기 위해 그들에게 의존하지 않아도 될까요? 여러분의 시각화는 이러한 목적 달성에 불필요한 잡동사니나 중복되는 부분을 많이 포함하고 있지 않나요? 계속 강조했던 것처럼 여러분의 시각화는 데이터에 관한 진실하고 유의미한 이야기를 전달하고 있나요?

이제 테이블 디자인의 몇 가지 핵심 원칙을 살펴봤으니 이러한 원칙들이 다음 절에서 살펴볼 데이터래퍼 도구에 어떻게 적용되는지 알아봅시다.

## 8.2 스파크라인으로 만드는 데이터래퍼 테이블

이 절에서는 6.1절 '차트 디자인 원칙'에서 차트를 만들고, 7.1절 '지도 디자인 원칙'에서 지도를 만들기 위해 소개한 무료 온라인 드래그 앤드 드롭 시각화 도구인 데이터래퍼를 사용해 대화형 테이블을 만드는 방법을 알아보겠습니다. 앞서 언급했던 것처럼 계정이 없어도 브라우저에서 데이터래퍼를 실행해 바로 대화형 테이블을 만들 수 있지만 시각화 결과물을 잘 정리하고

싶다면 무료 계정을 하나 만들 것을 추천합니다. 큰 테이블의 데이터를 컴파일하고 정리하려면 구글 시트와 같은 스프레드시트 도구가 여전히 필요하지만 데이터래퍼는 대화형 테이블을 만들고 온라인에 게시하는 데 가장 적합한 도구입니다.

여러분은 데이터 추세를 신속하게 요약하는 스파크라인 또는 작은 선 차트를 만드는 방법도 배울 수 있습니다. 이 차트 유형은 예일 대학교 교수이자 데이터 시각화 선구자인 에드워드 터프트Edward Tuffte에 의해 다듬어졌습니다. 그는 스파크라인을 '데이터워즈datawords...강렬하고 단순하며 단어 크기의 그래픽'이라고 표현했습니다.[5] 터프트는 스파크라인을 정적 시트나 PDF 문서 형식의 정적 시각화에 사용했지만 우리는 [그림 8-2]처럼 대화형 테이블에 만들 것입니다. 독자는 기존의 숫자 전용 테이블에서는 파악하기 힘들었던 데이터 추세를 스파크라인 페이지에서 키워드 검색, 오름차순 또는 내림차순 정렬, 스파크라인 페이지 스크롤을 통해 빠르고 쉽게 파악할 수 있습니다.

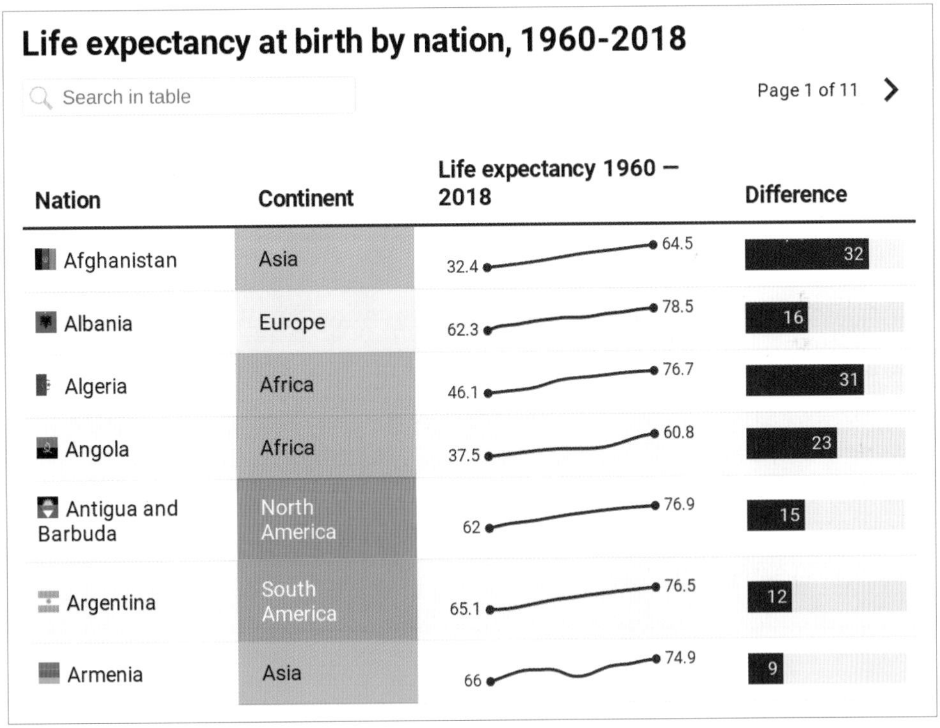

**Life expectancy at birth by nation, 1960-2018**

Search in table

Page 1 of 11 >

| Nation | Continent | Life expectancy 1960 – 2018 | Difference |
|---|---|---|---|
| Afghanistan | Asia | 32.4 – 64.5 | 32 |
| Albania | Europe | 62.3 – 78.5 | 16 |
| Algeria | Africa | 46.1 – 76.7 | 31 |
| Angola | Africa | 37.5 – 60.8 | 23 |
| Antigua and Barbuda | North America | 62 – 76.9 | 15 |
| Argentina | South America | 65.1 – 76.5 | 12 |
| Armenia | Asia | 66 – 74.9 | 9 |

그림 8-2 스파크라인 테이블. 대화형 버전[6]을 살펴보세요.

5 에드워드 R. 터프트, 『Beautiful Evidence』(Graphics Press, 2006), 46-63쪽

6 https://oreil.ly/Rdwy1

이번 튜토리얼에서는 스파크라인이 있는 대화형 테이블을 만들어 1960년부터 2018년까지 전 세계 195개국 이상에서 출생 시 기대 수명life expectancy at birth의 차이를 시각화할 것입니다. 대부분의 국가에서 기대 수명은 점차적으로 증가하지만 작은 라인 차트를 살펴보면 몇몇 국가에서는 하락 굴곡이 있는 것을 확인할 수 있습니다. 예를 들어 캄보디아와 베트남은 1960년대 후반부터 1970년대 중반까지 겪은 치명적인 전쟁과 난민 위기 때문에 기대 수명이 현저히 감소했습니다. 스파크라인은 이러한 패턴을 시각적으로 감지하는 데 도움이 됩니다. 누구나 대화형 테이블 하단에 있는 링크를 통해 원시 데이터를 다운로드하여 더 자세히 조사할 수 있습니다.

물론 같은 데이터를 6.12절 '필터링된 선 차트'에서 보여준 필터링된 선 차트로 나타낼 수 있지만 동시에 180개 이상의 선이 표시될 경우 독자가 이러한 차이를 발견하기는 어려울 것입니다. 마찬가지로 같은 데이터를 7.6절 '데이터래퍼로 만드는 코로플레스 지도'에서 보여준 코로플레스 지도에 표시할 수 있지만 지리적 크기가 큰 국가에 비해 상대적으로 작은 국가의 데이터는 파악하기 어렵다는 단점이 있습니다. 이 특별한 경우에 독자가 모든 국가의 스파크라인을 검색, 정렬, 스크롤할 수 있기 원한다면 가장 좋은 시각화 방법은 좋은 테이블을 사용하는 것입니다.

이 튜토리얼을 단순화하기 위해 3장에서 열거한 개방형 데이터 저장소 중 하나인 세계은행에서 CSV 형식으로 1960년부터 2018년까지 출생 시 국가별 기대 수명[7]을 다운로드했습니다. 스프레드시트에서는 구글 시트의 Notes 탭에 설명되어 있는 것처럼 5년 이하의 데이터가 보고된 국가를 제거하는 등 데이터를 정리했습니다. 2.11절 'VLOOKUP을 사용해 열 매칭하기'에서 배운 VLOOKUP 스프레드시트 함수를 사용해 두 자리 국가 코드와 데이터래퍼에서 가져온 대륙 열[8]을 병합했습니다. 그리고 Life Expectancy 1960(스파크라인이 올 수 있도록 빈 칸으로 비워둠)과 Difference(1960년부터 2018년까지의 데이터의 차이를 계산)라는 두 개의 새로운 열을 만들었습니다. 자세한 내용은 구글 시트의 Notes 탭을 참조하세요.

스파크라인으로 대화형 테이블을 만들려면 데이터래퍼 교육 자료[9]와 예시 갤러리[10]에서 채택하여 수정한 다음 튜토리얼을 따라 하세요.

7 https://oreil.ly/DJku8
8 https://oreil.ly/WYx2W
9 https://oreil.ly/LbCo_
10 https://oreil.ly/EeN-z

**01** 구글 시트에서 1960년부터 2018년까지 출생 시 기대 수명에 대한 세계은행 데이터[11]를 엽니다.

**02** 데이터래퍼[12]를 실행하고 '만들기 시작(Start creating)'을 클릭한 후 '새로 생성(Create new)'에서 '테이블(Table)'을 클릭합니다. 로그인할 필요는 없지만 작업물을 저장하려면 무료 계정을 만들 것을 추천합니다.

**03** 첫 번째 '데이터 업로드(Upload data)' 화면에서 '구글 시트 연결하기(Connect Google Sheet)'를 선택하고 구글 시트의 웹 주소를 붙여넣은 후 '계속(Proceed)'을 클릭합니다. 구글 시트는 다른 사용자가 볼 수 있도록 반드시 '공유 가능(Sharing enabled)' 상태로 되어 있어야 합니다.

**04** '확인 및 설명(Check & Describe)' 화면에서 데이터를 검사합니다. 'First row as label' 박스가 체크되어 있는지 확인한 후 '계속(Proceed)'을 클릭합니다.

**05** '시각화(Visualize)' 화면의 '개선(Refine)' 탭에서 'Make Searchable(사용자가 키워드로 국가를 검색할 수 있게 함)'과 'Stripe Table(줄을 읽기 쉽게 만듦)'을 체크해줍니다.

**06** 각 국가 이름 앞에 작은 깃발flag을 표시하려면 특수한 데이터래퍼 코드를 사용합니다. 국가(Nation) 열에서 각 항목은 `:af: Afghanistan`처럼 콜론으로 둘러싸인 2개의 문자로 된 국가 코드로 시작하고 다음에 국가 이름이 옵니다. 우리는 4.5절 '데이터를 한 열에 합치기'에서 설명한 대로 Nation 열을 만들었습니다.

> **NOTE_** 깃발 아이콘에 대한 자세한 내용은 이 주제에 관한 데이터래퍼 포스트[13]와 깃허브의 국가 코드 및 플래그 목록[14]을 참조하세요.

**07** '시각화(Visualize)' 화면에서 '컬럼 사용자 정의(Customize columns)'의 3번째 행인 국가(Nation)를 선택합니다. 그리고 아래로 스크롤하여 '국가 코드를 깃발로 바꾸기(Replace country codes with flags)'를 On시킵니다.

---

11 https://oreil.ly/LaW6D

12 https://www.datawrapper.de

13 https://oreil.ly/xsA8q

14 https://oreil.ly/ABTTc

Customize columns

A Name
A Code
A Nation
A Continent
A Life expectancy 1960
# 1960
# 1961

Select all | none | invert

Show on ☑ desktop ☑ mobile ?
Style B I A 100 %
Border none
Alignment auto
Color cells based on categories
Fixed column width
Show as bar chart
You can only turn numeric columns into bar charts.
Replace country codes with flags
Format 1x1 4x3 circle

| | | |
|---|---|---|
| Algeria | :dz: | Algeria |
| Angola | :ao: | Angola |
| Antigua and Barbuda | :ag: | Antigua and Barbuda |
| Argentina | :ar: | Argentina |
| Armenia | :am: | Armenia |
| Aruba | :aw: | Aruba |
| Australia | :au: | Australia |
| Austria | :at: | Austria |
| Azerbaijan | :az: | Azerbaijan |
| Bahamas | :bs: | Bahamas |
| Bahrain | :bh: | Bahrain |
| Bangladesh | :bd: | Bangladesh |
| Barbados | :bb: | Barbados |
| Belarus | :by: | Belarus |

**08** 처음 두 열은 더 이상 표시할 필요가 없으므로 숨깁니다. '시각화(Visualize)' 화면에서 '컬럼 사용자 정의(Customize columns)'의 'Name' 열을 선택하고 'Show on'에 있는 'desktop'과 'mobile' 박스를 체크 해제합니다. 동일한 과정을 'Code' 열에 대해서도 반복합니다. 'Name'과 'Code' 열 오른쪽에 '보이지 않음not visible' 심벌(슬래시가 있는 눈)이 나타나 해당 열을 숨겼다는 사실을 알려줍니다.

**09** 이제 '대륙(Continent)' 열에 색상 코드color-code를 지정하여 독자들이 대화형 테이블에서 카테고리별로 정렬하기 용이하도록 해주겠습니다. '시각화' 화면에서 'Customize columns'의 'Continent' 열을 선택한 후 'Color cells based on categories' 슬라이더를 On합니다. 'Select column' 드롭다운 메뉴에서 'Continent' 열을 선택하고 'Background'의 'customize background' 버튼을 클릭하여 각 대륙별로 다른 색을 할당합니다.

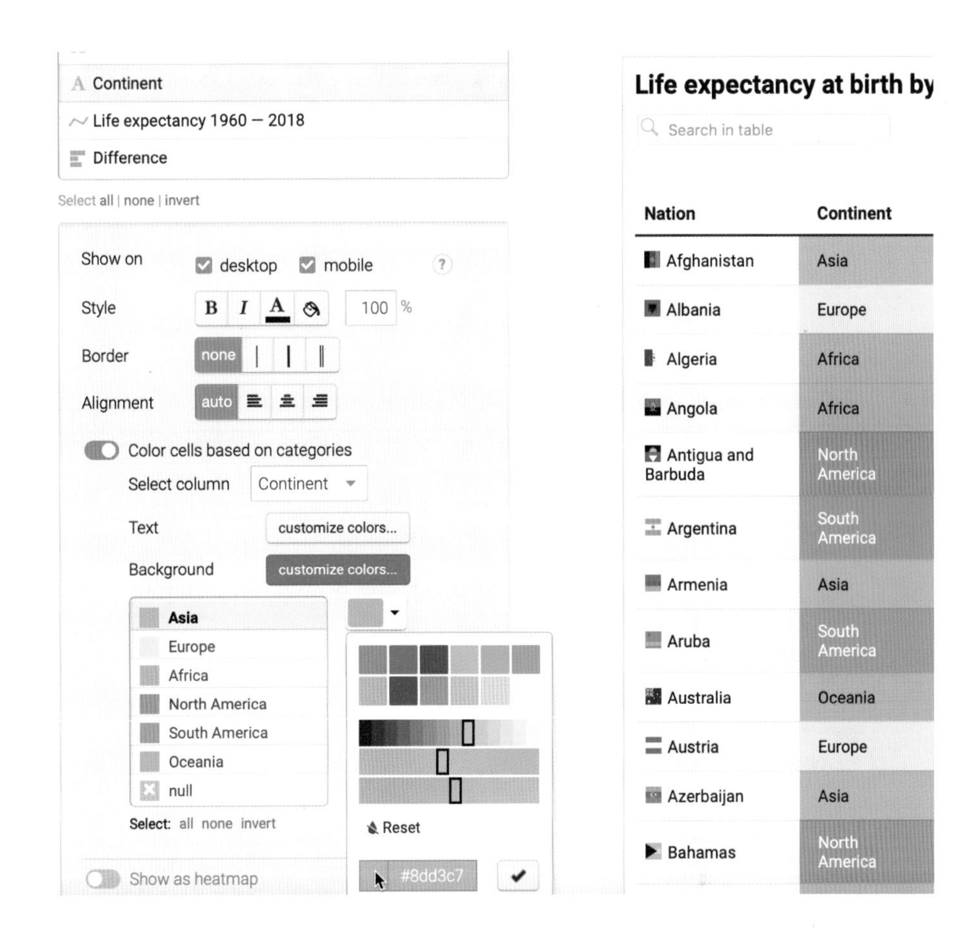


TIP 6개 대륙의 색상을 선택하기 위해 7.2절 '코로플레스 색상과 간격 디자인'에서 살펴본 컬러브루어 디자인 도구를 사용했고 6-클래스 정성적 팔레트를 선택했습니다. 이 도구는 코로플레스 지도를 위해 디자인되었지만 테이블 및 차트 색상을 선택하는 데 사용할 수도 있습니다.

**10** 이제 우리는 스파크라인 또는 작은 선형 차트를 'Life expectancy 1960' 열에 추가해 데이터 변화를 시각적으로 표현할 준비가 되었습니다. 시작하기 전에 먼저 해당 열을 '텍스트 데이터'(Customize columns 창에 A 기호로 표시됨)에서 '숫자 데이터'(# 기호로 표시됨)로 변경해야 합니다. 화면 상단에서 'Check & Describe'를 클릭해 이전 단계로 돌아갑니다(기존 작업은 자동 저장됩니다). 그리고 테이블 헤더를 클릭해 E열(Life Expectancy 1960)의 유형을 변경해줍니다. 화면 좌측에서 드롭다운 메뉴를 사용해 열 유형(Column type)을 'auto(text)'에서 'Number'로 변경해줍니다. 그리고 '계속(Proceed)'을 클릭해 '시각화' 화면으로 돌아갑니다.

11 스파크라인을 만들기 위해 '시각화' 화면의 'Customize columns'에서 'Life expectancy 1960'부터 '2018'까지 모든 열을 선택합니다. 한 번에 모든 열을 선택하려면 처음 열을 클릭하여 선택한 후 스크롤을 내려 마지막 열을 Shift+클릭합니다. 그리고 'Show selected columns as tiny chart'를 클릭합니다. 이 단계를 마치면 스파크라인이 있는 열이 생기고 열 이름이 자동으로 'Life expectancy 1960-2018'로 변경되었을 것입니다.

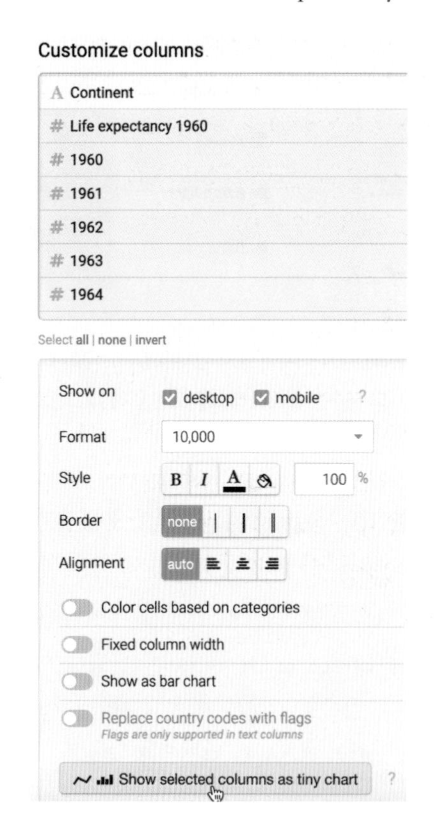

TIP 열 이름을 'Life expectancy 1960'으로 했던 이유는 다른 열을 선택해 스파크라인을 만들 때 마지막 열의 이름인 –2018을 자동으로 더해주기 때문입니다.

**12** 시각적 요소를 하나 더 추가해보겠습니다. 바로 'Difference' 열에 막대 차트를 삽입하는 것입니다. 'Customize columns'에서 'Difference'를 선택하고 스크롤을 내려 'Show as bar chart'를 선택합니다. 그리고 '대륙(Continent)' 열의 색상과 구분해주기 위해 막대 차트의 색상을 검은색으로 지정합니다.

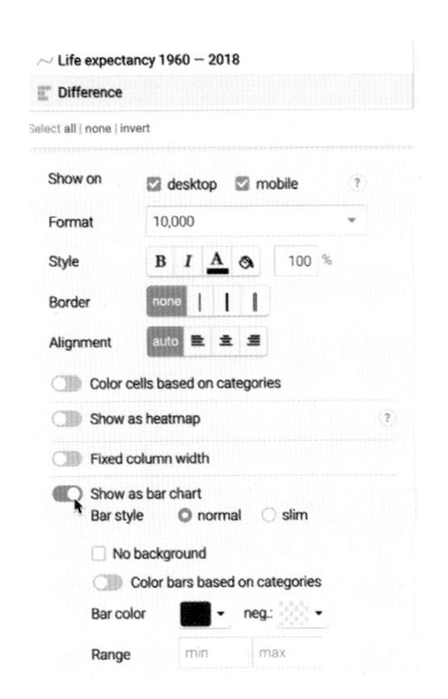


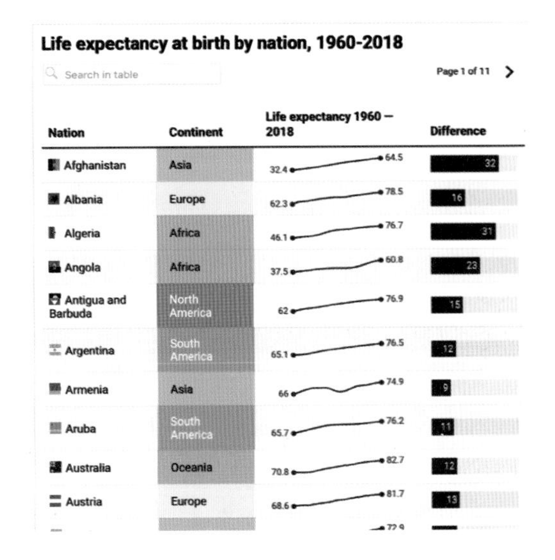


**13** '시각화' 화면에서 '주석(Annotate)' 탭을 클릭해 제목(Title)과 데이터 출처(Data source) 및 작성자 이름(Byline)을 추가합니다.

**14** [그림 8-2]와 같은 대화형 테이블[15]을 다른 사람과 공유하려면 '계속(Proceed)'을 클릭하거나 '게시 및 임베딩(Publish & Embed)' 화면으로 넘어가 공유하기 위한 작업을 진행합니다. 무료 데이터래퍼 계정으로 로그인한 경우 여러분의 작업물이 자동으로 오른쪽 상단에 보이는 마이 차트(My Charts) 메뉴에 온라인 저장됩니다. 또한 파란색 '게시(Publish)' 버튼을 눌러 여러분 웹사이트에 대화형 지도를 임베딩하는 코드를 생성할 수도 있습니다. 이 방법은 9장에서 자세히 다루겠습니다. 만약 여러분의 작업물을 다른 데이터래퍼 사용자와 나누고 싶다면 '리버에 차트 추가하기(add your chart to River)' 기

15 https://oreil.ly/lw1Ot

능을 통해 진행할 수 있습니다. 또한 스크롤을 내려 'PNG 다운로드 받기(Download PNG)' 기능을 통해 테이블을 정적 이미지 형태로 받을 수 있습니다. 추가적인 내보내기 및 게시 옵션은 데이터래퍼 유료 계정이 필요합니다. 만약 무료 계정도 만들고 싶지 않다면 이메일 주소로 임베드 코드를 받을 수도 있습니다.

자세한 내용은 데이터래퍼 아카데미 지원 페이지[16]나 광범위한 예제 갤러리[17] 및 잘 디자인된 교육 자료[18]를 참조하세요.

## 8.3 기타 테이블 생성 도구

데이터래퍼는 많은 콘텐츠와 스파크라인을 포함하는 대화형 테이블을 만들기에 매우 좋은 선택이지만 인쇄 또는 온라인에서 보다 덜 복잡한 테이블이 필요하다면 다른 선택지도 많습니다.

빠르게 정적 테이블을 만들고 싶다면 여러분이 선호하는 스프레드시트 도구를 사용하면 됩니다. 예를 들어 구글 시트에서 테이블 데이터를 만들어 PDF 문서로 다운로드할 수 있습니다. 그리고 이미지 편집기를 사용해 PDF 파일을 PNG 또는 JPG 파일로 변경하고 사이즈를 조정해 여러분이 원하는 정적 문서나 웹 페이지에 삽입합니다. 더 복잡한 형태의 크로스 테이블을 만들고 이를 문서 또는 웹사이트에 삽입하기 위해 이미지 형태로 내보내고 싶다면 2.10절 '피벗 테이블을 사용해 데이터 요약하기'를 참조하기 바랍니다.

데이터래퍼에서는 간단한 정적 테이블을 차트 유형으로 만들고 이를 게시하여 PGN 버전으로 다운로드할 수 있습니다.

구글 시트에서는 이후 9장에서 살펴볼 내용처럼 여러분이 작성한 테이블을 온라인에 게시하거나 웹 페이지에 임베딩할 수 있습니다. 구글 시트를 업데이트할 때마다 현재 데이터가 웹 페이지에 자동으로 표시됩니다.

16 https://oreil.ly/q112s
17 https://oreil.ly/EeN-z
18 https://oreil.ly/LbCo_

6.10절 '태블로 퍼블릭 차트'와 7.7절 '태블로 퍼블릭으로 만드는 코로플레스 지도'에서 소개한 태블로 퍼블릭에서는 하이라이트 테이블을 만들 수 있습니다. 하이라이트 테이블은 셀의 배경을 자동으로 색칠해 각 셀의 값을 비교 강조하는 효과를 줄 수 있습니다.

마지막으로 주로 웹 페이지용 테이블을 디자인하는 경우 테이블 콘텐츠를 HTML이나 다른 포맷으로 변환하는 온라인 테이블 생성기 도구[19]를 사용하는 것을 고려하세요.

## 8.4 마치며

이 장에서는 테이블 디자인에 대한 원칙과 데이터래퍼를 사용해 스파크라인이 있는 대화형 테이블을 만드는 방법 및 기타 도구를 검토했습니다. 다음 장에서는 독자들이 여러분의 데이터를 탐색하고 스토리에 참여할 수 있도록 대화형 차트, 지도, 그리고 테이블을 여러분 웹사이트에 임베딩하는 방법을 알아봅니다.

19 https://oreil.ly/zM3e9

CHAPTER 9

# 웹에 임베딩하기

지금까지 6장에서 차트 작성 방법, 7장에서 지도 작성 방법 및 8장에서 테이블을 배웠습니다. 이 책은 인터넷상의 광범위한 시청자를 초대하여 데이터와 상호작용하고, 새로운 패턴을 조사하고, 원한다면 파일을 다운로드하고, 소셜 미디어에서 작업을 쉽게 공유할 수 있는 대화형 시각화 디자인의 이점을 강조합니다. 이 장에서는 독자가 다른 페이지에서 여러분의 데이터를 탐색할 수 있도록 해주는 iframe이라는 컴퓨터 코드 태그를 알아봅니다. iframe은 액자와 비슷하다고 볼 수 있는데, [그림 9-1]처럼 여러분이 제어하는 두 번째 웹 페이지(개인 홈페이지 또는 기업 홈페이지) 안에 라이브 웹 페이지를 보여줍니다. 올바르게 수행되면 iframe은 여러분의 데이터 시각화 작업물을 웹 페이지에 자연스럽게 노출하므로 시청자는 다른 호스트에서 온 내용인지 알 필요 없이 콘텐츠를 탐색할 수 있습니다.

지금까지 배운 구글 시트, 데이터래퍼, 태블로 퍼블릭과 같은 몇 가지 시각화 도구는 플랫폼에서 만든 온라인 차트 또는 지도에 대한 iframe을 포함하는 내장 코드를 생성합니다. 우리는 시각화 도구 사이트에서 임베드 코드 또는 링크를 가져오는 방법과 이를 두 번째 웹사이트에 붙여넣어 대화형 콘텐츠를 원활하게 표시하는 방법을 보여줄 것입니다(9.2절 '임베드 코드 또는 iframe 태그 가져오기' 및 9.3절 '코드 또는 iframe을 웹사이트에 붙여넣기' 참조). 이 책은 입문서이므로 코딩 기술이 필요하지 않지만 코드에 흥미를 가진다면 확실히 도움이 될 것입니다.

텍스트와 이미지가 포함된

**여러분 웹 페이지**

다른 사이트에서 호스팅되고 있는 여러분의 데이터 시각화처럼 또 다른 웹 페이지를 보여주는 〈iframe〉

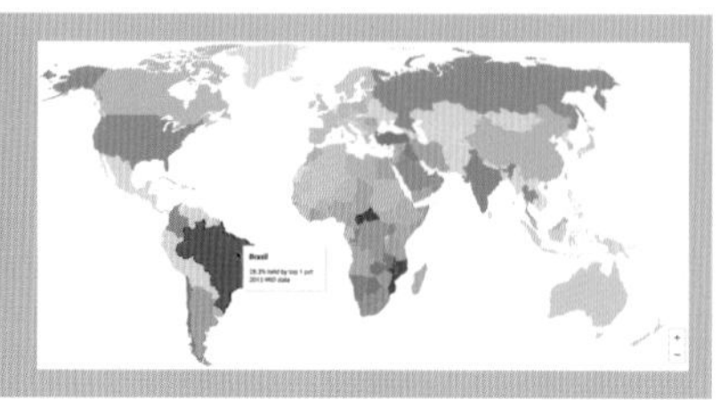

웹 페이지의 나머지 부분

**그림 9-1** iframe을 사용해 다른 웹 페이지를 여러분 웹 페이지에 임베딩할 수 있습니다.

## 9.1 정적 이미지와 대화형 iframe

먼저 정적static 시각화와 대화형interactive 시각화의 차이를 명확히 하겠습니다. 차트 또는 지도의 정적 그림은 정지된 이미지입니다. 많은 시각화 도구가 차트나 지도의 정적 이미지를 JPG, PNG 또는 PDF 형식으로 다운로드할 수 있는 기능을 지원합니다. 정적 이미지는 문서, 프레젠테이션 슬라이드, 웹 페이지에만 삽입하려는 경우 유용합니다. 다른 옵션은 정적 이미지를 붙여넣고 웹 주소가 포함된 링크 또는 사용자 정의 단축 링크를 대화형 차트 또는 지도에 추가한 다음 사용자가 온라인으로 탐색하도록 초대하는 것입니다(2.4절 '구글 시트 공유하기' 참조).

만약 컴퓨터의 웹 페이지에 있는 정적 이미지를 캡처해야 하는 경우 다음 내장 명령어를 사용해 스크린숏[1]을 찍으면 됩니다.

**크롬북**

Shift+Ctrl+F5('창 표시' 버튼)를 누른 다음 십자선cross hair 커서를 클릭+드래그합니다.

---

1 https://ko.wikipedia.org/wiki/스크린샷

**맥**

Shift+command+4를 누른 다음 십자선 커서를 클릭+드래그합니다.

**윈도우**

윈도우 로고 키+Shift+S를 눌러 스크린숏을 찍은 뒤 스케치 도구를 불러옵니다.

이와 관련된 전략은 화면에서 움직임을 포착하는 일련의 정적 이미지인 애니메이션 GIF입니다. 웹 페이지에 애니메이션 GIF 파일을 삽입하여 대화형 시각화를 사용하는 동안 간단한 단계를 설명할 수 있지만 시청자는 애니메이션 루프를 다시 재생하는 것 외에는 상호작용할 수 없습니다. Snagit[2]과 같은 유료 소프트웨어 도구를 사용하여 드롭다운 메뉴와 커서, 애니메이션 GIF 등을 포함하는 스크린숏을 만들 수 있습니다.

이와는 대조적으로 **대화형** 시각화는 시청자들이 웹 브라우저를 통해 여러분의 데이터 스토리와 직접적으로 상호작용할 수 있습니다. 방문자는 일반적으로 차트 위에 커서를 올려놓으면 툴팁이나 기본 정보를 볼 수 있고, 지도를 확대하여 이동할 수 있으며, 대화형 테이블에서 용어를 검색하거나 열을 정렬할 수 있습니다. 대화형 시각화는 일반적으로 차트 또는 지도 도구 플랫폼과 같이 온라인으로 호스팅되며 주로 온라인으로 볼 수 있도록 디자인되지만 경우에 따라 로컬 컴퓨터에서 다운로드하여 상호작용할 수도 있습니다.

이제 핵심 질문으로 돌아가겠습니다. 온라인 호스트(주 사이트, 프라이머리 사이트primary site)[3]에 상주하는 대화형 시각화를 어떻게 우리가 제어하는 웹사이트(보조 사이트, 세컨더리 사이트secondary site)[4]에 원활하게 표시할 수 있을까요? 물론 주 사이트의 차트나 지도의 링크를 우리 보조 사이트에 삽입하는 것은 가능하지만 이는 시청자들이 읽던 웹 페이지에서 링크를 클릭해 다른 웹 페이지로 접속해야 하기 때문에 매우 불편합니다. 더 나은 방법은 콘텐츠를 표시하는 코드인 HTML로 작성된 iframe 태그[5]를 포함하는 임베드 코드를 삽입하는 것입니다. 코딩 경험을 필요로 하진 않지만 임베드 코드의 핵심 기능을 인식하는 방법과 코드가 작동하는 방식을 알아두면 장기적인 관점에서 이점이 될 것입니다.

2 https://oreil.ly/39tW_
3 옮긴이_ 대화형 시각화가 작동하는 호스트 서버
4 옮긴이_ 여러분의 개인 웹사이트나 기업 웹사이트
5 https://oreil.ly/tSF4K

가장 간단한 형태로, iframe은 보조 사이트에 원본으로 알려진 주 사이트의 웹 페이지 주소를 마치 벽에 있는 액자가 틀을 고정하고 그 내용물을 보여주는 것처럼 표시하도록 지시합니다. 다음 샘플 iframe 코드는 시작 태그 `<iframe...>`으로 시작하며, 원본 주소인 `src='https://...'`를 포함합니다. 이는 작은따옴표나 큰따옴표로 주 사이트의 URL을 감싼 것입니다. 그리고 마지막에 `</iframe>` 태그로 마무리합니다.

```
<iframe src='https://datawrapper.dwcdn.net/LtRbj/'></iframe>
```

이 샘플 iframe은 [그림 9-2]와 같이 데이터래퍼 플랫폼의 대화형 미국 소득 불평등 차트를 참조합니다(0장에서 소개한 그림입니다).

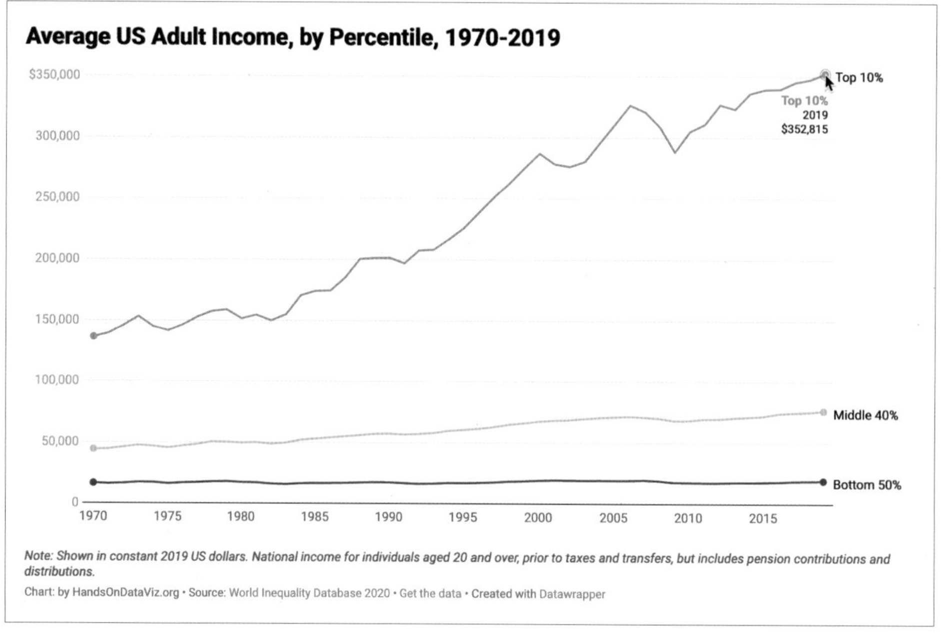


**그림 9-2** 미국에서 상위 10% 소득자의 소득은 1970년대부터 증가했지만 하위 50%에 대해서는 정체되어 있습니다. 대화형 버전[6]을 살펴보세요.

이 책에서 살펴본 시각화 도구를 통해 임베드 코드를 복사할 때 iframe 태그가 앞서 보여준 간단한 예제보다 훨씬 길 수 있습니다. 예를 들어 iframe 태그는 픽셀(px) 또는 보조 사이트에서

6 https://oreil.ly/rqodT

치수의 백분율로 측정된 너비(width) 또는 높이(height)와 같은 다른 속성을 포함할 수 있습니다. 또한 frameborder="0" 또는 scrolling="no"처럼 iframe 콘텐츠를 주변에 맞춰 시각화를 매끄럽게 보여주기 위한 특성도 볼 수 있습니다. 마지막으로 여러분은 우리도 잘 이해하지 못하는 12줄 이상의 **아주 긴 코드**를 만날 수도 있습니다. 하지만 이러한 내용은 대부분 iframe의 모양을 개선하기 위한 선택적 부가 기능이기 때문에 몰라도 상관없습니다. 임베드 코드에서 가장 필수적인 요소는 iframe과 3가지 핵심 부분인 iframe 시작 태그, 소스 웹 주소, 그리고 끝 태그입니다. 이들 핵심 요소만 확인해도 됩니다.

이제 대화형 시각화, 임베드 코드 및 iframe 태그에 대한 명확한 정의를 알았으니 다음 절에서는 다양한 시각화 플랫폼에서 임베드 코드를 복사하는 방법을 알아보겠습니다.

## 9.2 임베드 코드 또는 iframe 태그 가져오기

이 절에서는 책에 수록된 여러 시각화 플랫폼에 차트나 지도를 게시할 때 자동으로 생성되는 임베드 코드 또는 iframe 태그를 복사하는 방법을 알아봅니다. 임베드 코드는 핵심 iframe 태그와 함께 주 사이트의 차트나 지도를 표시하는 코드, 보조 사이트에 해당 차트나 지도가 매끄럽게 보일 수 있도록 도와주는 코드가 포함됩니다.

우리는 각 시각화 플랫폼을 세 단계로 나눠서 설명할 것입니다. 첫째, 먼저 구글 시트, 데이터래퍼, 태블로 퍼블릭 및 나열된 다른 플랫폼에서 임베드 코드 또는 iframe 태그를 복사하는 방법을 살펴봅니다. 둘째, [그림 9-3]에 나와 있는 W3Schools TryIt iframe page[7]라는 멋진 도구를 통해 임베드 코드나 iframe 태그를 테스트하는 방법을 알아볼 것입니다. 이 방법은 임베드 코드를 웹 페이지에 배치하기 전에 코드의 일부를 잘라내야 하는 경우 여전히 작동하는지 테스트할 때 유용합니다. 셋째, 워드프레스, 스퀘어스페이스, 윅스 및 위블리와 같은 공통 플랫폼을 포함하여 원하는 웹사이트에 임베드 코드를 올바르게 붙여넣는 방법을 알아보겠습니다.

7 https://oreil.ly/Nfmma

**그림 9-3** 이어지는 절에서 살펴볼 임베드 코드는 W3Schools TryIt iframe page에서 '보라색으로 선택한 텍스트' 대신 붙여넣어 작동하는지 테스트해보길 권장합니다.

## 9.2.1 구글 시트에서 가져오기

6.2절 '구글 시트 차트'에서처럼 구글 시트 차트를 만든 후 다음을 따라 합니다.

**01** 차트 오른쪽 상단 구석에 있는 케밥 메뉴를 클릭하고 '차트 게시'를 선택합니다.

**02** 다음 화면에서 '삽입(Embed)' 탭과 '양방향(Interactive)'을 선택하고 '게시(Publish)'를 클릭해 온라인에 공유합니다. Ctrl+C를 눌러 임베드 코드를 복사합니다.

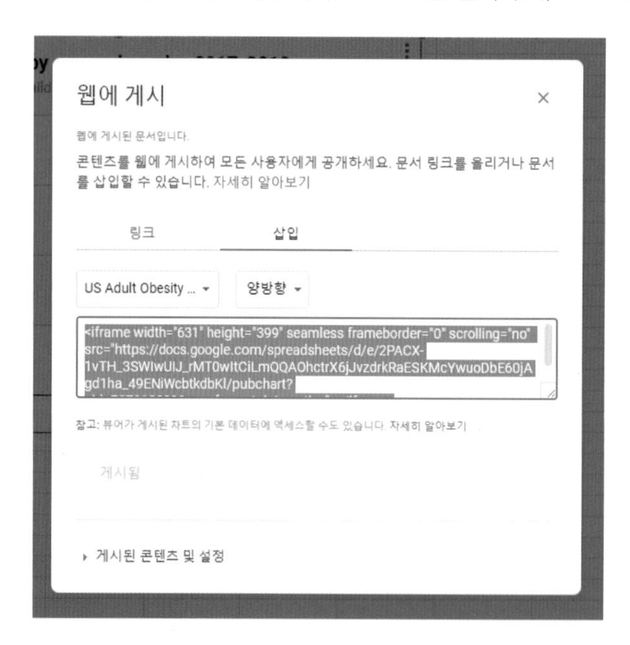

**03** 임베드 코드가 작동하는 방식을 더 잘 이해하려면 W3Schools TryIt iframe page[8]를 엽니다. 현재 iframe 태그를 선택하고 임베드 코드를 붙여넣은 후 녹색 '실행(Run)' 버튼을 누릅니다. 결과는 아래 그림과 비슷하게 나오겠지만, 여러분의 임베드 코드와 대화형 시각화가 표시될 겁니다.

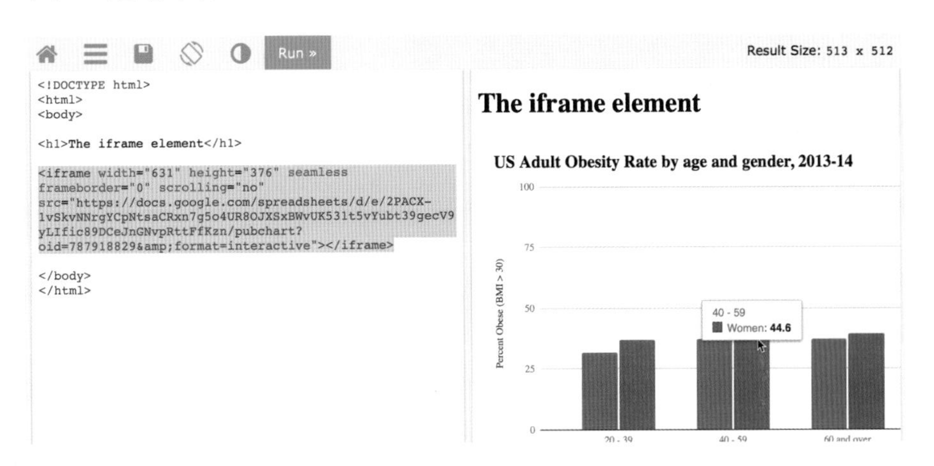


얼핏 보기에는 구글 시트 임베드 코드가 길게 나타날 수 있지만 실제로는 긴 소스 링크가 있는 간단한 iframe 태그입니다. 자세히 살펴보면 `width`와 `height`(픽셀로 측정됨), `seamless`와 `frameborder="0"`, `scrolling="no"`와 같이 모양을 개선하기 위한 iframe 설정 사항이라는 것을 알 수 있습니다.

**04** 다음 과정은 9.3절 '코드 또는 iframe을 웹사이트에 붙여넣기'로 넘어가 임베디 코드를 원하는 플랫폼에 적절하게 삽입하는 방법을 살펴보는 겁니다.

## 9.2.2 데이터래퍼에서 가져오기

6.6절 '데이터래퍼 차트'에서처럼 데이터래퍼 차트를 만들거나, 7장에서처럼 지도를 만들거나, 8장에서처럼 대화형 테이블을 만든 후 다음을 따라 합니다.

**01** '게시 및 임베딩(Publish & Embed)' 화면으로 넘어가 '지금 게시(Publish now)'를 클릭합니다. 그러면 여러분의 대화형 차트 또는 지도가 온라인에 게시됩니다. 원한다면 같은 화면에서 'PNG' 메뉴를 통해 정적 이미지를 내보낼 수 있습니다.

---

8 `https://oreil.ly/2jb9p`

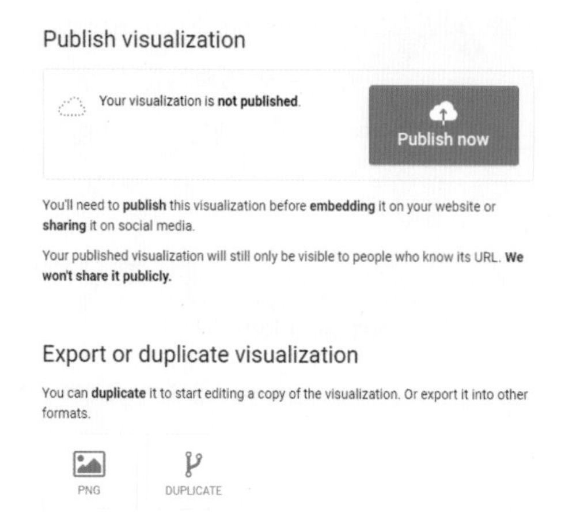


**02** 다음 화면에서 'copy'를 클릭해 데이터래퍼 임베드 코드를 얻습니다. 기본으로 설정된 임베드 코드의 'responsive iframe' 버전은 작은 디바이스 화면과 큰 디바이스 화면에서 모양을 개선하기 위한 추가 지침이 포함되어 있습니다.

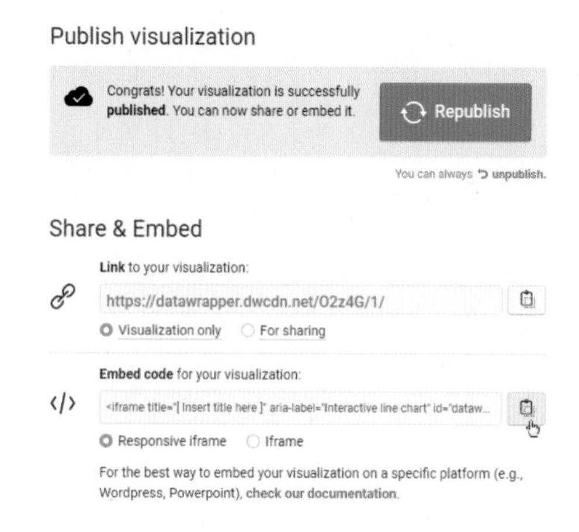


**03** 임베드 코드가 작동하는 방식을 더 잘 이해하려면 W3Schools TryIt iframe page[9]를 엽니다. 현재 iframe 태그를 선택하고 임베드 코드를 붙여넣은 후 녹색 '실행(Run)' 버튼을 누릅니다. 결과는 아래 그림과 비슷하게 나오겠지만, 여러분의 임베드 코드와 대화형 시각화가 표시될 겁니다.

9 https://oreil.ly/2jb9p

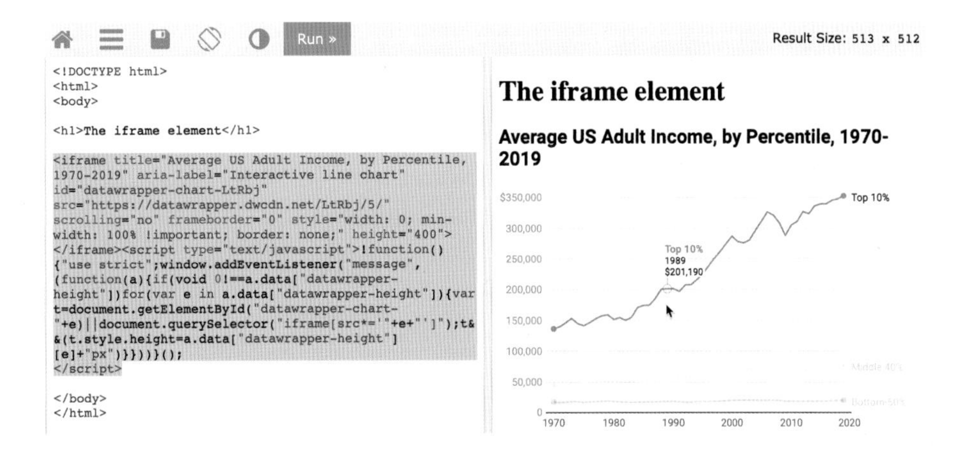


데이터래퍼 임베드 코드는 길지만 자세히 보면 앞쪽 절반 가까이는 scr, scrolling, frameborder와 같은 익숙한 특성, 스타일 태그 내부의 width와 height가 포함된 비교적 간단한 iframe 태그가 포함되어 있습니다. 나머지 절반은 디바이스 화면 크기에 따라 iframe이 반응하는 것처럼 보이도록 만드는 자바스크립트 명령이 포함되어 있습니다.

**04** 원하는 웹 플랫폼에 항상 **전체 임베드 코드**를 붙여넣어야 합니다. 다음 과정은 9.3절 '코드 또는 iframe을 웹사이트에 붙여넣기'로 넘어가 임베드 코드를 원하는 플랫폼에 적절하게 삽입하는 방법을 살펴보는 겁니다.

만약 잘 작동하지 않는다면 다시 3단계로 돌아가 테스트를 진행합니다. 먼저 임베드 코드를 **단순한 iframe 형태**로 편집하고 다시 실행하여 어떻게 동작하는지 살펴봅니다. 어떤 경우에는 단순한 iframe 코드가 복잡한 임베드 코드보다 더 잘 작동합니다.

TIP 데이터래퍼 iframe 태그 소스는 다음과 같은 일반 포맷을 따릅니다.

```
https://datawrapper.dwcdn.net/abcdef/1/
```

여기서 1은 게시한 차트 또는 지도의 첫 번째 버전이라는 의미입니다. 만약 해당 차트나 지도를 수정해 다시 게시하면 마지막 숫자가 수정될 것입니다(2, 3, ... 등으로). 그리고 기존 링크를 자동으로 새로운 링크로 변경해줍니다. 따라서 독자는 최신 버전의 작업물을 살펴볼 수 있게 됩니다.

### 9.2.3 태블로 퍼블릭에서 가져오기

6.10절 '태블로 퍼블릭 차트'에서처럼 태블로 퍼블릭 차트를 만들거나, 7.7절 '태블로 퍼블릭으로 만드는 코로플레스 지도'에서처럼 지도를 만든 후 다음을 따라 합니다.

**01** 데스크톱 애플리케이션 메뉴에서 '파일 > Tableau Public으로 저장'을 클릭해 여러분의 워크시트, 대시보드 또는 스토리를 온라인에 게시합니다.

**02** 온라인 태블로 퍼블릭 계정 프로필 페이지에서 View를 클릭해 게시된 시각화의 세부 정보를 확인합니다.

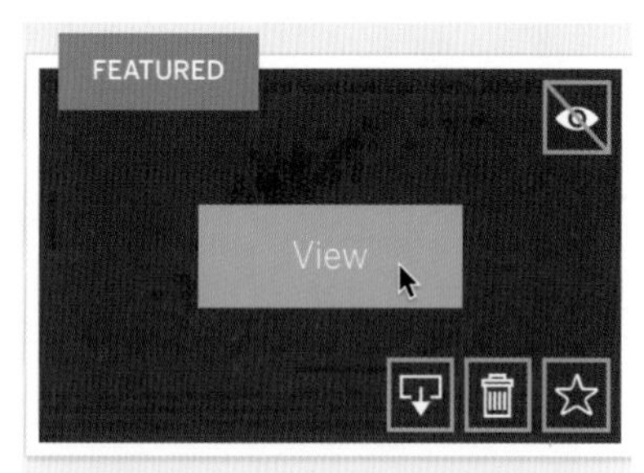


TIP 게시된 모든 시각화는 태블로 퍼블릭 서버의 사용자명(username) 계정 프로필 아래에 나타납니다. 만약 사용자명이 기억나지 않으면 태블로 퍼블릭 서버[10]에서 온라인 계정을 만들 때 입력한 이름과 성을 검색합니다.

**03** 태블로 퍼블릭 온라인 계정에 게시된 시각화에서 오른쪽 하단에 있는 '공유' 아이콘을 클릭합니다. 그리고 '내장 코드'를 클릭하고 '복사'를 선택합니다.

10 https://public.tableau.com

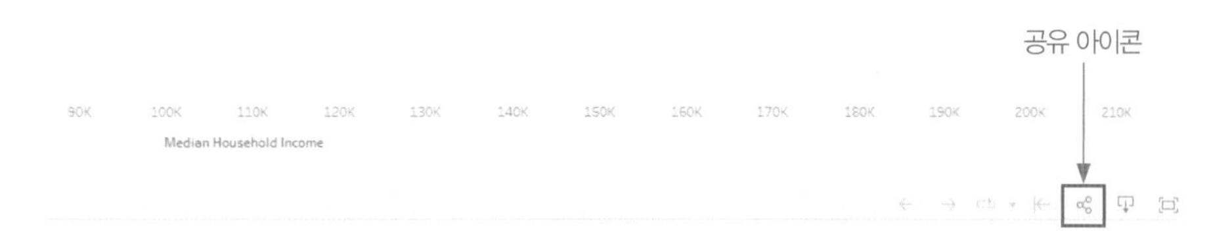


**04** 임베드 코드가 작동하는 방식을 더 잘 이해하려면 W3Schools TryIt iframe page[11]를 엽니다. 현재 iframe 태그를 선택하고 앞서 복사한 임베드 코드를 붙여넣은 후 녹색 '실행(Run)' 버튼을 누릅니다. 결과는 다음 그림과 비슷하게 나오겠지만 임베드 코드와 대화형 시각화 부분은 다를 것입니다. 태블로 퍼블릭 임베드 코드가 다소 길기 때문에 이미지에 모두 나타나지 않았습니다.

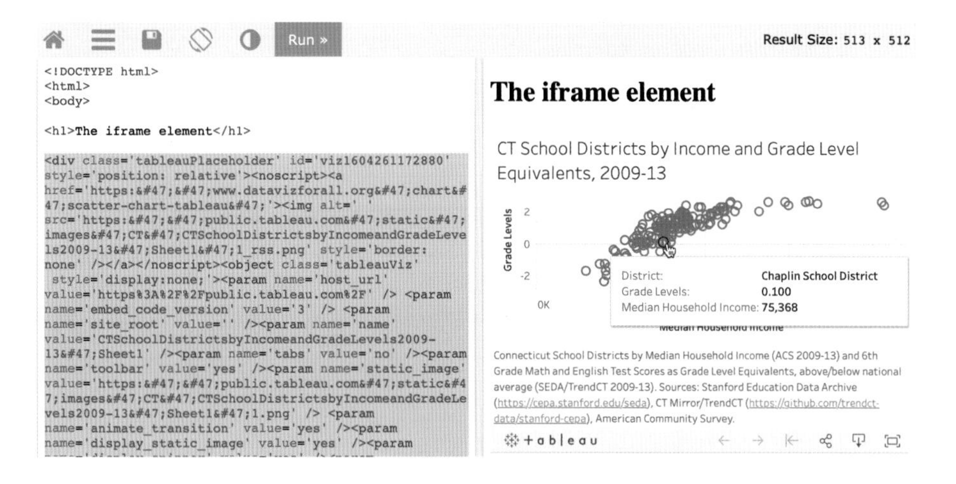


**05** 원하는 웹 플랫폼에 항상 전체 임베드 코드를 복사해서 붙여넣습니다. 9.3절 '코드 또는 iframe을 웹사이트에 붙여넣기'에서 여러 일반 웹사이트에 올바르게 삽입하는 방법을 알아보겠습니다.

---

11 https://oreil.ly/N_CQT

만약 웹 플랫폼에 태블로 퍼블릭 임베드 코드 전체를 삽입할 수 없다면 선택할 수 있는 방법은 태블로 퍼블릭 링크를 시각화에 복사해 이를 단순한 iframe 태그로 변환해주는 것입니다. 링크를 복사해 변환하는 방법은 다음과 같습니다.

**01** 태블로 퍼블릭 온라인 계정에 게시된 시각화에서 오른쪽 하단에 있는 '공유' 아이콘을 클릭합니다. 하지만 이번에는 '내장 코드'가 아닌 '링크'를 복사합니다. 일반적인 링크는 다음과 유사합니다.

```
https://public.tableau.com/views/
CTSchoolDistrictsbyIncomeandGradeLevels2009-13/
Sheet1?:language=en&:display_count=y&:origin=viz_share_link
```

**02** 링크를 W3Schools TryIt iframe page[12]에 붙여넣고 물음표(?) 뒤에 나타나는 모든 코드를 삭제합니다. 이제 코드는 다음과 같이 생겼을 것입니다.

```
https://public.tableau.com/views/
CTSchoolDistrictsbyIncomeandGradeLevels2009-13/Sheet1?
```

**03** 이전에 삭제한 코드 조각을 대체하기 위해 물음표(?) 뒤에 다음 코드 조각을 추가합니다.

```
:showVizHome=no&:embed=true
```

**04** 수정한 링크는 다음과 같을 것입니다.

```
https://public.tableau.com/views/
CTSchoolDistrictsbyIncomeandGradeLevels2009-13/Sheet1?:showViz
Home=no&:embed=true
```

**05** 수정한 링크를 iframe 소스 태그 scr=에 따옴표로 묶어서 넣습니다. 코드는 다음과 같을 겁니다.

```
src="https://public.tableau.com/views/
CTSchoolDistrictsbyIncomeandGradeLevels2009-13/Sheet1?:showViz
Home=no&:embed=true"
```

**06** 시작 태그와 끝 태그를 추가합니다. 또한 `width`, `height`, `frameborder="0"`, `scrolling="no"` 속성을 추가합니다. 이제 코드는 다음과 같을 겁니다.

---

12 https://oreil.ly/N_CQT

```
<iframe
  src="https://public.tableau.com/views/CTSchoolDistricts\
byIncomeandGradeLevels2009-13/Sheet1?:showVizHome=no&:embed=true"
  width="90%" height="500" frameborder="0" scrolling="no"></iframe>
```

TIP width="100%" 대신 width="90%"를 삽입해 독자가 웹 페이지 아래로 더 쉽게 스크롤할 수 있도록 여백을 줍니다.

**07** '실행(Run)'을 눌러 W3Schools TryIt iframe page에 표시되는 모양을 확인합니다. 가끔은 간단한 iframe이 복잡한 임베드 코드보다 웹사이트에서 더 잘 작동합니다.

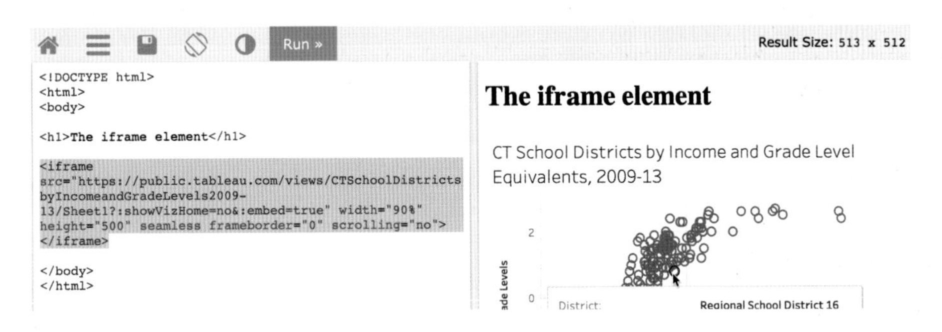


태블로 퍼블릭 지원 페이지에서 iframe을 임베드하는 방법[13]을 자세히 살펴볼 수 있습니다.

임베드 코드를 복사하고 필요한 경우 더 간단한 iframe으로 수정하는 방법을 살펴봤습니다. 다음 절에서는 여러분의 대화형 시각화를 더 많은 독자와 공유하기 위해 일반 웹사이트에 삽입하는 방법을 알아보겠습니다.

## 9.3 코드 또는 iframe을 웹사이트에 붙여넣기

앞 절에서는 주 사이트에서 온라인으로 호스팅하는 대화형 시각화를 위해 내장 코드를 복사하거나 iframe을 만드는 방법을 배웠습니다. 예를 들어 실시간 차트 또는 지도는 구글 시트, 데이터래퍼 또는 태블로 퍼블릭 서버에서 호스트될 수 있습니다. 이 절에서는 임베드 코드나 iframe을 적절하게 붙여넣어 사용자가 제어하는 보조 웹사이트에 대화형 차트나 지도를 원활하게 표시하는 방법을 배울 것입니다. 우리는 워드프레스WordPress, 스퀘어스페이스Squarespace,

13 https://oreil.ly/ZaNJ5

윅스Wix 및 위블리Weebly 같은 일반 웹 구축 플랫폼에 초점을 맞춥니다. 웹사이트가 다른 플랫폼에서 실행되더라도 원칙은 동일할 겁니다.

### 9.3.1 WordPress.com 사이트에 붙여넣기

WordPress 지원 페이지[14]에 따르면, 만약 여러분이 anyone.wordpress.com과 같은 주소로 되어 있는 무료/개인/프리미엄 WordPress.com[15] 사이트를 보유하고 있다면 보안상의 이유로 인해 iframe 또는 자바스크립트가 포함된 임베드 코드를 삽입할 수 없습니다. 즉, 이 책에서 만든 데이터 시각화를 WordPress.com 사이트에서 보여주고 싶다면 두 가지 옵션을 선택할 수 있습니다. 첫째, 무료/개인/프리미엄 플랜에서는 차트나 지도의 정적 이미지와 대화형 사이트에 대한 링크는 삽입할 수 있지만 이는 분명 이상적이지 않습니다. 둘째, WordPress.com은 iframe 또는 자바스크립트 코드가 포함된 임베드 코드도 지원하는 유료 비즈니스나 eCommerce 플랜으로 업그레이드[16]할 것을 권장합니다. 이 옵션은 다음 절에서 설명하겠습니다.

### 9.3.2 자체 호스팅된 WordPress 사이트에 붙여넣기

먼저 WordPress.com 사이트와 자체 호스팅된self-hosted WordPress 사이트의 차이점을 이해[17]해야 합니다. 후자는 WordPress.org 사이트라고도 불리는데, 누구나 이 주소에서 자유롭게 소프트웨어를 다운로드받아 **자신의 웹 서버에 호스팅**할 수 있으며, 더 일반적으로는 학교나 직장을 통해 또는 공급 업체의 웹 서버 공간을 임대해 자체 호스팅된 WordPress 서버에 접근할 수 있기 때문입니다. 그러나 자체 호스팅된 WordPress 사이트의 웹 주소가 반드시 org로 끝날 필요는 없습니다. 주소에 .com 또는 .edu 등을 사용할 수 있기 때문에 헷갈리지 않도록 주의합니다.

자체 호스팅된 WordPress 사이트에 임베드 코드나 iframe을 삽입하는 방법에는 두 가지가

14 https://oreil.ly/iW_BP
15 https://wordpress.com
16 https://oreil.ly/JpwLF
17 https://oreil.ly/2DrOW

있습니다. 그러나 WordPress 버전, 접근 수준 및 코드 복잡도에 따라 성공 여부가 달라질 수 있습니다. 방법 A(간단하지만 항상 신뢰할 수 없음)와 방법 B(몇 가지 추가 단계가 필요하지만 보다 안정적임)를 모두 소개할 것입니다. 여러분의 자체 호스팅된 WordPress 사이트에 적합한 방법을 사용하면 됩니다.

### 방법 A: 간단하지만 항상 신뢰할 수 없음

우리는 여러분이 새로운 블록 편집기block editor가 있는 자체 호스팅된 WordPress 5.0 또는 그 이상 버전을 사용하고 있으며 웹사이트에 대한 수정 및 관리자 접근 권한이 주어졌다고 가정합니다. 이 방법은 작성자 수준author-level 액세스 이하에서는 안정적으로 작동하지 않습니다.

**01** 블록 편집기에서 사용자 정의 HTML 블록을 선택하고 임베드 코드나 iframe을 직접 삽입합니다.

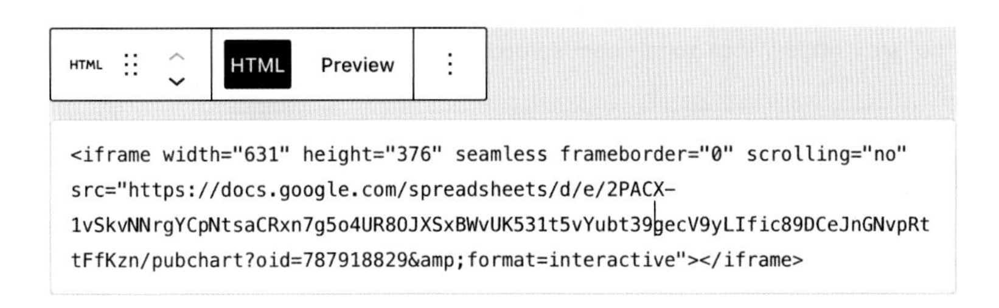


**02** WordPress 페이지 또는 게시물을 미리 보고 iframe이 나타나면 다른 브라우저에 게시해 독자들에게 노출될 화면을 미리 확인합니다.

### 방법 B: 몇 가지 추가 단계가 필요하지만 보다 안정적임

여러분이 이전에 제공하던 전통적인 편집기 또는 블록 편집기가 있는 자체 호스팅된 WordPress를 사용하고 있다고 가정합니다. 그리고 작성자 수준 또는 그 이상의 접근 권한을 가지고 있다고 가정합니다.

**01** 먼저 사이트 관리자가 iframe 플러그인[18]을 설치하고 활성화해야 합니다. 이 플러그인은 `[iframe...]`처럼 대괄호 안에 수정된 'shortcode' 형식의 iframe 코드를 임베딩할 수 있게 해줍니다.

---

18 https://oreil.ly/2t8Rp

**02** WordPress 블록 편집기에서 사용자 정의 HTML 블록을 선택합니다(또는 클래식 편집기에서 'text' 탭을 클릭해 HTML 코드를 확인합니다). 임베드 코드 또는 iframe 코드를 붙여넣습니다. 방법 A의 1단계 화면과 유사하게 나타날 것입니다.

**03** 붙여넣은 코드는 '<iframe...'으로 시작하고 '...></iframe>'으로 끝나는 HTML iframe 태그를 포함하고 있을 것입니다. 코드 시작 부분의 '<'를 '['로 수정하고, 마지막 부분의 '></iframe>'를 ']'로 수정합니다. 그러면 다음 그림처럼 보일 겁니다.

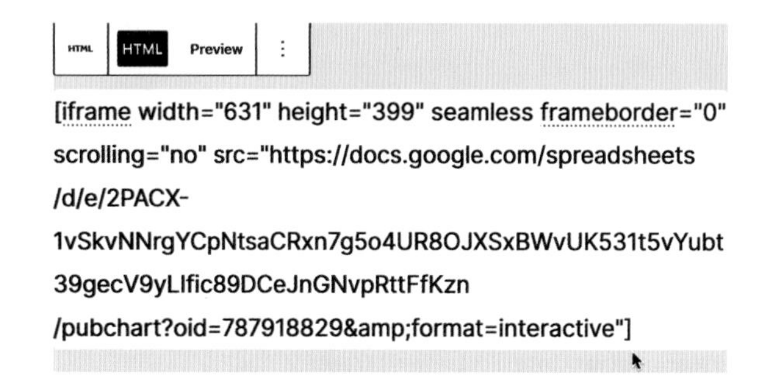


**TIP** 데이터래퍼나 태블로 퍼블릭의 다소 긴 임베드 코드는 이전 절에서 설명한 것처럼 W3Schools TryIt iframe page[19]에서 iframe의 가장 관련성이 높은 부분까지 잘라낸 다음 WordPress 편집기에 붙여넣고 시작 부분과 끝 부분을 대괄호로 바꿔주어야 할 수 있습니다.

**04** WordPress 페이지 또는 게시물을 미리 보고 iframe이 나타나면 다른 브라우저에 게시해 독자들에게 노출될 화면을 미리 확인합니다.

### 9.3.3 스퀘어스페이스, 윅스, 위블리 또는 다른 웹 구축 사이트

다른 웹 구축 사이트에서 데이터 시각화 iframe 또는 임베드 코드를 붙여넣기하는 방법은 WordPress 사이트의 경우와 유사하지만 세부적인 부분은 무료와 유료 구독 수준 및 작성자-

19 https://oreil.ly/N_CQT

관리자 상태에 따라 달라집니다. 다음은 가장 인기 있는 웹 구축 서비스 세 가지에 대한 세부 정보입니다.

- 임베드 블록[20] 및 여러분 사이트에 사용자 정의 코드를 추가하는 방법[21]은 스퀘어스페이스 지원 페이지를 참조하세요.
- iframe을 사용하여 사이트에 콘텐츠를 표시하는 방법[22]은 Wix 지원 페이지를 참조하세요.
- 임베드 코드로 외부 콘텐츠 및 위젯을 추가는 방법[23]은 위블리 지원 페이지를 참조하세요.

TIP 길고 복잡한 임베드 코드를 사용하는 경우 W3School TryIt iframe page[24]에서 iframe의 가장 관련성이 높은 부분까지 잘라낸 다음 해당 부분을 웹 빌더 플랫폼에 붙여넣어야 할 수 있습니다.

## 9.4 마치며

이 장에서는 iframe 및 임베드 코드를 배웠고, 이들이 주 사이트에서 사용자가 직접 관리하는 보조 사이트로 대화형 데이터 시각화를 원활하게 표시하는 방법을 배웠습니다. 이 개념은 다음 장에서 깃허브 플랫폼에서 오픈 소스 코드 템플릿을 편집하고 호스팅하는 방법을 배울 때 도움 될 것입니다. 여러분은 이제 차트와 지도를 자신의 웹사이트에 원활하게 표시할 수 있는 iframe을 만들 수 있기 때문입니다.

---

20 https://oreil.ly/tAKLp

21 https://oreil.ly/-n9Nu

22 https://oreil.ly/UJ58w

23 https://oreil.ly/bbmwa

24 https://oreil.ly/N_CQT

# Part III

# 코드 템플릿과 고급 도구

# Part III

# 코드 템플릿과 고급 도구

CHAPTER 10

# 깃허브로 코드 수정하고 호스트하기

1부와 2부에서는 구글 및 태블로 같은 회사에서 만든 무료 드래그 앤드 드롭 도구 플랫폼에서 대화형 차트 및 지도를 만들었습니다. 이러한 플랫폼은 초보자에게는 매우 적합하지만, 미리 설정된 도구는 시각화를 디자인하고 사용자 정의하는 데 필요한 옵션을 제한하고, 웹 서버와 서비스 약관에 의존하여 데이터 및 작업물을 호스팅해야 합니다. 만약 이 회사들이 해당 도구나 약관을 변경하면 여러분은 계정을 삭제하고 서비스를 바꾸는 것 외에는 다른 선택지가 없을 겁니다. 이는 여러분의 온라인 차트 및 지도가 독자에게 '데드 링크dead link'로 보일 것이라는 것을 의미합니다.

3부와 4부에서는 한 단계 더 도약하기 위해 코드 템플릿을 복사하고, 수정하고, 호스트하는 방법을 배웁니다. 이러한 템플릿은 데이터를 업로드하고, 데이터 모양을 사용자 정의하며, 사용자가 제어하는 웹사이트에 대화형 차트 및 지도를 표시할 수 있는 미리 작성된 소프트웨어 지침입니다. 사전 코딩 경험이 필수는 아니지만 코딩에 흥미가 있다면 여러 가지 실험을 해보며 더 빠르게 배울 수 있을 겁니다.

코드 템플릿은 요리책의 레시피와 유사합니다. 여러분이 부엌에서 브라우니를 만들기 위해 우리가 공개적으로 공유한 레시피를 보고 있다고 상상해보세요. 레시피의 세 가지 단계는 버터를 녹이고, 설탕을 넣고, 코코아에 섞는 것입니다. 레시피는 템플릿으로, 똑같이 따라서 만들거나 수정해서 입맛에 맞게 만들 수 있습니다. 여러분이 우리 레시피를 복사(코더들은 이를 '포크fork'라고 부르기도 합니다)하고 거기에 호두를 더하는 새로운 단계를 추가했다고 가정합시다. 만일 여러분이 여러분 레시피를 공유한다면 이제 두 가지 버전의 레시피가 존재하게 됩니다. 견과류를 좋아하는 사람은 호두가 든 레시피를 선호할 것이고, 그렇지 않다면 원래 레시피를 선호하겠죠.

현재 코더들에게 가장 인기 있는 요리책은 깃허브GitHub[1]입니다. 깃허브에는 4,000만 명 이상의 사용자와 1억 개가 넘는 레시피(또는 '코드 레포지토리repository', 줄여서 '레포repo')가 있습니다. 여러분은 무료 계정을 만들어 비공개(마치 할머니의 비밀 레시피와 같은) 레포를 운영할 수도 있고, 공공 레포(우리가 다음에 소개할)를 운영할 수도 있습니다. 깃허브는 공개를 위해 만들어졌기 때문에 다른 사람과 공유해서는 안 되는 기밀 정보나 민감한 정보는 업로드하기 전에 다시 한번 생각해봐야 합니다. 깃허브는 **오픈 소스 코드**를 공유할 것을 권장합니다. 즉, 작성자는 그들이 선택한 라이선스 유형에 따라 다른 사용자가 자유롭게 배포하고 수정할 수 있는 권한을 부여합니다.

여러분이 깃허브에서 새로운 레포를 만들면 깃허브에서 라이선스를 선택[2]하라고 요구합니다. 가장 인기 있는 두 가지 오픈 소스 소프트웨어 라이선스는 MIT 라이선스[3]와 GNU 라이선스[4]가 있습니다. MIT 라이선스는 매우 관대한permissive 반면 GNU는 수정되는 모든 내용이 동일 라이선스로 공유되어야 합니다. 후자는 개인 소유를 중요시하는 전통적인 **카피라이트**copyright와 달리 원본 코드에서 파생되는 상품은 반드시 공개적으로 접근이 가능하도록 유지되어야 한다는 점에서 종종 **카피레프트**copyleft[5]라 불립니다. 따라서 깃허브에서 다른 사람의 오픈 소스 코드를 포크할 때는 라이선스 유형을 잘 확인하여 해당 라이선스가 유지될 수 있도록 주의해야 합니다.

분명히 말씀드리면 깃허브 플랫폼은 대기업(마이크로소프트가 2018년에 인수)의 소유이며, 호스팅하거나 공유하기 위해 코드를 사용할 때도 해당 플랫폼의 도구와 약관에 의존하게 됩니다. 코드 템플릿의 마법은 여러분 작업물을 웹 어느 곳에나 마이그레이션(이동)하고 호스트할 수 있다는 것입니다. 즉, 코드를 경쟁 레포지토리 호스팅 서비스인 깃랩GitLab[6]으로 옮겨도 되고, 다른 웹 호스팅 서비스를 통해 도메인이나 서버 공간을 구입할 수도 있습니다. 또는 깃허브에서 코드를 호스팅하고 사용자 정의 도메인 옵션을 선택하는 등의 하이브리드 옵션을 선택하

1 https://github.com
2 https://choosealicense.com
3 https://oreil.ly/_5hiW
4 GNU General Public License version 3(GNU GPLv3), https://oreil.ly/2smHI
5 옮긴이_ 무료 배포되는 소프트웨어에 적용되는 일종의 저작권. 소스 코드를 유통시켜서 이익을 얻어서는 안 된다는 의미로 사용됩니다.
6 https://gitlab.com

여 인터넷 서비스 공급자로부터 구입한 도메인 이름으로 코드를 노출시킬 수 있습니다.

10.1절 '간단한 리플릿 맵 템플릿 복사, 수정, 호스팅하기'에서는 깃허브에 리플릿 맵 코드 템플릿을 복사, 수정 및 호스팅하는 기본 단계를 설명합니다. 차트나 지도 코드 템플릿을 깃허브 페이지에 호스팅하여 게시할 때 온라인 링크를 쉽게 iframe으로 변환하여 보조 웹사이트에 포함시킬 수 있습니다. 이 내용은 10.2절 '깃허브 페이지 링크를 iframe으로 변환하기'에서 다루도록 하겠습니다. 10.3절 '깃허브에 새로운 레포 만들고 파일 업로드하기'에서는 깃허브 레포를 만들고 코드 파일을 업로드하는 방법을 살펴봅니다.

이 장에서는 초보자에게 가장 적합한 웹 브라우저 인터페이스를 사용하여 깃허브를 소개합니다. 10.4절 '깃허브 데스크톱과 아톰 텍스트 편집기를 사용해 효율적인 코딩하기'에서는 개인용 컴퓨터에서 효과적으로 코드 레포 작업을 하기 위한 중급 수준의 도구인 깃허브 데스크톱과 아톰 텍스트 편집기를 배웁니다.

만약 문제가 발생하면 부록 '자주 발생하는 문제 해결법'을 확인하세요. 우리 모두는 가끔 실수를 하고 뜻하지 않게 코드를 망가뜨리기도 합니다. 하지만 이는 일이 어떻게 진행되는지 그리고 일이 잘되지 않을 때 무엇을 해야 하는지 배울 수 있는 좋은 기회입니다!

## 10.1 간단한 리플릿 맵 템플릿 복사, 수정, 호스팅하기

깃허브 코드 레포지토리(저장소)가 누구나 복사하고 수정할 수 있는 공개 요리책과 같다는 것을 알았으니 이제 주방으로 들어가 직접 요리를 해볼 차례입니다. 이 절에서는 저널리즘, 비즈니스, 정부 및 고등교육기관에서 대화형 지도를 만들 때 사용하는 인기 있는 오픈 소스 코드 라이브러리인 리플릿Leaflet[7]을 기반으로 한 매우 간단한 코드 템플릿을 소개합니다.

리플릿은 코드를 누구나 자유롭게 사용할 수 있고 사용하기 쉬우며 정기적으로 업데이트하는 활발한 사용자들이 있는 커뮤니티의 도움을 받을 수 있다는 점 때문에 많은 사람이 사용합니다. 앞서 7장에서 살펴본 드래그 앤드 드롭 도구와 달리 리플릿 템플릿을 사용하려면 코드를 웹에 호스팅하기 전에 코드 몇 줄을 복사하고 수정해야 합니다. 사전 코딩 지식이 반드시 필요한 것은 아니지만 브라우저와 통신하는 세 가지 핵심 언어인 HTML, CSSCascading Style Sheets,

7 https://leafletjs.com

자바스크립트JavaScript를 기반으로 하는 코드 템플릿을 알면 유용합니다. 또한 깃허브 웹 인터페이스를 사용하여 이러한 코드 템플릿을 수정할 수 있습니다. 이는 모든 유형의 컴퓨터(맥, 윈도우, 크롬북 등)에서 웹 브라우저를 사용하여 작업할 수 있다는 뜻입니다.

다음은 이 절에서 깃허브에 대해 배울 때 거치게 될 주요 단계에 대한 요약입니다.

- 간단한 리플릿 코드 템플릿 복사하기
- 지도 제목, 시작 위치, 배경 레이어, 마커 수정하기
- 공용 웹에서 수정된 지도 코드의 라이브 온라인 버전 호스팅하기

여러분의 목표는 [그림 10-1]과 같은 간단한 대화형 지도를 수정해 여러분만의 버전을 만드는 것입니다.

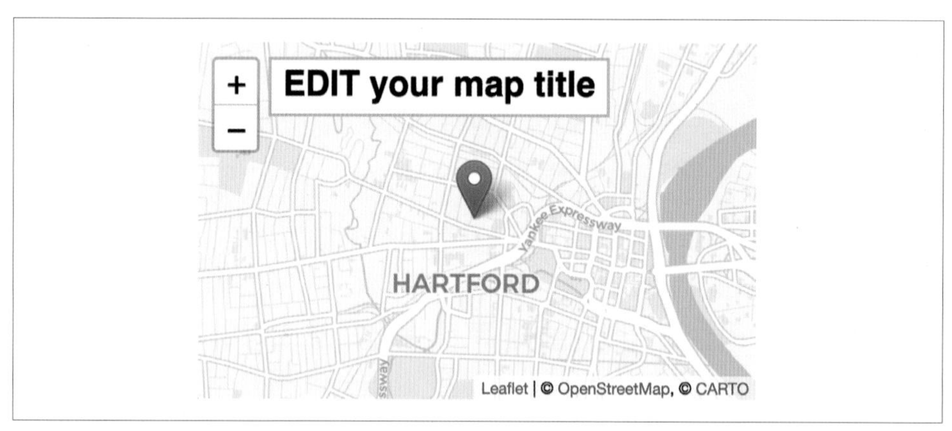


**그림 10-1** 간단한 대화형 리플릿 맵[8]을 수정해 자신만의 버전을 만들어보세요.

간단한 리플릿 맵 코드 템플릿을 여러분만의 버전으로 만들고 수정하려면 다음 단계를 따라 합니다.

**01** 깃허브[9]에서 자신만의 무료 계정을 생성하세요. 생성 과정에 여러분이 사람인지 확인하는 간단한 퀴즈가 포함되어 있습니다. 이메일에서 깃허브 런치 코드를 확인해 입력하고 무료 계정을 선택합니다. 메일이 보이지 않으면 스팸 폴더를 확인해보세요.

8 https://oreil.ly/I-eGl
9 https://github.com

**TIP** 깃허브 사용자 이름username은 공유할 링크에 나타나도 괜찮을 만한 비교적 짧은 길이를 선택합니다. 예를 들어 `BrownieChef`라는 사용자 이름 생성이 가능하다면 `DrunkBrownieChef6789`와 같이 길고 알아보기 힘든 사용자 이름은 현명한 선택은 아닐 수 있습니다.

**02** 브라우저에서 깃허브 계정에 로그인한 후 우리가 제공한 간단한 리플릿 맵 템플릿[10]으로 이동하세요.

**03** 초록색 'Use this template' 버튼을 클릭해 우리 레포의 복사본을 만듭니다.

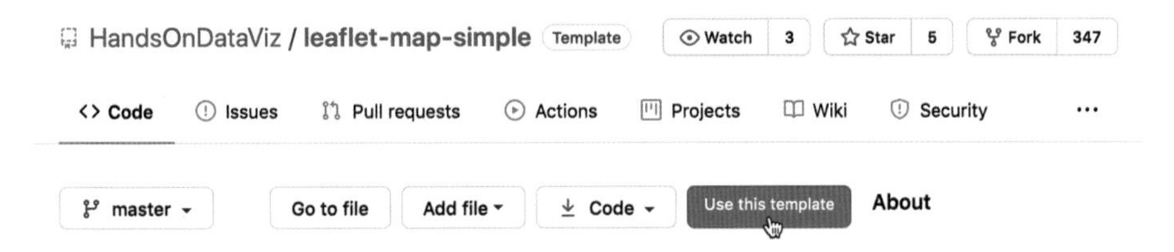


**04** 레포지토리 생성 화면에서 여러분 계정이 소유자(owner)로 나타납니다. 레포지토리 이름(Repository name)을 우리 것과 같은 'leaflet-map-simple'이라고 작성하고 'Create repository from template' 버튼을 클릭합니다.

Create a new repository from leaflet-map-simple
The new repository will start with the same files and folders as HandsOnDataViz/leaflet-map-simple.

Owner *
Repository name *
HandsOnDemo / leaflet-map-simple
Great repository names are short and memorable. Need inspiration? How about ubiquitous-disco?

Description (optional)

Public
Anyone on the internet can see this repository. You choose who can commit.

Private
You choose who can see and commit to this repository.

Include all branches
Copy all branches from HandsOnDataViz/leaflet-map-simple and not just master.

Create repository from template

---

10 https://oreil.ly/handsondataviz

화면 상단에 `HandsOnDataViz/leaflet-map-simple`에서 생성된 `*USERNAME*/leaflet-map-simple`이 보일 텐데, 여기서 *USERNAME*은 여러분의 깃허브 계정 사용자 이름입니다. 이는 여러분의 깃허브 계정에 우리 템플릿을 복사했다는 사실을 나타내며, 여기에는 3개의 파일이 포함되어 있습니다.

`LICENSE`

우리가 선택했던 MIT 라이선스를 보여줍니다. 즉, 누구나 원하는 대로 해당 코드를 복사하고 수정할 수 있습니다.

`README.md`

라이브 데모에 대한 간단한 설명과 링크를 제공합니다. 이에 대해서는 잠시 후 자세히 살펴보겠습니다.

`Index.html`

지도 코드가 포함되어 있기 때문에 이 특정 템플릿의 핵심 파일입니다

> **NOTE_** 우리는 사용자가 쉽게 복사할 수 있도록 깃허브의 템플릿 특성template feature을 사용해 레포repo를 설정했습니다. 만약 다른 사용자의 깃허브 레포를 복사하고 싶은데 템플릿 버튼이 보이지 않는다면 다른 방식으로 복사하는 포크(Fork) 버튼을 클릭합니다. 이 두 가지 복사 방법의 차이점은, 템플릿은 동일한 레포에 서로 다른 이름을 지정하여 **여러 개의 레포 복사본**을 만들 수 있는 반면 포크는 원본과 동일한 이름을 사용하기 때문에 **하나의 레포 복사본**만 만들 수 있으며 깃허브에서 동일한 이름으로 두 개의 레포지토리를 만들 수 없습니다. 만약 깃허브 레포의 두 번째 포크를 만들고 싶다면 10.3절 '깃허브에 새로운 레포 만들고 파일 업로드하기'를 참조합니다.

**05** 코드 확인을 위해 `index.html` 파일을 클릭합니다. 만약 여러분이 처음으로 컴퓨터 코드를 보는 것이라면 부담스럽게 느껴질 수도 있겠지만 긴장을 푸세요! 몇 가지 '코드 주석'을 삽입해 어떤 일이 일어나고 있는지 설명했습니다. 첫 번째 블록은 코드 페이지의 나머지 부분에 적용할 형식을 웹 브라우저에 알려줍니다. 두 번째 블록은 브라우저에 대화형 지도를 구성하는 오픈 소스 소프트웨어인 리플릿[11] 코드 라이브러리를 로드하라고 지시합니다. 세 번째 블록은 화면에서 제목과 지도의 위치를 설명합니다. 좋은 소식은 이러한 코드 블

11 https://leafletjs.com

록은 건드리지 않고 그대로 두어도 된다는 것입니다. 물론 다음 몇 줄의 코드는 수정해야 합니다.

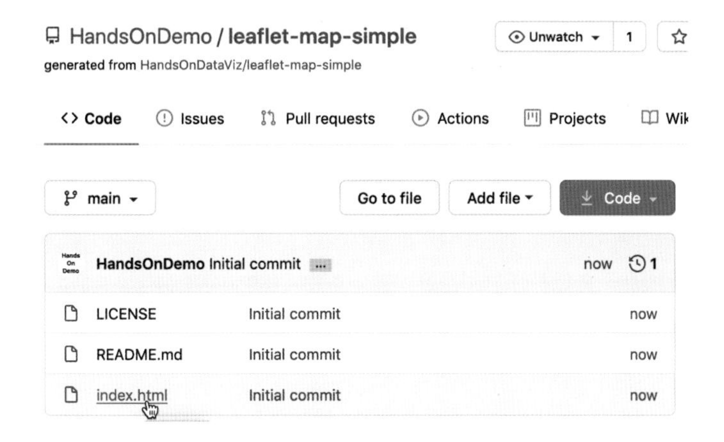


**06** 코드를 수정하려면 오른쪽 상단에 있는 연필 심벌( )을 클릭합니다.

HTML 분할 태그 블록의 21~23라인에 나타나는 지도 제목을 수정하여 지도에 반영해보겠습니다.

**07** `<div id="map-title">EDIT your map title</div>` 라인에서 `EDIT your map title` 대신 원하는 제목을 삽입합니다. 수정하는 과정에서 < > 기호로 둘러싸여 있는 HTML 태그는 지우지 않도록 주의합니다.

**08** 수정한 내용을 저장하려면 페이지 하단으로 스크롤한 후 초록색 'Commit changes' 버튼을 클릭합니다.

Commit changes

Update index.html

Add an optional extended description...

Commit directly to the master branch.

Create a **new branch** for this commit and start a pull request.

Commit changes Cancel

코더들의 언어에서 '커밋commit'이란 우리가 문서를 저장할 때 이야기하는 '저장'과 동일합니다. 잠시 후 깃허브에서 제공하는 각 코드 커밋을 추적하는 기능을 살펴볼 것입니다. 이 기능은 원할 경우 이전의 과정으로 돌아가는 것을 가능하게 해줍니다. 기본적으로 깃허브는 'Update index.html'로 짧은 설명을 추가해주는데, 커밋을 많이 만들게 되면 여러분의 작업 과정을 추적할 수 있도록 설명을 변경해주는 것이 좋습니다. 또한 깃허브는 변경 사항을 여러분 코드의 기본 브랜치default branch로 직접 커밋합니다. 이에 대해서는 잠시 후 다시 설명하겠습니다.

**TIP** 만약 코드를 깃허브에 저장하는 동시에 더 큰 규모의 상용 수준commercial-level 웹에 호스팅하고 싶다면 Netlify[12]와 같은 프리미엄Freemium 서비스를 고려해야 합니다. Netlify는 깃허브 레포지토리의 변경 사항을 자동으로 탐지해 여러분 온라인 사이트에 배포합니다.

이제 수정한 지도를 공개 웹에 게시해 웹 브라우저에서 어떻게 보이는지 확인해보겠습니다. 깃허브는 오픈 소스 코드를 저장할 뿐만 아니라 내장된 깃허브 페이지[13] 기능을 통해 웹 주소를 가진 사람이라면 누구나 브라우저에서 볼 수 있는 HTML 기반 코드의 라이브 온라인 버전을 호스팅할 수 있습니다. 깃허브 페이지 사용은 무료이지만 온라인 비즈니스나 상업적인 거래를 위한 플랫폼이 아니기 때문에 사용, 파일 크기, 콘텐츠 등에 대한 제약 사항[14]이 존재합니다. 그러나 코드 템플릿의 한 가지 장점은 여러분이 제어할 수 있는 모든 웹 서버에서 코드 템플릿을 호스트할 수 있다는 것입니다. 이미 깃허브를 사용하여 코드 템플릿을 저장하고 수정하고 있기 때문에 온라인상에서 이를 호스팅하기 위해 깃허브 페이지를 켜는 것이 쉽습니다.

**01** 깃허브 페이지에 접근하기 위해 상단에 있는 '설정(Settings)'을 클릭합니다.

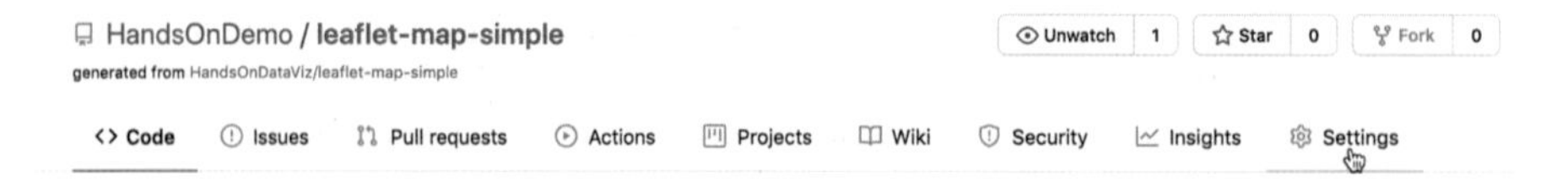


**02** 설정 화면 왼쪽 패널에서 'Pages'를 선택하고 '깃허브 페이지(GitHub Pages)'에서 '소스(Source)'를 'None'에서 'main'으로 변경해줍니다. '/(root)' 옵션은 그대로 두고 '저장(save)'을 누릅니다. 이 단계는 깃허브에 웹 주소가 있는 경우 누구나 브라우저에서 지도에 액세스할 수 있는 공개 웹에 지도의 라이브 버전을 게시하도록 지시합니다.

12 https://www.netlify.com
13 https://pages.github.com
14 https://oreil.ly/TYNNh

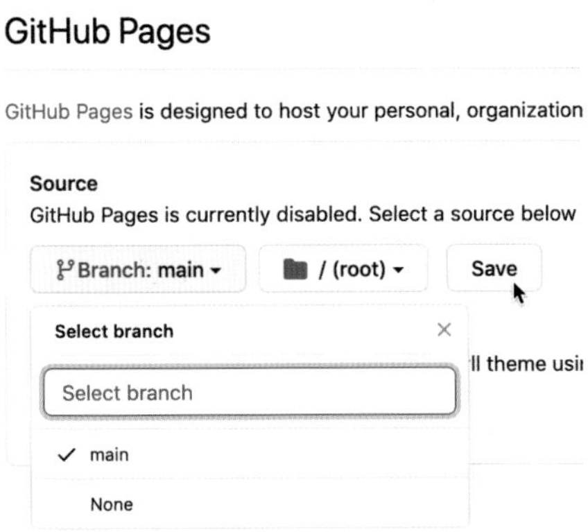

TIP 2020년 '흑인 생명은 중요하다' 운동Black Lives Matter movement[15] 이후 깃허브는 주인-노예master-slave라는 은유적 표현을 없애기 위해 기본 브랜치를 master에서 main으로 이름을 변경[16]했습니다.

**03** 깃허브 페이지(GitHub Pages)에서 라이브 지도가 온라인에 게시된 웹 주소를 확인하고 마우스 오른쪽 버튼을 클릭하여 '새 탭에서 링크 열기'를 선택하면 링크가 새 브라우저 탭에서 열립니다.

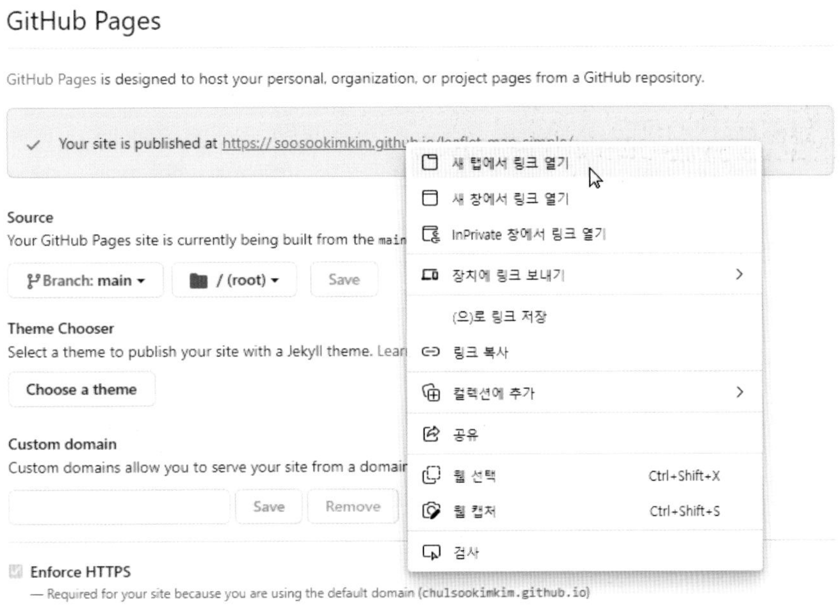

15 옮긴이_ 흑인 범죄자에 대한 체포 과정에서 백인 경찰의 과잉 진압에 대해 항의한 사회 운동

16 https://oreil.ly/51Nx3

이제 여러분 브라우저에는 최소 2개의 탭이 열려 있을 것입니다. 첫 번째 탭은 코드를 수정하는 깃허브 레포입니다. 주소는 다음과 같습니다. 여기서 *USERNAME*과 *REPOSITORY*는 여러분의 계정과 레포지토리로 대체되어 있을 겁니다.

```
https://github.com/USERNAME/REPOSITORY
```

두 번째 탭은 깃허브 페이지 라이브 웹사이트입니다. 이곳에서는 수정된 코드가 온라인상에서 어떻게 보이는지 확인할 수 있습니다. 깃허브 페이지는 공공 웹 주소를 다음과 같은 포맷으로 자동으로 생성합니다.

```
https://USERNAME.github.io/REPOSITORY
```

> **NOTE_** 여러분 코드의 라이브 버전은 기본적으로 `index.html` 페이지를 가리키므로 이를 웹 주소에 포함할 필요는 없습니다.

앞서 `DrunkBrownieChef6789`처럼 길고 알아보기 힘든 사용자 이름으로 계정을 만들지 말라고 했던 것 기억나세요? 깃허브는 여러분의 사용자 이름을 자동으로 공개 웹 주소에 삽입합니다.

두 개 탭은 탭을 오가며 코드를 수정하고 라이브 결과 확인하기 편하도록 계속해서 열어둡니다.

> **TIP** 깃허브 페이지GitHub Pages는 일반적으로 30초 이내에 여러분의 코드 수정 내용을 라이브 지도에 반영하지만 경우에 따라서는 수분이 걸릴 수 있습니다. 만약 1분이 지나도 아무런 변화가 없을 경우 브라우저를 하드 리프레시hard refresh(강제 새로 고침)하여 캐시에 저장된 콘텐츠를 날리고[17] 전체 웹 페이지를 서버로부터 다시 다운로드받습니다. 다음은 각 브라우저에 대한 강제 새로 고침 단축키입니다.
>
> - Ctrl+F5: 대부분의 윈도우 또는 리눅스용 브라우저
> - Command+Shift+R: 맥용 크롬 또는 파이어폭스
> - Shift+Reload 버튼: 맥용 사파리
> - Ctrl+Shift+Backspace: 크롬북

이제 링크가 우리 라이브 지도가 아닌 여러분 라이브 지도를 가리키도록 깃허브 레포를 수정하겠습니다.

17 https://ko.wikipedia.org/wiki/위키백과:캐시_무시하기

**01** 두 번째 브라우저 탭에서 라이브 지도의 웹 주소를 복사합니다.

**02** 깃허브 레포의 첫 번째 브라우저 탭으로 돌아가 레포 제목을 클릭하면 홈페이지로 돌아갑니다.

HandsOnDemo / leaflet-map-simple

generated from HandsOnDataViz/leaflet-map-simple

**03** 레포 페이지에서 `README.md` 파일을 클릭하여 열고 연필 심벌을 클릭해 수정 페이지로 들어갑니다. 방금 복사 했던 라이브 웹 링크를 레이블 (replace with link to your site) 아래에 붙여넣기합니다. 그리고 화면 아래에서 초록색 'Commit changes' 버튼을 클릭하여 변경 사항을 커밋합니다.

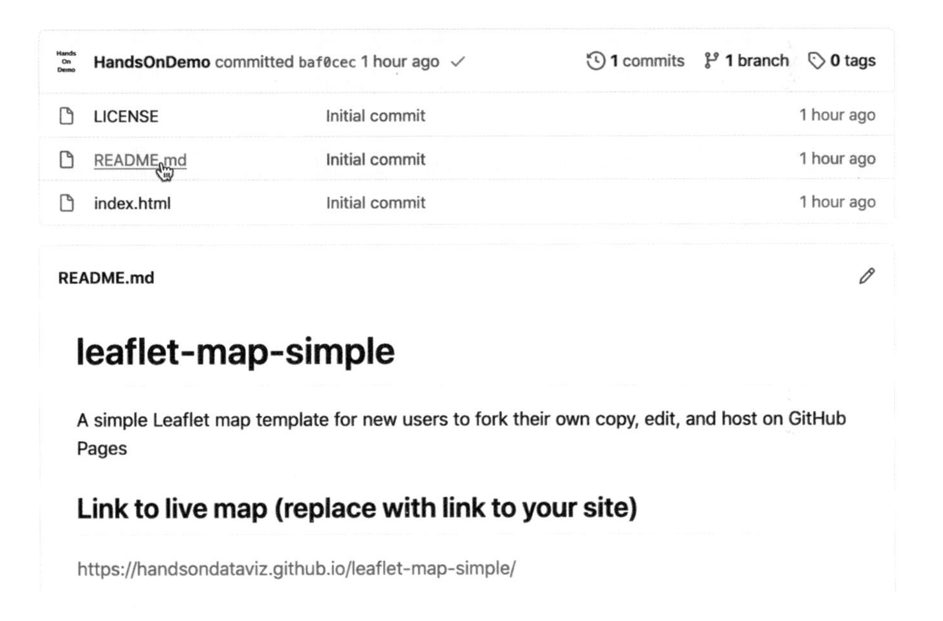


이제 여러분은 라이브 지도를 성공적으로 수정하고 게시했습니다. 이제 추가 수정을 하여 지도를 좀 더 꾸미고 리플릿 코드가 동작하는 방법을 자세히 알아보겠습니다.

**04** 레포 홈페이지에서 `index.html` 파일을 클릭하여 열고 연필 심벌을 클릭해 코드를 추가 수정합니다.

여러분이 쉽게 수정할 수 있도록 추가 수정할 코드에 `EDIT`로 시작하는 코드 주석을 표시해 두었습니다. 예를 들어 아래 코드 블록은 지도의 초기 센터 포인트(중심점)와 줌 레벨을 지정한 코드입니다. 여기에 새로운 경도와 위도 좌표를 삽입하여 새로운 센터 포인트를 설정할 수 있습니다. 좌표를 찾으려면 2.6절 '구글 시트에서 주소 지오코딩하기'에서 살펴본 것처럼 구글 지도[18]에서 원하는 지점을 우클릭하고 '이곳이 궁금한가요?'을 선택합니다.

```
var map = L.map('map', {
    center: [41.77, -72.69], // EDIT coordinates to recenter map
    zoom: 12, // EDIT from 1 (zoomed out) to 18 (zoomed in)
    scrollWheelZoom: false,
    tap: false
});
```

다음 코드 블록은 지도 배경 역할을 하는 베이스맵basemap 레이어를 보여줍니다. 우리 템플릿은 OpenStreeMap에 기반해 CARTO에서 제공하는 모든 레이블이 포함된 라이트 맵light map을 사용합니다. 가장 단순하게 변경할 수 있는 방법은 동일하게 CARTO에서 제공하는 베이스맵으로 변경하는 것인데, `light_all`을 `dark_all`로 변경해주면 됩니다. 또는 복사하여 붙여넣을 수 있는 몇 가지 다른 리플릿 기본 맵 코드 옵션을 미리 보세요.[19] 소스를 속성으로 지정하고, 코드 블록 마지막 부분에 있는 `}).addTo(map);` 코드가 누락되지 않도록 주의합니다.

```
L.tileLayer(
    'https://{s}.basemaps.cartocdn.com/light_all/{z}/{x}/{y}{r}.png', {
    attribution: '&copy; <a href="https://osm.org/copyright">\
OpenStreetMap</a> contributors, &copy;\
<a href="https://carto.com/attribution">CARTO</a>'
  }).addTo(map);
```

마지막 코드 블록은 지도에 싱글 포인트 마커를 설정합니다. 기본적으로 리플릿에서 파란색으로 표시되며, 사용자가 클릭하면 팝업 메시지가 표시됩니다. 마커 좌표를 수정하거나, 팝업 텍스트를 삽입하거나, 코드 블록을 복사하고 붙여넣기해서 두 번째 마커를 만들 수 있습니다.

```
L.marker([41.77, -72.69]).addTo(map) // EDIT marker coordinates
.bindPopup("Insert pop-up text here"); // EDIT pop-up text message
```

18 https://google.com/maps
19 https://oreil.ly/sVVy5

CAUTION_ 코드를 수정할 때는 항상 주의해야 합니다. 실수로 구두점(따옴표, 쉼표, 세미콜론 등)을 제거하거나 추가하면 지도가 작동하지 않을 수 있습니다. 하지만 코드를 망가뜨리고 수정하는 것은 좋은 학습 방법입니다.

**05** 편집한 후에는 아래로 스크롤하여 'Commit changes'를 눌러 변경 내용을 저장합니다. 그런 다음 라이브 지도가 있는 브라우저 탭으로 이동한 후 하드 리프레시하여 변경 내용을 확인합니다. 편집한 코드를 반영하는 데 필요한 시간은 보통 30초 이내이지만 때때로 코드 커밋을 처리하는 데 더 오랜 시간이 필요하다는 것을 기억하세요. 문제가 있는 경우 부록 '자주 발생하는 문제 해결법'을 참조하세요.

축하합니다! 컴퓨터 코드를 편집하여 온라인으로 호스팅한 것이 이번이 처음이라면 이제 자신을 '코더'라 부를 수 있습니다. 이 과정은 요리책의 레시피를 따르고 수정하는 것과 비슷합니다. 마치 여러분이 첫 브라우니를 구운 후에 자신을 '셰프'라고 부를 수 있는 것처럼 말이죠! 비록 지금 단계에서는 누군가가 여러분을 정규직 코더(또는 셰프)로 고용할 수는 없겠지만 여러분은 이제 온라인에서 코드를 복사, 편집 및 호스팅하는 데 필요한 몇 가지 기본 기술을 이해하게 되었고, 11장의 'Chart.js 및 하이차트 템플릿'과 12장의 '리플릿 맵 템플릿' 같은 고급 버전을 살펴볼 준비가 되었습니다.

## 10.2 깃허브 페이지 링크를 iframe으로 변환하기

9장에서는 주 사이트(프라이머리 사이트)의 대화형 콘텐츠를 표시하고 보조 사이트(세컨더리 사이트)에서 원활하게 보이도록 만드는 것에 대한 이점을 논의했습니다. 또한 보조 웹사이트에 임베딩하기 쉽도록 데이터래퍼나 태블로 퍼블릭의 긴 임베드 코드를 짧은 iframe 태그로 변환하는 방법도 살펴봤습니다.

동일한 개념이 깃허브 페이지에도 적용됩니다. 깃허브 페이지에서 차트 또는 지도(또는 내용)에 대한 코드 템플릿을 게시하면 온라인 링크가 생성되며, 이 링크를 앞서 언급한 것과 동일한 원리를 사용하여 iframe 태그로 변환하여 보조 웹사이트에 임베딩할 수 있습니다. 이를 위해 다음 단계를 따라 합니다.

**01** 온라인에 게시한 깃허브 레포지토리에 대해 '설정(Settings)'을 클릭하고 설정 화면 왼쪽 패널에서 'Pages'를 선택하여 다음과 같은 일반 형식으로 나타나는 GitHub Pages 웹 주소를 복사합니다.

```
https://USERNAME.github.io/REPOSITORY
```

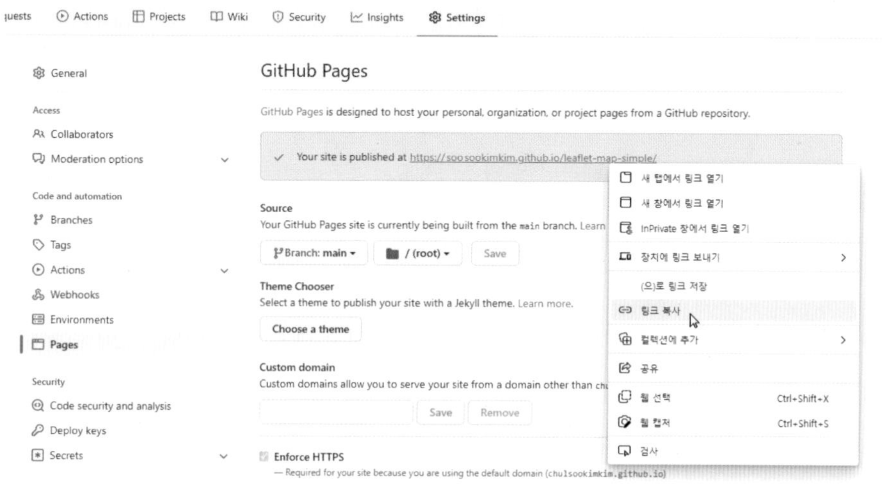

**02** 시작 태그와 종료 태그 내에 따옴표로 둘러싸서 다음과 같이 iframe으로 변환합니다.

```
<iframe src="https://USERNAME.github.io/REPOSITORY"></iframe>
```

**03** 원한다면 `width` 또는 `height`(기본적으로 픽셀 또는 백분율 단위), `frameborder="0"`, `scrolling="no"` 등 다른 선택적 속성을 추가해 보조 사이트에 나타나는 iframe 모양을 개선할 수 있습니다.

```
<iframe src="https://USERNAME.github.io/REPOSITORY" width="100%" height="400"
frameborder="0" scrolling="no"></iframe>
```

**TIP** iframe 코드를 작성할 때 작은따옴표(')와 큰따옴표(") 모두 사용 가능합니다. 다만 일관성을 유지할 수 있도록 주의하고, 실수로 둥근따옴표(" ")가 입력되지 않도록 주의하세요.

이제 여러분은 GitHub Pages에 이미 게시된 레포지토리를 기반으로 만든 대화형 차트나 지도 템플릿을 표시하기 위해 iframe을 여러분이 선호하는 웹사이트에 붙여넣기할 준비가 되었습니다(9.3절 '코드 또는 iframe을 웹사이트에 붙여넣기' 참조).

이제 여러분은 깃허브에서 코드 레포지토리를 수정하거나 호스트하는 방법을 제대로 익혔을 것입니다. 다음 절에서는 새로운 레포를 만드는 방법과 파일을 업로드하는 방법을 배울 것입니다. 이를 통해 여러분의 깃허브 스킬이 향상될 거라고 생각합니다. 이 내용은 코드 템플릿의 두 번째 복사본을 생성하거나 보다 고급 템플릿을 다루는 다음 두 장을 배우기 위해 반드시 필요한 내용이기 때문에 잘 숙지해야 합니다.

## 10.3 깃허브에 새로운 레포 만들고 파일 업로드하기

이제 여러분은 우리 깃허브 템플릿의 복사본을 만들었으므로 다음 단계에서는 새로운 레포를 만들고 파일을 업로드하는 방법을 배우겠습니다. 이러한 스킬은 다음 몇 가지 상황에서 매우 유용하게 사용됩니다. 첫째, 깃허브에서 한 번만 허락하는 레포를 포크(복사)해야 하는 경우 이 방법을 사용하면 추가 복사본을 만들 수 있습니다. 둘째, 11장에서 배울 Chart.js 및 하이차트 템플릿 그리고 12장에서 배울 리플릿 맵 템플릿을 사용해 데이터 시각화를 만들 때 파일 업로드를 할 수 있어야 합니다. 우리는 이번에도 깃허브 초급 수준에서 활용하기 쉬운 브라우저 인터페이스에서 이러한 모든 단계를 수행하는 방법을 소개하겠지만, 더 효과적으로 코드 템플릿 작업을 하고 싶다면 10.4절 '깃허브 데스크톱과 아톰 텍스트 편집기를 사용해 효율적인 코딩하기'를 살펴보고 중급 수준의 인터페이스를 사용하길 권장합니다.

앞 절에서는 '템플릿 사용(Use this template)' 버튼을 클릭해 깃허브 레포의 복사본을 만들었는데, 이는 사용자가 여러 개의 복사본을 만들고 서로 다른 이름을 붙일 수 있도록 하기 위해 우리 레포를 깃허브의 템플릿 특성template feature을 사용해 설정했기 때문입니다. 하지만 많은 경우 깃허브 레포가 템플릿 버튼을 포함하지 않기 때문에 복사하기 위해서는 자동으로 원본과 동일한 레포 이름으로 복사하는 포크fork 버튼을 사용해야 합니다. 하지만 만약 여러분이 다른 사람의 레포를 두 번 복사해야 한다면 어떻게 할까요? 깃허브는 '작업을 덮어 쓰거나 지우는 것을 피하기 위해 계정의 모든 레포는 고유한 이름을 가져야 한다'는 중요한 규칙을 위반하지 않기 위해 두 번째 포크를 만드는 것을 허용하지 않고 있습니다.

그렇다면 'Use this template' 버튼을 없을 때 어떻게 깃허브 레포의 두 번째 포크를 만들 수 있을까요? 다음 세 단계로 요약된 권장 해결 방법을 따르면 됩니다.

1 기존 깃허브 레포를 로컬 컴퓨터에 다운로드합니다.

2 새 이름으로 새로운 깃허브 레포를 생성합니다.

3 다운로드한 기존 코드 레포 파일을 새로 생성한 깃허브 레포에 업로드합니다.

이제 이 3단계 해결 방법에 대해 자세히 알아보겠습니다.

**01** 레포에서 'Code > Download ZIP' 드롭다운 메뉴 버튼을 클릭합니다. 브라우저가 레포 내용이 포함된 ZIP 압축 폴더를 로컬 컴퓨터에 저장할 겁니다. 만일 저장할 위치를 물어보면 위치를 지정하고 'OK'를 클릭합니다.

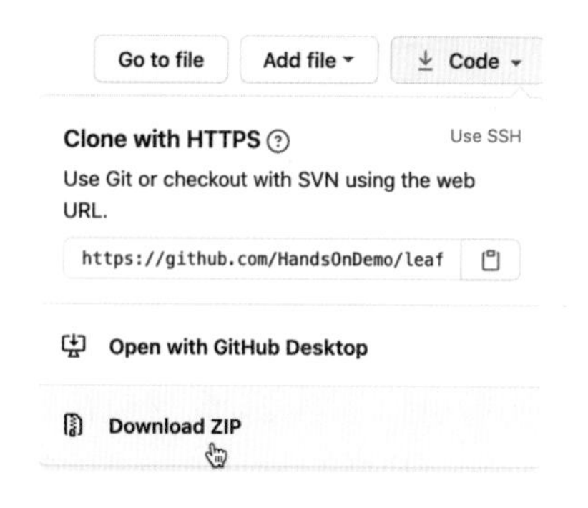


**02** 여러분 컴퓨터에서 폴더가 저장된 위치로 이동합니다. 파일 이름은 `.zip`으로 끝나며, 더블 클릭하여 압축을 해제할 수 있습니다(윈도우 사용자는 압축 파일을 우클릭해 '압축 풀기'를 선택해도 됩니다). 압축을 풀면 레포지토리 이름(예: `leaflet-map-simple`)과 브랜치 이름(예: `main`)을 참조하는 `REPOSITORY-BRANCH` 이름 형식의 폴더가 보일 겁니다. 폴더에는 레포 파일들이 들어 있을 겁니다. 이들 중 하나는 `index.html`이라는 이름을 가진 파일로, 몇 단계 후에 사용할 겁니다.

**03** 웹 브라우저에서 깃허브 계정으로 돌아갑니다. 우측 상단에서 플러스(+) 아이콘을 클릭하고 'New repository'를 선택합니다.

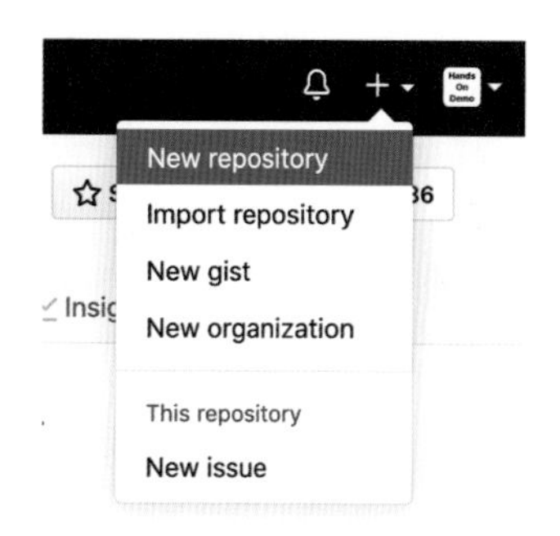

**04** 다음 화면에서 깃허브는 새로운 레포 이름을 입력하라고 요청할 겁니다. 최대한 간결하고 소문자로만 구성된 이름을 선택하고 필요한 경우 하이픈을 사용해서 단어를 구분해도 됩니다. 이번 튜토리얼이 끝나고 삭제할 것이므로 여기서는 연습을 한다는 의미로 이름을 'practice'라고 짓겠습니다.

다음 단계를 간단히 하기 위해 'Initialize this repository with:'에서 'Add a README file'을 체크합니다.

또한 '라이선스 추가(Choose a license)'에서 업로드하려는 코드와 일치하는 라이선스(여기서는 MIT 라이선스)를 선택합니다. 다른 필드는 선택 사항이므로 필요에 따라 선택합니다. 모든 설정이 끝나면 하단에 있는 초록색 '레포지토리 만들기(Create repository)' 버튼을 눌러 마무리합니다.

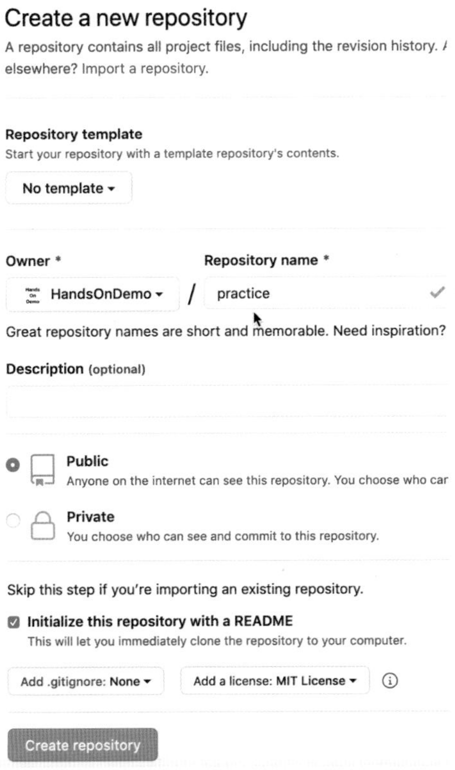

Create a new repository
A repository contains all project files, including the revision history.
elsewhere? Import a repository.

Repository template
Start your repository with a template repository's contents.
No template

Owner * Repository name *
HandsOnDemo / practice
Great repository names are short and memorable. Need inspiration?

Description (optional)

Public
Anyone on the internet can see this repository. You choose who car

Private
You choose who can see and commit to this repository.

Skip this step if you're importing an existing repository.
Initialize this repository with a README
This will let you immediately clone the repository to your computer.

Add .gitignore: None | Add a license: MIT License

Create repository

새로 만든 레포는 `https://github.com/`*`USERNAME`*`/practice`와 유사한 웹 주소를 갖게 됩니다.

**05** 새 레포 홈페이지에서 화면 가운데 부분에 있는 'Add file > Upload files' 드롭다운 메뉴를 클릭합니다.

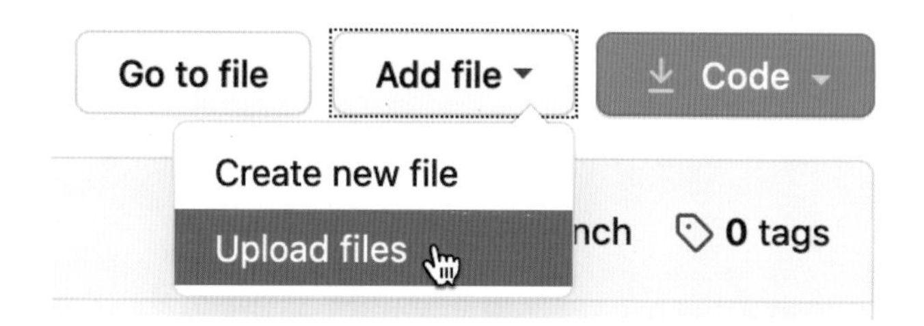


**06** 앞서 로컬 컴퓨터에 다운로드해 압축을 푼 레포 폴더에서 `index.html` 파일을 브라우저에 있는 깃허브 레포 업로드 화면으로 드래그 앤드 드롭합니다. `LICENSE`와 `README.md` 파일은 새로운 레포에 이미 포함되어 있기 때문에 업로드하지 않아도 됩니다. 화면 하단에 있는 초록색 'Commit changes' 버튼을 클릭합니다.

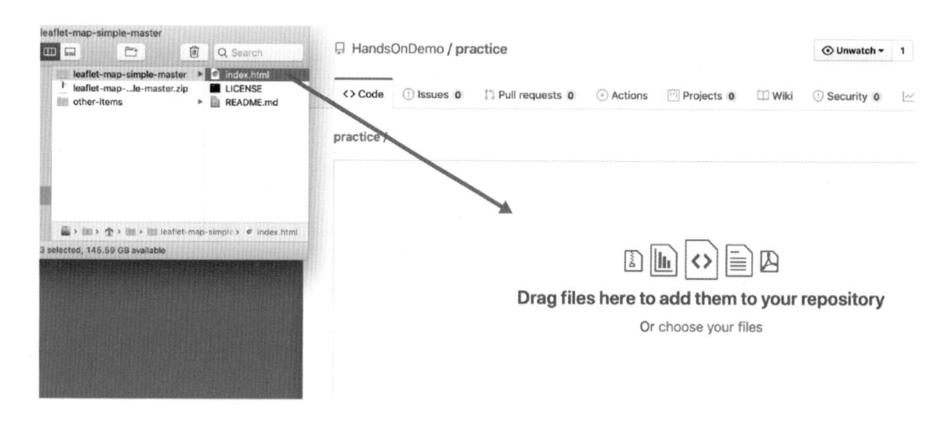


업로드가 완료되면 레포에는 이전에 leaflet-map-simple 템플릿에서 다운로드한 `index.html` 코드 복사본을 포함해 세 개의 파일이 들어 있어야 합니다. 이렇게 하여 깃허브의 원 포크 규칙one-fork rule을 피해 새로운 레포를 만들고 코드의 두 번째 복사본을 수동으로 업로드했습니다.

원한다면 10.1절 '간단한 리플릿 맵 템플릿 복사, 수정, 호스팅하기'에 설명한 대로 깃허브 페이지를 사용하여 코드의 라이브 버전을 온라인에 게시하고 레포와 `README.md` 파일 상단에 라이브 버전에 대한 링크를 붙여넣을 수 있습니다.

**07** 이번 내용은 연습을 위한 레포이기 때문에 깃허브에서 바로 삭제하겠습니다. 브라우저의 레포 화면에서 오른쪽 상단의 '설정(Settings)' 버튼을 클릭하고 Danger Zone까지 내려 'Delete this repository'를 클릭합니다. 레포를 삭제하기 위해서는 여러분이 '술 취한 브라우니 셰프'가 아닌지 확인하는 절차를 거쳐야 하는데, 레포를 삭제하기를 원한다는 것을 확실히 하기 위해 사용자 이름과 레포 이름을 입력하도록 요청하며 패스워드를 물어볼 것입니다.

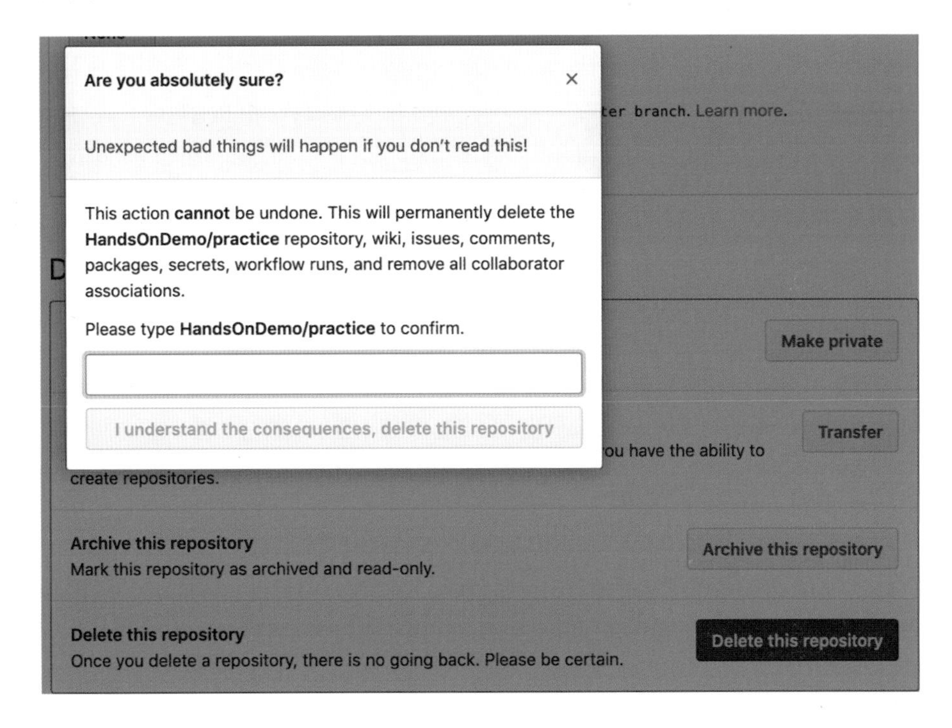


지금까지 초보자가 사용하기 편한 깃허브 웹 인터페이스를 사용해 코드를 복사, 수정, 호스트하는 방법을 배웠습니다. 이제 깃허브를 더 효율적으로 다루기 위한 깃허브 데스크톱과 아톰 텍스트 편집기를 배울 준비가 되었습니다. 이 도구들을 사용하면 전체 레포를 여러분 로컬 컴퓨터로 옮기고, 코드를 수정하고, 온라인으로 다시 업로드하는 속도가 빨라질 것입니다.

## 10.4 깃허브 데스크톱과 아톰 텍스트 편집기를 사용해 효율적인 코딩하기

깃허브 웹 인터페이스를 통해 코드를 편집하는 것은 특히 몇 가지 파일만 편집하여 레포에 업로드하는 경우에 사용하기 좋은 방법입니다. 하지만 레포에서 여러 파일을 편집하거나 업로드하면 웹 인터페이스가 매우 느려지는 것을 느낄 수 있습니다. 작업 속도를 높이려면 맥 또는 윈도우 컴퓨터에서 실행되는 깃허브 데스크톱[20] 및 아톰 텍스트 편집기[21]라는 두 가지 무료 도구를 사용하는 것이 좋습니다. 깃허브 웹 계정을 깃허브 데스크톱에 연결하면 최신 버전의 코드를 로컬 컴퓨터의 하드 드라이브로 '가져와pull' 편집하고 테스트할 수 있습니다. 또한 여러분의 커밋을 깃허브 웹 계정으로 '내보내기push'할 수도 있습니다. 또한 깃허브의 제조업체에서 만든 아톰 텍스트 편집기를 사용하면 깃허브 웹 인터페이스보다 로컬 컴퓨터의 코드 레포를 더 쉽게 확인하고 편집할 수 있습니다. 코더를 위한 많은 텍스트 편집기가 있지만 아톰은 깃허브 데스크톱과 연동이 쉽도록 제작되었기 때문에 깃허브 작업을 위해서는 아톰을 사용할 것을 권장합니다.

**TIP** 현재 크롬북에서는 깃허브 데스크톱과 아톰 텍스트 편집기를 지원하지 않지만 크롬의 웹 스토어[22]에서 제공하는 텍스트 앤드 캐럿Text and Caret 등과 같은 다른 텍스트 편집기를 사용해 아래에서 설명하는 기능 중 일부를 구현할 수 있습니다.

깃허브 데스크톱을 사용해 leaflet-map-simple 템플릿의 복사본을 로컬 컴퓨터로 가져와 아톰 텍스트 편집기에서 수정한 다음 다시 커밋을 깃허브로 내보내기하겠습니다.

**01** 로컬 컴퓨터로 복사할 깃허브 웹 레포 페이지[23]에 접속합니다. 10.1절 '간단한 리플릿 맵 템플릿 복사, 수정, 호스팅하기'에서 만든 레포에 접근하기 위해서는 여러분의 깃허브 계정으로 로그인하고 `https://github.com/USERNAME/leaflet-map-simple` 주소로 접속합니다. 그리고 화면 중간쯤에 위치한 'Code > Open with Github Desktop' 드롭다운 메뉴를 클릭합니다. 다음 화면에서 깃허브 데스크톱 웹 페이지로 연결되는 링크를 보여주면 애플리케이션을 다운로드하여 설치합니다.[24]

20 https://desktop.github.com
21 https://atom.io
22 https://oreil.ly/5qRhP
23 https://github.com
24 옮긴이_ 새로운 창이 열리지 않으면 'downlaod GitHub Desktop'을 클릭해 설치한 후 다시 접속합니다.

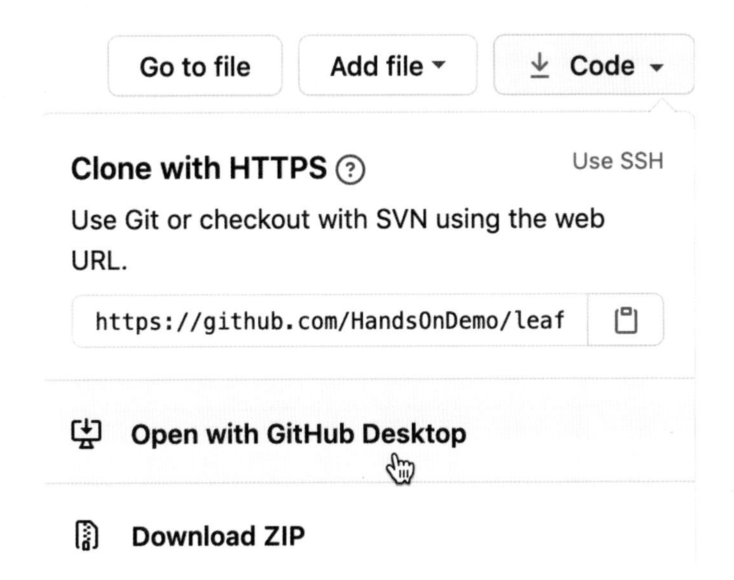


**02** 깃허브 데스크톱을 처음 열면 이전에 만든 깃허브 웹 계정에 연결해야 합니다. 시작 화면에서 파란색 'Sign in to GitHub.com' 버튼을 클릭한 후 다음 화면에서 녹색 'Authorized desktop' 버튼을 클릭하고 비밀번호를 입력하고 'Confirm password'를 클릭해 로그인합니다.

Welcome to
GitHub Desktop

GitHub Desktop is a seamless way to contribute to projects on GitHub and GitHub Enterprise Server. Sign in below to get started with your existing projects.

New to GitHub? Create your free account.

Sign in to GitHub.com

**03** 다음 화면은 깃 환경 설정(Configure Git) 화면입니다. 깃은 깃허브를 실행하는 기본 소프트웨어입니다. 여기서 여러분의 사용자 이름이 잘 보인다면 '계속(Continue)'을 클릭해 진행합니다.[25]

Configure Git

This is used to identify the commits you create. Anyone will be able to see this information if you publish commits.

Name

HandsOnDemo

Email

66479711+HandsOnDemo@users.noreply.github.com

Continue Cancel

**04** 'Let's get started!' 화면이 뜨면 오른쪽 'Your Repositories'에서 'leaflet-map-sample'을 선택합니다. 그리고 오른쪽 하단에 파란색 'Clone' 버튼이 활성화되면 클릭해 로컬 컴퓨터에 저장합니다.

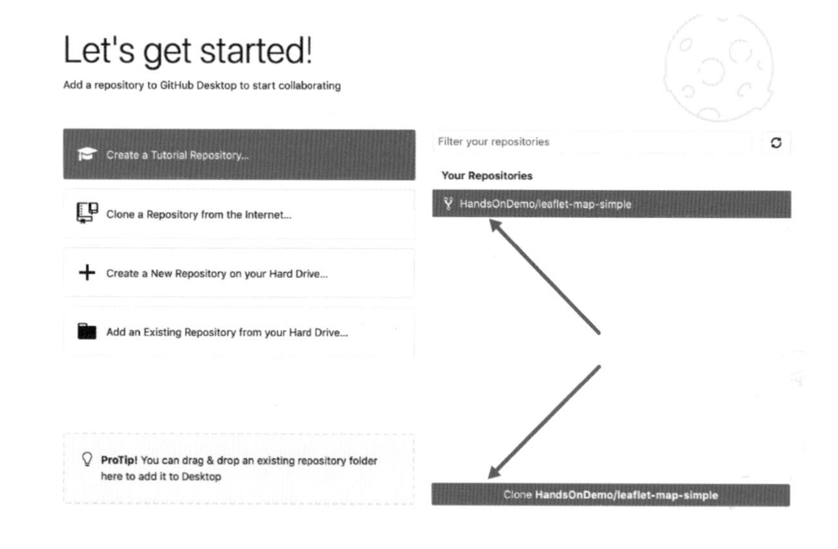


25 옮긴이_ 계속(Continue) 대신 종료(Finish)가 뜬다면 'Finish'를 클릭해도 결과는 동일합니다.

**05** 레포를 클론clone할 때 경로(Local Path)를 선택해주어야 합니다. 이는 레포를 저장할 로컬 컴퓨터 내의 위치(경로)를 설정하는 것입니다. 잠시 후 이 파일을 사용해야 하기 때문에 파란색 '클론(Clone)' 버튼을 클릭하기 전에 해당 경로를 기억해야 합니다.

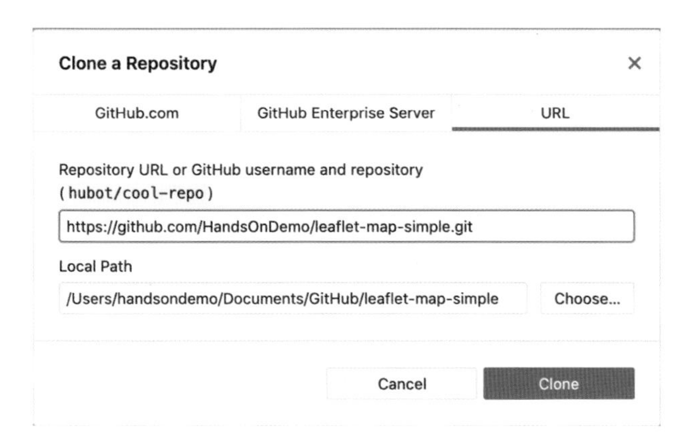


**06** 다음 화면에서 '이 포크를 어떻게 활용할 계획인가요?(How are you planning to use this fork?)'라는 문구가 나타나면 기본으로 선택되어 있는 '상위 프로젝트에 기여하기 위함(To contribute to the parent project)'(수정된 레포를 다시 깃허브 웹 계정으로 보내겠다는 뜻)을 선택하고 '계속(Continue)'을 클릭합니다.

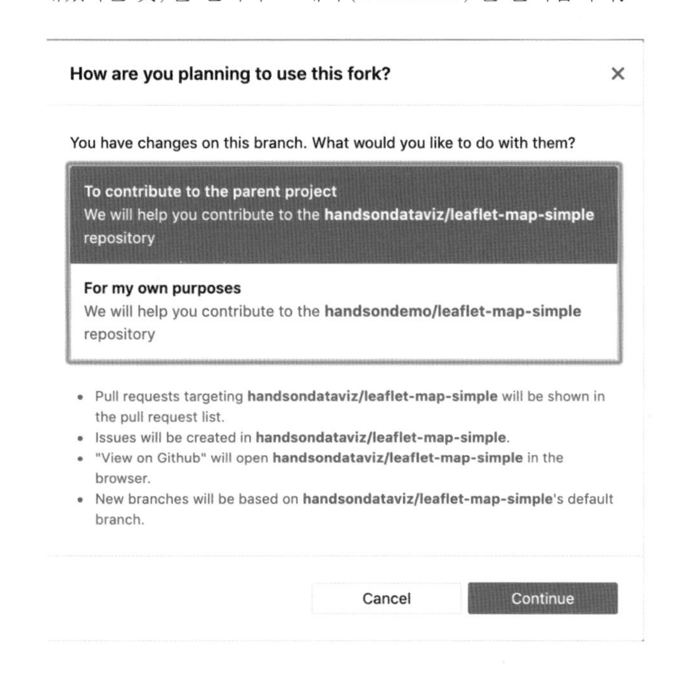

**07** 이제 깃허브 웹 계정과 로컬 컴퓨터 두 곳에 깃허브 레포의 복사본을 가지게 되었습니다. 윈도우 또는 맥 사용 여부와 파일을 저장하기 위해 선택한 로컬 경로(Local Path)에 따라 화면이 다르게 보일 수 있습니다

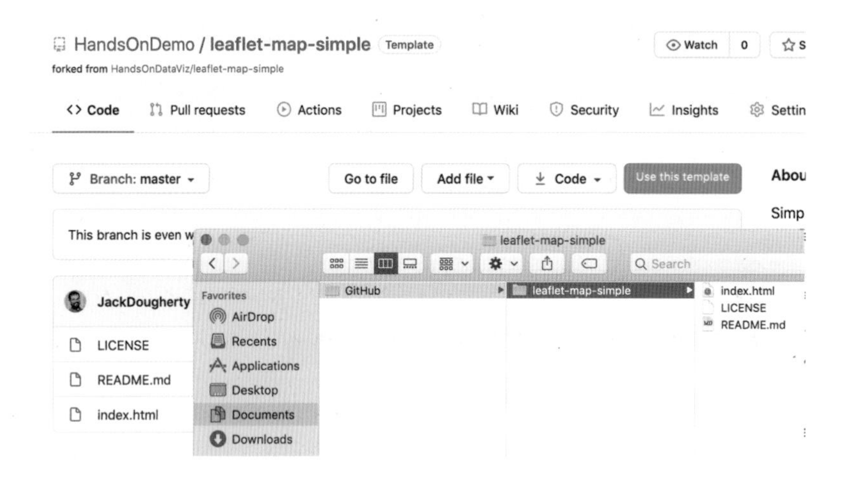


**08** 로컬 컴퓨터에서 코드를 수정하려면 먼저 아톰 텍스트 편집기 애플리케이션을 다운로드하고 설치[26]합니다. 그리고 깃허브 데스크톱 화면으로 이동하여 현재 사용 중인 레포지토리가 leaflet-map-simple인지 확인한 후 'Open in Atom'을 클릭합니다.

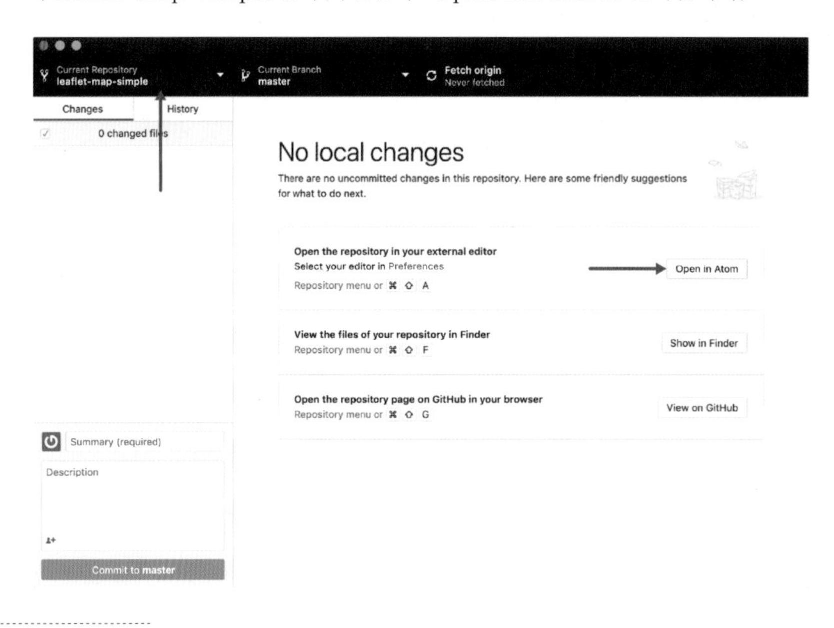


---

26 https://atom.io

**09** 아톰 텍스트 편집기가 깃허브 데스크톱에 통합되어 있기 때문에 전체 레포를 'project'로 여는데, 왼쪽 창의 파일을 클릭하여 새 탭으로 열어 코드를 보고 편집할 수 있습니다. `index.html` 파일을 열어 22라인 주위에 있는 지도 제목을 편집한 후 작업을 저장합니다.

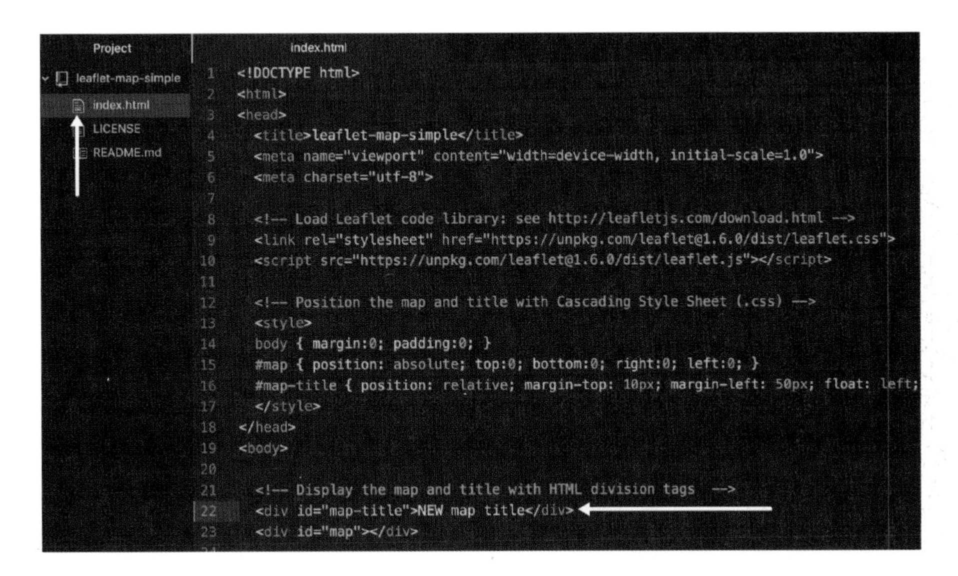

**10** 편집된 코드를 저장한 후에는 아톰 텍스트 편집기 작업 영역을 정리하는 습관을 갖는 것이 좋습니다. 현재 프로젝트를 마우스 오른쪽 버튼으로 클릭하고 메뉴에서 '프로젝트 폴더 제거(Remove Project Folder)'를 선택합니다. 다음에 아톰을 열 때 마우스 오른쪽 버튼으로 클릭하고 '프로젝트 폴더 추가(Add Project Folder)'를 선택하고 로컬 컴퓨터에 복사한 깃허브 레포를 선택할 수 있습니다.

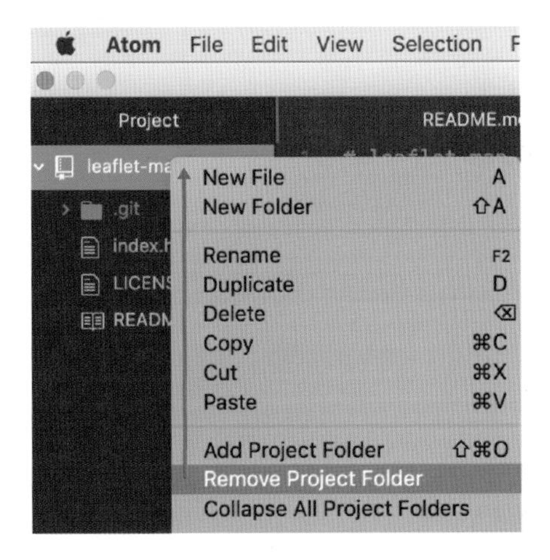

### 교차 출처 리소스 공유

11장의 일부 Chart.js 및 하이차트 템플릿이나 12장의 리플릿 템플릿을 포함하여 로컬 브라우저에서 보다 복잡한 코드 템플릿을 완전히 보려면 웹 페이지가 다른 도메인의 콘텐츠에 액세스하는 방법을 제한하는 인터넷 보안 메커니즘인 동일 출처 정책same-origin policy(SOP)[27] 제한을 일시적으로 비활성화해야 합니다. 교차 출처 리소스 공유cross-origin resource sharing(CORS)[28] 설정을 관리하여 이 작업을 수행할 수 있습니다.

이 작업을 수행하는 방법은 운영체제와 브라우저에 따라 다릅니다. 예를 들어 맥용 사파리에서 SOP를 중지[29]시키려면 'Preferences > Advanced'로 들어가 개발자 메뉴를 활성화하고 [그림 10-2]처럼 메뉴에서 'Develop > Disable Cross-Origin Restrictions'를 클릭합니다. 코드를 테스트한 후에는 사파리를 다시 시작해 설정을 기본 안전 위치로 재설정합니다.

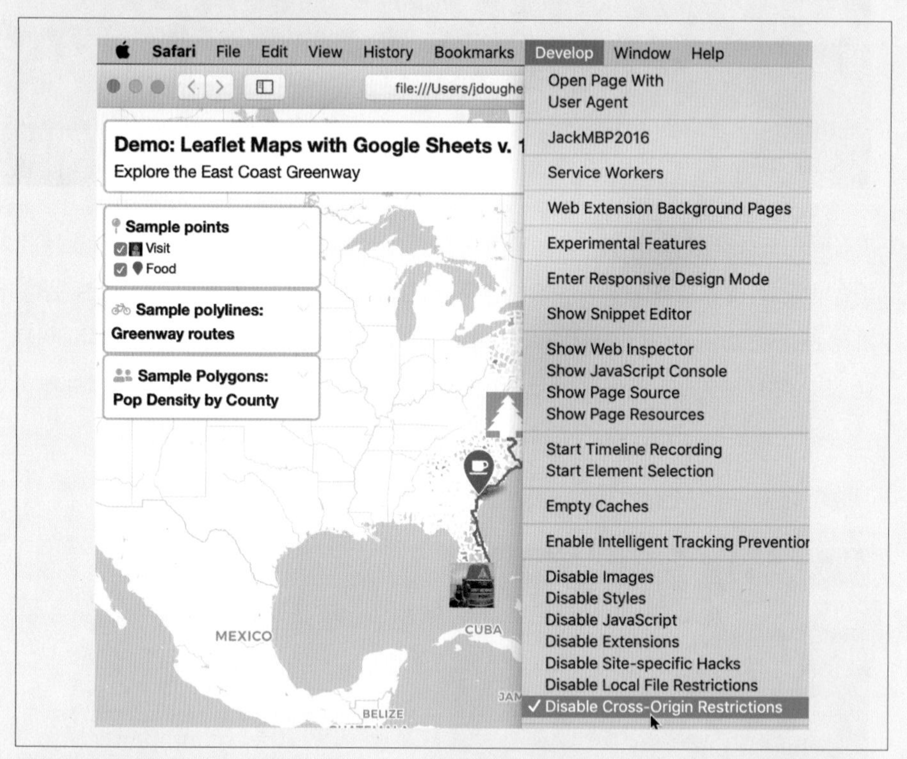


**그림 10-2** 사파리를 사용하여 로컬 컴퓨터에서 보다 복잡한 코드 템플릿을 보려면 교차 출처 제한을 일시적으로 비활성화하세요.

27 https://ko.wikipedia.org/wiki/동일-출처_정책

28 https://ko.wikipedia.org/wiki/교차_출처_리소스_공유

29 https://oreil.ly/iaalu

[그림 10-3]과 스택 오버플로Stack Overflow 페이지[30]에서 소개하고 있는 내용처럼 다양한 컴퓨터에서 동일 출처 제한 없이 크롬 브라우저를 실행할 수 있는 방법[31]도 있습니다. 브라우저에서 일시적으로 해당 안전 매커니즘을 비활성화했다면 다른 공용 웹에서 사이트를 검색하기 전에 다시 활성화하는 것을 잊지 마세요.

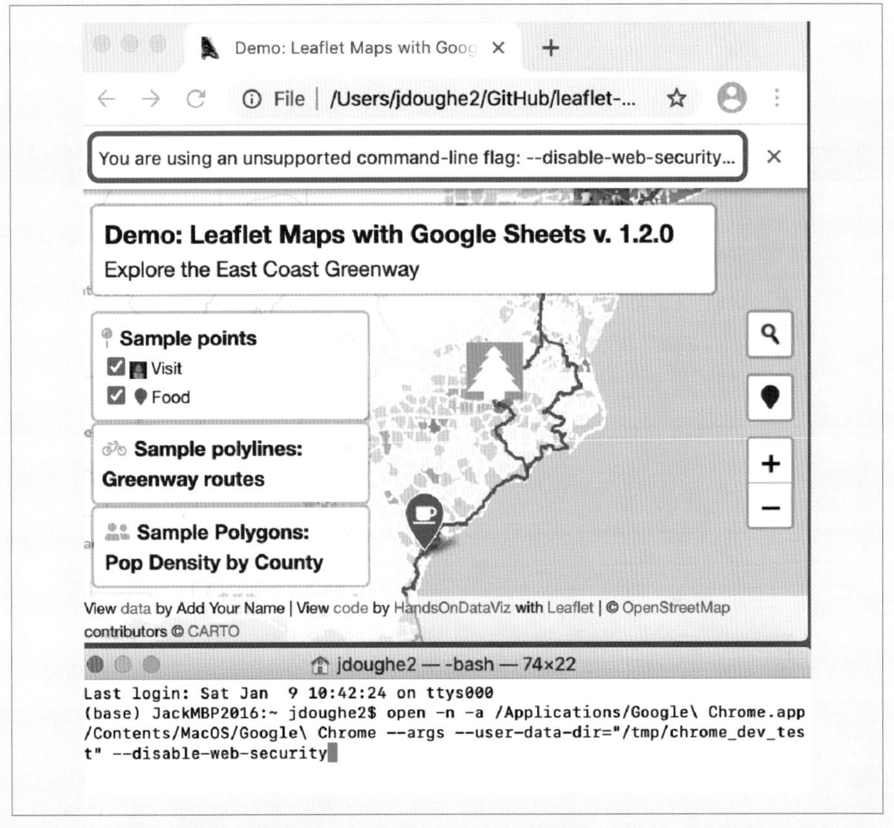


**그림 10-3** 크롬을 사용하여 로컬 컴퓨터에서 보다 복잡한 코드 템플릿을 보려면 터미널 애플리케이션 커맨드 라인(아래 창)을 사용하여 동일 출처 정책 제한이 없는 버전을 실행하세요.

로컬 컴퓨터에서 지도의 코드를 편집해봤으니, 깃허브에 업로드하기 전에 수정한 코드가 지도에 어떻게 반영되는지 테스트해봅시다.

30 https://oreil.ly/B_YcA

31 https://oreil.ly/KhSco

**11** 로컬 컴퓨터에 레포를 저장한 위치로 이동하여 `index.html` 파일을 마우스 오른쪽 버튼으로 클릭하여 '연결 프로그램'을 선택하고 원하는 웹 브라우저를 선택합니다.

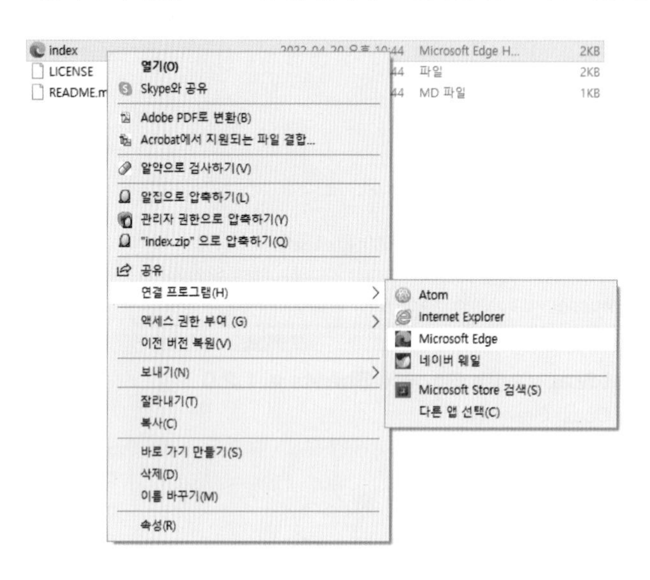


NOTE_ 브라우저에 로컬 컴퓨터 버전의 코드만 표시되므로 웹 주소가 깃허브 페이지 온라인 지도에 나타나는 https://...가 아닌 file://...로 시작합니다. 또한 코드가 온라인 요소에 의존하는 경우 로컬에서 코드를 볼 때 해당 기능이 작동하지 않을 수 있습니다. 이 간단한 리플릿 맵 템플릿의 경우 업데이트된 지도 제목이 나타나야 하며, 편집한 내용을 웹에 올리기 전에 지도 모양을 확인할 수 있습니다.

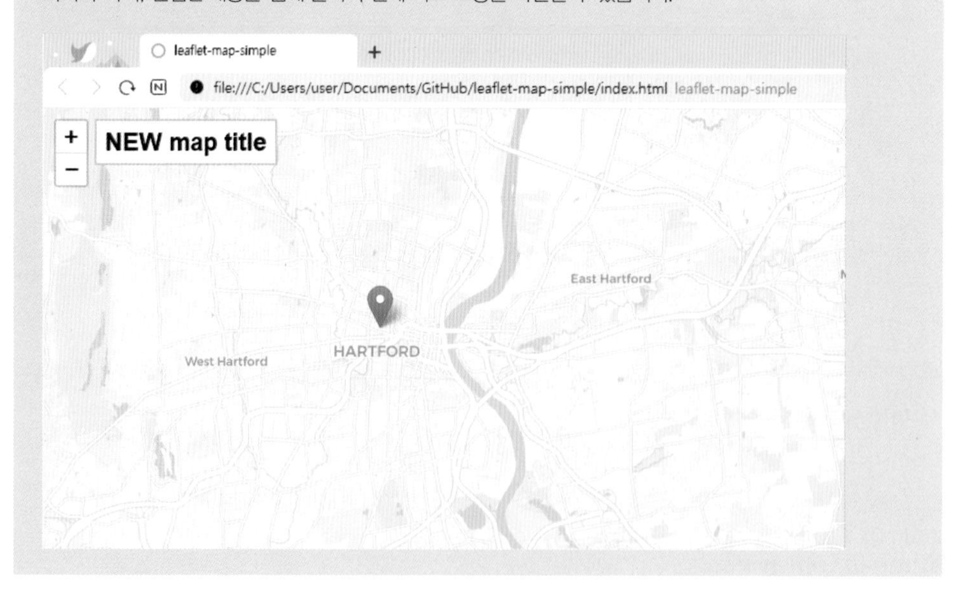

이제 편집한 내용을 로컬 컴퓨터에서 이전에 깃허브 데스크톱을 설정할 때 연결했던 깃허브 웹 계정으로 전송하겠습니다.

**12** 깃허브 데스크톱으로 이동하여 현재 레포(Current Repository)가 leaflet-map-simple인 것을 확인합니다. 코드 편집 내용이 화면에 요약되어 있는 것을 확인할 수 있습니다. 두 단계로 이루어진 이번 프로세스에서는 첫째, 파란색 '커밋(Commit)' 버튼을 클릭해 수정된 내용을 로컬 레포의 복사본에 저장합니다(만약 여러 파일을 편집하고 있다면 깃허브 데스크톱에서 작업을 추적하는 데 도움이 되도록 편집 요약을 작성하라고 요청할 것입니다). 둘째, 파란색 '원본 내보내기(Push origin)' 버튼을 클릭해 편집한 내용을 깃허브 웹 계정의 레포의 상위 복사본으로 전송합니다. 다음 그림은 이 두 단계를 보여줍니다.

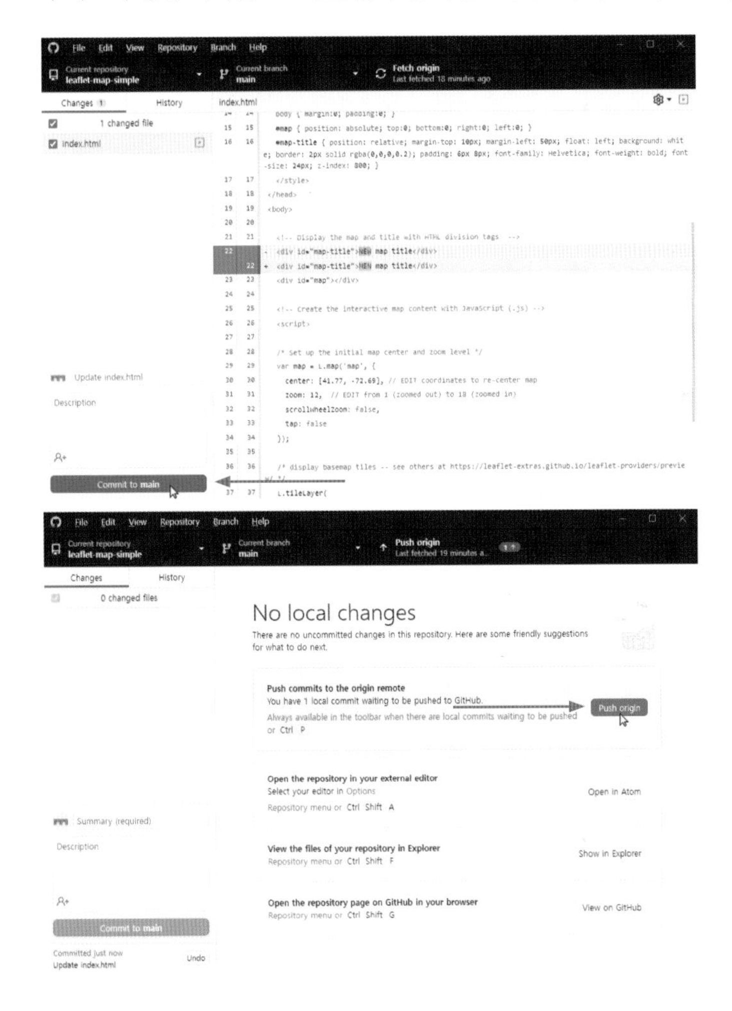

잘 따라왔습니다! 깃허브 계정에서 로컬 컴퓨터로, 그리고 로컬 컴퓨터에서 다시 깃허브로 코드의 왕복 여정을 함께 했습니다. 이전에 깃허브 페이지 설정을 사용하여 온라인 버전의 코드를 만들었기 때문에 여러분이 수정한 지도 제목이 퍼블릭 웹에 나타나는지 확인합니다. 이전에 설정한 웹 주소는 `https://USERNAME.github.io/REPOSITORY` 형식이며, 깃허브 사용자 이름(*USERNAME*)과 레포 이름(*REPOSITORY*)을 바꿔준 형태가 될 것입니다.

코드 수정이 많지 않기 때문에 깃허브 웹 인터페이스에서 수정했어도 문제는 없었겠지만 코드를 수정하고 커밋을 내보내기 위해 깃허브 데스크톱과 아톰 텍스트 편집기를 사용하면 많은 이점을 얻을 수 있습니다. 첫째, 아톰에서 제공하는 검색, 찾기 및 바꾸기 등의 기능을 사용해 보다 복잡한 코드를 효율적으로 수정할 수 있습니다. 둘째, 로컬 컴퓨터에 레포를 복사할 때 데이터, 지도, 이미지와 같은 복잡한 시각화를 위한 많은 파일과 하위 폴더를 드래그 앤드 드롭 기능을 사용해 쉽게 옮길 수 있습니다. 셋째, 코드 유형에 따라 커밋을 공개 웹에 업로드하기 전에 로컬 브라우저에서 코드가 어떻게 작동하는지 미리 확인할 수 있습니다.

**TIP** 아톰에는 코드 편집에 도움이 되는 많은 내장 명령이 있습니다. 그중 하나는 '보기(View) > 소프트 랩 전환(Toggle Soft Wrap)'으로 오른쪽 여백margin을 조정하여 긴 코드 문자열이 보이도록 하여 가독성을 향상시킵니다. 다른 하나는 '편집(Edit) > 주석 전환(Toggle Comments)'으로 코딩 언어를 자동으로 감지하여 선택한 텍스트를 실행 가능한 코드에서 실행되지 않는 코드 주석comment으로 변환합니다. 세 번째는 '편집(Edit) > 줄(Lines) > 자동 들여쓰기(Auto indent)'로 코드 들여쓰기를 자동으로 보정해주어 읽기 쉽게 만듭니다. Preferences 메뉴에서 더 많은 아톰 패키지Atom packages[32]를 설치할 수 있습니다.

깃허브는 협업 프로젝트를 위한 강력한 플랫폼을 제공합니다. 두 사람이 공유 레포에서 함께 작업하는 경우 한 동료가 깃허브 데스크톱을 사용해 최신 버전의 코드를 로컬 컴퓨터로 가져와 작업한 뒤 수정된 버전을 온라인 깃허브 레포로 다시 커밋할 수 있습니다. 이때 다른 동료도 동일한 레포에서 동시에 가져오고pull 내보내기push할 수 있습니다(비록 서로 다른 파일 또는 코드의 다른 부분을 작업하는 것이 간단할지도 모르지만). 두 사람은 [그림 10-4]처럼 깃허브 레포 '코드' 탭을 선택하고 특정 커밋을 선택해 상대방이 변경한 내용을 라인별로 볼 수 있습니다. 여기서 초록색은 추가된 부분이며 빨간색은 삭제된 부분입니다.

32 https://atom.io/packages

```
21      <!-- Display the map and title with HTML
    division tags  -->
22  -   <div id="map-title">NEW map title</div>
23      <div id="map"></div>
24
```

```
21      <!-- Display the map and title with HTML
    division tags  -->
22  +   <div id="map-title">EDIT map title</div>
23      <div id="map"></div>
24
```

**그림 10-4** 공유된 깃허브 레포에서 동료가 커밋한 내용을 확인할 수 있습니다.

비록 깃허브가 구글 문서Google Docs처럼 실시간으로 수정하는 내용을 보여주지는 않지만 협업을 통해 코드를 다루는 작업을 할 때 많은 장점을 가지고 있습니다. 첫째, 깃허브는 모든 커밋을 추적하기 때문에 필요한 경우 이전 버전의 코드를 복원할 수 있습니다. 둘째, 깃허브 레포가 공개되면 누구나 코드를 보고 문제를 제기해 소유자owner에게 아이디어나 문제점을 알려줄 수 있습니다. 또는 코드 수정에 대한 가져오기 요청pull request을 보낼 수 있는데, 소유자는 이를 수락하거나 거부할 수 있습니다. 셋째, 깃허브를 사용하면 레포의 다른 브랜치를 만들어 편집한 다음 원하는 경우 브랜치를 다시 병합할 수 있습니다. 때로는 두 공동 작업자가 호환되지 않는 커밋을 동일한 레포에 내보내기하려 하면 깃허브는 병합 충돌merge conflict에 대해 경고하고 모든 사용자의 작업을 보존하기 위해 이를 해결하라는 요청합니다.

많은 코더가 맥이나 윈도우의 터미널 애플리케이션에 특정 명령을 직접 입력하는 커맨드 라인 인터페이스(CLI)를 사용하여 깃허브에서 작업하는 것을 선호하지만 이 내용은 이 책의 범위를 벗어나기 때문에 다루지 않습니다.

## 10.5 마치며

만약 공개 웹에서 라이브 코드를 포크, 편집 및 호스팅하는 것이 처음이라면 코딩 가족이 되신 것을 환영합니다! 깃허브는 이런 작업이 매력적이고 다른 사람과 협업하기에 훌륭한 플랫폼이라는 점에 동의해주셨으면 하는 바람입니다. 초보자는 웹 인터페이스를 더 좋아하겠지만 깃허브 데스크톱 및 아톰 도구를 사용하면 11장의 Chart.js 및 하이차트 코드 템플릿과 12장의 리플릿 맵 코드 템플릿으로 작업하기 훨씬 쉬워집니다. 다음 두 장에서는 새롭게 습득한 코딩 기술을 활용하여 보다 맞춤화된 차트와 지도를 만들어보겠습니다.

CHAPTER 11

# Chart.js와 하이차트 템플릿

6장에서는 대화형 차트를 만들기 위해 구글 시트, 데이터래퍼 및 태블로 퍼블릭과 같은 강력한 드래그 앤드 드롭 도구를 사용했습니다.

이 장에서는 두 가지 인기 있는 자바스크립트 라이브러리인 Chart.js[1]와 하이차트[2]를 사용해 대화형 차트를 만들겠습니다. 우리는 독자들이 자바스크립트나 다른 프로그래밍 언어에 능숙할 것으로 기대하지 않기 때문에 여러분의 깃허브 계정에 복사하고, 데이터 파일을 대체하고, 별도의 코드 한 줄 작성하지 않고 게시할 수 있는 템플릿을 디자인했습니다. 코드가 궁금한 독자들을 위해 템플릿 내의 자바스크립트 코드를 어떻게 사용자 편의에 따라 변경할 수 있는지 살펴볼 것입니다.

왜 대부분의 사람이 쉽게 사용할 수 있는 데이터래퍼나 태블로 대신 자바스크립트를 선호하는지 궁금할 것입니다. 여기엔 몇 가지 이유가 있습니다. 자바스크립트를 처음 접하면 복잡하고 어려워 보일 수 있지만 색상 변경, 패딩 조절, 상호작용, 데이터 핸들링 등에 있어 그 어떤 서드파티 도구보다 더 많은 사용자 정의를 할 수 있습니다. 또한 오픈 소스 코드는 영구적으로 사용이 가능한 반면 서드파티 플랫폼은 언제까지 무료 또는 프리티어free tier로 기능을 제공할 수 있을지 확실히 알 수 없다는 단점이 있습니다.

1 https://www.chartjs.org

2 https://www.highcharts.com

> **NOTE_** 두 라이브러리 모두 오픈 소스지만 하이차트는 개인, 학교 또는 비영리 조직 웹사이트 같은 곳에서 비상업적 프로젝트에만 무료로 사용할 수 있는 조금 더 엄격한 라이선스[3] 규칙을 적용하고 있습니다. 이러한 점을 염두에 두고 우리는 상용 프로젝트에도 라이브러리를 사용할 수 있는 MIT 라이선스로 배포되는 Chart.js에 초점을 맞출 것입니다.

[표 11-1]에는 이 장에서 살펴볼 모든 유형의 차트가 나열되어 있습니다. 두 라이브러리 모두 더 많은 기본 차트 유형을 포함하고 있는데 Chart.js 샘플[4]과 하이차트 데모[5]에서 확인할 수 있습니다. 하지만 6장에서 논의한 '차트 디자인 원칙'에 따라 3차원 차트와 같은 일부 차트 유형은 사용하지 않는 것이 좋다고 강력하게 권고합니다.

**표 11-1** 차트 코드 템플릿 사용 방법 및 튜토리얼

| 차트 | 사용 방법 및 튜토리얼 |
| --- | --- |
| 막대 차트 또는 열 차트 | 카테고리를 나란히 비교할 때 가장 적합합니다. 레이블이 길면 수직 열 차트 대신 수평 막대 차트를 사용합니다.<br>• 강력한 도구: 11.1절 'Chart.js로 만드는 막대 또는 열 차트' |
| 오류 바가 있는 막대 차트 또는 열 차트 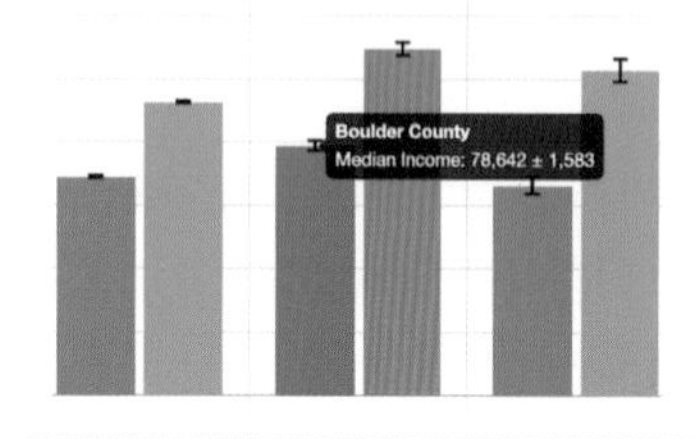  | 카테고리를 나란히 비교할 때 오차 범위 막대를 보여주는 데 가장 적합합니다. 레이블이 길면 수직 열 차트 대신 수평 막대 차트를 사용합니다.<br>• 강력한 도구: 11.2절 'Chart.js로 만드는 오류 바' |

3 https://oreil.ly/YskDA

4 https://oreil.ly/UowOS

5 https://oreil.ly/Tp90B

| 차트 | 사용 방법 및 튜토리얼 |
| --- | --- |
| 선 차트<br>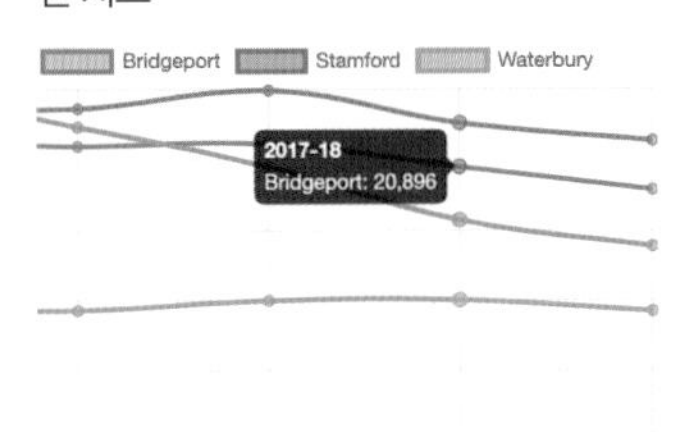<br> | 시간에 따른 변화와 같은 연속 데이터를 표시하는 데 가장 적합합니다.<br>• 강력한 도구: 11.3절 'Chart.js로 만드는 선 차트'(선 차트를 누적 영역 차트로 수정하려면 튜토리얼의 노트 참조). |
| 주석이 달린 선 차트<br>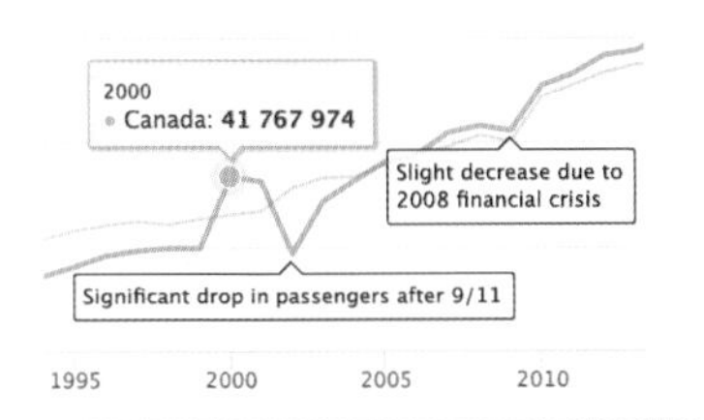<br> | 시간에 따라 변화하는 연속형 데이터로 만든 차트에 상황별 노트를 추가하는 데 가장 적합합니다.<br>• 강력한 도구: 11.4절 '하이차트로 만드는 주석이 달린 선 차트' |
| 분산형 차트<br>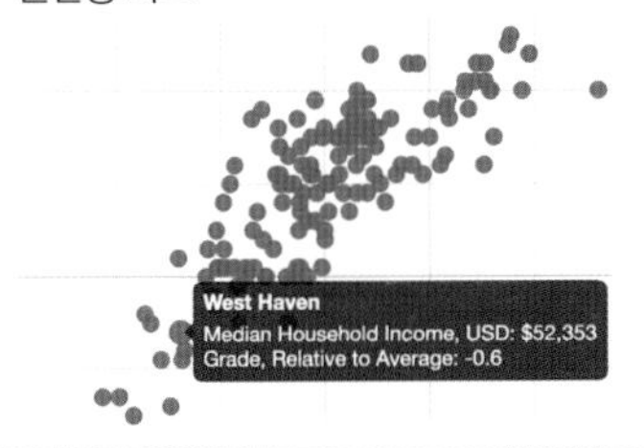<br> | 가능한 상관관계를 나타내기 위해 두 데이터셋 사이의 관계를 x와 y좌표로 보여주는 데 가장 적합합니다.<br>• 강력한 도구: 11.5절 'Chart.js로 만드는 분산형 차트' |
| 버블 차트<br>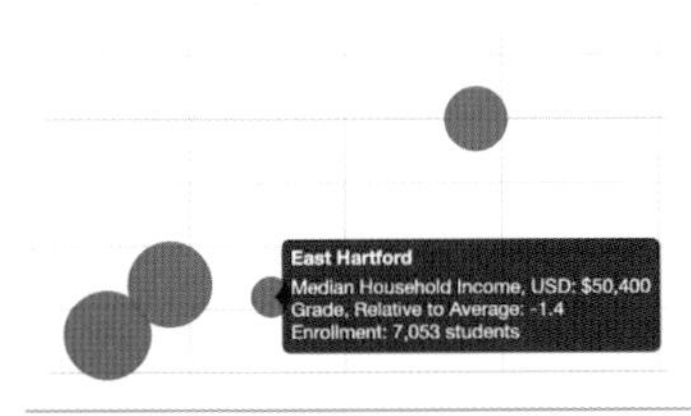<br> | x와 y좌표, 버블 크기 및 색상을 사용하여 데이터 세 개 또는 네 개 사이의 관계를 표시하는 데 가장 적합합니다.<br>• 강력한 도구: 11.6절 'Chart.js로 만드는 버블 차트' |

## 11.1 Chart.js로 만드는 막대 또는 열 차트

이 절에서는 Chart.js를 사용해 막대 또는 열 차트를 만드는 방법을 보여줍니다. [그림 11-1]처럼 CSV 파일에서 데이터를 가져오는 Chart.js 코드 템플릿을 사용합니다. 이 열 차트는 2018-2019학년도에 코네티컷의 5개 학군에서 얼마나 많은 학생이 영어를 배웠는지 보여줍니다.

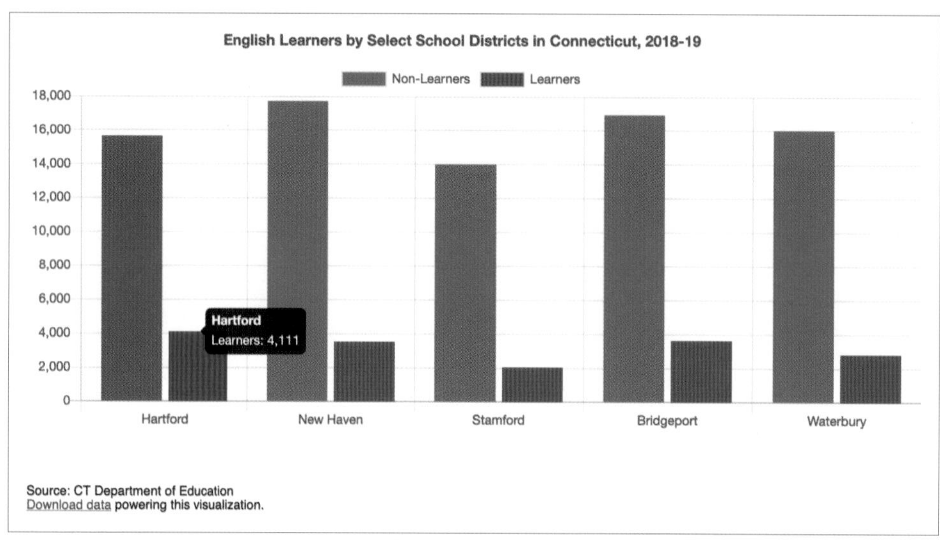


**그림 11-1** Chart.js로 만든 열 차트. 대화형 버전[6]을 살펴보세요.

Chart.js 템플릿을 사용해 CSV 데이터를 막대 또는 열 차트로 만들려면 다음 단계를 따라 합니다.

**01** [그림 11-1]의 차트 코드를 포함하고 있는 우리의 깃허브 레포[7]로 이동한 뒤 여러분의 깃허브 계정으로 로그인합니다. 그리고 'Use this template'을 클릭해 수정할 수 있는 복사본을 생성합니다.

6 https://oreil.ly/7nTmu

7 https://oreil.ly/jVEKq

**템플릿 파일 구조**

만약 깃허브 사용법이 기억나지 않는다면 10장으로 돌아가 다시 한번 살펴볼 것을 권장합니다. 레포에는 차트와 직접 관련된 3가지 파일이 포함되어 있습니다.

`index.html`

차트를 포함하는 문서의 스타일과 불러와야 하는 라이브러리 등을 지정하는 HTML(마크다운)과 CSS(스타일시트)를 포함하고 있습니다.

`script.js`

CSV 파일에서 데이터를 읽고 대화형 차트를 구성하는 자바스크립트 코드를 포함하고 있습니다.

`data.csv`

쉼표로 분리된 파일로서, 차트에 필요한 데이터를 포함하고 있으며 텍스트 편집기나 구글 시트, 엑셀 등에서 수정할 수 있습니다.

나머지 두 가지 파일 중 하나인 `README.md`는 레포의 콘텐츠를 설명하며, 다른 하나인 `bar.png`는 `README`에서 볼 수 있는 이미지입니다. 이 장에서 다루는 모든 깃허브 템플릿은 이와 유사한 파일 구조를 가지고 있습니다.

**02** 데이터를 CSV 형식으로 준비하고 `data.csv` 파일로 업로드합니다. 레이블은 첫 번째 열에 나타나도록 하며, 각 데이터 시리즈는 열별로 배열해줍니다. 준비한 CSV 파일에는 최소 두 개의 열(레이블과 하나의 데이터 시리즈)이 포함되어 있어야 합니다. 원한다면 더 많은 데이터 열을 추가해도 됩니다.

| district | nonlearner | learner |
|---|---|---|
| Hartford | 15656 | 4111 |
| New Haven | 17730 | 3534 |

**03** `script.js`에서 변숫값을 사용자 정의합니다. 자바스크립트에 익숙하지 않을 수 있으므로 파일의 단일 변수를 설명하는 코드 스니펫snippet을 살펴보겠습니다.

```
// 'false' for vertical column chart, 'true' for horizontal bar chart
var HORIZONTAL = false
```

첫 번째 라인은 //로 시작하는데, 이는 다음 라인에 있는 변수가 무엇을 책임지는지 알려주는 주석입니다. 이 내용은 코드에 영향을 주지 않습니다. 보는 바와 같이 변수 `HORIZONTAL`이 `false`면 수직 막대(열) 차트, `true`면 수평 막대 차트가 됩니다. 두 번째 라인은 변수 선언 코드입니다. 등호(=)는 오른쪽에 표시된 값(`false`)을 왼쪽에 있는 `HORIZONTAL`이라는 변수(`var`)에 할당합니다. 이 라인은 세미콜론(;)으로 끝납니다.

다음은 script.js에서 사용자 정의할 수 있는 몇 가지 변수입니다.

```
var TITLE = 'English Learners by Select School Districts in CT, 2018-19'

// 'false' for vertical column chart, 'true' for horizontal bar chart
var HORIZONTAL = false

// 'false' for individual bars, 'true' for stacked bars
var STACKED = false

// Which column defines 'bucket' names?
var LABELS = 'district'

// For each column representing a data series, define its name and color
var SERIES = [
  {
    column: 'nonlearner',
    name: 'Non-Learners',
    color: 'gray'
  },
  {
    column: 'learner',
    name: 'Learners',
    color: 'blue'
  }
];

// x-axis label and label in tool tip
var X_AXIS = 'School Districts'

// y-axis label, label in tool tip
var Y_AXIS = 'Number of Enrolled Students'

// 'true' to show the grid, 'false' to hide
var SHOW_GRID = true

// 'true' to show the legend, 'false' to hide
var SHOW_LEGEND = true
```

이러한 기본 변수만으로도 충분히 시작할 수 있습니다. 여러분은 범례를 이동하거나, 툴팁의 모양을 수정하거나, 격자선 색상을 변경하는 것도 당연히 원할 겁니다. 이에 대한 도움을 받으려면 공식 Chart.js 문서[8]를 참조하세요.

## 11.2 Chart.js로 만드는 오류 바

데이터에 불확실성(오차 범위)이 수반되는 경우 오류 바를 사용하여 시각화에 오차 범위를 표시하는 것이 좋습니다. [그림 11-2]에 표시된 막대 차트 템플릿은 미국 콜로라도주, 볼더 카운티, 볼더시 및 도시의 인구조사소와 같은 다양한 크기의 지역에 대한 중앙값median 및 평균mean, average 수입을 보여줍니다.

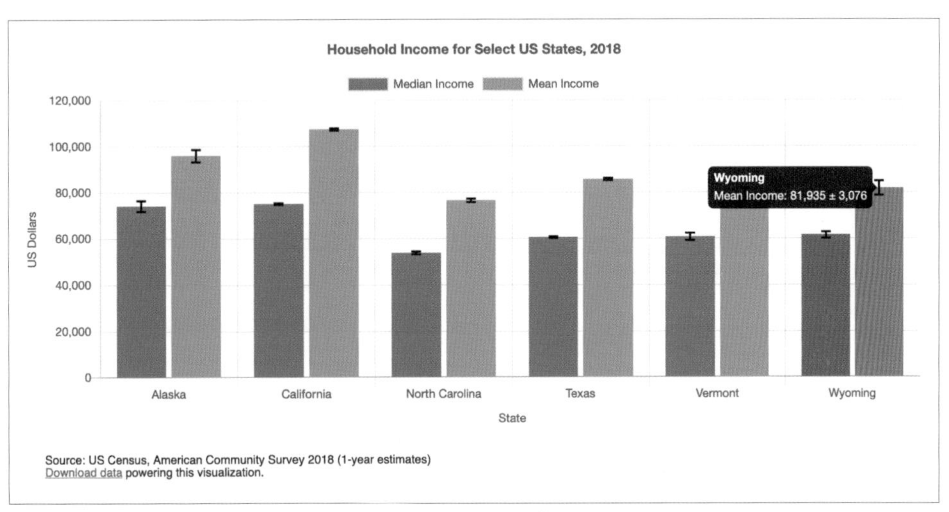


**그림 11-2** Chart.js로 만든 오류 바가 있는 막대 차트. 대화형 버전[9]을 살펴보세요.

CSV 파일에서 로드된 데이터를 사용하여 오류 바가 있는 막대 또는 열 차트를 만들려면 우리 Chart.js 템플릿을 사용하여 다음 단계를 수행하십시오.

---

8 https://oreil.ly/NuPQ2

9 https://oreil.ly/iJU3C

**01** [그림 11-2]의 차트 코드가 포함된 Chart.js 템플릿 코드의 깃허브 레포[10]로 이동한 뒤 여러분의 깃허브 계정으로 로그인합니다. 그리고 'Use this template'을 클릭해 수정할 수 있는 복사본을 생성합니다.

**02** 데이터를 CSV 형식으로 준비하고 `data.csv` 파일로 업로드합니다. 레이블은 첫 번째 열에 나타나도록 하며, 각 데이터 시리즈는 열별로 배열합니다(각 열에는 불안정한 값을 포함시킵니다). 준비한 CSV 파일에는 최소 두 개의 열(레이블과 하나의 불안정한 값을 포함하는 데이터 시리즈)이 포함되어야 합니다. 원한다면 더 많은 데이터 열을 추가해도 됩니다.

```
| geo            | median | median_moe | mean   | mean_moe |
| Colorado       | 68811  | 364        | 92520  | 416      |
| Boulder County | 78642  | 1583       | 109466 | 2061     |
| Boulder city   | 66117  | 2590       | 102803 | 3614     |
| Tract 121.02   | 73396  | 10696      | 120588 | 19322    |
```

**03** `script.js`에서 다음 코드 스니펫에 표시된 변숫값을 사용자 정의customization합니다.

```
var TITLE = 'Household Income for Select US Geographies, 2018'

// 'false' for vertical (column) chart, 'true' for horizontal bar
var HORIZONTAL = false

// 'false' for individual bars, 'true' for stacked bars
var STACKED = false

// Which column defines 'bucket' names?
var LABELS = 'geo'

// For each column representing a series, define its name and color
var SERIES = [
  {
    column: 'median',
    name: 'Median Income',
    color: 'gray',
    errorColumn: 'median_moe'
  },
  {
    column: 'mean',
    name: 'Mean Income',
```

10 https://oreil.ly/93gqf

```
    color: '#cc9999',
    errorColumn: 'mean_moe'
  }
];

// x-axis label and label in tool tip
var X_AXIS = 'Geography'

// y-axis label and label in tool tip
var Y_AXIS = 'US Dollars'

// 'true' to show the grid, 'false' to hide
var SHOW_GRID = true

// 'true' to show the legend, 'false' to hide
var SHOW_LEGEND = true
```

사용자 정의에 대한 자세한 내용은 Chart.js 문서[11]를 참조하세요.

## 11.3 Chart.js로 만드는 선 차트

선 차트는 시간 데이터 또는 시간에 따른 값의 변화를 보여주는 데 종종 사용됩니다. x축은 시간 간격을 나타내며, y축은 관측값을 나타냅니다. 열 차트나 막대 차트와 다르게 선 차트의 y축은 선의 위치와 기울기로 의미를 해석하는 경우가 많기 때문에 0에서 시작할 필요가 없습니다. [그림 11-3]의 선 차트는 2012-2013학년도부터 2018-2019학년도까지 코네티컷의 일부 학군의 학생 수를 보여줍니다. 각 선은 서로 다른 색으로 표현되며, 범례는 색상과 학군 관계를 설정하는 데 도움이 됩니다.

11 https://oreil.ly/NuPQ2

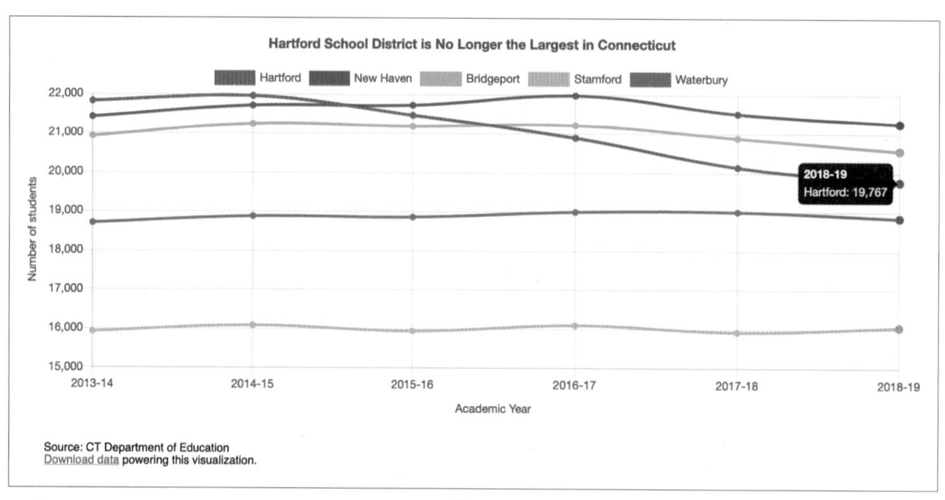


**그림 11-3** Chart.js로 만든 대화형 선 차트. 대화형 버전[12]을 살펴보세요.

CSV 파일 데이터를 불러와 Chart.js로 선 차트를 만들기 위해서는 다음 단계를 따라 합니다.

**01** [그림 11-3]의 선 차트의 코드가 포함된 Chart.js 템플릿 코드의 깃허브 레포[13]로 이동한 뒤 여러분의 깃허브 계정으로 로그인합니다. 그리고 'Use this template'을 클릭해 수정할 수 있는 복사본을 생성합니다.

**02** 데이터를 CSV 형식으로 준비하고 `data.csv` 파일로 업로드합니다. x축을 따라 나타날 레이블(시간)을 첫 번째 열에 나타나도록 하며, 각 데이터 시리즈는 열별로 배열해줍니다. 준비한 CSV 파일에는 최소 두 개의 열(레이블과 데이터 시리즈)이 포함되어야 합니다.

| year | Hartford | New Haven | Bridgeport | Stamford | Waterbury |
|---|---|---|---|---|---|
| 2013-14 | 21820 | 21420 | 20929 | 15927 | 18706 |
| 2014-15 | 21953 | 21711 | 21244 | 16085 | 18878 |
| 2015-16 | 21463 | 21725 | 21191 | 15946 | 18862 |
| 2016-17 | 20891 | 21981 | 21222 | 16100 | 19001 |
| 2017-18 | 20142 | 21518 | 20896 | 15931 | 19007 |
| 2018-19 | 19767 | 21264 | 20572 | 16053 | 18847 |

12 https://oreil.ly/8WCBp

13 https://oreil.ly/Jjqps

**TIP** 원하는 만큼 열을 추가할 수 있지만 사람은 제한된 수의 색상만 구별할 수 있으므로 적절한 열(선 차트에서 각 각 선으로 표시됨)을 선택합니다. 만약 여러 개의 선을 사용하고 싶다면 15.2절 '의미에 주의를 기울이세요'에서 살펴볼 내용처럼 다른 모든 선은 회색으로 그리고 데이터 스토리에서 가장 강조하고 싶은 하나의 선만 다른 색으로 하이라이트하는 방법을 고려하세요.

**03** script.js에서 다음 코드 스니펫에 표시된 변숫값을 사용자 정의합니다.

```
var TITLE = 'Hartford School District is No Longer Largest in CT';

// x-axis label and label in tool tip
var X_AXIS = 'Academic Year';

// y-axis label and label in tool tip
var Y_AXIS = 'Number of Students';

// Should y-axis start from 0? 'true' or 'false'
var BEGIN_AT_ZERO = false;

// 'true' to show the grid, 'false' to hide
var SHOW_GRID = true;

// 'true' to show the legend, 'false' to hide
var SHOW_LEGEND = true;
```

**NOTE_** Chart.js 선 차트를 누적 영역 차트로 바꾸고 싶다면 Chart.js Stacked Area 문서[14]를 참조하세요. 각 데이터셋에 **fill:true** 속성이 있는지 확인하고 **yAxes**의 **stacked** 속성이 **true**로 설정되어 있는지 확인합니다.

더 많은 기능을 추가하려면 Chart.js 문서[15]를 참조하세요. 원하는 대로 작동하지 않는 경우 스택 오버플로[16]를 방문해 문제를 이미 해결한 사람이 있는지 확인합니다.

---

14 https://oreil.ly/Z4KEP

15 https://oreil.ly/NuPQ2

16 https://oreil.ly/UNNvT

## 11.4 하이차트로 만드는 주석이 달린 선 차트

주석은 다양한 유형의 차트에서 일반적인 요소지만 특히 선 차트에서 중요합니다. 주석을 사용하면 선에 과거 콘텍스트를 제공하고 값이 갑자기 떨어지거나 상승하는 것을 설명할 수 있습니다. [그림 11-4]는 1970년과 2018년 사이의 호주와 캐나다의 항공 승객 운행 현황을 보여주고 있습니다(세계은행에 따르면). 주석에서 알 수 있듯이 두 국가 모두 2008년 금융 위기 이듬해인 2009년에 하락을 경험했음을 알 수 있습니다.

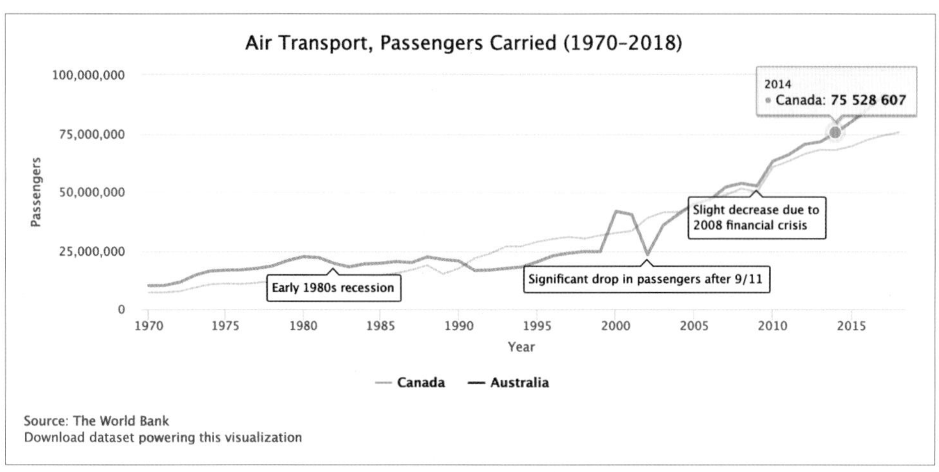


**그림 11-4** 하이차트로 만든 주석이 달린 대화형 선 차트. 대화형 버전[17]을 살펴보세요.

안타깝게도 Chart.js는 주석을 표시하는 데 좋은 도구가 아닙니다. 따라서 이번 예제에서는 하이차트 도구를 사용할 것입니다. 하지만 걱정할 필요는 없습니다. 차트를 만드는 과정은 이전 Chart.js 예제와 크게 다르지 않습니다.

CSV 파일에서 불러온 데이터를 사용하여 하이차트로 주석이 달린 선 차트를 만들기 위해서는 다음 과정을 따라 합니다.

**01** [그림 11-4]의 선 차트의 코드가 포함된 우리 깃허브 레포[18]로 이동한 뒤 여러분의 깃허브 계정으로 로그인합니다. 그리고 'Use this template'을 클릭해 수정할 수 있는 복사본을 생성합니다.

---

17 https://oreil.ly/_5Tqw

18 https://oreil.ly/UGHCI

**02** 데이터를 CSV 포맷으로 준비하고 `data.csv` 파일로 업로드합니다. x축을 따라 나타날 레이블(시간)을 첫 번째 열에 배치하고, 각 데이터 시리즈는 열별로 배열합니다. 준비한 CSV 파일에는 최소 세 개의 열이 포함되어 있어야 합니다(레이블, 데이터 시리즈, 노트). 여러분이 원하는 만큼 데이터 시리즈를 추가해도 무방하지만 주석(마지막 열)은 각 행에 하나만 추가해야 합니다.

```
| Year | Canada   | Australia | Note                     |
| 1980 | 22453000 | 13648800  |                          |
| 1981 | 22097100 | 13219500  |                          |
| 1982 | 19653800 | 13187900  | Early 1980s recession |
```

**03** `script.js`에서 다음 코드 스니펫에 표시된 변숫값을 사용자 정의합니다.

```
var TITLE = 'Air Transport, Passengers Carried (1970-.2018)'

// Caption underneath the chart
var CAPTION = 'Source: The World Bank'

// x-axis label and label in tool tip
var X_AXIS = 'Year'

// y-axis label and label in tool tip
var Y_AXIS = 'Passengers';

// Should y-axis start from 0? 'true' or 'false'
var BEGIN_AT_ZERO = true;

// 'true' to show the legend, 'false' to hide
var SHOW_LEGEND = true;
```

차트에 추가로 사용자 정의하려면 사용 가능한 모든 기능을 보여주는 하이차트 API 레퍼런스[19]를 참조하세요.

---

19 https://oreil.ly/KOL-6

## 11.5 Chart.js로 만드는 분산형 차트

앞서 하이차트가 실제로 작동하는 것을 보았습니다. 이제 다시 Chart.js로 돌아가 대화형 분산형 차트를 만드는 방법을 알아보겠습니다. 분산형 차트(산포도 또는 산점도)는 두 개 이상의 차원의 데이터를 표시하는 데 사용한다는 점을 기억하세요. [그림 11-5]는 코네티컷의 학군에 대한 가계 소득과 시험 점수 사이의 관계를 보여주고 있습니다. 2차원을 보여주기 위해 x축과 y축을 사용하며 가계 소득이 증가할수록 시험 점수가 향상되는 것을 볼 수 있습니다.

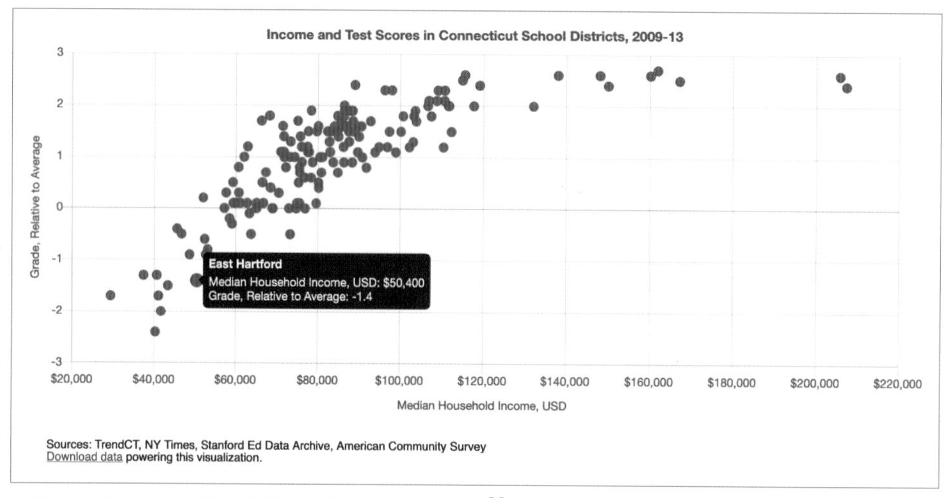


**그림 11-5** Chart.js로 만든 대화형 분산형 차트. 대화형 버전[20]을 살펴보세요.

CSV 파일에서 불러온 데이터를 사용하여 Chart.js로 분산형 차트를 만들기 위해서는 다음 과정을 따라 합니다.

**01** [그림 11-5]의 분산형 차트의 코드가 포함된 우리 깃허브 레포[21]로 이동한 뒤 여러분의 깃허브 계정으로 로그인합니다. 그리고 'Use this template'을 클릭해 수정할 수 있는 복사본을 생성합니다.

**02** 데이터를 CSV 형식으로 준비하고 `data.csv` 파일로 업로드합니다. 처음 두 열은 각각 x와 y값을 포함해야 하며 세 번째 열은 마우스를 갖다 댈 경우 보여질 포인트 이름point name을 포함해야 합니다.

20 https://oreil.ly/hsSMY

21 https://oreil.ly/wkbzV

```
| income | grades | district |
| 88438  | 1.7    | Andover  |
| 45505  | -0.4   | Ansonia  |
| 75127  | 0.5    | Ashford  |
| 115571 | 2.6    | Avon     |
```

**03** script.js에서 다음 코드 스니펫에 표시된 변숫값을 사용자 정의합니다.

```
var TITLE = 'Income and Test Scores in CT School Districts, 2009-13';

var POINT_X = 'income'; // column name for x values in data.csv
var POINT_X_PREFIX = '$'; // prefix for x values, e.g., '$'
var POINT_X_POSTFIX = ''; // postfix for x values, e.g., '%'

var POINT_Y = 'grades'; // column name for y values in data.csv
var POINT_Y_PREFIX = ''; // prefix for x values, e.g., 'USD '
var POINT_Y_POSTFIX = ''; // postfix for x values, e.g., ' kg'

var POINT_NAME = 'district'; // point names that appear in tool tip
var POINT_COLOR = 'rgba(0,0,255,0.7)'; // e.g., 'black' or '#0A642C'
var POINT_RADIUS = 5; // radius of each data point

var X_AXIS = 'Median Household Income, USD'; // x-axis & tool tip label
var Y_AXIS = 'Grade, Relative to Average'; // y-axis & tool tip label

var SHOW_GRID = true; // 'true' to show the grid, 'false' to hide
```

이와 유사한 대화형 차트를 하이차트로도 만들 수 있습니다.[22] 이 과정은 독자 스스로 수행해 보기 바랍니다. 만약 차트를 조금 더 개선하고 싶다면 Chart.js 공식 문서[23]를 참조해 연습해 보길 바랍니다.

동일한 분산형 차트에 학군 입학률 같은 세 번째 변수를 추가로 나타내고 싶을 수도 있습니다. 각 점의 크기를 조정하여 큰 학군이 더 큰 원으로 표시되고 작은 학군이 더 작은 원으로 표시되도록 할 수 있습니다. 이렇게 크기를 이용해 분산형 차트를 개선한 것이 이제부터 살펴볼 버블 차트입니다.

---

22 https://oreil.ly/WPS9_

23 https://oreil.ly/SDpzM

## 11.6 Chart.js로 만드는 버블 차트

버블 차트는 분산형 차트와 유사하지만 하나의 변수(또는 차원dimension)가 추가된 차트입니다. 각 포인트(마커marker)의 크기도 값을 나타냅니다.

[그림 11-6]의 버블 차트는 가계 소득 중앙값(x축)과 시험 점수(y축), 그리고 코네티컷 6개 학군 사이의 관계를 보여주고 있습니다. 데이터 포인트 크기는 해당 학군에 입학한 학생 수와 연관이 있으며, 원 크기가 클수록 학군이 더 크다는 뜻입니다.

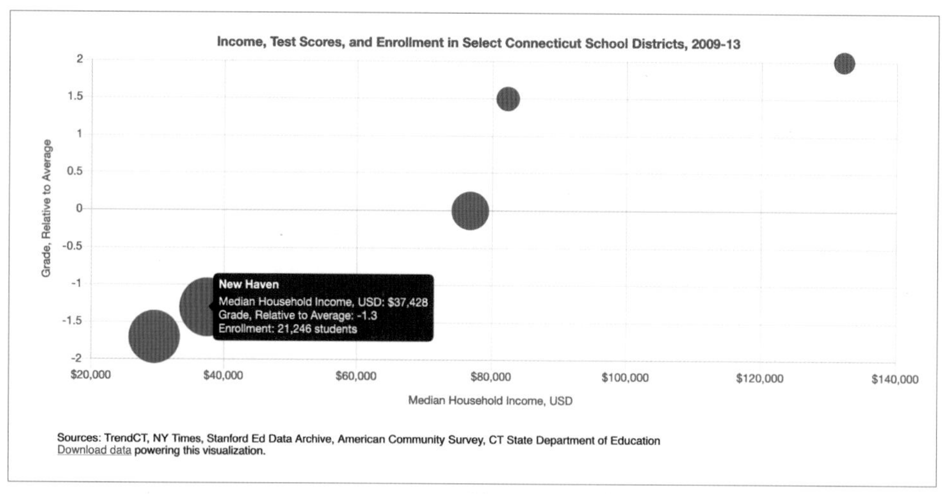


**그림 11-6** Chart.js로 만든 대화형 버블 차트. 대화형 버전[24]을 살펴보세요.

CSV 파일에서 불러온 데이터를 사용하여 Chart.js로 버블 차트를 만들기 위해서는 다음 과정을 따라 합니다.

**01** [그림 11-6]의 버블 차트의 코드가 포함된 깃허브 레포[25]로 이동한 뒤 여러분의 깃허브 계정으로 로그인합니다. 그리고 'Use this template'을 클릭해 수정할 수 있는 복사본을 생성합니다.

**02** 데이터를 CSV 형식으로 준비하고 `data.csv` 파일로 업로드합니다. 처음 두 열은 각각 x와 y값을 포함해야 하며 세 번째 열은 마우스를 갖다 댈 경우 보여질 버블 이름을 포함해야 합니다. 마지막 네 번째 열은 버블 크기를 나타냅니다.

---

24 https://oreil.ly/Bk8Cr

25 https://oreil.ly/l5x-F

```
| income | grades | district      | enrollment |
| 29430  | -1.7   | Hartford      | 21965      |
| 82322  | 1.5    | West Hartford | 10078      |
| 50400  | -1.4   | East Hartford | 7053       |
```

**03** script.js에서 다음 코드 스니펫에 표시된 변숫값을 사용자 정의합니다.

```
var TITLE = 'Income, Test Scores, and Enrollment in Select \
  Connecticut School Districts, 2009-13'

var POINT_X = 'income' // column name for x values in data.csv
var POINT_X_PREFIX = '$' // prefix for x values, e.g., '$'
var POINT_X_POSTFIX = '' // postfix for x values, e.g., '%'

var POINT_Y = 'grades' // column name for y values in data.csv
var POINT_Y_PREFIX = '' // prefix for x values, e.g., 'USD '
var POINT_Y_POSTFIX = '' // postfix for x values, e.g., ' kg'

var POINT_R = 'enrollment' // column name for radius in data.csv
var POINT_R_DESCRIPTION = 'Enrollment' // description of radius value
var POINT_R_PREFIX = '' // prefix for radius values, e.g., 'USD '
var POINT_R_POSTFIX = ' students' // postfix for radius values
var R_DENOMINATOR = 800 // use this to scale the dot sizes, or set to 1
                        // if your dataset contains precise radius values

var POINT_NAME = 'district' // point names that appear in tool tip
var POINT_COLOR = 'rgba(0,0,255,0.7)' // e.g., 'black' or '#0A642C'

var X_AXIS = 'Median Household Income, USD' // x-axis & tool tip label
var Y_AXIS = 'Grade, Relative to Average' // y-axis & tool tip label

var SHOW_GRID = true // 'true' to show the grid, 'false' to hide
```

**TIP** 주변의 큰 데이터 포인트에 가려져 잘 보이지 않는 작은 데이터 포인트를 잘 보이게 하려면 RGBa 컬러 코드에서 원을 반투명으로 지정합니다. RGBa에서 R은 빨간색red, G는 녹색green, B는 파란색blue을 뜻하며 소문자 a는 알파alpha의 약자로, 0.0(전체 투명)에서 1.0(전체 흐림) 스케일의 투명도 수준을 나타냅니다. 예를 들어 `rgba(160, 0, 0, 0.5)`는 빨간색 반투명을 뜻합니다. W3School에서 RGBa 색상값[26]을 혼합해 보며 더 자세히 알아볼 수 있습니다.

26 https://oreil.ly/Tx_f4

버블 차트에 표시할 변수가 세 개 이상 있으면 색상과 **글리프**(단순한 점 대신)를 사용하여 두 개의 차원을 추가적으로 표현할 수 있습니다. 예를 들어 버블을 사용해 페어필드 카운티(코네티컷에서 부유한 지역)의 학군만 파란색으로 표시하고 나머지 학군은 회색으로 나타낼 수 있습니다. 그리고 원, 세모, 네모 등을 사용해 남자, 여자, 그 외의 학생들을 표현할 수 있습니다. 여기에서는 이런 작업을 위한 세부적인 내용을 설명하진 않겠지만 5~10라인의 코드만 추가하면 구현이 가능한 부분이니 쉽게 만들 수 있을 겁니다.

Chart.js는 거의 한계가 없이 사용자 정의가 가능합니다. 그러나 너무 현란한 시각화보다는 꼭 필요한 데이터만 사용해서 여러분의 아이디어를 증명하고 표현하는 것이 중요하다는 사실을 잊지 않았으면 합니다.

## 11.7 마치며

이 장에서는 자신의 깃허브 계정에서 호스팅할 수 있는 다채로운 대화형 차트를 구성하는 데 사용할 수 있는 Chart.js 및 하이차트 템플릿을 살펴봤습니다. 이러한 템플릿을 기반으로 대화형 시각화를 시작할 수 있습니다. Chart.js 사용자 정의 및 문제 해결에 대한 자세한 내용은 Chart.js 샘플[27] 및 Chart.js 문서[28]를 참조하세요. 하이차트 데모 갤러리[29]에서는 다수의 차트와 복사 가능한 차트 코드를 제공합니다. 하이차트 API 레퍼런스[30]에서는 조금 더 세련된 시각화를 위한 모든 기능 목록을 제공합니다. 하지만 하이차트를 상업용 프로젝트에 사용하려면 라이선스를 취득[31]해야 합니다.

다음 장에서는 방금 살펴본 차트 템플릿과 유사한 방식으로 디자인된 리플릿 맵 템플릿을 소개합니다. 리플릿은 웹에서 지도를 만들기 위한 가장 유명한 오픈 소스 자바스크립트 라이브러리입니다. 여러분의 깃허브 계정을 통해 사람들이 놀랄만한 대화형 지도를 만들 수 있으며, 웹을 통해 많은 사람과 공유할 수도 있습니다.

---

27 https://oreil.ly/UowOS
28 https://oreil.ly/SDpzM
29 https://oreil.ly/MuZDu
30 https://oreil.ly/KOL-6
31 https://shop.highsoft.com

CHAPTER 12

# 리플릿 맵 템플릿

7장에서는 몇 가지 기본 유형의 대화형 지도를 만들기 위해 구글 내 지도와 데이터래퍼 같은 몇 가지 배우기 쉬운 드래그 앤드 드롭 도구를 설명했습니다. 이런 도구들이 제공하는 기능을 넘어 더 많은 사용자 정의 및 더 고급 수준의 지도를 만들고자 하는 독자를 위해 이 장에서는 데스크톱 또는 모바일 디바이스를 위한 대화형 지도를 만드는 강력한 오픈 소스 라이브러리인 리플릿Leaflet[1]에 기반한 몇 가지 코드 템플릿을 제공합니다. 10장에서 깃허브에서 코드를 편집하고 호스팅하는 방법을 배울 때 리플릿을 처음 소개했습니다.

이 장에서 소개하는 모든 리플릿 맵 템플릿은 [표 12-1]에 요약되어 있습니다. 처음 두 템플릿은 연결된 구글 시트 테이블에서 지도 데이터를 가져오며 코딩 기술이 필요하지 않기 때문에 초보자에게 좋습니다. 하지만 몇 가지 자세한 깃허브 지침을 따라야 합니다. 첫 번째 템플릿인 12.1절 '구글 시트로 만드는 리플릿 맵'은 사용자 정의 아이콘 및 색상과 함께 포인트, 폴리라인 또는 폴리곤을 조합해 지도를 꾸미고, 선택적으로 지도 하단에 데이터의 요약 테이블을 추가할 수 있습니다. 두 번째 템플릿인 12.2절 '구글 시트로 만드는 리플릿 스토리맵'은 텍스트, 이미지, 비디오, 스캔한 지도 배경을 표시하기 위한 스크롤링된 설명과 함께 포인트별 둘러보기를 통해 시청자를 안내하는 데 가장 좋습니다. 호스팅된 플랫폼에서 제공하는 간단한 기능을 넘어 고급 지도를 만들고 싶어 하는 독자를 위해 이 두 가지 코드 템플릿을 만들었습니다.

1 https://leafletjs.com

리플릿 템플릿의 나머지 부분은 코딩 기술을 향상시키고 보다 전문적인 사례에 적용하도록 디자인되었습니다. 사전 코딩 지식 없이도 충분히 따라 할 수 있도록 구성되어 있으며, 코드를 보다 깊이 알고 싶은 경우 12.4절 'CSV 데이터로 만드는 리플릿 맵'에서 CSV 파일에서 포인트 데이터를 가져오는 기초 방법을 배울 수 있습니다. 그런 다음 더 고급 예제인 12.5절 'CSV 데이터로 만드는 리플릿 히트맵 포인트'에서 포인트 클러스터를 핫스폿hotspot으로 나타내는 방법, 12.6절 '검색 가능한 리플릿 포인트 지도'에서 여러 지역을 검색하고 필터링하는 방법, 12.7절 '오픈 데이터 API로 만드는 리플릿 맵'에서 실시간으로 업데이트되는 데이터를 오픈 저장소에서 API를 사용해 최신 데이터를 지속적으로 가져오는 리플릿 맵 코드를 배울 것입니다. 이 주제는 3.4절 '오픈 데이터 저장소'에서 이미 소개한 바 있으며, 7.8절 '소크라타 오픈 데이터로 만드는 실시간 지도'에서 다시 한번 살펴본 바 있습니다.

이러한 리플릿 템플릿은 웹에서 가장 자주 사용되는 3가지 프로그래밍 언어인 HTML, CSS 그리고 자바스크립트로 작성되었습니다. HTML은 웹 페이지의 콘텐츠 구성하고(일반적으로 `index.html` 파일 이름으로 되어 있음), CSS는 콘텐츠가 페이지에 보여지는 모습을 정의합니다(`index.html` 내부나 `style.css`와 같은 별도 파일에 저장되어 있음). 그리고 자바스크립트는 오픈 소스 리플릿 코드 라이브러리를 사용해 대화형 지도를 만듭니다(`index.html` 내부나 `script.js`와 같은 별도 파일에 저장되어 있음). 이러한 리플릿 템플릿에는 다양한 오픈 액세스 온라인 공급자[2]의 확대/축소 가능한 기본 지도 타일과 같은 다른 온라인 구성 요소에 대한 링크도 포함됩니다. 또한 `map.geojson` 파일에서 폴리곤 경계와 같은 지리 데이터를 가져오기도 합니다. 이와 관련해서는 13장에서 더 자세히 살펴봅니다.

만약 코딩이 처음이라면 리플릿 맵을 만드는 것은 시작하기에 좋은 장소이며 배운 내용의 결과를 빠르게 볼 수 있습니다. 혹시라도 발생할 수 있는 문제들에 대한 해결 방안을 제공하기 위해 자주 발생하는 문제나 실수를 부록에 정리해놓았으니 참조 바랍니다. 만약 리플릿 작성에 주로 활용되는 자바스크립트를 더 자세히 알고 싶다면 마레인 하버비케Marijn Haverbeke의 『Eloquent Javascript』를 강력 추천합니다. 이 책은 대화형 코딩 샌드박스가 있는 오픈 소스 온라인 책으로도 볼 수 있습니다.[3]

---

2 `https://oreil.ly/A0npS`

3 마레인 하버비케, 『Eloquent Javascript: A Modern Introduction to Programming, 3판』, 2018, `https://eloquentjavascript.net`. 참고로 이 책의 번역서는 『자바스크립트 스킬업』(에이콘출판사, 2021)입니다.

**표 12-1** 지도 코드 템플릿 사용 방법 및 튜토리얼

| 지도 템플릿 | 사용 방법 및 튜토리얼 |
|---|---|
| 구글 시트로 만드는 리플릿 맵<br>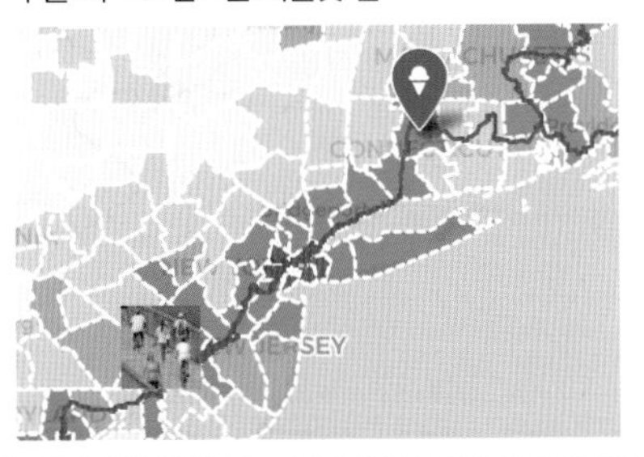 | 연결된 구글 시트(또는 CSV 파일) 및 깃허브 레포에 로드된 데이터를 기반으로 색상, 스타일 및 아이콘을 사용하여 대화형 포인트, 폴리곤 또는 폴리라인을 표시하는 데 가장 적합합니다. 지도 옆에 포인트 지도 마커의 테이블을 표시하는 옵션을 포함합니다.<br>• 템플릿 튜토리얼: 12.1절 '구글 시트로 만드는 리플릿 맵' |
| 구글 시트로 만드는 리플릿 스토리맵<br>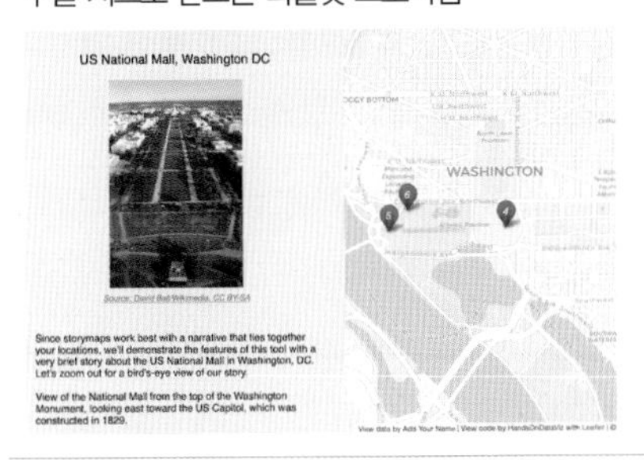 | 링크된 구글 시트(또는 CSV 파일) 및 깃허브 레포에 로드된 데이터를 기반으로 텍스트, 이미지, 비디오, 스캔한 지도 배경을 표시하기 위한 스크롤링된 설명과 함께 포인트 바이 포인트 안내 투어를 보여주는 데 가장 적합합니다.<br>• 템플릿 튜토리얼: 12.2절 '구글 시트로 만드는 리플릿 스토리맵' |
| CSV 데이터로 만드는 리플릿 포인트 지도<br> | 깃허브 레포의 CSV 파일에서 데이터를 가져오는 리플릿 포인트 지도를 코드화하는 방법을 배웁니다.<br>• 템플릿 튜토리얼: 12.4절 'CSV 데이터로 만드는 리플릿 맵' |
| CSV 데이터로 만드는 리플릿 히트맵 포인트<br>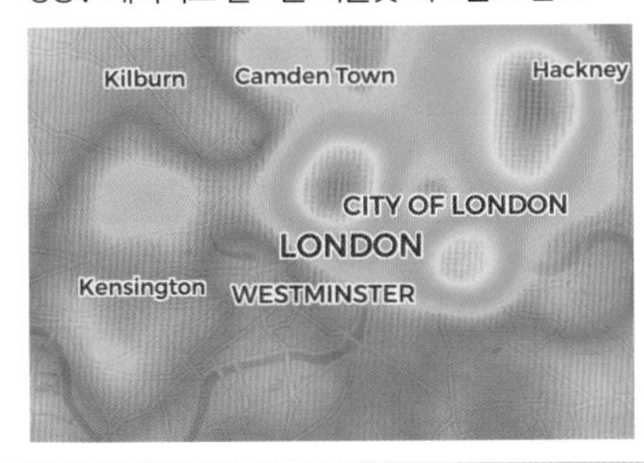 | 높은 빈도 또는 사례 밀도를 강조하기 위해 포인트의 클러스터를 컬러 핫스폿으로 보여주는 데 가장 적합합니다.<br>• 템플릿 튜토리얼: 12.5절 'CSV 데이터로 만드는 리플릿 히트맵 포인트' |

| 지도 템플릿 | 사용 방법 및 튜토리얼 |
| --- | --- |
| CSV 데이터로 만드는 검색 가능한 리플릿 포인트 지도<br>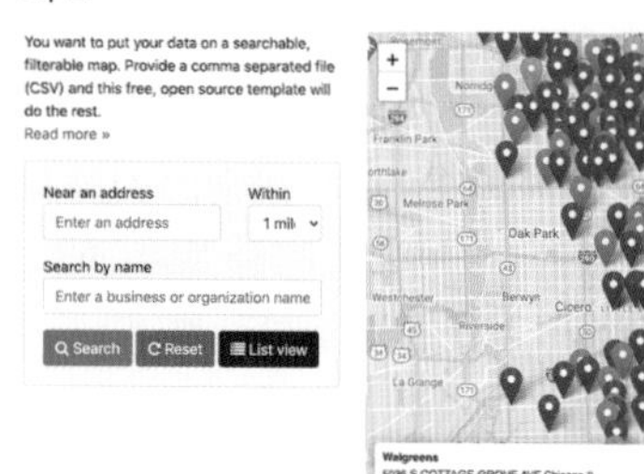<br> | 사용자가 이름 또는 근접성을 기준으로 검색하거나 카테고리별로 필터링할 수 있는 여러 위치를 목록 보기로 표시하는 데 가장 적합합니다. 데이터메이드DataMade의 데릭 에더Derek Eder가 개발했습니다.<br>• 템플릿 튜토리얼: 12.6절 '검색 가능한 리플릿 포인트 지도' |
| 오픈 데이터 API로 만드는 리플릿 맵<br>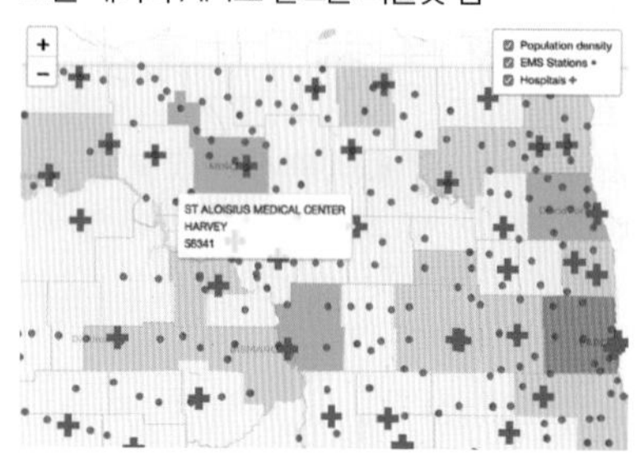<br> | 소크라타와 같은 오픈 데이터 저장소에서 API를 사용해 최신 데이터를 직접 지속적으로 가져오는 리플릿 맵 코드를 배웁니다.<br>• 템플릿 튜토리얼: 12.7절 '오픈 데이터 API로 만드는 리플릿 맵' |

## 12.1 구글 시트로 만드는 리플릿 맵

지도의 모양을 사용자 정의하거나 점, 폴리곤 또는 폴리라인 데이터의 조합을 표시해야 할 경우 다루기 쉬운 드래그 앤드 드롭 도구만으로 부족한 경우가 있습니다. 한 가지 해결책은 [그림 12-1]과 같이 사용자 정의 포인트 아이콘을 표시하고, 다양한 색상의 코로플레스 색상 팔레트를 선택하고, 지도 데이터 레이어의 다양한 조합을 쌓을 수 있는 구글 시트 코드 템플릿으로 리플릿 맵을 만드는 것입니다.

이 책의 이전 장들을 살펴봤다면 이 템플릿이 초보자들이 시작하기에 좋은 템플릿임을 알 수 있을 것입니다. 왜냐하면 [그림 12-2]처럼 지도 데이터와 설정을 연결된 구글 시트에 입력하고, 이미지 또는 지리 파일을 깃허브 레포에 업로드하면 끝이기 때문입니다. 1장에서 설명한 것처럼 향후 시각화 기술이 계속 발전함에 따라 입력하는 모든 데이터를 다른 플랫폼으로 쉽게 내보내고 마이그레이션(이동)할 수 있습니다. 또한 지도 디자인은 반응성이 뛰어나며, 작은 화면이나 큰 화면 모두에서 잘 보이도록 크기가 자동으로 조정됩니다. 또한 스토리맵 디자인은 응답성이 뛰어나 더 작은 화면(폭 768픽셀보다 작음)에서는 위에서 아래로 표시되며, 더 큰 화면에서는 자동으로 나란히 전환됩니다. 마지막으로 리플릿 템플릿은 웹에서 매우 일반적인 코딩 언어인 자바스크립트로 작성된 유연한 오픈 소스 소프트웨어에 기반해 만들어졌기 때문에 다른 개발자의 도움을 받거나 스스로 학습해 추가로 사용자 정의할 수 있습니다.

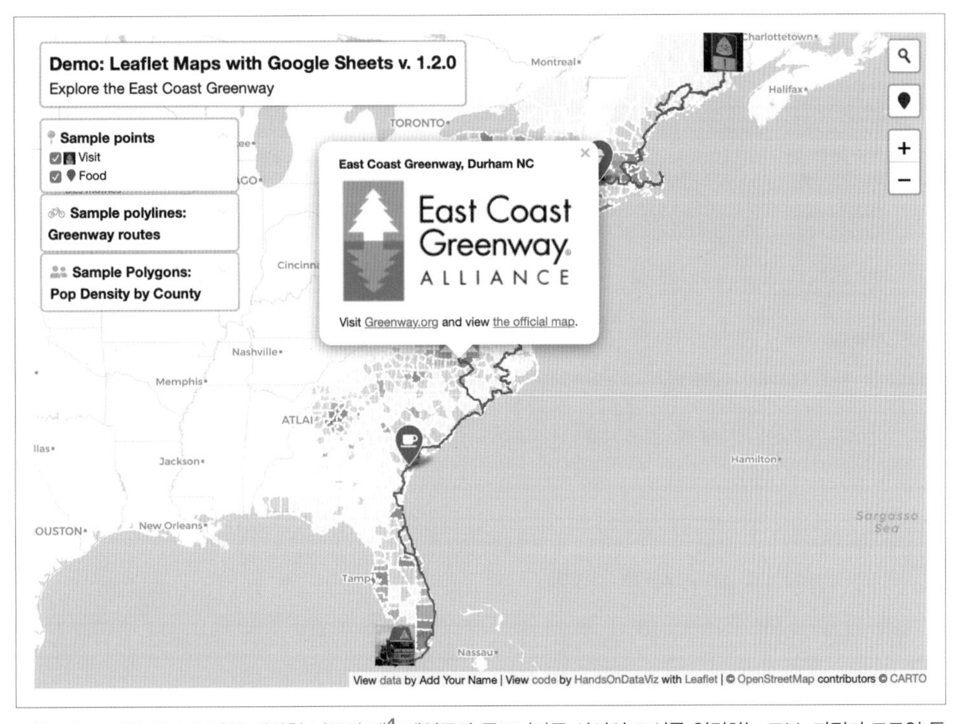


**그림 12-1** 구글 시트로 만든 대화형 리플릿 맵[4] 메인주와 플로리다주 사이의 도시를 연결하는 도보-자전거 도로인 동쪽 해안 그린웨이East Coast Greenway를 보여주고 있습니다. 2021년 현재 3,000마일 노선의 3분의 1 이상이 교통 체증이 없는 도로입니다. 더 자세히 알고 싶다면 공식 그린웨이 지도[5]를 참조하세요.

4 https://oreil.ly/CqHIw

5 https://oreil.ly/SjHyc

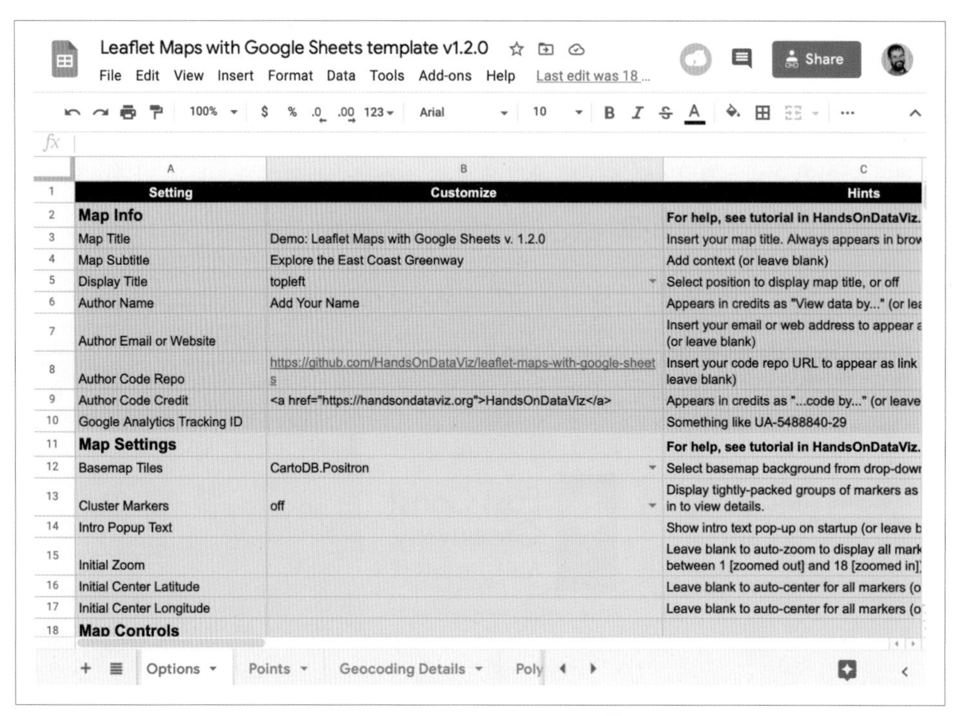


| | Setting | Customize | Hints |
|---|---|---|---|
| 2 | Map Info | | For help, see tutorial in HandsOnDataViz. |
| 3 | Map Title | Demo: Leaflet Maps with Google Sheets v. 1.2.0 | Insert your map title. Always appears in brow |
| 4 | Map Subtitle | Explore the East Coast Greenway | Add context (or leave blank) |
| 5 | Display Title | topleft | Select position to display map title, or off |
| 6 | Author Name | Add Your Name | Appears in credits as "View data by..." (or lea |
| 7 | Author Email or Website | | Insert your email or web address to appear a (or leave blank) |
| 8 | Author Code Repo | https://github.com/HandsOnDataViz/leaflet-maps-with-google-sheets | Insert your code repo URL to appear as link leave blank) |
| 9 | Author Code Credit | <a href="https://handsondataviz.org">HandsOnDataViz</a> | Appears in credits as "...code by..." (or leave |
| 10 | Google Analytics Tracking ID | | Something like UA-5488840-29 |
| 11 | Map Settings | | For help, see tutorial in HandsOnDataViz. |
| 12 | Basemap Tiles | CartoDB.Positron | Select basemap background from drop-dow |
| 13 | Cluster Markers | off | Display tightly-packed groups of markers as in to view details. |
| 14 | Intro Popup Text | | Show intro text pop-up on startup (or leave b |
| 15 | Initial Zoom | | Leave blank to auto-zoom to display all mark between 1 [zoomed out] and 18 [zoomed in] |
| 16 | Initial Center Latitude | | Leave blank to auto-center for all markers (o |
| 17 | Initial Center Longitude | | Leave blank to auto-center for all markers (o |
| 18 | Map Controls | | |



그림 12-2 위 리플릿 맵 데모에 데이터를 제공하는 온라인 구글 시트 템플릿[6]

### 12.1.1 튜토리얼 요구 사항 및 개요

이 장을 시작하려면 구글 드라이브 계정[7]이 있어야 하며 구글 시트에서 복사하는 방법을 알고 있어야 합니다(2.3절 '구글 시트 복사본 만들기' 참조). 또한 깃허브 계정[8]이 있어야 하며 깃허브에서 코드를 편집하고 호스팅하는 방법을 알고 있어야 합니다(10장 참조). 이전 장에서 단계를 설명할 때 보여주었던 일부 스크린숏은 생략했으니 모르는 부분이 있다면 이전 장으로 돌아가 다시 한번 살펴보기 바랍니다.

이 절의 튜토리얼은 여러 단계로 진행하므로 전체 과정을 따라 하기 쉽도록 미리 개요를 작성했습니다. 첫 파트에서는 깃허브용과 연결된 구글 시트용 템플릿 복사본을 만들고 게시합니다.

6 https://oreil.ly/z4aG5

7 https://drive.google.com

8 https://github.com

A. 깃허브 템플릿을 복사하고 깃허브 페이지로 버전 게시

B. 파일 > 구글 시트 템플릿 복사본 만들기, 공유 및 게시

C. 깃허브 레포 두 곳에 구글 시트 브라우저 주소 붙여넣기

D. 구글 시트 옵션 업데이트 및 지도 새로 고침

두 번째 파트에서는 포인트, 폴리곤, 폴리라인 등 여러 가지 유형의 지도 데이터를 업로드하고 보여주는 방법과 연결된 구글 시트에 데이터를 입력해 색상, 아이콘, 이미지 등을 수정하는 방법, 그리고 파일을 깃허브 레포에 업로드하는 방법을 배웁니다.

E. 지역을 지오코드로 만들고, 포인트 탭에서 새로운 마커 만들기

F. 포인트, 폴리곤, 폴리라인 데이터 및 범례 삭제하거나 표시하기

세 번째 파트에서는 지도를 다른 사람과 공개적으로 공유하기 전에 지도를 완성하는 두 가지 옵션을 알아봅니다.

G. 각 구글 시트 탭을 CSV 파일로 저장하고 깃허브에 업로드

H. 구글 시트 API 키를 가져와서 코드에 삽입

만약 문제가 생긴다면 부록을 참조하세요.

이제 전체적인 그림을 이해했으니 튜토리얼의 첫 번째 파트부터 시작해봅시다.

### A. 깃허브 템플릿을 복사하고 깃허브 페이지로 버전 게시

**01** 새 탭에서 깃허브 코드 템플릿[9]을 엽니다.

**02** 코드 템플릿 오른쪽 상단에서 'Sign in'을 클릭하여 깃허브 계정에 로그인합니다.

**03** 초록색 'Use this template' 버튼을 클릭해 여러분의 깃허브 계정에 레포지토리의 본사본을 만듭니다. 다음 화면에서 레포 이름을 leaflet-maps-with-google-sheets 또는 소문자로 구성된 다른 의미 있는 이름으로 지어줍니다. 그리고 'Create repository from template' 버튼을 클릭합니다.

레포 복사본은 다음 형식을 따를 것입니다.

```
https://github.com/USERNAME/leaflet-maps-with-google-sheets
```

9 https://oreil.ly/H4vKZ

**04** 코드 레포의 새로운 복사본에서 오른쪽 상단 '설정(Settings)' 버튼을 클릭합니다. 설정 화면 왼쪽 패널에서 'Pages'를 선택하고 '깃허브 페이지(GitHub Pages)'에서 '소스(Source)'를 'None'에서 'main'으로 변경해줍니다. '/(root)' 옵션은 그대로 두고 '저장(save)'을 누릅니다. 이 단계는 깃허브에 웹 주소가 있는 경우 누구나 브라우저에서 지도에 액세스할 수 있는 공개 웹에 지도의 라이브 버전을 게시하도록 지시합니다.

GitHub Pages

GitHub Pages is designed to host your personal, organization

Source

GitHub Pages is currently disabled. Select a source below

Branch: main / (root) Save

Select branch

ll theme usi

Select branch

main

None

**05** '깃허브 페이지(GitHub Pages)'에서 게시된 웹사이트의 링크를 복사합니다(링크를 마우스 오른쪽 버튼으로 클릭 > 링크 복사). 링크는 다음과 같은 형식으로 보일 것입니다.

```
https://USERNAME.github.io/leaflet-maps-with-google-sheets
```

**06** 맨 위로 스크롤하고 레포 이름을 클릭하여 메인 페이지로 돌아갑니다.

**07** 레포 메인 페이지 최상단 수준에서 `README.md` 파일을 클릭하고 연필 심벌을 클릭해 파일을 수정합니다.

**08** 우리 라이브 사이트의 링크를 삭제하고 방금 전에 복사한 여러분이 게시한 사이트의 링크를 붙여넣습니다. 아래로 스크롤한 뒤 'Commit changes'를 클릭하여 변경 사항을 커밋합니다.

**09** '깃허브 페이지(GitHub Pages)'에서 여러분의 라이브 링크를 마우스 오른쪽 버튼으로 클릭하고 '새 탭에서 링크 열기'를 클릭합니다. 깃허브 페이지는 일반적으로 30초 이내에 라이브 지도를 표시하지만 때로는 몇 분이 지나야 나타나는 경우도 있으니 인내심을 가지세요.

### B. 파일 > 구글 시트 템플릿 복사본 만들기, 공유 및 게시

**01** 구글 시트 템플릿[10]을 새로운 탭에 엽니다.

**02** '로그인'을 클릭하여 구글 계정으로 로그인한 후 '파일 > 사본 만들기'를 클릭하여 구글 드라이브에 수정할 수 있는 복사본을 만듭니다.

**03** '공유' 버튼을 클릭한 후 '링크가 있는 모든 사용자에게 공개'로 변경하고 '완료' 버튼을 누릅니다. 즉, 이 템플릿이 작동하는 데 필요한 지도 데이터를 공개적으로 공유한 것입니다.

**04** '파일 > 공유 > 웹에 게시'로 들어가 초록색 '게시' 버튼을 눌러 전체 문서를 게시하여 리플릿 코드가 읽을 수 있도록 합니다. 그다음 오른쪽 상단에서 닫기(X)를 클릭해 창을 닫습니다.

**05** 브라우저 상단에서 구글 시트 주소 또는 URL(일반적으로 `...XYZ/edit#gid=0`으로 끝남)을 복사합니다. 주의해야 할 점은 '웹에 게시'에서 나타났던 주소(일반적으로 `XYZ/pubhtml`로 끝남)를 복사하는 것이 아니라는 것입니다. 이 주소는 조금 다르기 때문에 이 템플릿에서 작동하지 않습니다.

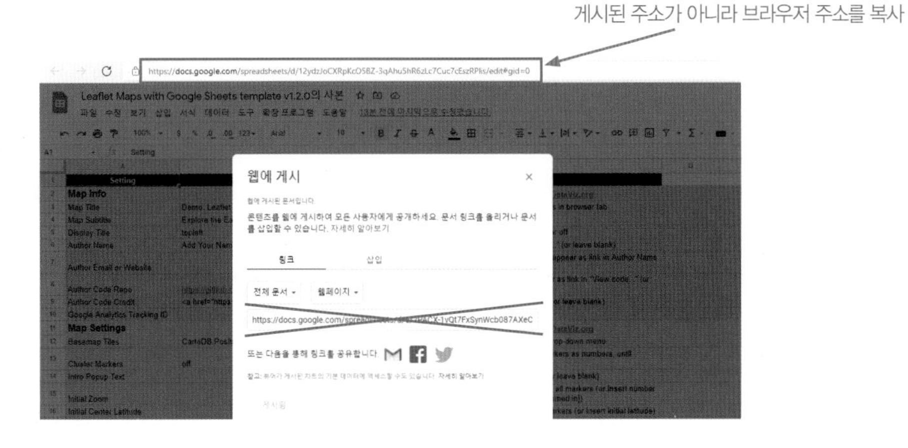


---

10 https://oreil.ly/PZRev

### C. 깃허브 레포 두 곳에 구글 시트 브라우저 주소 붙여넣기

다음 작업은 지도를 만드는 데 필요한 데이터를 가져올 수 있도록 여러분이 게시한 구글 시트를 깃허브의 리플릿 코드에 연결하는 것입니다.

**01** 깃허브 레포 상단에서 `google-doc-url.js`라는 이름의 파일을 클릭하여 열고 연필 심벌을 클릭해 편집할 수 있도록 합니다.

**02** 기존 URL을 대체하기 위해 앞서 복사한 구글 시트 주소 또는 URL(일반적으로 `...XYZ/edit#gid=0`으로 끝남)을 붙여넣습니다. 작업 도중에 기존 URL 앞뒤에 있는 작은따옴표와 맨 끝에 있는 세미콜론을 삭제하지 않도록 주의합니다. 스크롤을 내려 'Commit changes'를 클릭해 변경 내용을 커밋합니다. 또한 그 아래의 구글 API 키에 대한 별도의 지침을 참조합니다.

**03** 또한 구글 시트 URL을 추적하는 데 도움이 되도록 구글 시트 URL을 두 번째 위치에 붙여넣습니다. 깃허브 레포에서 `README.md` 파일을 클릭해 열고 연필 심벌을 클릭합니다. 다음과 같이 기존 URL을 구글 시트 URL로 변경합니다. 스크롤을 내려 'Commit changes'를 클릭해 변경 내용을 커밋합니다.

leaflet-maps-with-google-sheets / README.md  Cancel

<> Edit file  Preview changes  Spaces  2

```
6 ## Live links (replace with your own)
7 - Leaflet Map https://handsondataviz.github.io/leaflet-maps-with-google-sheets/
8 - Google Sheets template https://docs.google.com/spreadsheets/d/1ZxvU8eGyuN9M8GxTU9acKVJv70iC3px_m3EVFsOHN9g/edit#gid=0
9
```

`README.md` 파일에서 보관하지 않으려는 다른 내용은 자유롭게 제거해도 됩니다.

### D. 구글 시트 옵션 업데이트 및 지도 새로 고침

이제 여러분이 게시한 구글 시트가 여러분 라이브 지도에 링크되었으므로 구글 시트의 '옵션(Options)' 탭에서 다음 항목 중 원하는 항목을 업데이트합니다.

- 지도 제목
- 지도 부제목
- 작성자 이름
- 작성자 이메일 또는 웹사이트
- 작성자 코드 레포

라이브 지도를 표시하는 브라우저 탭을 열고 페이지를 새로 고쳐 변경 사항을 확인합니다. 몇 초 이내에 변경 사항이 나타나지 않으면 부록을 참조하세요.

### E. 지역을 지오코드로 만들고, 포인트 탭에서 새로운 마커 만들기

이제 지도에 새로운 콘텐츠를 추가할 수 있습니다. 구글 시트의 '포인트(Points)' 탭에서 지도 상에 대화형 마커interactive marker를 정렬하고 보여주기 위한 열 헤더를 볼 수 있을 것입니다. 데모 데이터를 여러분 데이터로 바꾸되 리플릿 코드가 특정 이름을 참조하기 때문에 열 헤더를 삭제하거나 이름을 변경하지 않도록 합니다.

Group

범례에서 마커를 그룹별로 분류하는 레이블을 생성합니다.

Marker Icon

`fa-ice-cream` 또는 `fa-coffee`와 같은 폰트 오섬 무료 및 솔리드 아이콘 이름Font Awesome free and solid icon name[11]을 삽입하거나, `rowing` 또는 `wehre_to_vote`와 같은 머티리얼 디자인 아이콘 이름[12]을 삽입합니다. 만약 마커 내부에 아이콘이 없다면 이 부분은 공백으로 비워둡니다. 폰트 오섬 프로Font Awesome pro 또는 브랜드 아이콘brand icon은 이 템플릿에서 사용할 수 없습니다. 여러분이 직접 만든 아이콘을 사용하고 싶다면 아래 내용을 참조하세요.

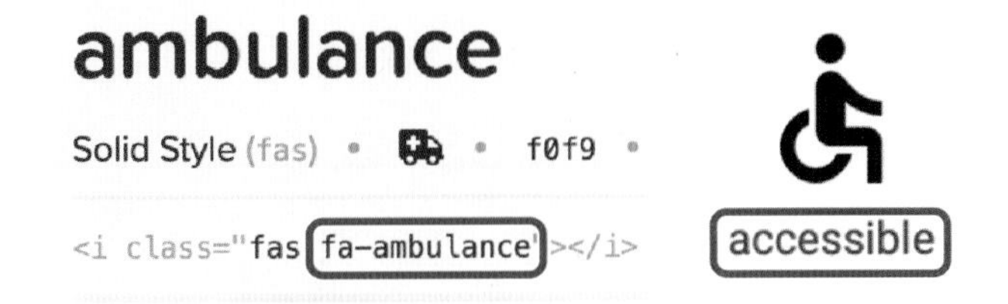


11 https://oreil.ly/Mz_5F
12 https://oreil.ly/OUCGU

Marker Color

blue(파란색) 또는 darkblue(짙은 파란색)와 같은 표준 웹 색상 이름이나 #775307 또는 rgb(200,100,0,0.5)와 같은 웹 색상 코드를 삽입합니다. 옵션은 W3Schools Color Names[13]를 참조하세요.

Icon Color

마커 내부의 아이콘 색상을 설정합니다. 기본값은 white(흰색)이며, 어두운 색상의 마커와 잘 어울립니다.

Custom Size

사용자 정의 아이콘을 만드는 경우가 아니면 비워 둡니다.

다음 열 집합은 사용자가 포인트 마커를 클릭할 때 나타나는 항목을 포함하고 있습니다.

Name

마커 팝업 창에 표시할 제목을 추가합니다.

Description

마커 팝업 창에 표시할 텍스트를 추가합니다. 줄 바꿈을 위해 <br>과 같은 HTML 태그를 삽입하거나 새 탭에 외부 링크를 열기 위해 다음과 같은 코드를 삽입할 수도 있습니다.[14]

```
<a href='https://www.w3schools.com/' target='_blank'>Visit W3Schools</a>
```

Image

이미지를 표시하는 두 가지 옵션이 있습니다. https(보안)로 시작하고 .jpg 또는 .png로 끝나는 경우 온라인 서비스(Flickr와 같은)에서 호스팅하는 이미지에 외부 링크를 삽입할 수 있습니다. 또는 깃허브 레포에서 media 하위 폴더로 이미지를 업로드하고 구글 시트에 media/image.jpg 또는 ...png와 같은 형식으로 경로를 설정해줍니다.

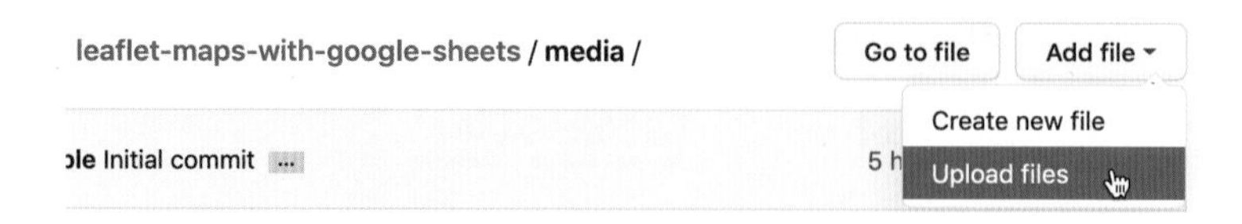


13 https://oreil.ly/2dapU

14 W3 Schools(https://oreil.ly/hQdr3)에서 HTML 구문에 대해 알아보세요.

CAUTION_ 미디어 파일 경로 이름은 대소문자를 구분합니다. 따라서 확장자를 포함하여 모두 소문자를 사용하는 것이 좋습니다. 또한 코드 템플릿은 이미지 크기를 자동으로 조정하므로 이미지를 업로드하기 전에 크기를 600×400픽셀 이하로 줄여 지도가 원활하게 작동하도록 하는 것이 좋습니다.

### Location, Latitude, Longitude

지도의 각 지점에 마커를 배치합니다. 코드 템플릿에는 위도와 경도만 필요하지만 숫자 좌표와 일치하도록 주소 또는 장소 이름을 위치(Location) 열에 붙여넣는 것이 좋습니다. 2.6절 '구글 시트에서 주소 지오코딩하기'에서 배운 스마트멍키 부가 기능을 활용한 지오코딩 방법을 사용합니다. '확장 프로그램 > Goecoding by SmartMonkey > Geocode details'를 선택하여 Latitude, Longitude, Address found 등 세 가지 새로운 열을 가진 시트를 만듭니다. 그리고 앞서 복사한 주소를 붙여넣고 이전 단계를 반복하여 지오코딩합니다. 이렇게 작성된 데이터를 복사해서 Points 시트에 붙여넣습니다.

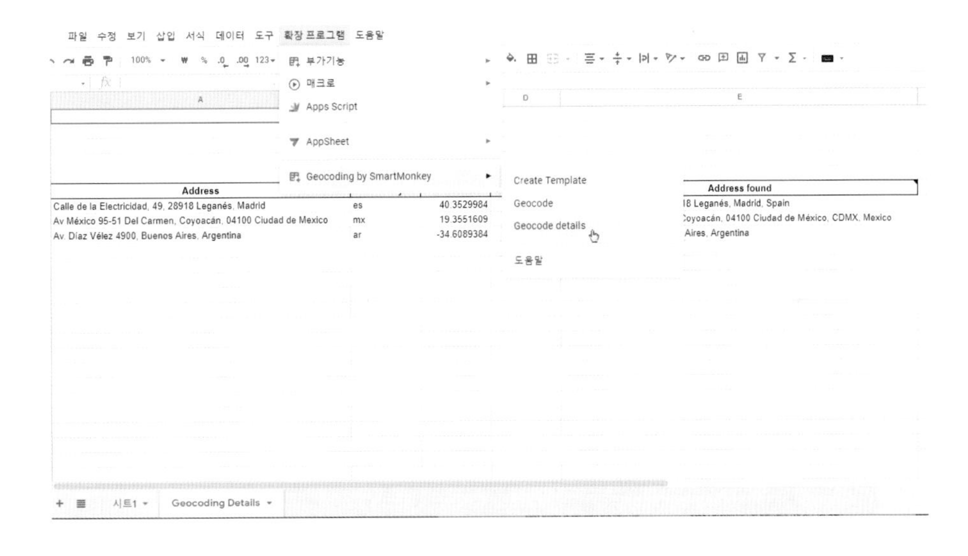


### 뷰어블(viewable) 마커 테이블(선택 사항)

지도 하단에 대화형 테이블을 보여줍니다. 옵션(Options) 탭에서 'set Display Table'(B30셀, Display Table)을 'On'으로 설정합니다. Table Height에서 테이블 높이를 조정할 수 있으며, Table Columns에서 컬럼 헤더를 콤마로 구분해서 입력하여 테이블 컬럼을 바꿀 수도 있습니다.

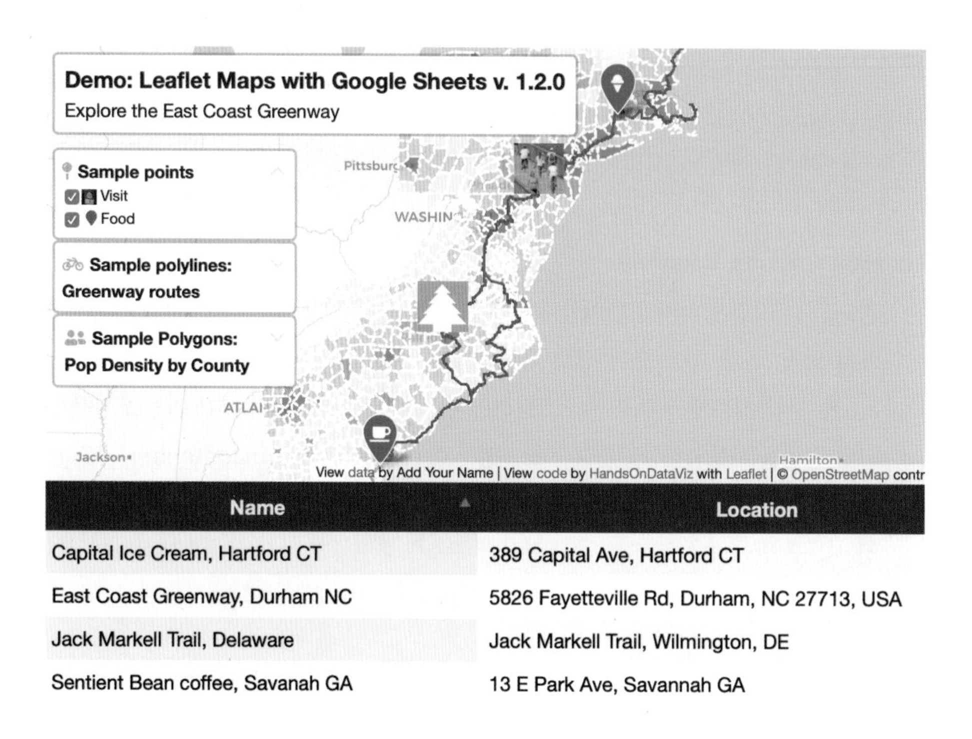


| Name | Location |
|---|---|
| Capital Ice Cream, Hartford CT | 389 Capital Ave, Hartford CT |
| East Coast Greenway, Durham NC | 5826 Fayetteville Rd, Durham, NC 27713, USA |
| Jack Markell Trail, Delaware | Jack Markell Trail, Wilmington, DE |
| Sentient Bean coffee, Savanah GA | 13 E Park Ave, Savannah GA |

### 사용자 정의 마커(선택 사항)

섬네일 포토 아이콘 같은 사용자 정의 마커를 만들려면 이미지 편집 도구를 사용하여 사진을 64×64픽셀로 줄입니다. 이미지를 PNG 포맷으로 저장하고 파일 이름을 공백 없는 소문자로 지정합니다. 이미지는 앞서 설명한 깃허브 레포의 `media` 폴더로 업로드합니다. Marker Icon 열에 파일 경로를 `mdedia/imagename-small.png` 형식으로 입력합니다. 그리고 Custom Size 열에 치수를 원하는 경우 `64×64` 또는 이보다 낮게 설정해줍니다. 예를 들면 `40×40`로 지정합니다.

| Group | Marker Icon | Marker Color | Icon Color | Custo |
|---|---|---|---|---|
| Visit | media/calais-64.jpg | | | 40x40 |
| Food | fa-ice-cream | green | white | |
| Visit | media/delaware-64.jpg | | | 40x40 |
| Visit | media/ecg-logo-64.png | | | 40x40 |
| Food | fa-coffee | green | white | |
| Visit | media/keywest-64.jpg | | | 40x40 |

라이브 지도를 표시하고 있는 브라우저 탭을 클릭하여 열고 새로 고침을 하여 변경 사항을 확인합니다. 몇 초 이내에 변경 사항이 반영되지 않으면 부록을 참조하세요.

### F. 포인트, 폴리곤, 폴리라인 데이터 및 범례 삭제하거나 표시하기

기본적으로 데모 지도는 포인트, 폴리곤, 폴리라인 이렇게 세 가지 유형의 데이터와 이들의 범례를 보여줍니다. 구글 시트를 수정해 지도에서 이들 유형을 제거할 수 있습니다.

#### 포인트 삭제

1. '옵션(Options)' 탭에서 Point Legend Position(B27셀)을 Off로 설정합니다.
2. '포인트(Points)' 탭에서 포인트 데이터의 모든 행을 삭제합니다.

#### 폴리라인 삭제

1. '옵션(Options)' 탭에서 Polyline Legend Position(B36셀)을 Off로 설정합니다.
2. '폴리라인(Polylines)' 탭에서 폴리라인 데이터 행을 모두 삭제합니다.

#### 폴리곤 삭제

1. '옵션(Options)' 탭에서 Polygon Legend Position(B4셀)을 Off로 설정합니다.
2. '폴리곤(Polygons)' 탭에서 Polygon GeoJSON URL(B6셀)을 삭제하여 지도에서 해당 데이터를 제거합니다.
3. '폴리곤(Polygons)' 탭에서 드롭다운 메뉴를 사용해 '삭제'를 선택해 전체 시트를 삭제합니다.

여러분은 이미 '포인트(Points)' 탭에서 마커를 추가하는 방법을 배웠습니다. 만약 새로운 폴리곤 또는 폴리라인 데이터를 추가하고 싶다면 13.3절 'GeoJson.io를 사용해 그리고 편집하기' 또는 13.4절 '맵셰이퍼를 사용해 편집하고 병합하기'의 방법을 사용해 해당 파일을 GeoJSON 형식으로 준비해야 합니다.

GeoJSON 데이터를 준비했으면 파일 이름을 공백 없이 소문자로 지정하고 여러분 깃허브 레포의 geojson 하위 폴더에 업로드합니다. 그리고 연결된 구글 시트에서 이 설정을 업데이트합니다.

#### 폴리라인 표시

1. '옵션(Options)' 탭에서 Polyline Legend Position(B36셀)을 'topleft' 또는 비슷한 위치를 선택해 해당 위치에 폴리라인 범례가 보이도록 설정합니다.
2. '폴리라인(Polylines)' 탭에서 깃허브 레포에 업로드한 파일의 GeoJSON URL 경로 이름을 `geodata/polygons.geojson`과 같은 형식으로 입력합니다. 그런 다음 표시 이름(Display Name), 설명(Description) 및 색상(Color)을 삽입합니다.

### 폴리곤 표시

1 '폴리곤(Polygons)' 탭에서 Polygon Legend Position(B4셀)을 'topleft' 또는 비슷한 위치를 선택해 해당 위치에 폴리곤 범례가 보이도록 설정합니다.

2 Polygon GeoJSON URL(B6셀)에서 깃허브 레포에 업로드한 파일의 경로 이름을 `geodata/polygons.geojson`과 같은 형식으로 입력합니다.

3 Polygon Legend Title(B3셀)을 변경할 수 있으며, 선택적으로 Polygon Legend Icon(B5셀)을 추가할 수 있습니다.

4 폴리곤 데이터(Polygon Data) 및 색상 설정(Color Settings) 섹션을 편집하여 GeoJSON 파일의 속성에 맞게 레이블과 범위를 수정합니다. Property Range Color Palette에서 7.1절 '지도 디자인 원칙'에서 소개한 컬러브루어 도구로부터 색 구성표를 자동으로 선택하거나 여러분이 선택한 색상을 아래 셀에 수동으로 삽입할 수 있습니다.

5 데이터 입력 방법에 대한 팁은 '폴리곤(Polygons)' 탭에서 'Hint' 열을 참조합니다.

6 여러 폴리곤 레이어를 표시하려면 '폴리곤(Polygons)' 탭 드롭다운 메뉴를 사용해 시트를 복제하고 복제한 시트의 이름을 'Polygons1', 'Polygons2' 등으로 지정합니다.

이제 지도를 완성할 준비가 되었습니다. 만약 여러분이 만든 지도의 링크를 다른 사람과 공유하고 싶다면 G 또는 H 단계에서 선택해 공유를 진행할 수 있습니다.

> **CAUTION_** 우리는 구글 시트 API 키를 다른 사용자가 키를 과도하게 사용하거나 남용할 경우 언제든지 변경할 수 있는 권한이 있습니다. 즉, 공개적으로 지도를 공유하기 전에 G 또는 H 단계를 사용하여 지도를 완료해야 합니다. 키를 변경하면 지도가 작동을 멈추기 때문입니다.

## G. 각 구글 시트 탭을 CSV 파일로 저장하고 깃허브에 업로드

구글 시트에 데이터를 입력하는 작업을 마쳤다면 해당 파일을 별도의 CSV 파일로 다운로드하여 깃허브 레포에 다시 업로드하는 것이 가장 좋은 장기 보존 전략입니다. 이러한 접근 방식은 지도와 데이터를 동일한 깃허브 레포에 있도록 해주기 때문에 구글 서비스 중단으로 인해 지도가 파손될 위험을 제거합니다. 또한 여러분이 원할 때 지도 데이터를 수정할 수 있습니다. 이러한 접근 방식이 타당하게 느껴진다면 다음 단계를 실행하길 바랍니다.

**01** 구글 시트의 각 탭에서 '파일 > 다운로드 > 쉼표로 구분된 값(`.csv`)'을 선택해 각 탭을 별도의 파일로 저장합니다.

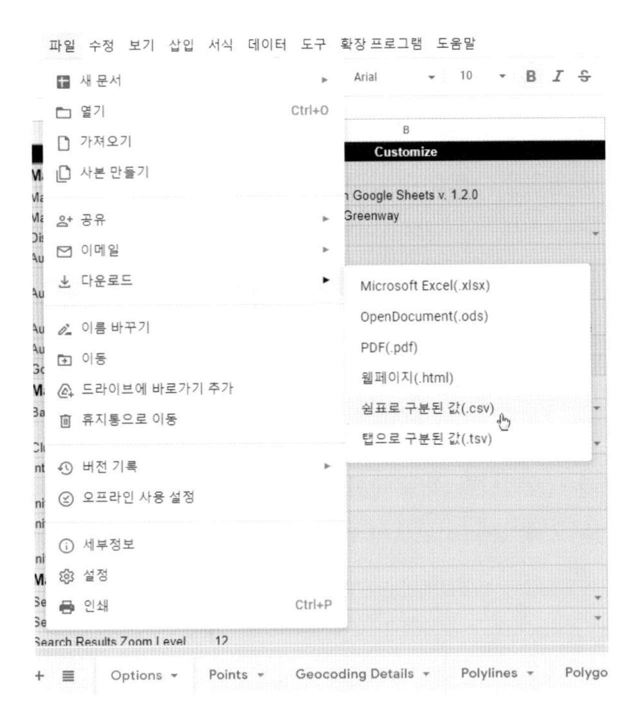


**02** 각 파일 이름을 다음과 같이 짧고 정확하게 지정하세요. 첫 번째 파일(`Options.csv`)만 필요하며 나머지는 데이터에 따라 선택 사항입니다.

- `Options.csv`
- `Points.csv`
- `Polylines.csv`
- `Polygons.csv`(추가 파일이 있다면 다음과 같은 이름으로 저장 : `Polygons1.csv`, `Polygons2.csv` 등)
- `Notes.csv`(또는 `.txt`) 데이터와 함께 노트를 저장할 것을 추천하지만 필수는 아닙니다.

**03** 깃허브 레포에서 csv 하위 폴더를 클릭해 열고 'Add file > Upload files'를 선택해 모든 CSV 파일을 이 하위 폴더에 업로드합니다. 리플릿 템플릿 코드는 여기에서 먼저 데이터를 확인해 위 이름을 가진 CSV 파일이 있다면 구글 시트 대신 지도 데이터를 직접 가져옵니다. 이 시점부터는 구글 시트의 수정 내용이 더 이상 지도에 자동으로 표시되지 않습니다.

**04** CSV 파일을 업로드한 후 지도를 수정하려면 두 가지 옵션이 있습니다. 깃허브 웹 인터페이스에서 CSV 파일을 열어 직접 작은 편집을 수행할 수 있습니다. 또는 이전 단계에서처럼 CSV 형식으로 다운로드하고 다시 업로드하여 깃허브에 있는 기존 파일을 대체하는 방식으로 구글 시트에서 더 많은 편집을 수행할 수 있습니다.

### H. 구글 시트 API 키를 가져와서 코드에 삽입

G 단계에 대한 대안으로 온라인에 게시된 구글 시트에 지도 데이터를 계속 저장하려면 12.3절 '구글 시트 API 키 가져오기'에서 설명한 대로 키를 리플릿 맵 코드에 삽입하여 우리가 만들어 놓은 키가 과도하게 사용되는 것을 피할 수 있습니다. 구글 시트는 서비스에 대한 합리적인 사용 제한[15]을 유지하기 위해 API 키가 필요합니다. 학교나 회사에서 제공하는 구글 워크스페이스 계정이 아닌 개인 구글 계정이 있는 경우 구글 시트 API 키를 무료로 받을 수 있습니다. 문제가 발생하면 부록을 참조하세요.

## 12.2 구글 시트로 만드는 리플릿 스토리맵

리플릿 스토리맵 코드 템플릿은 [그림 12-3]처럼 포인트별 가이드 투어를 보여주도록 디자인되었으며 텍스트, 이미지, 오디오, 비디오 및 스캔한 지도 배경을 스크롤링하여 표시합니다. 모든 지도 데이터를 [그림 12-4]와 같이 연결된 구글 시트(또는 CSV 파일)에 입력하거나 깃허브 레포에 업로드합니다. 또한 리플릿 스토리맵 템플릿은 역사적 지도historical map와 지리적 경계와 같은 데이터와 레이어를 추가적으로 설정할 수 있습니다. 13장에서 이들을 준비하는 방법을 배울 것입니다. 또한 스토리맵 디자인은 반응성이 뛰어나 작은 화면(너비가 768픽셀보다 작음)에서는 위에서 아래로 나타나며, 큰 화면에서는 자동으로 나란히 전환됩니다. 마지막으로 리플릿 템플릿은 웹에서 매우 일반적인 코딩 언어인 자바스크립트로 작성된 유연한 오픈 소스 소프트웨어에 기반해 만들어졌기 때문에 다른 개발자의 도움을 받거나 스스로 학습해 추가로 사용자 정의할 수 있습니다.

---

15 https://oreil.ly/3Wd-W

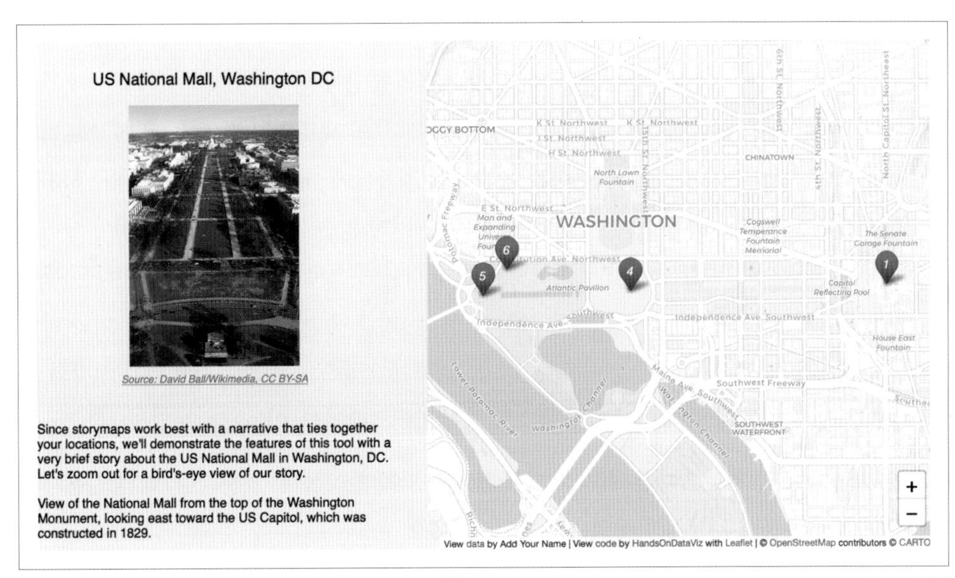


그림 12-3 구글 시트로 만든 대화형 리플릿 스토리맵.[16] 이 데모 버전은 워싱턴 DC에 있는 미국 내셔널 몰National Mall에 대한 간략한 스토리를 전달하는 동시에 코드 템플릿의 특징을 설명합니다.

| Chapter | Media Link | Media Credit | Media Credit Link | Description |
|---|---|---|---|---|
| US National Mall, Washington DC | https://upload.wikimedia.org/wikipedia/commons/thumb/a/a4/Mall-002.JPG/400px-Mall-002.JPG | Source: David Ball/Wikimedia, CC BY-SA | https://commons.wikimedia.org/wiki/File:Mall-002.JPG | Since storymaps work best with a narr your locations, we'll demonstrate the f a very brief story about the US Nation DC. Let's zoom out for a bird's-eye vie story.<br><br>View of the National Ma Washington Monument, looking east t which was constructed in 1829. |
| | media/google-sheet-screenshot.png | Screenshot of linked Google Sheet. | | Right-click on the tiny "View data" link map to open the contents of the linked new tab. Each row is a chapter, which story, links to media, and data about e The Google Sheet also includes an "C settings for the overall map appearanc |
| Washington Monument | media/washington-monument-nps.png | Source: US National Park Service, public domain | https://www.nps.gov/nama/learn/photosmultimedia/photogallery.htm | You can upload JPG or PNG images i of your GitHub repository and enter th the linked Google Sheet. The template images to fit the scrolling narrative, bu |
| Lincoln Memorial | https://live.staticflickr.com/3747/9114059928_b5f4d56ce6_z.jpg | Source: Anthony Citrano/Flickr, Cr | https://flic.kr/p/eTnWuh | Also, you can link directly to photos in such as Flickr and Wikimedia. To add Share button, choose a small-to-medi embed code, and paste only the portic address that begins with "https://live.s ends in JPG or PNG. To add a Wikime small-to-medium size and copy its dire JPG or PNG. Always credit your imag Lincoln Memorial was constructed at t Mall in 1922. |
| | | | | You can display multiple images for or a series of rows in the Google Sheet. I Location information only in the first ro leave those fields blank for the other r |

+ Chapters ▾ Options ▾ Notes ▾ Geocoding Details ▾

그림 12-4 위 리플릿 스토리맵 데모에 데이터를 제공하는 온라인 구글 시트 템플릿[17]

16 https://oreil.ly/agGac

17 https://oreil.ly/Sabon

우리는 다른 도구로 해결하지 못한 공백을 메우기 위해 구글 시트로 리플릿 스토리맵을 만들었습니다. 분명한 것은 무료 오픈 소스인 나이트 랩 스토리맵 플랫폼Knight Lab StoryMap platform[18]이나 구독 기반인 Esri 스토리맵 플랫폼Esri StoryMaps platform[19]의 새로운 버전인 ArcGIS 스토리맵 플랫폼ArcGIS StoryMaps platform[20]을 사용하는 것은 초보자들에게 더 쉬운 선택지입니다. 하지만 이러한 플랫폼은 **데이터 이동성**이 떨어지기 때문에 추천하지 않습니다. 데이터 이동성이 떨어진다는 것은 여러분이 입력한 데이터나 이미지를 쉽게 다른 곳으로 내보내기 할 수 없다는 뜻인데, 이는 우리가 1장에서 논의한 좋은 도구를 선택하는 기준 중 하나에 해당합니다. 이와 반대로 리플릿 스토리맵에 연동된 구글 시트나 깃허브 레포에 업로드하는 모든 데이터는 시각화 기술이 계속해서 발전함에 따라 다른 플랫폼으로 쉽게 마이그레이션(이동)할 수 있습니다.

[표 12-2]에서 구글 시트로 만든 여러 가지 리플릿 스토리맵을 볼 수 있습니다. 다른 사용자가 이 템플릿을 이용하여 무엇을 만들었는지 확인해보세요.

**표 12-2** 구글 시트로 만든 리플릿 스토리맵 갤러리

| | |
|---|---|
| <br> |  |
| 엘리자베스 로즈의 시나고그(유대인 회당) 지도, 과거와 현재,[21] 그레이트 하트퍼드 유대인 역사학회 | 젠 안드렐라의 어퍼 미주리 지도[22] |

18 https://oreil.ly/Gtzyj
19 https://oreil.ly/K0ped
20 https://oreil.ly/fhIb1
21 https://oreil.ly/bE8X1
22 https://oreil.ly/tp89f

고든 쿤필드, 에리카 헤이스, 제임스 파렌트, 데이비드 어스팔, 샤이엔 자렘바의 킹스톤 리멤버[23]

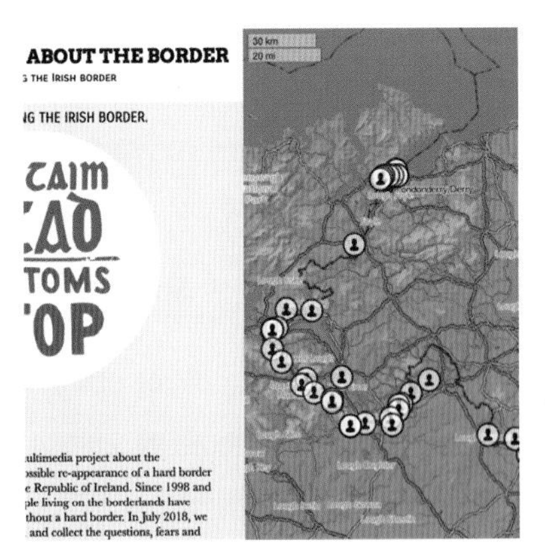


엘리자베스 블란쳇과 로랑 곤티에의 우리는 국경에 대해 이야기할 필요가 있다[24]

## 12.2.1 튜토리얼 요구 사항 및 개요

이 장을 시작하려면 구글 드라이브 계정[25]이 있어야 하며 구글 시트에서 복사하는 방법을 알고 있어야 합니다(2.3절 '구글 시트 복사본 만들기' 참조). 또한 깃허브 계정[26]이 있어야 하며 깃허브에서 코드를 편집하고 호스팅하는 방법을 알고 있어야 합니다(10장 참조). 이전 장에서 단계를 설명할 때 보여주었던 일부 스크린숏은 생략했으니 모르는 부분이 있다면 이전 장으로 돌아가 다시 한번 살펴보기 바랍니다.

**TIP** 이번 튜토리얼 내용이 앞 절과 유사하다는 것을 알 수 있을 것입니다. 하지만 첫 파트에서 사용된 링크는 다르며, 두 번째 파트의 몇 단계는 완전히 새로운 내용입니다.

이 절의 튜토리얼은 여러 단계로 진행하므로 전체 과정을 따라 하기 쉽도록 미리 개요를 작성했습니다. 첫 파트에서는 깃허브용과 연결된 구글 시트용 템플릿 복사본을 만들고 게시합니다.

**A.** 깃허브 템플릿을 복사하고 깃허브 페이지로 버전 게시

**B.** 파일 > 구글 시트 템플릿 복사본 만들기, 공유 및 게시

23 https://oreil.ly/7_Ngd

24 https://oreil.ly/laVcY

25 https://drive.google.com

26 https://github.com

C. 깃허브 레포 두 곳에 구글 시트 브라우저 주소 붙여넣기
D. 구글 시트 옵션 업데이트 및 지도 새로 고침

두 번째 파트에서는 연결된 구글 시트에서 지오코딩 및 포인트 데이터를 사용자 정의하는 방법을 배웁니다. 그리고 이미지나 다른 지도 데이터를 여러분의 깃허브 레포로 업로드하는 방법과 필요한 경우 스캔한 배경 지도 레이어를 추가하는 방법을 알아봅니다.

E. 'Chapters' 탭에서 텍스트, 미디어, 마커 및 지오코딩 위치 추가
F. 과거 지도 이미지 또는 GeoJSON 오버레이 추가(선택 사항)

세 번째 파트에서는 지도를 다른 사람과 공개적으로 공유하기 전에 지도를 완성하는 두 가지 옵션을 알아봅니다.

G. 각 구글 시트 탭을 CSV 파일로 저장하고 깃허브에 업로드
H. 구글 시트 API 키를 가져와서 코드에 삽입

만약 문제가 생긴다면 부록을 참조하세요.

이제 전체적인 그림을 이해했으니 튜토리얼의 첫 번째 파트부터 시작해봅시다.

### A. 깃허브 템플릿을 복사하고 깃허브 페이지로 버전 게시

**01** 새 탭에서 깃허브 코드 템플릿[27]을 엽니다.

**02** 코드 템플릿 오른쪽 상단에서 'Sign in'을 클릭하여 깃허브 계정에 로그인합니다.

**03** 오른쪽 상단에서 초록색 'Use this template' 버튼을 클릭해 여러분의 깃허브 계정에 레포지토리의 본사본을 만듭니다. 다음 화면에서 레포 이름을 leaflet-storymaps-with-google-sheets 또는 소문자로 구성된 다른 의미 있는 이름으로 지어줍니다. 그리고 'Create repository from template' 버튼을 클릭합니다.

레포 복사본은 다음 형식을 따를 것입니다.

```
https://github.com/USERNAME/leaflet-storymaps-with-google-sheets
```

27 https://oreil.ly/ZWoxB

**04** 코드 레포의 새로운 복사본에서 오른쪽 상단 '설정(Settings)' 버튼을 클릭합니다. 설정 화면 왼쪽 패널에서 'Pages'를 선택하고 '깃허브 페이지(GitHub Pages)'에서 '소스(Source)'를 'None'에서 'main'으로 변경해줍니다. '/(root)' 옵션은 그대로 두고 '저장(save)'을 누릅니다. 이 단계는 깃허브에 웹 주소가 있는 경우 누구나 브라우저에서 지도에 액세스할 수 있는 공개 웹에 지도의 라이브 버전을 게시하도록 지시합니다.

**05** '깃허브 페이지(GitHub Pages)'에서 게시된 웹사이트의 링크를 복사합니다(링크를 마우스 오른쪽 버튼으로 클릭 > 링크 복사). 링크는 다음과 같은 형식으로 보일 것입니다.

```
https://USERNAME.github.io/leaflet-maps-with-google-sheets
```

**06** 스크롤을 위로 올려 레포 이름을 클릭하고 메인 페이지로 돌아갑니다.

**07** 레포 메인 페이지 최상단 수준에서 `README.md` 파일을 클릭하고 연필 심벌을 클릭해 파일을 수정합니다.

**08** 우리 라이브 사이트의 링크를 삭제하고 방금 전에 복사한 여러분이 게시한 사이트의 링크를 붙여넣습니다. 아래로 스크롤한 뒤 'Commit changes'를 선택하여 변경 사항을 커밋합니다.

**09** '깃허브 페이지(GitHub Pages)'에서 여러분의 라이브 링크를 마우스 오른쪽 버튼으로 클릭하고 '새 탭에서 링크 열기'를 클릭합니다. 깃허브 페이지는 일반적으로 30초 이내에 라이브 지도를 표시하지만 때로는 몇 분이 지나야 나타나는 경우도 있으니 인내심을 가지세요.

### B. 파일 > 구글 시트 템플릿 복사본 만들기, 공유 및 게시

**01** 구글 시트 템플릿[28]을 새로운 탭에 엽니다.

**02** '로그인'을 클릭하여 구글 계정으로 로그인한 후 '파일 > 사본 만들기'를 클릭하여 구글 드라이브에 이 구글 시트의 수정할 수 있는 복사본을 만듭니다.

**03** '공유' 버튼을 클릭한 후 '링크가 있는 모든 사용자에게 공개'로 변경하고 '완료' 버튼을 누릅니다. 즉, 이 템플릿이 작동하는 데 필요한 지도 데이터를 공개적으로 공유한 것입니다.

**04** '파일 > 공유 > 웹에 게시'로 들어가 초록색 '게시' 버튼을 눌러 전체 문서를 게시하여 리플릿 코드가 읽을 수 있도록 합니다. 그다음 오른쪽 상단에서 닫기(X)를 클릭해 창을 닫습니다.

**05** 브라우저 상단에서 구글 시트 주소 또는 URL(일반적으로 `...XYZ/edit#gid=0`으로 끝남)을 복사합니다. 주의해야 할 점은 '웹에 게시'에서 나타났던 주소(일반적으로 `XYZ/pubhtml`로 끝남)를 복사하는 것이 아니라는 것입니다. 이 주소는 조금 다르기 때문에 이 템플릿에서 작동하지 않습니다.

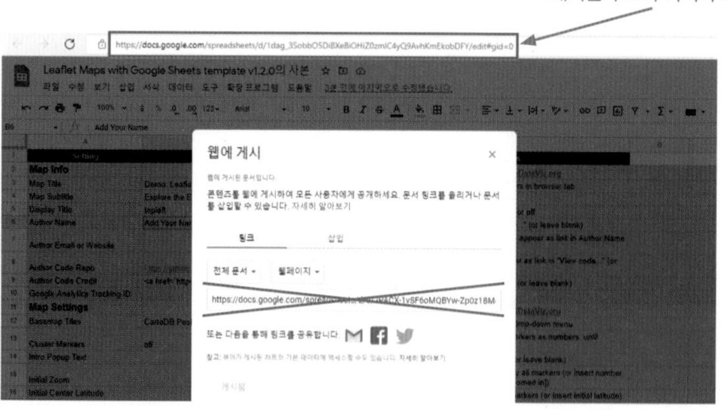


---

28 https://oreil.ly/Sabon

### C. 깃허브 레포 두 곳에 구글 시트 브라우저 주소 붙여넣기

다음 작업은 지도를 만드는 데 필요한 데이터를 가져올 수 있도록 여러분이 게시한 구글 시트를 깃허브의 리플릿 코드에 연결하는 것입니다.

**01** 깃허브 레포 상단에서 `google-doc-url.js`라는 이름의 파일을 클릭하여 열고 연필 심벌을 클릭해 편집할 수 있도록 합니다.

**02** 기존 URL을 대체하기 위해 앞서 복사한 구글 시트 주소 또는 URL(일반적으로 `...XYZ/edit#gid=0`으로 끝남)을 붙여넣습니다. 작업 도중에 기존 URL 앞뒤에 있는 작은따옴표와 맨 끝에 있는 세미콜론을 삭제하지 않도록 주의합니다. 스크롤을 내려 'Commit changes'를 클릭해 변경 내용을 커밋합니다. 또한 그 아래의 구글 API 키에 대한 별도의 지침을 참조합니다.

**03** 또한 구글 시트 URL을 추적하는 데 도움이 되도록 구글 시트 URL을 두 번째 위치에 붙여넣습니다. 깃허브 레포에서 `README.md` 파일을 클릭해 열고 연필 심벌을 클릭합니다. 다음과 같이 기존 URL을 구글 시트 URL로 변경합니다. 스크롤을 내려 'Commit changes'를 클릭해 변경 내용을 커밋합니다.

`README.md` 파일에서 보관하지 않으려는 다른 내용은 자유롭게 제거해도 됩니다.

### D. 구글 시트 옵션 업데이트 및 지도 새로 고침

이제 여러분이 게시한 구글 시트가 여러분 라이브 지도에 링크되었으므로 구글 시트의 '옵션(Options)' 탭에서 다음 항목 중 원하는 항목을 업데이트합니다.

- 지도 제목
- 아래 화살표 코드가 포함된 스토리맵 부제목

```
<br><small>Scroll down <i class='fa fa-chevron-down'></i></small>
```

- 저자 이름
- 저자 이메일 또는 웹사이트
- 저자 깃허브 레포 링크

라이브 지도를 표시하는 브라우저 탭을 열고 페이지를 새로 고쳐 변경 사항을 확인합니다. 몇 초 이내에 변경 사항이 나타나지 않으면 부록을 참조하십시오.

### E. Chapters 탭에서 텍스트, 미디어, 마커 및 지오코딩 위치 추가

이제 지도에 새로운 콘텐츠를 추가할 수 있습니다. 구글 시트의 '장(Chapters)' 탭에서 지도상에 대화형 마커를 정렬하고 보여주기 위한 열 헤더를 볼 수 있을 겁니다. 데모 데이터를 여러분 데이터로 바꾸되 리플릿 코드가 특정 이름을 참조하기 때문에 열 헤더를 삭제하거나 이름을 변경하지 않도록 합니다.

#### Chapter

스크롤링 설명에서 각 섹션의 맨 위에 나타나는 제목입니다.

#### Media Link

각 장에 이미지, 오디오 또는 비디오를 표시하는 몇 가지 옵션이 있습니다. 이미지의 경우 `https`로 시작하고 `.jpg`나 `.png`로 끝나기만 한다면 온라인 서비스(Flickr와 같은)의 외부 링크를 삽입할 수 있습니다. 유튜브 비디오 링크를 삽입할 수도 있습니다. 또는 이미지 파일을 깃허브 레포의 `media` 하위 폴더에 업로드하고 구글 시트에 경로 이름을 `media/your-file-name.jpg` 또는 `...png` 형식으로 입력할 수 있습니다. 마찬가지로 오디오 파일을 `.mp3`(권장) 또는 `.ogg` 또는 `.wav` 형식으로 업로드할 수 있습니다.

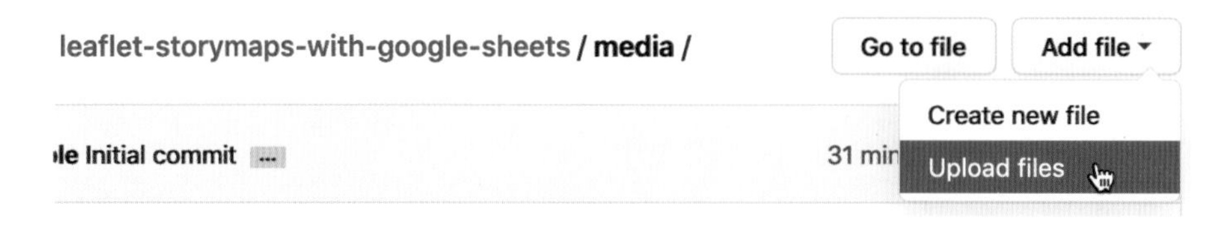

CAUTION_ 미디어 파일 경로 이름은 대소문자를 구분합니다. 따라서 확장자를 포함하여 모두 소문자를 사용하는 것이 좋습니다. 또한 코드 템플릿은 이미지 크기를 자동으로 조정하므로 이미지를 업로드하기 전에 크기를 600×400픽셀 이하로 줄여 스토리맵이 더 빨리 로드할 수 있게 합니다.

#### Media Credit

미디어 출처에 대한 텍스트를 표시합니다(예: 'Source...').

#### Media Credit Link

위 미디어 크레딧 텍스트에 소스 정보의 링크를 추가합니다.

#### Description

장(Chapter)에 대한 한 단락 이하의 텍스트를 표시하도록 디자인되었습니다. HTML 태그를 삽입하여 줄 바꿈을 추가하거나(예: `<br>`) 다음과 같이 새 탭에서 외부 링크를 열 수 있습니다.[29]

```
<a href='https://www.w3schools.com/' target='_blank'>Visit W3Schools</a>
```

#### Zoom

리플릿의 기본 줌 레벨은 0(월드 뷰)에서 18(개별 건물) 사이이며, Stamen 또는 CartoDB에서 제공하는 것과 같은 대부분의 무료 베이스맵 타일은 이 범위의 각 수준에서 사용할 수 있습니다. 물론 더 높은 값을 사용할 수 있는 더 상세한 베이스맵도 존재합니다. 스토리를 가장 잘 보여주기 위해서는 여러 줌 레벨을 테스트해봐야 합니다. 동일한 줌 레벨을 지정하면 스마트폰과 같은 작은 화면에 비해 큰 화면은 더 큰 영역을 표시합니다.

#### Marker

Numbered(숫자, 기본값)나 Plain(플레인) 또는 Hidden(히든)을 선택합니다. 히든은 여러 장chapter을 한 위치location에 할당하거나 더 넓은 뷰를 위해 줌 아웃할 때 가장 잘 작동합니다.

29 W3Schools에서 HTML 구문에 대해 알아보세요. https://oreil.ly/hQdr3

### Marker Color

`blue`(파란색) 또는 `darkblue`(짙은 파란색)와 같은 표준 웹 색상 이름이나 `#775307` 또는 `rgb(200,100,0,0.5)`와 같은 웹 색상 코드를 삽입합니다. 옵션은 W3Schools Color Names[30]를 참조하세요.

### Location, Latitude, Longitude

지도의 각 지점에 마커를 배치합니다. 코드 템플릿에는 위도와 경도만 필요하지만 숫자 좌표와 일치하도록 주소 또는 장소 이름을 위치(Location) 열에 붙여넣는 것이 좋습니다. 2.6절 '구글 시트에서 주소 지오코딩하기'에서 배운 스마트멍키 부가 기능을 활용한 지오코딩 방법을 사용합니다. '확장 프로그램 > Goecoding by SmartMonkey > Geocode details'를 선택하여 Latitude, Longitude, Address found 등 세 가지 새로운 열을 가진 시트를 만듭니다. 그리고 앞서 복사한 주소를 붙여넣고 이전 단계를 반복하여 지오코딩합니다. 이렇게 작성된 데이터를 복사해서 Points 시트에 붙여넣습니다.

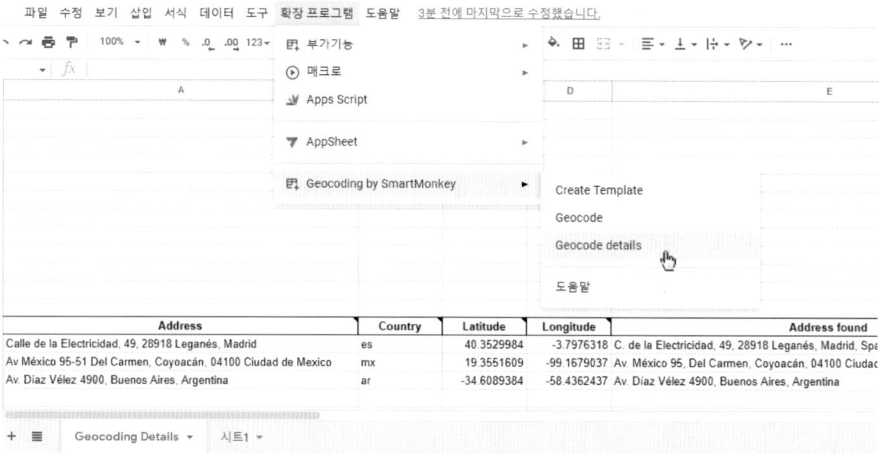

**TIP** 일련의 행을 생성하여 한 위치에 대해 여러 개의 영상을 표시할 수 있지만 일련의 행에서 첫 번째 행에는 장(Chapter) 및 위치(Location) 정보만 나열하고 다른 행은 공백으로 둘 수 있습니다.

라이브 지도를 표시하고 있는 브라우저 탭을 클릭하여 열고 새로 고침을 하여 변경 사항을 확인합니다. 몇 초 이내에 변경 사항이 반영되지 않으면 부록을 참조하세요.

---

30 https://oreil.ly/2dapU

### F. 과거 지도 이미지 또는 GeoJSON 오버레이 추가(선택 사항)

코드 템플릿을 사용하면 배경 지도 위에 지리 참조 지도 이미지(예: 과거 지도)와 GeoJSON 지오데이터(예: 경로, 경계선 또는 색상 코드화된 코로플레스 지도)라는 두 가지 다른 유형의 레이어를 배치하여 여러분 스토리를 풍부하게 만들 수 있습니다. 두 가지 유형의 레이어를 특정 장chapter이나 전체 스토리에 추가할 수 있습니다. 또한 투명도 수준을 조정하여 현재 배경 지도를 표시하거나 숨길 수 있습니다. 이 두 가지 유형의 레이어를 준비하려면 13장을 살펴볼 필요가 있지만 여기서는 일단 스토리맵 템플릿에 레이어를 삽입하는 단계를 먼저 설명하겠습니다.

하나 이상의 스토리맵 장에 과거 지도 오버레이를 추가하려면 반드시 지리 참조georeferenced(또는 지리 교정georectified)되어 있어야 합니다. 이는 정적 지도 이미지를 보다 정밀한 현재 대화형 지도와 디지털 방식으로 정렬하는 것을 의미합니다. 기록 지도에 대한 고품질 정적 이미지가 있는 경우 해당 이미지를 13.6절 '맵 워퍼로 지오레퍼런스하기'에 나오는 맵 워퍼Map Warper 도구를 사용해 알려진 여러 포인트를 현재 대화형 지도에 맞출 수 있습니다. 맵 워퍼는 정적 지도 이미지를 대화형 지도 타일로 변환하고 `https://mapwarper.net/maps/tile/14781/{z}/{x}/{y}.png`와 유사한 `Google/OpenStreetMap` 형식의 링크를 사용하여 온라인에 공개적으로 호스팅합니다. 또는 맵 워퍼[31]나 뉴욕 공공 도서관 맵 워퍼[32]와 같은 플랫폼에서 이미 지리 참조되어 타일로 변환된 과거 지도를 검색해 찾을 수도 있습니다(또한 지도 정렬을 위한 크라우드소싱 작업을 자원할 수도 있습니다). 물론 지도 타일 링크는 일반 브라우저에서 확인할 수 없지만 리플릿 스토리맵 코드를 통해서는 확인 가능합니다. [그림 12-5]처럼 타일 링크와 원하는 투명도 수준을 구글 시트 템플릿의 '장(Chapters)' 탭에 있는 '오버레이(Overlay)' 열에 입력해주면 됩니다.

---

**31** `https://mapwarper.net`

**32** `http://maps.nypl.org/warper`

### Overlay

`Google/OpenStreetMap` 형식으로 된 지도 타일 링크를 입력합니다. 앞서 살펴본 샘플과 유사합니다.

### Overlay transparency

0(투명)에서 1(불투명) 사이의 숫자를 입력합니다. 기본값은 0.7입니다.

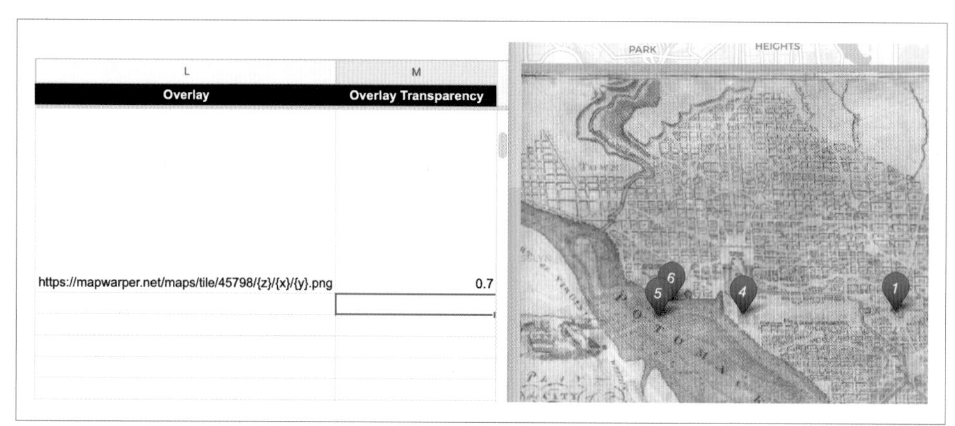


**그림 12-5** 지도 타일 링크와 투명도 수준을 구글 시트 템플릿(왼쪽)에 입력하여 하나 이상의 스토리맵 장(오른쪽)에 표시합니다.

가시 경로와 지리적 경계 또는 채워진 코로플레스 지도를 여러분 스토리에 추가하려면 GeoJSON 데이터 레이어를 하나 이상의 장에 추가하는 것을 고려해야 합니다. 13.1절 '지리 공간 데이터와 GeoJSON'에서 지리 공간 데이터와 GeoJSON 형식을 읽어보면 현재 존재하는 GeoJSON 경계 파일을 찾는 방법(13.2절 'GeoJSON 경계 파일 찾기' 참조), GeoJson.io 도구를 사용해 지리 데이터를 그리고 편집하는 방법(13.3절 'GeoJson.io를 사용해 그리고 편집하기' 참조), 맵셰이퍼 도구(13.4절 '맵셰이퍼를 사용해 편집하고 병합하기' 참조)에 대해 배울 수 있습니다. GeoJSON 파일 이름은 공백 없이 소문자로 지정하는 것이 좋습니다. `geojson` 폴더를 열고 'Add file > Upload files'를 선택해 파일을 깃허브 레포에 업로드합니다. 구글 시트 템플릿에서 GeoJSON Overlay 열에 [그림 12-6]처럼 `geojson/your-file-name.geojson` 형식의 경로 이름을 입력합니다.

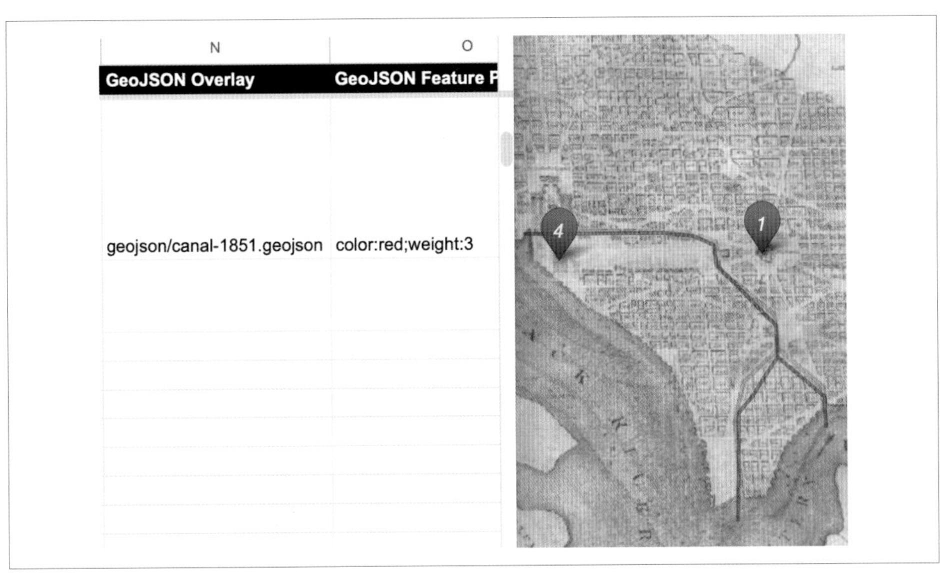


**그림 12-6** 하나 이상의 스토리맵 장(오른쪽)에 표시할 경로 이름을 GeoJSON Overlay 열(왼쪽)에 입력합니다.

GeoJson.io와 같은 도구를 사용하여 GeoJSON 데이터를 만들거나 편집할 때(13.3절 'GeoJson.io를 사용해 그리고 편집하기') 피처feature 속성을 직접 편집할 수 있습니다. GeoJSON 파일에 할당한 것과 동일한 속성을 스토리맵에 표시하려면 다음과 같이 이름을 지정하는 것이 좋습니다.

- weight(선 또는 폴리곤 테두리의 너비, 스토리맵 템플릿 기본값은 1px)
- color(선 또는 폴리곤 테두리의 색상, 기본값은 회색)
- opacity(선 또는 폴리곤 테두리의 불투명도, 기본값은 0.5)
- fillColor(폴리곤의 채우기 색상, 기본값은 흰색)
- fillOpacity(폴리곤의 채우기 불투명도, 기본값은 0.7)

또는 GeoJSON 기능 속성(GeoJSON Feature Properties) 템플릿 열에 속성 및 CSS 코드를 `weight:3; color:red; opacity:1; fillColor:orange; fillOpacity: 0.9`처럼 세미콜론으로 구분하여 입력할 수 있으며, 이때 따옴표는 입력하지 않습니다. 색상의 경우 표준 이름, 헥스 코드, W3Schools Colors Picker[33]에 나와 있는 RGBa 값을 입력할 수 있습니다.

33 https://oreil.ly/Kbe0R

템플릿에서는 다음과 같이 스토리맵을 사용자 정의할 수 있는 더 많은 방법을 확인할 수 있습니다.

- 로고 삽입(구글 시트의 Options 탭 참조)
- 구글 애널리틱스 트래킹 ID 삽입(구글 시트의 Options 탭 참조)
- 제목 크기 및 폰트 조정(깃허브의 `css/styles.css` 파일)
- Chapter 텍스트에 수평 구분선 삽입(이 텍스트를 구글 시트의 Description 필드에 복사하여 붙여넣고, 이때 작은따옴표를 둥근 따옴표로 변경하지 마세요.)

```
<span style='display:block;width:100%;height:1px;background-color:
          silver; margin: 20px 0;'></span>
```

이제 지도를 완성할 준비가 되었습니다. 만약 여러분이 만든 지도의 링크를 다른 사람과 공유하고 싶다면 G 또는 H 단계에서 선택해 공유를 진행할 수 있습니다.

**CAUTION_** 우리는 구글 시트 API 키를 다른 사용자가 키를 과도하게 사용하거나 남용할 경우 언제든지 변경할 수 있는 권한이 있습니다. 즉, 공개적으로 지도를 공유하기 전에 G 또는 H 단계를 사용하여 지도를 완료해야 합니다. 키를 변경하면 지도가 작동을 멈추기 때문입니다.

### G. 각 구글 시트 탭을 CSV 파일로 저장하고 깃허브에 업로드

구글 시트에 데이터를 입력하는 작업을 마쳤다면 해당 파일을 별도의 CSV 파일로 다운로드하여 깃허브 레포에 다시 업로드하는 것이 가장 좋은 장기 보존 전략입니다. 이러한 접근 방식은 지도와 데이터를 동일한 깃허브 레포에 있도록 해주기 때문에 구글 서비스 중단으로 인해 지도가 파손될 위험을 제거합니다. 또한 여러분이 원할 때 지도 데이터를 수정할 수 있습니다. 이러한 접근 방식이 타당하게 느껴진다면 다음 단계를 실행하길 바랍니다.

**01** 구글 시트의 각 탭에서 '파일 > 다운로드 > 쉼표로 구분된 값(`.csv`)'을 선택해 각 탭을 별도의 파일로 저장합니다.

**02** 각 파일 이름을 다음과 같이 짧게 지정하세요. 이름은 정확해야 합니다. 처음 두 파일만 필요하며 나머지는 데이터에 따라 선택 사항입니다.

- `Chapters.csv`
- `Options.csv`
- `Notes.csv`(또는 `.txt`) 데이터와 함께 노트를 저장할 것을 추천하지만 필수는 아닙니다.

**03** 깃허브 레포에서 csv 하위 폴더를 클릭해 열고 'Add file > Upload files'를 선택해 모든 CSV 파일을 이 하위 폴더에 업로드합니다. 리플릿 템플릿 코드는 여기에서 먼저 데이터를 확인해 위 이름을 가진 CSV 파일이 있다면 구글 시트 대신 지도 데이터를 직접 가져옵니다. 이 시점부터는 구글 시트의 수정 내용이 더 이상 지도에 자동으로 표시되지 않습니다.

**04** CSV 파일을 업로드한 후 지도를 수정하려면 두 가지 옵션이 있습니다. 깃허브 웹 인터페이스에서 CSV 파일을 열어 직접 작은 편집을 수행할 수 있습니다. 또는 이전 단계에서처럼 CSV 형식으로 다운로드하고 다시 업로드하여 깃허브에 있는 기존 파일을 대체하는 방식으로 구글 시트에서 더 많은 편집을 수행할 수 있습니다.

### H. 구글 시트 API 키를 가져와서 코드에 삽입

G 단계에 대한 대안으로 온라인에 게시된 구글 시트에 지도 데이터를 계속 저장하려면 12.3절 '구글 시트 API 키 가져오기'에서 설명한 대로 키를 리플릿 맵 코드에 삽입하여 우리가 만들어 놓은 키가 과도하게 사용되는 것을 피할 수 있습니다. 구글 시트는 서비스에 대한 합리적인 사용 제한[34]을 유지하기 위해 API 키가 필요합니다. 학교나 회사에서 제공하는 구글 워크스페이스 계정이 아닌 개인 구글 계정이 있는 경우 구글 시트 API 키를 무료로 받을 수 있습니다. 문제가 발생하면 부록을 참조하세요.

## 12.3 구글 시트 API 키 가져오기

여러분이 구글 시트로 리플릿 맵 또는 리플릿 스토리맵을 생성했다면(12.1절 '구글 시트로 만드는 리플릿 맵'과 12.2절 '구글 시트로 만드는 리플릿 스토리맵' 참조) 앞서 설명한 대로 지도를 완성하는 두 가지 방법이 있습니다. 하나는 구글 시트 탭을 CSV 형식으로 저장하는 것이고

34 https://oreil.ly/3Wd-W

다른 하나는 구글 시트 API 키를 깃허브의 리플릿 코드에 붙여넣는 것입니다. 이 절에서는 두 번째 방법을 살펴보겠습니다.

집필 시점인 2021년 1월의 구글 시트 버전 4는 서비스 사용에 대한 합리적인 제한을 유지하기 위해 API 키가 있어야 코드를 통해 데이터를 읽을 수 있습니다. 구글 시트의 경우 프로젝트별로 100초당 500개의 요청과 사용자별로 100초당 100개의 요청으로 제한됩니다. 일일 사용 제한은 없습니다.

시작하기 전에 다음 사항을 체크하세요.

- 학교나 회사에서 발급한 구글 워크스페이스 계정이 아닌 개인 구글 계정이 필요합니다.
- 이 튜토리얼에서는 12.1절 '구글 시트로 만드는 리플릿 맵'과 12.2절 '구글 시트로 만드는 리플릿 스토리맵'을 이미 완료했다고 가정합니다.
- 한 템플릿에 대한 구글 시트 API 키를 이미 만든 경우 다른 템플릿에도 해당 키를 사용할 수 있습니다.

> **CAUTION_** 여러분의 화면과 아래 화면이 일치하지 않을 수도 있습니다.

다음 단계를 수행하여 무료 구글 시트 API 키를 얻을 수 있습니다. 전체적으로 여러분은 구글 클라우드 프로젝트를 생성하고, 이름을 지정하고, 구글 시트 API를 사용하여 컴퓨터가 구글 시트에서 데이터를 읽고, 새 API 키를 복사하고, 복사한 키를 리플릿 코드에 우리 키 대신 붙여넣습니다.

**01** 구글 개발자 콘솔Google Developers Console[35]에서 여러분 구글 계정으로 로그인합니다. 구글은 여러분 국가를 확인하고 서비스 이용 약관에 동의하도록 요청할 수 있습니다.

**02** 시작 화면에서 '첫 프로젝트(My First Project)'를 클릭합니다.

**03** '프로젝트 선택' 창에서 '새 프로젝트(New project)'를 선택합니다.

35 https://oreil.ly/69spv

**04** 다음 화면에서 새 프로젝트의 용도를 알려주는 의미 있는 짧은 이름을 지정합니다(예: handondataviz). 조직 또는 상위 폴더를 만들 필요는 없습니다. 그런 다음 '만들기(Create)'를 클릭합니다.

**05** 다음 화면에서 메뉴 상단의 'API 및 서비스 사용 설정(ENABLE APIS AND SERVICES)'을 누릅니다. 새 프로젝트 이름이 맨 위에 나타나는지 확인하십시오.

**06** 다음 화면에서 검색 창에 '**`google sheets`**'를 입력하여 검색하고 찾아낸 'Google Sheets API'를 선택합니다.

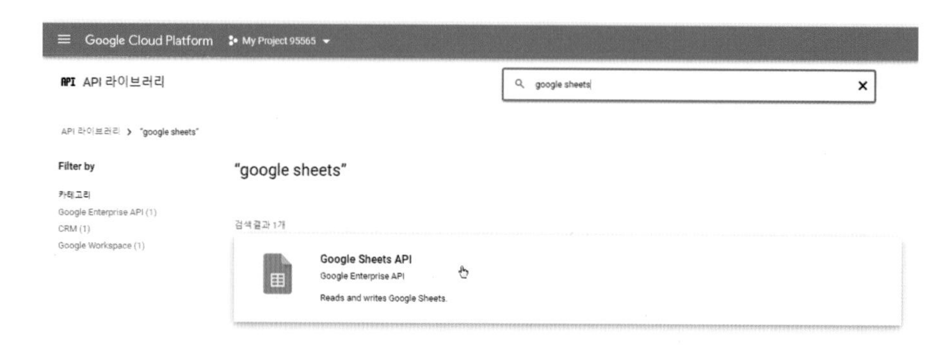


**07** 다음 화면에서 '관리(Enable)'를 선택하여 프로젝트에 대한 구글 시트 API를 활성화해줍니다.

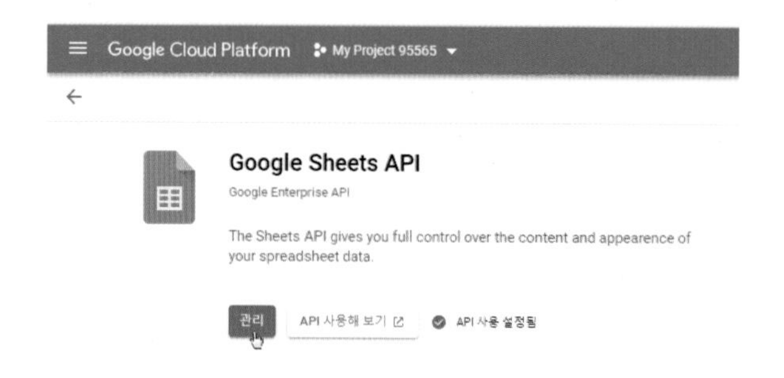


**08** 왼쪽 사이드바 메뉴에서 '사용자 인증 정보(Credentials)'를 클릭하고 '사용자 인증 정보 만들기(CREATE CREDENTIALS)'를 클릭한 후 'API 키'를 선택합니다.

**09** 다음 화면에서 콘솔이 API 키를 생성합니다. 이를 복사하고 'API 키를 수정'을 클릭합니다.

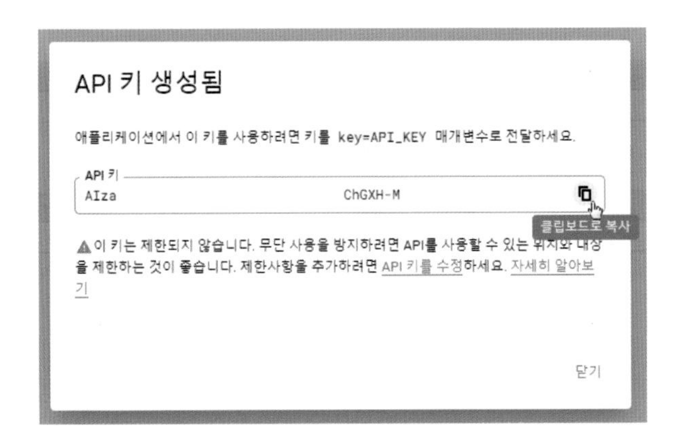


**10** 새 창이 뜨면 'API 제한사항(API restriction)'에서 '키 제한(Restrict key)'을 선택합니다. 드롭다운 메뉴가 뜨면 'Google Sheets API'를 선택한 후 '저장'을 클릭합니다.

**11** 깃허브 레포의 리플릿 맵 코드에서 `google-doc-url.js` 파일을 열고 연필 심벌을 클릭해 수정 작업을 진행합니다. 우리가 미리 넣어둔 API 키를 앞서 복사한 Google Sheets API 키로 대체합니다. 작은따옴표나 세미콜론을 지우지 않도록 조심합니다. 아래로 스크롤하여 'Commit changes'를 클릭하여 변경 사항을 커밋합니다.

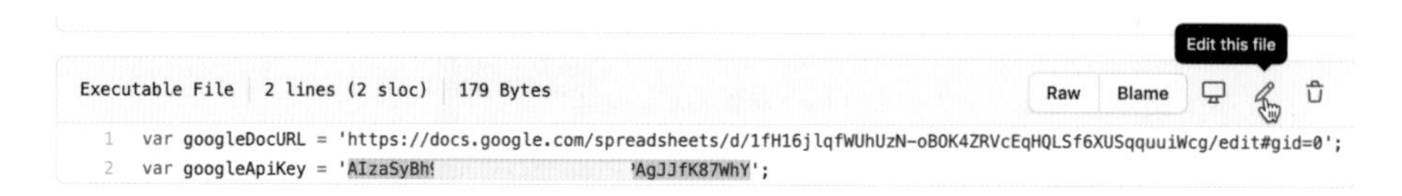


깃허브로부터 API 키가 노출되었다는 알림을 받더라도 걱정하지 마세요. 이 키는 구글 시트에서만 사용할 수 있으며 무료 버전이기 때문에 어떠한 추가 비용도 발생하지 않을 것입니다.

이제 구글 시트로 만든 리플릿 맵 또는 리플릿 스토리맵에서 사용할 구글 시트 API 키를 생성하는 방법을 배웠으니 다음 절에서는 더 많은 유형의 리플릿 맵 템플릿을 살펴보겠습니다.

## 12.4 CSV 데이터로 만드는 리플릿 맵

이 오픈 소스 템플릿은 깃허브 레포에 있는 CSV 파일에서 데이터를 가져오는 '리플릿 포인트 맵'을 만드는 방법을 시연하여 코딩 기술을 향상시키도록 디자인되었습니다. 물론 같은 유형의 지도를 7.4절 '구글 내 지도로 만드는 포인트 지도'에서 소개한 '구글 내 지도'와 같은 다른 플랫폼에서도 만들 수 있지만, 여기서 리플릿 포인트 맵을 직접 만들어보면 리플릿 코드 라이브러리가 어떻게 동작하는지 더 많이 알 수 있습니다.

[그림 12-7]은 코네티컷에 있는 일부 대학교를 보여주는 간단한 포인트 지도입니다. 리플릿의 `L.marker()` 함수를 사용해 자바스크립트로 개별 마커를 생성하는 대신 포인트 데이터를 로컬 CSV 파일(`data.csv`)로 저장해 텍스트 편집기나 스프레드시트로 쉽게 수정할 수 있도록 했습니다. 브라우저에서 지도를 불러올 때마다 CSV 파일에서 포인트 데이터를 읽어오며, 마커는 변경된 내용을 반영해 즉시 생성됩니다.

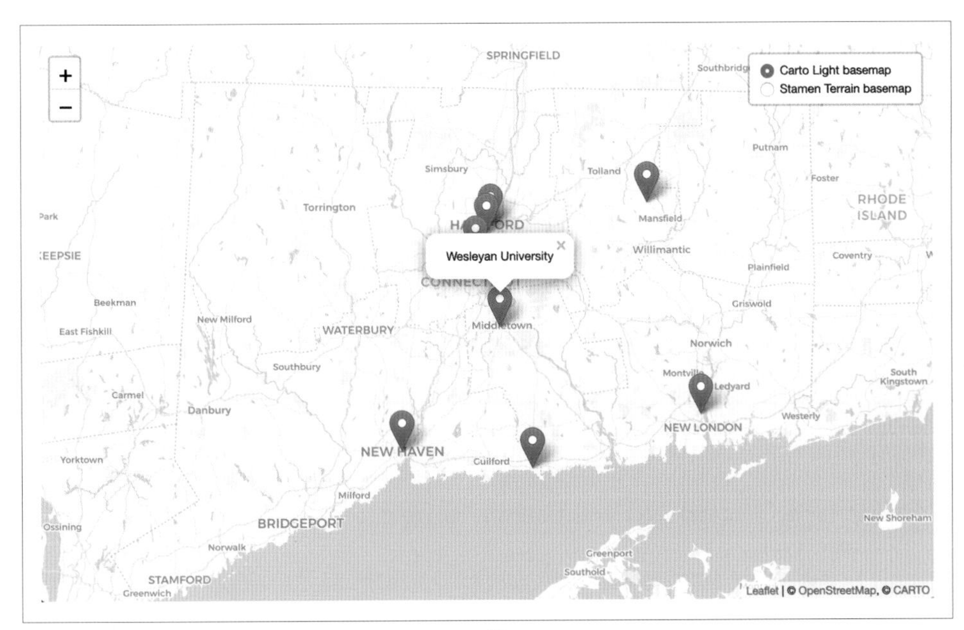


**그림 12-7** CSV 데이터로 만든 대화형 리플릿 포인트 지도[36]를 살펴보세요.

다음 지침에 따라 이 템플릿을 조정하여 여러분만의 포인트 지도를 만들 수 있습니다.

**01** 이 템플릿의 코드가 저장되어 있는 깃허브 레포[37]에 접속합니다. 로그인했는지 확인하고 '이 템플릿 사용(Use this template)' 버튼을 눌러 여러분 깃허브 계정에 이 레포의 복사본을 만듭니다.

**02** 여러분의 포인트 데이터를 `data.csv` 안에 입력합니다. 템플릿에서 읽을 열은 위도(Latitude), 경도(Longitude) 및 제목(Title)뿐입니다. 처음 두 열은 마커의 위치를 결정하고, 마지막 열은 팝업에 표시됩니다. 열의 순서는 상관없습니다. 데이터셋에 다른 열이 포함되어 있어도 그 열은 무시하므로 상관없습니다.

데이터는 다음과 같이 보일 겁니다.

```
Title,Latitude,Longitude
Trinity College,41.745167,-72.69263
Wesleyan University,41.55709,-72.65691
```

36 https://oreil.ly/ouz0b

37 https://oreil.ly/_n_Zm

**03** 포인트의 지리적 위치에 따라 지도를 처음 불러올 때 기본 위치를 변경하고 싶을 수 있습니다. index.html에서 <script> 태그를 찾고 다음 코드 조각을 편집합니다.

```
var map = L.map('map', {
  center: [41.57, -72.69], // Default latitude and longitude on start
  zoom: 9, // Between 1 & 18; decrease to zoom out, increase to zoom in
  scrollWheelZoom: false
});
```

코드 단순화를 위해 기본 리플릿 마커를 사용했지만 사용자 정의 아이콘을 사용할 수도 있습니다. 다음 코드 조각은 깃허브 저장소에서 샘플 대신 사용자 정의 아이콘에 고유한 경로 이름을 삽입하는 방법에 대한 아이디어를 제공합니다.

```
var marker = L.marker([row.Latitude, row.Longitude], {
  opacity: 1,
  // Customize your icon
  icon: L.icon({
    iconUrl: 'path/to/your/icon.png',
    iconSize: [40, 60]
  })
}).bindPopup(row.Title);
```

더 많은 내용을 알고 싶다면 사용자 정의 아이콘 관련 리플릿 문서[38]를 참조하세요.

## 12.5 CSV 데이터로 만드는 리플릿 히트맵 포인트

히트맵은 개별 포인트를 핫스폿 또는 클러스터로 변환해 시청자가 인구 밀도가 높은 지역과 낮은 지역 또는 범죄 사건과 같은 특정 이벤트에 대한 공간 분포를 탐색할 수 있도록 해줍니다. [그림 12-8]은 2020년 1월부터 7월까지 런던의 자전거 도난 장소에 대한 대화형 히트맵입니다. 기본 데이터는 자전거 도난이 제보된 위치이며 Leaflet.heat[39] 플러그인을 통해 다양한 밀도의 지역으로 변환됩니다. 빨간색으로 표시된 지역은 도난 사건 밀도가 가장 높은 지역입니다. 확대하면 영역이 더 뚜렷한 군집으로 다시 계산됩니다.

---

38 https://oreil.ly/pHCHn

39 https://oreil.ly/lmwPQ

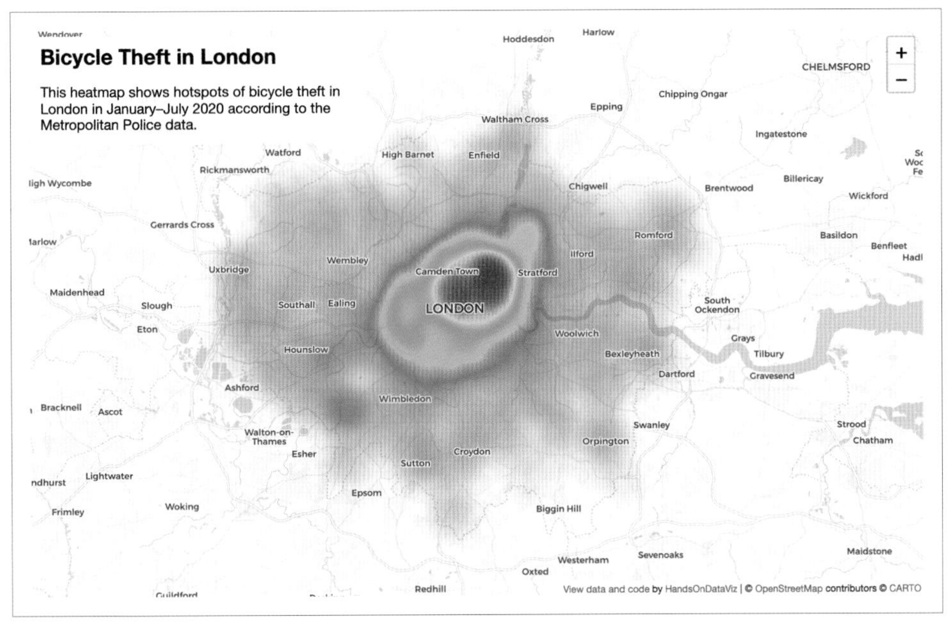


그림 12-8 대화형 리플릿 히트맵[40]을 살펴보세요.

이 런던 히트맵에 사용된 코드를 수정하여 자신만의 히트맵을 만들 수 있습니다.

**01** 이 템플릿의 코드가 저장되어 있는 깃허브 레포[41]에 접속합니다. 로그인했는지 확인하고 '이 템플릿 사용(Use this template)' 버튼을 눌러 여러분 깃허브 계정에 이 레포의 복사본을 만듭니다.

**02** `index.html`에서 지도의 제목과 설명을 수정합니다.

**03** 포인트 좌표 데이터를 `data.csv`에 입력합니다. 열 헤더는 삽입하지 마세요. 전통적인 순서 대신 위도, 경도(또는 y, x) 순서로 한 행에 한 쌍씩 공백 없이 작성합니다.

```
51.506585,-0.139387
51.505467,-0.14655
51.507758,-0.141284
```

40 https://oreil.ly/r-nwt

41 https://oreil.ly/rSLAf

**04** 데이터 밀도에 따라 index.html의 <script> 태그 내에서 radius와 blur 매개변수를 수정해야 합니다.

```
var heat = L.heatLayer(data, {
  radius: 25,
  blur: 15,
})
```

**05** 다음 코드 조각을 편집하여 지도의 기본 위치 및 줌 레벨(확대/축소 수준)을 설정합니다.

```
var map = L.map('map', {
  center: [51.5, -0.1], // Initial map center
  zoom: 10, // Initial zoom level
})
```

만약 어떤 이유로 인해 군집이 보이지 않는다면 포인트 데이터가 위도, 경도 순서로 되어 있는지 확인합니다. 포인트 수가 적다면 L.heatLayer의 radius 속성값을 증가시켜 보세요.

## 12.6 검색 가능한 리플릿 포인트 지도

검색 가능한 포인트 지도는 사용자가 이름 또는 위치 근접성을 기준으로 검색하거나 선택적 목록 보기를 사용하여 카테고리별로 필터링할 수 있는 여러 위치를 표시하는 데 가장 적합합니다. [그림 12-9]는 시카고의 데이터메이드에서 데릭 에더[42]가 개발한 CSV 데이터 파일에서 가져온 검색 및 필터링이 가능한 포인트 지도의 강력한 리플릿 템플릿입니다. 이 지도는 관심 있는 포인터를 보여줄 수 있고, '이름으로 검색' 기능을 사용하여 필터링한 결과를 지도상의 포인트가 아닌 리스트 형태로 표시할 수 있습니다. 또한 정보(About) 페이지에서는 지도의 목적과 내용을 설명할 수 있는 충분한 공간을 제공합니다.

42 https://derekeder.com

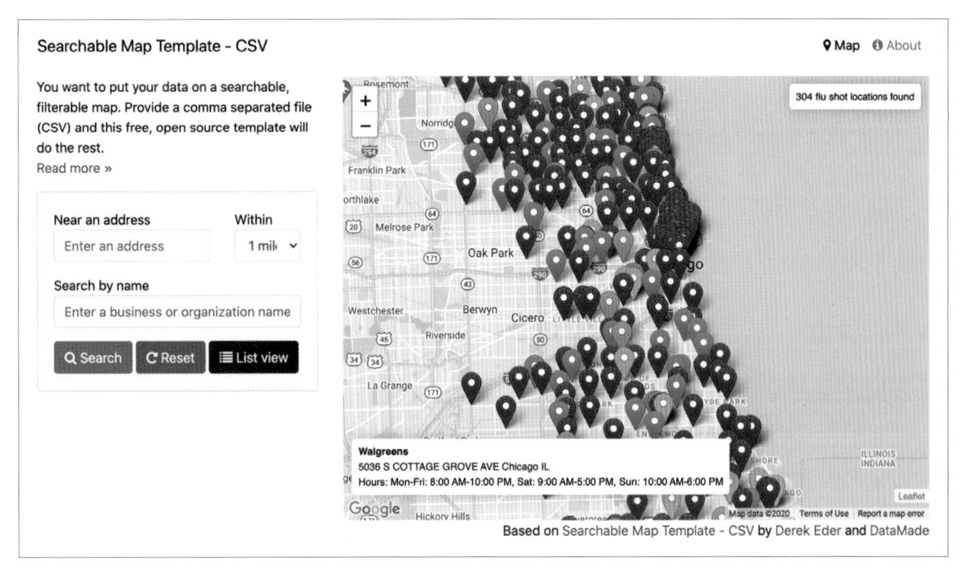


그림 12-9 대화형 검색 가능한 지도 템플릿[43]

이 템플릿은 주소 검색을 수행하도록 하기 위해 구글 지도 API와 Leaflet.js를 사용해 만들었습니다.

이 템플릿을 여러분 프로젝트에 활용하기 위해서는 템플릿의 깃허브 페이지[44]를 방문해 해당 템플릿 코드를 포크해 복사본을 만들어야 합니다(10장에서 포크에 대해 설명했습니다).

### 12.6.1 1단계: 데이터 준비하기

이 템플릿은 CSV 형식(2.2절 'CSV 또는 ODS 형식으로 다운로드하기' 참조) 및 GeoJSON(13.1절 '지리 공간 데이터와 GeoJSON' 참조) 형식의 데이터와 함께 작동합니다. 엑셀 파일이 있는 경우 스프레드시트 도구를 사용하여 CSV 형식으로 저장합니다. CSV 파일에는 위도와 경도 열이 각각 있어야 하며 모든 행은 지오코딩되어야 합니다. 거리 주소 또는 위치 데이터만 있는 경우 2.6절 '구글 시트에서 주소 지오코딩하기'에서 지오코드로 변환하는 방법을 다시 살펴보세요.

43 https://oreil.ly/wFqyk
44 https://oreil.ly/XAaSO

### 12.6.2 2단계: 템플릿 다운로드하고 편집하기

**01** 이 프로젝트를 다운로드하거나 복제한 후 원하는 텍스트 편집기를 시작하세요. `/js/map.js`를 열고 `SearchableMapLib.initialize` 함수에서 지도 옵션을 설정합니다.

`map_centroid`

지도를 중앙에 배치할 위도/경도(lat/long)입니다.

`filePath`

지도 데이터 파일의 경로입니다. 이 파일은 CSV 또는 GeoJSON 형식으로 `data` 폴더에 위치해야 합니다. 이 파일의 첫 번째 줄은 헤더여야 하며 위도 열과 경도 열이 있어야 합니다.

`fileType`

CSV 또는 GeoJSON 파일로 로드하는 경우 설정합니다.

**02** `templates` 폴더 내의 템플릿을 편집해 데이터를 표시할 방법을 지정합니다. 이러한 템플릿은 HTML과 조건부 논리로 변수를 나타낼 수 있는 내장된 자바스크립트 템플릿(EJS)을 사용합니다. 자세한 내용은 EJS 문서[45]를 참조하세요.

`/templates/hover.ejs`

지도에서 포인트 위에 마우스를 올려놓을 때의 템플릿

`/templates/popup.ejs`

지도에서 포인트를 클릭할 때의 템플릿

`/templates/table-row.ejs`

리스트 뷰list view의 각 행에 대한 템플릿

**03** 사용자 정의 필터를 제거하고 여러분 필터를 추가합니다.

`index.html`

필터를 위한 사용자 정의 HTML은 112라인부터 시작합니다.

---

45 https://ejs.co/#docs

/js/searchable_map_lib.js

사용자 정의 필터는 265라인부터 시작합니다.

### 12.6.3 3단계: 지도 게시하기

**01** 게시하기 전에 무료 구글 지도 API 키[46]가 필요합니다. 이 키는 12.3절 '구글 시트 API 키 가져오기'의 내용과 유사하지만 다릅니다. 다음 index.html의 구글 지도 API 키를 여러분의 사용자의 키로 바꿉니다.

```
<script type="text/javascript"
src="https://maps.google.com/maps/api/js?libraries=places&
key=[YOUR KEY HERE]"></script>
```

**02** 이 지도와 모든 지원 파일 및 폴더를 사이트에 업로드합니다. 이 지도는 백엔드 코드가 필요하지 않으므로 10장에서 설명한 깃허브 페이지, Netlify 또는 여러분의 웹 서버와 같은 모든 호스트에서 잘 작동할 것입니다.

## 12.7 오픈 데이터 API로 만드는 리플릿 맵

이 절에서는 오픈 데이터 레포에서 지속적으로 최신 정보를 가져오는 API를 사용하여 리플릿 맵을 코딩하는 방법을 배웁니다. 이는 7.8절 '소크라타 오픈 데이터로 만드는 실시간 지도'에서 배운 소크라타 오픈 데이터 지도와 유사합니다. 리플릿 맵은 API를 사용하여 서로 다른 오픈 데이터 저장소에서 데이터를 가져오고 표시할 수 있습니다. [그림 12-10]은 병원 및 응급 의료 서비스(EMS) 위치와 함께 인구 밀도에 따라 색칠된 노스다코타 카운티의 대화형 지도를 보여줍니다.

이 지도 템플릿은 데이터를 3가지 서로 다른 오픈 저장소에서 가져옵니다.

- 병원 정보는 Medicare.org 소크라타 데이터베이스[47]에서 가져옵니다.

---

46 https://oreil.ly/Hi8gd

47 https://data.medicare.gov

- 카운티 경계 및 인구 밀도 정보는 노스다코타 GIS[48] ArcGIS 서버에서 가져옵니다.
- EMS 스테이션 정보는 국토 인프라 재단 수준 데이터Homeland Infrastructure Foundation-Level Data[49] ArcGIS 서버에서 가져옵니다.

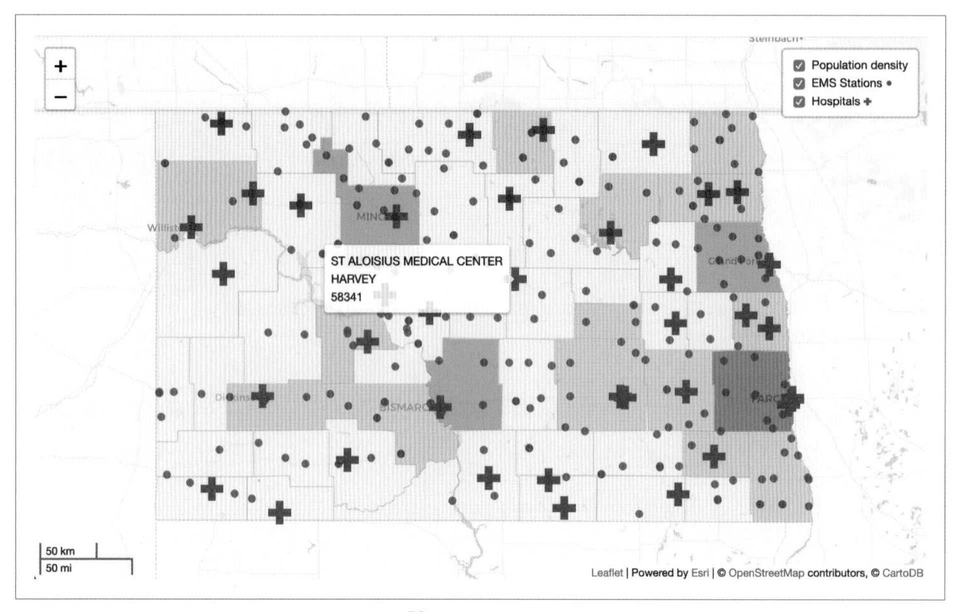


**그림 12-10** 오픈 데이터로 만든 대화형 리플릿 맵[50]

무료 `esri-leaflet`[51] 플러그인을 사용하여 ArcGIS 서버에서 데이터를 가져올 수 있도록 리플릿을 활성화할 수 있습니다. jQuery의 `$.getJSON()` 함수를 사용해 소크라타의 데이터를 가져온 다음 `L.geoJSON()` 함수를 사용해 리플릿으로 직접 전달할 수 있습니다.

이 템플릿을 여러분 프로젝트에 맞게 조정하려면 다음 단계를 따라 하세요.

**01** [그림 12-10]의 지도에 대한 코드가 들어 있는 깃허브 레포[52]를 방문합니다. 그리고 'Use this template' 버튼을 클릭해 레포를 자신의 깃허브 계정으로 복사합니다.

---

48 https://www.gis.nd.gov
49 https://oreil.ly/XWwD6
50 https://oreil.ly/ZT8Ow
51 https://oreil.ly/Ia-VB
52 https://oreil.ly/Ir0XH

**02** 모든 데이터는 `index.html`의 `<script>` 태그 안에 있는 코드에서 가져옵니다. 소크라타 또는 다른 JSON/GeoJSON 엔드포인트에서 데이터를 가져오려면 적절한 URL과 아이콘으로 다음 코드 스니펫을 수정해야 합니다.

```
/*
  From Medicare's Socrata database, add general hospitals in North Dakota
  using simple filtering on the `state` column, and a GeoJSON endpoint.
  Each point is a custom .png icon with a tool tip containing hospital's name,
  city, and zip code.
*/
$.getJSON("https://data.medicare.gov/resource/xubh-q36u.geojson?state=ND",

  function(data) {

    var hospitals = L.geoJSON(data, {
      pointToLayer: function(feature, latlng) {
        return L.marker(latlng, {
          icon: L.icon({
            iconUrl: 'images/hospital.png',
            iconSize: [24, 24],
            iconAnchor: [12, 12],
            opacity: 0.5
          })
        }).bindTooltip(
          feature.properties.hospital_name
            + '<br>' + feature.properties.city
            + '<br>' + feature.properties.zip_code
        )
      }
    }).addTo(map)

  }

)
```

다음 코드 스니펫은 `esri-leaflet` 플러그인을 사용해 ArcGIS 서버에서 폴리곤 데이터를 가져오고, 인구 밀도 기반의 코로플레스 레이어를 생성합니다(각 피처 또는 폴리곤의 `POP10_SQMI` 변수에 저장).

```
var counties = L.esri.featureLayer({
  url:'https://ndgishub.nd.gov/arcgis/rest/services\
/All_GovtBoundaries/MapServer/20',
```

```
  style: function(feature) {
    return {
      fillOpacity: 0.5,
      weight: 0.5,
      color: 'silver',
      fillColor: getDensityColor(feature.properties.POP10_SQMI)
    }
  }
}).addTo(map)
```

여기서 getDensityColor() 함수는 미리 정의된 임곗값을 기준으로 주어진 값의 색상을 반환합니다. 노스다코타 예에서 평방 마일당 100명 이상의 인구 밀도는 어두운 빨간색 음영으로 할당되는 반면, 5명 이하의 인구 밀도는 밝은 색상이 할당됩니다.

```
var getDensityColor = function(d) {
  return d > 100 ? '#7a0177' :
         d > 50  ? '#c51b8a' :
         d > 20  ? '#f768a1' :
         d > 5   ? '#fbb4b9' :
                   '#feebe2'
}
```

원본 데이터베이스로부터 직접 데이터를 가져오는 것은 편리하지만, 그러한 리소스는 사용자가 제어할 수 없습니다(물론 관리하지 않으면). 데이터 변경은 예고 없이 이루어지는 경우가 많습니다. 예를 들어 데이터셋 소유자가 인구 밀도 필드의 이름을 POP10_SQMI에서 Pop10_sqmi로 변경한다면 여러분의 지도는 더 이상 정확한 값을 보여주지 못하게 됩니다. 데이터셋이 다른 도메인 이름으로 이동되거나 완전히 삭제될 수 있으므로 백업 파일을 로컬에 저장하는 것이 좋습니다.

최신 버전의 데이터셋을 표시하는 것보다 지도의 장기적인 기능에 더 관심이 있다면 데이터를 로컬 GeoJSON 파일로 제공하는 것이 좋습니다(그러나 데이터 라이선스를 먼저 확인하는 것을 잊지 마세요).

## 12.8 마치며

이 장에서는 스크롤 가능한 인터페이스를 사용하여 장소에 대한 스토리텔링, 소크라타와 같은 데이터베이스의 포인트 데이터 보여주기, 이벤트 밀도가 높은 영역을 시각화하기 위한 히트맵을 만드는 것과 같은 일반적인 지도 문제에 사용할 수 있는 리플릿 맵 템플릿을 소개했습니다.

여러분은 이러한 템플릿을 기반으로 하여 지도 프로젝트를 시작할 수 있습니다. Leaflet.js는 문서화가 잘되어 있으며,[53] 이들의 튜토리얼[54]을 보고 더 많은 영감을 얻길 추천합니다.

다음 장에서는 지리 공간 데이터에 대해 설명하고 지리 공간 파일을 변환, 생성 및 편집할 수 있는 몇 가지 도구를 소개하겠습니다.

---

53 https://oreil.ly/ZjP2J

54 https://oreil.ly/pPRJR

CHAPTER 13

# 지도 데이터 변환하기

7장에서는 서로 다른 데이터 레이어로 구성된 대화형 웹 지도에 대한 기본 개념을 소개했습니다. 사용자가 대화형 지도를 탐색할 때는 일반적으로 래스터 또는 벡터 데이터로 작성된 매끄러운 베이스맵 타일셋 위에 포인트, 폴리라인, 폴리곤의 조합으로 나타나는 상위 레이어를 클릭하게 됩니다. 데이터래퍼와 같은 드래그 앤드 드롭 도구로 지도를 만들거나(7.6절 '데이터래퍼로 만드는 코로플레스 지도' 참조) 리플릿 맵 코드 템플릿(12장 참조)을 사용자 정의하거나 이러한 유형의 지도 레이어 중 하나와 함께 작동하도록 데이터를 변환해야 할 수 있습니다.

이 장에서는 지리 공간 데이터와 이 책에서 가장 일반적으로 사용되는 개방형 표준 형식인 GeoJSON(13.1절 '지리 공간 데이터와 GeoJSON' 참조)과 같은 지리 공간 데이터의 여러 가지 다양한 형식을 자세히 살펴볼 것입니다. 13.2절 'GeoJSON 경계 파일 찾기'에서는 크라우드소스 플랫폼인 오픈스트리트맵OpenStreetMap에서 이 형식의 지리적 경계 파일을 찾고 추출하는 방법을 배울 것입니다. 13.3절 'GeoJson.io를 사용해 그리고 편집하기'에서는 GeoJson.io 도구를 사용해 자신의 최상위 지도 레이어 데이터를 전환하거나 생성하는 방법을 보여줍니다. 13.4절 '맵셰이퍼를 사용해 편집하고 병합하기'에서는 맵셰이퍼Mapshaper 도구를 사용해 스프레드시트 데이터로 이러한 레이어를 편집하는 방법을 보여줍니다. 또한 13.6절 '맵 워퍼로 지오레퍼런스하기'에서는 맵 워퍼Map Warper 도구를 사용해 고품질 정적 지도 이미지를 지오레퍼런스georeference(좌표 참조 시스템을 활용해 지역을 참조하는 것)하는 방법과 이를 대화형 지도 타일로 변환하는 방법을 살펴볼 것입니다. 이러한 모든 무료 웹 기반 지오데이터geodata 도구는 배우기 쉬우며, 많은 경우 독점적인 ArcGIS 및 오픈 소스 QGIS 데스크톱 애플리케이션과 같은 더 비싸거나 복잡한 지리 정보 시스템의 필요성을 대체하기도 합니다.

마지막으로 13.7절 '미국 통계청 지오코더를 사용해 대량으로 지오코딩하기'와 13.8절 '포인트 데이터를 폴리곤 데이터로 피벗하기'에서 대량의 주소 데이터를 한 번에 지오코딩하는 전략과 포인트 데이터를 코로플레스 지도로 나타낼 수 있도록 폴리곤 데이터로 피벗하는 방법을 살펴보며 이 장을 마무리합니다. 이 장을 잘 마무리하면 복잡한 지리 공간 데이터에 대해 자신감을 가질 수 있을 것입니다.

지금부터 지리 공간 데이터에 대한 일반적인 개요를 설명하고, 지도 데이터를 만들고 사용하고 공유할 수 있도록 하기 위한 다양한 파일 형식을 소개합니다.

## 13.1 지리 공간 데이터와 GeoJSON

이 장 뒷부분에서 만들고 수정할 지도 레이어에 대한 이해를 돕기 위해 지리 공간 데이터의 기본 사항을 살펴보겠습니다. 첫째, 지리 공간 데이터에 대해 가장 먼저 알아야 할 것은 지리 공간 데이터가 위치location와 속성attribute이라는 두 가지 요소로 구성되어 있다는 점입니다. 구글 지도를 사용해 레스토랑 위치를 검색하면 41.7620891, −72.6856295와 같이 레스토랑 위치를 경도와 위도로 나타내는 빨간색 마커marker가 화면에 나타납니다. 속성은 레스토랑 이름, 사람에게 친숙한 거리 주소 및 게스트 리뷰와 같은 추가 정보를 포함합니다. 이러한 모든 속성은 위치 데이터에 가치를 추가합니다.

둘째, 앞서 7.1절 '지도 디자인 원칙'에서 소개한 개념처럼 지리 공간 데이터는 래스터raster 또는 벡터vector일 수 있습니다. 디지털 지도에서 래스터 데이터는 흔히 위성 및 항공 이미지로 나타나며, 화질은 이를 캡처한 카메라의 해상도에 따라 달라집니다. 만약 위성 카메라가 1미터 해상도를 가지고 있다면 이미지는 각 면이 1미터인 셀cell의 격자로 캡처한 서로 다른 색상을 보여줍니다. 그리고 이 셀은 우리가 보는 컴퓨터 화면에 색깔로 구분된 픽셀로 나타납니다. 래스터 이미지에 너무 가깝게 확대하면 원본 이미지의 해상도 제한으로 인해 [그림 13-1]처럼 흐리게 보일 것입니다.

대조적으로 벡터 데이터는 종종 건물, 강 및 지역의 그림 이미지로 디지털 지도에 나타납니다. 벡터 지도는 위성 및 항공 래스터 이미지, 달리기나 하이킹을 기록하는 GPS 추적기와 같은 장치 또는 다른 리소스로부터 포인트, 폴리라인, 폴리곤을 그릴 때 사람 또는 알고리듬에 의해 생성될 수 있습니다. 예를 들어 오픈스트리트맵[1]의 많은 부분은 위성 이미지에서 물체의 윤곽을 추적하는 자원봉사자들에 의해 만들어졌으며, 누구나 이 크라우드소싱된 세계 지도를 확장하는 데 도움을 주기 위해 참여할 수 있습니다. 래스터 지도와 달리 벡터 지도는 모든 점과 선이 정확한 소수점으로 표현될 수 있는 위도 및 경도 좌표로 표현되기 때문에 모든 줌(확대/축소) 수준에서 선명하게 초점을 유지합니다. 또한 래스터 데이터는 일반적으로 한 셀에 한 가지 값만 포함할 수 있는 반면(예를 들어 전통적인 위성 이미지에서는 색상만, 디지털 고도 모델에서는 해수면 높이만 포함 가능) 벡터 데이터는 각 객체에 대한 여러 속성(예를 들면 이름, 거리 주소, 게스트 리뷰 등)을 포함할 수 있습니다. 게다가 벡터 지도 파일은 래스터 지도 파일보다 일반적으로 크기가 작기 때문에 온라인에서 공유하고 표시할 지도를 만들고 업로드할 때 중요합니다.

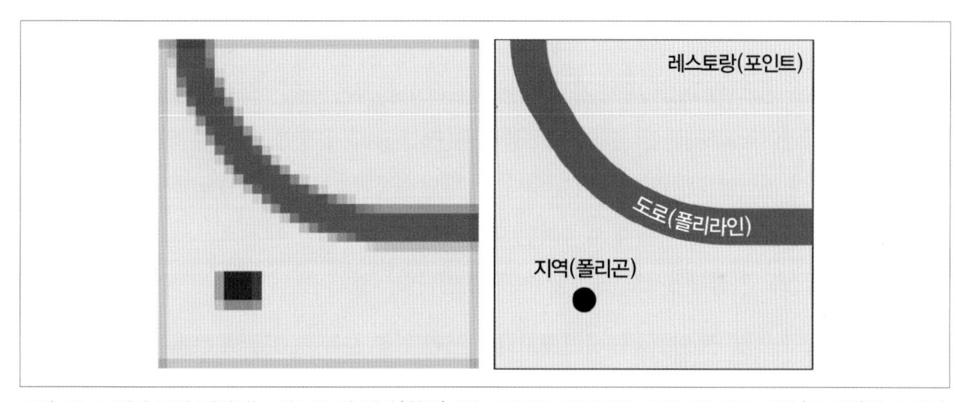


**그림 13-1** 지리 공간 데이터는 래스터 셀 격자(왼쪽) 또는 포인트, 폴리라인, 폴리곤의 벡터 집합(오른쪽)일 수 있습니다.

이 장의 여러 절에서 벡터 데이터에 초점을 맞추고 있으므로 우리가 추천하는 도구에 가장 적합한 형식인 GeoJSON부터 시작하여 가장 일반적인 파일 형식 몇몇을 살펴보겠습니다.

---

1 https://oreil.ly/LC190

### 13.1.1 GeoJSON

GeoJSON[2]은 2016년에 만들어진 개방형 표준에 기반한 널리 사용되는 지도 데이터 형식입니다. 파일 확장명은 `.geojson` 또는 `.json`입니다. 다음 코드 스니펫은 위도 41.76, 경도 −72.67, `name` 특성(속성이라고도 함)의 값이 `Hartford`인 단일 포인트에 대한 GeoJSON 포맷입니다.

```
{
  "type": "Feature",
  "geometry": {
    "type": "Point",
    "coordinates": [-72.67, 41.76]
  },
    "properties": {
    "name": "Hartford"
  }
}
```

위에서 살펴본 포인트(`Point`) 피처 유형 외에도 GeoJSON은 라인 스트링(`Line String`, 라인 또는 폴리라인이라고도 불립니다) 또는 폴리곤(`Polygon`) 유형을 가질 수 있습니다. 이 두 유형은 포인트의 배열로 표시됩니다. GeoJSON의 단순성과 가독성은 10.4절 '깃허브 데스크톱과 아톰 텍스트 편집기를 사용해 효율적인 코딩하기'에서 소개한 아톰 텍스트 편집기와 같은 가장 간단한 텍스트 편집기에서도 편집할 수 있게 합니다.

우리는 이 책에서 주로 소개하는 데이터래퍼나 리플릿 같은 도구를 비롯해 다른 도구에서도 쉽게 편집이 가능한 GeoJSON 유형을 사용해서 지도 데이터를 생성하고 수정하길 추천합니다. 지리 공간 데이터를 GeoJSON 유형으로 저장하고 공유하면 다른 사용자가 대용량 또는 값비싼 지리 정보 시스템(GIS) 데스크톱 애플리케이션을 설치하지 않고도 여러분이 공유한 파일을 사용할 수 있습니다. 또 다른 이점은 [그림 13-2]와 같이 깃허브 레포가 GeoJSON 파일의 지도 미리 보기를 자동으로 표시한다는 것입니다.

---

2 https://geojson.org

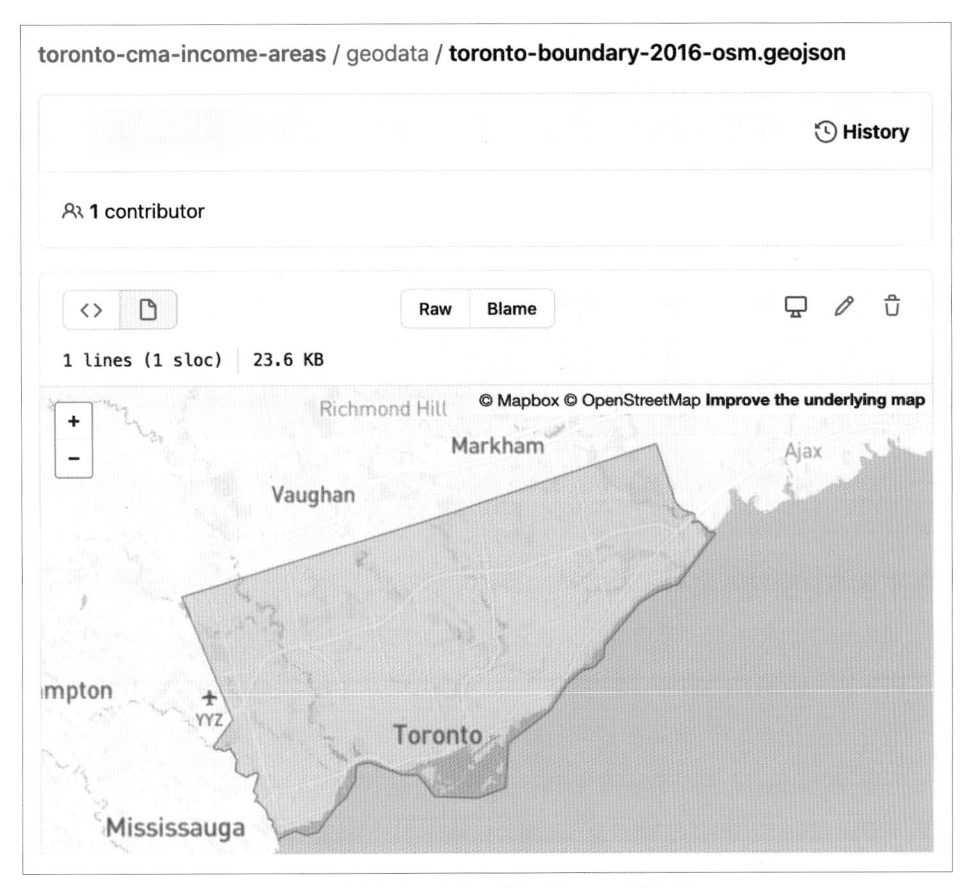


그림 13-2 깃허브 레포가 GeoJSON 파일의 지도 미리 보기를 자동으로 표시합니다.

**CAUTION_** GeoJSON 형식의 좌표는 수학의 x와 y좌표처럼 경도-위도 longitude-latitude 형식으로 정렬됩니다. 그러나 이는 좌푯값을 위도-경도 latitude-longitude 형식으로 배치하는 구글 지도 및 일부 웹 지도 도구와 반대입니다. 예를 들어 코네티컷의 하트퍼드의 좌표는 GeoJSON에서 (−72.67, 41.76)인 반면 구글 지도에서는 (41.76, −72.67)입니다. 표기법에 옳고 그름은 없습니다. 다만 둘 중 어떤 형식을 사용할 것인지만 명확히 하면 됩니다. 톰 맥라이트 Tom MacWright는 다양한 지리 공간 형식과 기술을 lat/long 순서로 보여주는[3] 훌륭한 요약 표를 만들었습니다.

지금까지 GeoJSON 지리 공간 파일 형식을 소개했으므로 다른 형식과 비교해보겠습니다.

3 https://oreil.ly/XRRjf

### 13.1.2 셰이프파일

셰이프파일shapefile 형식은 1990년대에 ArcGIS 소프트웨어를 개발한 회사인 Esri가 만들었습니다. 셰이프파일은 일반적으로 `.shp`, `.shx`, `.dbf` 확장자를 가진 파일의 폴더 형태로 되어 있으며, 이들 폴더는 `.zip` 파일로 압축되어 있습니다.

정부 기관은 일반적으로 지도 데이터를 셰이프파일 형식으로 배포합니다. 그러나 셰이프파일을 편집하기 위하 표준 도구인 ArcGIS와 그의 자유 및 오픈 소스 버전인 QGIS는 이 책의 다른 도구만큼 배우기 쉽지 않습니다. 따라서 가능한 경우 셰이프파일을 GeoJSON 파일로 변환해 사용할 것을 권장합니다. 13.4절 '맵셰이퍼를 사용해 편집하고 병합하기'에서 설명하는 맵셰이퍼Mapshaper 도구를 사용하여 이 작업을 수행할 수 있습니다.

### 13.1.3 GPS 교환 형식

만약 여러분이 GPS 장치로 주행이나 자전거 타기를 기록한 적이 있다면 `.gpx` 파일이 생성되었을 가능성이 높습니다. GPS 교환 형식GPS Exchange Format(GPX)은 XML 마크업 언어에 기반한 개방형 표준입니다. GeoJSON과 마찬가지로 간단한 텍스트 편집기에서 GPX 파일의 내용을 검사할 수 있습니다. 대부분의 경우 GPS 장치가 특정 시간에 기록한 타임스탬프 및 위도/경도 좌표를 볼 수 있습니다. 13.3절 'GeoJson.io를 사용해 그리고 편집하기'에서 설명하는 GeoJson.io 도구를 사용해서 GPX를 GeoJSON 형식으로 변환할 수 있습니다.

### 13.1.4 키홀 마크업 언어

키홀 마크업 언어Keyhole Markup Language(KML) 형식은 2000년대 후반부터 많이 사용하기 시작했습니다. KML 형식은 구글 어스[4]를 만들기 위해 개발된 사용자 친화적인 도구로 2차원 또는 3차원 지리 공간 데이터를 다루는 데 사용됩니다. KML 파일은 구글 퓨전 테이블Google Fusion Tables로 구동되는 지도에 활용되었으나 2019년 말에 구글이 사용을 중단했습니다.[5] 13.3절 'GeoJson.io를 사용해 그리고 편집하기'에서 설명하는 GeoJson.io 도구를 사용해 KML 파일을 GeoJSON 형식으로 변환할 수 있습니다.

---

4 https://www.google.com/earth

5 https://killedbygoogle.com

**TIP** .kml 파일이 압축된 .fmz 형식으로 배포되는 경우도 있습니다. 변환 방법을 알아보려면 13.5절 '압축된 KMZ를 KML로 변환하기'를 참조하세요.

### 13.1.5 MapInfo TAB

TAB은 Esri의 경쟁사인 MapInfo에서 생성 및 지원하며 MapInfo의 Pro GIS 소프트웨어를 위해 디자인된 형식입니다. Esri의 셰이프파일과 마찬가지로 MapInfo TAB 파일은 `.tab`, `.dat`, `.ind` 확장자를 가진 파일을 포함하는 폴더 형태로 되어 있습니다. 하지만 안타깝게도 TAB 형식을 셰이프파일이나 GeoJSON 형식으로 변환하기 위해서는 MapInfo Pro나 QGIS, ArcGIS가 필요합니다.

가장 일반적인 지리 공간 파일 형식 중 몇 개만 언급했으며 덜 알려진 형식[6]은 무수히 많습니다. GeoJSON은 벡터 데이터에 가장 적합한 가장 보편적인 형식 중 하나이며 포인트, 폴리라인 및 폴리곤 데이터를 이 형식으로 저장하고 공유할 것을 강력히 권장합니다. 다음 절에서는 전 세계 여러 위치의 GeoJSON 경계 파일을 찾는 방법을 설명합니다.

## 13.2 GeoJSON 경계 파일 찾기

사용자 정의 지도를 만들기 위해 GeoJSON 형식으로 된 지리적 경계 파일을 검색할 수 있습니다. 예를 들어 7.6절 '데이터래퍼로 만드는 코로플레스 지도'에서 소개한 데이터래퍼와 12장에서 소개한 리플릿 맵 코드 템플릿을 모두 사용하여 자신의 GeoJSON 파일을 업로드할 수 있습니다. GeoJSON은 오픈 데이터 표준이므로 3.4절 '오픈 데이터 저장소'에 나열된 여러 오픈 데이터 저장소에서 이러한 파일을 찾을 수 있습니다.

GeoJSON 파일을 찾아 다운로드할 수 있는 또 다른 방법은 한스 핵Hans Hack이 개발한 영리한 Gimme Geodata 도구[7]를 사용하는 것인데, 오픈스트리트맵[8] 경계 파일의 여러 레이어에 빠른 접근할 수 있게 합니다. 도구를 열 때 위치를 검색하고 지도에서 특정 포인트를 선택할 수 있습니다. 그러면 도구는 오픈스트리트맵에 업로드된 해당 포인트 주변의 다양한 지리적 경계

6 https://oreil.ly/KT0AO
7 https://oreil.ly/1xM5b
8 https://openstreetmap.org

이름과 윤곽선을 표시하며, 이를 선택해 GeoJSON 형식으로 다운로드할 수 있습니다. 예를 들어 토론토 센터Toronto Center를 검색하고 클릭하면 이 도구는 [그림 13-3]처럼 몇 가지 이웃 수준 경계, 예전 토론토의 경계, 현재 토론토의 경계, 지역 및 지방 경계를 보여줍니다. 각 레이어에 대한 자세한 내용을 읽어 정확도를 평가하고 아무 레이어나 선택해 GeoJSON 포맷으로 다운로드합니다. 또한 도구에는 경계 파일의 수면적water area을 제거할 수 있는 편집기(가위 심벌)가 포함되어 있습니다(예: 토론토 지역에서 온타리오 호수 삭제). 오픈스트리트맵에서 다운로드한 모든 유형의 데이터를 사용할 때는 항상 최종 제품에 '© OpenStreetMap 기여자'와 같은 출처를 남겨주세요.[9]

그림 13-3 Gimme Geodata 도구를 사용해 포인트를 선택하고 오픈스트리트맵에서 주변 지리적 경계 다운로드하기

9 오픈스트리트맵 저작권 및 라이선스 정책에 대해 자세히 알아보세요. https://oreil.ly/5eSzl

지오데이터를 찾는 방법을 알게 되었으니 이제 GeoJSON 파일을 생성하고, 변환하고, 편집하고, 다른 유형의 데이터와 결합하는 무료 온라인 도구를 살펴보겠습니다.

## 13.3 GeoJson.io를 사용해 그리고 편집하기

GeoJson.io[10]는 GeoJSON 파일을 변환, 편집 및 생성하는 데 널리 사용하는 오픈 소스 웹 도구입니다. 2013년에 톰 맥라이트Tom MacWright[11]가 개발했으며 빠르게 지리 공간 데이터를 다루는 실무자들에게 유용한 도구로 자리 잡았습니다.

이번 튜토리얼에서는 위도/경도 데이터를 포함하는 KML, GPX, TopoJSON, CSV 파일을 GeoJSON 파일로 변환하는 방법을 보여주겠습니다. 또한 속성 데이터를 편집하는 방법, 새로운 피처를 GeoJSON 파일에 추가하는 방법, 위성 이미지를 추적해 새로운 지오데이터를 처음부터 생성하는 방법도 살펴봅니다.

### 13.3.1 KML, GPX 그리고 다른 포맷을 GeoJSON으로 변환하기

GeoJson.io 도구를 살펴보면 왼쪽에 지도가 있고 오른쪽에 테이블/JSON 속성 보기 영역이 있습니다. 처음 시작하면 빈 피처 컬렉션을 나타냅니다. 피처는 포인트, 폴리라인, 폴리곤이라는 것을 기억해주세요.

지리 공간 데이터 파일을 왼쪽 지도 영역으로 드래그 앤드 드롭합니다. 또는 '열기(Open) > 파일(File)' 메뉴에서 파일을 가져올 수도 있습니다. 지리 공간 파일이 없는 경우 KML 형식의 토론토 지역 샘플 파일[12]을 컴퓨터에 다운로드한 후 GeoJson.io 도구[13]에 업로드하십시오. 이 간단한 샘플 KML 파일은 토론토 오픈 데이터 포털[14]에서 작성되었습니다.

GeoJson.io가 여러분의 지오데이터 파일을 인식하고 불러온 경우 왼쪽 상단 코너에서 불러온

10 https://geojson.io
11 https://oreil.ly/KyP2E
12 https://oreil.ly/dv4nC
13 https://geojson.io
14 https://oreil.ly/yIQvY

피처 수를 나타내는 초록색 팝업 메시지를 볼 수 있습니다. 예를 들어 [그림 13-4]는 샘플 토론토 인근 KML 파일로부터 140개의 피처를 불러왔으며, 이러한 폴리곤들이 맵뷰map view 위에 나타납니다.

**NOTE_** GeoJson.io에서 파일을 가져올 수 없는 경우 '파일 형식을 감지할 수 없습니다Could not detect file type'라는 빨간색 팝업이 표시됩니다. 이때는 13.4절 '맵셰이퍼를 사용해 편집하고 병합하기'에서 설명한 대로 맵셰이퍼 도구를 사용해 파일을 GeoJSON 형식으로 변환해보세요.

**그림 13-4** GeoJson.io가 토론토 지역 샘플 KML 파일을 성공적으로 불러왔습니다.

변환된 GeoJSON 파일을 컴퓨터에 다운로드하려면 'Save > GeoJSON'을 클릭합니다.

**CAUTION_** GeoJson.io 도구는 다운로드한 파일의 이름을 자동으로 `map.geojson`으로 지정합니다. 혼동을 피하려면 파일 이름을 변경해주어야 합니다.

## 13.3.2 CSV 파일을 GeoJSON으로 만들기

GeoJson.io는 위도(latitude 또는 lat)와 경도(longitude 또는 lon) 열이 있는 CSV 스프레드시트를 포인트 피처로 이루어진 GeoJSON 파일로 변환할 수 있습니다. 스프레시트의 각 행은 고유한 포인트가 되고, 위도 및 경도 열을 제외한 다른 모든 열은 포인트 피처의 속성이 됩니다. 이번 연습에서는 [그림 13-5]와 같이 3행의 데이터가 들어 있는 토론토 지역 샘플 CSV 파일[15]을 컴퓨터에 다운로드하여 사용합니다.

| | A | B | C | D |
|---|---|---|---|---|
| 1 | name | lat | lon | link |
| 2 | CN Tower | 43.6425956 | -79.38712307 | http://www.cntower.ca/ |
| 3 | Toronto Pearson International Airport | 43.6777176 | -79.6270137 | http://www.torontopearson.com/ |
| 4 | Royal Ontario Museum | 43.667679 | -79.394809 | http://www.rom.on.ca/en |
| 5 | | | | |

**그림 13-5** 위도/경도 열로 구성된 CSV 스프레드시트는 포인트 피처를 가진 GeoJSON 파일로 변환할 수 있습니다.

**01** GeoJson.io 도구[16]에서 '새로 만들기(New)'를 클릭해 이전에 연습하던 데이터를 지운 다음 다운로드한 토론토 지역 샘플 CSV 파일을 도구의 지도 영역으로 드래그 앤드 드롭합니다. 3개의 피처를 성공적으로 가져왔음을 알리는 초록색 팝업이 나타납니다.

> **NOTE_** GeoJson.io에서 기존 데이터에 새로운 데이터를 추가하면 이들을 하나의 파일로 합칩니다. 이러한 기능은 특정 작업을 할 때 유용하게 사용됩니다.

**02** 마커를 클릭해 팝업되는 포인트 속성을 확인합니다. 만약 토론토 지역 샘플 파일을 사용했다면 기본 마커 색생(marker-color), 마커 사이즈(marker-size), 마커 심벌(marker-symbol) 필드 외에도 이름(name)과 링크(link) 피처를 확인할 수 있습니다. 맵뷰(Map view)에서 속성을 편집하거나 삭제할 수 있습니다.

**03** 개별 마커 팝업 대신 모든 데이터를 한 번에 보려면 지도 오른쪽에 있는 '테이블(Table)' 탭을 클릭합니다. 테이블 뷰Table view뿐만 아니라 JSON 코드 뷰에서도 속성을 편집하거나 삭제할 수 있습니다.

---

15 https://oreil.ly/tVKJE

16 https://geojson.io

**04** 지도 데이터를 수정했다면 'Save > GeoJSON'을 클릭해 파일을 여러분의 컴퓨터에 다운로드합니다. 파일 이름이 자동으로 `map.geojson`으로 저장되는데, 혼란을 피하려면 이름을 변경합니다. 또한 GeoJson.io에 깃허브 계정으로 로그인하여 해당 파일을 여러분 레포에 직접 저장할 수도 있습니다.

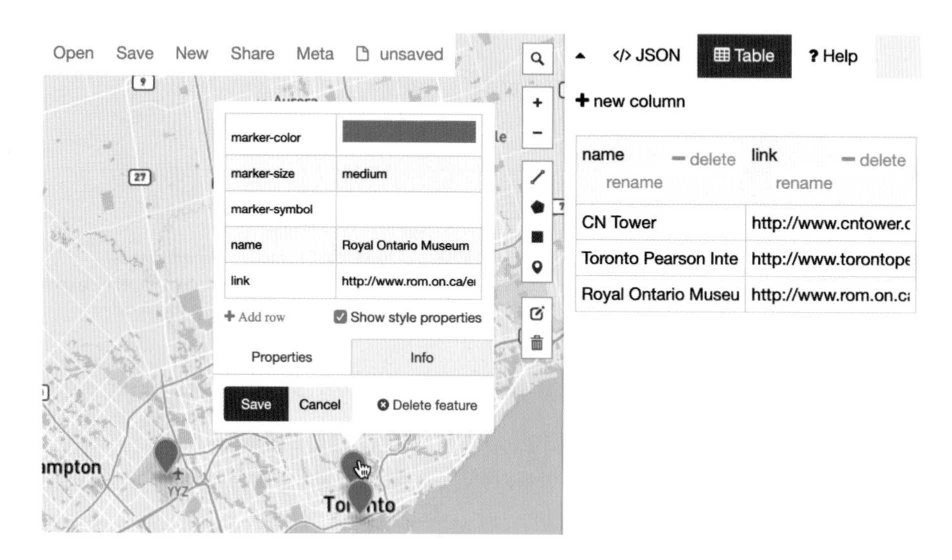


## 13.3.3 그리기 도구를 사용해 새로운 GeoJSON 데이터 만들기

GeoJson.io를 사용하면 간단한 그리기 도구를 사용해 지도에 포인트, 폴리라인 또는 폴리곤을 배치해 지리 공간 파일을 처음부터 작성할 수 있습니다. 이러한 파일은 작업할 원본 파일이 없을 때 유용합니다. 그리기 도구를 사용해 새 데이터를 만들어보겠습니다.

**01** GeoJson.io 도구[17]에서 '새로 만들기(New)'를 클릭해 이전에 사용하던 데이터를 지웁니다.

**02** 왼쪽 하단에서 Mapbox(맵박스, 벡터 타일)를 Satellite(위성, 래스터 데이터)로 전환합니다.

**03** 지도 오른쪽 상단에서 검색 도구를 사용해 관심 지역을 찾습니다. 이번 연습에서는 토론토에 있는 한 운동장 주변의 지리를 추적해보겠습니다.

17 https://geojson.io

**04** 도구 모음에서는 폴리라인(선으로 연결된 일련의 점이지만 폴리곤처럼 닫히지 않음), 폴리곤, 직사각형(폴리곤의 인스턴스일 뿐입니다), 포인트 마커 등 네 가지 그리기 도구를 선택할 수 있습니다.

**05** '마커 그리기(Draw a marker)' 도구를 클릭하고 지도에서 아무 곳이나 클릭하여 배치합니다. 그러면 지도의 일부가 된 회색 마커가 표시됩니다. 대화형 팝업에서 해당 속성을 수정하거나 삭제할 수 있습니다.

**06** '폴리라인 그리기(Draw a polyline)' 도구를 클릭하고 지도에서 여러 위치를 클릭하면 연결된 선이 나타납니다. 폴리라인은 일반적으로 도로와 경로에 사용됩니다. 완료하고 피처를 생성하려면 마지막 점을 다시 클릭합니다.

**07** '폴리곤 그리기(Draw a polygon)' 도구를 클릭합니다. 폴리라인 그리기와 유사하지만 처음 점과 동일한 위치에 마지막 점을 만들어 피처를 완성해야 합니다. 폴리곤은 크고 작은 지리적 영역을 포함한 경계를 정의하는 데 사용됩니다.

**08** '레이어 편집(Edit layers)' 도구를 사용해 마커를 더 나은 위치로 옮기거나 피처의 모양을 조정합니다.

**09** 피처와 그들의 물리적 경계를 생성한 후 의미 있는 속성 데이터를 추가합니다. 대화형 팝업이나 테이블 뷰를 사용해 객체 이름과 기타 속성을 지정합니다. 완료되면 GeoJSON 파일을 컴퓨터에 저장합니다.

그리기 도구를 사용해 기존 GeoJSON 파일을 편집할 수도 있습니다. 예를 들어 CSV 파일에서 GeoJSON 파일을 생성했다면 위도 및 경도 값을 수정하는 대신 '레이어 편집(Edit layers)' 도구를 사용해 마커를 이동할 수 있습니다. 또는 위성 이미지를 추적하여 폴리곤을 더 정밀하게 만들 수도 있습니다.

다음 절에서는 지리 공간 파일을 변환하고 수정하는 또 다른 무료 온라인 도구인 맵셰이퍼를 소개하겠습니다.

## 13.4 맵셰이퍼를 사용해 편집하고 병합하기

GeoJson.io와 마찬가지로 맵셰이퍼Mapshaper[18]는 지리 공간 파일을 변환하고, 속성 데이터를 편집하고, 피처를 필터링 및 해체하고, 경계를 단순화하여 파일을 더 작게 만드는 등의 기능을 가진 무료 오픈 소스 편집기입니다. 맵셰이퍼의 편집edit 및 조인Join 명령은 GeoJson.io 도구보다 훨씬 강력합니다. 하지만 GeoJson.io와 달리 맵셰이퍼에는 그리기 도구가 없으므로 처음부터 지리 공간 파일을 만들 수 없습니다.

맵셰이퍼는 매슈 블로흐Matthew Bloch가 깃허브[19]에서 개발하고 관리하는 도구입니다. 쉽게 배울 수 있는 이 웹 도구는 이전에 배우기 어렵고 비싼 ArcGIS 소프트웨어와 무료이지만 여전히 배우기 어려운 사촌격의 QGIS가 하던 작업을 대체하기 시작했습니다. 많은 고급 GIS 유저들도 맵셰이퍼가 시간이 많이 소요되는 일반적인 작업에서 좋은 대안이 될 수 있다는 사실을 인정했습니다.

---

18 https://mapshaper.org

19 https://oreil.ly/hYTwc

### 13.4.1 지도 경계 파일을 불러와 변환하고 내보내기

맵셰이퍼를 사용하여 지리 공간 파일 형식 간에 변환을 할 수 있습니다. GeoJson.io와 다르게 맵셰이퍼에서는 Esri 셰이프파일을 업로드할 수 있어 이를 웹에서 사용하기 쉬운 GeoJSON 형식으로 쉽게 변환할 수 있습니다. 다음 단계에서는 지리 공간 파일을 맵셰이퍼로 불러와 변환하고 다른 파일 형식으로 내보내는 작업을 해볼 것입니다.

**01** 맵셰이퍼[20]의 시작 화면에는 파일을 불러올 수 있는 두 개의 큰 드래그 앤드 드롭 영역이 있습니다. 하단의 작은 영역인 '빠른 불러오기(Quick import)'는 기본 불러오기 설정을 사용하므로 처음 시작할 때 사용하기 좋습니다.

**02** 지리 공간 파일을 '빠른 불러오기' 영역으로 드래그 앤드 드롭합니다. 이번 예제에서는 우리가 `.zip` 압축 파일로 제공하는 미국 주state 셰이프파일[21]을 다운로드해서 사용합니다. 이 파일은 네 개의 셰이프파일로 구성되어 있습니다.

> **NOTE_** 셰이프파일 폴더를 가져오려면 해당 폴더 내의 모든 파일을 선택하여 가져오기 영역에 함께 놓거나 .zip 압축 파일 내에 모든 파일을 업로드해야 합니다.

**03** 불러온 각 파일은 레이어가 되고, 브라우저 창 상단 중앙에 위치한 드롭다운 메뉴에서 접근할 수 있습니다. 그곳에서 각 레이어가 가지고 있는 피처 수를 보거나, 표시 여부를 전환하거나, 삭제할 수 있습니다.

**04** 내보내려면 오른쪽 상단에서 '내보내기(Export)'를 클릭하고 'Export menu'에서 원하는 파일 형식을 선택합니다. 현재 내보내기 가능한 포맷은 Shapefile, GeoJSON, TopoJSON(GeoJSON과 비슷하지만 지형 데이터가 있음), JSON records, CSV, SVG(웹 및 인쇄용 확장 가능한 벡터 그래픽)입니다. 동시에 두 개 이상의 레이어를 내보내기 하면 맵셰이퍼는 먼저 레이어를 압축하고, 여러분은 내보낸 모든 레이어가 포함된 `output.zip` 압축 파일을 다운로드하게 됩니다.

---

20 https://mapshaper.org

21 https://oreil.ly/p_AwT

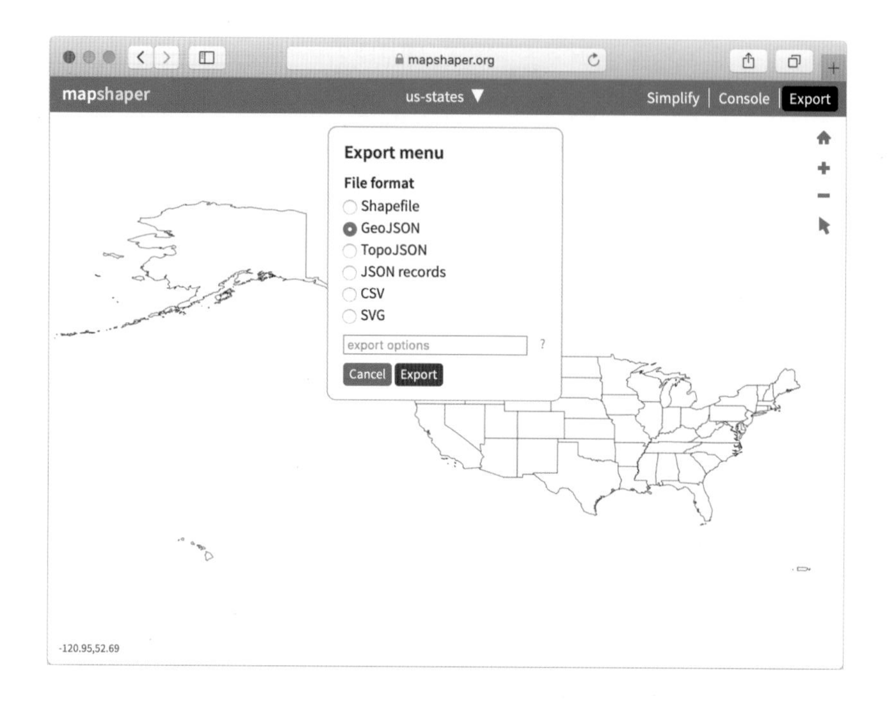


**TIP** 맵셰이퍼는 KML 또는 KMZ 파일과 함께 작동하지 않지만 GeoJson.io를 이용하여 먼저 GeoJSON 형식으로 변환한 다음 맵셰이퍼로 업로드할 수 있습니다(13.1절 '지리 공간 데이터와 GeoJSON' 참조).

### 13.4.2 특정 폴리곤을 위한 데이터 편집

맵셰이퍼에 있는 각 폴리곤(포인트와 라인도 마찬가지)의 속성 데이터를 편집할 수 있습니다.

**01** 폴리곤 속성을 편집할 파일을 불러옵니다.

**02** 커서 도구에서 '속성 편집(edit attributes)'을 선택합니다.

**03** 편집할 폴리곤을 클릭합니다. 왼쪽 상단에 폴리곤의 모든 속성과 값을 보여주는 팝업 창이 나타납니다.

**04** 아무 값(밑줄이 그어진 파란색으로 표시된)이나 클릭하고 편집합니다.

**05** 완료되면 '내보내기(Export)' 버튼을 클릭해 지리 공간 파일을 원하는 파일 형식으로 내보냅니다.

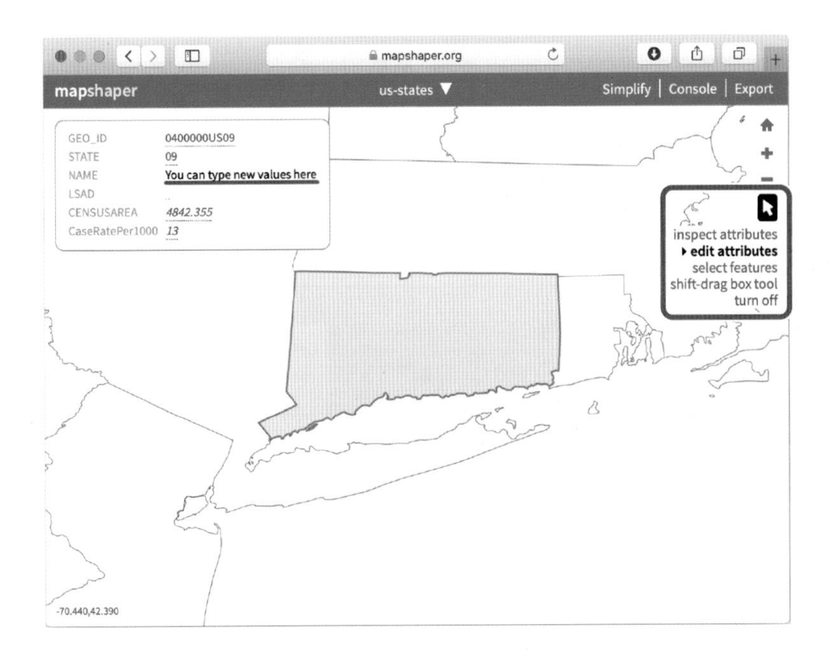


### 13.4.3 데이터 필드 이름 바꾸기

맵셰이퍼의 가장 강력한 도구는 상단의 콘솔 버튼을 클릭해 사용할 수 있으며, 이 버튼을 클릭하면 일반적인 지도 편집 작업에 대한 명령을 입력할 수 있는 창이 열립니다.

때로는 지도 피처(예: 포인트, 폴리곤, 폴리라인)에 길거나 혼동되는 이름을 가진 속성(데이터 필드 또는 열)이 포함되어 있는 경우가 있습니다. 맵셰이퍼 콘솔에서 rename 명령을 다음과 같은 일반 형식으로 입력해 필드 이름을 쉽게 변경할 수 있습니다.

```
-rename-fields NewName=OldName
```

먼저 커서 도구에서 '피처 검사(Inspect features)'를 선택하고 커서를 지도 피처 위로 가져가 필드 이름을 확인한 다음 클릭하여 [그림 13-6]과 같이 콘솔 창을 엽니다. 이 예에서 긴 필드 이름(STATE_TITLE)을 짧은 필드 이름(name)으로 변경하려면 콘솔에 다음 명령을 입력합니다.

```
-rename-fields NewName=OldName
```

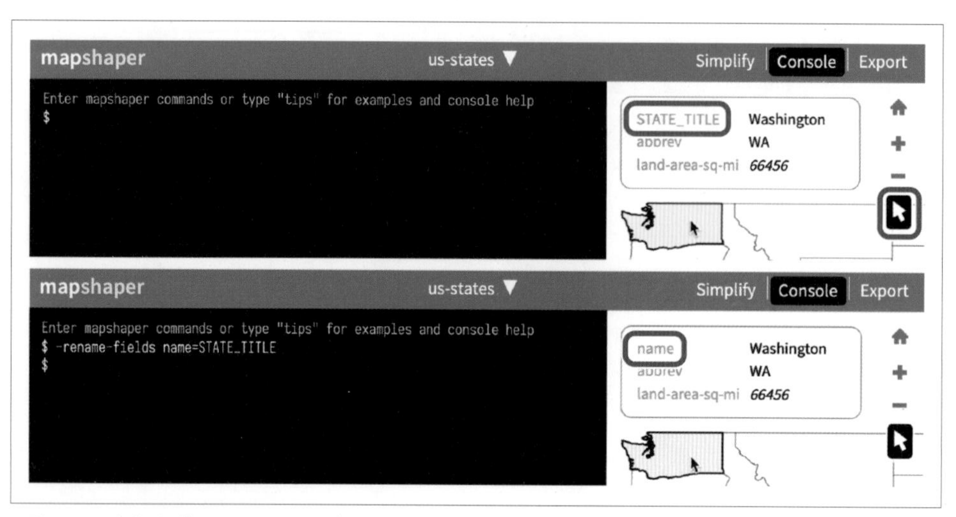


**그림 13-6** 피처 검사(Inspect features) 화살표를 선택하고 필드 이름을 확인한 다음 콘솔에서 `-rename-fields` 명령을 사용해 필드 이름을 변경합니다.

## 13.4.4 필요 없는 데이터 필드 삭제하기

지도 피처에 제거하려는 원치 않는 속성이 포함되어 있는 경우가 있는데, 이러한 속성은 맵셰이퍼 콘솔에서 `-filter-fields` 명령을 사용하여 쉽게 제거할 수 있습니다.

예를 들어 다음 명령은 town을 제외한 모든 필드를 삭제합니다.

```
-filter-fields town
```

만약 두 개 이상의 필드를 남기고 싶다면 공백 없이 콤마comma로 분리합니다.

```
-filter-fields town,state
```

> **CAUTION_** 만약 콤마 뒤에 공백이 있으면 'Command expects a single value'라는 단일 값 오류가 발생합니다.

## 13.4.5 지도 경계를 단순화해 파일 크기 축소하기

웹에서 GeoJSON 지도를 찾을 때 파일 크기를 증가시키는 상세 경계(특히 해안선 주변)가 포함되어 있는 경우 온라인 웹 지도의 성능이 저하될 수 있습니다. 축소(줌 아웃)된 지형이 있는 데이터 시각화 프로젝트에는 항상 상세 경계가 필요한 것은 아니므로 지도 경계를 단순화하기 위해 맵셰이퍼를 사용하는 것이 좋습니다. 경계를 단순화하면 정확도는 다소 떨어지지만 사용자의 브라우저에 더 빠르게 로딩됩니다.

지도 경계를 단순화하는 방법을 설명하기 위해 [그림 13-7]에 두 개의 미국 지도를 준비했습니다. (a)는 상세한 경계를 가진 지도이며 용량은 230KB입니다. 반면 (b)는 경계를 단순화한 지도이며 용량은 37KB로 지도 (a) 용량의 1/6 크기입니다. 하지만 너무 단순화해서 중요한 피처를 지우지 않도록 주의해야 합니다.

(a) 상세한 경계를 가진 원래 지도, 230KB　　(b) 경계를 단순화한 지도, 37KB

**그림 13-7** 웹 지도를 빠르게 로딩되도록 만들고 싶다면 맵셰이퍼를 사용해 지도 경계를 단순화하는 것이 좋습니다.

**TIP** 맵셰이퍼에 지리 파일을 업로드할 때는 시각화 도구나 관련 지오데이터에 맞게 프로젝션projection(투영법)을 변경해야 할 수 있습니다. 콘솔을 열고 `-proj wgs84`(또는 `-proj EPSG:4326`)를 입력해 프로젝션을 세계 지구 좌표 시스템(`wgs84`)으로 변경합니다. 이 시스템은 GPS로 전 세계의 지리 좌표를 표시하는 데 사용됩니다.

맵셰이퍼를 사용해 지도 경계를 단순화하려면 다음 단계를 따라 합니다.

**01** 맵셰이퍼[22]에서 지리 데이터 파일을 불러옵니다. 여기서는 GeoJSON 포맷의 인접한 미국 주 지도 샘플[23]을 사용하겠습니다.

**02** 오른쪽 상단에 있는 '단순화(Simplify)' 버튼을 클릭합니다. 세 가지 방법 중 하나를 선택할 수 있는 단순화 메뉴가 나타납니다. '형상 제거 방지(prevent shape removal)'를 체크하고 기본 'Visvalingam / weighted area' 방법을 그대로 사용하는 것이 좋습니다. '적용(Apply)'을 클릭합니다.

---

22 `https://mapshaper.org`

23 `https://oreil.ly/KFTSF`

**03** 레이어 선택 드롭다운을 대체하는 100% 슬라이더가 맨 위에 나타납니다. 슬라이더를 오른쪽으로 이동하여 지도 모양을 단순화합니다. 지도가 적절하게 보인다고 생각될 때(도형을 여전히 인식할 수 있음) 중지합니다.

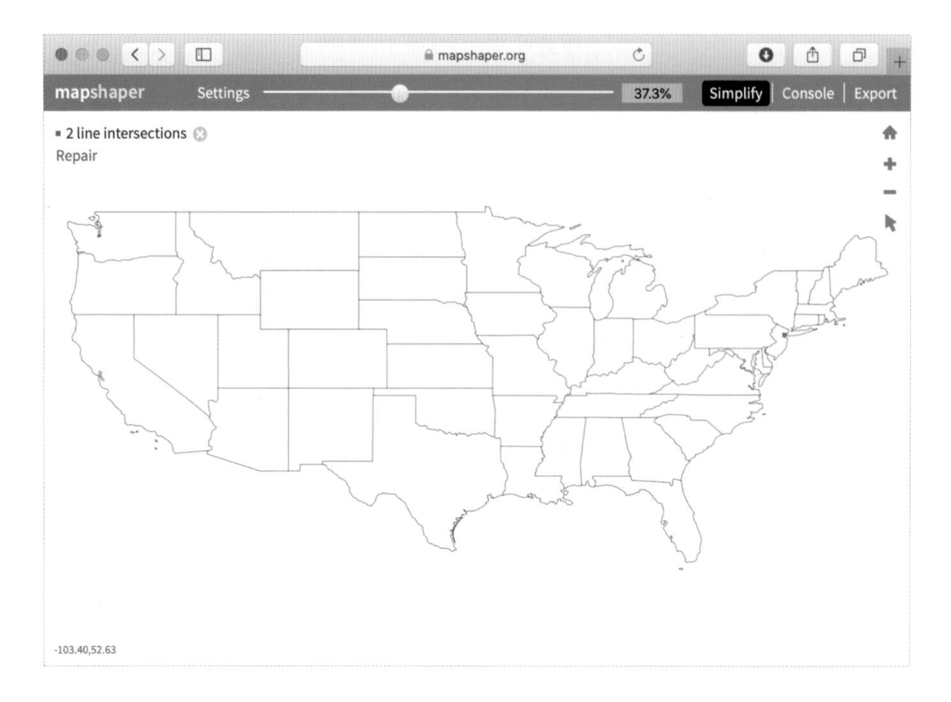


**04** 맵셰이퍼는 왼쪽 상단에 선 교차line intersection 수를 알려주며 수리할 것을 제안할 수 있습니다. '수리(Repair)'를 클릭합니다.

**05** 이제 '내보내기(Export)'를 클릭하여 파일을 컴퓨터에 저장할 수 있습니다.

## 13.4.6 내부 폴리곤을 분해하여 윤곽선 지도 작성하기

일반적인 지도 편집 작업은 내부 경계를 제거하여 윤곽선 지도를 만드는 것입니다. 예를 들어 이전 연습에서 미국 지도의 주 경계를 분해하여 [그림 13-8]과 같이 미국의 윤곽선 지도를 만들 수 있습니다.

'콘솔(Console)'을 클릭하면 명령어를 입력할 수 있는 창이 열립니다. 아래와 같이 `dissolve` 명령어를 입력하고 리턴 또는 엔터 키를 누릅니다.

```
-dissolve
```

내부 경계가 더 옅어진 것을 볼 수 있습니다. 이것은 맵셰이퍼가 내부 경계가 더 이상 존재하지 않는다고 말하고 있는 것입니다. 이제 윤곽선 모양을 내보낼 수 있습니다.

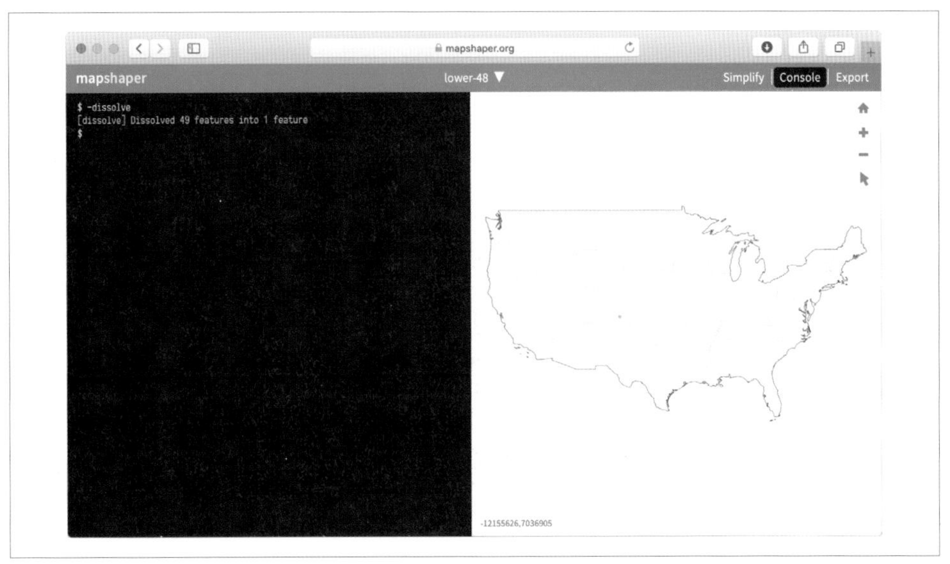


그림 13-8 맵셰이퍼를 사용해 경계를 분해하고 새로운 윤곽선 모양을 만들 수 있습니다.

### 13.4.7 경계 레이어와 일치하도록 지도 자르기

또 다른 일반적인 지도 편집 작업은 더 큰 지도에서 작은 부분을 '잘라내서(클리핑clipping)' 필요한 영역만 얻는 것입니다. 예를 들어 코네티컷은 총 169개 타운으로 나눠진 8개 카운티로 구성됩니다. 여러분이 169개 타운의 경계 파일[24]과 하트퍼드 카운티의 외곽 파일[25]을 받았다고 가정해봅시다. 이때 코네티컷의 특정 지역(하트퍼드 카운티)에 속하는 타운만 포함하려면 원래 타운 지도를 잘라내야 합니다.

맵셰이퍼를 사용하면 간단한 `-clip` 명령을 사용하여 이 작업을 수행할 수 있습니다.

---

24 https://oreil.ly/N7O7f

25 https://oreil.ly/gVLOK

**01** 두 개의 경계 파일을 맵셰이퍼[26]로 불러옵니다. 하나는 클리핑할 더 큰 파일이고(샘플 파일의 경우 ct-towns), 다른 하나는 최종적으로 만들고자 하는 모양을 가진 파일(샘플 파일의 경우 hartford county-outline)입니다. 후자는 ArcGIS에서 클립 피처clip feature라고 부릅니다.

**02** 활성 레이어가 클리핑할 지도(ct-towns)로 설정되어 있는지 확인합니다.

**03** 콘솔에 **-clip**을 입력한 후 다음과 같이 클립 레이어 이름을 입력합니다.

```
-clip hartfordcounty-outline
```

**04** 활성 레이어가 잘린 것을 볼 수 있습니다. 때로는 잘라낸 영역 경계선에 작은 조각들이 남아 있는 경우가 있는데, 이런 경우에는 다음 명령어를 사용해 깔끔하게 정리합니다.

```
-clip hartfordcounty-outline -filter-slivers
```

**05** 여러분의 맵셰이퍼 상태가 다음 그림과 같아야 합니다. '내보내기(Export)'를 클릭해 여러분 컴퓨터에 저장합니다.

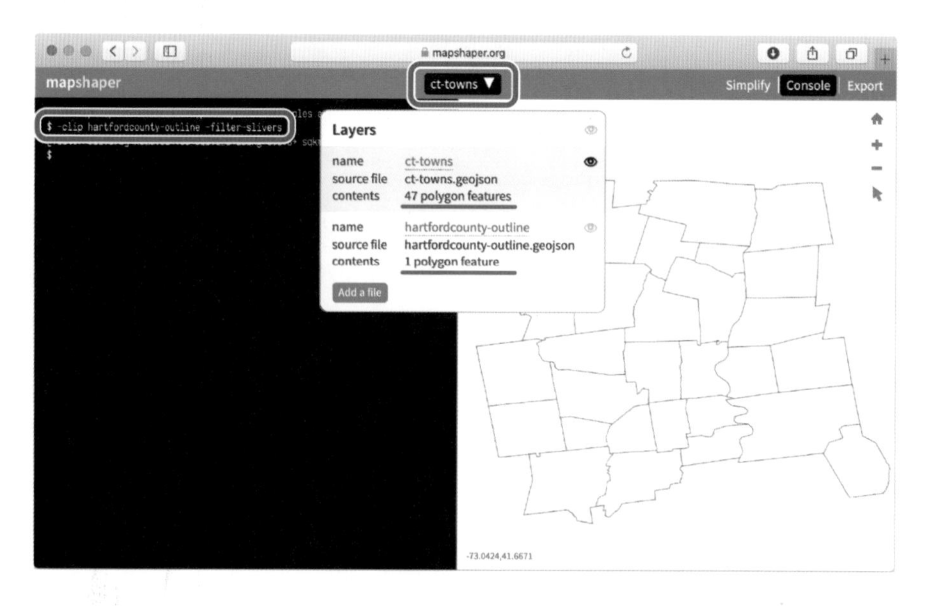


26 https://mapshaper.org

### 13.4.8 폴리곤 지도로 스프레드시트 데이터 조인하기

스프레드시트 데이터를 지리적 경계와 조인(결합)하는 것은 데이터 시각화에서 일반적인 작업입니다. 이번 연습에서는 GeoJSON 형식의 코네티컷 타운 경계 지도[27]와 CSV 형식의 코네티컷 타운 인구 데이터[28]를 다운로드하고, 이 둘을 조인join해 새로운 코로플레스 지도를 만듭니다.

맵셰이퍼는 이러한 파일들을 조인하는 강력한 `-join` 명령을 제공합니다. 두 파일을 조인하려면 두 데이터셋에 공통의 키(예: 타운 이름, 주 또는 카운티)가 존재해야 합니다. 공통 필드가 없으면 맵셰이퍼는 어떤 숫자가 어떤 폴리곤에 속하는지 알 방법이 없습니다.

**01** 맵셰이퍼[29]에서 '빠른 불러오기(Quick import)'를 사용해 이전에 다운로드한 GeoJSON 파일과 CSV 파일을 모두 불러옵니다.

**02** 레이어의 드롭다운 리스트에서 두 파일을 확인합니다. CSV 데이터는 테이블과 유사합니다. '커서(Cursor) > 피처 검사(inspect features)' 도구를 사용해 데이터를 잘 불러왔는지 확인합니다. 만약 샘플 코네티컷 데이터를 사용하는 경우 ct-towns 레이어에는 타운 이름과 함께 name 속성이 있으며, ct-towns-popdensity에는 타운 이름이 town 열에 존재한다는 사실을 알아두어야 합니다.

**03** 지리 공간 레이어(ct-towns)를 활성 레이어로 만듭니다.

**04** 콘솔을 열고 다음과 같이 `-join` 명령을 수행합니다.

```
-join ct-towns-popdensity keys=name,town
```

이 명령에서 `ct-towns-popdensity`는 병합할 CSV 레이어이며, 키(`keys`)는 조인할 값을 포함하는 속성입니다. 샘플 데이터의 경우에는 지도 파일에서 `name` 속성에 저장된 타운 이름과 CSV 파일의 `town` 열입니다.

**05** 콘솔에 `join` 명령이 성공적으로 수행되었는지 또는 맵셰이퍼에서 오류가 발생했는지 알려주는 메시지가 표시됩니다.

---

27 https://oreil.ly/N7O7f

28 https://oreil.ly/gVLOK

29 https://mapshaper.org

**06** '커서(Cursor) > 피처 검사(inspect features)' 도구를 사용해 CSV 열이 폴리곤의 필드로 보이는지 확인합니다.

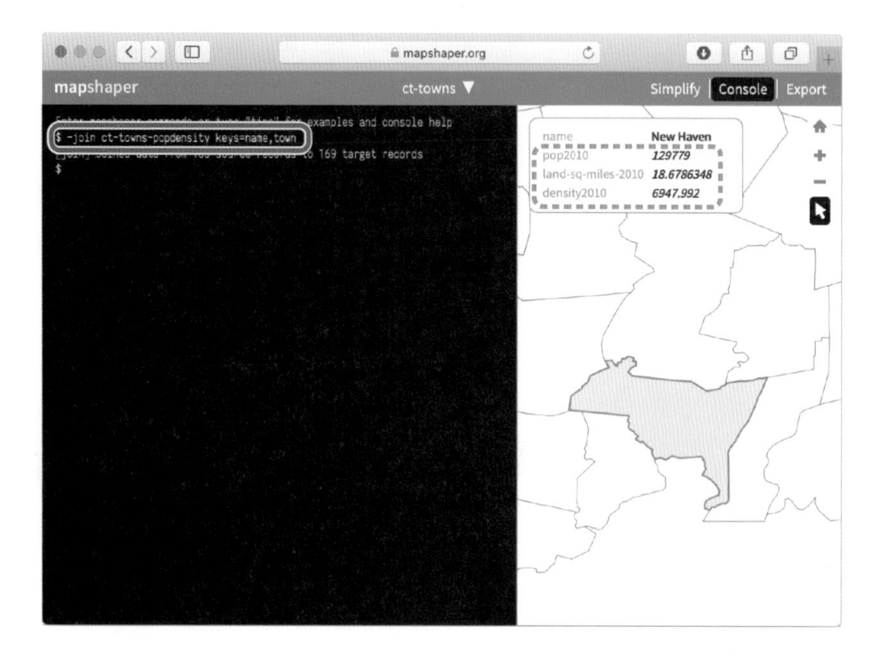


**07** 이제 '내보내기(Export)'를 클릭하여 파일을 컴퓨터에 저장할 수 있습니다.

**TIP** 혼동을 피하려면 지도의 키 속성 이름과 일치하는 키 값을 포함한 CSV 데이터에서 `-rename-fields` 명령을 사용하는 것을 고려하세요. 위 예에서는 먼저 CSV 파일에 `-snow-fields name=town`을 입력합니다. 이 CSV 필드의 이름을 name으로 바꾸면 `join` 명령이 keys=name,name으로 끝나므로 두 번째 단계에서 혼동을 피할 수 있습니다.

### 13.4.9 맵셰이퍼로 폴리곤의 포인트 수 세기

맵셰이퍼에서는 `-join` 명령어를 사용하여 폴리곤에 있는 포인트 수를 세고 그 숫자를 폴리곤 속성에 기록할 수 있습니다.

**01** 두 개의 GeoJSON 샘플 파일을 여러분 컴퓨터에 다운로드합니다. 하나는 포인트를 집계하기 위한 미국 병원 데이터[30]이고, 다른 하나는 폴리곤 경계를 포함하는 미국 주 경계 데

---

30 https://oreil.ly/Rjm3H

이터[31])입니다. 이 두 파일을 맵셰이퍼[32]로 불러옵니다.

02 드롭다운 메뉴에서 '폴리곤(polygons)'을 활성화 레이어로 선택합니다.

03 콘솔에서 아래와 같이 `count()` 함수를 사용하여 `-join` 명령을 수행합니다.

```
-join hospitals-points calc='hospitals = count()' fields=
```

이 명령은 맵셰이퍼에 병원-포인트(`hospitals-points`) 레이어 내의 포인트를 카운트하고 이를 폴리곤의 병원 속성으로 기록하도록 지시합니다. `fields=`는 맵셰이퍼에 포인트에서 어떤 필드도 복사하지 말라고 지시합니다. 이번 사례의 경우 한 개의 주 안에 여러 개의 병원이 있다는 것을 의미하는 다대일many-to-one 매칭을 하기 때문입니다.

04 '커서(Cursor) > 피처 검사(inspect features)' 도구를 사용해 폴리곤이 포인트 수가 기록된 새로운 필드를 얻었는지 확인합니다.

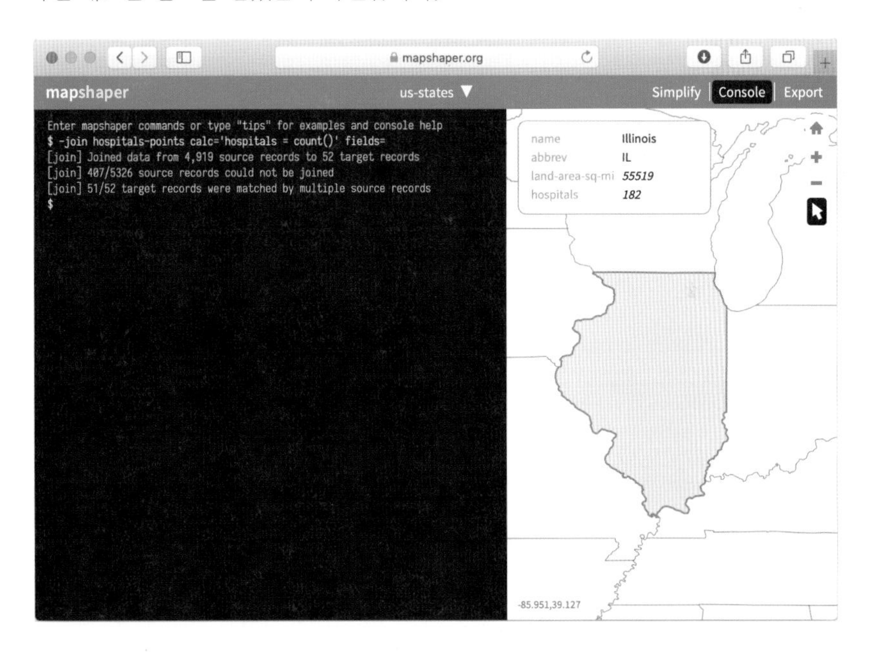


05 '내보내기(Export)' 버튼을 클릭하고 'Export menu'에서 원하는 파일 형식을 선택하여 저장합니다. 다음 절에서는 조인하지 않는 객체에는 어떤 일이 일어나는지 알아보겠습니다.

---

31 https://oreil.ly/i3yg5

32 https://mapshaper.org

### 13.4.10 조인에 대한 자세한 정보

앞 절에서는 포인트와 폴리곤이라는 두 지리적 레이어 사이의 위치를 결합하기 위해 키를 지정할 필요가 없었습니다. 그러나 사용하려는 파일 중 하나가 CSV 데이터셋이라면 키가 필요합니다.

경계 지도 데이터의 열과 일치하는 CSV 데이터셋이 없는 경우 이를 쉽게 만들 수 있습니다. 경계 지도를 맵셰이퍼에 업로드하고 CSV 형식으로 내보냅니다. 다운로드한 CSV 파일을 스프레드시트 도구에서 엽니다. CSV 스프레드시트의 데이터 열을 일치시키려면 VLOOKUP 기능을 사용합니다(2.11절 'VLOOKUP을 사용해 열 매칭하기' 참조).

실제 환경에서는 일대일로 완전하게 매칭되는 파일을 가지고 작업하는 일은 드물 것입니다. 따라서 데이터를 수정할 수 있도록 일치하지 않는 기능에 대한 상세한 정보가 필요할 수 있습니다. 맵셰이퍼는 적절하게 조인되지 않았거나 매칭되지 않은 데이터를 추적할 수 있게 합니다. 예를 들어 폴리곤 지도에 169개의 피처(코네티컷의 각 타운에 하나씩)가 포함되어 있지만 CSV 테이블에 168개의 행만 포함된 경우 맵셰이퍼는 일치하는 키를 가진 모든 피처를 조인한 후 다음 메시지를 표시합니다.

```
[join] Joined data from 168 source records to 168 target records
[join] 1/169 target records received no data
[join] 1/169 source records could not be joined
```

조인되지 않은 값에 대한 자세한 내용을 보려면 다음과 같이 `unjoined unmatched -info` 플래그를 조인 명령에 추가합니다.

```
-join ct-towns-popdensity keys=name,town unjoined unmatched -info
```

`unjoined` 플래그는 소스 테이블에서 조인되지 않은 각 레코드를 복사해 unjoined라는 이름을 가진 또 다른 레이어에 저장합니다. 그리고 `unmatched` 플래그는 타깃 테이블에서 매칭되지 않은 각 기록을 복사해 unmatched라는 이름을 가진 새로운 레이어에 저장합니다. 마지막으로 `-info` 플래그는 조인 절차에 대한 일부 추가 정보를 콘솔에 출력합니다.

### 13.4.11 조인 및 분해 명령어로 선택한 폴리곤 병합하기

맵셰이퍼에서 `-join` 및 `-dissolve` 명령을 사용하여 선택한 폴리곤을 더 큰 클러스터로 병합할 수 있습니다. 여러분이 공중보건 CT 부서에 고용되어 169개 타운을 20개 공중보건 구역[33] 으로 나누고 새로운 지리 공간 파일을 제작하는 임무를 맡았다고 상상해보세요.

먼저 타운과 보건 구역 사이의 '횡단보도'를 만드는 것부터 시작해야 합니다. 이는 우편번호와 그들이 위치한 타운 같은 두 가지 데이터셋을 일치시키는 방법을 의미합니다. 이번 예제의 경우 횡단보도는 타운(town)과 타운의 구역(district)이라는 두 개의 열을 가진 간단한 CSV 리스트일 것입니다. 여러분의 상사가 스프레드시트 형식의 타운 목록을 제공한 것이 아니라 타운 경계가 있는 GeoJSON 파일을 제공했으므로 이 파일에서 타운 목록을 추출해보겠습니다.

**01** 맵셰이퍼[34]에서 '빠른 불러오기(Quick import)'를 사용해 `ct-towns.geojson`[35]을 불러옵니다.

**02** '커서(Cursor) > 피처 검사(inspect features)' 도구를 사용하여 각 폴리곤에 타운 이름을 가진 name 속성이 있는지 확인합니다.

**03** '내보내기(Export)' 버튼을 클릭해 속성 데이터를 CSV 파일로 저장합니다. 스프레드시트 도구에서 저장한 파일을 열면 데이터가 한 개의 name 열에 169개 타운 이름 정보가 있는 파일임을 확인할 수 있습니다.

**04** 스프레드시트에서 'merged'라는 이름의 두 번째 열을 생성하고 첫 번째 name 열의 값을 복사해 붙여넣습니다. 그러면 스프레드시트에 동일한 값을 가진 두 개 열이 있을 것입니다.

**05** 아래 예시처럼 블룸필드(Bloomfield)와 웨스트 하트퍼드(West Hartford)를 선택해 블룸필드-웨트하트퍼드(Bloomfield-West Hartford)라는 값을 merged 열에 기입합니다. 여기까지 한 후 다음 단계를 진행하거나 다른 이웃 타운에 구역 이름을 계속 할당할 수 있습니다.

---

33 https://oreil.ly/MaAnS

34 https://mapshaper.org

35 https://oreil.ly/N7O7f

| | A | B | C |
|---|---|---|---|
| 1 | name | merged | |
| 2 | Bloomfield | Bloomfield-West Hartford | |
| 3 | West Hartford | Bloomfield-West Hartford | |
| 4 | Bethel | Bethel | |
| 5 | Bridgeport | Bridgeport | |
| 6 | Brookfield | Brookfield | |
| 7 | Danbury | Danbury | |
| 8 | Darien | Darien | |
| 9 | Easton | Easton | |
| 10 | Fairfield | Fairfield | |
| 11 | Greenwich | Greenwich | |

**06** 이 새로운 스프레드시트 파일을 `ct-towns-merged.csv`라는 이름으로 저장한 후 맵셰이퍼의 ct-towns 레이어 위로 드래그 앤드 드롭하고 '가져오기(Import)'를 클릭합니다.

**07** 맵셰이퍼에서 ct-towns-merged라는 이름의 이 새로운 CSV 레이어는 일련의 테이블 셀 형태로 나타납니다. 드롭다운 메뉴에서 ct-towns를 선택해 지도로 돌아갑니다.

**08** 이제 업로드한 CSV 파일에 기반해 타운을 구역으로 병합할 준비를 마쳤습니다. 콘솔을 열고 **`-join ct-towns-merged keys=name,name`**을 입력해 CSV 레이어를 화면에 표시되는 경계 레이어와 결합합니다. 그런 다음 **`-dissolve merged`**를 입력해 CSV 파일의 merged 열에 따라 타운의 폴리곤을 분해합니다.

이 예제에서는 블룸필드와 웨스트 하트퍼드만 블룸필드-웨스트 하트퍼드 지역 보건 구역으로 통합되고, 이들 타운 간의 공동 경계선은 회색으로 변합니다. 다른 폴리곤은 모두 동일하게 유지됩니다. 다음 그림은 최종 결과입니다.

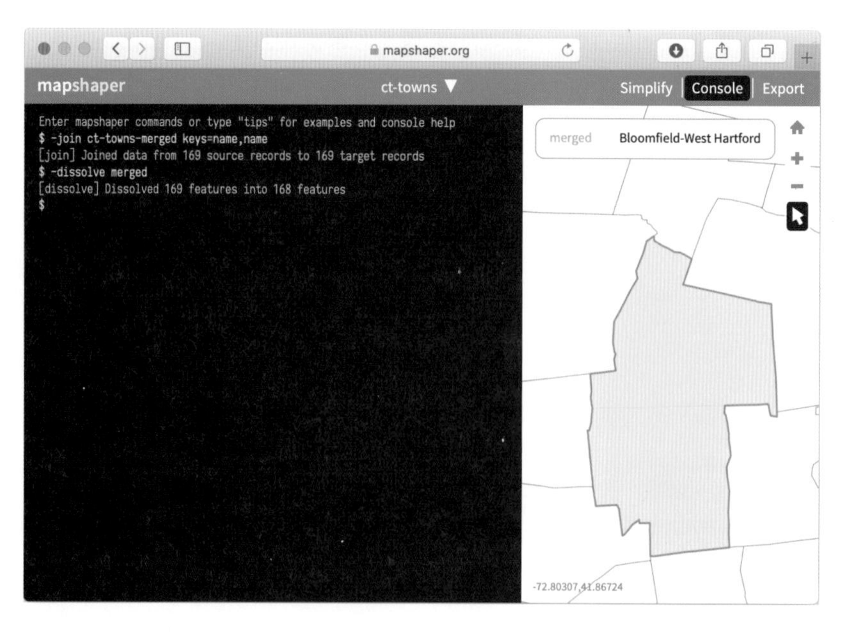

'커서(Cursor) 〉 피처 검사(inspect features)' 도구를 사용해 폴리곤 속성 데이터를 검사하고 '내보내기(Export)' 버튼을 클릭해 결과 파일을 저장합니다.

전반적으로 맵셰이퍼는 탐색할 가치가 있는 더 많은 명령을 가진 강력한 지오데이터 편집 도구입니다. 여기에는 투영법 변경, 자바스크립트 표현식을 사용한 피처 필터링, 값을 기준으로 폴리곤에 색상 할당 등이 포함됩니다. 깃허브의 맵셰이퍼 위키[36]를 탐색하여 더 많은 명령과 예제를 확인하세요.

## 13.5 압축된 KMZ를 KML로 변환하기

앞선 두 절에서는 GeoJson.io 도구와 맵셰이퍼 도구를 사용해 지리 공간 파일을 한 형식에서 다른 형식으로 변환하는 방법을 살펴봤습니다. 그러나 일부 파일 형식은 이런 도구를 사용해 변환할 수 없습니다. 이 절에서는 무료 구글 어스 프로Google Earth Pro 데스크톱 애플리케이션을 사용해 `.kmz`와 `.kml` 형식을 서로 변환하는 예제를 살펴보겠습니다. KMZ는 구글 어스의 기본 형식인 KML 파일의 압축 버전입니다.

**01** 맥, 윈도우 또는 리눅스용 구글 어스 프로[37] 데스크톱 애플리케이션을 다운로드하여 설치합니다.

**02** `.kmz` 파일을 더블클릭해 구글 어스 프로에서 엽니다. 또는 구글 어스 프로에서 '파일 〉 열기'를 클릭하고 KMZ 파일을 선택합니다.

**03** 'Places' 메뉴 아래에 있는 KMZ 레이어를 우클릭(또는 컨트롤+클릭)하고 'Save Place As...'를 선택합니다.

---

36 https://oreil.ly/MATMD

37 https://oreil.ly/ivIRH

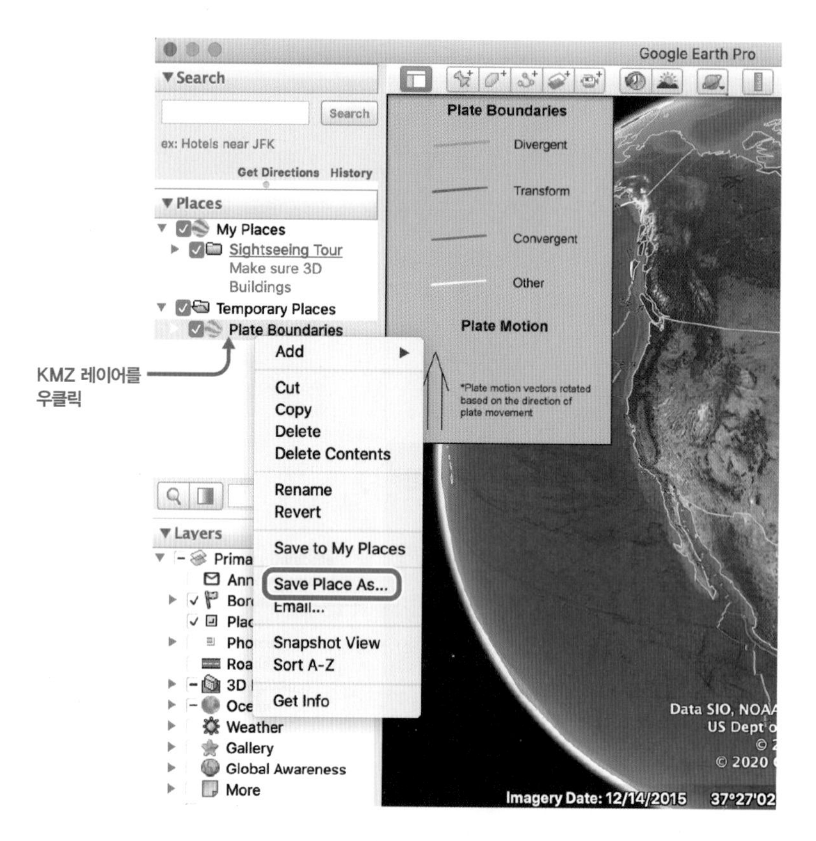


**04** 'Save file...' 창의 드롭다운 메뉴에서 KML 포맷을 선택합니다.

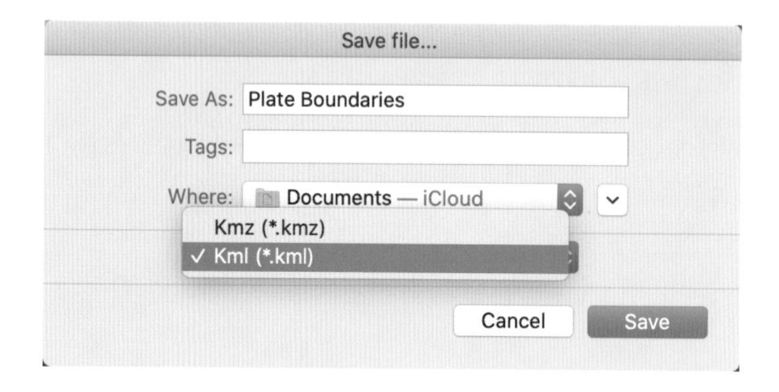


또는 zip 유틸리티를 사용해 KMZ로부터 KML 파일을 추출할 수도 있습니다. KMZ는 단순히 KML 파일의 압축 버전이기 때문입니다.

## 13.6 맵 워퍼로 지오레퍼런스하기

맵 워퍼Map Warper[38]는 팀 워터스Tim Waters가 만들고 호스팅하는 오픈 소스 도구로서 사용자가 스캔한 지도 이미지를 업로드하고 지오레퍼런스georeference(지리 참조)할 수 있도록 합니다. 즉, 정적 지도 이미지를 현재 대화형 지도 위에 정확히 정렬합니다. 이 과정의 결과로 디지털 시대에 맞게 업데이트할 때 오래된 지도 이미지가 뒤틀려 보이는 경우가 많습니다. 지도 이미지를 지오레퍼런스하고 이 사이트에서 호스팅한 후에는 12.2절 '구글 시트로 만드는 리플릿 스토리맵'에서처럼 래스터 데이터를 대화형 지도에 오버레이로 배치할 수 있는 특수 링크가 제공됩니다. 누구나 무료 계정을 만들어 개발자의 공개 지도 워퍼 사이트에 지도를 업로드하고 지오레퍼런스할 수 있습니다. 뉴욕 공립 도서관의 디지털 지도 모음[39]과 같은 조직에서 이 도구를 어떻게 사용하는지 참조하세요.

**CAUTION_** 맵 워퍼는 훌륭한 오픈 소스 플랫폼이지만 서비스가 불안정할 수 있습니다. 2020년 7월 업데이트에 다음과 같이 밝혔습니다. '2년 이상 된 지도는 다시 워핑re-warping해야 작동합니다. 다운타임downtime이 다시 발생할 수도 있습니다.' 따라서 플랫폼의 한계를 염두에 두되, 개발자에게 자금을 기부하여 이 오픈 소스 프로젝트가 지속될 수 있도록 도울 것을 권장합니다.

디지털 라이브러리 관리자인 에리카 헤이스Erica Hayes와 미아 파트로Mia Partlow의 보다 자세한 버전[40]을 기반으로 한 지오레퍼런스 오버레이 지도를 만들려면 다음 튜토리얼을 따라 하세요.

**01** 무료 맵 워퍼 계정을 생성합니다.

**02** 종이로 된 예전 지도의 이미지와 같은 고퀄리티의 이미지나 지오레퍼런스되지 않은 지도의 스캔을 업로드하고 다른 사용자가 찾을 수 있도록 메타데이터를 입력합니다. 공정한 사용, 저작권 또는 퍼블릭 도메인 작업에 대한 지침을 따르세요.

**03** 이미지를 업로드한 후 맵 워퍼 인터페이스에서 '수정(Rectify)' 탭을 클릭하고 지도 이동을 연습합니다.

---

38 `https://mapwarper.net`

39 `http://maps.nypl.org`

40 `https://oreil.ly/-YZdn`. 에리카 헤이스와 미아 파트로, 「튜토리얼: 맵 워퍼와 StoryMapJS를 사용하여 지오레퍼런싱 및 역사 지도 표시」(Open Science Framework, OSF, 2020년 11월 20일), `https://doi.org/10.17605/OSF.IO/7QD56`

**04** 클릭해서 과거 지도 창에서 제어점을 추가하고, 현재 지도 창에 일치하는 제어점을 추가하여 두 이미지를 정렬합니다. 좋은 제어점은 두 지도 사이의 시간 동안 변경되지 않은 안정적인 위치 또는 랜드마크입니다. 예를 들어 주요 도시, 철도 선로 또는 도로 교차로는 지도 축척과 역사적 맥락에 따라 1900년대 초반부터 오늘날까지의 지도를 정렬하는 좋은 방법이 될 수 있습니다.

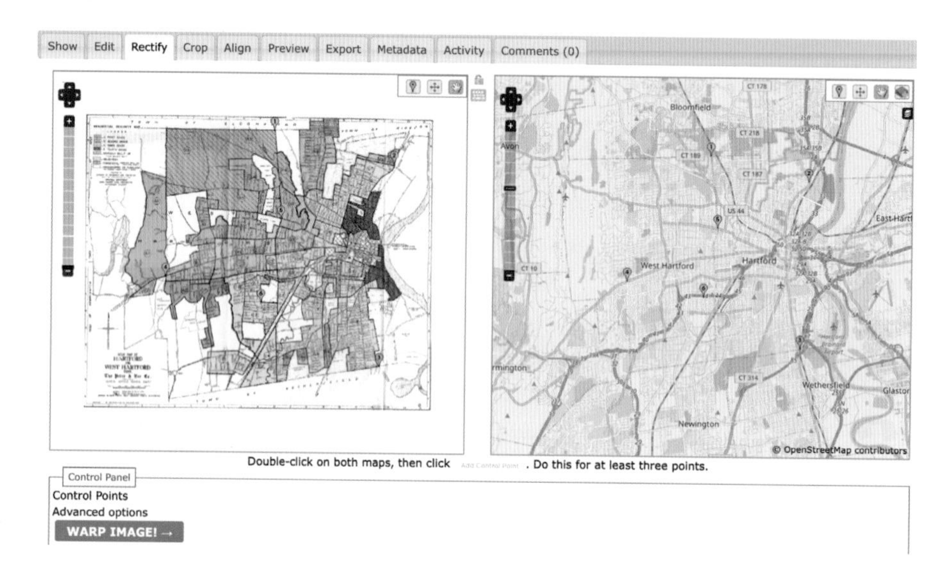


**05** 두 지도와 일치하도록 최소한 네다섯 개의 제어점을 추가하고 넓게 펼칩니다. 결과가 만족스럽다면 페이지 하단의 'Warp Image' 버튼을 클릭합니다. 맵 워퍼는 정적 지도 이미지를 지오레퍼런스 지도 타일셋으로 변환하여 현재 지도 위에 레이어로 나타납니다.

**06** '내보내기(Export)' 탭을 클릭하고 지도 서비스(Map Services)에서 다음과 같이 `Google/OpenStreetMap` 형식으로 나타나는 타일 URL을 복사합니다.

```
https://mapwarper.net/maps/tile/14781/{z}/{x}/{y}.png
```

**07** 이 특수한 타일 URL을 12.2절 '구글 시트로 만드는 리플릿 스토리맵'에서 설명한 구글 시트 템플릿으로 만든 리플릿 스토리맵이나 이 포맷으로 오버레이 지도를 보여주는 다른 웹 지도 도구 또는 코드 템플릿에 복사하여 붙여넣을 수 있습니다. 하지만 일반 웹 브라우저에 붙여넣으면 작동하지 않습니다.

여러분은 이미 지오레퍼런스되거나 타일로 변환된 과거 지도를 검색해 찾을 수 있습니다. 또는 맵 워퍼[41]나 뉴욕 공공 도서관 맵 워퍼[42]와 같은 플랫폼에서 지도 정렬을 위한 공적인 기여를 할 수도 있습니다.

## 13.7 미국 통계청 지오코더를 사용해 대량으로 지오코딩하기

우리는 2.6절 '구글 시트에서 주소 지오코딩하기'에서 구글 시트 부가 기능 도구인 지오코딩 바이 스마트멍키[43]를 사용해 주소를 지오코딩하는 방법을 배웠습니다. 지오코딩이란 주소를 지도상에 배치할 수 있도록 위도-경도 좌표로 변환하는 작업을 뜻합니다(예: 300 Summit St, Hartford Ct, USA의 지오코드는 41.75,-72.69). 지오코딩 바이 스마트멍키 부가 기능은 중간 정도 크기의 주소 데이터를 다룰 때 유용하지만, 더 큰 작업을 위해 더 빠른 지오코딩 서비스가 필요한 경우도 있습니다.

한 번에 최대 10,000개의 미국 주소를 지오코딩하는 가장 빠른 방법 중 하나는 미국 인구조사 지오코더US Census Geocoder[44]를 사용하는 것입니다. 먼저 5개의 열이 있는 CSV 파일을 생성합니다. 파일에는 헤더 행이 없어야 하며 데이터를 다음과 같은 형식으로 작성해야 합니다.

```
| 1 | 300 Summit St | Hartford | CT | 06106 |
| 2 | 1012 Broad St | Hartford | CT | 06106 |
```

- 1열: 1, 2, 3과 같은 각 주소에 대한 고유 ID. 반드시 1로 시작하거나 연속된 순서로 정할 필요는 없지만, 이런 방법이 가장 쉽습니다. 대부분의 스프레드시트에서 연속된 숫자 열을 빠르게 만들려면 1을 입력하고 셀 오른쪽 하단 모서리를 선택한 다음 Option 또는 Control 키를 누른 상태에서 마우스를 아래로 드래그하면 됩니다.
- 2열: 거리 주소(Street address)
- 3열: 시(City)
- 4열: 주(State)
- 5열: 우편번호(Zip Code)

41 https://mapwarper.net
42 http://maps.nypl.org/warper
43 https://oreil.ly/XBCSE
44 https://oreil.ly/XY1_1

우편번호 또는 주와 같은 일부 데이터가 누락되어도 지오코더가 위치를 인식하고 지오코딩할 수 있지만 고유 ID는 각 행(주소)에 반드시 포함시켜야 합니다.

**TIP** 원본 데이터가 주소, 시, 주 및 우편번호를 하나의 셀에 담고 있다면 4.4절 '데이터를 서로 다른 열로 나누기'를 참조하세요. 만약 거리 주소에 아파트 번호가 포함되어 있으면 그대로 남겨둡니다.

둘째, CSV 파일을 미국 인구조사 지오코더 주소 배치 양식[45]에 업로드합니다. '파일 선택'을 클릭하고 업로드할 파일을 선택합니다. 벤치마크를 'Public_AR_Current'로 선택하고 'Get Result'를 클릭합니다.

**NOTE_** 각 주소에 대한 GeoID와 같은 추가 정보를 얻고 싶다면 왼쪽 메뉴에서 위치 찾기(Find Locations)를 지역 찾기(Find Geographies)로 전환합니다. 미국 통계청은 각 지역에 고유한 15자리 숫자 GeoID를 배정합니다. 샘플(예: `090035245022001`)은 주(09), 카운티(003), 인구조사 구역(524502 또는 더 일반적인 5245.02), 인구조사 블록 그룹(2), 인구조사 블록(001)으로 구성됩니다.

잠시 후 `GeocodeResults.csv`라는 파일이 지오코드 결과와 함께 반환됩니다. 일반적으로 파일 크기가 클 경우 시간이 더 오래 걸립니다. 저장한 후 스프레드시트 도구에서 살펴봅니다. 결과 파일은 원래 ID와 주소, 매칭 유형(exact, nonexact, tie 또는 no match), 위도-경도 좌표가 있는 총 8개 열로 구성된 CSV 파일입니다. tie는 주소에 대해 가능한 결과가 여러 개 있다는 것을 의미합니다. tie를 받은 주소와 일치하는 모든 항목을 보려면 왼쪽 메뉴에서 One Line 또는 Address 도구를 사용하여 해당 주소를 검색합니다.

**TIP** 일치하지 않는 주소가 있는 경우 스프레드시트의 필터링 기능을 사용해 일치하지 않는 주소를 필터링한 다음 수동으로 수정하고 별도의 CSV 파일로 저장한 후 다시 업로드합니다. 단일 파일이 10,000개의 레코드를 초과하지 않는 한 미국 인구조사 지오코더를 원하는 횟수만큼 사용할 수 있습니다.

이 서비스에 대해 자세히 알아보려면 미국 인구조사 지오코딩 서비스 문서[46]를 참조하십시오.

어떤 이유로 인해 주소 수준 데이터를 지오코딩할 수 없고 매핑 결과를 생성해야 한다면 타운(town) 또는 주(state)와 같은 특정 지역에 대한 포인트 수를 가져오기 위해 피벗 테이블을 사용할 수 있습니다. 다음 절에서는 미국의 병원 주소와 피벗 테이블을 사용해 병원 주소를 주별로 집계하는 방법을 살펴보겠습니다.

---

45 https://oreil.ly/yHdH9

46 https://oreil.ly/Vio89

## 13.8 포인트 데이터를 폴리곤 데이터로 피벗하기

지리 데이터를 다루다 보면 주소 목록을 영역별로 집계(카운트)하여 폴리곤 지도로 표시해야 하는 경우가 있습니다. 이때 스프레드시트에서 간단한 피벗 테이블로 문제를 해결할 수 있습니다.

> **NOTE_** 폴리곤 지도의 특별한 경우는 기본 값을 나타내기 위해 특정 방식으로 색칠된 폴리곤을 나타내는 코로플레스 지도입니다. 많은 폴리곤 지도가 결국 코로플레스 지도가 됩니다.

미국 메디케어Medicare 및 메디케이드Medicaid 서비스 센터에서 제공하는 메디케어 프로그램에 등록되어 있는 모든 병원 목록[47]을 살펴봅시다. 데이터셋에는 각 병원의 이름, 위치(주소, 시, 주 및 우편번호 열로 잘 구분되어 있음), 전화번호, 사망률, 환자 경험과 같은 여러 지표에 대한 정보가 있습니다.

여러분이 미국 주별 병원 수를 나타내는 지도를 작성하라는 요청을 받았다고 상상해보세요. [그림 13-9]처럼 개별 병원을 포인트로 표시하는 대신 더 많은 병원이 있는 주를 더 진한 파란색으로 표시하길 원합니다.

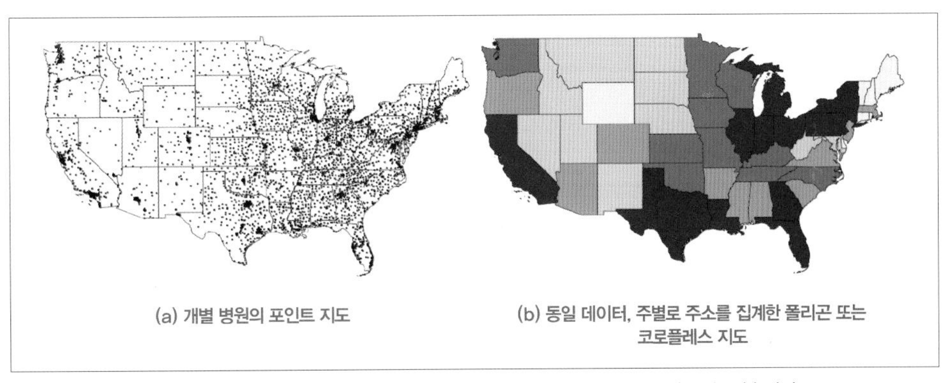


**그림 13-9** 주별로 주소를 집계해 포인트 지도 대신 폴리곤 또는 코로플레스 지도를 만들 수 있습니다.

47 https://oreil.ly/2ZWWd

먼저 화면 오른쪽에 있는 '전체 데이터셋 다운로드(Download full dataset)' 버튼을 클릭해 데이터베이스를 로컬 컴퓨터에 저장합니다(그림 13-10).

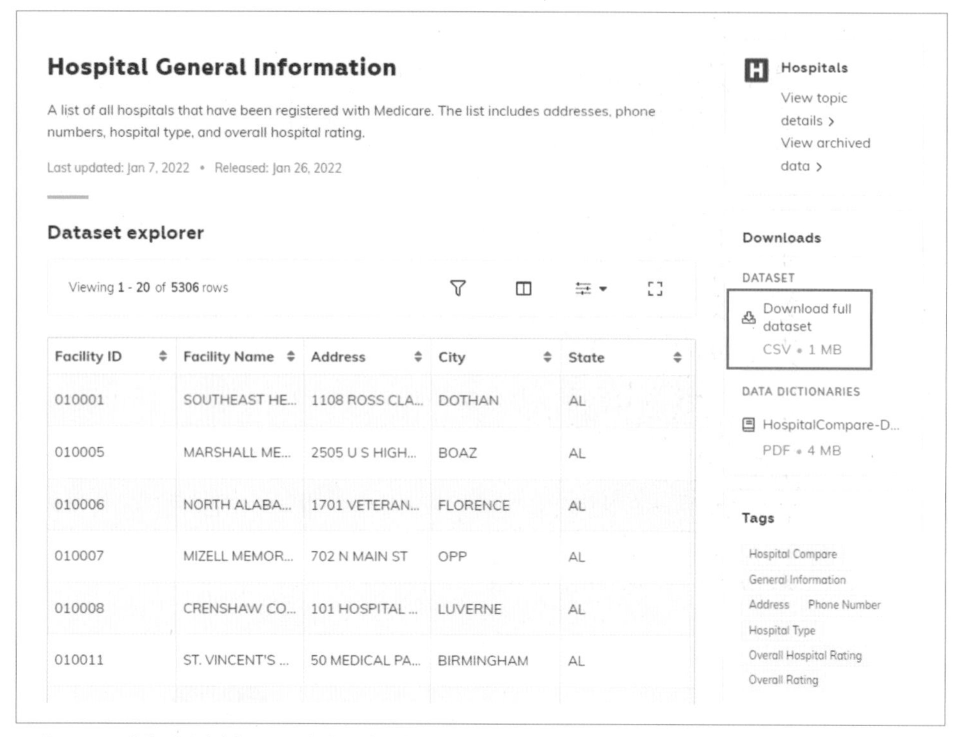


**그림 13-10** 전체 데이터셋을 CSV 파일로 내보낼 수 있습니다.

그런 다음 스프레드시트 도구에서 파일을 엽니다. 구글 시트를 사용할 경우 '파일 > 가져오기'를 클릭하고 '업로드'로 CSV 데이터를 가져옵니다. 주소 열이 있는지 확인하고 피벗 테이블을 만듭니다(구글 시트에서 '삽입 > 피벗 테이블'을 클릭한 후 전체 데이터 범위가 선택되었는지 확인하고 '만들기(Create)'를 클릭합니다). 우리가 원하는 것은 주별 집계 내역이기 때문에 피벗 테이블에서 행을 State로 설정합니다. 그리고 값을 State로 설정합니다(또는 다른 결측치가 없는 변수로 설정). 마지막으로 요약 기준을 COUNTA로 선택하면 완성입니다!

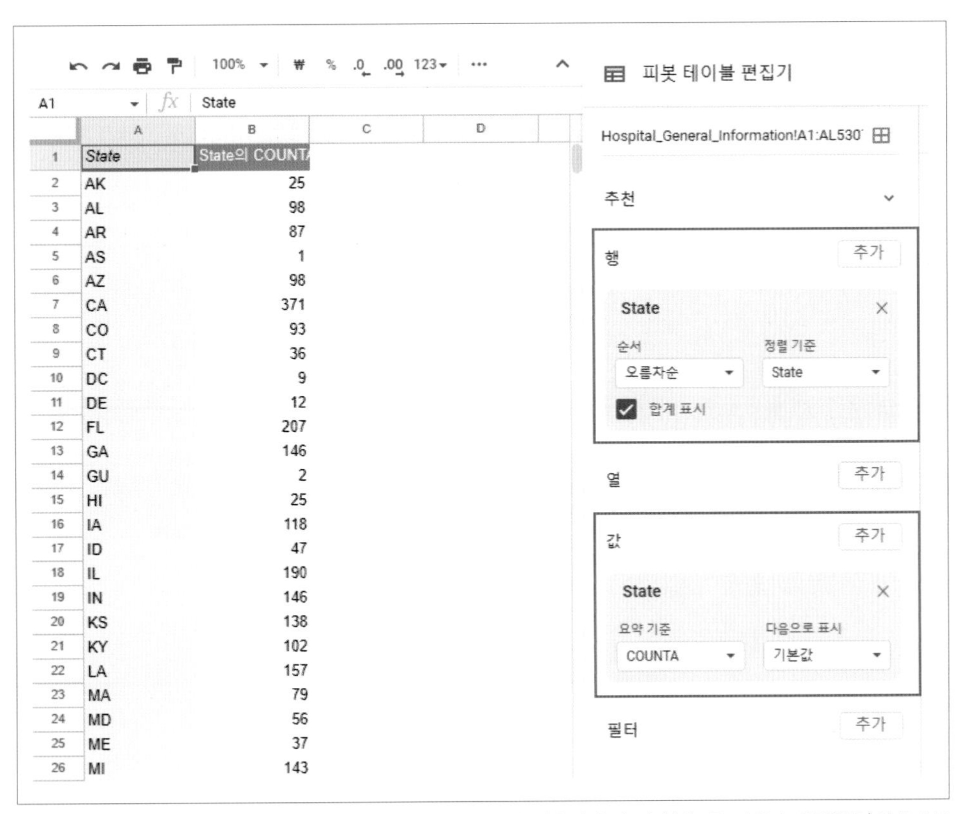


| | A | B |
|---|---|---|
| 1 | State | State의 COUNTA |
| 2 | AK | 25 |
| 3 | AL | 98 |
| 4 | AR | 87 |
| 5 | AS | 1 |
| 6 | AZ | 98 |
| 7 | CA | 371 |
| 8 | CO | 93 |
| 9 | CT | 36 |
| 10 | DC | 9 |
| 11 | DE | 12 |
| 12 | FL | 207 |
| 13 | GA | 146 |
| 14 | GU | 2 |
| 15 | HI | 25 |
| 16 | IA | 118 |
| 17 | ID | 47 |
| 18 | IL | 190 |
| 19 | IN | 146 |
| 20 | KS | 138 |
| 21 | KY | 102 |
| 22 | LA | 157 |
| 23 | MA | 79 |
| 24 | MD | 56 |
| 25 | ME | 37 |
| 26 | MI | 143 |

**그림 13-11** 다른 스프레드시트 소프트웨어에서도 피벗 테이블을 사용하여 각 지역(예: 주, 카운티, 우편번호)의 주소를 집계할 수 있습니다.

집계된 데이터셋이 준비되었으므로 CSV 파일로 저장합니다. 만약 구글 시트를 사용하고 있다면 '파일 > 다운로드 > 쉼표로 구분된 값(.csv)'을 클릭합니다. 이제 GeoJson.io의 편집 기능을 사용해 이 데이터셋을 폴리곤과 수동으로 병합하거나 강력한 맵셰이퍼를 사용해 모든 데이터를 한 번에 병합할 수 있습니다.

## 13.9 마치며

이 장에서는 지리 공간 데이터와 GeoJSON 형식을 자세히 살펴봤습니다. 또한 다양한 오픈 소스 도구를 사용하여 지오데이터를 찾고, 벡터 데이터를 변환 및 생성하고, 이러한 레이어를 편집하고 스프레드시트 데이터와 결합하는 방법도 배웠습니다. 또한 지오레퍼런싱하여 과거 래스터 지도 이미지를 현재 지도와 맞추는 방법을 배웠습니다. 마지막으로 대량의 미국 주소를 한 번에 지오코딩하고, 포인트 수준 데이터를 폴리곤으로 피벗해 코로플레스 지도에 사용하기 위한 몇 가지 추가 전략을 살펴봤습니다.

다음 장에서는 거짓을 탐지하고 차트 및 지도에서 편향을 줄이는 방법을 논의하여 사용자가 시각화의 중요한 소비자가 될 뿐만 아니라 더 좋은 데이터 스토리텔러가 될 수 있도록 하겠습니다.

# Part IV

# 진실하고 의미 있는 스토리 전달하기

# Part IV

# 진실하고 의미 있는 스토리 전달하기

CHAPTER 14

# 거짓을 발견하고 편향 줄이기

데이터 시각화의 목표는 정보를 '진실하고 통찰력 있는 스토리를 포착하는 이미지'로 인코딩하는 것입니다. 하지만 우리는 앞서 시각화를 이용해 거짓을 말하는 사람들을 조심하라고 경고했습니다. 0장 '서문'의 소득 불평등 사례를 되돌아보면 우리는 의도적으로 [그림 0-1]과 [그림 0-2]의 차트와 [그림 0-3]과 [그림 0-4]의 지도를 의도적으로 조작하여 동일한 데이터가 어떻게 재배치되어 매우 다른 현실의 그림으로 나타낼 수 있는지 보여주었습니다. 그렇다면 이러한 모든 시각화가 동일하게 유효하다는 것을 의미할까요? 그렇지 않습니다. 더 면밀히 살펴본 결과 우리는 미국의 소득 불평등에 대한 두 개의 차트 중 두 번째 차트가 진실을 숨기기 위해 의도적으로 부적절한 척도를 사용했기 때문에 **오해의 소지**가 있다고 주장했습니다. 또한 미국이 다른 국가보다 어두운 색(높은 수준의 불평등을 뜻함)으로 표현 되었음에도 두 세계 지도는 **똑같이 진실**하다고 이야기하기도 했습니다.

어떻게 두 개의 다른 시각화가 똑같이 옳을 수 있을까요? 우리의 이러한 반응은 스스로 그들의 작업을 **데이터 과학**이라고 부르며 단 하나의 객관적인 답만 제시하는 사람들과 상충될 수 있습니다. 대신 우리는 데이터 시각화가 여전히 증거에 의존하지만 현실에 대한 둘 이상의 묘사가 유효할 수도 있는 **해석 기술**interpretative skill로 이해하는 것이 가장 좋다고 주장합니다. 6.1절 '차트 디자인 원칙'과 7.1절 '지도 디자인 원칙'에서 설명했듯이 데이터를 시각화하는 몇 가지 규칙이 있습니다. 우리는 시각화가 이진법 세계가 아닌 잘못된wrong, 오해의 소지가 있는misleading, 진실한truthful의 3가지 카테고리로 분류될 수 있다고 주장합니다.

시각화에서 증거를 잘못 설명하거나 시각화의 엄격한 디자인 규칙 중 하나를 위반한다면 이는 **잘못된** 것입니다. 디자인 규칙 위반의 예를 들면 막대 차트 또는 열 차트가 0이 아닌 다른 숫자로 시작하는 경우 이러한 유형의 차트는 **길이** 또는 **높이**로 값을 나타내는데, 독자는 이 차트가 기준선이 잘렸는지 여부를 확인할 수 없기 때문에 잘못된 시각화가 됩니다. 이와 유사하게 원형 차트의 조각 합계가 100%를 넘는다면 독자는 차트를 정확하게 해석할 수 없기 때문에 이 또한 데이터를 잘못 표현한 것이 됩니다.

기술적으로 디자인 규칙을 따르지만 관련 데이터의 모양을 불합리하게 숨기거나 왜곡하는 경우 '오해의 소지가 있는' 시각화입니다. 물론 '불합리하게'라는 표현이 주관적일 수 있다는 점은 인정하지만 부적절한 척도를 사용하거나 가로세로 비율을 왜곡하는 등의 몇 가지 시각화 예를 이 장에서 살펴보겠습니다. 이 카테고리를 **잘못된 것**과 **진실한 것** 사이에 삽입한 것은 차트와 지도가 데이터를 정확하게 나타내고 디자인 규칙을 준수하면서도 마치 마술사가 손재주를 부려 관중을 속일 수 있는 것처럼 우리를 진실로부터 멀어지게 할 수 있기 때문입니다.

정확한 데이터를 보여주고 디자인 규칙을 준수한다면 **진실한** 시각화라고 할 수 있습니다. 이 카테고리에는 다양한 품질의 범위가 있습니다. 똑같이 유효한 두 시각화 중에서 어느 하나가 우리가 인지하지 못했던 의미 있는 데이터 패턴을 보여준다면 우리는 그 시각화가 더 낫다고 말합니다. 또는 같은 데이터 패턴이라도 시각적으로 더 눈에 띄게 잘 표현했거나 간결하게 표현했다면 우리는 그 시각화가 **더 낫다**고 말할 수 있습니다. 어쨌든 우리는 퀄리티가 높으면서도 진실한 시각화를 목표로 한다는 점에 동의하고 출발해야 합니다.

이 장에서는 이 세 가지 카테고리의 차이점을 분류하는 방법을 배웁니다. 거짓 탐지 기술을 향상시키는 가장 좋은 방법은 데이터 기만 기술의 실습 튜토리얼인 14.1절 '차트로 거짓말하는 방법'과 14.2절 '지도로 거짓말하는 방법'을 살펴보는 것입니다. 도둑을 잡으려면 도둑이 필요하다는 속담이 있습니다. **거짓말하는 방법**을 배우는 것은 사람들이 여러분을 오도하는 것을 더 어렵게 만들 뿐만 아니라 그 목적지로 가는 길이 하나 이상 있다는 것을 인식하면 진실을 말하는 시각화를 디자인할 때 우리가 내리는 윤리적 결정에 대해 더 깊이 생각해볼 수 있기 때문입니다. 마지막으로 우리는 지도를 다룰 때 만나는 공간 편향(14.3절 '데이터 편향 인지하고 줄이기'와 14.4절 '공간 편향 인지하고 줄이기')뿐만 아니라 데이터 편향에 대한 네 가지 일반적인 카테고리인 샘플링sampling, 인지cognitive, 알고리듬algorithm, 집단intergroup을 인지하고 줄이기 위한 방법을 논의할 것입니다. 편향을 완전히 없앨 수는 없지만 다른 사람의 작업에서 나타나

는 편향을 식별하는 방법과 시각화에서 이를 줄일 수 있는 전략을 배울 수 있습니다.[1]

## 14.1 차트로 거짓말하는 방법

이 절에서는 오해의 소지가 있는 차트에 속지 않는 방법과 동일한 데이터를 의도적으로 조작하여 서로 반대되는 스토리를 전함으로써 자신의 차트를 좀 더 정직하게 만드는 방법을 알아봅니다. 첫째, 열 차트에서 작은 차이를 크게 보이도록 '과장'합니다. 둘째, 선 차트에서 성장률을 **줄여** 보다 더 점진적으로 보이게 합니다. 또한 이 튜토리얼은 다른 사람의 차트를 읽을 때 세로축, 가로세로 비율과 같은 주요 세부 사항을 주의하는 방법을 배웁니다. 역설적이지만 우리 목표는 **거짓말하는 방법**을 보여줌으로써 여러분에게 **진실을 말하고** 데이터 스토리 디자인 윤리에 대해 조금 더 신중하게 생각하도록 가르치는 것입니다.

### 14.1.1 차트에서 변화 과장하기

먼저 우리는 정치인들이 그들의 관점을 좀 더 유리하게 묘사하기 위해 종종 왜곡하는 주제인 경제에 대한 데이터를 살펴볼 것입니다. 국내총생산(GDP)은 한 국가에서 생산된 최종 재화와 서비스의 시장 가치를 측정하는 것으로, 많은 경제학자들이 이를 재정 건전성의 주요 지표로 간주합니다.[2] 우리는 미국 연방준비제도이사회(FRB)의 오픈 데이터 저장소[3]에서 미국 GDP 데이터를 다운로드했습니다(단위는 billion dollar, 10억 달러). 이 데이터는 분기별로 발표되며 여름 농사, 관광업, 겨울 휴가 쇼핑과 같은 연중 다양한 산업 간의 비교를 더 용이하게 하기 위해 계절성을 반영해 조정한 데이터입니다. 여러분의 임무는 작은 차이를 과장해 독자의 눈을 속이는 열 차트를 만드는 것입니다.

---

1 '거짓말하는 방법' 튜토리얼은 다음 몇 가지 뛰어난 작업에 영감을 받았습니다. 카이로, 『The Truthful Art』, 2016; 카이로, 『How Charts Lie』, 2019; 대럴 허프, 『How to Lie with Statistics』(W.W. Norton & Company, 1954); 마크 몬모니어, 『How to Lie with Maps, 3판』(시카고 대학 출판부, 2018); 네이선 야우, 「How to Spot Visualization Lies(시각화 거짓말을 발견하는 방법)」(FlowingData, 2017년 2월 9일), `https://oreil.ly/o9PLq`; NASA 제트 추진 연구소(JPL), 「Educator Guide: Graphing Global Temperature Trends」, 2017, `https://oreil.ly/Gw-6z`

2 GDP가 아이를 돌보는 것과 같은 무급 가사 노동은 포함하지 않으며, 국가의 인구에 대한 부의 분배를 고려하지 않기 때문에 모든 사람이 동의하는 것은 아닙니다.

3 `https://oreil.ly/0n9E1`

**01** 2019년 중반의 미국 GDP 데이터[4]를 구글 시트에서 열고 자신의 계정으로 로그인한 후 '파일 > 사본 만들기'를 클릭하여 구글 드라이브에 수정할 수 있는 버전을 만듭니다. 우리는 구글 시트에서 차트를 만들지만 원하는 경우 데이터를 다운로드하여 선호하는 다른 차트 도구에서 열 수도 있습니다.

**02** 데이터를 검토하고 노트(notes)를 읽습니다. 예제를 단순화하기 위해 2분기(2019년 4월~6월)와 3분기(2019년 7월~9월)의 미국 국내총생산(GDP) 두 가지 수치만 보여줍니다. 2/4분기는 약 21조 5천억 달러였고 3/4분기는 21조 7천억 달러로 약간 더 높았습니다. 즉, 분기별 GDP 상승률은 1% 미만이었습니다. 정확히 계산하면 `(21747 - 21540)/21540 = 0.0096 = 0.96%`입니다.

**03** **기본 설정**을 사용하여 동일한 시트에 구글 시트 열 차트를 만듭니다. 그러나 이러한 열 차트를 사실을 가장 잘 나타내는 것으로 맹목적으로 받아들이지는 않습니다. 데이터(data) 시트에서 두 열을 선택하고 6.2절 '구글 시트 차트'에서 배운 내용대로 '삽입 > 차트'를 클릭합니다. 그러면 데이터를 인식하고 자동으로 아래 왼쪽 그림처럼 열 차트를 생성합니다.

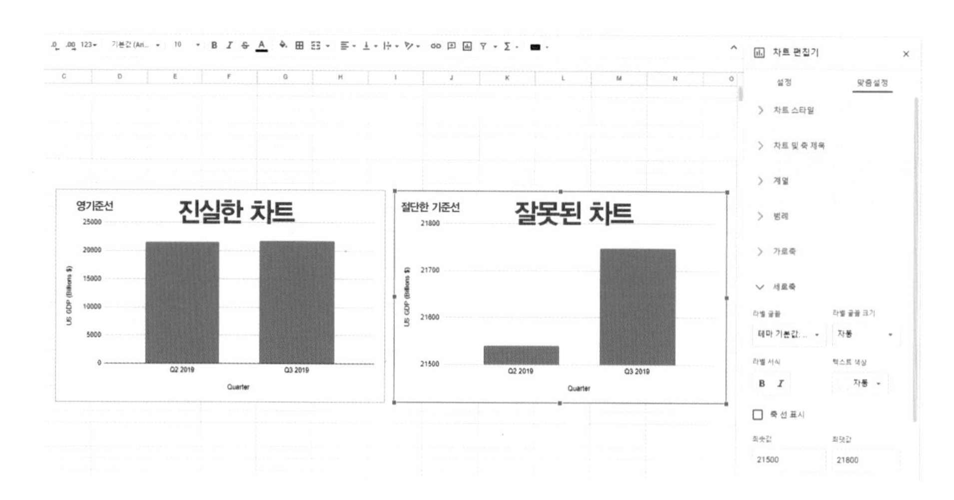


이 기본 보기에서 세로축의 기준선이 0부터 시작하는 경우(영기준선) 21조 5천억 달러와 21조 7천억 달러의 차이는 독자에게 상대적으로 작아 보입니다.

**04** **차이를 과장하기 위해 세로축을 절단해보겠습니다.** 영기준선을 사용하는 대신 GDP 1%의 변화가 더 크게 보이도록 스케일을 조정해보겠습니다. 차트 오른쪽 상단 구석을 클릭하면 나타

4 https://oreil.ly/3chLY

나는 케밥 메뉴에서 '차트 수정'을 클릭하여 '차트 편집기'를 엽니다. '맞춤설정' 탭에서 '세로축' 설정을 열고 3단계의 오른쪽 그림처럼 최솟값을 0(영기준선)에서 21500으로 변경하여 스케일을 줄이고 최댓값을 21800으로 설정합니다.

데이터는 동일하지만 차트의 두 열 사이의 작은 차이가 이제 우리의 눈에는 훨씬 더 크게 보입니다. 차트를 자세히 읽는 사람만이 이 속임수를 알아챌 수 있습니다. 경제 성장을 내세우며 선거 운동을 하고 있는 정치 후보자는 여러분에게 감사할 것입니다!

절단한 기준선 차트는 6.1절 '차트 디자인 원칙'에서 이야기한 중요한 디자인 원칙을 위반했기 때문에 '잘못된' 차트입니다. 열(또는 막대) 차트는 **높이**(또는 **길이**)를 사용해 값을 나타내기 때문에 영기준선에서 시작해야 합니다. 독자들은 두 열이 모두 0에서 시작하지 않는 한 한 열이 다른 열보다 두 배 높은지 확인할 수 없습니다. 이와 반대로 영기준선을 지킨 기본 설정 차트는 진실한 차트입니다. 다음 절에서는 규칙이 명확하지 않은 다른 예제를 살펴보겠습니다.

### 14.1.2 차트에서 변화 축소하기

여기서는 기후 변화에 대한 자료를 살펴보겠습니다. 이는 우리가 지구상에서 직면하고 있는 가장 시급한 문제 중 하나지만 부정하는 사람들은 여전히 현실을 부정하고 있고 그들 중 일부는 사실을 왜곡하고 있습니다. 이 튜토리얼에서는 미국 항공 우주국(NASA)에서 다운로드[5]한 1880년부터 현재까지의 지구 온도 데이터를 조사합니다. 이 데이터는 평균 지구 온도가 지난 50년 동안 섭씨 1도(또는 화씨 2도) 정도 상승했고, 이 온난화는 이미 빙하가 녹고 해수면이 상승하기 시작했다는 것을 보여줍니다. 여러분의 임무는 독자들이 지구 온도 변화의 상승을 **감소시키는** 잘못된 선 차트를 만드는 것입니다.[6]

**01** 구글 시트에서 1880-2019 지구 온도 변화 데이터[7]를 열고 자신의 계정으로 로그인한 후 '파일 > 사본 만들기'를 클릭하여 구글 드라이브에 수정할 수 있는 버전을 만듭니다.

**02** 데이터를 검토하고 노트(notes)를 읽습니다. 온도 변화는 1951-1980년의 온도인 섭씨

---

5 https://oreil.ly/1kASv

6 기후 변화 데이터에 대해 오해의 소지가 있는(misleading) 튜토리얼은 NASA 제트 추진 연구소(JPL)에서 만든 고등학교 교실 활동뿐만 아니라 알베르토 카이로의 기후 변화 의심론자에 의한 차트 분석에서 영감을 받았습니다. NASA JPL; 카이로, 『How Charts Lie』, 2019, 65-67, 135-141쪽

7 https://oreil.ly/D-AK1

14도(또는 화씨 57도)와 비교하여 지구 주변의 많은 표본으로부터 추정된 '지구 육지-해양 표면' 평균 온도(섭씨)를 말합니다. 다시 말해 2019년의 0.98 값은 그해 지구 기온이 평년보다 약 1℃ 높았음을 의미합니다. 과학자들은 NASA와 미국 국립 기상청National Weather Service의 기준에 따라 1951-1980 기간을 '정상'으로 정의합니다. 그 기간 동안 성장한 어른들은 이 '정상'을 기억할 수 있을 겁니다. 온도 변화를 측정하는 다른 방법도 있지만 NASA의 고더드Goddard 우주 연구소(NASA/GISS)의 자료는 기후 연구소Climate Research Unit[8]와 국립 해양 대기청National Oceanic and Atmospheric Administration[9]의 다른 과학자들이 수집한 자료와 대체로 일치합니다.

**03** 데이터(data) 시트에서 두 열을 선택하고 '삽입 > 차트'를 클릭해 구글 시트 선 차트를 만듭니다. 구글 시트에서 여러분의 데이터가 시계열 데이터라는 것을 인지하고 자동으로 기본 선 차트를 생성합니다. 케밥 메뉴에서 '차트 수정'을 클릭하여 '차트 편집기'를 엽니다. '맞춤설정' 탭의 '차트 및 축 제목'에서 더 나은 차트 제목과 세로축 제목을 추가합니다. 그리고 데이터 측정에 대한 이해를 돕기 위해 메모(notes)를 추가합니다.

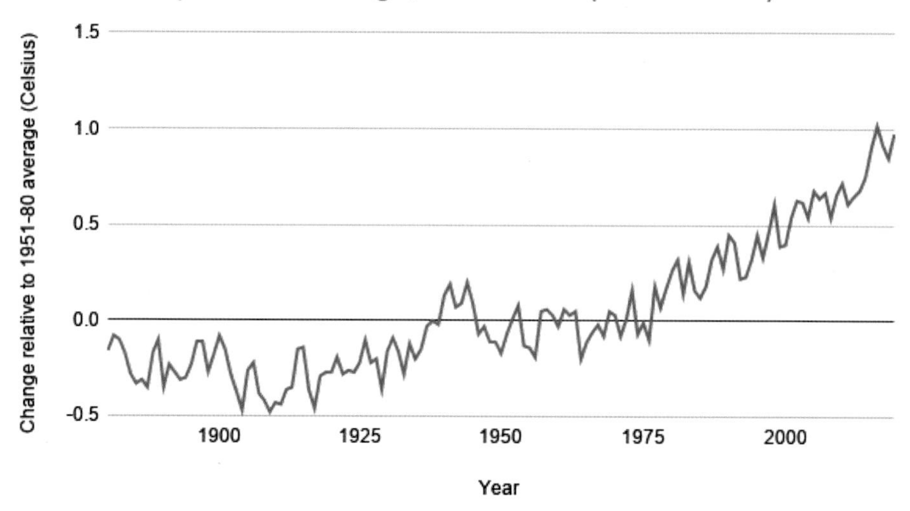


이제 동일한 데이터를 서로 다른 방법을 사용하여 세 개의 차트를 더 만들고, 기술적인 관점에서 **잘못된** 것은 아니지만 **커다란 오해의 소지가 있는** 이유를 살펴보겠습니다.

8 https://oreil.ly/_dXSb
9 https://oreil.ly/TxZkD

### 세로축을 늘려 선을 평평하게 만들기

이전 절과 동일한 방법을 사용하지만 이번에는 축을 반대 방향으로 변경해봅니다. [그림 14-1]과 같이 구글 시트 '차트 편집기'의 '맞춤설정' 탭에서 '세로축'의 최솟값을 −5로, 최댓값을 5로 수정합니다. 세로축 스케일의 길이를 증가시킴으로써 상승선을 평평하게 보이게 만들었으며 기후 변화에 대한 경각심도 사라지게 만들었습니다. 하지만 실제로는 그렇지 않습니다.

이렇게 선 차트를 평평하게 만드는 것은 **잘못되었다기보다는 오해의 소지가 있다** 정도로 말할 수 있습니다. 튜토리얼 전반부에서 미국 국내총생산(GDP) 차트의 세로축을 줄였을 때 영기준선 규칙을 위반했는데, 이는 6.1절 '차트 디자인 원칙'에서 설명한 바와 같이 열 차트와 막대 차트는 독자들이 **높이**와 **길이**로 판단할 것을 요구하기 때문입니다. 여러분은 영기준선 규칙이 선 차트에는 적용되지 않는다는 사실을 알게 되면 놀랄 수 있습니다. 시각화 전문가 알베르토 카이로는 선 차트가 선의 **위치**와 **각도**를 통해 값을 나타낸다는 점을 우리에게 상기시킵니다. 독자들은 선 차트의 의미를 높이가 아닌 모양에 따라 해석하기 때문에 기준선은 관련이 없습니다. 따라서 온도 변화에 대한 선 차트를 평평하게 만드는 것은 오해의 소지가 있을 수 있지만, 레이블이 올바르게 붙어 있는 한 기술적으로 잘못된 것은 아닙니다.[10]

**그림 14-1** 늘어난 세로축으로 인해 오해의 소지가 있는 차트

---

**10** 카이로, 『How Charts Lie』, 2019, 61쪽

### 차트를 늘려 가로세로 비율 왜곡하기

[그림 14-2]처럼 구글 시트에서 차트를 클릭하고 옆으로 드래그해 짧고 넓게 만듭니다. 이미지 측정값은 높이별 너비로 나열되며, 가로세로 비율(종횡비)은 너비를 높이로 나눠 계산합니다. 기본 차트는 600×370픽셀이며 가로세로 비율은 1.6:1입니다. 늘린 차트는 1090×191픽셀이며, 가로세로 비율은 5.7:1입니다. 가로세로 비율을 증가시켜 상승선을 평평하게 보이게 만들었으며 기후 변화에 대한 경각심을 한 번 더 사라지게 만들었습니다.

왜곡된 이 차트 역시 **잘못되었다기보다는 오해의 소지가 있다** 정도로 말할 수 있습니다. 선 차트의 가로세로 비율을 변경하는 것은 명확하게 정의된 데이터 시각화 규칙을 위반한 것이 아니기 때문에 레이블이 정확히 지정되어 있는 한 기술적으로 잘못된 것이 아닙니다. 하지만 이는 명백한 오해의 소지가 있는 시각화입니다. 카이로는 '변화를 과장하거나 최소화하지 않을 정도'의 가로세로 비율을 사용해야 한다고 주장합니다. 카이로가 말하는 것은 정확히 어떤 의미일까요? 그는 가로세로 비율 조정이 '차트 디자인의 보편적 규칙을 위반하는 것은 아니지만' 차트에 표현된 퍼센트 변화는 가로세로 비율과 대략 일치해야 한다고 주장합니다. 예를 들어 차트가 33/100 또는 1/3과 같이 33% 증가를 나타낸다면 3:1의 가로세로 비율을 사용하는 것이 좋다고 이야기합니다. 다시 말해 이런 경우 선 차트는 높이보다 너비가 3배 더 커야 합니다.[11]

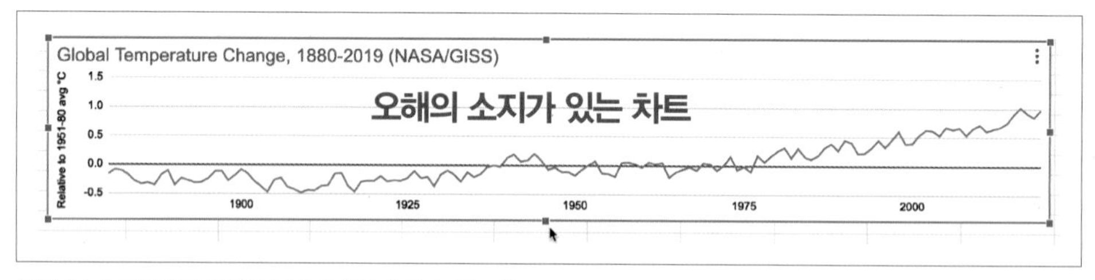


**그림 14-2** 가로세로 비율을 늘려 오해의 소지가 있는 차트

> **NOTE_** 일부 전문가는 선 차트의 가로세로 비율은 **뱅킹 45도 원칙**banking to 45 degrees principle을 따라야 한다고 조언합니다. 뱅킹 45도 원칙이란 선 세그먼트의 평균 방향은 개별 세그먼트를 구별하기 위해 위 또는 아래 45도 각도와 같아야 한다는 원칙입니다. 그러나 모든 선에 대한 기울기를 계산하기 위해서는 통계 소프트웨어가 필요하며, 계산이 된다고 하더라도 여전히 모든 경우에 적합한 규칙은 아닙니다. 관심 있는 독자는 로버트 코사라Robert Kosara의 「가로세로 비율과 뱅킹 45도」를 읽어보길 바랍니다.[12]

---

11 카이로, 『How Charts Lie』, 2019, 69쪽

12 로버트 코사라, 「가로세로 비율과 뱅킹 45도」(Eagereyes, 2013년 6월 3일), `https://oreil.ly/0KNUb`

카이로는 가로세로 비율에 대한 그의 권고를 보편적인 규칙으로 제안하지 않습니다. 값이 너무 작거나 너무 클 때 이러한 원칙이 잘 작동하지 않기 때문입니다. 예를 들어 카이로의 권고를 지구 온도 변화 차트에 적용하면 가장 낮은 값과 가장 높은 값의 차이(−0.5도에서 1도)는 300%의 증가를 의미합니다. 이 경우 0으로 나누는 것은 정의되지 않으므로 초깃값 0이 아닌 가장 낮은 값 −0.5℃를 사용하여 퍼센트 변화를 계산합니다. 그러므로 `(1℃ - (-0.5℃)) / |-0.5℃| = 3 = 300%`가 됩니다. 카이로의 권고를 따르면 300%가 증가하면 1:3의 가로세로 비율을 사용해야 하는데, 이는 [그림 14-3]처럼 차트의 높이가 너비보다 3배 커야 한다는 뜻입니다. 이 차트 역시 기술적으로는 올바르지만 **변화를 너무 과장**하기 때문에 **오해의 소지**가 있습니다. 그리고 이것은 카이로의 주요 메시지와 반대되는 것입니다. 가로세로 비율 권고는 0에 가까운 작은 값으로 나눴을 때 터무니없는 결과를 얻게 됩니다.

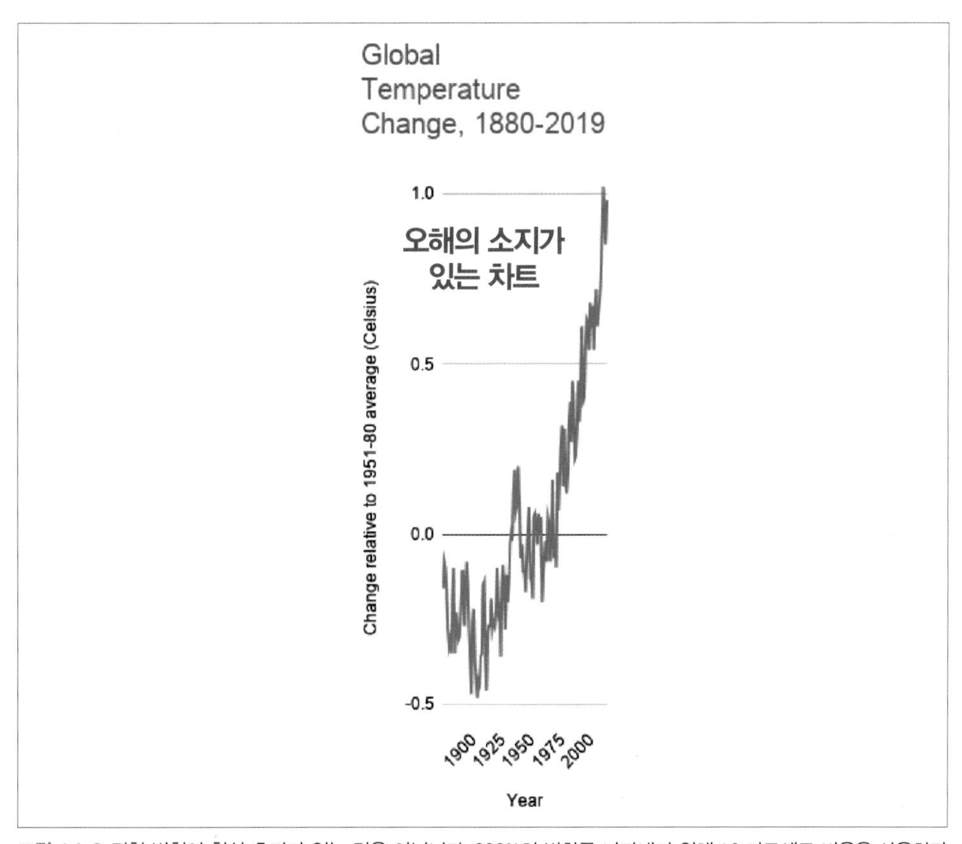


**그림 14-3** 경험 법칙이 항상 효과가 있는 것은 아닙니다. 300%의 변화를 나타내기 위해 1:3 가로세로 비율을 사용하라는 카이로의 권고는 이 특별한 예에서 오해의 소지가 있는 차트로 귀결됩니다.

카이로는 그의 가로세로 비율 권고가 **변화를 감소시키는** 정반대의 방식으로 **오해의 소지가 있는** 차트를 만들 수 있다는 점을 인정합니다. 예를 들어 0℃에서 1℃로 증가한 **지구 온도 변화** 대신 시간이 지남에 따라 약 13℃에서 14℃(또는 약 55℉에서 57℉)로 증가한 **지구 온도**를 나타내는 차트를 상상해보세요. 평균 지구 온도의 1℃ 차이가 우리 몸에는 크게 느껴지지 않을 수 있지만 지구에는 극적인 결과를 가져올 수 있습니다. 변화율은 `(14℃ - 13℃) / 13℃ = 0.08 = 8%` 증가 또는 1/12로 계산할 수 있습니다. 이는 [그림 14-4]와 같이 가로세로 비율이 12:1 또는 높이보다 12배 넓은 선 차트로 변환됩니다. 카이로는 이 중요한 지구 온도 상승이 '믿을 수 없을 만큼 작아 보인다'고 경고하며, 따라서 그는 가로세로 비율 권고안을 모든 경우에 사용하지 말라고 경고합니다.[13]

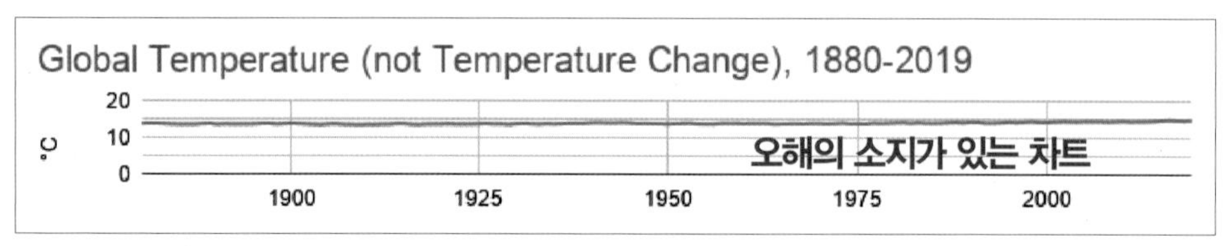


**그림 14-4** 다시 한번 말하지만 경험 법칙이 항상 효과가 있는 것은 아닙니다. 8% 증가에 대한 카이로의 권고는 이 예에서 오해를 불러일으키는 차트를 생성하는 12:1 가로세로 비율을 초래합니다.

이 모든 것이 우리에게 무엇을 남겼을까요? 만약 여러분이 혼란을 느끼고 있다면 데이터 시각화에 **가로세로 비율에 대한 보편적인 규칙이 없기 때문**일 것입니다. 그렇다면 어떻게 해야 할까요? 첫째, 기본 차트를 맹목적으로 받아들이지 마세요. 둘째, 다양한 가로세로 비율이 차트 모양에 어떤 영향을 미치는지 살펴봅니다. 마지막으로, 카이로조차도 모든 상황에 맞는 가로세로 비율에 대한 단일 규칙은 없기 때문에 모든 상황에서 그의 권고를 따르기보다는 스스로 판단해야 한다고 주장합니다. 데이터를 정직하게 해석하고 독자에게 명확하게 스토리를 전달할 수 있는 선택을 해야 합니다.

### 데이터 추가하기 및 이중 세로축

오해의 소지를 만드는 또 다른 일반적인 방법은 두 번째 데이터 시리즈를 추가해 차트 오른쪽에 세로축을 더하는 것입니다. 이중 축dual axis 차트를 구성하는 것은 기술적으로 가능하지만 독자를 오도하기 위해 쉽게 조작될 수 있으므로 이중 축 사용을 강력히 반대합니다. 지구 온도 변화

---

**13** 카이로, 『How Charts Lie』, 2019, 70쪽

와 미국 국내총생산(GDP)이라는 이전에 살펴본 두 개의 데이터셋을 하나의 이중 축 차트에 결합하는 예를 살펴봅시다. 구글 시트에서 온도 변화와 새로운 열을 볼 수 있는 temp+GDP 시트로 이동합니다. 1929년부터 2019년까지 미국 국내총생산(GDP) 데이터는 미국 연방준비제도이사회(FRB)[14]에서 다운로드했습니다. 예제를 단순화하기 위해 1929년 이전의 온도 데이터를 삭제해 사용 가능한 GDP 데이터와 깔끔하게 일치시켰습니다.

**01** 세 열을 모두 선택하고 '삽입 > 차트'를 클릭해 온도(파란색)와 미국 GDP(빨간색) 두 개의 데이터 시리즈를 포함하는 기본 선 차트를 생성합니다.

**02** '차트 편집기'에서 '맞춤설정' 탭을 선택한 후 '계열'을 클릭합니다. 드롭다운 메뉴에서 '모든 계열에 적용'을 'US GDP'로 변경합니다. '서식' 영역의 '축'을 '왼쪽 축'에서 '오른쪽 축'으로 변경합니다. 이렇게 하면 차트 오른쪽에 미국 GDP 데이터에만 연결된 다른 세로축이 생성됩니다.

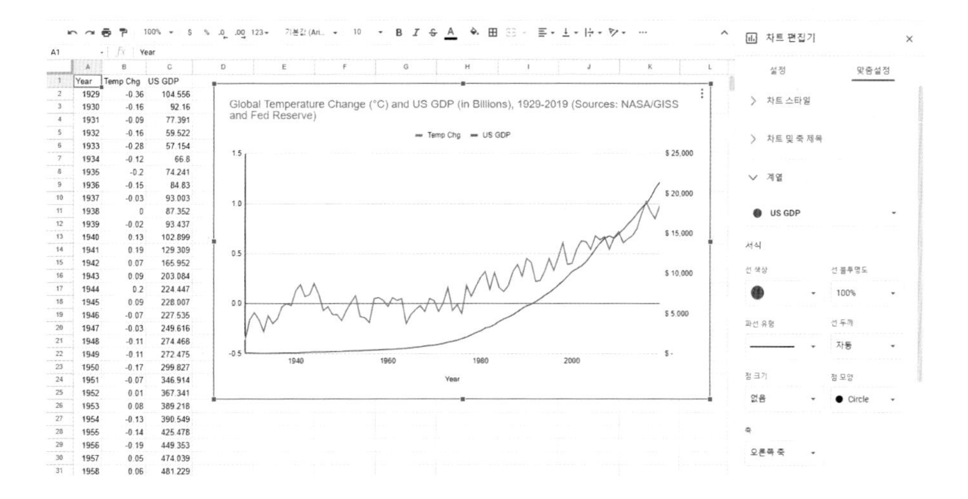


**03** '차트 편집기'의 '맞춤 설정' 탭에서 아래로 스크롤하면 '세로축'(왼쪽, 온도 변화 전용)과 '오른쪽 세로축'(US GDP 전용)이 보입니다.

> 세로축

> 오른쪽 세로축

14 https://oreil.ly/LJcut

**04** 앞서 '세로축을 늘려 선을 평평하게 만들기'에서보다 훨씬 더 과장되게 '세로축'을 조정해 차트를 완성하겠습니다. 이번에는 최솟값을 0(미국 GDP에 해당하는 오른쪽 세로축 기준선과 일치하도록), 최댓값을 10으로 변경해 온도 선을 더 평평하게 만듭니다. 제목, 소스 및 레이블을 추가해 차트를 보다 신뢰할 수 있도록 만듭니다.

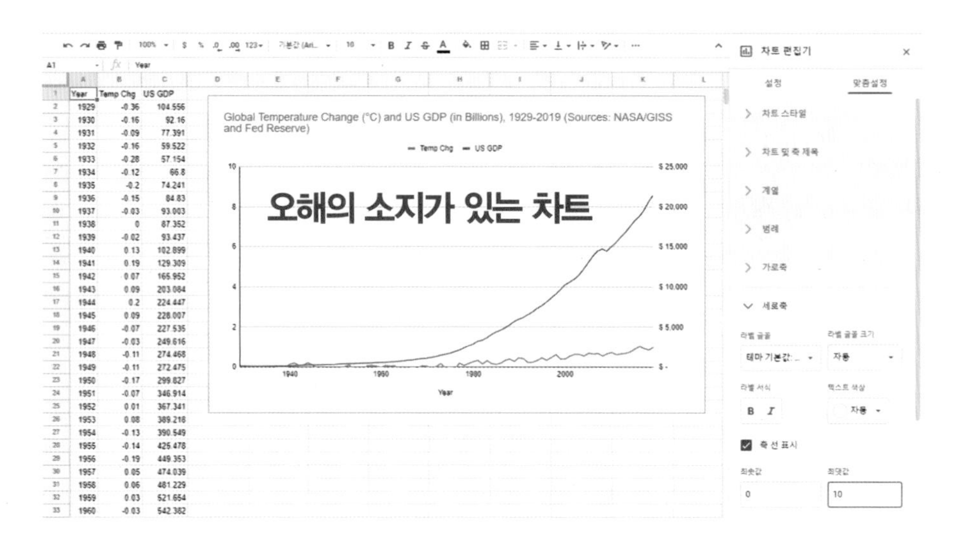


이 이중 축 차트도 **잘못된 것**이라기보다는 **오해의 소지가 있는** 차트입니다. 다시 한번 말하지만 명확하게 정의된 시각화 디자인 규칙을 위반하지 않았기 때문에 잘못된 차트가 아닙니다. 그러나 많은 시각화 전문가들은 이중 축 차트가 대부분의 독자를 혼란스럽게 하고, 두 변수 사이의 관계를 명확하게 보여주지 않으며, 때로는 장난으로 이어지기 때문에 이중 축 차트 사용을 강력히 반대합니다. 4단계에서 두 축 모두 0에서 시작하지만 왼쪽 온도 눈금은 최댓값이 10℃인데 비해 온도는 1℃만 상승하기 때문에 합리적이지 않습니다. 그러므로 꾸준히 증가하는 GDP 선에 비해 증가 폭이 미미한 온도 선이 여러분의 온난화에 대한 인식을 낮춤으로써 장기적인 경제 호황을 누리는 동안 기후 변화의 결과에는 눈을 감도록 우리를 오도한 것입니다! 또한 이 차트에는 두 가지 추가적인 문제점이 있습니다. 국내총생산(GDP) 데이터의 경우 인플레이션을 반영하지 않았기 때문에 1929년의 달러를 2019년의 달러와 비교함으로써 우리를 오해하게 합니다. 이는 우리가 5장에서 주의해야 한다고 경고했던 문제입니다. 게다가 구글 시트에서 할당한 기본 색상을 그대로 사용함으로써 기후 데이터가 우리 뇌에 온도 상승과 녹는 빙하 같은 이미지와 반대되는 느낌을 주는 파란색으로 그려진 것도 문제입니다. 요약하면 이 차트는 비합리적인 수직축, 비교할 수 없는 데이터, 색상 선택 등 세 가지 문제점을 갖고 있습니다.

그렇다면 이중 축 선 차트의 다른 좋은 대안은 무엇일까요? 만약 여러분의 목표가 두 변수(지구 평균 온도와 미국 GDP) 간의 관계를 시각화하는 것이라면 6.9절 '분산형 차트와 버블 차트'에서 소개한 분산형 차트(산포도)를 사용하면 됩니다. 또한 2012년 달러를 기준으로 조정한 미국 실제 GDP[15]를 이 구글 시트[16]에 전 세계 온도 변화와 함께 표시함으로써 보다 더 의미 있는 비교를 할 수 있습니다. 우리는 [그림 14-5]와 같이 데이터래퍼 아카데미 튜토리얼[17]을 따라 시간을 나타내는 모든 점을 통과해 선을 그리는 **연결된 분산형 차트**를 만들었습니다. 전반적으로 1929년부터 현재까지 미국 경제 성장은 지구 온도 변화와 밀접한 관련이 있습니다. 또한 축은 전체 범위의 데이터를 표시하도록 디자인되었으며 관계의 강도에 대한 우리 판단이 가로세로 비율에 얽매이지 않기 때문에 분산형 차트로 독자들이 오해의 소지가 있도록 만들기는 어렵습니다.

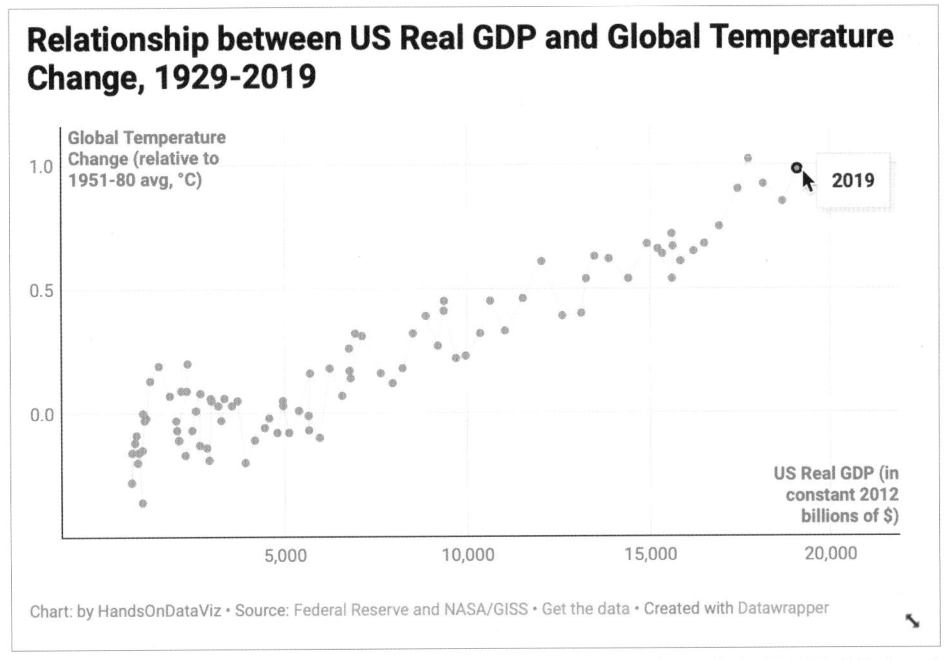


**그림 14-5** 1929년부터 2019년까지 미국 실질 GDP와 지구 온도 변화 사이의 관계를 보여주는 연결된 분산형 차트. 대화형 버전[18]을 살펴보세요.

15 https://oreil.ly/Q_Ijd
16 https://oreil.ly/0wTID
17 https://oreil.ly/KBcy3
18 https://oreil.ly/NrxXD

이 절의 튜토리얼에서는 지구 온도 변화에 대한 몇 가지 차트를 만들었습니다. 그들 중 어느 것도 기술적으로 잘못되지 않았습니다. 단지 일부만 진실했고, 대부분은 데이터의 중요한 패턴을 숨기거나 위장함으로써 독자들을 속이기 위해 불합리하게 조작되었습니다. 우리는 차트를 통해 독자를 속이기 위한 여러 가지 방법을 설명했지만 모든 옵션을 다 공개한 것은 아닙니다. 예를 들어 3차원 차트를 만들 때 기준선을 아래로 살짝 기울여 독자로 하여금 열 차트나 선 차트의 상대적인 높이를 잘못 판단하게 만들 수도 있습니다.[19]

수학, 과학 또는 문법 교과서에 나온 내용들처럼 데이터 시각화에 명확하게 정의된 디자인 규칙이 없다는 사실에 실망할 수 있습니다. 대신 중요한 시각화 규칙은 다음 **3단계 프로세스**를 따른다는 사실을 기억하세요. 1) 기본으로 제공되는 내용을 맹목적으로 수용하지 않고, 2) 다양한 디자인이 해석에 어떤 영향을 미치는지 탐색하고, 3) 여러분이 할 수 있는 최선의 판단력을 사용해 진실하고 의미 있는 데이터 스토리를 만드는 것입니다.

이 절에서 차트로 거짓말하는 방법을 배웠으니, 다음 절에서는 지도로 거짓말하는 방법을 배우겠습니다.

## 14.2 지도로 거짓말하는 방법

거짓말을 탐지하는 방법을 배우는 가장 좋은 방법 중 하나는 의도적으로 지도를 조작하고 같은 데이터로 두 개 이상의 반대되는 스토리를 말하는 것입니다. 여러분은 다른 사람이 만든 지도를 볼 때 주의해야 할 점과 자신의 지도를 디자인할 때 윤리적 문제를 좀 더 신중하게 생각하는 방법을 배우게 될 것입니다. 우리는 음영이나 색상을 사용해 지리적 영역의 값을 표현하는 코로플레스 지도에 초점을 맞출 것입니다. 이들은 조작하기 상당히 쉽기 때문입니다. 이번 튜토리얼은 1991년에 처음 출판되어 3판이 나온 마크 몬모니어Mark Monmonier의 고전 『How to Lie with Maps(지도와 거짓말)』에서 영감을 받았습니다.

시작하기에 앞서 7.1절 '지도 디자인 원칙'을 다시 확인하여 코로플레스 지도를 만들 때 흔히 발생하는 실수를 방지하세요. 예를 들어 대부분의 경우 원시 카운트 지도(예: 총 질병 인구수) 대신 상대 비율(예: 질병 인구 비율)을 나타내는 지도를 만들어야 하는데, 그 이유는 단순 집

---

19 카이로, 『How Charts Lie』, 2019, 58쪽

계만 하는 원시 카운트 지도는 단지 시골보다 도시에 사람이 많이 살고 있다는 사실만 전달하기 때문입니다. 또한 이 절에서는 여러분이 이미 7.6절 '데이터래퍼로 만드는 코로플레스 지도'의 내용을 숙지하고 있다고 가정합니다.

세계 소득 불평등에 대한 두 가지 다른 해석을 제시했던 0장 '서문'의 두 가지 지도로 돌아가봅시다. 특히 [그림 0-3]은 미국을 빨간색으로 두드러지게 표현해 불평등 수준을 강조한 반면 [그림 0-4]는 미국을 중간 밝기의 파란색으로 표현해 불평등 정도가 다른 유럽 국가와 비슷해 보입니다. 오히려 불평등 위기가 미국에서 멀어져 브라질로 향하고 있는 것처럼 보입니다. 그런데 우리는 이 두 주장 모두 **진실한** 해석이라고 주장했습니다. 이 실습 튜토리얼에 따라 두 지도를 다시 만들고 추가로 하나 더 만들면 개념을 보다 명확하게 이해할 수 있을 겁니다.

### 14.2.1 데이터를 검토하고 데이터래퍼에 업로드하기

먼저 데이터를 검토한 후 데이터래퍼에 업로드해 코로플레스 지도를 만들겠습니다.

**01** 구글 시트에서 세계 소득 상위 1% 데이터[20]를 열고 '파일 > 사본 만들기'를 클릭하여 구글 드라이브에 수정할 수 있는 버전을 만듭니다.

**02** 데이터를 검토하고 노트(notes)를 읽으세요. 전반적으로 이 데이터는 각 국가에서 가장 부유한 1%가 얼마나 큰 파이를 갖고 있는지 보여줌으로써 소득 분배에 대한 국제적 비교를 할 수 있는 한 가지 방법을 제공합니다. 각 행에는 국가, 국가 코드(3자리), 상위 1%의 인구가 보유한 세전 국민 소득 비율, 그리고 세계 불평등 데이터베이스에 의해 이 데이터가 수집된 가장 최근의 연도가 들어 있습니다. 예를 들어 브라질의 경우 인구의 상위 1%가 2015년 국가 소득의 28.3%를 차지하고 있는 반면 미국의 경우 상위 1%가 2018년 국가 소득의 20.5%를 차지하고 있습니다.

> **NOTE_** 사실 사회과학자들은 국가 간 소득이나 부의 분배를 비교하는 많은 다른 방법을 개발했지만 이 주제는 이 책의 범위를 벗어납니다. 이 튜토리얼에서는 각 국가의 상위 1% 인구가 보유한 세전 국민 소득의 백분율이라는 하나의 이해하기 쉬운 변수를 사용해 이 복잡한 개념을 설명하는 데 초점을 맞춥니다.

---

20 https://oreil.ly/dbpr9

**03** 구글 시트를 데이터래퍼로 바로 불러올 수 없기 때문에 먼저 '파일 > 다운로드'를 클릭해 첫 번째 탭에 있는 데이터를 CSV 포맷으로 여러분 컴퓨터에 저장합니다.

**04** 브라우저에서 데이터래퍼 시각화 도구[21]를 열고 '만들기 시작(Start creating)'을 클릭한 뒤 CSV 지도 데이터를 업로드합니다. 'Create new'에서 'Map'을 클릭하고 '코로플레스 지도(Choropleth map)'를 선택한 후 '세계(World)'를 선택하고 '계속(Proceed)'을 클릭합니다. 'Add your data' 화면에서 'Upload file' 버튼을 클릭합니다. 그리고 앞서 저장한 CSV 파일을 업로드합니다. '계속(Proceed)'을 클릭하고 'Match' 탭에서 'Select column for ISO-Code'가 'ISO-Code'이고 'Select column for Values'가 'Percent Share'인지 확인한 다음 '계속(Proceed)'을 클릭하여 지도를 시각화합니다.

**05** '시각화' 화면의 '개선(Refine)' 탭의 'Colors' 섹션의 '팔레트 선택(Select palette)'에서 렌치 심벌을 클릭해 색상 설정을 열어줍니다. 나중에 설정할 수 있는 컬러 팔레트 설정은 건너뛰고 색상 범위 설정에 초점을 맞춥시다.

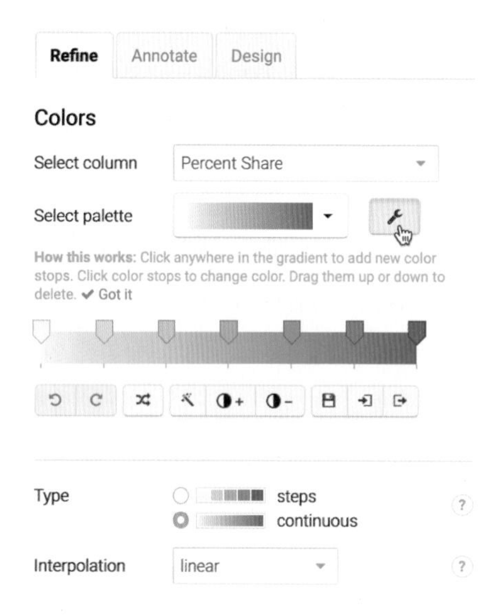


## 14.2.2 지도 색상 범위 수정하기

우리는 결코 기본 시각화를 맹목적으로 받아들이면 안 되지만 시작할 때 사용하기엔 좋습니다.

---

21 https://datawrapper.de

기본 지도는 데이터값에 따라 선형 보간linear interpolation을 사용한 선형 유형linear type을 보여줍니다. 지도는 [그림 14-6]과 같이 모든 값을 최소 5%에서 최대 31%까지 일직선으로 배치하고 각 값을 그레이디언트에 따라 색상에 할당합니다. 이 색상 범위에서 미국(20.5%)은 중간 밝기의 파란색으로 표현됩니다.

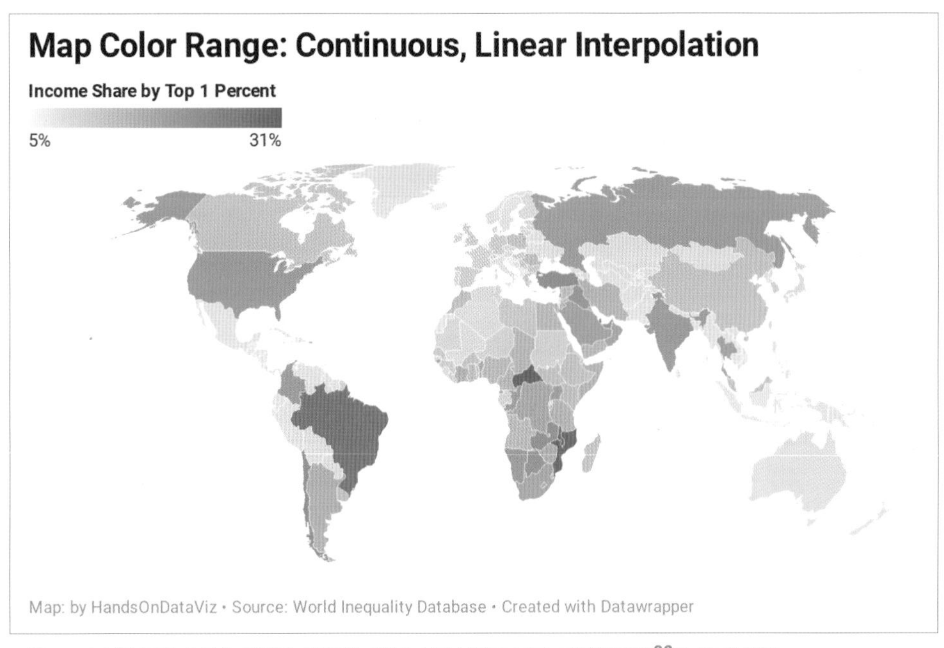


그림 14-6 선형 보간과 연속 범위를 사용해 표현한 소득 불평등 지도. 대화형 버전[22]을 살펴보세요.

이번에는 데이터는 같지만 설정은 다른 두 번째 지도를 만듭니다. [그림 14-7]과 같이 '유형(Type)'을 '단계(steps)'로 변경하고 3단계 '내추럴 브레이크(Natural breaks(Jenks))' 보간법을 사용합니다. 이는 지도가 모든 값을 3가지 오름차순 그룹으로 나눠 배치한다는 뜻입니다. 내추럴 브레이크는 색상을 사용하여 이상치outlier와 범위 내 다양성을 강조하는 것 사이의 절충 방안을 제시합니다. 현재 미국(여전히 20.5%)은 이 범위의 상위 1/3 이내(19% 또는 그 이상)에 들기 때문에 진한 파란색으로 두드러지게 표현되었습니다.

22 https://oreil.ly/EMfwQ

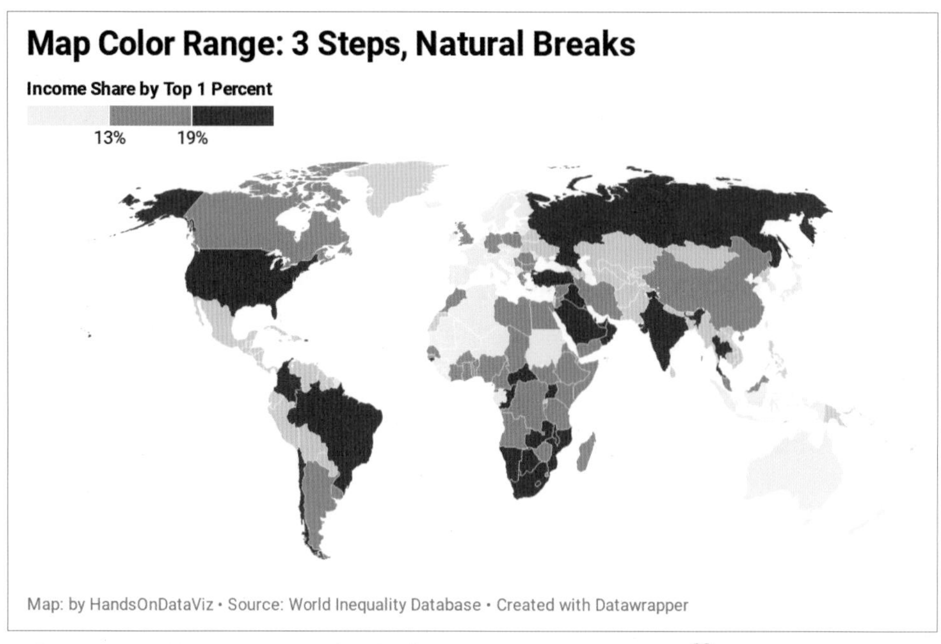


**그림 14-7** 3단계 내추럴 브레이크 보간법을 사용해 만든 소득 불평등 지도. 대화형 버전[23]을 살펴보세요.

첫 번째 지도는 미국의 소득 불평등을 대부분의 국가와 비슷하게 묘사했고, 두 번째 지도는 미국을 색상 척도color scale의 상위 끝에 배치했습니다. 어떤 지도가 오해의 소지가 있나요? 어느 것이 진실할까요? 지도 디자인에서 명확하고 확정적인 규칙을 선호한다면 우리 답변은 실망스러울 수 있을 것입니다. 비록 두 지도는 우리에게 매우 다른 인상을 주지만 두 지도 모두 데이터에 대한 합리적이고 진실한 해석을 기반으로 명확한 레이블이 지정된 정확한 데이터를 제공합니다.

시각화 전문가인 알베르토 카이로는 코로플레스 지도의 배후에서 일어나는 일을 파악하려면 히스토그램을 만들어 데이터 분포에 대해 더 잘 이해할 것을 권장합니다. 구글 시트의 데이터[24]로 돌아가 6.4절 '히스토그램'에서 설명한 것처럼 히스토그램을 만들어 [그림 14-8]과 같이 버킷에 대한 백분율로 정렬된 국가의 빈도를 확인합니다. 대부분의 국가가 중앙값 주위에 모여 있지만 일부 국가는 30%를 넘는 이상치이기 때문에 정규분포 곡선이 아닙니다. 선형 보간법과 선형 유형을 사용한 첫 번째 지도에서 미국은 중앙값에 더 가깝기 때문에 초록색과 파란색이

23 https://oreil.ly/asCkV
24 https://oreil.ly/Nt9ZG

섞인 밝은 파란색으로 보였습니다. 이에 비해 단계 유형과 내추럴 브레이크 보간법을 사용한 두 번째 지도에서 미국은 최상위권에 배치되어 짙은 파란색으로 두드러지게 표현되었습니다.

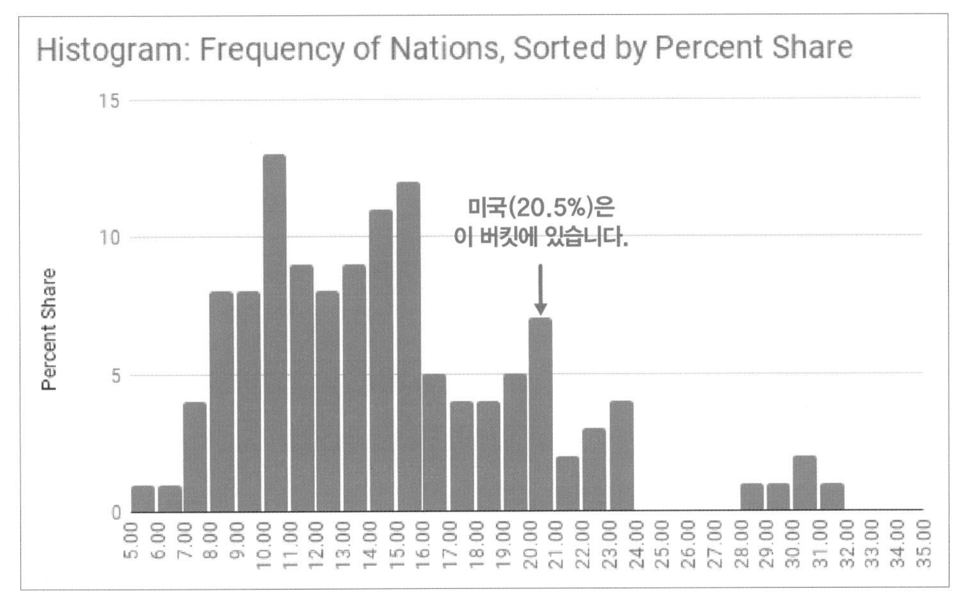


그림 14-8 소득 불평등 지도 데이터의 히스토그램

그렇다면 코로플레스 지도를 만들 때 우리는 어떻게 결정을 내려야 할까요? 차트와 마찬가지로 보편적인 규칙은 거의 없지만 몇 가지 현명한 권장 사항이 있습니다. 항상 지도 색상 범위 color range를 사용해 데이터의 진실하고 의미 있는 차이를 보여줄 수 있는 더 나은 방법을 찾아야 하며, 이러한 차이를 의도적으로 숨기지 않아야 합니다. 데이터래퍼 아카데미에서는 코로플레스 지도를 만들 때 정직함과 유용성 사이의 타협점[25]을 찾을 것을 권장합니다.

즉, 증거를 보여줄 때는 진실을 말하고 데이터 스토리에서 가장 중요한 부분에 주의를 기울이게 만들 수 있는 디자인 선택을 사용해야 합니다. 예를 들어 선형 보간은 극단의 낮은 값과 높은 값을 강조하기 위해 가장 잘 작동하는 반면 2분위수나 다른 비선형 그룹화 방법은 중간 범위에서 지리적 다양성을 강조할 수 있습니다. 데이터래퍼 아카데미에서도 데이터 스토리가 특정 임곗값보다 높거나 낮은 영역을 강조하기 위한 것이 아니라면 데이터의 뉘앙스를 보여주기

25 https://oreil.ly/aHIcZ

위해 선형 컬러 팔레트를 사용[26]하는 것이 좋다고 권장하고 있습니다. 단계 유형의 경우 **단계 수**를 늘리면 더 많은 대비를 보여줄 수 있지만 개수를 너무 많이 설정하면 실젯값의 차이가 크지 않음에도 불구하고 큰 차이를 느끼게 만들 수도 있습니다. 어떤 결정을 내리든 지도의 설정을 수동으로 조정하여 선입견에 맞게 지도 모양을 조작하려는 유혹은 피하세요.

간단히 말해 스토리를 보여주고 진실을 이야기하면 됩니다. 어느 것이 가장 적합한지 결정하기 위해 서로 다른 설정을 사용해 여러 개의 지도를 만들어야 할 수도 있습니다.

이제 차트와 지도로 거짓말하는 것에 대한 명확한 아이디어를 얻었으니 이와 관련된 다음 주제로 넘어가도록 하겠습니다. 다음 주제는 바로 '데이터 편향 인지하고 줄이기'입니다.

## 14.3 데이터 편향 인지하고 줄이기

우리는 편향을 한 관점을 다른 관점보다 부당하게 선호하는 것으로 정의합니다. 데이터로 작업하고 시각화를 디자인할 때는 다양한 유형의 편향을 인지하는 것이 중요합니다. 그러면 편향을 통찰력에 영향을 줄 수 있는 잠재적 요소로 인식할 수 있고, 자신의 작업에서 편향을 줄일 수 있습니다. 편향을 줄이기 위한 첫 단계는 얼핏 보면 숨겨져 있는 다양한 유형을 정확하게 식별하여 불러내는 것입니다. 이 절에서는 데이터를 다루는 사람이라면 누구나 알아야 할 편향의 네 가지 카테고리인 '샘플링 편향', '인지 편향', '알고리듬 편향', '그룹 간 편향'을 살펴봅니다.

**샘플링 편향**sampling bias (표본 편향)은 데이터가 공정하게 선택되었다고 믿었을 때뿐만 아니라 일부 막후 프로세스가 어떤 요소에 영향을 미쳐 결과가 왜곡되었을 때 발생합니다. 우리는 5.3절 '편향된 비교 주의하기'에서 몇 가지 유형에 대해 경고했습니다. 피해야 할 한 가지 유형은 바로 선택 편향인데, 이는 사람들의 키를 측정하기 위한 표본을 선택할 때 체육관 앞에서 선택하게 되면 농구 연습을 마치고 나오는 사람들만 측정하게 되는 경우와 같이 여러분의 연구를 위해 선택된 표본이 더 큰 모집단과 체계적으로 다른 경우를 의미합니다. 피해야 할 두 번째 유형은 **무응답 편향**입니다. 이는 모집단의 특정 하위 집단이 조사에 응답할 가능성이 낮아 대표성이 떨어지는 결과로 이어질 때 발생합니다. 우리는 또한 세 번째 유형인 **자기선택 편향**self-selection bias에 대해서도 주의를 주고 싶습니다. 자기선택 편향은 프로그램에 참여하거나 지원한 참가자

---

26 https://oreil.ly/Bu_gx

를 다른 동기를 가진 참가하지 않은 사람들과 꼼꼼히 비교해야 피할 수 있습니다. 의미 있는 비교를 시도하기 전에 3.7절 '데이터에 대해 질문하기'에서 설명한 것처럼 항상 여러분의 데이터에 의문을 제기해야 합니다. 샘플링 문제가 데이터 수집 과정에 슬그머니 침투했을 수 있다고 의심되면 해당 데이터를 사용하지 않거나 시각화 노트 및 텍스트에 문제를 명확하게 기술해 잠재적인 편향을 알려야 합니다.

**인지 편향**cognitive bias은 데이터를 해석할 때 왜곡을 발생시키는 인간 행동의 카테고리를 의미합니다. 한 가지 예는 **확증 편향**confirmation bias으로, 원래 가지고 있는 생각이나 신념에 부합하는 주장만 받아들이는 경향을 의미합니다. 이 편향에 맞서기 위해서는 적극적으로 대안 해석을 찾고 모순되는 결과를 열린 시야를 가지고 바라봐야 합니다. 두 번째 예는 **패턴 편향**pattern bias입니다. 패턴 편향은 무작위로 선택된 숫자라고 할지라도 어떤 의미 있는 관계를 데이터를 통해 찾고자 하는 경향을 말합니다. 이 편향에 맞서기 위해서는 데이터에는 항상 노이즈noise가 있다는 점을 스스로(또는 독자들에게) 상기시키고 사람의 뇌는 아무런 패턴이 없는 경우에도 어떤 패턴을 찾고자 하는 경향이 있다는 사실을 알아야 합니다. 데이터의 명확한 패턴이 우연보다 더 큰 확률로 존재하는지 여부를 결정하는 적절한 검정에 대해서는 5장에서 배운 통계 분석 방법을 참고해야 합니다. 세 번째 예는 **프레이밍 편향**framing bias으로, 우리가 정보를 해석할 때 영향을 미치는 부정적이거나 긍정적인 프레임 또는 개념적 카테고리를 의미합니다. 영국의 통계학자 데이비드 스피겔할터David Speigelhalter는 미국 병원은 **사망률**을 보고하는 경향이 있는 반면 영국 병원은 **생존율**을 보고하는 경향이 있다고 지적했습니다. 가족 구성원에 대한 수술 위험도를 판단할 때 (같은 말인데도 불구하고) 5%의 사망률은 왠지 95%의 생존율보다 무섭게 느껴집니다. 또한 스피겔할터는 집계 데이터와 같이 구체적인 숫자로 비율 데이터를 보완할 경우 위험에 대한 인식을 더 강하게 느낀다고 주장합니다. 예를 들어 어떤 수술이 사망률이 5%고 400명의 환자 중 20명이 죽었다고 말한다면 그 결과는 왠지 그냥 사망률이 5%라고 말하는 것보다 더 나빠 보일 것입니다. 우리가 추상적인 백분율이 아닌 실제 사람들의 삶을 상상하기 시작했기 때문입니다.[27] 따라서 프레임 편향이 우리 마음에 미칠 수 있는 잠재적 영향을 인식하고 주의해야 합니다.

**알고리듬 편향**algorithm bias은 컴퓨터 시스템이 지배적인 사회 집단에서 보유하고 있는 권한을 강화함으로써 일상적으로 다른 결과보다 특정 결과를 선호할 때 발생합니다. 최근 몇 가지 사례가 대중의 주목을 받았는데, 그중 미국 법원 시스템에서 알고리듬이 인종차별에 원인이 된 사

27 데이비드 스피겔할터, 『The Art of Statistics: Learning from Data』(Penguin UK, 2019), 22-25쪽

례를 살펴보겠습니다. 노스포인트Northpointe 소프트웨어 회사(현재 이름은 Equivant)는 판사들이 징역형이나 집행유예를 결정할 때 사용하는 피고인들의 재범 위험을 예측하는 알고리듬을 개발했습니다. 그러나 프로퍼블리카ProPublica의 탐사 보도 기자들은 이 알고리듬이 흑인 피고인이 백인 피고인보다 거의 2배에 가깝게 재범을 저지를 것으로 예측하는 것을 발견했습니다.[28] 알고리듬은 금융 서비스 산업에서도 성별 편향을 증가시켰습니다. 애플과 골드만삭스가 새로운 유형의 신용카드를 제공하기 위해 제휴했을 때 몇몇 고객은 신청서를 평가하는 소프트웨어 수식이 여자보다 남자에게 10배에서 20배가 넘는 신용을 제공한다는 점을 알아냈습니다.[29] 그들이 결혼을 했고, 같은 자산을 가지고 있고, 심지어 비슷한 신용 점수를 보유하고 있었는데도 말이죠! 두 경우 모두 기업들은 알고리듬 편향 혐의를 부인하면서도 그들의 의사결정 알고리듬을 공개하는 것을 거부했습니다. 따라서 우리는 데이터의 오용에 대해 경계할 필요가 있습니다.

**그룹 간 편향**intergroup bias은 인종, 성별, 계급, 성적 취향과 같은 사회적 카테고리에 의해 사람들이 특혜를 받거나 차별하는 여러 가지 방식을 뜻합니다. 그룹 간 편향은 디지털 시대 이전의 오랜 역사를 가지고 있습니다. 최근 '흑인의 생명은 중요하다Black Lives Matter' 운동의 여파로 일부 저자들은 그룹 간 편향이 데이터 시각화 분야에도 만연하다는 것을 경고했으며, 그 영향에 대항할 수 있는 방법을 지지했습니다. 예를 들어 조너선 슈바비시Jonathan Schwabish와 엘리스 펑Alice Feng은 도시 연구소 데이터 시각화 스타일 가이드를 개정하기 위한 인종 평등 렌즈를 어떻게 적용했는지 설명합니다.[30] 슈바비시와 펑은 그룹 레이블을 만들 때 기본적으로 백인White과 남성Men을 맨 위에 나열하기보다는 데이터 스토리에 초점을 맞출 것을 권장합니다. 그들은 또한 미국 연방 데이터셋에서 논바이너리nonbinary, 트랜스젠더와 같이 종종 누락되는 그룹에 대한 주의를 환기함으로써 데이터에서 누락된 그룹에 대한 존재를 적극적으로 인정해야 한다고 촉구합니다. 나아가 차트와 지도에서 사람들을 나타내기 위해 색상 팔레트를 선택할 때 백인과 반대되는 극단적인 개념으로 흑인, 라틴계, 아시아인을 표현하는 것을 피하고 틀에 박힌 색상을 지양해야 한다고 상기시키고 있습니다.

---

**28** 줄리아 앵그윈 외, 「Machine Bias」(ProPublica, 2016년 5월 23일), https://oreil.ly/3Q6Em

**29** 닐 빅더, 『Apple Card Investigated After Gender Discrimination Complaints』(2019년 발행), 뉴욕 타임스: 비즈니스, 2019년 11월 10일, https://oreil.ly/gs5lb

**30** 조너선 슈바비시와 엘리스 펑, 『데이터 시각화에서 인종 평등 인식 적용』, 사전 인쇄(Open Science Framework, 2020년 8월 27일), https://doi.org/10.31219/osf.io/x8tbw. 이 논문의 웹 게시 요약도 참조하세요. 조너선 슈바비시와 엘리스 펑, 「데이터 시각화에서 인종 평등 인식 적용」, 2020년 10월 16일, https://oreil.ly/uMoi6, 그리고 도시 연구소(Urban Institute), 「Urban Institute Data Visualization Style Guide」, 2020, https://oreil.ly/_GRS2

슈바비시와 펑은 데이터 시각화에서 나타나는 인종차별 문제를 개선하기 위한 몇 가지 훌륭한 제안을 추가적으로 하고 있지만 그중 몇몇 제안은 더욱 진취적이라 더 많은 논쟁과 토론을 일으킬 가능성이 있습니다. 예를 들어 그들은 COVID-19 팬데믹 데이터를 묘사하는 여러 방법[31]을 대조하며 [그림 14-9]와 같이 동일한 차트에서 서로 다른 인종에 대해 묘사하는 것은 저성과 그룹을 고성과 그룹을 기준으로 평가하는 결손 기반 관점deficit-based perspective[32]을 촉진하기 때문에 중단해야 한다고 주장합니다.

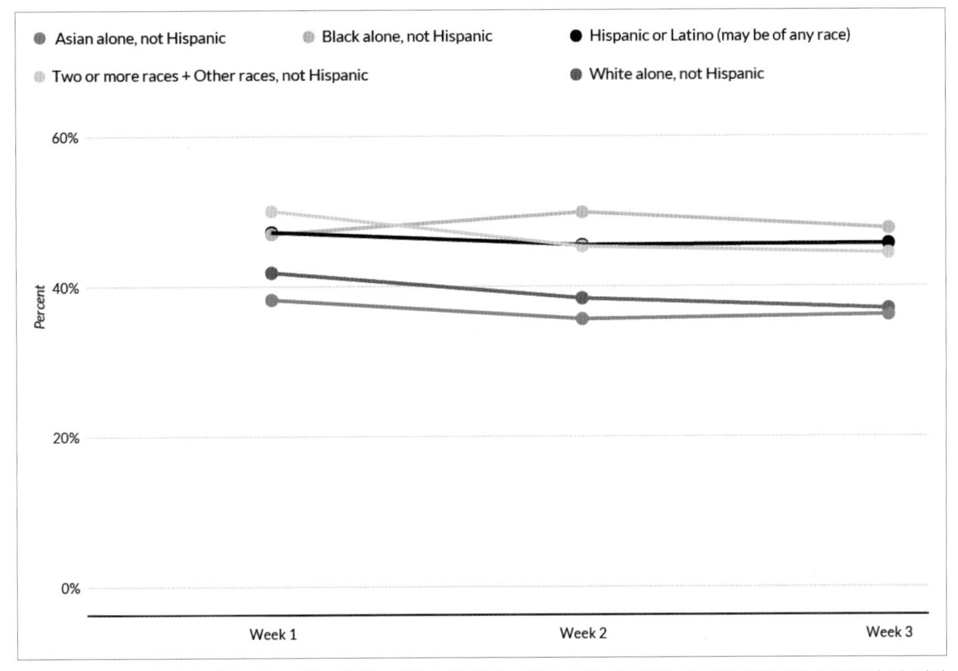


**그림 14-9** 슈바비시와 펑은 결손 기반 관점을 피하기 위해서는 인종 데이터를 같은 차트에 결합시켜 보여주면 안 된다고 주장합니다. 도시 연구소Urban Institute[33]에서 만든 이미지를 동의를 얻어 사용했습니다.

대신 슈바비시와 펑은 [그림 14-10]에서와 같이 주 또는 국가 평균 그리고 신뢰 구간을 참조하는 별도의 인접한 차트에 인종 및 민족 데이터를 표시할 것을 제안합니다.

---

31 `https://oreil.ly/uMoi6`

32 옮긴이_ 개인이나 커뮤니티의 문제에 초점을 맞춰 해당 문제에 대한 해결책을 찾으려는 관점

33 `https://oreil.ly/uMoi6`

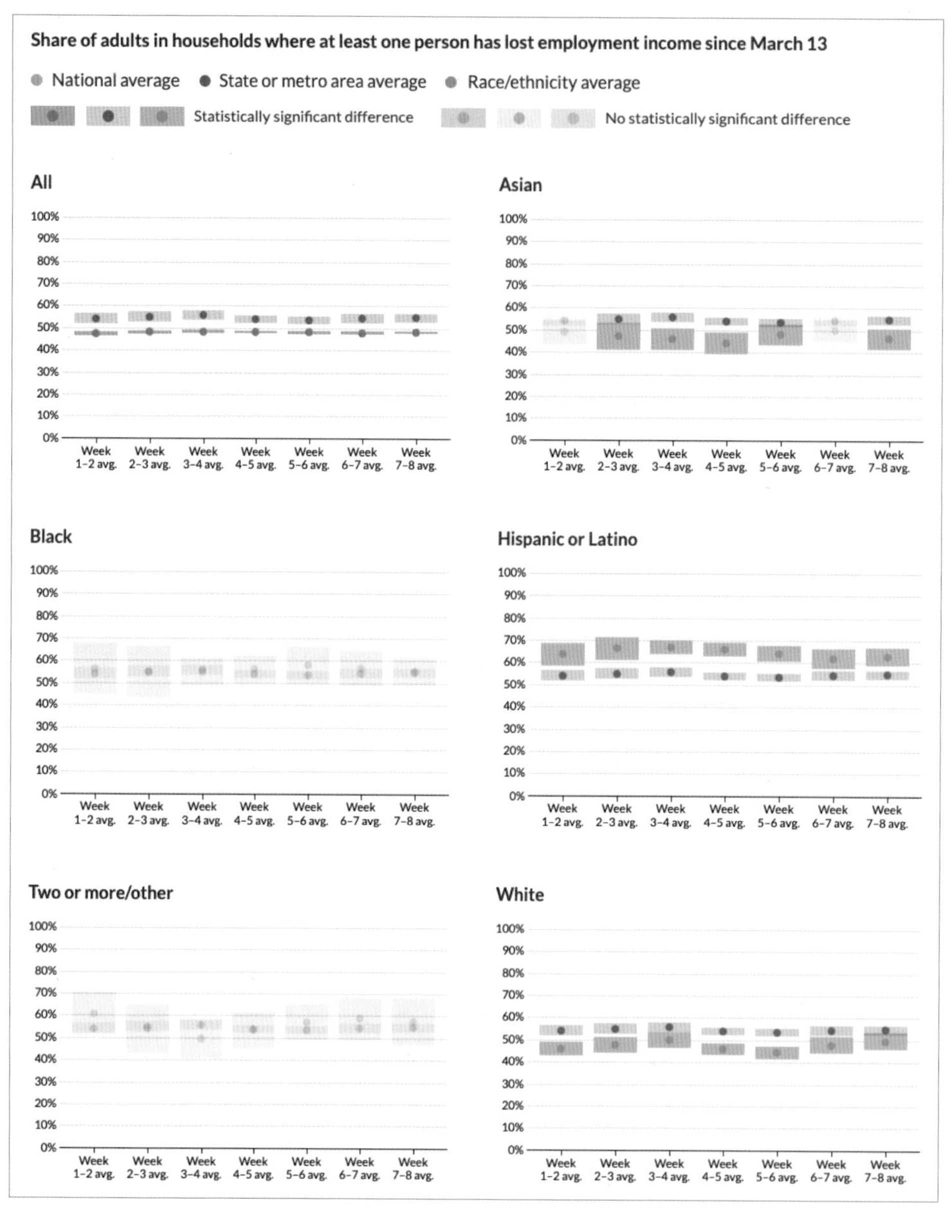


그림 14-10 슈바비시와 펑은 인종 및 민족 데이터를 별도의 관리도에 배치하고 주 또는 국가 평균을 비교 기준으로 사용할 것을 권장합니다. 도시 연구소Urban Institute[34]에서 만든 이미지를 동의를 얻어 사용했습니다.

34 https://oreil.ly/uMoi6

이 두 차트를 비교하는 것은 사실 '데이터 시각화를 통해 누가 이익을 얻는가?'라는 보다 광범위한 질문을 하게 만듭니다. 한편 지배적인 그룹이 차트의 인종별 차이를 사용해 **피해자를 비난**한다면 집단행동에 대한 인종차별적 고정관념을 주입하는 것을 중단하고 여러 그룹을 하나의 차트에서 비교하는 것을 멈춰야 합니다. 반면 이러한 인종별 차이가 양질의 일자리, 주택, 건강 보험 등 구조적인 장애물에 의해 발생되는 것이라면 6개 패널로 나눠진 시각화는 독자들로 하여금 이러한 체계적 인종차별의 뿌리를 인식하고 도전하는 것을 더 어렵게 만들 수도 있습니다. 슈바비시와 펑은 중요한 관점을 제기하면서도 인종과 민족 데이터를 분리하는 것이 반드시 형평성과 정의를 촉진한다고 설득하지는 않습니다. 그럼에도 불구하고 우리는 진실하고 의미 있는 데이터 스토리를 전달할 수 있는 더 나은 방법을 찾기 위해 지속적으로 데이터 시각화에 내재된 편향을 찾아서 줄여야 하며, 이 불공정한 세계에서 차트와 지도를 해석하기 위한 보다 넓은 맥락을 이해해야 한다는 점에 동의합니다.

데이터 시각화를 만드는 모든 사람은 샘플링 편향, 인지 편향, 알고리듬 편향, 그룹 간 편향을 인지하고 줄이기 위해 노력해야 합니다. 다음 절에서는 지도 데이터를 다루는 데 특화된 다양한 유형의 공간 편향에 초점을 맞출 것입니다.

## 14.4 공간 편향 인지하고 줄이기

일반적인 데이터 편향을 인지하고 줄이는 것 외에도 지도를 만들고 해석하는 방법에 부정적인 영향을 미치는 공간 편향에도 주의해야 합니다. 이 절에서는 네 가지 종류의 공간 편향인 '지도 영역 편향', '투영 편향', '분쟁 지역 편향', '지도 배제 편향'을 살펴봅니다. 또한 이러한 편향에 맞서 시각화를 할 수 있는 방법도 알아볼 것입니다.

**지도 영역 편향**map area bias은 우리 눈이 주로 지도상의 작은 영역보다 큰 영역에 초점을 맞추는 경향을 뜻합니다. 4년마다 돌아오는 미국 대통령 선거의 코로플레스 지도는 지도 영역 편향을 보여주는 고전적인 예입니다. [그림 14-11]처럼 우리의 관심을 끄는 지역은 투표수나 인구가 많은 지역이 아니라 지역이 넓은 주입니다. 전통적인 지도는 더 큰 지리적 영역을 가진 지방 주state의 정치적 영향력을 과장하고 작은 영역의 도시 주의 영향력을 축소합니다. 와이오밍주(인구 600,000명 이하)가 로드아일랜드(인구 10,000,000명 이상)의 80배에 달하는 면적을 차지하고 있지만 미국 대통령 선거에서 선거인단은 3명으로 선거인단이 4명인 로드아일랜드보다 작습니다. 그러나 전통적인 지도를 볼 때 우리 눈은 인구가 아닌 더 넓은 지리적 영역을 가진 주들에 끌리기 때문에 대부분의 독자는 쉽게 이러한 구분을 할 수 없습니다.

**투영 편향**projection bias은 지도가 지리적 영역을 묘사하는 방법과 관련된 문제입니다. 시간이 지남에 따라 지도 제공자들은 2차원 표면에 3차원 지구를 나타내기 위해 투영 시스템을 개발했습니다. 가장 흔한 투영 시스템 중 하나인 메르카토르Mercartor는 유럽과 북미 국가들의 크기를 팽창시키고 적도에 더 가까운 중앙아프리카와 중앙아메리카 국가들의 상대적 크기(그리고 중요성)를 감소시킵니다. 메르카토르 투영 지도 편향과 다른 시스템과의 비교에 대한 내용은 Engaging data 사이트[35]와 맵 마니아Map Mania에서 작성한 지도 투영이 거짓을 말하는 법How map projection lie[36]을 참조하세요. 지난 15년 동안 구글 지도를 비롯한 유사한 온라인 서비스들이 인기를 끌면서 웹 메르카토르[37]로 알려진 그들의 기본 투영 시스템이 웹에서 더 보편화되었고, 우리 마음속에 왜곡된 지리 개념을 심어주었습니다(2018년에 구글 지도는 데스크톱 사용자들에 한해 웹 메르카토르 대신 3D 글로브 뷰3D Globe view를 사용할 수 있도록 했지만 기본 설정으로 되어 있지는 않습니다).

국가 지도 또는 세계 지도에서 지도 영역 편향과 투영 편향을 다루는 방법은 전통적인 지도 아웃라인outline을 **카토그램**cartogram(통계 지도)으로 대체하는 것입니다. 카토그램은 일부 플랫폼에서 헥사곤 지도hexagon map 또는 인구 사각형population square이라고도 불립니다. 카토그램은 상대적 중요도에 따라 지리적 영역의 크기를 표시합니다. 이 예제의 경우는 인구이지만 데이터 스토리에 따라 경제 규모나 기타 요인이 기준이 됩니다. 한 가지 장점은 [그림 14-11]과 선거인 투표와 같은 데이터 스토리에서 가장 관련성이 높은 부분에 사람들이 고르게 집중할 수 있도록 하는 것입니다. 반면 한 가지 단점은 이러한 모집단 기반 시각화가 기존의 메르카토르 지리 기반 지도와 완벽하게 일치하지 않기 때문에 독자들이 익숙한 경계 대신 추상적인 모양을 인식해야 한다는 것입니다. 미국 선거 결과를 시각화하는 방법[38]은 데이터래퍼 아카데미의 리사 샬럿 로스트의 게시물을 참조하세요.

35 https://oreil.ly/9Dhrm
36 https://oreil.ly/7JoL6
37 https://oreil.ly/ikEBh
38 https://oreil.ly/5hFYO

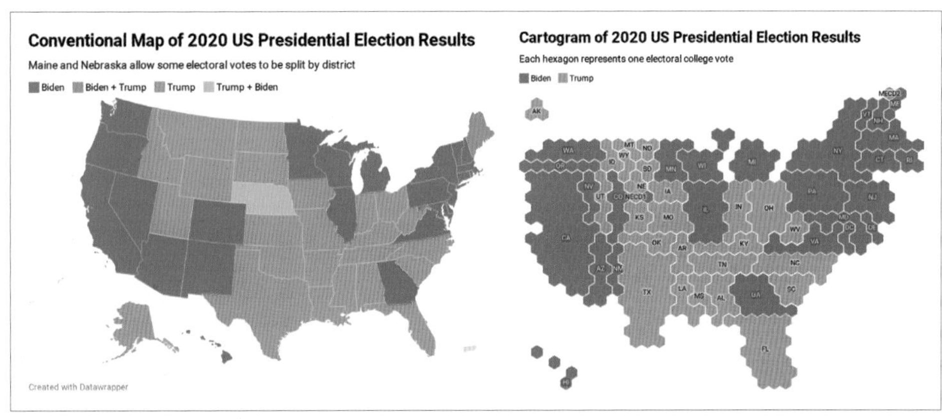


**그림 14-11** 2020년 미국 대통령 선거 투표에 대한 일반적인 US 지도(왼쪽)와 카토그램(오른쪽). 모두 데이터래퍼로 만들었습니다.

**NOTE_** 데이터래퍼에서 [그림 14-11]의 카토그램 지도로 만들려면 'USA » Electoral College (Hexagon)'을 선택합니다. 이를 사용하면 메인주와 네브래스카주의 선거구별로 선거인단을 분할할 수 있습니다.

14.2절 '지도로 거짓말하는 방법'에서 우리는 데이터래퍼를 사용해 세계 불평등 데이터로 코로플레스 지도를 만들었습니다. 일반적인 세계 지도에서 인구 사각형 지도로 변환하려면 '내 차트(My Charts)'로 이동한 후 지도를 선택하고 마우스 오른쪽 버튼을 클릭해 복사본을 만듭니다(새 지도를 만들도록 선택할 수도 있습니다. 이 경우 이전 절의 단계를 따르세요). 그런 다음 '지도 선택(Select your map)' 화면으로 넘어가 'square'를 입력해 사용 가능한 유형이 있는지 확인합니다(world population squares세계 인구 사각형 포함). 이와 유사하게 'hexagon'을 입력해 사용 가능한 카토그램을 확인합니다. 선호하는 지도를 선택하고 [그림 14-12]와 같이 데이터래퍼에서 코로플레스 지도를 만드는 방법과 동일하게 시각화를 진행합니다.

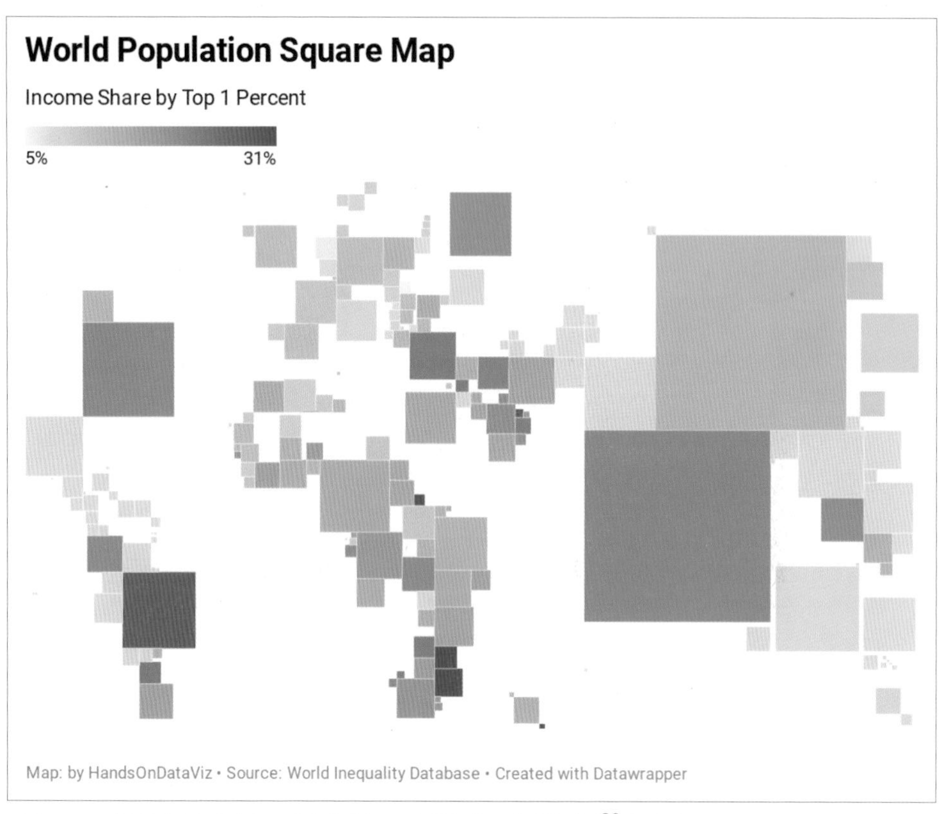


**그림 14-12** 소득 불평등 데이터로 만든 세계 인구 사각형 지도. 대화형 버전[39]을 살펴보세요.

**분쟁 지역 편향**disputed territory bias은 웹 지도 제공자들이 여러분이 접속하는 지역에 따라 다른 관점의 세계를 보여주는 것을 뜻합니다. 예를 들어 러시아는 2014년 우크라이나로부터 크림반도를 강제로 점령하면서 지정학적 논쟁을 촉발시켰는데, 구글은 러시아에서 수익을 계속 내고 싶어 했기 때문에 구글 지도 플랫폼에 우크라이나와의 국경을 두 가지 버전으로 만들었습니다. 러시아의 IP 주소에서 지도를 볼 때 구글 지도는 그 영토가 러시아의 지배를 받고 있음을 나타내기 위해 실선으로 된 경계를 보여줍니다. 반대로 러시아 외의 지역에서 웹에 접근하면 구글 지도는 분쟁 지역을 뜻하는 점선 경계를 보여줍니다. 비록 구글이 '지정학적 분쟁에 대한 중립을 지킨다'고 주장하지만 워싱턴 포스트에 따르면 이 회사는 러시아 사용자들을 위한 견고한 경계를 표시함으로써 분명히 편을 들었습니다.[40] 구글과 몇몇 다른 웹 지도 제공자들은 인도와

39 https://oreil.ly/o-TsA

40 그렉 벤싱어, 「구글은 누가 보느냐에 따라 지도에 경계를 다시 그립니다」, 워싱턴 포스트, 2020년 2월 14일, https://oreil.ly/agLUY

파키스탄 사이의 국경, 이란과 사우디아라비아 사이의 수로, 그리고 일본과 한국 사이의 바다 등과 관련해 비슷한 조치를 취했습니다.

보통 사람들은 구글 지도와 다른 독점 서비스들에서 분쟁 지역 편향을 인식할 수 있지만 그들의 결정에 직접적으로 이의를 제기하거나 그들의 기본 지도를 수정하도록 압력을 가하는 것은 어렵습니다. 하지만 우리는 이러한 편향을 줄이기 위해 다른 전략을 사용할 수 있습니다. 예를 들어 크라우드소싱 세계 지도인 오픈스트리트맵의 기여자들은 플랫폼에서 분쟁 지역을 인식[41]하기 위한 다양한 접근 방식을 적극적으로 논의[42]해왔습니다. 또한 데이터 시각화 도구를 사용해 전용 지도 레이어 위에 서로 다른 경계를 그릴 수 있습니다. 한 가지 예로 캐나다에 기반을 둔 비영리단체에서 만든 네이티브 랜드 지도Native Land Map[43]라는 이름의 지도는 오늘날 원주민들의 영토와 언어의 아웃라인을 표시해 우리에게 식민지 정책과 강제 이주에 대한 내용을 상기시켜줍니다. 획일적인 구글 지도 플랫폼에 도전하는 한 가지 방법은 대안을 만들고 홍보하는 것입니다.

**지도 배제 편향**map exclusion bias은 누락 행위를 통해 사람이나 토지를 나타내지 않는 방식을 말합니다. 때로는 구글이나 다른 독점적인 지도 제공자들이 이러한 조치를 취하기도 하고, 우리도 지도를 만들면서 일상적인 결정을 통해 이러한 조치를 하기도 합니다. 여러분이 최근에 만든 지도를 자세히 살펴보고 그것들이 정말로 보여줘야 할 내용을 모두 보여주고 있는지 자문해보세요. 예를 들어 주state 수준 데이터로 미국 지도를 만들었다면 컬럼비아 특별구를 어떻게 처리했는지 확인해보세요. 미국의 수도는 주로 간주되지 않으며, 미국 의회에도 투표 대리인이 없습니다. 그러나 워싱턴 DC에는 70만 명 이상의 주민이 거주하고 있고, 미국 수정 헌법 23조는 DC에 주와 같은 선거인단 투표권을 부여하고 있습니다. 이와 유사하게 300만 명 이상의 미국 시민이 살고 있지만 의회나 대통령 선거를 위한 투표권이 없는 영토인 푸에르토리코는 여러분의 지도에 어떻게 묘사되었나요? 미국령 사모아, 괌, 북마리아나 제도, 미국령 버진아일랜드와 같이 거주민들이 미국 시민인 다른 미국 영토는 어떻게 묘사되었나요? 만약 이런 지역의 데이터가 있다면 지도에서 해당 데이터가 표시됩니까 아니면 사라집니까? 후자의 경우 DC와 이 영토에 거주하는 대부분의 주민이 흑인, 라틴계 및 태평양 섬 주민이라는 점을 고려할 때 누락 행위가 집단 간 편견의 한 유형인지 여부를 고려해야 합니다.

---

41 https://oreil.ly/OXyzs
42 https://oreil.ly/uEllx
43 https://native-land.ca

확실히 일부 데이터 시각화 도구는 전통적으로 지도에서 제외되었던 사람과 장소를 포함시키는 것을 매우 어렵게 만듭니다. 그러나 때로는 문제가 우리 안에 있거나, 도구의 기본 설정과 도구의 변경 여부에 대한 우리의 결정에 있습니다. 여러분이 선호하는 지도 도구를 한 번 더 살펴보고 미국 지도 데이터를 선택할 때 나타나는 지리적 경계를 자세히 검토해보세요. DC를 비롯한 미국령 영토가 포함된 데이터를 제공하지만 지도상에 50개 주만 나타낸다면 이 생략으로 인해 400만 명이 넘는 미국 시민이 지도에서 사라지게 됩니다. 도구에서 더 많은 포괄적인 옵션을 제공하는지 여부를 확인하려면 기본 설정 이상의 기능을 탐색해야 합니다. 예를 들어 데이터래퍼의 경우 최근 [그림 14-13]과 같이 'USA » States and Territories map' 옵션을 통해 심벌 포인트와 코로플레스 지도가 동시에 보이도록 개선했습니다. 아직 데이터래퍼 옵션에 나타나지 않는 다른 지역의 경우 13.1절 '지리 공간 데이터와 GeoJSON'에서 설명한 대로 GeoJSON 형식으로 지도 경계 파일을 만들고 업로드할 수 있습니다. 또는 도구에서 데이터 스토리의 일부를 생략할 수밖에 없는 경우 메모(notes) 또는 첨부한 텍스트에 해당 내용이 없음을 설명해 잠재적인 편향을 설명해야 합니다. 데이터 시각화에서 우리 임무는 진실하고 의미 있는 이야기를 전달하는 것이므로 지도에 속하는 사람과 장소의 존재를 무시하지 말고 포함시켜야 합니다.

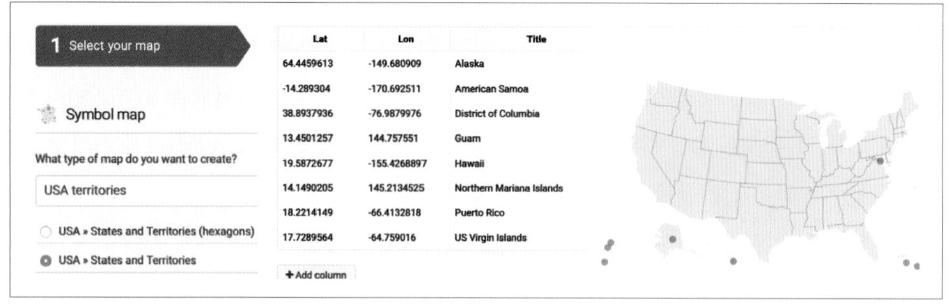


**그림 14-13** 데이터래퍼의 경우 최근 'USA » States and Territories map' 옵션을 통해 심벌 포인트와 코로플레스 지도가 동시에 보이도록 개선했습니다.

## 14.5 마치며

이 장에서는 '잘못된 시각화', '오해의 소지가 있는 시각화', '진실한 시각화'를 구별하는 방법을 배웠고 데이터 스토리텔링에서 정직함의 중요성을 이해하기 위해 거짓 탐지 능력을 강화했습니다. 또한 네 가지 데이터 편향, 특히 공간 편향을 인지하고 줄일 수 있는 방법을 배웠습니다.

다음 장에서는 이 책의 각 장에서 설명했던 개념들을 모아 데이터 시각화에서 스토리텔링의 중요성을 강조하도록 하겠습니다.

CHAPTER 15

# 데이터 스토리 말하고 보여주기

마지막 장에서는 이 책을 읽으면서 습득한 지식과 기술을 바탕으로 진실하고 의미 있는 데이터 스토리를 만들기 위한 최종 권장 사항을 제시하겠습니다. 여기서 우리는 **스토리텔링**을 강조합니다. 데이터 시각화의 목적은 단순히 숫자에 대한 그림을 그리는 것뿐만 아니라 독자들에게 여러분의 해석이 어떻게 그리고 왜 중요한지 설득할 수 있는 진실한 내러티브를 만드는 것입니다.

작가들에게는 '말로 하지 말고 보여줘Show, don't tell'라는 격언이 있습니다. 이것은 독자들이 작가의 내레이션보다는 등장인물의 행동과 감정을 통해 스토리를 경험할 수 있도록 하라는 의미입니다. 하지만 우리는 이 장의 제목처럼 데이터 스토리를 말하고 보여줘야 한다는 다른 입장을 취합니다. 데이터에서 찾은 흥미로운 발견을 이야기하고, 여러분의 주장을 뒷받침할 시각적 증거를 제공하고, 그것이 왜 중요한지 상기시켜주는 세 가지 단계를 여러분의 습관으로 만들어야 합니다. 요약하자면 '말하고, 보여주고, 왜인지 설명하라'는 겁니다. 여러분이 무엇을 하든 많은 사진을 보여주고 그것이 무엇을 의미하는지 추측하는 일을 관객에게 맡기는 나쁜 습관은 피하세요. 스토리텔러인 여러분은 데이터를 통해 관객을 안내해야 하고 어떤 부분에 주의해야 하는지 적절히 강조해줘야 합니다. 나무가 아니라 숲을 묘사하세요. 하지만 숲의 다른 부분이 어떻게 두드러지는지 이해하는 것을 돕기 위해 몇 가지 특별한 나무를 예로 들어주세요.

이 장에서는 1부에서 시작한 스토리보드에 시각화를 구축하는 방법을 살펴봅니다. 15.2절 '의미에 주의를 기울이세요'에서 텍스트와 색상을 통해 데이터에서 가장 의미 있는 부분에 관심을 집중시키기 위한 방법을 살펴봅니다. 또한 15.3절 '출처와 불확실성 인정하기'에서 출처를 인지하고 불확실성을 인정하는 방법에 대해 배웁니다. 마지막으로 15.4절 '데이터 스토리 형식

결정하기'에서 정적 이미지 대신 대화형 시각화 공유를 끊임없이 강조하는 동시에 데이터 스토리 포맷을 결정할 때 논의해야 할 사항을 살펴봅니다.[1]

## 15.1 스토리보드에 내러티브 작성하기

1.1절 '데이터 스토리 스케치하기' 연습으로 돌아가보겠습니다. 우리는 최소 4가지의 스토리 초기 요소를 제시하기 위해 종이에 단어를 낙서하듯 써보고 대략적인 그림을 스케치해볼 것을 권장했습니다.

1. 프로젝트를 시작하게 된 계기가 된 문제를 파악하세요.
2. 문제를 연구할 수 있는 질문으로 바꾸세요.
3. 질문에 답하기 위한 데이터 찾기 계획을 설명하세요.
4. 가상 데이터를 사용하여 만들 수 있는 하나 이상의 시각화를 상상해보세요.

[그림 15-1]과 같이 이 시트들을 스토리보드처럼 펼쳐 내러티브의 순서를 정합니다. 이를 프레젠테이션을 위한 예비 슬라이드, 작성된 보고서 또는 웹 페이지의 단락 및 사진, 관객들에게 프로세스를 설명하는 방법 정도로 생각하면 됩니다. 스토리보드를 디지털 방식으로 구성하려는 경우 시트의 텍스트 및 이미지 블록을 구글 슬라이드 프레젠테이션[2]이나 구글 문서[3] 또는 데이터 스토리를 전달하기 위해 선호하는 기타 도구로 변환하는 방법도 있습니다. 물론 프로젝트 시작 시 작성한 시트를 업데이트하여 생각의 변화를 반영하는 것은 지극히 정상적인 일입니다. 예를 들어 설문지 질문을 수정하고, 검색 중에 새로운 출처를 찾아 추가할 수 있으며, 상상한 시각화를 실제 데이터를 사용해 테이블, 차트 또는 지도로 변환할 수 있습니다.

---

1 이 장의 영감은 시각화 전문가인 콜 누스바우머 내플릭과 알베르토 카이로의 훌륭한 책으로부터 가져왔습니다. 콜 누스바우머 내플릭, 『Storytelling with Data: A Data Visualization Guide for Business Professionals』(뉴저지 호보켄: 와일리, 2015); 누스바우머 내플릭, 『Storytelling with Data: Let's Practice!』(John Wiley & Sons, 2019); 카이로, 『The Truthful Art』, 2016; 카이로, 『How Charts Lie』, 2019

2 https://oreil.ly/memZB

3 https://oreil.ly/V2amE

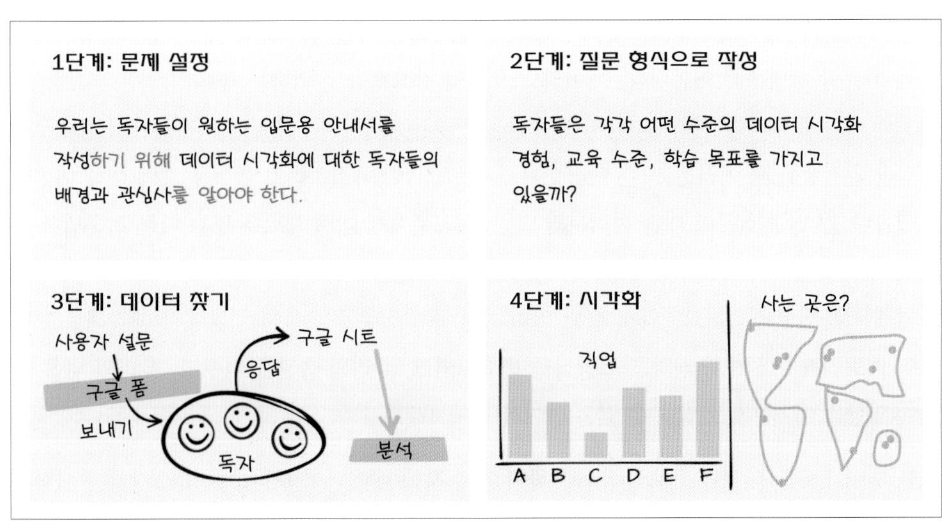


그림 15-1 문제, 질문, 데이터 찾기, 시각화의 네 페이지에 여러분의 스토리 아이디어를 스케치하세요.

데이터를 검색, 정리, 분석 및 시각화하면서 발견한 내용을 추가하여 스토리보드를 더욱 풍성하게 만들어보겠습니다. 먼저 가장 의미 있는 테이블, 차트 또는 지도만 선택합니다. 그리고 별도의 용지에 인쇄하거나 정적 이미지를 다운로드하거나 스크린숏을 캡처하여 슬라이드 초안이나 문서에 삽입합니다(9.1절 '정적 이미지와 대화형 iframe' 참조). 각 테이블, 차트 또는 지도의 가장 상단과 하단에 데이터 스토리를 기록할 수 있는 공간을 남겨두세요..

다음 단계는 데이터가 나타내는 가장 중요한 메시지를 **요약**하고, 그것을 테이블, 차트 또는 지도가 포함된 각 페이지 상단에 한 문장 요약으로 작성하는 것입니다. 가장 중요한 시각화를 위해 여러분의 눈으로 발견한 가장 통찰력 있는 것을 문자로 기록합니다. 독자들로 하여금 개별 나무가 아닌 데이터 숲을 볼 수 있도록 안내하는 안내자가 되어야 합니다. 두 문장 정도는 괜찮지만 웬만하면 간결한 한 문장으로 정리합니다. 만약 슬라이드에 글이 너무 많다면 첫 번째 문장을 '헤드라인' 스타일로 강조하고 다른 문장은 뒷받침하도록 남겨둡니다. 하나의 그림이 천 개의 단어보다 가치가 있다는 옛말도 있지만 데이터 시각화만으로 모든 것을 말할 수는 없습니다. 여러분의 일은 청중들을 위해 데이터 시각화의 의미를 해석하는 것입니다. 차트나 지도를 단어로 옮기는 가장 좋은 방법 중 하나는 (시각화) 디자이너로서 여러분의 시선을 사로잡는 것을 정확하게 묘사하고, 이것을 처음 보고 여러분의 안내에 의존하는 독자에게 전달하는 것입니다. 어떤 경우에도 여러분은 단어와 이미지의 이상적인 조합을 결정할 필요가 있습니다.

각 시각화 하단에 그것이 **왜 중요한지** 이유를 기입하고 독자들이 어떻게 다시 생각하거나 반응해야 하는지 방법을 적어봅니다. 데이터 스토리의 중요성을 논의하는 좋은 방법은 이 새로운 정보가 어떻게 우리를 변화시키는지에 초점을 맞추는 것입니다. 데이터 시각화에서 흥미로운 패턴을 발견했을 때 여러분(또는 여러분이 속한 조직)이 해결하려고 했던 문제에 대해 어떻게 느꼈습니까? 연구 질문에 대한 여러분의 답변은 그 문제에 대해 새로운 또는 다른 접근법을 제시했나요? 전반적으로 여러분의 데이터 스토리가 여러분이나 다른 사람들이 어떤 방식으로든 조치를 취하게 만들었나요? 다시 한번 말하지만 이런 질문들을 독자 입장에서 생각해보고 데이터 스토리가 어떻게 우리의 사고방식을 변화시키고, 우리의 습관을 바꾸고, 우리의 다음 단계에 영향을 미치는지 설명할 수 있는 단어를 찾아보세요.

예를 들어 1.1절 '데이터 스토리 스케치하기'에서 자체 데이터 스토리보드의 스케치를 시작해 다음과 같은 우리의 문제 설명을 정의했습니다. '**데이터 시각화에 대한 독자들의 배경과 관심사를 파악해 그들의 요구에 맞는 더 나은 소개 가이드를 작성해야 한다.**' 우리는 온라인 설문 조사[4]에 응답한 3,500명 이상의 이 책 초기 버전 독자들로부터 데이터를 수집했고, 2장에서 논의한 바와 같이 설문 조사 결과를 공개적으로 공유[5]하기로 동의했습니다. 일부 응답이 부분적으로 비어 있거나 정확하게 지오코딩을 할 수 없는 위치가 포함되어 있어 4장에서 설명한 대로 데이터를 정리했습니다. 그런 다음 5장에서 설명한 것처럼 의미 있는 비교를 찾아 가장 흥미로운 결과를 두 가지 방법으로 시각화했습니다. 그리고 6장에서 분산형 차트를 만들었고, 7장에서 포인트 지도를 만들었습니다.

이제 우리가 제안했던 조언을 따라 각 시각화 상단에 간단한 요약을 작성하고 하단에 문제가 되는 이유를 설명할 것입니다.

이 책의 초안에 대한 독자 설문 조사에서 우리가 발견한 것은 무엇이었을까요? 그리고 우리는 발견한 핵심 데이터에 대해 어떻게 반응했을까요? 첫째, 응답한 독자의 70% 이상이 북미 이외의 지역에 살고 있었습니다. 가장 주목할 만한 것은 [그림 15-2]의 왼쪽에서 볼 수 있듯이 35%가 아시아, 20%가 유럽, 6%가 아프리카, 6%가 남아메리카, 3%가 오세아니아에 거주하고 있었습니다. 이 책의 초안에는 우리 둘이 일했던 코네티컷 하트퍼드의 예가 대부분이었습니다. 우리 책이 전 세계 독자를 보유하고 있다는 사실을 알았었지만 설문 조사에 응답한 독자들 중

4 https://oreil.ly/GXTUT
5 https://oreil.ly/SOuTl

미국 이외의 지역에 살고 있는 독자가 얼마나 되는지 알고 놀랐습니다. 따라서 좀 더 포괄적이고 해외 독자를 늘리기 위해 우리는 책을 수정하여 세계 다른 지역의 샘플 차트와 지도를 추가했습니다.

둘째, 설문 조사에 응답한 독자들은 상대적으로 높은 수준의 교육을 받았지만 데이터 시각화 경험은 제한적이라는 것을 알게 되었습니다. 특히 89%가 대학 학위(16년 이상 교육)에 해당하는 교육을 이수를 했다고 답했으며, 그중 64%가 [그림 15-2]의 오른쪽 그림과 같이 스스로를 데이터 시각화 초보(5점 만점에서 1점 또는 2점)라고 평가했습니다. 이 책의 초안에서는 주요 독자가 대학생이었고, 다른 독자들의 독해와 배경 수준에 대해 잘 알지 못했습니다. 설문 조사 응답에 기초하여 우리는 대부분의 독자가 받아들일 수 있을 것이라 믿고 데이터 시각화에 대한 더 깊은 개념을 추가하기 위해 원고를 수정했으며 동시에 고등학교나 초기 대학 교육 이상의 사전 지식이 없다고 가정하고 입문 수준에 맞춰 글을 계속 쓰고 있습니다. 이제 이 새로운 시트들을 스토리보드에 추가할 수 있습니다.

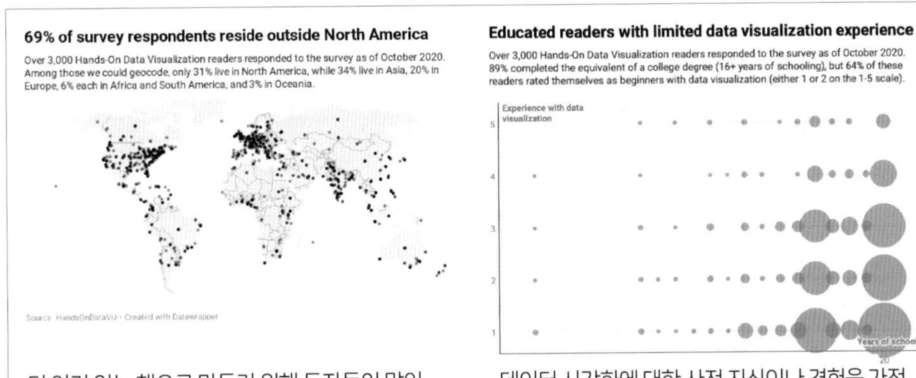


**그림 15-2** 각 시각화 상단에 의미 있는 통찰력을 글로 적고 하단에 왜 이것이 중요한지 작성한 후 스토리보드에 추가하세요.

이제 스토리보드로 돌아가겠습니다. 새로운 데이터 시각화 시트(또는 슬라이드, 텍스트, 이미지)를 이미 정리했던 페이지에 삽입합니다. 이 작업을 완료하면 여러분 레이아웃은 다음과 같을 것입니다.

- 문제 정의
- 연구 질문
- 데이터를 찾은 방법
- 첫 번째 데이터 통찰력 – 증거 제시 – 중요한 이유 설명
- 두 번째 데이터 통찰력 – 증거 제시 – 중요한 이유 설명

그리고 요약 결론을 내리는 등의 작업을 수행합니다.

스토리텔러로서 여러분이 할 일은 이 모든 콘텐츠를 처음 접하게 될 **청중**이 이해할 수 있도록 데이터 스토리를 구성하는 것입니다. 스토리를 전할 수 있는 유일한 방법은 없지만, 초보자의 실수를 피하기 위해 다음과 같은 조언을 고려하세요.

- 답을 제공하기 전에 문제와 질문부터 이야기하세요. 우리 뇌는 이러한 순서로 듣기를 예상하기 때문입니다.
- 도움이 되는 증거를 보여주기 전에 각 통찰력을 요약하세요. 이 순서를 뒤집으면 독자들이 여러분 주장을 따르기 더 어려워질 겁니다.
- 한 가지 질문을 하고 바로 다른 질문을 하면 독자들이 혼란스러워 할 것이므로 여러분의 연구 질문과 주요 통찰력을 서로 일치시켜야 합니다. 데이터를 깊이 파고든 후 연구 질문의 문구를 일부 수정하거나 또는 완전히 수정하는 것은 지극히 정상입니다. 때때로 여러분은 무엇을 찾아야 하는지에 대해 그것을 발견하기 전까지는 잘 모르기 때문입니다.

이제 스토리보드가 어떻게 내러티브와 데이터를 결합하는 데 도움이 되는지 명확하게 이해했을 것입니다. 다음 절에서는 독자들이 가장 중요한 사항에 주의를 기울일 수 있도록 하기 위해 텍스트와 색상을 사용하여 시각화를 다듬는 방법을 알아봅니다.

## 15.2 의미에 주의를 기울이세요

시각화를 마무리할 때 마지막 손질을 추가해 데이터에서 가장 의미 있는 측면에 주의를 집중시킬 수 있도록 합니다. 차트 및 지도에 텍스트를 작성하는 것 외에도 주석을 추가하거나 일부 유형의 시각화 내에서 색상을 사용해 데이터 스토리에서 가장 중요한 부분을 두드러지게 만들 수 있습니다. 6.6절 '데이터래퍼 차트'에서 처음 소개한 도구인 데이터래퍼에서 이러한 기능을 사용하여 시각화를 혁신하는 방법을 보여주겠습니다.

오늘날 우리가 직면한 환경 문제 중 하나는 매일같이 늘어나는 플라스틱 생산일 것입니다. 물

론 이 싸고 가벼운 소재는 우리 삶에 큰 혜택을 주지만 우리는 종종 그것들을 강과 바다로 유입시키는 등 잘못된 관리를 하고 있습니다. 플라스틱 성장을 이해하기 위해 우리는 Our World In Data[6]에 문의했으며 여러분은 1950년부터 2015년까지의 연간 세계 플라스틱 생산 데이터를 구글 시트 형식[7]으로 확인할 수 있습니다.[8]

먼저 데이터래퍼에 데이터를 단일 열 형식으로 업로드합니다. 기본적으로 이 도구는 시계열 데이터를 [그림 15-3]과 같이 선 차트로 변환하며 이는 시간이 지남에 따라 전 세계 플라스틱 생산이 어떻게 증가했는지 보여줍니다.

```
| year | plastics |
| 1950 |        2 |
| 1951 |        2 |
...
```

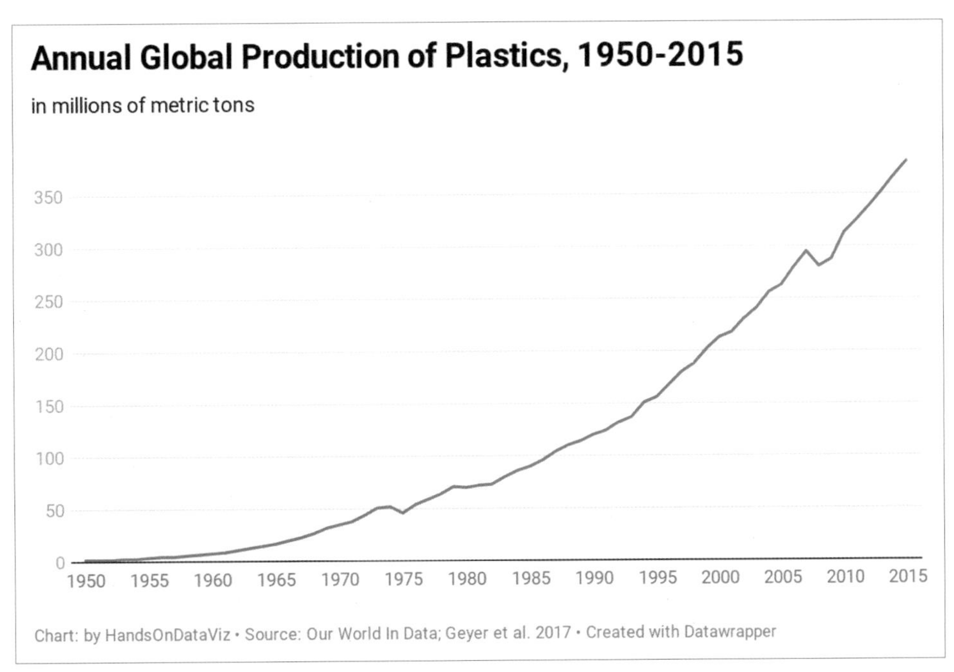


**그림 15-3** 데이터래퍼로 만든 과거 플라스틱 생산에 대한 기본 선 차트

6 https://oreil.ly/Mjd-4

7 https://oreil.ly/G7s85

8 이 예는 데이터래퍼 아카데미의 프로 팁에 대한 기사(https://oreil.ly/gR37W)에서 영감을 받았습니다.

[그림 15-3]은 아직 더 큰 스토리, 즉 전 세계적으로 생산된 플라스틱의 총량에 초점을 맞추고 있지 않습니다. 데이터를 분석한 결과 지금까지 전 세계에서 제조한 플라스틱의 60% 이상이 2000년 이후, 즉 이 차트의 마지막 15년 동안 만들어졌습니다. 차트를 편집하고 이전 장에서 배운 기술을 바탕으로 이 광범위한 포인트를 강조해보겠습니다. 먼저 데이터를 **2000년 이전**과 **2000년 이후** 두 열로 분할하여 각 데이터 열에 서로 다른 색상을 적용할 수 있습니다. 이때 두 열 모두에 2000년도의 동일한 데이터를 삽입하여 새 차트가 연속적으로 보이도록 합니다.

```
| year | before 2000 | since 2000 |
| 1999 |         202 |            |
| 2000 |         213 |        213 |
| 2001 |             |        218 |
...
```

둘째, 차트 유형을 기본 **선 차트**에서 **영역 차트**로 변경해 곡선 아래의 공간을 채우면 시간 경과에 따라 제조된 플라스틱 총량에 눈길이 가도록 만들 수 있습니다. 셋째, '개선(Refine)' 탭에서 (누적 영역 차트를 원하지 않으므로) **누적 영역(Stack areas)** 선택을 취소합니다. [그림 15-4]와 같이 2000년 이후의 데이터에 더 많은 관심을 끌려면 짙은 파란색을 지정하고 2000년 이전의 데이터에 대해서는 눈길이 덜 가는 회색을 지정합니다.

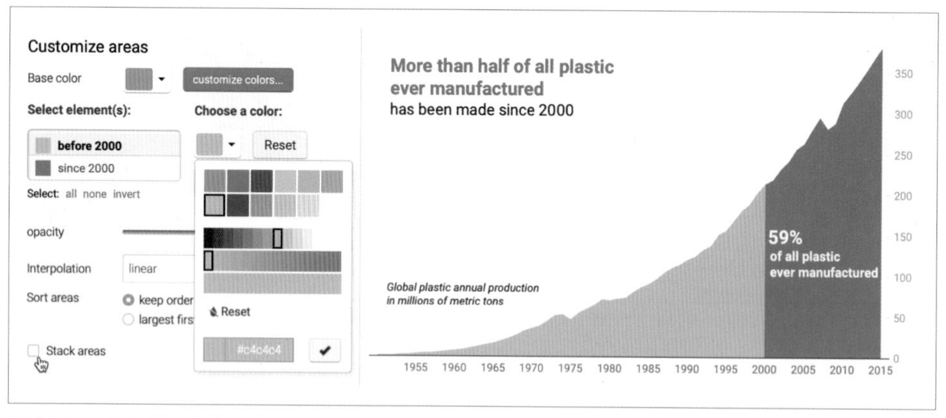


**그림 15-4** 데이터를 두 개의 열로 나누고 영역 차트로 변경합니다. 그리고 '개선(Refine)' 탭에서 '누적 영역(Stack areas)' 체크를 해제합니다.

마지막으로 6.7절 '주석이 달린 차트'에서 배운 대로 이전 제목을 숨기고 주석을 추가합니다. [그림 15-5]와 같이 컬러 텍스트를 사용해 영역 차트 내부에 독자가 볼 수 있도록 주석을 배치해 새로운 해석을 강조합니다. 전반적으로 다시 작성한 차트를 보면 전 세계 플라스틱 생산이 증가하고 있으며 지난 15년 동안 우리가 생산한 플라스틱이 그동안 생산한 플라스틱 양의 절반 이상을 차지한다는 보다 의미 있는 데이터 스토리를 전달할 수 있습니다.

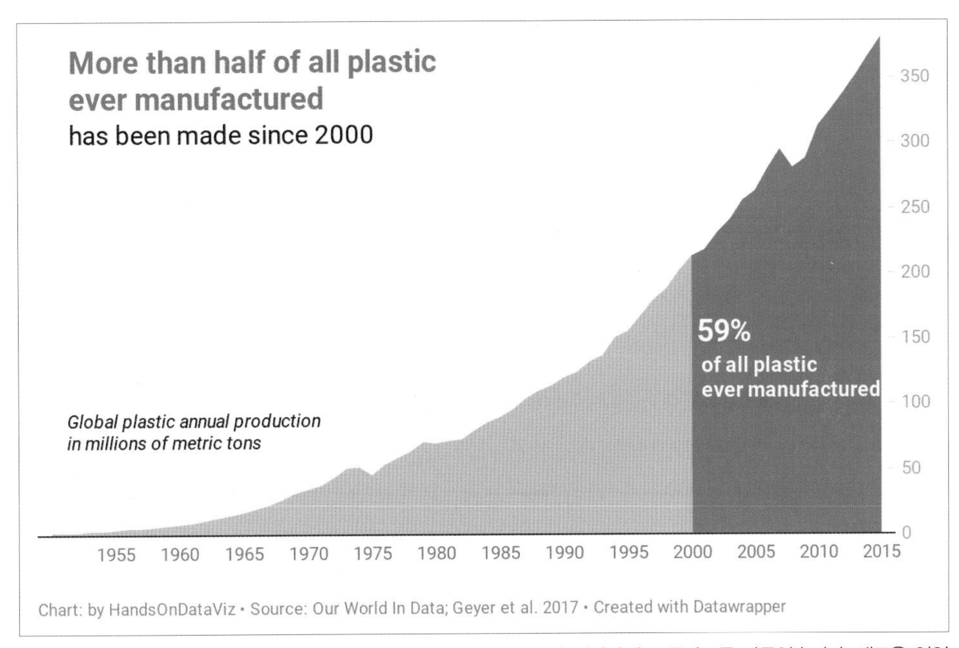


**그림 15-5** 색상과 주석을 사용해 독자들이 2000년대 이후 플라스틱 생산량에 주목하도록 만들었습니다. 새로운 영역 차트의 대화형 버전[9]을 살펴보세요.

독자들을 데이터 스토리에서 가장 의미 있는 측면에 집중하도록 만드는 이유와 방법을 배웠습니다. 다음 절에서는 이러한 기술을 바탕으로 데이터 출처와 모호한 데이터로 인한 불확실성을 인정하는 방법을 알아보겠습니다.

## 15.3 출처와 불확실성 인정하기

우리 목적은 의미 있고 진실한 데이터 스토리를 전달하는 것이므로 여러분 작업에 신뢰도를 더하는 몇 가지 방법을 살펴보겠습니다.

9 https://oreil.ly/9YRSu

첫째, 데이터를 항상 진실하게 표현하세요. 14장에서 거짓말 탐지 및 편향 감소에 대해 논의한 바와 같이 관련 증거를 숨기거나 모호하게 하지 말고 청중을 오도할 수 있는 시각화 방법을 피해야 합니다. 우리는 여러분이 데이터의 의미를 공정하게 해석할 것을 믿습니다. 데이터에 너무 많이 의존하거나 실제로 존재하지 않는 내용을 보고 잘못 해석할 위험이 있는 경우를 조심해야 합니다.

둘째, 3.5절 '데이터 출처 남기기'에서 설명한 대로 데이터 출처를 명확히 표기해야 합니다. 이 책에서 소개한 몇몇 시각화 도구와 템플릿은 온라인 소스에 대한 링크를 쉽게 표시할 수 있으므로 가능한 경우 이 기능을 사용하세요. 그렇지 않는 경우 테이블, 차트, 지도와 함께 제공되는 텍스트에 이러한 중요한 세부 정보를 기입하세요. 또한 독자들에게 누가 시각화를 만들었는지 알려주고, 공동 작업자 및 여러분 작업에 도움을 준 다른 사람의 이름을 넣는 것을 잊지 마세요.

셋째, 시각화를 저장하고 데이터가 모든 단계에서 잘 작동함을 보여줍니다. 데이터를 다운로드, 정리 또는 변환할 때 노트(notes)와 복사본을 저장하고, 그 과정에서 내린 중요한 결정을 문서화합니다. 한 가지 간단한 방법은 2장에 나와 있는 것처럼 서로 다른 버전의 데이터를 별도의 스프레드시트 탭에 저장하는 것입니다. 좀 더 복잡한 프로젝트의 경우 10장에 나와 있는 것처럼 공용 깃허브 저장소에 데이터를 공유하고 사용한 방법을 문서화할 것을 권장합니다. 다른 사용자가 여러분 작업에 의문을 제기하거나 해당 작업을 복제하려는 경우 또는 업데이트된 데이터셋으로 새로 수정해야 하는 경우 해당 작업을 역추적할 수 있는 노트가 있으면 유용할 것입니다.

마지막으로 데이터의 한계를 인정하고 불확실성을 공개합니다. 모르는 것을 인정하거나 다른 해석을 기꺼이 고려할 때 여러분 작업은 더 신뢰할 수 있게 됩니다. 6장에서 소개한 몇 가지 권장 차트 도구와 11장에서 소개한 하이차트 템플릿을 사용하면 오류 바를 삽입해 데이터의 신뢰 수준을 표시할 수 있으므로 가능한 경우 해당 도구를 사용하도록 합니다. 또한 앞 절에서 보여준 2열 방법은 [그림 15-6]의 구글 시트 차트 편집기에서 볼 수 있는 것처럼 실선과 점선을 사용해 관측 데이터와 예측 데이터를 시각적으로 구분하는 데도 사용됩니다.

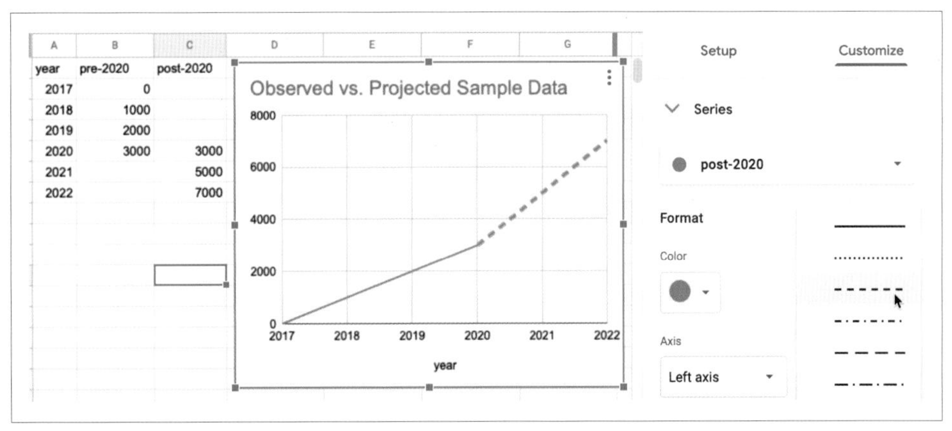

그림 15-6 하나의 데이터 열을 두 개 열로 나눠 관측 데이터(실선)와 예측 데이터(점선)를 대조

여러분의 작업에 신뢰도를 높이는 방법을 살펴봤으니, 이제 데이터 스토리를 전달하기 위한 여러 가지 방법을 살펴보겠습니다.

## 15.4 데이터 스토리 형식 결정하기

대부분의 데이터 시각화 책 및 워크숍에서는 최종 제품을 회의실 주위에 앉아 있는 사람들에게 종이 한 장으로 전달하거나 이메일로 전송하거나 온라인에 PDF 문서로 게시해 전달할 것으로 가정합니다. 이러한 정적 형식도 가능하지만 디지털 시대에 다양한 독자들과 스토리를 공유할 수 있는 광범위한 방법을 완전히 반영하지는 못합니다. 게다가 우리는 COVID-19 팬데믹 기간 동안 책을 집필하고 있기 때문에 실내 테이블에 둘러앉는 것이 선택 사항이 아닌 경우에도 데이터 스토리를 잘 전달하기 위해 더 창의적인 형식을 찾아야 한다고 생각했습니다.

이 책에서는 독자들이 차트 및 지도에 커서를 올려 데이터에 참여하도록 유도하는 대화형 시각화의 이점을 계속 강조했습니다. 또한 데이터 시각화를 위해 다음과 같은 대화형 형식을 고려할 것을 권장합니다.

- iframe을 사용해 텍스트 내러티브와 대화형 시각화를 결합하는 웹사이트
- 실시간 시각화에 연결되는 온라인 프레젠테이션 슬라이드
- 라이브 또는 보이스오버voiceover 내레이션과 대화형 시각화 스크린캐스트screencast를 결합한 비디오
- 커뮤니티 이해관계자가 돌아다니며 실제 경험과 데이터 스토리 간의 연관성에 대해 논의하는 데이터 워크 형식

물론 다양한 스토리텔링 방법에서는 형식에 맞게 콘텐츠를 수정할 것을 요구합니다. 또한 모든 형식이 대화형 시각화를 필요로 하는 것은 아니며 항상 가장 적절한 선택도 아닙니다. 자세한 내용은 이 책의 범위를 벗어나지만 전통적인 사고방식에 빠지지 말고 진실하고 의미 있는 데이터 스토리를 들려줄 수 있는 방법에 대해 다르게 생각해보기를 바랍니다.

## 15.5 마치며

결말에 해당하는 이번 장에서 우리는 이 책에서 소개한 광범위한 개념과 실질적인 기술을 하나로 묶어 데이터 시각화가 어떻게 진실하고 의미 있는 스토리텔링에 의해 움직이는지 다시 한번 생각해보았습니다. 우리는 숫자에 관한 그림을 그리는 것을 좋아하지만 더 큰 임무는 우리 데이터 해석이 어떻게 그리고 왜 중요한지 독자들에게 납득시킬 수 있는 내러티브를 만드는 것입니다. 따라서 우리는 스토리보드를 만들고, 텍스트와 컬러로 의미 있는 데이터에 관심을 모으고, 출처와 불확실성을 인정하고, 독자에게 맞는 스토리텔링 형식에 대해 창의적으로 생각하기 등 이 목표를 달성하기 위한 다양한 전략을 배웠습니다.

이 책이 데이터를 다루는 방법을 더 잘 이해하고 진실하고 의미 있는 스토리를 들려주는 더 나은 시각화를 만드는 데 도움이 되었기를 바랍니다. 우리 목표 중 하나는 여러분의 지식을 확장하고 데이터 프로젝트를 완료하는 데 도움이 되는 다양하고 강력한 도구를 소개하는 것이었습니다. 만약 이 책이 도움이 되었다면 소셜 미디어에 여러분의 데이터 프로젝트를 공유해주세요. 부디 많은 분이 이 책에서 소개하지 않은 다른 입문 수준의 도구나 방법을 자유롭게 공유해 주길 바랍니다.

APPENDIX

# 자주 발생하는 문제 해결법

온라인 도구, 공공 데이터셋 그리고 코드 템플릿으로 데이터 시각화를 생성할 때 예상하지 못한 문제를 만나게 되는 경우는 매우 흔하게 발생합니다. 우리는 문제의 원인을 찾는 일이 힘들고 지치는 작업임을 알고 있습니다. 하지만 작동하지 않는 이유와 문제를 해결할 방법을 찾는 일은 시각화 뒤에서 무슨 일이 일어나고 있는지 배울 수 있는 아주 좋은 방법이 될 수 있습니다.

다른 사람들에게 문제 해결에 대한 조언을 구하고, 그들이 보다 쉽게 여러분을 도울 수 있도록 해야 합니다. 즉, 문제를 명확히 설명하고 현재 사용 중인 운영체제 및 브라우저 버전 등의 정보를 제공해야 합니다. 또한 다음 기본 명령을 사용하여 스크린숏[1]을 포함하는 것도 고려하세요.

**크롬북**

Shift+Ctrl+F5('윈도우 표시' 버튼)를 누르고 십자 모양 커서를 클릭 드래그합니다.

**맥**

Shift+Command+4를 누르고 십자 모양 커서를 클릭 드래그합니다.

**윈도우**

Windows 로고 키+Shift+S를 눌러 '캡처 및 스케치' 도구를 불러옵니다.

부록에는 자주 발생하는 문제를 다음과 같이 유형별로 나눠서 권장 해결책을 제시하고 있습니다. 까다로운 문제는 대개 두 개 이상의 개별 문제가 복합적으로 작용해 발생할 수 있습니다.

1 https://ko.wikipedia.org/wiki/스크린샷

- 도구 또는 플랫폼 문제(A.1절)
- 다른 브라우저 사용해보기(A.2절)
- 개발 도구로 진단하기(A.3절)
- 맥 또는 크롬북 문제(A.4절)
- 불량 데이터 체크하기(A.5절)
- 흔히 발생하는 iframe 에러(A.6절)
- 깃허브에서 코드 수정하기(A.7절)

## A.1 도구 또는 플랫폼 문제

우리가 추천한 디지털 도구 사용 도중 문제가 발생했는데 이 책에서 해결책을 찾지 못했다면 아래에 기술된 각 도구의 지원 페이지를 방문해서 해결책을 찾으세요(알파벳 순서로 나열되어 있습니다).

- 에어테이블 관계형 데이터베이스 지원 페이지
  `https://support.airtable.com`
- 아톰 텍스트 편집기 문서
  `https://atom.io/docs`
- Chart.js 코드 라이브러리 문서
  `https://www.chartjs.org`
- 데이터래퍼 아카데미 지원 페이지
  `https://academy.datawrapper.de`
- GeoJson.io 지오데이터 편집기(헬프 메뉴 참조)
  `https://geojson.io`
- GitHub.com 및 깃허브 데스크톱 문서
  `https://docs.github.com`
- 구글 내 지도 지원 페이지
  `https://support.google.com/mymaps`

- 구글 시트 지원 페이지

  https://support.google.com/docs

- 하이차트 코드 라이브러리(데모 및 지원)

  https://www.highcharts.com

- 리플릿 맵 코드 라이브러리(튜토리얼 및 문서)

  https://leafletjs.com

- 리브레오피스 캘크 지원 페이지

  https://help.libreoffice.org

- 맵셰이퍼 지오데이터 편집기(문서 위키)

  https://oreil.ly/ZVgcF

- 맵 래퍼 georectifier 도움말 및 제한된 디스크 공간에 대한 노트 참조

  https://mapwarper.net/help, https://mapwarper.net

- 오픈리파인 데이터 클리너(문서)

  https://openrefine.org

- 타불라 PDF 테이블 추출기(how to 참조)

  https://tabula.technology

- 태블로 퍼블릭 리소스 페이지

  https://public.tableau.com/en-us/s/resources

온라인 도구 또는 웹 플랫폼을 사용하다 문제가 생기면 먼저 인터넷 연결 상태를 확인하세요. 흔하게 발생하지는 않지만 온라인 도구 및 플랫폼 자체의 문제로 인해 연결이 끊겨버리는 상황도 종종 발생합니다. 사용하는 도구나 플랫폼이 여러분뿐만 아니라 다른 사용자에게도 작동하지 않는 일반적인 현상인지 확인하려면 다음 사이트에서 운영 중단 보고서를 확인하세요.

- Downdetector.com

  https://downdetector.com

- Down for Everyone or Just Me?

  https://downforeveryoneorjustme.com

일부 온라인 서비스는 자체 상태 페이지를 운영합니다.

- GitHub Status
  https://www.githubstatus.com
- Google Workspace Status
  https://www.google.com/appsstatus

마지막으로 2020년 11월에 아마존 웹 서비스(AWS)가 다운되어 여러 온라인 플랫폼에 영향을 미쳤던 흔치 않은 경우도 있었으니 이러한 점도 고려하세요.[2]

## A.2 다른 브라우저 사용해보기

우리가 온라인 도구나 코드 템플릿을 사용할 때 만나는 많은 문제는 도구나 템플릿 자체가 아니라 브라우저에서 발생합니다. 부록에서 우리가 제공할 수 있는 가장 중요한 조언은 문제가 발생했을 때 다른 브라우저를 사용해 문제를 진단해보라는 것입니다. 만약 여러분이 크롬, 파이어폭스, 마이크로소프트 엣지 또는 맥용 사파리와 같은 선호하는 브라우저에서 모든 작업을 한다면 테스트를 위해 두 번째 브라우저를 다운로드받아 사용할 것을 권장합니다. 그리고 마이크로소프트에서 2020년부터 지원을 중단[3]한다고 밝힌 인터넷 익스플로러나 엣지 레거시 브라우저를 사용하고 있다면 사용을 중지해야 합니다.

실제로 데이터 시각화 제품을 만든 도구 또는 서비스의 온라인 계정에 로그인하지 않은 두 번째 브라우저에서 항상 테스트하여 일반 사용자에게 데이터 시각화 제품이 어떻게 표시되는지 확인해야 합니다. 필자들도 컴퓨터에 테스트용 두 번째 브라우저를 설치했고 브라우저에서 시각화 제품을 열 때마다 처음 보는 사용자처럼 작동하도록 설정을 '검색 기록 사용 안 함'으로 변경했습니다.

만약 여러분이 선호하는 브라우저에서 디지털 도구 또는 웹 서비스를 사용할 때 문제가 발생한

2 제이 그린(Jay Greene), 「아마존 웹 서비스 중단으로 비즈니스가 어려워졌습니다」, 워싱턴 포스트, 비즈니스, 2020년 11월 25일, https://oreil.ly/PTmQ6

3 https://oreil.ly/xSgsa

다면 다음 키 조합을 사용해 '새로 고침'을 하여 캐시에 저장된 콘텐츠를 우회[4]하고 서버로부터 전체 웹 페이지를 새로 다운로드받습니다.

- 윈도우 또는 리눅스 브라우저
  Ctrl+F5
- 크롬북
  Shift+Ctrl+R
- 맥용 크롬 또는 파이어폭스
  Command+Shift+R
- 맥용 사파리
  Option+Command+R

## A.3 개발 도구로 진단하기

우리는 A.6절 '흔히 발생하는 iframe 에러'와 A.7절 '깃허브에서 코드 수정하기'에서 논의한 것과 같은 다른 유형의 문제를 진단하기 위해 브라우저를 사용하는 방법을 배울 것을 권장합니다. 대부분의 브라우저에는 웹 페이지의 소스 코드를 보고 플래그가 지정된 오류를 찾을 수 있는 개발자 도구가 포함되어 있습니다. 소프트웨어 개발자가 아니더라도 브라우저의 개발자 도구를 여는 방법을 배우면 내부를 들여다보고 무엇이 작동하지 않는지 더 자세히 추측할 수 있습니다. 다양한 브라우저에서 개발자 도구를 여는 방법은 다음과 같습니다.

- 크롬 : '도구 더보기 > 개발자 도구'
- 파이어폭스 : '도구 > 웹 개발자 > 도구 전환'
- 마이크로소프트 엣지 : '설정 및 기타 > 기타 도구 > 개발자 도구'
- 맥용 사파리 : '사파리 > Safari > 환경 설정'을 선택하고 '고급'을 클릭한 다음 '메뉴 막대에서 개발자용 메뉴 보기' 선택

브라우저의 개발자 도구를 열면 특히 코드 템플릿과 같은 문제를 진단하는 데 도움이 될 수 있는 오류 메시지를 보여주는 콘솔 창이 표시됩니다. 예를 들어 여러분은 10.1절 '간단한 리플릿

4 https://ko.wikipedia.org/wiki/위키백과:캐시_무시하기

맵 템플릿 복사, 수정, 호스팅하기'에서 깃허브에서 간단한 리플릿 맵 템플릿을 편집하는 방법을 배웠습니다. 그때 만약 지도의 중앙을 알려주는 위도와 경도 좌표 사이의 쉼표를 삭제하는 실수를 했다면 여러분 코드는 '망가질' 것이고 화면에 빈 회색 박스만 보이게 될 것입니다. [그림 A-1]에서와 같이 브라우저 개발자 도구를 켜면 콘솔은 `index.html` 파일의 29행에 문제가 발생했다는 사실과 몇 가지 에러 메시지를 보여줍니다. 이 에러 메시지는 30행에 쉼표가 누락되었다는 것을 특별히 명시하진 않지만 문제가 발생한 코드 부근의 위치를 알려주고 있습니다. 물론 이것은 개발자 도구를 활용하는 한 가지 방법에 불과합니다. 여러 브라우저에서 개발자 도구를 사용해 각 브라우저 간의 차이를 직접 경험해보길 바랍니다.

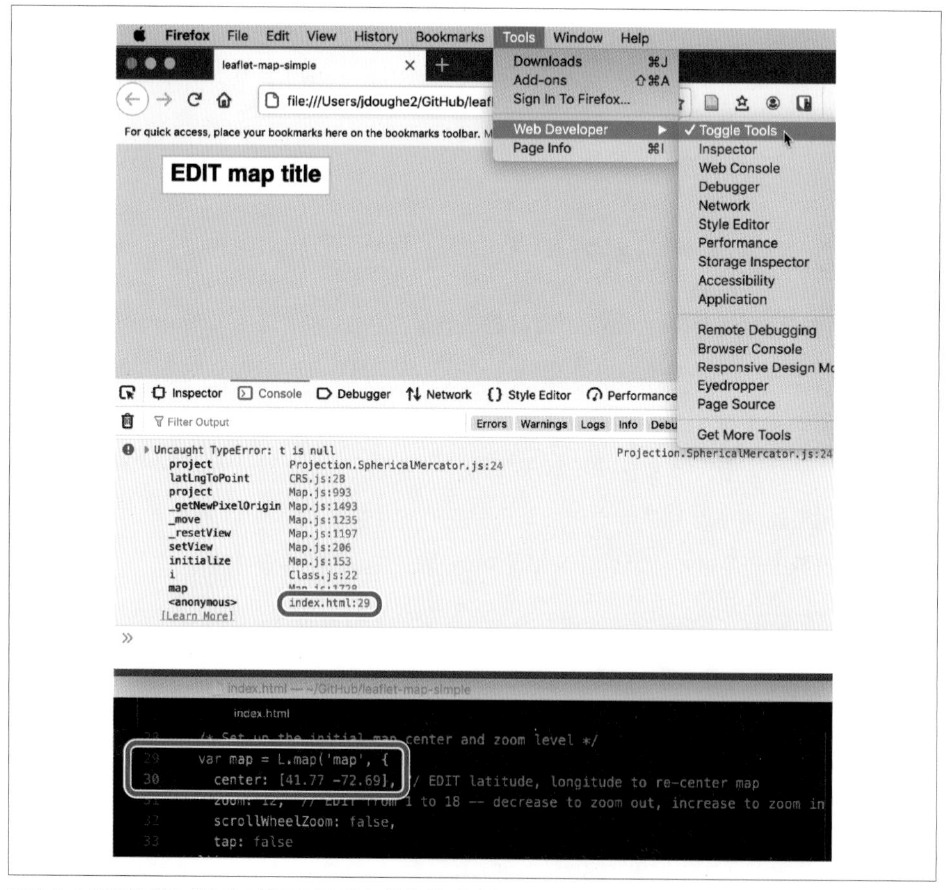


**그림 A-1** 브라우저의 개발자 도구를 열면 콘솔 창에 웹 페이지 코드에 플래그가 지정된 오류를 보여줍니다. 이 예에서 '망가진' 지도는 회색 상자(위)로 나타나고 콘솔은 `index.html` 파일의 29행 오류를 표시하며(가운데), 30행(아래)의 위도와 경도 좌표 사이에 누락된 쉼표에 대한 단서를 제공합니다.

## A.4 맥 또는 크롬북 문제

맥을 사용하는 경우 `data.csv` 또는 `map.geojson`과 같이 마침표 뒤에 파일 형식을 의미하는 파일 확장자가 보일 수 있도록 환경 설정을 해주어야 합니다. 맥 운영체제는 기본적으로 이러한 확장자를 숨기며, 이 책에서 소개하는 몇 가지 도구는 확장자가 표시되지 않으면 제대로 작동하지 않습니다. 맥에서 파일 확장자를 보려면 '찾기(Finder) > 환경 설정(Preferences) > 고급(Advanced)'으로 이동하여 '모든 파일 확장자 보기(Show all filename extension)' 상자를 체크해야 합니다.

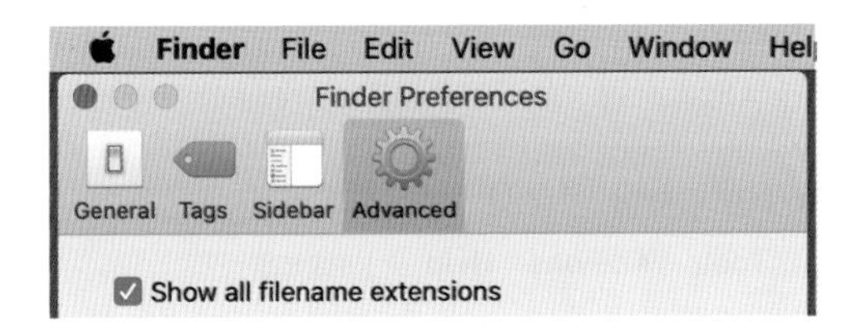


크롬북을 사용하는 경우 이 책에서 소개하는 도구 중 일부를 설치하거나 실행할 때 문제가 발생하거나 불가능할 수 있습니다. 현재 크롬북에서 지원하지 않는 도구에는 아톰, 깃허브 데스크톱, 리브레오피스 캘크, 오픈리파인 데이터 클리너, 태블로 퍼블릭 및 타불라 PDF 테이블 추출기와 같은 데스크톱에서 다운로드받아 사용하는 애플리케이션들이 있습니다. 반면 크롬 브라우저를 통해 사용하는 구글 시트, 구글 내 지도, 데이터래퍼, 깃허브 웹 인터페이스 등은 크롬북에서도 잘 작동합니다. 크롬북에서 코드 템플릿을 편집하려면 토머스 윌번Thomas Wilburn의 크롬용 오픈 소스 캐럿Caret 텍스트 편집기[5]를 참조하세요.

## A.5 불량 데이터 체크하기

때로는 잘못된 데이터로 인해 데이터 시각화 도구나 서비스에 문제가 발생합니다. 3.6절 '불량 데이터 인식하기'와 4장의 다양한 데이터 정리 방법을 다시 살펴보세요. 또한 데이터 파일에 오류를 일으킬 수 있는 일반적인 실수를 피하세요. 특히 11장의 'Chart.js 및 하이차트 템플릿'과 12장의 '리플릿 맵 템플릿'으로 작업할 때는 더욱 조심하세요.

5 https://oreil.ly/CNhwB

첫째, 스프레드시트 항목(특히 열 헤더)에 공백을 입력하지 않도록 합니다. 공백 하나쯤은 별것 아니라고 생각할 수도 있지만 공백 하나 때문에 디지털 도구나 코드 템플릿에서 열 이름을 정확히 찾지 못해 에러가 발생하는 경우가 많습니다.

| | A | B | C |
|---|---|---|---|
| 1 | name | pop2019 | land-area-sq-mi |
| 2 | Alabama | 48[illegible]8979 | 50645 |

둘째, 데이터 파일에 빈 행이 없도록 해야 합니다. 예를 들어 구글 시트로 리플릿 맵 또는 스토리맵과 같은 코드 템플릿을 사용할 때 구글 시트에 빈 행이 있다면 온라인 지도가 멈추게 됩니다.

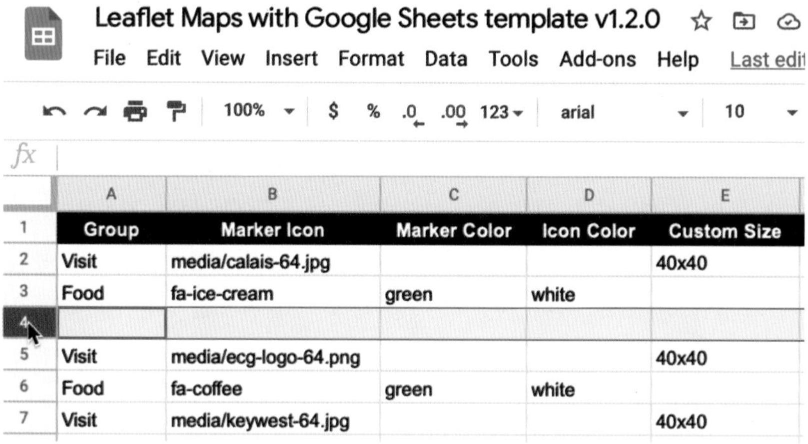

Leaflet Maps with Google Sheets template v1.2.0

File Edit View Insert Format Data Tools Add-ons Help Last edit

| | A | B | C | D | E |
|---|---|---|---|---|---|
| 1 | Group | Marker Icon | Marker Color | Icon Color | Custom Size |
| 2 | Visit | media/calais-64.jpg | | | 40x40 |
| 3 | Food | fa-ice-cream | green | white | |
| 4 | | | | | |
| 5 | Visit | media/ecg-logo-64.png | | | 40x40 |
| 6 | Food | fa-coffee | green | white | |
| 7 | Visit | media/keywest-64.jpg | | | 40x40 |

앞서 설명한 두 리플릿 코드 템플릿은 미디어 파일 경로 이름의 대소문자를 구분합니다. 즉, `media/filename.jpg`와 `media/filename.JPG`는 다른 파일로 취급합니다. 따라서 확장자를 포함한 파일 이름을 작성할 때는 소문자만 사용할 것을 권장합니다.

마지막으로, 12장에서 설명한 것처럼 GeoJSON 데이터 파일을 호출하는 리플릿 코드 템플릿으로 작업할 때는 지오데이터에 결측값이 있는지 잘 확인해야 합니다. 앞 절에서 설명한 브라우저 콘솔 진단 창에 다음과 유사한 `NaN`(not a number의 약자) 에러 메시지가 표시될 수도 있습니다.

```
Uncaught Error: Invalid LatLng object: (NaN, NaN)
```

브라우저 콘솔에서 NaN 에러를 해결하기 위해서는 13.3절 'GeoJson.io를 사용해 그리고 편집하기'에서 살펴본 GeoJson.io 도구를 사용해 지오데이터에 null 필드가 있는지 자세히 검사해야 합니다.

## A.6 흔히 발생하는 iframe 에러

만약 9장의 내용을 따라 했는데도 불구하고 브라우저에 iframe 콘텐츠가 보이지 않는다면 다음과 같은 일반적인 문제를 확인하세요.

- iframe에 나열된 항목(예: URL, 너비 또는 높이)은 작은따옴표(') 또는 큰따옴표(")로 묶어야 합니다. 두 가지 유형 중 하나를 선택하되 일관성을 유지해야 합니다.
- 항상 **곧은 따옴표**(' ' 또는 " ")를 사용하고, **둥근 따옴표**(' ' 또는 " ", 스마트 따옴표 또는 비스듬한 따옴표라고도 함)는 피하도록 하세요. 이러한 문제는 워드 프로세서에서 코드를 복사하여 붙여넣을 때 가끔 우연히 발생합니다.
- iframe에서는 항상 `http`가 아닌 `https`(s는 보안을 뜻하는 security의 머리글자)를 사용하세요. 일부 웹 브라우저는 `https`와 `http` 리소스를 혼용할 경우 콘텐츠를 차단합니다. 이 책에 있는 모든 코드 템플릿은 `https`를 요구합니다.

W3Schools TryItiframe 페이지[6]를 사용하여 iframe 임베드 코드를 테스트하세요. 이 방법은 특히 iframe을 편집해야 할 경우 잘못된 구두점을 확인하기 용이합니다. [그림 A-2]는 둥근 따옴표(`scr=` 뒤에 나오는), `https`가 아닌 `http` 사용, 큰따옴표와 작은따옴표 혼용 등 간단한 iframe에서 자주 발생하는 3가지 일반적인 문제를 보여주고 있습니다. 이러한 모든 문제는 [그림 A-3]에서 해결되었으며, iframe이 예상대로 나타나는 것을 알 수 있습니다.

6 https://oreil.ly/5T1hg

그림 A-2 잘못된 iframe 코드에서 세 가지 일반적인 문제를 찾아보세요.

그림 A-3 세 가지 문제가 모두 해결되어 iframe이 예상대로 나타납니다.

## A.7 깃허브에서 코드 수정하기

10장에서 논의한 바와 같이 오픈 소스 코드 템플릿으로 작업하면 데이터 시각화 표현 방식과 온라인 호스팅 위치를 보다 효과적으로 제어할 수 있습니다. 이는 또한 코드가 손상되면 사용자가 코드를 직접 수정하거나 코드를 잘 아는 사람에게 도움을 받아야 한다는 뜻이기도 합니다. 때문에 가끔은 비용이 발생할 수도 있습니다. 코드를 수정하거나 무료 깃허브 플랫폼에서 코드를 호스팅하는 데 문제가 발생할 경우 관련 장을 살펴보고 다음과 같은 자주 발생하는 문제를 주의하세요.

- 코드를 수정할 때는 항상 주의해야 합니다. 쉼표, 세미콜론, 따옴표 또는 괄호 누락으로 인해 시각화 전체가 작동하지 않을 수 있습니다. 이러한 상황을 만나면 짜증나고 답답할 수도 있지만 누구나 하는 실수이기 때문에 너무 신경 쓰지 말고 잠시 휴식을 취한 후 맑은 눈으로 다시 문제를 찾아보길 권장합니다.

- 인내심을 가지세요. 깃허브 페이지는 일반적으로 시각화에 대한 수정을 30초 이내에 처리하지만 때로는 몇 분이 걸릴 수도 있습니다. 다음 새로 고침 키 조합을 눌러 캐시에 저장된 콘텐츠를 우회[7]하고 서버로부터 전체 웹 페이지를 다시 다운로드합니다.
  - Ctrl+F5(대부분의 윈도우 또는 리눅스 브라우저)
  - Shift+Cntrl+R(크롬북)
  - Command+Shift+R(맥용 크롬 또는 파이어폭스)
  - Option+Command+R(맥용 사파리)
- 게시된 시각화에 대한 링크를 항상 다양한 브라우저에서 테스트합니다. 코드 자체가 아니라 브라우저의 결함으로 인해 실제로 문제가 발생하는 경우도 있습니다.
- 가끔 깃허브 플랫폼이 중단되거나 코드에서 깃허브 페이지를 작성할 때 알려진 문제를 보고할 수 있습니다. 이때는 깃허브 상태 사이트GitHub Status site[8]를 확인합니다.

11장의 'Chart.js 및 하이차트 템플릿'과 12장의 '리플릿 맵 템플릿'으로 작업할 때는 특히 데이터 파일의 구조를 수정할 때 주의해야 합니다. 예를 들어 구글 시트를 사용한 리플릿 맵 코드 템플릿을 다룰 때 가장 상단에 있는 열 이름을 변경하지 않도록 해야 합니다. 코드 템플릿이 여러분 데이터를 처리할 때 정확한 열 이름을 찾기 때문입니다.

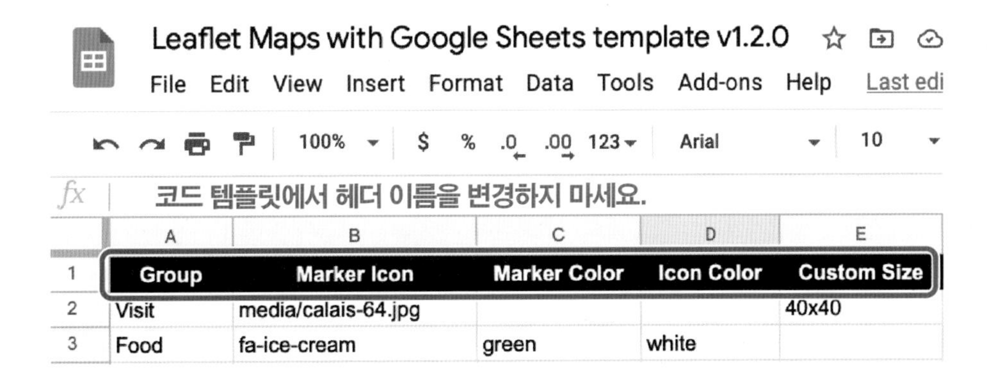


매번 변경 사항을 깃허브 온라인에 업로드하여 검토하는 것보다 로컬 컴퓨터에서 코드 템플릿을 편집하고 테스트하는 것이 더 효율적일 수 있습니다. 10.4절 '깃허브 데스크톱과 아톰 텍스트 편집기를 사용해 효율적인 코딩하기'에서 소개한 깃허브 데스크톱과 아톰 도구를 사용하세요. 로컬 컴퓨터에서 보다 복잡한 Chart.js, 하이차트 또는 리플릿 코드 템플릿을 확인하고 싶

7 https://ko.wikipedia.org/wiki/위키백과:캐시_무시하기
8 https://status.github.com

다면 [그림 10-2] 및 [그림 10-3]과 같이 브라우저에서 CORS 인터넷 보안 설정을 일시적으로 변경해야 할 수도 있습니다.

시간이 지남에 따라 기술이 발전해도 코드 템플릿이 계속 작동하도록 하려면 유지보수가 필요합니다. 예를 들어 이 책에서 소개하는 모든 코드 템플릿은 **코드 종속성**(또는 의존성)이 있으며, 여기서 코드 종속성이란 코드 템플릿이 정상적으로 작동하기 위해서는 다른 코드 또는 온라인 서비스에 영향을 받는다는 뜻입니다. 이러한 종속성에는 Chart.js, 하이차트, 리플릿 등과 같은 차트 및 지도를 생성하는 온라인 코드 라이브러리가 포함됩니다. 또한 지도 코드 템플릿은 CARTO, Stamen 및 오픈스트리트맵과 같은 공급자의 온라인 지도 타일에 의존합니다. **온라인 코드 종속성 중 하나가 더 이상 작동하지 않으면 코드 템플릿이 작동을 중지할 수 있습니다.**

코드 템플릿에 온라인 코드 종속성 중 하나에 문제가 있는지 확인하려면 복사본을 만들었던 원본 깃허브 저장소로 돌아가야 합니다. 먼저 현재 버전의 온라인 데모 차트 또는 지도가 제대로 작동하는지 확인합니다. 만약 잘 작동된다면 원본 깃허브 레포에 최근 진행된 코드 업데이트가 있는지 확인합니다. 일부 코드 업데이트는 간단하며 깃허브 웹 인터페이스를 통해 레포에 직접 입력할 수 있습니다. 어떤 코드 업데이트는 조금 더 복잡하기 때문에 10.4절 '깃허브 데스크톱과 아톰 텍스트 편집기를 사용해 효율적인 코딩하기'에서 소개한 깃허브 데스크톱과 같은 도구를 사용해 레포에서 여러분 로컬 컴퓨터로 코드를 가져오는 방법을 검토해야 합니다.

코드 템플릿을 복사한 원래 깃허브 레포에 작동하지 않는 온라인 데모 버전이 있는 경우 오픈소스 소프트웨어 개발자에게 연락하세요. 이를 위한 가장 좋은 방법은 깃허브 저장소에 이슈를 생성하는 것입니다. 오픈 소스 소프트웨어 개발자가 향후에도 코드 프로젝트를 계속 유지할 것이라는 보장은 없습니다. 그럼에도 불구하고 오픈 소스 코드가 가진 한 가지 장점은 누구나 직접 오픈 소스 코딩 커뮤니티에서 다른 사람들과 함께 새로운 복사본을 만들거나 유지보수에 참여할 수 있다는 것입니다.

마지막으로, 여기서 문제에 대한 해답을 찾지 못했다면 다른 곳에 질문해 답을 찾아야 합니다. 일부 권장 도구 지원 페이지는 사용자가 질문을 게시하고 다른 사용자로부터 유용한 답변을 받을 수 있는 커뮤니티 헬프 포럼 링크를 포함하고 있습니다. 또한 스택 익스체인지Stack Exchage 네트워크[9]는 특정 주제에 대한 질문과 전문가들의 해답이 있는 170개 이상의 온라인 커뮤니티

9 https://stackexchange.com

를 한데 모아놓았습니다. 예를 들면 구글 시트와 같은 온라인 도구를 위한 웹 애플리케이션 스택 익스체인지[10]나 소프트웨어 코딩을 위한 스택 오버플로Stack Overflow[11]가 있습니다. 이러한 공개 포럼에 질문을 게시할 때는 해당 포럼의 지침을 잘 따르고 문제를 명확하게 설명해야 하며, 특히 사용 중인 컴퓨터의 운영체제 및 브라우저 버전 정보를 제공해야 합니다.

10 https://webapps.stackexchange.com

11 https://stackoverflow.com

# INDEX

# INDEX